Vertriebsprozesse mit SAP® ERP

Udo Rimmelspacher

Vertriebsprozesse mit SAP® ERP

Mit vollständig integrierten Übungen
im Anwendungsmenü und Customizing
von SAP® ECC 6.0

2., überarbeitete Auflage

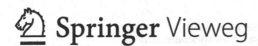

Udo Rimmelspacher
Ingolstadt, Deutschland

In dieser Publikation wird auf Produkte der SAP AG oder eines SAP-Konzernunternehmens Bezug genommen.
SAP, R/3, ABAP, BAPI, SAP NetWeaver, Duet, PartnerEdge, ByDesign, SAP BusinessObjects Explorer, StreamWork, SAP HANA, das Business-Objects-Logo, BusinessObjects, Crystal Reports, Crystal Decisions, Web Intelligence, Xcelsius, Sybase, Adaptive Server, Adaptive Server Enterprise, iAnywhere, Sybase 365, SQL Anywhere, Crossgate, B2B 360° und B2B 360° Services, m@gic EDDY, Ariba, das Ariba-Logo, Quadrem, b-process, Ariba Discovery, SuccessFactors, Execution is the Difference, BizX Mobile Touchbase, It's time to love work again, SuccessFactors Jam und BadAss SaaS sowie weitere im Text erwähnte SAP-Produkte und Dienstleistungen sowie die entsprechenden Logos sind Marken oder eingetragene Marken der SAP AG in Deutschland oder eines SAP-Konzernunternehmens.
Alle anderen Namen von Produkten und Dienstleistungen sind Marken der jeweiligen Firmen. Die Angaben im Text sind unverbindlich und dienen lediglich zu Informationszwecken. Produkte können länderspezifische Unterschiede aufweisen.
Die SAP ist weder Autor noch Herausgeber dieser Publikation. Der SAP-Konzern übernimmt keinerlei Haftung oder Garantie für Fehler oder Unvollständigkeiten in dieser Publikation. Der SAP-Konzern steht lediglich für Produkte und Dienstleistungen nach der Maßgabe ein, die in der Vereinbarung über die jeweiligen Produkte und Dienstleistungen ausdrücklich geregelt ist. Aus den in dieser Publikation enthaltenen Informationen ergibt sich keine weiterführende Haftung. Für alle Screenshots gilt: © Copyright 2014. SAP AG. Alle Rechte vorbehalten.

ISBN 978-3-658-18856-6

Die Deutsche Nationalbibliothek verzeichnet diese Publikation in der Deutschen Nationalbibliografie; detaillierte bibliografische Daten sind im Internet über http://dnb.d-nb.de abrufbar.

Springer Vieweg
© Springer Fachmedien Wiesbaden GmbH 2014, 2017

Gedruckt auf säurefreiem und chlorfrei gebleichtem Papier

Springer Vieweg ist Teil von Springer Nature
Die eingetragene Gesellschaft ist Springer Fachmedien Wiesbaden GmbH
Die Anschrift der Gesellschaft ist: Abraham-Lincoln-Str. 46, 65189 Wiesbaden, Germany

Gewidmet meiner Familie

Vorwort zur zweiten Auflage

In den über drei Jahren seit Erscheinen der ersten Auflage wurde ich von einigen meiner Studierenden und anderen Personen auf Tippfehler und andere Verbesserungsmöglichkeiten hingewiesen. Ihnen allen gebührt mein herzlicher Dank!

Die zweite Auflage ist von den Inhalten unverändert, jedoch wurden alle bislang bekannten Fehler ausgebessert. Ich hoffe, dass sich die Anzahl der Fehler und Ungenauigkeiten nun signifikant reduziert hat. Zudem wurde nun jedem Kapitel eine kurze Zusammenfassung vorangestellt, um dem Leser einen ersten Überblick über dessen Inhalte zu verschaffen.

Wie bisher sind die Aufgabenstellungen für die Übungen auf der Verlagsseite zum Buch bereitgestellt, für die zweite Auflage sind diese unter dem folgenden Link als Download verfügbar: http://www.springer.com/978-3-658-18856-6.

Bei Frau Dr. Sabine Kathke und Frau Heike Jung vom Verlag Springer Vieweg bedanke ich mich für ihre Unterstützung zu dieser neuen Auflage.

Ich wünsche allen Lesern aus der Lektüre dieses Buches möglichst einen signifikanten Erkenntnisgewinn und freue mich gerne jederzeit über Feedback und kritische Anmerkungen.

Ingolstadt im Juli 2017   Prof. Dr. Udo Rimmelspacher

Vorwort zur ersten Auflage

Intention und Inhalt dieses Buches

Warum noch ein weiteres Buch zum Thema Vertrieb mit SAP ERP Central Component 6.0 (nachfolgend als SAP ERP abgekürzt)? Es existieren bereits einige gute Bücher in deutscher oder englischer Sprache zu diesem Themengebiet, so dass auf den ersten Blick kein weiteres Werk zu diesem Thema vonnöten wäre.

Bislang fehlte mir persönlich jedoch ein Buch, in welchem Sachverhalte im Vertrieb mit SAP ERP integrativ betrachtet und nicht nur (maximal) anhand von nicht miteinander verzahnten Einzelbeispielen dargestellt werden.

Den Ausgangspunkt für dieses Buch bildete mein Skript für eine korrespondierende Lehrveranstaltung, die ich seit vielen Jahren an der Technischen Hochschule Ingolstadt halte. Sämtliche beschriebenen Vertriebsprozesse und -funktionen sind anhand von vielen Beispielen und Übungen veranschaulicht, die **alle** aufeinander aufbauen. Es existieren damit – wie leider sonst meist in der Literatur – keinerlei „Insellösungen", welche das Verstehen der Zusammenhänge sehr erschweren.

Großen Wert habe ich zudem auf zahlreiche Querverweise gelegt, um die jeweiligen Abhängigkeiten der einzelnen Einstellungen in SAP ERP – welche sich teilweise erst viel später im Prozessverlauf zeigen – zu verdeutlichen. Diese Querverweise schränken auf den ersten Blick den Lesefluss ein. Jedoch bieten sie dem Leser die Möglichkeit, sich viele Sachverhalte nochmals zu vergegenwärtigen und mit dem aktuell behandelten Stoff in Beziehung zu anderen Inhalten zu setzen.

Eine prozessorientierte Darstellung der Materie bietet sich nicht nur aus Praxisanforderungen, sondern auch aufgrund des Aufbaus des Anwendungsmenüs von SAP ERP im Bereich Vertrieb an. Anhand der einzelnen Menüpunkte und deren Abfolge sind in SAP SD so gut wie fast nirgendwo sonst in SAP ERP die einzelnen Prozessschritte zu erkennen bzw. abzuleiten.

Der Vertriebsprozess ist auch für betriebswirtschaftliche Laien intuitiv und leicht verständlich. Die Herausforderungen liegen bei SAP ERP jedoch im Detail:

Woher stammen jeweils die Daten in einzelnen Prozessen und Vertriebsbelegen und wie errechnen sich die angezeigten Werte genau?

Um diese Frage zu beantworten, ist die Beschäftigung mit Einstellungen im Customizing unabdingbar. In der Praxis scheuen viele Anwender das Customizing aus der Furcht, „da etwas kaputt zu machen", oder weil sie während ihrer täglichen Arbeit gar keine Zeit dafür haben.

Obwohl oft exogen bedingt, ist dieser Ansatz m.E. falsch und führt fachlich zu einem sehr eingeschränkten Horizont mit Fokus auf das mechanische Abarbeiten von inhaltlich oft autarken Vorgängen in SAP ERP.

Stattdessen sind – wie in fast jeder Situation – das Verstehen von Zusammenhängen und die Kenntnis des Gesamtbildes sehr viel wichtiger. Leider ist m. E. der Trend zu beobachten, dass diese Fähigkeiten und Kenntnisse immer mehr abnehmen. Mit diesem Buch möchte ich versuchen, dem etwas entgegenzusteuern.

Fragen Sie in Ihrem Unternehmen nach, ob es möglich ist, dass Sie ein SAP-Profil mit einer reinen Leseberechtigung für das Customizing erhalten. Dann können Sie im Customizing Zusammenhänge nachschauen und verstehen, ohne dass die Gefahr besteht, versehentlich Einträge zu verändern oder zu löschen.

- **Erfolgsfaktor 1:**
Beschäftigen Sie sich mit dem Customizing, wenn Sie Zusammenhänge in SAP ERP verstehen wollen!
Die Antwort auf die Frage „Warum?" finden Sie nur im Customizing. Ein Blick dorthin beantwortet mehr als viele Worte in gesprochener oder geschriebener Form.

Aus diesem Grund werden in diesem Buch stets zuerst Einstellungen im Customizing erläutert, bevor deren konkrete Auswirkungen in den Vertriebsprozessen im Anwendungsmenü anhand von Beispielen aufgezeigt werden. Kenntnisse im Customizing sind aber nie als Selbstzweck zu verstehen. Vielmehr dienen sie dazu, konkrete Rahmenbedingungen zu schaffen, um betriebswirtschaftliche Prozesse in SAP ERP unternehmensindividuell abzubilden.

Alle Daten von SAP ERP sind in einer Datenbank in einer Vielzahl von einzelnen Tabellen gespeichert. Für die Ermittlung konkreter Daten ist es daher wichtig, die betreffenden Tabellen zu kennen. Aus diesem Grund sind an mehreren Stellen innerhalb des Buches Tabellennamen angegeben.

Arbeit mit diesem Buch

Dieses Buch ist kein reines Lesebuch. Es ist auch kein Theoriebuch über die Betriebswirtschaftslehre des Vertriebs. Wenn Sie mindestens eine dieser Erwartungen haben, so sollten Sie es nicht kaufen.

Dieses Buch vermittelt die konkrete Umsetzung von betriebswirtschaftlichen Sachverhalten im Vertrieb mit SAP ERP. Es ist als praktisches Lern- und Arbeitsbuch konzipiert, bei dem vorausgesetzt wird, dass der Leser die Inhalte und Beispiele direkt in SAP ERP bearbeitet und nachvollzieht.

Sie müssen nicht unbedingt bereits Vorkenntnisse in SAP ERP haben. Jedoch werden Sie einiges an Durchhaltevermögen benötigen, wenn Sie das Buch unter diesen Umständen allein und nicht im Rahmen einer Vorlesung oder Schulung durcharbeiten. Jedoch ist es auch Intention dieses Buches, einem motivierten SAP-Neuling das selbstständige Erarbeiten der Inhalte zu ermöglichen.

- **Erfolgsfaktor 2:**
Inhalte von SAP ERP lernen Sie nur durch praktische Arbeit am System!
SAP ERP ist viel zu komplex, um Sachverhalte auswendig oder anhand einer Lektüre zu lernen. Mit der praktischen Beschäftigung ist auch der Erkenntnisgewinn verbunden, dass man SAP ERP sowieso nie annähernd umfassend „können" wird.
Sehr wichtig ist daher die Fähigkeit, sich bei auftretenden Problemen selbst zu helfen zu wissen bzw. nach geeigneten Stellen in SAP ERP zur Problemlösung zu suchen. Dies setzt Interesse, Durchhaltevermögen, betriebswirtschaftliches Wissen und die Kenntnis von Zusammenhängen in SAP ERP voraus.

- **Erfolgsfaktor 3:**
  Seien Sie neugierig!
  Auch in diesem Buch kann nur ein kleiner Teil der Funktionalitäten im Bereich
  Vertrieb von SAP ERP dargestellt werden.

  Schauen Sie deshalb auch stets in benachbarte Transaktionen, lesen Sie kontextspezifische Hilfen von SAP ERP, stellen Sie sich selbst weitere Fragen nach Zusammenhängen usw. Mit dieser Vorgehensweise werden Sie mittel- und langfristig die größten Erkenntniszuwächse erzielen.

Alle Beispiele aus diesem Buch wurden mit Daten aus der Standardauslieferung
eines IDES-Mandanten konzipiert. Die Abkürzung IDES steht für „Internet
Demonstration and Evaluation System". Ein solcher Schulungsmandant mit dem
diesem Buch zugrundeliegenden Datensatz ist heutzutage in Deutschland de facto
an jeder Hochschule und jedem Unternehmen, welches SAP ERP nutzt, vorhanden. Beschaffen Sie sich einen Zugang dazu und legen Sie los!

Zu jedem Kapitel in diesem Buch existieren Übungen, die praxisnah formuliert
sind und alle aufeinander aufbauen. Die zahlreichen Querverweise sollen Ihnen
helfen, möglichst jede einzelne Aufgabe in den Gesamtkontext einordnen zu
können. Nichtsdestotrotz werden Sie das Gesamtbild natürlich erst nach dem
Durcharbeiten des kompletten Buches erhalten. Halten Sie sich diesen Umstand
bitte stets vor Augen.

**Die Aufgabenstellungen für die Übungen sind im Internet unter
http://www.springer.com/978-3-658-18856-6 als Download verfügbar.** Mit diesem
Ansatz soll Ihnen ermöglicht werden, gleichzeitig die Aufgabenstellungen und
korrespondierende Inhalte im Buch anzuschauen. Laden Sie die Aufgabenstellungen bitte herunter und drucken Sie sich diese am besten aus. So können Sie die
Übungen bearbeiten und sich zu Sachverhalten Notizen machen, die Ihnen individuell nicht so leicht fielen.

- **Erfolgsfaktor 4:**
  Schauen Sie nicht zu früh in den Musterlösungen nach!
  Individuelle Probleme treten bei der praktischen Arbeit mit SAP ERP fast
  immer auf, unabhängig von dem Grad der Expertise des Anwenders und dem
  objektiven Schwierigkeitsgrad des Problems.

  Begreifen Sie solche eventuellen Schwierigkeiten nicht als Bedrohung, sondern
  als Chance. Sie haben langfristig meist einen viel größeren Lerneffekt, wenn Sie
  auf individuelle Probleme stoßen und diese selbst lösen, als wenn gar keine
  Schwierigkeiten auftreten.

  Die Lösungen zu den Übungsaufgaben sind anhand von vielen Screenshots so
  ausführlich gehalten, dass damit alle eventuellen Fragen beantwortet werden
  sollten.

Zielgruppe dieses Buches

Dieses Buch wendet sich vor allem an IT-affine und betriebswirtschaftlich interessierte und motivierte Praktiker, die gerne in Zusammenhängen denken und Sachverhalte kritisch hinterfragen. Zu ihnen zählen in diesem Kontext beispielsweise Prozess- und SAP-Berater, SAP-Anwender in Unternehmen, Studenten, Schulungsleiter sowie Dozenten an Hochschulen.

Die Inhalte des Buches können meiner Meinung nach in einer Lehrveranstaltung mit 4 SWS oder bei einer Firmenschulung mit ca. sechs bis acht Schulungstagen vermittelt werden. Ich hoffe, dass für alle Leser mit der Lektüre der ein oder andere Erkenntnisgewinn verbunden ist.

Wenn Sie inhaltliche Anregungen oder allgemeine Anmerkungen haben, Ihnen Fehler aufgefallen sind oder Sie Schulungsbedarf haben, so können Sie mich gerne per E-Mail unter **Vertriebsprozesse_mit_SAP_ERP@gmx.de** kontaktieren.

Danksagung

Dieses Buch würde ohne fremde Unterstützung in der vorliegenden Form nicht existieren. Ich bedanke mich sehr herzlich für ihr sehr großes Engagement bei Dipl.-Kffr. (Univ.) Romy Friedmann, Dipl.-Kffr. (Univ.) Katrin Werner, Prof. Dr. Andreas Krüger und B.A. Sebastian Suffa. Sowohl ihr genaues Korrekturlesen als auch ihre sehr vielen inhaltlichen und didaktischen Anregungen haben die Qualität meines originären Skriptes stark verbessert.

Meiner Ehefrau danke ich ganz herzlich für die zahlreichen großen zeitlichen Freiräume, die sie mir selbstlos für dieses Buchprojekt geschaffen hat.

Bei Frau Sybille Thelen und Herrn Bernd Hansemann vom Verlag Springer Vieweg sowie der Korrekturleserin Frau Neele Graef bedanke ich mich für die harmonische und sehr gute Zusammenarbeit.

Ingolstadt im Januar 2014 Prof. Dr. Udo Rimmelspacher

Inhaltsverzeichnis

1 Tipps zur praktischen Arbeit mit SAP ERP Central Component 6.0

Zusammenfassung

Im ersten Kapitel werden Grundlagen der praktischen Arbeit mit der betriebswirtschaftlichen Standardsoftware SAP ERP Central Component 6.0, nachfolgend SAP ERP genannt, beschrieben. Dabei werden einzelne Sachverhalte näher beschrieben, die sich aus der Benutzeroberfläche nicht unmittelbar erschließen, jedoch den Umgang mit SAP ERP teilweise erheblich erleichtern.

1.1 SAP ERP Central Component 6.0

SAP ERP ist das aktuelle ERP-System des deutschen Unternehmens SAP AG mit Hauptsitz in Walldorf. ERP steht als die Abkürzung für Enterprise Resource Planning.

Mittels ERP werden die in einem Unternehmen eingesetzten Produktionsfaktoren wie ausführende Arbeit, Werkstoffe, Betriebsmittel und Leitung gemäß den Unternehmenszielen integriert geplant und möglichst effizient miteinander verknüpft.

Ein ERP-System sollte alle relevanten Geschäftsprozesse des Unternehmens mit einer durchgehenden Integration aller zugehörigen Daten abbilden. Es besteht typischerweise aus Modulen wie Beschaffung, Produktion, Vertrieb, externes und internes Rechnungswesen, Personalwirtschaft etc.

Der Anspruch, sämtliche Geschäftsprozesse eines Unternehmens abzubilden, wird jedoch in der Realität von kaum einem Anbieter eines ERP-Systems vollständig erfüllt. So fehlt beispielsweise auch bei SAP ERP der Bereich Marketing fast vollständig. Dieser ist dafür in einer anderen Anwendung der SAP AG, SAP CRM (Customer Relationship Management), enthalten und kann in die anderen Geschäftsprozesse eines Unternehmens integriert werden, indem SAP CRM an SAP ERP gekoppelt wird.

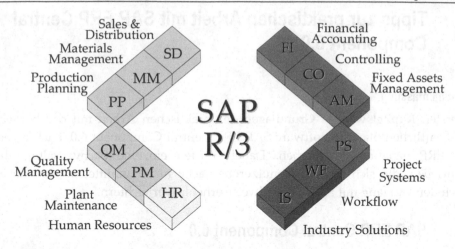

Abbildung 1-1:   Integrationsmodell von SAP R/3 (Quelle: SAP AG)

SAP ERP 6.0 stellt inhaltlich eine Weiterentwicklung von Release 4.7 des im Jahr 1992 von der SAP AG eingeführten ERP-Systems SAP R/3 dar.

Abbildung 1-1 zeigt das Integrationsmodell mit einzelnen Modulen von SAP R/3, das als Grundlage für SAP ERP übernommen wurde. Für alle Module existiert jeweils nur eine Abkürzung mit zwei Buchstaben für den jeweiligen englischen Begriff. Der Vertrieb in SAP ERP findet sich beispielsweise im Modul SD (Sales & Distribution), die Materialwirtschaft im Modul MM (Materials Management), das externe Rechnungswesen im Modul FI (Financial Accounting) und das interne Rechnungswesen im Modul CO (Controlling). Später wurden diese Bestandteile von SAP ERP durch sog. Anwendungskomponenten[1] weiter unterteilt.

SAP ERP wird durch sog. SAP Enhancement Packages (EHP) aktualisiert, welche neue branchenübergreifende und -spezifische Softwarefunktionen bzw. Geschäftsprozesse beinhalten. Es können, je nach unternehmensindividuellem Bedarf, auch nur bestimmte Teile der Enhancement Packages installiert werden. Enhancement Packages lösen damit die von SAP R/3 bekannten Standardreleases wie beispielsweise 4.0B, 4.6C oder 4.7 ab.

Die für dieses Buch konzipierten Übungsaufgaben wurden in einem IDES-Mandanten mit SAP ERP 6.0 incl. EHP 4, der gegenwärtig (Stand: Januar 2014) von der SAP AG und den SAP University Competence Centern für den deutschen Hochschulbereich bereitgestellten aktuellsten SAP-Version, erarbeitet.

Die Abkürzung IDES steht für „Internet Demonstration and Evaluation System". Ein IDES-Mandant beinhaltet den gängigsten Datensatz der SAP AG für Schulungszwecke. Darin werden anhand der von der SAP AG geschaffenen

---

1   Vgl. auch Abbildung auf Seite 43. SAP SD wird beispielsweise u. a. weiter in die Anwendungskomponenten SD-MD für die Stammdaten des Vertriebs oder SD-SLS für den Verkauf aufgegliedert.

Modellfirma IDES AG integrierte Stamm- und Bewegungsdaten sowie ein vollständiges Customizing für Übungszwecke bereitgestellt.

In der Praxis wird momentan bereits teilweise SAP ERP 6.0 incl. EHP 6 genutzt. Die Unterschiede sind für die in diesem Buch beschriebenen Vertriebsprozesse jedoch nicht relevant.

Einen Überblick über die in den verschiedenen Enhancement Packages neu angebotenen Funktionen erhält man mit dem SAP Solution Browser auf der Webseite http://sapsolutionbrowser.com/Search.aspx. Abbildung 1-2[2] zeigt beispielsweise die funktionalen Unterschiede zwischen EHP 4 und PHP 6 im Bereich Sales Order Management.

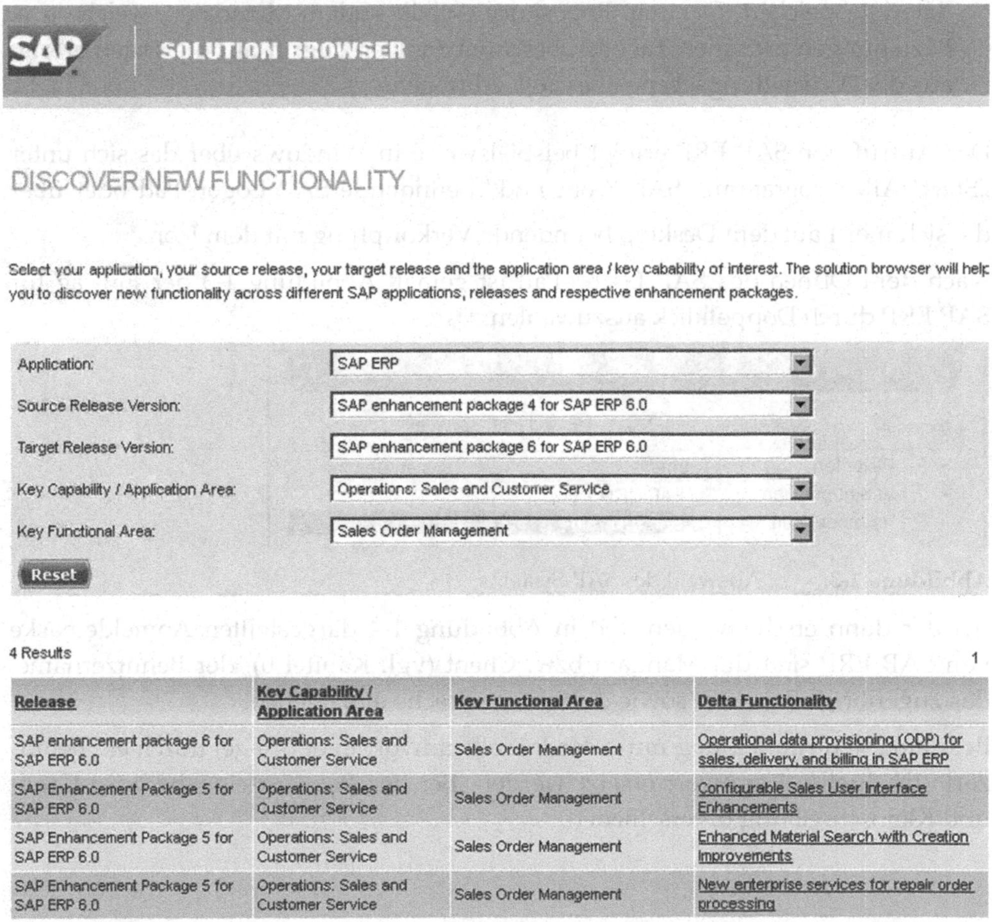

Abbildung 1-2:   Funktionale Unterschiede bei verschiedenen Enhancement Packages

---

2   Quelle: http://sapsolutionbrowser.com/Search.aspx; Abruf: 25.10.2012

SAP ERP besteht aus einer Client-Server-Architektur mit drei Ebenen:

– Die Präsentationsebene umfasst die grafische Benutzeroberfläche (GUI = Graphical User Interface) mit zugehörigen Layouts und bildet die interaktive Schnittstelle zwischen dem Benutzer und der Applikation. Der SAP GUI wird auf jedem PC einzeln installiert.

– Die Anwendungs- bzw. Applikationsebene beinhaltet die betriebswirtschaftliche Logik. Alle Benutzereingaben werden dort inhaltlich bearbeitet.

– Die Datenbankebene besteht bei SAP ERP aus einer Vielzahl von einzelnen Tabellen, die mit einem Datenbank-Management-System in einer Datenbank verwaltet werden.[3] In den einzelnen Tabellen werden Stamm- und Bewegungsdaten gespeichert. Das sog. Repository enthält zudem Metadaten, welche u. a. Beziehungen zwischen Tabellen beschreiben. Der Zugriff auf die Daten erfolgt aus der Anwendungsebene über SQL-Abfragen.

Der Aufruf von SAP ERP erfolgt beispielsweise in Windows über das sich unter „Start/ Alle Programme/ SAP Front End" befindende SAP Logon-Pad oder über die sich meist auf dem Desktop befindende Verknüpfung mit dem Icon 🗗.

Nach dem Öffnen des SAP Logon-Pad ist gemäß Abbildung 1-3 der Eintrag für SAP ERP durch Doppelklick auszuwählen.

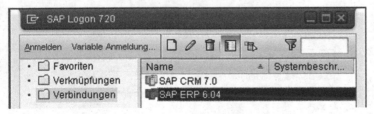

Abbildung 1-3:   Auswahl des SAP-Systems

Bei der dann erscheinenden und in Abbildung 1-4 dargestellten Anmeldemaske von SAP ERP sind der Mandant bzw. Client (vgl. Kapitel 0), der Benutzername, das zugehörige Passwort sowie die Systemsprache einzugeben.

Bei der ersten Anmeldung muss das Initialkennwort in der Regel durch ein benutzerindividuelles Kennwort ersetzt werden. Bei der Passworteingabe wird Groß- und Kleinschreibung unterschieden.

---

3   Die Namen aller Tabellen von SAP ERP kann man sich mit der Tabelle DD02T und dem Transaktionscode SE16 (vgl. Seite 12) anzeigen lassen.

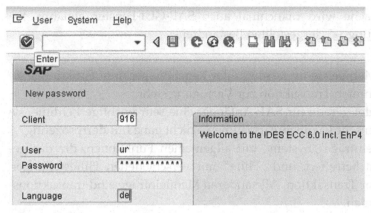

Abbildung 1-4:   Anmeldung in SAP ERP

1.2   Benutzeroberfläche

Nach dem Einloggen gemäß Abbildung 1-4 erscheint das in Abbildung 1-5 dargestellte Anwendungsmenü von SAP ERP mit seiner spezifischen Benutzeroberfläche.

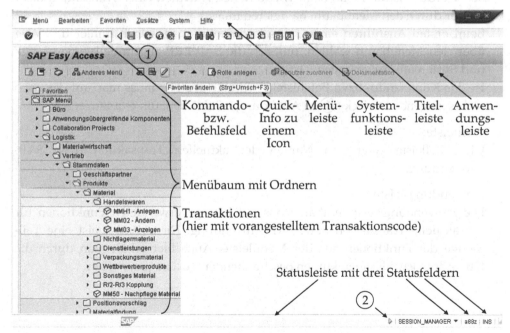

Abbildung 1-5:   Benutzeroberfläche des Anwendungsmenüs von SAP ERP

Diese Benutzeroberfläche wird manchmal auch SAP-GUI-Fenster genannt. Sie umfasst die in Abbildung 1-5 dargestellten Bestandteile:

– Menüleiste:
 Die Einträge der Menüleiste umfassen in der Regel die gesamte Funktionalität, die bei einer bestimmten Transaktion zur Verfügung steht.
 Diese Aussage bildet gerade für SAP-Anfänger eine sehr wichtige Leitlinie, sie stimmt jedoch – bei sehr wenigen Ausnahmen – nicht ganz hundertprozentig.[4]
 Die beiden Menüeinträge „System" mit allgemeinen Funktionen, die das gesamte ERP-System betreffen, und „Hilfe" mit verschiedenen Hilfestellungen finden sich bei jeder Transaktion. Alle anderen Menüeinträge sind transaktionsspezifisch verschieden.

– Systemfunktionsleiste:
 Die Systemfunktionsleiste beinhaltet Icons zu allgemeinen Funktionen bzw. Navigationstechniken. Fährt man mit dem Mauszeiger über die einzelnen Icons, so zeigen sog. Quick-Info jeweils einen kurzen beschreibenden Text an.
 Ein weiterer Bestandteil der Systemfunktionsleiste ist das sog. Kommando- bzw. Befehlsfeld. In diesem können Transaktionscodes (vgl. Seite 11) eingegeben werden, so dass man beim wiederholten Aufrufen einer Transaktion nicht immer durch den Menübaum navigieren muss.
 Beim ersten Ausführen einer Transaktion sollte man jedoch immer den Weg über den Menübaum wählen, um sich die SAP ERP zugrundeliegende Logik und Systematik zu vergegenwärtigen.
 Ist das Kommando- bzw. Befehlsfeld nicht sichtbar, so muss man auf das nach rechts zeigende Dreieck (① in Abbildung 1-5) klicken, um es anzuzeigen.

– Titelleiste:
 Die Titelleiste zeigt den Namen der aktuellen Transaktion bzw. SAP-Anwendung.

– Anwendungsleiste:
 Die Anwendungsleiste enthält Icons mit häufig verwendeten Funktionen für die aktuelle Transaktion bzw. SAP-Anwendung. Diese sind meist eine Teilmenge der Funktionen aus der Menüleiste. Auch hier erhält man durch die Quick-Info jeweils einen kurzen beschreibenden Text zu jedem Icon.

---

4 Zu diesen Ausnahmen gehören beispielsweise einzelne Transaktionen in der Produktkostenplanung, die im Rahmen der Enjoy SAP-Initiative (vgl. Seite 12) neu gestaltet wurden und bei denen Funktionen nur über die rechte Maustaste, welche sonst in SAP ERP nur relativ wenig genutzt wird, aufgerufen werden können. Ein anderes Beispiel ist das Icon „Lokales Layout anpassen" ganz oben rechts in der Systemfunktionsleiste (vgl. auch Seite 6 und 22).

– Menübaum:
Der Menübaum zeigt den SAP ERP innewohnenden sachlogischen Aufbau. Durch Klick auf das Dreieck zu einem Menüordner, z. B. „Logistik", kann man auf die nächste Ebene, u. a. zum Menüordner „Vertrieb", navigieren.
Die Endpunkte des Menübaums bilden die einzelnen Transaktionen. Vor jeder Transaktion kann der zugehörige Transaktionscode (vgl. Kapitel 1.3) angezeigt werden. Diese Einstellung ist meist sehr sinnvoll und wird in den Übungen zu diesem Kapitel behandelt.

– Statusleiste:
Die Statusleiste befindet sich ganz unten auf dem Bildschirm. Auf der rechten Seite befinden sich drei Statusfelder. Sind diese nicht sichtbar, so muss man auf das Dreieck rechts unten klicken (②) in Abbildung 1-5 bzw. in Abbildung 1-6), um sie sich darstellen zu lassen.

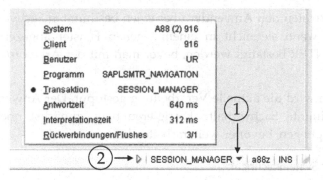

Abbildung 1-6: Auswahlmöglichkeiten im linken Statusfeld

In Abbildung 1-6 sind die verschiedenen Auswahlmöglichkeiten im linken Statusfeld abgebildet. Diese kann man sich durch das Klicken auf das nach unten zeigende Dreieck (①) in Abbildung 1-6) im hier verwendeten SAP GUI 7.3 anzeigen lassen.
Ein SAP-Anwender wird normalerweise den Menüeintrag „Transaktion" wählen. So wird der Transaktionscode für die jeweils aktuelle Transaktion angezeigt. Dies ist insbesondere dann wichtig, wenn man sich Sachverhalte zu SAP ERP bzw. Transaktionen von einem anderen Anwender erklären lässt und dieser zu schnell durch den Menübaum klickt. In so einem Fall notiert man sich zumindest den Transaktionscode für die aufgerufene Transaktion in diesem Feld der Statusleiste. Später lässt man sich in Ruhe den zugehörigen Menüpfad mit dem Transaktionscode SEARCH_SAP_MENU anzeigen.[5]

---

5 Nutzen Sie diese Transaktion auch, wenn Sie bei den Abbildungen in diesem Buch – wider Erwarten – den Menüpfad nicht finden sollten. Dafür ist bei allen Abbildungen zu Transaktionen stets der dazugehörige Transaktionscode angegeben. Mit dem Transaktionscode SEARCH_SAP_MENU können Sie auch nach allen Menüpfaden zu Transaktionen suchen, in deren Namen ein bestimmter Begriff enthalten ist.

Damit werden aber nur Menüpfade zu Transaktionen im Anwendungsmenü, nicht jedoch im Customizing, angezeigt.

Das mittlere Statusfeld zeigt den Anwendungsserver an. Im rechten Statusfeld kann man durch Klick mit der linken Maustaste zwischen den beiden Modi Einfügen (INS) und Überschreiben (OVR) für Feldeingaben umschalten.

Auf der linken Seite der Statusleiste werden die Systemnachrichten angezeigt, die stets der Unterstützung des Anwenders dienen, selbst wenn – wie bei Fehlermeldungen – erst einmal die Arbeit nicht fortgesetzt werden kann.

Folgende Meldungstypen existieren:

- Systemmeldungen beinhalten eine Information, dass eine bestimmte Funktion von SAP ERP, z. B. das Anlegen eines Kundenauftrags, ausgeführt wurde. Es können ggf. noch zusätzliche Sachverhalte, wie z. B. eine automatisch generierte Belegnummer, angezeigt werden.

- Informationen unterrichten den Anwender über einen bestimmten Sachverhalt und müssen – wenn sie nicht in einem eigenen Fenster angezeigt werden – erst mit ENTER bestätigt werden, bevor man mit der Arbeit fortfahren kann.

- Bei Fehlermeldungen wird die aktuelle Verarbeitung gestoppt. Der Anwender muss erst bestimmte Sachverhalte korrigieren bzw. zunächst noch andere Sachverhalte pflegen, bevor er weiterarbeiten kann.

Beispiel zum Umgang mit einer Systemnachricht:[6]

Geben Sie im Kommandofeld den Transaktionscode KA01 ein, um eine primäre Kostenart anzulegen und drücken Sie ENTER.

Im Feld „Kostenart" tragen Sie bitte eine sinnlose Buchstabenkombination ein und im Feld „gültig ab" den ersten Tag des aktuellen Kalenderjahres.[7]

Nach der Bestätigung mit ENTER erscheint in der Statusleiste die Fehlermeldung aus Abbildung 1-7.

---

6   Dieses Beispiel aus dem Modul Controlling (SAP CO) von SAP ERP ist mit am anschaulichsten. Leider gibt es didaktisch kaum ein Äquivalent in SAP SD.

7   Die zeitsparendste Datumseingabe bei SAP ERP ist, wie in Abbildung 1-7 zu sehen, sechsstellig ohne Punkte zwischen den Zahlen.

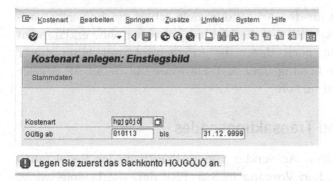

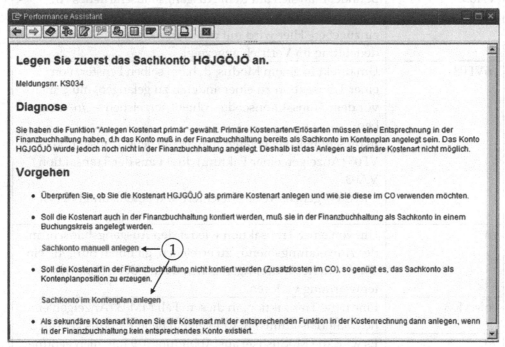

Abbildung 1-7:   Beispiel für eine Fehlermeldung (KA01)

Den Inhalt aller Systemnachrichten, die nicht reine Systemmeldungen sind, sollte man sich durch Klick mit der linken Maustaste auf die Statusleiste anzeigen lassen.

In diesem konkreten Fall erscheint eine „idealtypische" Fehlerbeschreibung mit einer Fehlerdiagnose und einzelnen Schritten, um den oder die Fehler zu beheben (vgl. Abbildung 1-8).

Abbildung 1-8:   Beispiel für eine Beschreibung zu einer Fehlermeldung (KA01)

Bei den unter dem Punkt „Vorgehen" genannten Schritten sind zwei Einträge blau unterlegt (①) in Abbildung 1-8). Wenn man auf einen dieser Einträge mit der linken Maustaste klickt, so wird man in diesem Fall direkt zu einer anderen Transaktion weitergeleitet und kann dort die fehlenden Eingaben hinzufügen.

Somit besteht die Möglichkeit für den Anwender, viele Fehlerursachen selbst auf-
zuspüren. Selbst wenn von SAP ERP nur die Meldungsnummer ohne erklärenden
Text angezeigt wird, besteht auch dann die Möglichkeit, mit Hilfe dieser
Meldungsnummer nach einer Lösung über SAP-Hinweise auf dem SAP Service
Marktplatz bzw. im Internet zu suchen.

1.3   Transaktionen und Transaktionscodes

Eine Transaktion stellt für einen Anwender von SAP ERP in der Regel einen
konkreten betriebswirtschaftlichen Vorgang in SAP ERP dar, wie beispielsweise
das Anlegen einer primären Kostenart in Abbildung 1-7.[8]

Tabelle 1-1:   Beachtenswertes bei der Eingabe von Transaktionscodes im Kommandofeld

(Beispielhafte) Eingabe im Kommandofeld	Bedeutung
VA03	Befindet man sich auf dem Ausgangsbildschirm des An-wendungsmenüs, so braucht man nur den Transaktionscode einzugeben. Hier wird mit der Transaktion VA03 ein Kun-denauftrag im Vertrieb angezeigt.
/nVF03	Um direkt in einem Modus, d. h. im selben Fenster, von einer Transaktion zu einer anderen zu gelangen, muss man vor dem Transaktionscode – ohne Leerzeichen – „/n" einge-ben. In diesem Beispiel gelangt man in die neue Transaktion VF03 (Anzeigen einer Faktura) direkt aus der Transaktion VA03. Diese Vorgehensweise erleichtert und beschleunigt die Ar-beit wesentlich.
/n	Um von einer Transaktion wieder den Ausgangsbildschirm des Anwendungsmenüs zu erreichen, gibt man nur „/n" ein. Ungesicherte Änderungen gehen dann jedoch ohne Sys-temwarnung verloren.
/oMM03	Eine neue Transaktion, in diesem Fall MM03 (Anzeigen ei-nes Materialstamms) wird in einem neuen Modus geöffnet.
/o	Es wird die Modusliste aus Abbildung 1-9 mit allen geöffne-ten Modi des Anwenders angezeigt.

---

8   Zur allgemeinen technischen Definition einer Transaktion siehe auch die Anmerkung
     auf Seite 42.

Jeder Transaktion im Anwendungsmenü ist ein Transaktionscode, auch technischer Name genannt, als eindeutige Kurzbezeichnung bzw. als Primärschlüssel zugeordnet. Erfahrene SAP-Anwender verständigen sich in der Praxis teilweise fast ausschließlich durch die Nennung von Transaktionscodes statt eine Transaktion verbal zu beschreiben.

Für Transaktionen im Customizing-Menü wurden in SAP ERP für etliche Transaktionen keine eigenen Transaktionscodes vergeben. In solchen Fällen wird nur der allgemeine Transaktionscode SPRO angezeigt. Ein erstes Beispiel dafür findet sich auf Seite 16.

Die Eingabe eines Transaktionscodes im Kommandofeld (vgl. Abbildung 1-5) ist nicht case sensitive, d. h. es können alle Buchstaben eines Transaktionscodes kleingeschrieben werden.[9] Tabelle 1-1 zeigt einige der wichtigsten Möglichkeiten für die Eingabe von Transaktionscodes im Kommandofeld.[10]

Bei der Arbeit mit SAP ERP sollte jeder Anwender immer mindestens zwei Modi geöffnet haben. In Abbildung 1-9 sind beispielsweise drei Modi geöffnet. Dies ist zum einen sehr sinnvoll, da man oft verschiedene Transaktionen, z. B. die Anzeige eines Debitors während des Anlegens eines Kundenauftrags, gleichzeitig in SAP ERP ausführt.

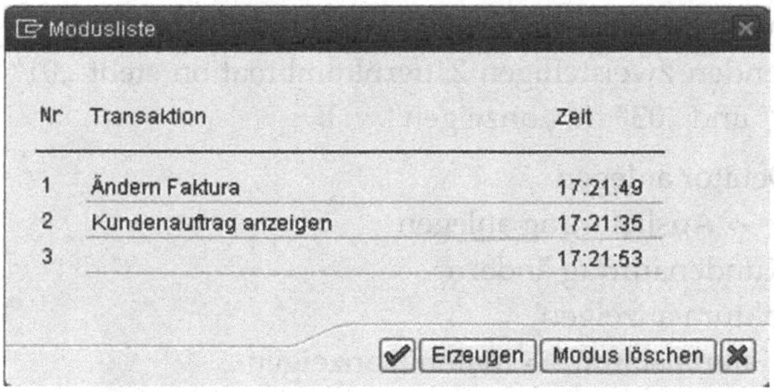

Abbildung 1-9: Beispiel für eine Modusliste zu einem Anwender (SM04)

Das Arbeiten mit mehreren Modi hat aber auch den Vorteil, dass man beispielsweise im Falle einer (ungewollt) umfangreichen Datenbankabfrage und mit der damit verbundenen Wartezeit in der Zwischenzeit in einem anderen Modus weiterarbeiten kann. Bei den meisten Transaktionen ist es durch einen Klick auf das Symbol ganz links in der Menüleiste (vgl. dem linken Teil von Abbildung 1-10) möglich, einen neuen Modus zu erzeugen während SAP ERP arbeitet. Jedoch funktioniert dieses Vorgehen nicht bei allen Transaktionen. Ein Beispiel für eine Aus-

---

9 Um einzelne Transaktionscodes im Text optisch besser hervorzuheben, werden sie in diesem Buch jedoch stets großgeschrieben.

10 Neben „/n" und „/o" kann man im Kommandofeld noch andere Abkürzungen eingeben. Diese sind für einen Einsteiger in SAP ERP jedoch nicht unbedingt geeignet und werden hier deshalb nicht dargestellt.

nahme ist die Transaktion ZUSR, die auf der rechten Seite von Abbildung 1-10 zu sehen ist.

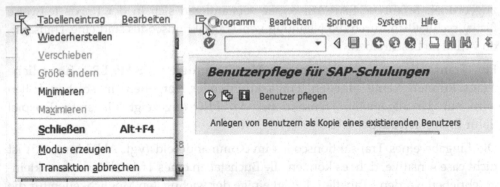

Abbildung 1-10:   Prinzipielles Erzeugen einen neuen Modus während der Systemausführung (links), sowie eine Ausnahme davon (rechts)

Generell gilt, dass in verschiedenen Modi jeweils unterschiedliche Transaktionen ausgeführt werden, da man sich sonst selbst sperrt.

Die Bezeichnungen für grundlegende Transaktionscodes von SAP R/3 waren ursprünglich vierstellig. Sie begannen meist mit zwei Buchstaben gefolgt von zwei Ziffern und folgten einer gewissen Systematik. Der erste Buchstabe steht für die deutsche Modulbezeichnung und der zweite Buchstabe bezeichnet ein zugehöriges Teilgebiet. Bei der danach folgenden zweistelligen Ziffernkombination steht „01" für „anlegen", „02" für „ändern" und „03" für „anzeigen", z. B.

- VD01: <u>V</u>ertrieb/ <u>D</u>ebitor → Debitor anlegen
- VL01: <u>V</u>ertrieb/ Aus<u>l</u>ieferung → Auslieferung anlegen
- VA02: <u>V</u>ertrieb/ <u>A</u>uftrag → Kundenauftrag ändern
- VF03: <u>V</u>ertrieb/ <u>F</u>aktura → Faktura anzeigen
- MM03: <u>M</u>aterialwirtschaft/ <u>M</u>aterialstamm → Material anzeigen
- FD03: <u>F</u>inanzwesen/ <u>D</u>ebitoren → Debitor anzeigen
- KA01: <u>K</u>ostenrechnung/ Kosten<u>a</u>rtenrechnung → Kostenart anlegen

Mit zunehmender Komplexität des ERP-Systems wurde diese Systematik immer mehr durchbrochen. Man kann beispielsweise aber immer noch davon ausgehen, dass alle Transaktionscodes, die mit „V" anfangen, zu Transaktionen des Vertriebes gehören. Umgekehrt gilt jedoch, dass es im Vertrieb mittlerweile auch viele Transaktionen gibt, die nicht mit „V" beginnen.

Ende der 1990er Jahre stellte die SAP AG fest, dass das damalige SAP R/3-System funktional den Anforderungen der meisten Anwender mehr als genügte. Nachholbedarf identifizierte man aber bei der intuitiven Verständlichkeit bzw. Benutzerfreundlichkeit. Daraus entstand die sog. Enjoy SAP-Initiative mit dem Ziel, u. a. SAP-Software benutzerfreundlicher und optisch ansprechender zu gestalten. Für das neue visuelle Design wurden viele Transaktionen (optisch) überarbeitet. Diese überarbeiteten neuen Transaktionen erhielten einen fünfstelligen Transaktionscode, der wie beispielsweise VL01N mit „N" endet. Das „N" steht dabei für „New Design".

Die ursprünglichen vierstelligen Transaktionscodes können immer noch genutzt werden. Wird dies getan, so sollte man unbedingt sicherstellen, dass bei dem neuen Transaktionscode, wie u. a. auch bei VL01N keine neuen Datenfelder, Funktionalitäten etc. implementiert wurden. Ansonsten obliegt es jedem Anwender selbst, welches visuelle Design ihn bei einer Transaktion besser anspricht.

Alle Transaktionscodes sind in der Tabelle TSTC enthalten. Diese kann mit der Transaktion SE16 oder SE16N angezeigt werden (vgl. Übungen zu diesem Kapitel).

1.4 Customizing

Standardsoftware, wie z. B. SAP ERP, muss stets an die konkreten betriebswirtschaftlichen Anforderungen eines Unternehmens angepasst werden. Diese unternehmensindividuelle Systemkonfiguration wird als Customizing bezeichnet und bildet die Voraussetzung für das Erfassen betriebswirtschaftlicher Vorgänge in Transaktionen des Anwendungsmenüs.

Die SAP AG liefert ihren Kunden standardmäßig mit jedem SAP ERP-System einen Einführungsleitfaden für das Customizing, den sog. SAP-Referenz-IMG (Implementation Guide) aus.

Der SAP-Referenz-IMG enthält als sog. IMG-Aktivitäten alle einzelnen Arbeitsschritte zu allen Anwendungskomponenten. Es wird im Anwendungsmenü über den Menüpfad „Werkzeuge/ Customizing/ IMG/ Projektbearbeitung" oder mit dem zugehörigen Transaktionscode SPRO und einem Klick auf den Button „SAP Referenz-IMG"[11] bzw. auf „F5" in Abbildung 1-11 erreicht.

Abbildung 1-11: Einstieg in das Customizing-Menü (SPRO)

Der Zusammenhang von Anwendungs- und Customizing-Menü soll mit einer Analogie zu einem Fußballspiel erklärt werden.

---

11 Bei Unternehmen ist dieser Button u.U. umbenannt, z. B. in „Unternehmens-IMG".

Anwender, die ausschließlich im Anwendungsmenü arbeiten, gleichen Fußball-spielern, die nur einen fertigen Platz betreten wollen, um darauf Fußball zu spielen. Sie fragen sich nicht, warum der Fußballplatz genauso – beispielsweise bezüglich der Größe des Strafraums, der Positionierung der Tore und der Beschaffenheit der Spielfläche etc. – ausgestaltet ist. Diese Fragen nach dem „Warum?" werden im Customizing beantwortet.

Durch Änderungen im Customizing können spielbeeinflussende Parameter individuell verändert werden. Für den Spielbetrieb mit Jugendmannschaften werden beispielsweise die beiden Tore sowie das Spielfeld verkleinert und die Spieldauer verkürzt. Diese Anpassungen (im Customizing) ändern den gesamten Spielablauf (im Anwendungsmenü) maßgeblich.

Das Customizing-Menü ist nach den einzelnen Anwendungskomponenten gegliedert. Alle Arbeitsschritte für die Systemkonfiguration sind einer oder mehreren Anwendungskomponenten zugeordnet. Dabei gilt von oben nach unten in der Regel das Prinzip „vom Allgemeinen zum Speziellen" bzw. „von dem, was zuerst konfiguriert werden muss, zu dem, was später konfiguriert wird".

Optisch ist das Customizing-Menü bei weitem nicht so ansprechend gestaltet wie das Anwendungsmenü. Dies liegt auch darin begründet, dass die erfahrenen Anwender, die im Customizing-Menü arbeiten, meist weitaus weniger Wert auf optisch gefällige Benutzeroberflächen legen als Anwender, die nur im Anwendungsmenü arbeiten.

Die einzelnen Transaktionen im Customizing-Menü erreicht man durch das Aufklappen der kleinen Dreiecke (Icon ▶) bei den einzelnen Menüpunkten. Vor Transaktionen steht immer das Icon ⊕ „Ausführen".

Unerfahrene Anwender werden bei Transaktionen im Customizing-Menü teilweise durch die Wahl der Verben irritiert. Bei der Transaktion „Verkaufsorganisation definieren, kopieren, löschen, prüfen" würden beispielsweise viele Anwender auch das Verb „ändern" erwarten. Daran sollte man sich nicht stören, sondern sich stattdessen auf die verwendeten Substantive fokussieren. Wenn man eine Transaktion mit dem gesuchten Substantiv findet, so ist dies oft die Gewünschte.

In der Praxis scheuen viele Anwender den Umgang mit den Einstellungen im Customizing. Nichtsdestotrotz sollte sich jeder interessierte SAP-Anwender unbedingt damit beschäftigen, wenn er hinterfragen möchte, warum einzelne Prozesse bzw. Sachverhalte im Anwendungsmenü gerade unternehmensspezifisch in dieser Art und Weise ausgestaltet sind.

Es ist daher immer von Vorteil, sich ein Berechtigungsprofil geben zu lassen, welches eine Leseberechtigung für das Customizing beinhaltet. Dann besteht keine Gefahr, im Customizing versehentlich Konfigurationseinstellungen zu verändern.

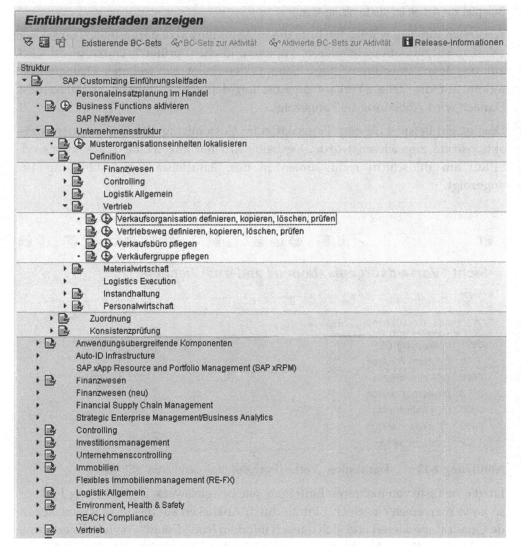

Abbildung 1-12: Ausschnitt aus dem Customizing-Menü bzw. dem SAP Referenz-IMG (SPRO)

Beispiel zur Arbeit im Customizing-Menü:

Als ersten Einstieg wählen Sie bitte die in Abbildung 1-12 dargestellte Transaktion „Verkaufsorganisation definieren, kopieren, löschen, prüfen". Durch einen Klick auf das Icon „Ausführen" (vgl. Seite 14) erscheint ein weiteres Dialogfenster, indem auf die Zeile „Verkaufsorganisation definieren" doppelt zu klicken ist. Danach wird Abbildung 1-13 angezeigt.

Dies ist ein Beispiel für eine Transaktion im Customizing, der kein eigener Transaktionscode zugewiesen wurde. Deshalb wird der allgemeine Transaktionscode SPRO am Bildschirm rechts unten in der Statusleiste (vgl. Abbildung 1-6) angezeigt.

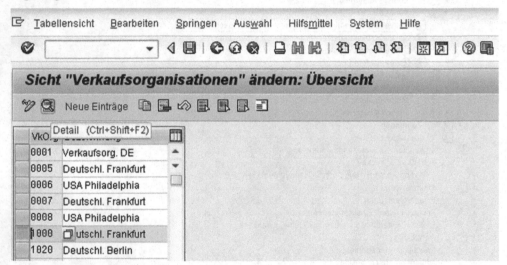

Abbildung 1-13:   Transaktion „Verkaufsorganisation definieren" (SPRO)

Liegt eine Liste von mehreren Einträgen, wie beispielsweise in Abbildung 1-13 vor, so kann man einen einzelnen Eintrag durch Anklicken auf das links davon stehende Quadrat markieren und sich danach mit dem Icon „Detail" – symbolisiert durch eine Lupe – die in Abbildung 1-14 abgebildeten Einzelheiten zu diesem Eintrag darstellen lassen.

Da sich die gesamte Funktionalität zu einer Transaktion stets in der Menüleiste (vgl. Seite 6) findet, können die Details zu einem selektierten Antrag auch über das Menü „Springen/ Details" angezeigt werden. Durch das Drücken der Taste „F3" bzw. dem Klick auf das Icon „zurück" gelangt man wieder zu Abbildung 1-13.

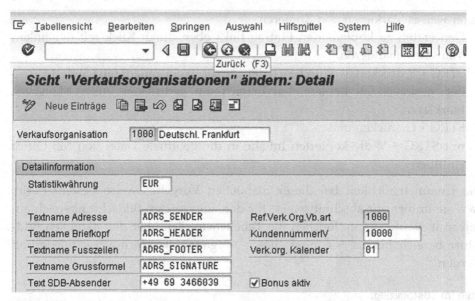

Abbildung 1-14:   Details zur Verkaufsorganisation 1000 (SPRO)

Oftmals sind in einer Transaktion im Customizing-Menü viele Tabelleneinträge enthalten. Möchte man langwieriges Scrollen vermeiden, so stehen in der Menüleiste einzelne Suchhilfen zur Verfügung, wie z. B. unter „Springen/ Positionieren" oder „Auswahl/ Nach Inhalten", in der einzelne Felder für die Selektion ausgewählt werden können.

Tipps zum Download von SAP ERP nach MS Office:

Häufig möchte man auch Tabelleneinträge wie aus Abbildung 1-13, in MS Excel oder in eine andere Anwendung kopieren. Dafür steht in einzelnen Transaktionen im Customizing in der Menüleiste gewöhnlich der Eintrag „System/ Liste/ Sichern/ Lokale Datei" oder eventuell noch ein Eintrag wie z. B. „Bearbeiten/ Downloads" zur Verfügung.

Ist dies nicht der Fall, so kann man durch folgende Arbeitsschritte versuchen, ein stupides Abtippen bzw. Kopieren einzelner Felder zu vermeiden:

– Direktes „Drucken" in eine Anwendung von MS Office:
  In der Menüleiste den Eintrag „Tabellensicht/ Drucken" wählen, dann in der neuen Menüleiste einen der Einträge

  • „Liste/ Exportieren/ Tabellenkalkulation" oder

  • „Liste/ Exportieren/ Lokale Datei/ Tabellenkalkulation" oder

  • „System/ Liste/ Sichern/ Lokale Datei/ Tabellenkalkulation"

  wählen und einen Dateinamen sowie einen Speicherort für die Datei vergeben. Bei jeder Transaktion im Customizing ist zu prüfen, ob diese Funktionalität zur Verfügung steht.

– Seitenweises Markieren und Kopieren:

- Den ersten zu kopierenden Eintrag links oben durch Klick mit der linken Maustaste markieren,
- STRG + Y drücken, wodurch sich der Cursor in ein Fadenkreuz ändert,
- den gesamten zu kopierenden Bereich mit gedrückter linker Maustaste markieren,
- STRG + C drücken und
- mit STRG + V die kopierten Inhalte in die geöffnete Datei von MS Office einfügen.

Die Unannehmlichkeit bei dieser manuellen Vorgehensweise besteht darin, dass sie immer nur abschnittsweise für den angezeigten Bildschirmbereich angewandt werden kann. Reichen die Tabelleneinträge über den aktuellen Bildschirmbereich hinaus, so muss dieser Vorgang bildschirmweise wiederholt werden.

Arbeiten im Customizing:

Wenn Sie eine Schreibberechtigung im Customizing besitzen, müssen Sie für alle Ihre Arbeiten im Customizing, auch bei der Bearbeitung der Übungen in diesem Buch, folgende Sachverhalte ohne Ausnahme unbedingt beachten:

Allgemeine Dont's: (STOP)

– Keine bestehenden Customizing-Einträge von SAP ERP löschen bzw. ändern, z. B. keine einzelnen Zeilen eines bereits vorhandenen Kalkulationsschemas ändern oder löschen.

– Keine bestehenden Verknüpfungen zwischen bestehenden Customizing-Einträgen löschen bzw. ändern, z. B. eine bestehende Verkaufsorganisation einem existierenden Buchungskreis zuordnen.

Mögliche Do's:

– Neue Customizing-Einträge hinzufügen, z. B. ein neues Kalkulationsschema als Kopie eines bestehenden Kalkulationsschemas anlegen und dann darin die angestrebten Modifikationen vornehmen.

– Neue Customizing-Einträge mit bereits bestehenden oder neuen Customizing-Einträgen verknüpfen, z. B.

- bei 1:n-Kardinalitäten (vgl. Seite 49) auf Seite der n Einträge, z. B. eine neue Verkaufsorganisation anlegen und einem bereits existierenden Buchungskreis zuordnen
- eine selbst neu angelegte Verkaufsorganisation einem selbst neu angelegten Buchungskreis zuordnen.

Die Aufzeichnung von Änderungen im mandantenabhängigen Customizing erfolgt in der in Abbildung 1-15 dargestellten Mandantenverwaltung.

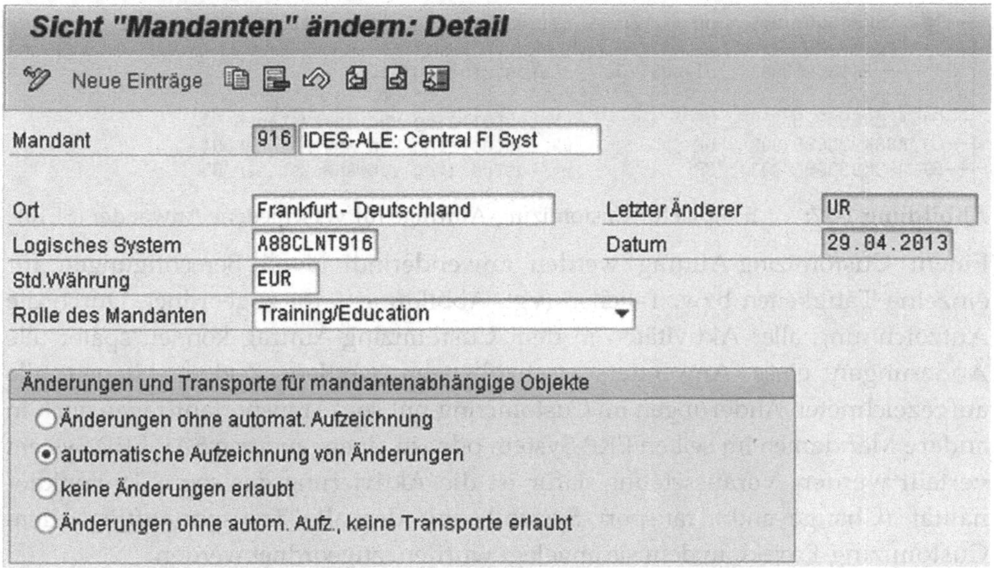

Sicht "Mandanten" ändern: Detail

🖉 Neue Einträge 🗋 🖫 🖏 🖺 🖺 🔀

Mandant	916 IDES-ALE: Central FI Syst		
Ort	Frankfurt - Deutschland	Letzter Änderer	UR
Logisches System	A88CLNT916	Datum	29.04.2013
Std.Währung	EUR		
Rolle des Mandanten	Training/Education ▾		

Änderungen und Transporte für mandantenabhängige Objekte
○ Änderungen ohne automat. Aufzeichnung
◉ automatische Aufzeichnung von Änderungen
○ keine Änderungen erlaubt
○ Änderungen ohne autom. Aufz., keine Transporte erlaubt

Abbildung 1-15:   Mandantenverwaltung (SCC4)

In der Praxis wird bei der Mandantenverwaltung aus Abbildung 1-15 fast ausschließlich die Einstellung „automatische Aufzeichnung von Änderungen" gewählt.

Dies führt dazu, dass ein Anwender nach Änderungen bzw. neuen Einträgen im Customizing vor dem Speichern automatisch einen Customizing-Auftrag, wie beispielsweise in Abbildung 1-16, angeben muss, dem sein User und die Transaktion im Customizing zugeordnet sind.

Ihr IDES-Mandant ist u.U. so eingestellt, dass alle Änderungen im Customizing ohne automatische Aufzeichnung gespeichert werden können.

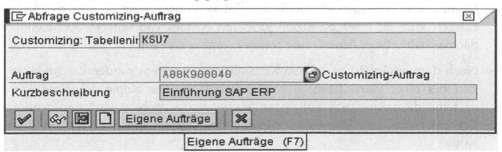

Abbildung 1-16:   Beispiel für einen Customizing-Auftrag (SE10)

Im Unternehmen werden Customizing-Aufträge fast immer durch einen erfahrenen und für das Customizing verantwortlichen Anwender bzw. Inhaber mit der Transaktion SE10 für die einzelnen Mitarbeiter zentral angelegt und überwacht. Abbildung 1-17 zeigt eine Liste mit Customizing-Aufträgen für verschiedene Anwender, z. B. „HI-CUST-02".

```
 ┌─ A88K900092 903    UR           LV Customizing von Anwsystemen 02
 │
 └────── A88K900093  HI-CUST-02    Customizing-Aufgabe

 ┌─ A88K900090 903    UR           LV Customizing von Anwsystemen 03
 ┌─ A88K900088 903    UR           LV Customizing von Anwsystemen 04
 ┌─ A88K900086 903    UR           LV Customizing von Anwsystemen 05
```

Abbildung 1-17:	Beispiel für Customizing-Aufträge für verschiedene Anwender (SE10)

Einem Customizing-Auftrag werden anwenderindividuell Berechtigungen für einzelne Tätigkeiten bzw. Tabellen (vgl. Abbildung 1-16) zugeordnet. Durch die Aufzeichnung aller Aktivitäten in dem Customizing-Auftrag können später alle Änderungen eines Anwenders nachvollzogen werden. Zudem können alle aufgezeichneten Änderungen im Customizing mit sog. Transportaufträgen auch in andere Mandanten im selben ERP-System oder in einem anderen SAP ERP-System verteilt werden. Voraussetzung dafür ist die Aktivierung der sog. CTS-Funktionalität (Change and Transport System), mit der alle Transportaufträge dem Customizing-Projekt, in dem sie angelegt wurden, zugeordnet werden.

Jedes Unternehmen hat in der Praxis eine ERP-Systemlandschaft mit mehreren, meist drei oder vier Systemen installiert:

–	Zuerst werden alle Änderungen im Customizing, alle selbst erstellten Programme und alle Systemupdates in einem sog. Entwicklungssystem (sandbox) getestet. Das Entwicklungssystem umfasst einen im Gegensatz zum Produktivsystem sehr reduzierten Satz an Stamm- und Bewegungsdaten.

–	Nach Beseitigung aller Fehler im Entwicklungssystem werden alle Änderungen im Customizing in ein Konsolidierungs- bzw. Qualitätssicherungssystem transportiert. Dadurch müssen dort nicht wieder alle Änderungen manuell eingestellt werden. Das Konsolidierungssystem beinhaltet eine größere Anzahl von Stamm- und Bewegungsdaten als das Entwicklungssystem, so dass die Änderungen auch an einer potenziell größeren Anzahl von seltener auftretenden Sachverhalten bzw. Ausnahmen getestet werden können.

–	Nach dem erfolgreichen Test im Konsolidierungssystem werden die Änderungen bei einer vierstufigen Systemlandschaft in eine Kopie des Produktivsystems, die beispielsweise alle paar Wochen neu aufgebaut wird, transportiert. Bei einer aus drei Mandanten bestehenden Systemlandschaft entfällt diese Kopie.
	In der Kopie des Produktivsystems können bei de facto gleicher Komplexität (es fehlen lediglich die aktuellen Daten der letzten Tage bzw. Wochen) wie im Produktivsystem alle Änderungen getestet werden.

–	Erst wenn alle Tests im Konsolidierungssystem bzw. in der Kopie des Produktivsystems erfolgreich verlaufen sind, erfolgt der Transport der Änderungen in das Produktivsystem, das für die Abbildung der realen Unternehmensprozesse genutzt wird.

1.5 Systemseitige Hilfen

SAP ERP stellt dem Anwender eine Vielzahl von Hilfen zur Verfügung. Zusätzlich zu der Hilfe durch Systemnachrichten (vgl. u. a. Abbildung 1-8 auf Seite 9) werden nachfolgend kurz weitere wichtige Hilfen erklärt.

1.5.1 Allgemeine Hilfen zur Anwendung

Bei allen Transaktionen des Anwendungs- und Customizing-Menüs wird in der Menüleiste immer der Menüpunkt „Hilfe" angezeigt. Dort findet man verschiedene Hilfen, von denen die „Hilfe zur Anwendung" am wichtigsten ist.

Diese Hilfe zur Anwendung verzweigt transaktionsspezifisch direkt zum zugehörigen Teil der allgemeinen SAP-Bibliothek, die man im Internet unter http://help.sap.com findet. Abbildung 1-18 zeigt exemplarisch die Hilfe zur Anwendung für die Transaktion MMH1 aus Abbildung 1-24 auf Seite 26. Von hier aus kann entweder über den Menübaum links oder über die unterstrichenen blau unterlegten Begriffe des beschreibenden Textes im rechten Teil weiter navigiert werden.

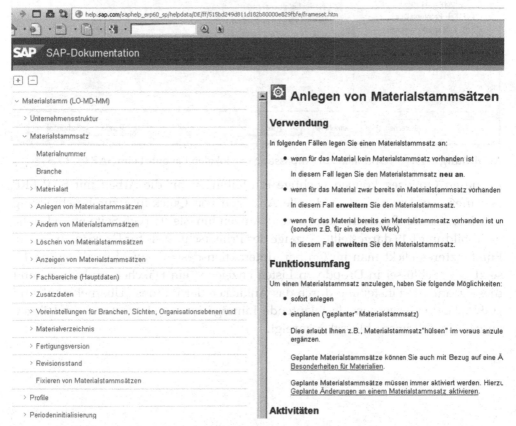

Abbildung 1-18:   Auszug aus der Hilfe zur Anwendung für die Transaktion MMH1

1.5.2   Hilfen zur Benutzeroberfläche

Die Benutzeroberfläche kann anwenderindividuell mit Einträgen im Ordner „Optionen" des Icons „lokales Layout anpassen" (Icon ▣ ganz rechts) der System-funktionsleiste gestaltet werden.

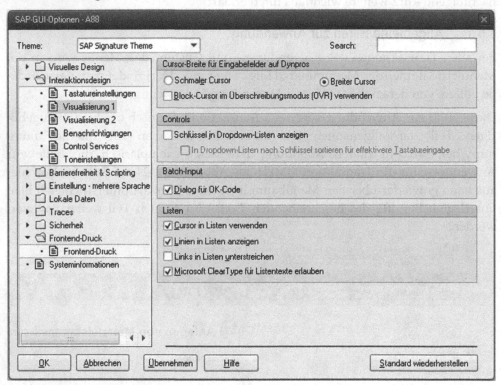

Abbildung 1-19:   Optionen zur Anpassung des lokalen Layouts beim SAP GUI 7.3

In diesen Optionen können wichtige Einstellungen für die Arbeit mit SAP ERP getroffen werden, z. B. das schnelle Anzeigen von Quick-Info zur Beschreibung von Icons in der Systemfunktions- und Anwendungsleiste (vgl. Seite 6f.) oder die in Abbildung 1-19 dargestellte Anzeige des Primärschlüssels für Dropdown-Listen. Für Letzteres klickt man im Ordner „Interaktionsdesign" auf „Visualisierung 1", setzt bei „Schlüssel in Dropdown Listen anzeigen" ein Häkchen und übernimmt diese geänderte Einstellung durch das Anklicken der Buttons „Übernehmen" und „OK". Dadurch werden gleichlautende Einträge in Dropdown-Listen mit ihrem zugehörigen Primärschlüssel angezeigt.

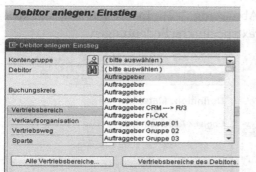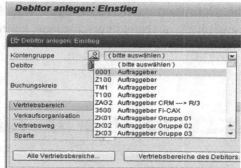

Abbildung 1-20: Einträge in Dropdown-Listen ohne und mit Primärschlüssel (XD01)

Diese Einstellung ist dann sehr nützlich, wenn in einem SAP ERP-System verschiedene gleichlautende Einträge in einem Feld enthalten sind, deren Unterschiede ansonsten – zumindest im Anwendungsmenü – nicht ersichtlich werden.

Abbildung 1-20 zeigt ein solches Beispiel in dem diesem Buch zugrundeliegenden IDES-Mandanten für die Transaktion „Debitor anlegen". Ansonsten kann man auf das Anzeigen des Primärschlüssels verzichten, da dessen Anzeige eher zu einer unübersichtlicheren Darstellung der Einträge in einem Listenfeld führt.

1.5.3 Hilfen für ein einzelnes Feld

Feldhilfen existieren zu einzelnen Eingabefeldern innerhalb einer Transaktion. Positioniert man den Cursor auf einem Eingabefeld und drückt die Taste „F1" oder klickt auf das Icon ⑧, so erscheint eine Erklärung zu dessen inhaltlicher bzw. betriebswirtschaftlicher Bedeutung.

Durch das Drücken der Taste F4 oder das Klicken auf das Icon ⬜ werden alle bereits in SAP ERP vorhandenen Inhalte zu diesem Eingabefeld angezeigt. Da diese Wertemenge u.U. sehr groß ist, bietet SAP ERP automatisch Selektionsmöglichkeiten anhand einzelner Felder bzw. Kriterien auf (meist mehreren) Registerkarten an.

Aufgrund der Erläuterungen in der F1-Hilfe ist es bei SAP ERP selten nötig, einzelne Sachverhalte auswendig zu lernen. Die in der F1-Hilfe bereitgestellten Erklärungen sind meist auch für Einsteiger leicht zu verstehen. Sie sollten deshalb stets, unabhängig vom Grad der Expertise, von jedem Anwender genutzt werden.

Beispiel zur F1- und F4-Hilfe:

Rufen Sie bitte die Transaktion MMH1 zum Anlegen einer Handelsware für den Vertrieb auf. Anhand des Feldes „Material" werden nachfolgend die F1- und die F4-Hilfe erklärt.

Positionieren Sie den Cursor in diesem Eingabefeld und drücken Sie die Taste „F1". Danach wird der Hilfstext vom linken Teil von Abbildung 1-21 angezeigt. Durch Klick auf das blau unterlegte Wort „Material" (unterhalb von ①) erscheint die Definition vom rechten Teil von Abbildung 1-21. In diesem Fall hat das gewählte Eingabefeld verschiedene, kontextspezifische Bedeutungen.

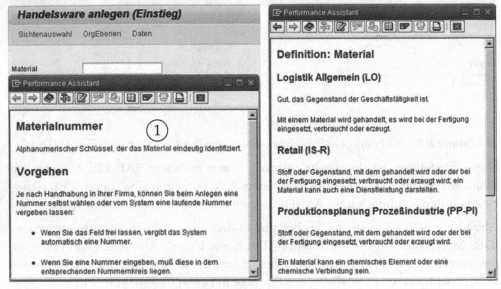

Abbildung 1-21: Beispiel für die F1-Hilfe (MMH1)

Mit einem Klick auf die Taste F4 oder das Icon 🗖 am rechten Rand des Eingabefeldes erhält man die verschiedenen Möglichkeiten zur Eingrenzung der Selektion anhand von Eingabefeldern in mehreren Registerkarten (vgl. Abbildung 1-22).

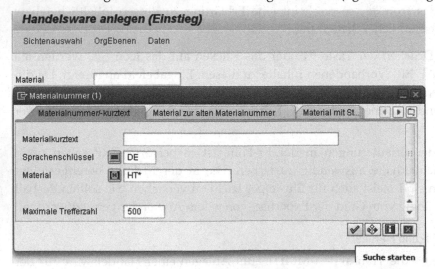

Abbildung 1-22: Beispiel für die F4-Hilfe (MMH1)

Normalerweise wird zuerst die Registerkarte ganz links angezeigt. Bei einigen Eingabefeldern wurde dies jedoch nicht konsistent realisiert. Wird einmal eine andere als die ganz linke Registerkarte aufgerufen, so sollte man diese trotzdem zuerst wählen, da dort meist die gängigsten Felder zur Selektion enthalten sind.

In Abbildung 1-22 wird nach allen bereits vorhandenen Materialien, die mit „HT" beginnen, gesucht. Der Stern im Selektionsfeld „Material" in Abbildung 1-22 ist ein Platzhalter und steht für ein oder mehrere alphanumerische Zeichen.

Klickt man rechts unten auf das grüne Häkchen „Suche starten", so erscheint die in Abbildung 1-23 auszugsweise abgebildete Trefferliste. Durch einen Doppelklick mit der linken Maustaste auf einen dieser Einträge würde dieser in das Eingabefeld übernommen werden.

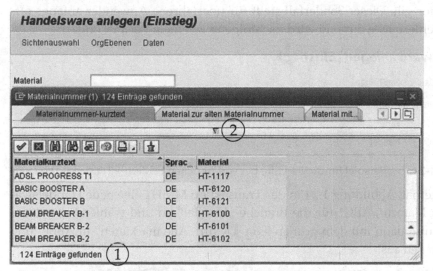

Abbildung 1-23:   Beispiel für eine Trefferliste (Auszug) der F4-Hilfe (MMH1)

Um etwaige Fehler bzw. Irritationen zu vermeiden, sollte man vor dem Betrachten der Trefferliste jedoch stets die Systemmeldung ansehen. Steht dort bei ① ein konkreter Wert, wie z. B. 124 in Abbildung 1-23, ist diese Selektion insofern spezifisch genug, da sie unter der maximalen Trefferanzahl von 500 aus Abbildung 1-22 liegt.

Wenn man die Suche aus Abbildung 1-22 wiederholt und dabei im Selektionsfeld „Material" nichts eingibt, so erhält man die Systemmeldung „Es existieren mehr als 500 Eingabemöglichkeiten". In so einem Fall werden nur die ersten 500 Treffer angezeigt. Daraus resultiert manchmal die Irritation, dass man nach einem in SAP ERP vorhandenen Eintrag (hier: Material) sucht, der nicht zu den ersten 500 Treffern gehört und damit nicht in der Trefferliste angezeigt wird. In so einem Fall existieren zwei Möglichkeiten:

– Erhöhung der maximalen Trefferanzahl und/oder

– Reduzierung der Trefferanzahl durch die Formulierung strengerer Selektionsbedingungen.

Normalerweise ist die zweite Möglichkeit vorzuziehen, da Ausgabelisten mit mehr als 500 Treffern relativ unübersichtlich sind.

Durch Klick auf die schmale Leiste über der Trefferliste bei ② in Abbildung 1-23 werden wieder die Selektionskriterien in den einzelnen Registerkarten angezeigt. Dies ist besonders in den sehr seltenen Fällen wichtig, bei denen beim Aufruf der F4-Hilfe direkt eine Trefferliste angezeigt wird, ohne dass man vorher Selektionskriterien eingegeben hat (vgl. Übungen zu diesem Kapitel).

Seit ein paar Jahren gibt es in einigen Transaktionen auch eine F4-Hilfe, die nicht nur für ein, sondern für mehrere, sachlogisch miteinander zusammenhängende Eingabefelder gilt. Dieser Sonderfall stellt für unerfahrene Anwender anfangs oftmals eine Fehlerquelle dar und wird nachfolgend an einem Beispiel erklärt:

Abbildung 1-24:   Beispiel für die F4-Hilfe bei verbundenen Feldern – Teil 1 (MMH1)

Legen Sie gemäß Abbildung 1-24 in der Transaktion MMH1 eine neue Handelsware mit dem Namen „ABC" für die Branche „Handel" an und wählen Sie mit der Taste „F5" und dann mit dem grünen Icon 🗒 für „Alle markieren" in Abbildung 1-25 alle Sichten aus.

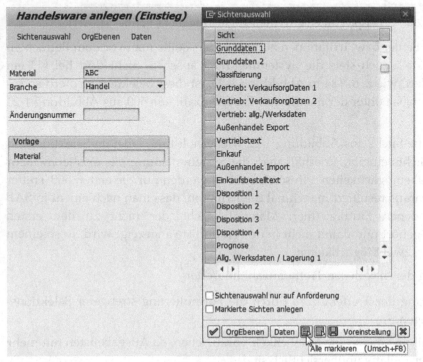

Abbildung 1-25:   Beispiel für die F4-Hilfe bei verbundenen Feldern – Teil 2 (MMH1)

Nach dem Klick auf das grüne Häkchen „Weiter" in Abbildung 1-25 oder auf die Schaltfläche „OrgEbenen" gelangen Sie zu Abbildung 1-26. Die neue Handelsware soll für das Materiallager im Werk 1000 angelegt werden. Im ersten Eingabefeld tragen Sie deshalb für das Werk direkt den Wert 1000 ein.

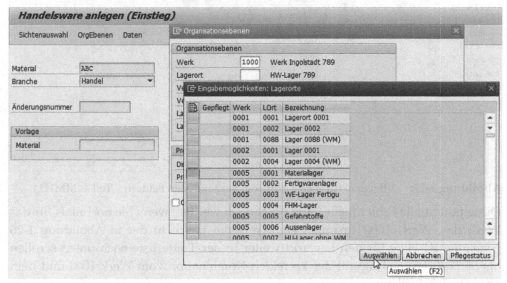

Abbildung 1-26:   Beispiel für die F4-Hilfe bei verbundenen Feldern – Teil 3 (MMH1)

Im nächsten Eingabefeld für den Lagerort können Sie nun mit der F4-Hilfe nach dem bereits im System vorhandenen Wert für das Materiallager suchen. Ein erster so lautender Eintrag findet sich bereits in der sechsten Zeile der Trefferliste von Abbildung 1-26. Mit einem Doppelklick auf diese Zeile wird für das Eingabefeld Lagerort der Wert „0001" für das Materiallager im Eingabefeld eingetragen.

Betrachtet man danach jedoch das Ergebnis in Abbildung 1-27, so wird ersichtlich, dass der zuvor für das Werk manuell eingetragene Wert „1000" aus Abbildung 1-26 nun durch den Wert „0005" überschrieben wurde. Es handelt sich hier um ein Beispiel für eine F4-Hilfe bei miteinander verbundenen Eingabefeldern.

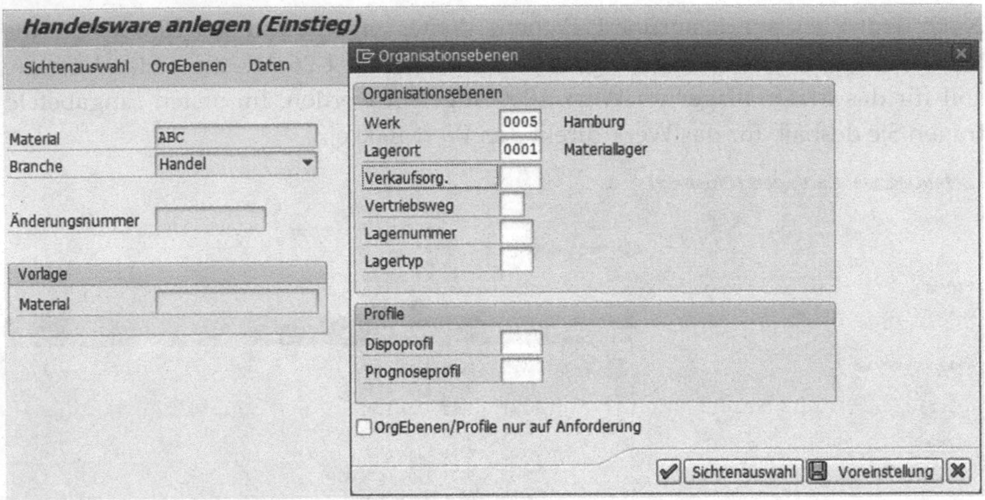

Handelsware anlegen (Einstieg)

Sichtenauswahl   OrgEbenen   Daten

Material   ABC
Branche   Handel   ▾

Änderungsnummer

Vorlage
Material

[Organisationsebenen]

Organisationsebenen

Werk   0005   Hamburg
Lagerort   0001   Materiallager
Verkaufsorg.
Vertriebsweg
Lagernummer
Lagertyp

Profile

Dispoprofil
Prognoseprofil

☐ OrgEbenen/Profile nur auf Anforderung

[✔ Sichtenauswahl] [🖫 Voreinstellung] [✖]

Abbildung 1-27:   Beispiel für die F4-Hilfe bei verbundenen Feldern – Teil 4 (MMH1)

Diese potentielle Fehlerquelle kann umgangen werden, wenn Sie nochmals für das Werk den Wert „1000" manuell einfügen oder gleich in der in Abbildung 1-26 gezeigten F4-Hilfe für den Lagerort weiter in der Trefferliste nach unten scrollen bis Sie auf den Eintrag mit der korrekten Kombination vom Werk 1000 und dem Lagerort 0001 gelangen.

Durch Klick auf das Icon ✖ „Abbrechen" oder mit der Taste „F12" bei Abbildung 1-27 und dem nächsten Bildschirm verlassen Sie bitte diese Transaktionen, ohne diese Handelsware zu speichern.

1.5.4   Hilfen im Customizing

Auch im Customizing existiert für Anwender eine Vielzahl von Hilfen. Jedoch soll an dieser Stelle nochmals wiederholt werden, dass Einstellungen im Customizing stets nur von sehr erfahrenen Anwendern vorgenommen werden sollten, welche eigentlich keine Hilfen benötigen und nur in absoluten Einzelfällen auf diese zurückgreifen. Beispiele für wichtige Hilfen im Customizing sind:

– Suche nach einem Begriff im Customizing-Menü:

[Suche in der Struktur]

Suchbegriff   VERTRIEBSBEREICH

Info zum Textindex

Letzte Generierung des Index über die Texte
am   16.07.2012   um   11:56:37   🔁 🔁   im Hintergrund
Letzte Generierung des Switchframework Filters
am   um   00:00:00   🔁 🔁   im Hintergrund

[✔] | [🔍 Letzte Trefferliste] | [✖]

Weiter (Enter)

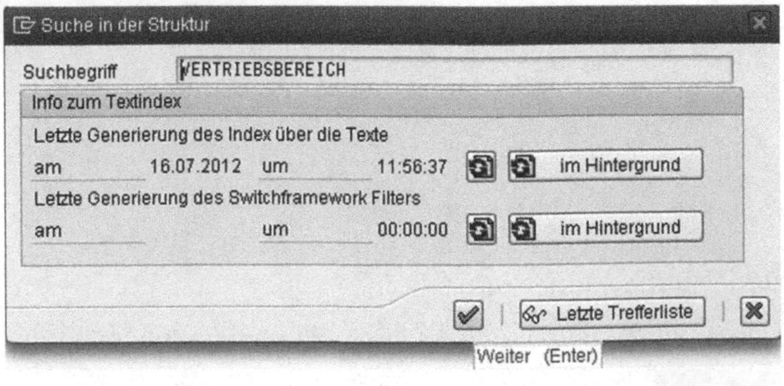

Abbildung 1-28:   Suche nach einem Begriff im Customizing-Menü (SPRO)

Unter dem Menüpunkt „Bearbeiten/ Suchen" kann man einen Suchbegriff eingeben, wie z. B. „Vertriebsbereich" in Abbildung 1-28. Danach werden wie in Abbildung 1-29 alle Transaktionen im Customizing-Menü angezeigt, welche das gesuchte Wort beinhalten.

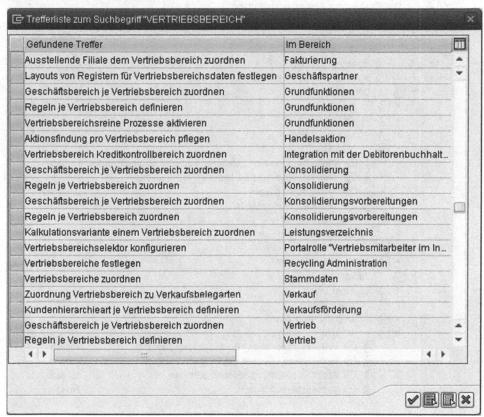

Abbildung 1-29: Trefferliste zum Suchbegriff „Vertriebsbereich" im Customizing-Menü (SPRO)

– Anzeigen von Zusatzinformationen zu einzelnen Transaktionen:
Unter dem Menüpunkt „Zusatzinformationen" befinden sich für jede Transaktion im Customizing zahlreiche Sachverhalte, wie beispielsweise die Klassifizierung nach kritischen und notwendigen Aktivitäten, Schlüssel zu Attributen und Pflegeobjekten, die Zuordnung zu Anwendungskomponenten, Angaben zur Mandantenabhängigkeit und Transportart u. v. m. Diese werden, wie in Abbildung 1-30, im rechten Bereich des Customizing-Menüs zusätzlich angezeigt.[12]

---

12 Warum es beispielsweise unkritisch ist, diese Organisationseinheiten nicht zu pflegen, wird in Kapitel 2.5.4 und 2.5.5 erklärt.

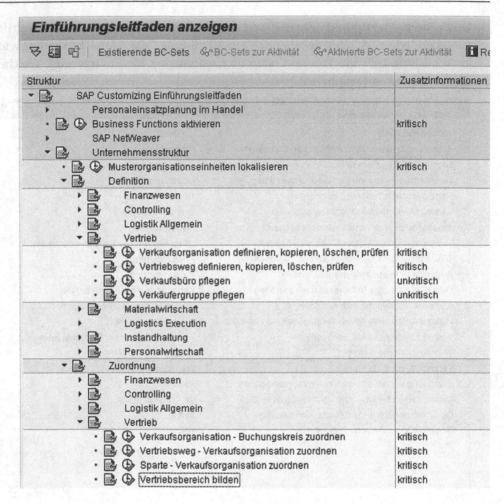

Abbildung 1-30:   Anzeige der Zusatzinformation „Kritische Aktivität" im Customizing-Menü (SPRO)

– Dokumentation zur IMG-Aktivität:
Vor jeder Transaktion im Customizing-Menü sowie einigen Ordnerüberschriften befindet sich links das Icon ![icon] .
Durch Klick mit der linken Maustaste darauf wird die Dokumentation zur betreffenden Transaktion angezeigt. Abbildung 1-31 zeigt die Dokumentation zur IMG-Aktivität „Verkaufsorganisation definieren" aus Abbildung 1-13 auf Seite 16.
Diese Dokumentation zur IMG-Aktivität ist im Allgemeinen sehr gut und sollte vom Anwender stets genutzt werden, wenn er sich nicht vollkommen sicher über die Bedeutung und alle Auswirkungen einer speziellen Einstellung im Customizing ist.

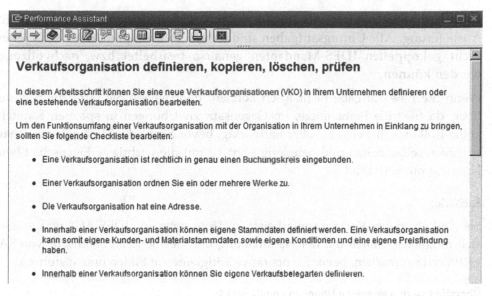

Verkaufsorganisation definieren, kopieren, löschen, prüfen

In diesem Arbeitsschritt können Sie eine neue Verkaufsorganisationen (VKO) in Ihrem Unternehmen definieren oder eine bestehende Verkaufsorganisation bearbeiten.

Um den Funktionsumfang einer Verkaufsorganisation mit der Organisation in Ihrem Unternehmen in Einklang zu bringen, sollten Sie folgende Checkliste bearbeiten:

- Eine Verkaufsorganisation ist rechtlich in genau einen Buchungskreis eingebunden.

- Einer Verkaufsorganisation ordnen Sie ein oder mehrere Werke zu.

- Die Verkaufsorganisation hat eine Adresse.

- Innerhalb einer Verkaufsorganisation können eigene Stammdaten definiert werden. Eine Verkaufsorganisation kann somit eigene Kunden- und Materialstammdaten sowie eigene Konditionen und eine eigene Preisfindung haben.

- Innerhalb einer Verkaufsorganisation können Sie eigene Verkaufsbelegarten definieren.

Abbildung 1-31: Dokumentation zur IMG-Aktivität „Verkaufsorganisation definieren" (SPRO)

1.6 Übungen

Allgemeine Anmerkungen:

Alle Aufgabenstellungen zu den Übungen dieses Buches finden sich zum Download im Internet unter http://www.springer.com/978-3-658-18856-6. Diese Vorgehensweise wurde gewählt, damit jeder Leser für die Bearbeitung nach dem individuellen Bedarf entsprechend viele Leerzeilen einfügen kann. Auch wird so eine redundante Darstellung der Aufgabenstellungen, die bei den Musterlösungen zur besseren Lesbarkeit nochmals wiederholt werden, vermieden.

Die zugehörigen Musterlösungen werden im nachfolgenden Kapitel vorgestellt.

Mit den Übungen zu diesem Kapitel sollen Sie sich vor allem mit der Benutzung an möglichst vielen Stellen des Eingangsbildschirms im Anwendungsmenü von SAP ERP vertraut machen. Die Lösungen zu allen Übungen dieses Kapitels (mit Ausnahme der Übungen 1 und 9) finden Sie daher im Eingangsbildschirm des Anwendungsmenüs (vgl. Abbildung 1-5 auf Seite 5). **Bitte navigieren Sie für die Übungen 2 bis 8 nicht im Menübaum.**

Die in diesem Buch beschriebenen Übungsaufgaben wurden in einem IDES-Mandanten mit SAP ERP 6.0 incl. EHP 4, der gegenwärtig (Stand: Januar 2014) von der SAP AG und den SAP University Competence Centern für den deutschen Hochschulbereich bereitgestellten aktuellsten SAP-Version, erarbeitet. Eine kleine Besonderheit liegt darin, dass der für die Aufgaben dieses Buches verwendete IDES-Mandant von SAP ERP an ein SAP CRM-System gekoppelt ist. Dadurch sind ggf. weitere Teilprozesse abgebildet bzw. es existieren teilweise mehr Einträge in einzelnen Feldern als bei einer nicht gekoppelten IDES-Auslieferung. **Alle Übungsaufgaben sind jedoch so konzipiert, dass sie in jedem nicht gekoppelten IDES-Mandanten genauso bearbeitet bzw. nachvollzogen werden können.**

Wenn Sie eine Aufgabe nicht lösen können, dann gehen Sie bitte zur nächsten über, da hier die Reihenfolge, im Gegensatz zu Übungen in späteren Kapiteln, keine Rolle spielt. Seien Sie aber hartnäckig, bevor Sie in die Musterlösung schauen: „Sich selbst helfen und neugierig sein" ist mit die wichtigste Eigenschaft beim Umgang mit SAP ERP!

Szenario:

Sie sind ein neuer Vertriebsmitarbeiter im Unternehmen „IDES AG" und müssen sich möglichst schnell mit der Handhabung und der Benutzeroberfläche von SAP ERP vertraut machen, bevor Sie operative Tätigkeiten abbilden und ausführen.

Übersicht zu den einzelnen Übungen von Kapitel 1:

Tabelle 1-2 zeigt im Überblick die Inhalte zu den Übungen von Kapitel 1, das zugehörige Buchkapitel sowie die Seite, bei der die Lösung beginnt.

Tabelle 1-2:   Inhalte der Übungen zu Kapitel 1 (Übungen 1 bis 11)

Übung	Seite	Inhalte	zu Kapitel
1	33	Fremdsprachige Übersetzungen für SAP-Begriffe anzeigen	1.1
2	34	Verschiedene Modi in SAP ERP nutzen	1.2
3	34	Eine Favoritenliste anlegen und bearbeiten	1.2
4	35	Die Einstellungen im lokalen Layout anpassen	1.2
5	36	Die Einstellungen für Eingaben in Felder festlegen	1.2
6	36	Vorgaben für den eigenen SAP-Benutzer pflegen	1.2
7	38	Alle Menüpfade zu einem Transaktionscode anzeigen	1.3
8	40	– Den aktuellen Transaktionscode in der Statusleiste anzeigen – Alle Transaktionscodes im Menübaum des Anwendungsmenüs anzeigen	1.3
9	40	Inhalte einer Tabelle von SAP ERP nach MS Office transferieren	1.3
10	46	Die SAP-Bibliothek direkt aus SAP ERP nutzen	1.5.1
11	47	Die Anzahl der maximal angezeigten Treffer bei der F4-Hilfe für den eigenen SAP-Benutzer festlegen	1.5.3

1.7   Lösungen zu den Übungen

Allgemeine Anmerkung:

Die den Übungen zugrundeliegenden Aufgabenstellungen sind im Gegensatz zu den Antworten stets fett hervorgehoben.

Übung 1: Fremdsprachige Übersetzungen für SAP-Begriffe (→ Kapitel 1.1)

Sie müssen eine englischsprachige Dokumentation zu SAP ERP schreiben. Wie lautet bei SAP ERP der englische Begriff für „Vertrieb"? Melden Sie sich dazu in SAP ERP (vgl. Abbildung 1-4 auf Seite 5) nochmals unter Ihrem SAP-User in der Sprache „en" an und navigieren Sie im Menübaum zum Vertrieb.[13]

Nach dem erneuten Anmelden in SAP ERP in Englisch wählen Sie bitte im Menübaum des Anwendungsmenüs „Logistics/ Sales and Distribution".

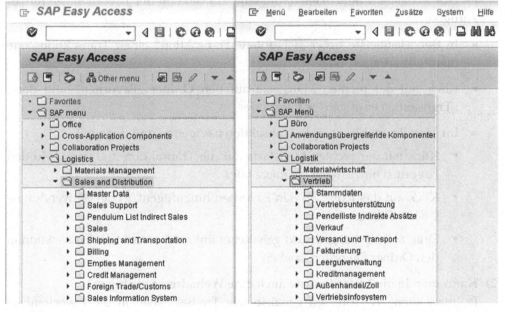

Anmerkung:

Das gleichzeitige Arbeiten in zwei verschiedenen Modi mit unterschiedlichen Sprachen, wie beispielsweise in der nachfolgenden Abbildung, gestaltet sich so sehr effektiv und effizient. Lässt man sich gleichzeitig die korrespondierenden Menüpunkte anzeigen, erhält man die stets korrekte Übersetzung für alle Begriffe im SAP ERP. Alle anderen Vorgehensweisen sind weitaus fehleranfälliger und langsamer.

---

13 Bitte lassen Sie hier und in allen nachfolgenden Aufgaben bei den Eingaben stets die Anführungszeichen weg. Diese dienen nur der besseren Kenntlichmachung.

Übung 2: Modi in SAP ERP (→ Kapitel 1.2)

1) **Wie können Sie einen neuen Modus öffnen?**
   Ein neuer Modus kann geöffnet werden durch:
   - System/ Erzeugen Modus
   - Eingabe von „/o" im Kommandofeld
   - Klick auf das Icon 🔳 in der Systemfunktionsleiste

2) **Wie viele Modi können gleichzeitig geöffnet sein?**
   Es können maximal 6 Modi gleichzeitig geöffnet werden.

Übung 3: Favoritenliste (→ Kapitel 1.2)

1) **Legen Sie eine Favoritenliste an und fügen Sie dort die Transaktion SPRO ein.**
   Es gibt folgende Möglichkeiten, um eine Transaktion der Favoritenliste hinzuzufügen:

   - In der Menüleiste unter „Favoriten/ Transaktion" einen Transaktionscode manuell eintragen, oder

   - Klick mit der rechten Maustaste auf den Ordner „Favoriten" und dann „Transaktion einfügen" wählen, oder

   - Im Menübaum bis zu einer Transaktion navigieren und dann mit

     - Klick mit der rechten Maustaste auf die Transaktion und dann „Zu den Favoriten hinzufügen" wählen, oder

     - Klick auf das Icon „Zu den Favoriten hinzufügen" in der Anwendungsleiste wählen, oder

     - Drag & Drop bei gedrückt gehaltener linker Maustaste die Transaktion in den Ordner Favoriten „ziehen".

2) **Kann man in die Favoritenliste auch eine Webadresse einfügen?**
   Ja, man kann Webadressen genauso wie Transaktionen in die Favoritenliste übernehmen durch einen

   - Klick mit der rechten Maustaste auf den Ordner „Favoriten" und dann „Sonstige Objekte einfügen" und „Webadresse oder Datei" wählen und die Webadresse manuell eintragen, oder

   - manuellen Eintrag in der Menüleiste unter „Favoriten/ Sonstige Objekte einfügen".

Übung 4: Lokales Layout anpassen (→ Kapitel 1.2)

Lassen Sie sich die Quick-Info („Welche Bedeutung haben Icons?"; vgl. Seite 6) für Buttons zukünftig in den Optionen Ihres lokalen Layouts „schnell" anzeigen.

Wählen Sie in der Systemfunktionsleiste „Lokales Layout anpassen/ Optionen".

Session Manager Menübaumanzeiae

Die Einstellung für die Quick-Info-Verzögerung befindet sich beim SAP GUI 7.3 unter „Interaktionsdesign/ Benachrichtigungen".

In früheren GUI-Versionen findet man diese Einstellung direkt unter der Register-karte „Optionen".

Der Defaultwert ist auf „Mittel" bzw. „Langsam" eingestellt, obwohl ein Anwen-der in der Regel möglichst schnell wissen möchte, welche Bedeutung ein Icon hat.

Einstellung im SAP GUI 7.0:

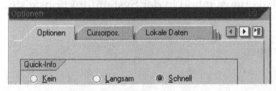

Einstellung im SAP GUI 7.3:

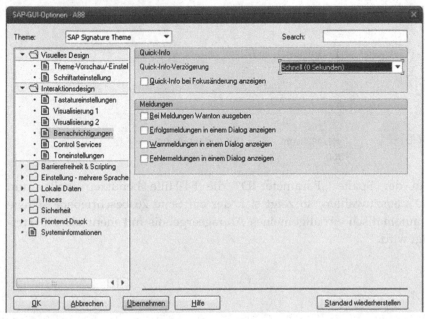

Klicken Sie dann auf „Übernehmen" und „OK".

Übung 5: Einstellungen für Eingaben in Felder (→ Kapitel 1.2)

Ändern Sie die Einstellung für Eingaben in Felder so, dass neue Inhalte eingefügt werden.

▷ | SESSION_MANAGER ▼ | a88z | INS | ☜

Wählen Sie durch Klick mit der linken Maustaste im rechten Statusfeld der Statusleiste den Eintrag „INS" aus.

Übung 6: Pflege eigener Benutzervorgaben (→ Kapitel 1.2)

Um sich zukünftig Arbeitsaufwand für das Eintragen der immer gleichen Organisationseinheiten in Eingabefelder zu sparen, hinterlegen Sie bitte als Voreinstellung für Ihren Benutzer den Parameterwert „1000" für die Organisationseinheit BUK (= Buchungskreis).

Wählen Sie in der Menüleiste „System/ Benutzervorgaben/ Eigene Daten" und tragen Sie dann in der Registerkarte „Parameter" für die Parameter-ID „BUK" den neuen Parameterwert „1000" ein (Transaktion SU3).

Durch Klick auf das Icon „Sichern" (Diskettensymbol) in der Systemfunktionsleiste wird dieser gespeichert.

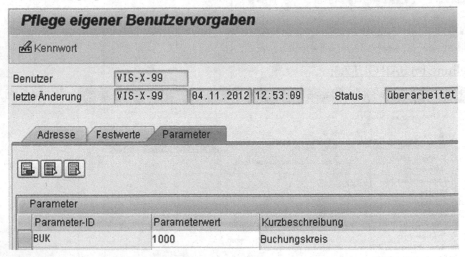

Wenn Sie in der Spalte „Parameter-ID" die F4-Hilfe benutzen wollen um Parameter-ID's auszuwählen, so zeigt sich der auf Seite 26 beschriebene seltene Effekt, dass automatisch ein allgemeines Abfrageergebnis mit mehr als 500 Treffern angezeigt wird.

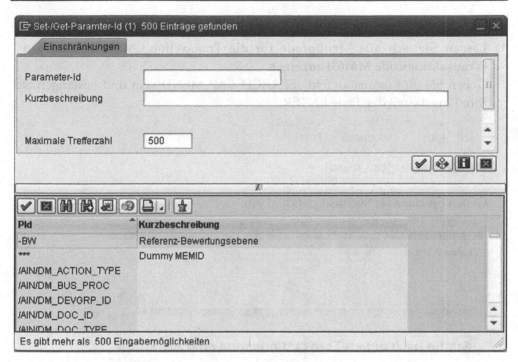

Erst durch einen Klick auf die gelb unterlegte schmale Leiste über der Trefferliste (vgl. auch Abbildung 1-23 auf Seite 25) kann man eigene Selektionskriterien eingeben.

Die nachfolgende Tabelle zeigt Beispiele für Parameter-ID's zu Organisationseinheiten aus Kapitel 2 (vgl. Abbildung 2-1 auf Seite 50), die Sie bei Bedarf für Ihren SAP-User als Default-Werte hinterlegen können:

Tabelle 1-3:   Parameter-ID's für Organisationseinheiten von Kapitel 2

Parameter-ID	Organisationseinheit
BUK	Buchungskreis
KKB	Kreditkontrollbereich
VKO	Verkaufsorganisation
VTW	Vertriebsweg
VKB	Verkaufsbüro
VKG	Verkäufergruppe
WRK	Werk
SPA	Sparte
VST	Versandstelle
LGN	Lagernummer
EKO	Einkaufsorganisation
LAG	Lagerort
CAC	Kostenrechnungskreis
ERB	Ergebnisbereich

Übung 7: Anzeige von Menüpfaden zu Transaktionscodes (→ Kapitel 1.3)

1) **Lassen Sie sich alle Menüpfade für die Transaktion „Material anzeigen" (Transaktionscode MM03) anzeigen.**
   Geben Sie im Kommandofeld „SEARCH_SAP_MENU" ein und bestätigen Sie Ihre Eingabe mit der Taste ENTER.

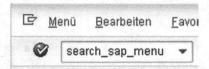

Geben Sie dann als Suchtext „MM03" ein.

Knoten	Transaktionscode	Text
Knoten	MM03	Material
Vorgängerknoten		Stammdaten
Vorgängerknoten		Umfeld
Vorgängerknoten		Einkaufsinfosystem
Vorgängerknoten		Auswertungen
Vorgängerknoten		Bestellung
Vorgängerknoten		Einkauf
Vorgängerknoten		Materialwirtschaft
Vorgängerknoten		Logistik
Knoten	MM03	Material
Vorgängerknoten		Stammdaten
Vorgängerknoten		Umfeld
Vorgängerknoten		Einkaufsinfosystem
Vorgängerknoten		Auswertungen
Vorgängerknoten		Rahmenvertrag
Vorgängerknoten		Einkauf
Vorgängerknoten		Materialwirtschaft
Vorgängerknoten		Logistik
Knoten	MM03	Material

:

Anmerkung:

In der Ausgabeliste sind alle Menüpfade inhaltlich stets von unten nach oben zu lesen, d. h. die Wurzel der Baumstruktur des Menübaums im Anwendungsmenü wird unten angezeigt.

2) Falls mehrere Menüpfade angezeigt werden sollten:

a) Spielt es eine Rolle, welchen Menüpfad man wählt oder nicht?
Nein, es spielt keine Rolle, welchen Menüpfad man wählt. Jeder Transaktionscode ist die eindeutige Kurzbezeichnung bzw. der Primärschlüssel einer Transaktion (vgl. auch Seite 11), d. h. im Fall der Transaktion MM03 „führen viele Wege nach Rom".

b) Warum existieren zu einer Transaktion eventuell mehrere Menüpfade?
Manche Transaktionen machen inhaltlich/betriebswirtschaftlich an mehreren Stellen in SAP ERP Sinn. Einerseits hat ein Anwender eine größere Chance, eine Transaktion zu finden bzw. auszuführen, wenn diese an mehreren Stellen im Menübaum enthalten ist. Andererseits wird dadurch die schon recht komplexe Struktur des Menübaums nochmals vergrößert.

3) Können Sie sich mit dieser „Methode" auch Menüpfade zu Transaktionen des Customizing-Menüs anzeigen lassen?
Nein, mit dem Transaktionscode SEARCH_SAP_MENU können nur Menüpfade zu Transaktionen im Anwendungsmenü angezeigt werden. Da einem Anwender beim Arbeiten im Customizing stets die Gesamtzusammenhänge bewusst sein sollten, macht diese Beschränkung Sinn.

4) Lassen Sie sich alle Menüpfade zu Transaktionen anzeigen, in deren Namen das Wort „Materialverzeichnis" enthalten ist.
Geben Sie wieder den Transaktionscode SEARCH_SAP_MENU in das Kommandofeld ein und schreiben Sie in das Feld „Eingabe Suchtext" den Begriff „Materialverzeichnis".

Suche nach einem Transaktionscode oder Menütitel

Knoten	Transaktionscode	Text
Knoten	MM60	Materialverzeichnis
Vorgängerknoten		Sonstige
Vorgängerknoten		Material
Vorgängerknoten		Umfeld
Vorgängerknoten		Kondition/Absprache
Vorgängerknoten		Umfeld
Vorgängerknoten		LiefAbsprachen
Vorgängerknoten		Nachtr. Abrechnung
Vorgängerknoten		Stammdaten
Vorgängerknoten		Einkauf
Vorgängerknoten		Materialwirtschaft
Vorgängerknoten		Logistik
Knoten	MM60	Materialverzeichnis
Vorgängerknoten		Sonstige
Vorgängerknoten		Material
Vorgängerknoten		Umfeld
Vorgängerknoten		Kondition/Absprache
Vorgängerknoten		Umfeld
Vorgängerknoten		Kundenabsprachen
Vorgängerknoten		Nachtr. Abrechnung
Vorgängerknoten		Stammdaten

u.v.m.

Übung 8: Anzeige von Transaktionscodes (→ Kapitel 1.3)

1) Verändern Sie die Einstellungen so, dass in der Statusleiste immer der aktuelle Transaktionscode angezeigt wird.
Wählen Sie im linken Statusfeld der Statusleiste den Eintrag „Transaktion".

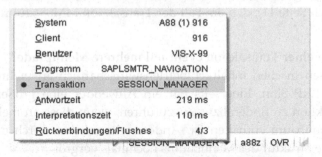

2) Verändern Sie die Einstellungen so, dass zusätzlich jeweils der technische Name bzw. Transaktionscode vor der Bezeichnung der Transaktion im Menübaum des Anwendungsmenüs angezeigt wird.
Wählen Sie in der Menüleiste „Zusätze/ Einstellungen" und setzen Sie das Häkchen bei „Technische Namen anzeigen".

Übung 9: Download von Tabelleninhalten von SAP ERP nach MS Office (→ Kapitel 1.3)

Sie wollen eine Excel-Liste mit Transaktionscodes zu Vertriebstransaktionen anlegen. Transaktionscodes zu Transaktionen sind in der Tabelle TSTC gespeichert.

1) Lassen Sie sich mit der Transaktion SE11 zuerst die Struktur der Tabelle „TSTC" anzeigen.

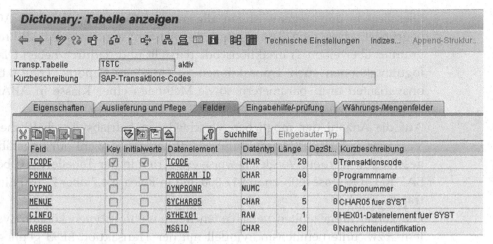

2) **Rufen Sie nun die Transaktion SE16 auf, um sich die Inhalte der Tabelle TSTC anzeigen zu lassen.**

a) **Wie viele Transaktionscodes gibt es momentan in SAP ERP?**

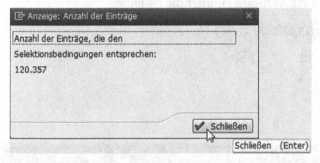

Anmerkungen:

- Bevor man Tabelleninhalte aufruft, sollte immer sichergestellt werden, dass mindestens ein weiterer Modus geöffnet ist.

- Durch Klick auf den Button „Anzahl Einträge" wird die Anzahl der Treffer für die Selektion binnen Sekundenbruchteilen angezeigt. Anhand der Trefferanzahl kann man erkennen, ob die eingegebenen Selektionsbedingungen spezifisch genug formuliert wurden oder nochmals einschränkender spezifiziert werden sollten.
Lässt man sich gleich die Trefferliste anzeigen, so kann es sein, dass SAP ERP für eine zu allgemein gehaltene Datenbankabfrage länger braucht. Falls dies passiert, kann man währenddessen in einem anderen geöffneten Modus weiterarbeiten.

- Die Anzahl der gefundenen Einträge kann bei Ihrem SAP-System variieren. In SAP ERP sind momentan nicht nur Transaktionscodes für einzelne Anwendungen enthalten, da in den letzten Jahren auch Transaktionscodes für einzelne Reports etc. angelegt wurden.

Dies liegt in der (gegenwärtigen allgemeinen) Definition der SAP AG begründet, dass eine Transaktion die Ausführung eines ABAP-Programms über einen Transaktionscode darstellt und dadurch neben Dialogtransaktionen auch Transaktionen zu einzelnen Reports, Transaktionsvarianten und -parametern sowie Methoden einer Klasse in ABAP Objects existieren können.

Auf die Anzahl der möglichen verschiedenen betriebswirtschaftlichen Vorgänge in SAP ERP kann damit aus der obigen Anzahl nur ungefähr geschlossen werden. Vergleichsweise existierten in der Tabelle TSTC bei SAP R/3 in Release 4.0B knapp 17.000 und in Release 4.7 über 72.000 Einträge.

Die vorher aufgezählten verschiedenen Transaktionstypen können system- bzw. unternehmensindividuell mit der Transaktion SE93 gepflegt werden. Dort besteht auch die Möglichkeit, sich mit der F4-Hilfe definierte Transaktionen für unterschiedliche Anwendungskomponenten anzeigen zu lassen (siehe unten). Wählen Sie dazu in den Feldern der untenstehenden Abbildungen immer die F4-Hilfe.

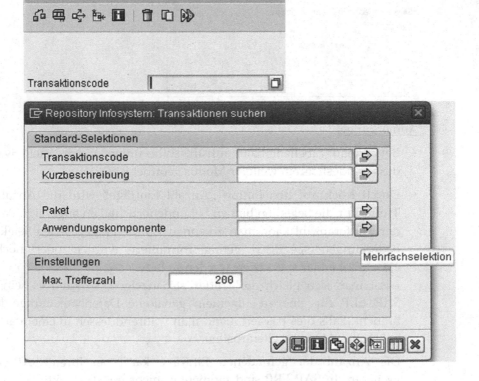

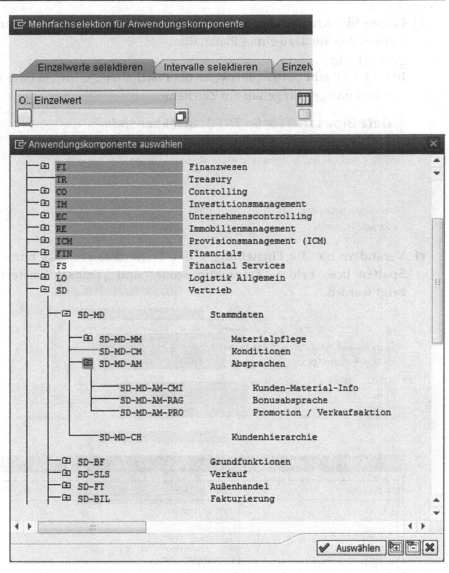

Die obige Abbildung zeigt einen Auszug aus den Anwendungskomponenten von SAP ERP.

b) **Lassen Sie sich alle Transaktionscodes, die mit „VA" beginnen, anzeigen.**
   Verwenden Sie dazu einen Platzhalter.
   Anmerkung:
   In SAP ERP gibt es beispielsweise die Platzhalter „*" für ein oder mehrere
   Zeichen und „+" für genau ein Zeichen.

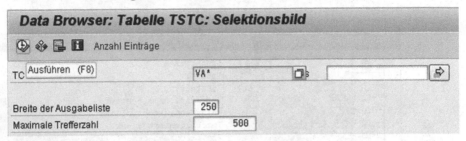

c) **Verändern Sie die Einstellungen der Trefferliste so, dass nur noch die**
   Spalten bzw. Felder „Transaktionscode" und „Transaktionstext" ange-
   zeigt werden.

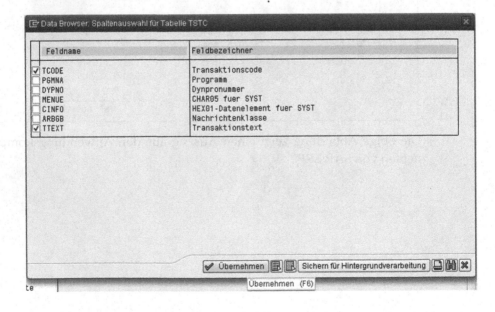

d) Speichern Sie diese modifizierte Trefferliste in einer Excel-Datei ab.

Wählen Sie in der Menüleiste „Bearbeiten/ Download" oder „System/ Liste/ Sichern/ Lokale Datei" und danach die Option „Tabellenkalkulation" aus.

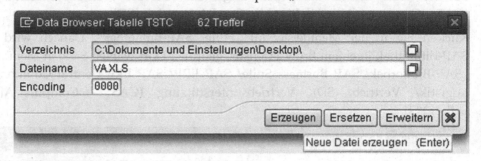

Anmerkung:

Es ist meist sehr nützlich, eine solche Liste mit Transaktionscodes anzulegen und kontinuierlich zu pflegen. Ansonsten besteht die Gefahr, dass man einzelne Transaktionscodes, die man nur sehr selten benötigt, im Laufe der Zeit wieder vergisst.

Übung 10: SAP-Bibliothek zu SAP ERP (→ Kapitel 1.5.1)

Informieren Sie sich in der Hilfe zur SAP-Bibliothek der SAP Business Suite in der SAP ERP Central Component allgemein über die Vertriebsunterstützung (CAS – Computer-Aided Selling) im Bereich Vertrieb (SD).

Klicken Sie in der Menüleiste auf „Hilfe/ SAP-Bibliothek". Danach wird die SAP-Bibliothek in einem Browserfenster geöffnet. Dort wählen Sie den Menüpfad „SAP-Bibliothek/ SAP Business Suite/ SAP ERP/ SAP ERP Central Component/ Logistik/ Vertrieb (SD)/ Vertriebsunterstützung (CAS – Computer-Aided Selling)".[14]

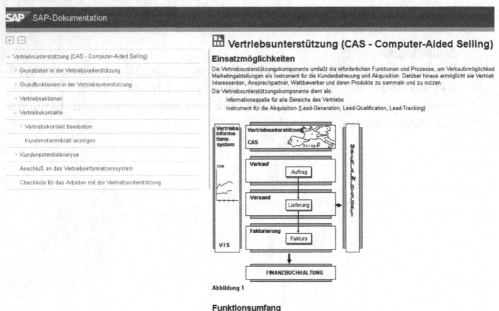

Anmerkung:

Diese Quelle finden Sie im Internet auch direkt unter http://help.sap.com/saphelp_erp60_sp/helpdata/de/10/748534c4603c34e10000009b3 8f83b/frameset.htm (Abruf: 07.01.2014).

---

14 Der Beginn dieses Menüpfads wird eventuell, genauso wie die URL in der nachstehenden Anmerkung, von der SAP AG von Zeit zu Zeit geändert.

Übung 11: Initiale Einstellung für die F4-Hilfe (→ Kapitel 1.5.3)

Verändern Sie die Einstellungen für die F4-Hilfe so, dass stets maximal 1000 statt der voreingestellten 500 Treffer (vgl. Abbildung 1-22 auf Seite 24) für eine Selektion angezeigt werden.

Wählen Sie in der Menüleiste „Hilfe/ Einstellungen" und geben Sie in der Registerkarte „F4-Hilfe" im Datenfeld „Anzahl maximal anzuzeigender Treffer" den Wert 1000 ein.

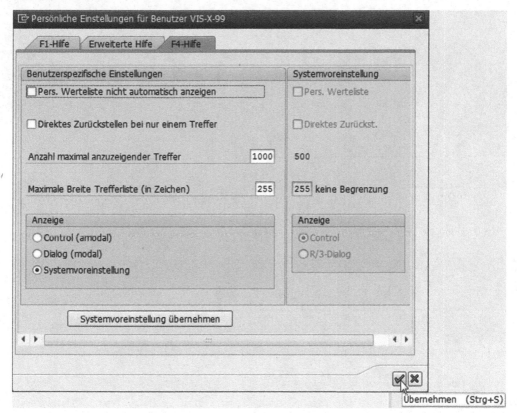

2 Organisationseinheiten und -strukturen

Zusammenfassung

In diesem Kapitel werden Organisationseinheiten beschrieben, die für Vertriebsprozesse in SAP ERP relevant sind. Zudem wird die Zuordnung von Organisationseinheiten anderer Module von SAP ERP erklärt, welche im Zuge der Datenintegration mit ihnen verknüpft sind.

2.1 Einführung

Die Aufbauorganisation eines Unternehmens wird in SAP ERP durch Organisationseinheiten abgebildet. Abbildung 2-1 verdeutlicht, dass jede Organisationseinheit, mit Ausnahme des Mandanten, dabei einem Modul bzw. einer Anwendungskomponente (vgl. Seite 2 und Seite 43) zugeordnet ist. Integrierte Organisationsstrukturen entstehen durch die Zuordnung von einzelnen Organisationseinheiten zueinander.

Sowohl die Definition als auch die Zuordnung von Organisationseinheiten erfolgt im Customizing, nachdem die unternehmensindividuelle Aufbau- und Ablauforganisation analysiert wurde. Beide bilden die Grundlage bzw. die Voraussetzung für alle später in SAP ERP abgebildeten Unternehmensprozesse und -funktionen.

Im Vertrieb können beispielsweise ohne die Angabe von Organisationseinheiten keine Stammsätze, z. B. für Kunden und Konditionen, und keine Belege für Vorgänge, wie beispielsweise Anfragen, Angebote und Aufträge, angelegt werden.

Abbildung 2-1 zeigt anhand der jeweiligen Kardinalität[15] die wichtigsten Organisationseinheiten für Vertriebsprozesse in SAP ERP und deren Zuordnungen zueinander, welche nachfolgend gegliedert nach Anwendungskomponenten beschrieben werden.

---

15 Eine Kardinalität wird für die Datenmodellierung verwendet und beschreibt, wie viele Informationsobjekte eines Entitätstyps mit einem Informationsobjekt eines anderen Entitätstyps in Beziehung stehen können bzw. müssen, z. B. 1:n oder m:n, mit n, m $\geq$ 1.

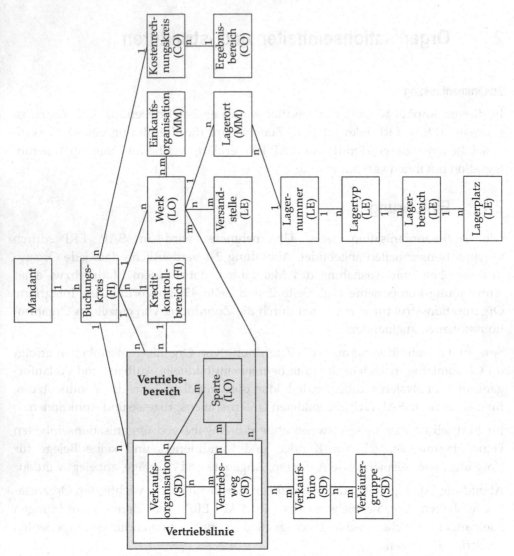

Abbildung 2-1:   Wichtige Organisationsstrukturen für Vertriebsprozesse in SAP ERP

2.2　Mandant

Ein Mandant bildet innerhalb eines SAP ERP-Systems die höchste Hierarchieebene nach handelsrechtlichen, organisatorischen und datentechnischen Aspekten mit eigenen Stamm- und Bewegungsdaten sowie Tabellen für Customizing-Einstellungen.[16]

Betriebswirtschaftlich wird der Mandant als Konzern interpretiert. Alle Organisationseinheiten in einem Mandanten werden betriebswirtschaftlich gemeinsam ausgesteuert und sind diesem direkt oder indirekt zugeordnet.

Durch die in Abbildung 1-4 auf Seite 5 dargestellte Anmeldung in SAP ERP, legt der Anwender fest, in welchem Mandanten er arbeitet und auf welche Daten er zugreift.

2.3　Organisationseinheiten im externen Rechnungswesen (FI)

2.3.1　Buchungskreis

Ein Buchungskreis ist die kleinste Organisationseinheit, für die eine vollständige und in sich abgeschlossene Buchhaltung existiert und die einen Jahresabschluss – beispielsweise in Form einer Bilanz und GuV-Rechnung – erstellt.

Aus dieser Definition ergibt sich schon, dass der Buchungskreis eine Organisationseinheit des externen Rechnungswesens ist. Alle monetären buchungspflichtigen Ereignisse, z. B. das Anlegen einer Faktura[17] im Vertrieb, müssen in SAP ERP stets direkt oder indirekt (über die Verknüpfung mit anderen Organisationseinheiten) einem Buchungskreis zugeordnet werden.

In einem Mandanten bzw. Konzern können ein oder mehrere Buchungskreise als rechtlich selbständige Unternehmen existieren.

2.3.2　Kreditkontrollbereich

Ein Kreditkontrollbereich ist eine Organisationseinheit des externen Rechnungswesens, die für die Vergabe von Krediten und Einhaltung der Kreditlinie[18] für Debitoren[19] verantwortlich ist. Kundenindividuelle Kreditlimits werden in der Debitorenbuchhaltung festgelegt.

Ein Kreditkontrollbereich kann einen oder mehrere Buchungskreise und damit auch Vertriebsbereiche umfassen. Andererseits können in einem Buchungskreis bzw. Vertriebsbereich jedoch nicht mehrere Kreditkontrollbereiche existieren.

16　Darüber hinaus existieren aber auch noch einige sog. mandantenübergreifende Einstellungen, die für alle Mandanten eines SAP ERP-Systems gültig sind.

17　Synonym: Rechnung

18　Synonym: Kreditlimit

19　Synonym: Kunden

2.4   Organisationseinheiten in der allgemeinen Logistik (LO)

2.4.1   Werk

Ein Werk als ein Ort der Leistungserstellung ist die zentrale Organisationseinheit der Logistik, die eine Betriebsstätte oder eine Niederlassung innerhalb eines Buchungskreises abbildet, in der Materialbewegungen und -bearbeitungen stattfinden. Es gliedert das Unternehmen nach Aspekten der Beschaffung, Produktion, Instandhaltung, Disposition und Kalkulation. Ein Werk ist auch die Ebene, auf der Materialbestände bewertet werden.[20]

Im Vertrieb wird als Auslieferungswerk das Werk bezeichnet, aus dem Güter und Dienstleistungen an Kunden einer bestimmten Kombination von Verkaufsorganisation und Vertriebsweg bereitgestellt werden.

Zu einem Buchungskreis können ein oder mehrere Werke gehören. Jedes Werk muss genau einem Buchungskreis zugeordnet sein. Einem Werk werden eine oder mehrere Versandstellen zugeordnet. Eine Versandstelle kann aber auch für mehrere, räumlich sehr eng beieinanderliegende Werke tätig werden.

2.4.2   Sparte

Für den Vertrieb wird als zuständige Organisationseinheit der Logistik eine Sparte benötigt, die für den Gewinn einer Gruppe von verkaufsfähigen Gütern oder Dienstleistungen verantwortlich ist.

In einer Sparte werden Güter und Dienstleistungen, z. B. für die Bildung von Produktgruppen oder -linien, gruppiert. Jedes Material wird in der Sicht „Vertrieb: VerkOrg1" im Materialstammsatz (vgl. Kapitel 0) eindeutig genau einer Sparte zugeordnet.

Zusammen mit der Verkaufsorganisation und dem Vertriebsweg bildet die Sparte einen konstituierenden Bestandteil eines Vertriebsbereichs (vgl. Kapitel 2.5.3). Sie kann einer oder mehreren Verkaufsorganisationen und einem oder mehreren Vertriebswegen zugeordnet sein. Andererseits können einer Verkaufsorganisation und einem Vertriebsweg mehrere Sparten zugeordnet werden.

---

20 Früher konnte auch festgelegt werden, dass die Materialbewertung auf Ebene eines
   Buchungskreises (Transaktion OX14) erfolgt. Dies ist nun jedoch nicht mehr möglich, so
   dass Materialien in SAP ERP immer auf Werksebene bewertet werden.

2.5 Organisationseinheiten im Vertrieb (SD)

Die Anlage der Organisationseinheiten Verkaufsorganisation, Vertriebsweg und Sparte (letztere aus der allgemeinen Logistik) und die Bildung mindestens eines Vertriebsbereichs bilden die Voraussetzungen für die Verarbeitung von Verkaufsvorgängen, wie z. B. Anfragen, Angeboten oder Aufträgen. Daneben sind Versandstellen (aus der Logistics Execution) unerlässlich für die Abwicklung von Lieferungen.

Die Einrichtung weiterer Organisationseinheiten wie Verkaufsbüros und Verkäufergruppen ist optional und dient einer ggf. erforderlichen weiteren Untergliederung von Vertriebsbereichen.

2.5.1 Verkaufsorganisation

Eine Verkaufsorganisation gliedert ein Unternehmen nach den Erfordernissen des Vertriebs. Sie ist für den Vertrieb von Gütern und Dienstleistungen verantwortlich und bearbeitet alle Geschäftsvorfälle im Vertrieb. Für Kunden ist sie der juristische Ansprechpartner des Unternehmens, z. B. im Rahmen der Produkthaftung. Daher muss mindestens eine Verkaufsorganisation im Unternehmen existieren.

Für jede Verkaufsorganisation wird in der Regel eine separate Preisfindung zusammen mit eigenen Stamm- und Bewegungsdaten sowie Customizing-Einstellungen definiert. Durch eine Verkaufsorganisation erfolgt zudem oftmals eine Marktsegmentierung nach geographischen Aspekten.

Eine oder mehrere Verkaufsorganisationen sind einem Buchungskreis zugeordnet, auf dem deren Umsatzerlöse verbucht werden. Soll eine, z. B. nach regionalen Kriterien, getrennte Vertriebsverantwortung und ein zugehöriger Marketing-Mix mit einer eigenständigen Preispolitik in einem Unternehmen etabliert werden, so müssen mehrere Verkaufsorganisationen in einem Buchungskreis angelegt werden.

Einer Verkaufsorganisation können mehrere Sparten zugeordnet werden. Eine Sparte für Absatzleistungen von Gütern und Dienstleistungen kann aber auch von mehreren Verkaufsorganisationen betreut werden.

Eine Einkaufsorganisation kann für eine oder mehrere Verkaufsorganisationen tätig sein.

2.5.2 Vertriebsweg

Ein Vertriebsweg bildet einen Absatzkanal des Unternehmens ab. Er beschreibt, wie Kunden verkaufsfähige Güter und Dienstleistungen erhalten. Typische Beispiele sind Absatzkanäle für Groß- und Einzelhandel sowie Internet- und Werksverkauf.

Zumindest ein Vertriebsweg muss im Unternehmen existieren. Auf mehreren Vertriebswegen können Güter und Dienstleistungen, beispielsweise aufgrund unterschiedlicher zugrundeliegender Kostenstrukturen oder angestrebter Preisdifferenzierungen, zu verschiedenen Konditionen vertrieben werden. Beispielsweise können identische Güter und Dienstleistungen über den Vertriebsweg Großhandel zu günstigeren Konditionen als über den Vertriebsweg Einzelhandel vertrieben werden.

Einerseits können ein oder mehrere Vertriebswege von einer Verkaufsorganisation genutzt werden, andererseits kann ein Vertriebsweg auch bei mehreren Verkaufsorganisationen vertreten sein.

Güter und Dienstleistungen von verschiedenen Sparten können über einen oder mehrere Vertriebswege vertrieben werden. Einem Vertriebsweg sind ein oder mehrere Werke zugeordnet.

Eine Kombination von Verkaufsorganisation und Vertriebsweg wird auch Vertriebslinie oder Vertriebsschiene genannt. Einer Vertriebslinie können mehrere Werke zugeordnet werden. Umgekehrt kann ein Werk auch zu mehreren Vertriebslinien gehören.

Im Vertrieb wird als Auslieferungswerk das Werk bezeichnet, aus dem Güter und Dienstleistungen an einen Kunden bereitgestellt werden.

2.5.3 Vertriebsbereich

Ein Vertriebsbereich ist keine eigenständige Organisationseinheit, sondern besteht aus einer konkreten Ausprägung bzw. einer eindeutigen Kombination der drei Organisationseinheiten Verkaufsorganisation, Vertriebsweg und Sparte.

Durch einen Vertriebsbereich wird festgelegt, über welchen Vertriebsweg Güter bzw. Dienstleistungen einer Sparte von einer Verkaufsorganisation vertrieben werden.

Ein Vertriebsbereich ist durch die Verkaufsorganisation eindeutig einem Buchungskreis zugeordnet. Da in einem Buchungskreis ein oder mehrere Verkaufsorganisationen existieren können, gilt dies auch für Vertriebsbereiche.

Einerseits kann für den Vertrieb ein Werk einer oder mehreren Kombinationen aus Verkaufsorganisation und Vertriebsweg zugeordnet werden. Andererseits können zu einer Kombination aus Verkaufsorganisation und Vertriebsweg ein oder mehrere Werke gehören. Güter und Dienstleistungen aus verschiedenen Werken können somit in verschiedenen Vertriebsbereichen verkauft werden.

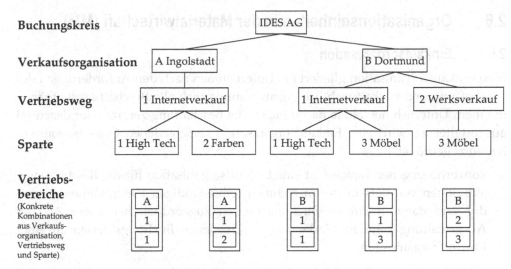

Abbildung 2-2:   Beispiel für verschiedene Vertriebsbereiche

Abbildung 2-2 zeigt ein Beispiel für ein rechtlich selbstständiges Unternehmen mit zwei Verkaufsorganisationen, zwei Vertriebswegen und drei Sparten. Aufgrund der konkreten Zuordnungen von Verkaufsorganisationen, Vertriebswegen und Sparten ergeben sich in diesem Fall insgesamt fünf verschiedene Vertriebsbereiche.

2.5.4 Verkaufsbüro

In der optionalen Organisationseinheit Verkaufsbüro werden Strukturen des Innen- und Außendienstes, meist nach geographischen Aspekten, abgebildet. Ein Verkaufsbüro ist für den regionalen Kontakt zu den Kunden bzw. dem Absatzmarkt verantwortlich.

Einerseits können einem Vertriebsbereich ein oder mehrere Verkaufsbüros zugeordnet werden. Andererseits kann ein Verkaufsbüro für ein oder mehrere Vertriebsbereiche arbeiten.

2.5.5 Verkäufergruppe

Mit der optionalen Organisationseinheit Verkäufergruppe werden Verkaufsbüros, meist nach unternehmensinternen Aspekten, in einzelne Personen- bzw. Verkäufergruppen weiter untergliedert. Diese sind intern für die Durchführung der Verkaufsaktivitäten verantwortlich.

Zum einen können einem Verkaufsbüro ein oder mehrere Verkäufergruppen zugeordnet werden. Zum anderen kann eine Verkäufergruppe auch für mehrere Verkaufsbüros arbeiten. Eine Verkäufergruppe umfasst einen oder mehrere Verkäufer.

2.6   Organisationseinheiten in der Materialwirtschaft (MM)

2.6.1   Einkaufsorganisation

Eine Einkaufsorganisation gliedert ein Unternehmen nach den Anforderungen der Beschaffung und wickelt rechtlich eigenverantwortlich alle Beschaffungsvorgänge in einem Unternehmen ab. Je nachdem, ob die Beschaffung zentral oder dezentral ausgestaltet ist, wird eine Einkaufsorganisation verschiedenen Organisationseinheiten zugeordnet. Beim

– konzernbezogenen Einkauf ist eine Einkaufsorganisation für die Beschaffungsaktivitäten von verschiedenen rechtlich selbstständigen Unternehmen zuständig und damit mehreren Buchungskreisen zugeordnet. Bei dieser Art der Ausgestaltung gehören Werke aus verschiedenen Buchungskreisen zu einer Einkaufsorganisation.

– firmenbezogenen Einkauf beschafft eine Einkaufsorganisation Güter und Dienstleistungen für genau einen Buchungskreis. In diesem Fall werden einer Einkaufsorganisation alle Werke dieses Buchungskreises zugeordnet.

– werksbezogenen Einkauf ist eine Einkaufsorganisation für die Beschaffungsaktivitäten genau eines Werkes zuständig.

Alle drei Formen können in einem Mandanten koexistieren. Eine Einkaufsorganisation kann somit für die Beschaffungsvorgänge eines (werksbezogener Einkauf) oder mehrerer Werke (firmen- oder konzernbezogener Einkauf) verantwortlich sein. Zudem können auch mehrere Einkaufsorganisationen Güter und Dienstleistungen für ein Werk beschaffen.

2.6.2   Lagerort

Ein Lagerort ist eine Organisationseinheit der Materialwirtschaft, in der die Mengen verschiedener Materialbestände, z. B. Rohstoffe, Gefahrstoffe, Handelswaren und Fertigerzeugnisse, innerhalb eines Werkes erfasst und Inventuren durchgeführt werden.

Lagerorte werden als Organisationseinheiten vor allem genutzt, um eine logische Trennung von Beständen in einem Werk abzubilden. Sie können jedoch auch, was aufgrund der Bezeichnung für diese Organisationseinheit eher zu erwarten wäre, für die Abbildung einer physischen Trennung von Beständen verwendet werden.

Unterschiedliche Lagerorte können in verschiedenen Werken identisch benannt werden. Daher ist in SAP ERP immer nur die Angabe der Kombination von Werk und Lagerort eindeutig.

2.7 Organisationseinheiten in der Logistics Execution (LE)

Die Anwendungskomponente Logistics Execution unterstützt u. a. Lager- und Distributionsprozesse im Bereich Lagerverwaltung, Versand und Transport.

2.7.1 Lagernummer, -typ, -bereich und -platz

Eine Lagernummer ist eine Organisationseinheit der Logistics Execution. Sie bildet ein physisches Lager – wie z. B. eine Lagerhalle – als Lagerkomplex ab, der meist aus organisatorischen und technischen Einheiten besteht. Auf der Ebene einer Lagernummer werden die Materialbestände mengenmäßig erfasst.

Wird für Lagerorte die Anwendungskomponente Warehouse Management (WM) von SAP ERP benutzt, so können einer Lagernummer ein oder mehrere Lagerorte, zur logischen Bestandstrennung von Materialien, zugeordnet sein. Diese Lagerorte können auch zu verschiedenen Werken aus mehreren Buchungskreisen gehören.

Für jede Lagernummer existieren ein oder mehrere Lagertypen. Lagertypen unterscheiden sich voneinander durch organisatorische oder räumliche Aspekte. Sie bilden beispielsweise räumliche Bereiche wie eine Wareneingangszone, ein Festplatzlager für Materialien, ein Hochregallager mit chaotischer Lagerhaltung, einen Kommissionierbereich oder eine Warenausgangszone ab.

Jeder Lagertyp kann in verschiedene Lagerbereiche mit Lagerplätzen, die gleiche Eigenschaften aufweisen, unterteilt werden. Ein Beispiel für einen Lagerbereich sind gut erreichbare Lagerplätze für Produkte mit hoher Umschlagshäufigkeit, die auch als „Schnelldreher" bezeichnet werden.

Ein Lagerbereich umfasst mehrere Lagerplätze, an denen die Materialien innerhalb der Lagernummer physisch gelagert werden.

2.7.2 Versandstelle

Eine Versandstelle umfasst als Organisationseinheit der Logistics Execution den Bereich eines Lagers, in dem versandfertige Güter für den Transport bereitgestellt werden. Sie ist für alle Tätigkeiten der Versandabwicklung wie Kommissionierung, Versanddisposition, Verpacken, Verladen und Transport verantwortlich. Alle Positionen einer Lieferung werden somit von genau einer Versandstelle bearbeitet.

Große Versandstellen werden ggf. nochmals optional in einzelne Ladestellen, bei denen die versandfertigen Güter verladen werden, unterteilt.

Einerseits können in einem Werk mehrere Versandstellen existieren, andererseits kann eine Versandstelle auch einem oder mehreren Werken zugeordnet sein, wenn diese räumlich nahe zusammenliegen und beispielsweise eine Laderampe für LKW gemeinsam nutzen.

2.8   Organisationseinheiten im internen Rechnungswesen (CO)

2.8.1   Kostenrechnungskreis

Ein Kostenrechnungskreis ist eine Organisationseinheit, die einen Konzern bzw. ein Unternehmen nach den Anforderungen des internen Rechnungswesens gliedert. In ihm wird eine vollständige Kostenrechnung, z. B. Kostenarten-, Kostenstellen- und Kostenträgerstückrechnung, durchgeführt.

Einem Kostenrechnungskreis werden ein oder mehrere rechtlich selbstständige Unternehmen (Buchungskreise) zugeordnet.

Sind mehrere Buchungskreise einem Kostenrechnungskreis zugeordnet, so handelt es sich um eine sog. buchungskreisübergreifende Kostenrechnung. Die einzelnen rechtlich selbstständigen Unternehmen erstellen dann jeweils separat einen Jahresabschluss im externen Rechnungswesen, führen intern jedoch gemeinsam eine Kostenrechnung durch. Voraussetzung dafür ist aufgrund des Einkreissystems von SAP ERP, dass alle Buchungskreise in einem Kostenrechnungskreis denselben operativen Kontenplan verwenden.

Ein Kontenplan ist das Verzeichnis aller Sachkonten für die Bilanz und GuV im externen Rechnungswesen. Er beinhaltet zu jedem Sachkonto u. a. Kontonummer, Kontobezeichnung und Steuerungsinformationen.

2.8.2   Ergebnisbereich

Ein Ergebnisbereich ist eine Organisationseinheit des internen Rechnungswesens, die für die interne Steuerung den Absatzmarkt aufgrund von Merkmalen[21] segmentiert.

Für die einzelnen Marktsegmente[22] wird für einen Ergebnisbereich in der Ergebnis- und Marktsegmentrechnung (vgl. Kapitel 3.6.2.1), meist mittels einer mehrstufigen Deckungsbeitragsrechnung, ein Ergebnis ausgewiesen. Im Gegensatz zu Kontierungen im Kostenrechnungskreis werden im Ergebnisbereich auch Erlöse, u. a. aus dem Vertrieb, erfasst.[23]

Ein Ergebnisbereich kann einen oder mehrere Kostenrechnungskreise umfassen.

---

21 Beispielsweise nach Kunden, Materialien und Regionen
22 Synonym: Ergebnisobjekte
23 Diese Aussage bezieht sich auf echte Kontierungen, nicht auf mögliche statistische Erlöskontierungen in der Kostenstellenrechnung.

2.9   Abbildung von Organisationseinheiten im Customizing

Das Customizing-Menü (vgl. Abbildung 1-12 auf Seite 15) ist nach den einzelnen Anwendungskomponenten gegliedert. Zudem gilt in der Regel das Prinzip „vom Allgemeinen zum Speziellen" (vgl. Seite 14).

Somit bildet der Menüpunkt „Unternehmensstruktur" die erste sachlogische Anlaufstelle, um sich Informationen zu Organisationseinheiten anzeigen zu lassen. Dieser Menüpunkt ist in die beiden Untermenüs „Definition" und „Zuordnung" unterteilt, welche beide nach Anwendungskomponenten untergliedert sind.

2.9.1   Bestehende Organisationseinheiten anzeigen

Um sich Informationen zu einer einzelnen Organisationseinheit im Customizing anzusehen, wählt man im Menüpfad „Unternehmensstruktur/ Definition" die zugehörige Anwendungskomponente. Ist die gewünschte Information dort nicht abgebildet, so sucht man danach am Anfang des Menübaums der jeweiligen Anwendungskomponente.

Beispiel zur Ermittlung von Daten zu einer Organisationseinheit:

Es soll ermittelt werden, in welcher Währung und nach welchem operativen Kontenplan der Buchungskreis 1000 seinen Jahresabschluss erstellt.

Der Buchungskreis ist eine Organisationseinheit des Finanzwesens (vgl. Kapitel 2.3.1). Nach der Aufgabenstellung sollen Informationen zu nur einer einzigen Organisationseinheit gesucht werden. Aus diesen Gründen ist im Customizing der Menüpfad „Unternehmensstruktur/ Definition/ Finanzwesen/ Buchungskreis bearbeiten, kopieren, löschen/ Buchungskreisdaten bearbeiten" der (von oben) erste sachlogisch mögliche Ansatzpunkt, um die benötigten Informationen zu finden.

Dort markiert man diesen durch einen Klick auf das Quadrat links vom Eintrag „1000" und wählt in der Menüleiste „Springen/ Detail" bzw. das Icon 🔍. Es erscheint u. a. die gewünschte Information, dass der Buchungskreis 1000 seine Buchhaltung und seinen Jahresabschluss in Euro erstellt. Eine Information zum verwendeten operativen Kontenplan findet sich an dieser Stelle jedoch nicht.

Der nächste Ansatzpunkt für die Suche ist die Anwendungskomponente, in diesem Fall das externe Rechnungswesen (FI), zu der der Buchungskreis gehört.

Die Währung und der genutzte Kontenplan eines Buchungskreises sind grundlegende Einstellungen, die vor der ersten Buchung festgelegt werden müssen. Im Customizing liefert der Menüpfad „Finanzwesen/ Grundeinstellungen Finanzwesen/ Buchungskreis" den nächsten sachlogischen Ansatzpunkt für die Suche.

Bei den gesuchten Informationen handelt es sich um globale Parameter, so dass man weiter in den ersten Menüpunkt und damit in den Menüpfad „Finanzwesen/ Grundeinstellungen Finanzwesen/ Buchungskreis/ Globale Parameter prüfen und ergänzen" verzweigt.

Markiert man dort, wie oben beschrieben, wieder den Eintrag „1000" und wählt in der Menüleiste „Springen/ Detail" bzw. das Icon mit der Lupe aus, so erhält man u. a. die Information, dass im Buchungskreis 1000 der operative Kontenplan „INT" verwendet wird.

2.9.2   Neue Organisationseinheiten anlegen

In der Auslieferung von SAP ERP sind bereits Organisationseinheiten definiert. Für die Abbildung der unternehmensindividuellen Aufbauorganisation empfiehlt es sich stets, einen dieser bereits vorhandenen Einträge (oftmals die Nummer 0001 bei vierstelligen Schlüsseln) als Kopiervorlage für die eigene, neu zu definierende Organisationseinheit zu nutzen.

Das Anlegen einer neuen Organisationseinheit erfolgt daher normalerweise in mehreren Schritten. Diese werden anhand eines Beispiels für die neu anzulegende Organisationeinheit Werk Z789 erläutert:

– Im Customizing wird für die neu anzulegende Organisationseinheit im Menü-pfad „Unternehmensstruktur/ Definition" unter der zugehörigen Anwen-dungskomponente die zugehörige Transaktion gesucht.
  Bei einem neuen Werk in „Unternehmensstruktur/ Definition/ Logistik allgemein/ Werk definieren, kopieren, löschen, prüfen".

– Im Unterpunkt „Werk definieren" wird als Kopiervorlage – in Abbildung 2-3 beispielsweise das Werk 1000 – gesucht, bei der möglichst viele Datenfelder identisch zum neu anzulegenden Werk sind.
  So minimiert man die Arbeit für das Anlegen, da nur noch abweichende Feldinhalte geändert werden müssen. Zudem wird sichergestellt, dass alle abhängigen Tabelleneinträge im Customizing von SAP ERP automatisch mit angelegt werden.

– Die Daten des Werks 1000 werden dann im anderen Unterpunkt „Unterneh-mensstruktur/ Definition/ Logistik allgemein/ Werk definieren, kopieren, löschen, prüfen/ Werk kopieren, löschen, prüfen" in der Menüleiste unter „Organisationsobjekt/ Org.Objekt kopieren" in das neue Werk Z789 kopiert (vgl. Abbildung 2-3). Nach dem Kopieren verlässt man die Transaktion mit „F3".

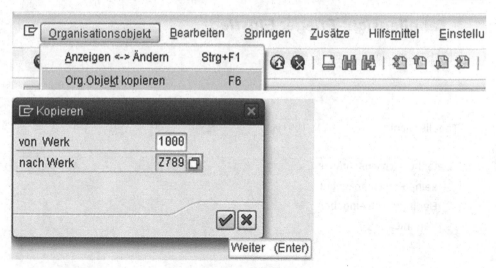

Abbildung 2-3:   Kopieren der Organisationseinheit „Werk" (EC02)

– Man wählt danach wieder den Unterpunkt „Werk definieren" im Menüpfad „Unternehmensstruktur/ Definition/ Logistik allgemein/ Werk definieren, kopieren, löschen, prüfen" aus und ändert dort die sich gegenüber der Kopiervorlage unterscheidenden Datenfelder, wie beispielsweise den Namen des Werkes und die Adresse.[24]

Abschließend sichert man die Änderungen und verlässt die Transaktion mit „F3".

Diesen Bearbeitungsschritt kann man mit der Transaktion SM30 oft auch durch die Pflege eines View bzw. der Sicht gemäß Abbildung 2-4 durchführen. Allgemein wird in SAP ERP in einem View für ein Anwendungsobjekt, wie beispielsweise einem Werk, durch die Auswahl der beteiligten Basistabellen und deren Felder, der Joins[25] zwischen den Tabellen und ggf. weiteren Selektionsbedingungen eine anwendungsspezifische Sicht für Daten definiert.

Die Daten dieser anwendungsspezifischen Sicht werden nur aus den beteiligten Basistabellen des View abgeleitet, jedoch nicht in dem View selbst separat physisch gespeichert.

---

24 Gute und detaillierte Beschreibungen zu dieser Vorgehensweise findet man in der Regel in der jeweiligen „Dokumentation zur IMG-Aktivität" (vgl. Seite 30) im Customizing von SAP ERP.

25 Synonym: Verknüpfungen

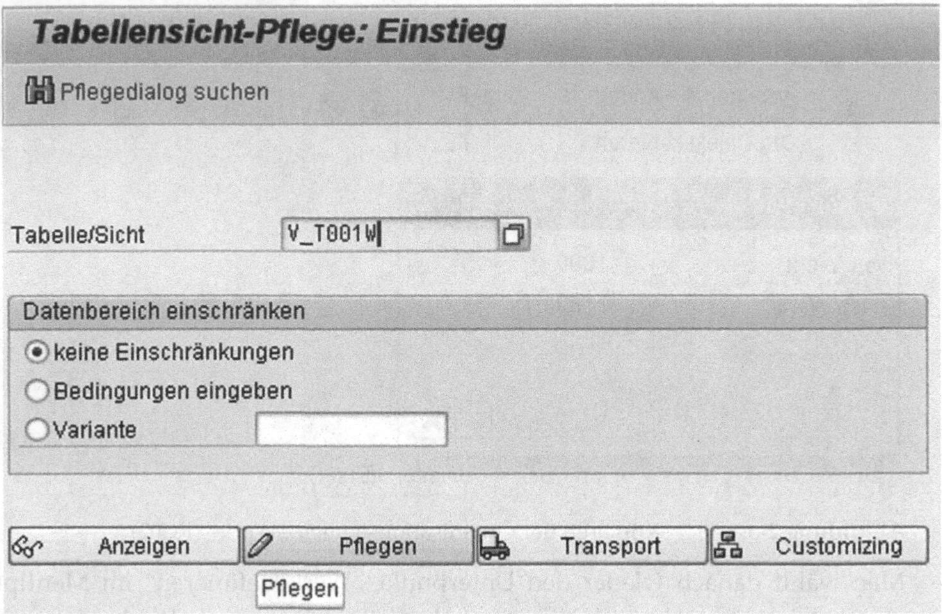

Tabellensicht-Pflege: Einstieg

Pflegedialog suchen

Tabelle/Sicht   V_T001W

Datenbereich einschränken

⦿ keine Einschränkungen
○ Bedingungen eingeben
○ Variante

     Anzeigen   Pflegen   Transport   Customizing
                Pflegen

Abbildung 2-4:   Pflege eines View mit der Transaktion SM30

Gemäß Tabelle 2-1 existiert für ein Werk der Pflege-View V_T001W. Die zugehörige Tabelle T001W kann mit der Transaktion SE11 bzw. SE16N (vgl. Seite 13 und 41) angezeigt werden.

Tabelle 2-1:   Beispiele für Pflege-Views zu Organisationseinheiten

Beschreibung	Tabelle	Pflege-View (SM30)
Einstellungen zum Buchungskreis	T001	V_T001
Einstellungen zum Werk	T001W	V_T001W
Einstellungen zum Lagerort	T001L	V_T001L[26]
Einstellungen zur Versandstelle	TVST	V_TVST
Einstellungen zur Versandstellenfindung	TVSTZ	V_TVSTZ
Einstellungen zum Kreditkontrollbereich	T014	V_T014
Einstellungen zur Einkaufsorganisation	T024E	V_T024E
Zuordnung von Buchungskreisen zu einem Kostenrechnungskreis	TKA02	V_TKA02[27]
Zuordnung von Einkaufsorganisationen und Buchungskreisen	T024E	V_T024E_ASSIGN
Einstellungen zur Lagernummer	T300	V_T3000
Einstellungen zu Organisationseinheiten	T527X	V_T527X

---

26 Bei „Arbeitsbereich" ist noch das zugehörige Werk einzutragen.
27 Es ist noch der Kostenrechnungskreis anzugeben.

2.9.3 Zuordnungen zu Organisationseinheiten festlegen

Die Zuordnung von Organisationseinheiten erfolgt im Customizing im Menüpfad „Unternehmensstruktur/ Zuordnung" unter der jeweiligen Anwendungskomponente der zu verknüpfenden Organisationseinheit.

Beispiel für die Zuordnung von Organisationseinheiten:

Es sollen alle Werke im Buchungskreis 1000 angezeigt werden.

Zuerst muss die Anwendungskomponente für jede beteiligte Organisationseinheit ermittelt werden. In diesem Fall ergibt sich aus den Kapiteln 2.3.1 und 2.4.1, dass ein Buchungskreis eine Organisationseinheit des Finanzwesens und ein Werk eine Organisationseinheit der allgemeinen Logistik ist. Damit kommen prinzipiell die beiden Menüpfade „Unternehmensstruktur/ Zuordnung/ Finanzwesen" und „Unternehmensstruktur/ Zuordnung/ Logistik allgemein" in Betracht.

Da unter dem Menüpfad „Unternehmensstruktur/ Zuordnung/ Finanzwesen" keine Zuordnung zu finden ist, geht man zu „Unternehmensstruktur/ Zuordnung/ Logistik allgemein" und findet den Unterpunkt „Werk – Buchungskreis zuordnen" (Transaktion OX18). Dort ist festgelegt, dass u. a. die Werke 1000, 1100, 1200 und 1300 dem Buchungskreis 1000 zugeordnet sind.

2.10   Übungen

Allgemeine Anmerkungen:

Alle Aufgabenstellungen zu den Übungen finden sich zum Download im Internet unter http://www.springer.com/978-3-658-18856-6.

Diese Vorgehensweise wurde gewählt, damit jeder Leser für die Bearbeitung nach dem individuellen Bedarf entsprechend viele Leerzeilen einfügen kann.

Auch wird so eine redundante Darstellung der Aufgabenstellungen, die bei den Musterlösungen zur besseren Lesbarkeit nochmals wiederholt werden, vermieden.

Die zugehörigen Musterlösungen werden im nachfolgenden Kapitel vorgestellt.

Alle Lösungen zu den Übungen von Kapitel 2 finden sich im Customizing.

BITTE UNBEDINGT BEACHTEN: Löschen bzw. ändern Sie im Customizing nie bereits bestehende Einträge (vgl. Seite 18). Die sehr wenigen Ausnahmen sind im Text zu den Übungsaufgaben EXPLIZIT angegeben.

Bitte ersetzen Sie ab sofort den dreistelligen Platzhalter ### in den Aufgabenstellungen immer durch eine individuelle Nummer[28], z. B. 030. Gehen Sie bitte ab jetzt bei der Bearbeitung der Übungen absolut chronologisch vor, da die einzelnen Übungen aufeinander aufbauen.

Bitte beachten Sie, dass Organisationseinheiten im Customizing nicht von mehreren Anwendern gleichzeitig angelegt bzw. bearbeitet werden können.

Vergessen Sie nicht nach jeder Übung Ihre Daten zu sichern. Sichern Sie aber nicht während der Bearbeitung, da Sie sonst die bereits angelegten Daten, z.T. in einer anderen Transaktion, ändern müssen. Dies wäre dann mit einem Mehraufwand verbunden.

Wenn Sie keine neuen Organisationseinheiten in SAP ERP anlegen möchten,

– so bearbeiten Sie bitte nicht die Aufgaben 2.2, 2.5 und 2.6,

– legen bei Aufgabe 2.4 keinen neuen Lagerort an und

– wählen für die Aufgaben 2.3 und 2.7

   • das Werk 1000 statt dem Werk „Z###" und

   • die Verkaufsorganisation 1000 statt der Verkaufsorganisation „Y###".

Sie können dann trotzdem alle Übungen von Kapitel 3 bearbeiten, jedoch nicht mit den neu angelegten individuellen, sondern „nur" mit den bereits im IDES-System vorhandenen Organisationseinheiten.

---

28 In einer Vorlesung oder Schulung hat Ihnen Ihr Dozent diese dreistellige Nummer vorher individuell bekanntgegeben.

Um Ihnen das Auffinden von Menüpfaden, Funktionalitäten etc. zu erleichtern, sind die Formulierungen bei den Übungen den einzelnen Menüpunkten, Icons etc. von SAP ERP angepasst. Dies erfolgt leider teilweise zu Lasten der deutschen Sprache.

Zur besseren Kenntlichmachung sind einzugebende Beschreibungen in Anführungszeichen angegeben. Lassen Sie diese Anführungszeichen bitte bei Ihren Eingaben in SAP ERP weg.

Notieren Sie für jede Übung jeweils den Menüpfad und den zugehörigen Transaktionscode.

Bei Transaktionen im Customizing, die keinen eigenen Transaktionscode haben (d. h. es wird nur der allgemeine Transaktionscode SPRO angezeigt; vgl. Seite 11), wird bei den Übungen nur nach dem Menüpfad gefragt.

Szenario:

Sie sind Mitarbeiter im Unternehmen[29] „IDES AG". Kürzlich hat Ihr Unternehmen ein neues Werk „Ingolstadt ###" u. a. mit dem Lagerort „HW-Lager ###" und der Lagernummer „Zentrallager" eröffnet. Zudem wurde für die IDES AG eine neue Verkaufsorganisation „Ingolstadt ###" gegründet, mit der neue Vertriebsbereiche gebildet werden sollen.

Sie wurden nach Ingolstadt versetzt, um dort den Vertrieb mit aufzubauen und für den Vertrieb alle Organisationseinheiten und Prozesse in SAP ERP zu pflegen.

Heute ist Ihr erster Arbeitstag in Ingolstadt. Sie werden gebeten, die o.g. neu eröffneten Organisationseinheiten in SAP ERP abzubilden und mit den anderen, bereits bestehenden Organisationseinheiten der IDES AG zu verknüpfen. Abbildung 2-5 zeigt Ihre neuen Organisationseinheiten und die Zuordnung zu bereits vorhandenen Organisationseinheiten.[30]

Zudem nutzen Sie gleich die Gelegenheit, um sich auch noch allgemein über Organisationseinheiten und -strukturen von Kapitel 2 zu informieren. Tabelle 2-2 zeigt dazu im Überblick die Inhalte zu den einzelnen Übungen von Kapitel 2.

---

29 Synonym: Buchungskreis
30 Bei Verknüpfungen zu mehreren existenten Organisationseinheiten ist in Abbildung 2-5 diejenige Organisationseinheit angegeben, welche in den Übungen zu den Vertriebsprozessen von Kapitel 3 verwendet wird.

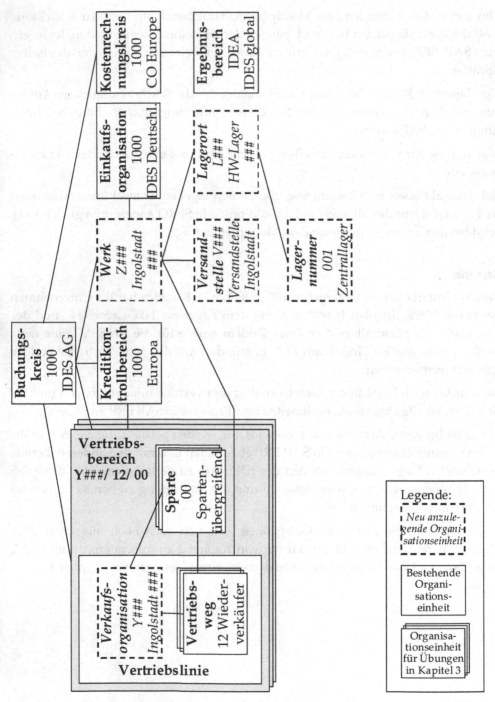

Abbildung 2-5: Organisationseinheiten und -strukturen der Übungen zu Kapitel 2

Übersicht zu den einzelnen Übungen von Kapitel 2:

Tabelle 2-2 zeigt im Überblick die Inhalte zu den Übungen von Kapitel 2, das zugehörige Buchkapitel sowie die Seite, bei der die Lösung beginnt.

Tabelle 2-2:   Inhalte der Übungen zu Kapitel 2 (Übungen 12-19)

Übung	Seite	Inhalte	zu Kapitel
12	69	Die Einstellungen zum Buchungskreis 1000 anzeigen	2.3.1 und 2.9.1
13	69	Das neue Werk „Z###" anhand einer Kopiervorlage anlegen	2.4.1 und 2.9.2
14	73	– Die Zuordnung des Werks „Z###" zum Buchungskreis 1000 anzeigen – Die Zuordnung des Werks „Z###" zur Einkaufsorganisation 1000 anzeigen – Die Zuordnung von Versandstellen zum Werk „Z###" anzeigen	2.3.1, 2.4.1, 2.6.1, 2.7.2 und 2.9.3
15	76	– Den neuen Lagerort „L###" im Werk „Z###" anlegen – Die Lagernummer 001 dem Lagerort „L###" im Werk „Z###" zuordnen	2.4.1, 2.6.2, 2.7.1 und 2.9.2
16	78	– Eine neue Versandstelle „V###" zum Werk „Z###" anhand einer Kopiervorlage anlegen – Die Einstellungen zur Versandstelle „V###" anzeigen – Die neue Transportzone „D###085049" für die neue „Postregion Ingo. ###" im Rahmen der Routenfindung anlegen – Die Transportzone „D###085049" der Versandstelle „V###" zuordnen – Die automatische Findung für die Versandstelle „V###" pflegen für die Kombination von o Versandbedingung 02 „Standard" im Kundenstamm, o Ladegruppe 0003 „Manuell" im Materialstamm und dem o Werk Z###	2.4.1, 2.7.2, 2.9.2 und 2.9.3
17	83	Die neue Verkaufsorganisation „Y###" anhand einer Kopiervorlage anlegen	2.5.1 und 2.9.2

Übung	Seite	Inhalte	zu Kapitel
18	84	– Die Zuordnung der Verkaufsorganisation „Y###" zum Buchungskreis 1000 anzeigen – Die Zuordnung von Vertriebswegen zur Verkaufsorganisation „Y###" anzeigen – Die Zuordnung von Sparten zur Verkaufsorganisation „Y###" anzeigen – Die mit der Verkaufsorganisation „Y###" gebildeten Vertriebsbereiche anzeigen – Die Zuordnung der Verkaufsorganisation „Y###" zum Kreditkontrollbereich 1000 anzeigen – Die Zuordnung der mit der Verkaufsorganisation „Y###" gebildeten Vertriebslinien zu Werken anzeigen – Die Zuordnung von Verkaufsbüros zum Vertriebsbereich mit der Verkaufsorganisation „Y###", dem Vertriebsweg „Wiederverkäufer" und der Sparte 00 anzeigen – Die Zuordnung von Verkäufergruppen zu einem Verkaufsbüro anzeigen	2.3.1, 2.3.2, 2.4.2, 2.5.1, 2.5.2, 2.5.3, 2.5.4, 2.5.5 und 2.9.3
19	89	– Die Zuordnung des Buchungskreises 1000 zum Kostenrechnungskreis 1000 anzeigen – Die Zuordnung des Kostenrechnungskreises 1000 zum Ergebnisbereich IDEA anzeigen	2.3.1, 2.8.1, 2.8.2 und 2.9.3

2.11   Lösungen zu den Übungen

Allgemeine Anmerkungen:

Die den Übungen zugrundeliegenden Aufgabenstellungen sind im Gegensatz zu den Antworten stets fett hervorgehoben.

In den Musterlösungen wird für den dreistelligen Platzhalter ### die Nummer 789 verwendet.

Zur besseren Kenntlichmachung und Verständlichkeit der Abkürzungen für neue Organisationseinheiten werden teilweise auch Objekte mit Namen angelegt, die nicht den reservierten Kundennamensbereichen entsprechen. Dies ist ein Kompromiss und für das Bearbeiten der Übungen mit keinerlei Nachteilen verbunden, wenn zwischenzeitlich keine Änderungen von der SAP AG eingespielt werden.

Übung 12: Einstellungen zum Buchungskreis (→ Kapitel 2.3.1 und 2.9.1)

In welcher Währung wird der Jahresabschluss für den Buchungskreis 1000 erstellt?

Nachfolgend sind die beiden nach systematischen Gesichtspunkten am besten geeigneten Menüpfade angegeben.

Der Buchungskreis 1000 erstellt seinen Jahresabschluss in Euro.

Menüpfad: Customizing/ Unternehmensstruktur/ Definition/ Finanzwesen/ Buchungskreis bearbeiten, kopieren, löschen, prüfen/ Buchungskreisdaten bearbeiten

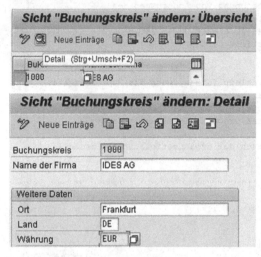

oder beispielsweise

Menüpfad: Customizing/ Finanzwesen/ Grundeinstellungen Finanzwesen/ Buchungskreis/ Globale Parameter prüfen und ergänzen

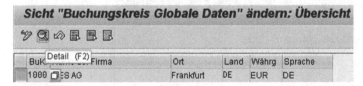

Übung 13: Anlegen eines neuen Werks (→ Kapitel 2.4.1 und 2.9.2)

1) Definieren Sie bitte für die Logistik allgemein ein neues Werk „Z###". Kopieren Sie dazu die Daten von dem bereits existierenden „ähnlichen" Werk 1000 in Ihr neues Werk „Z###".

   Menüpfad: Customizing/ Unternehmensstruktur/ Definition/ Logistik Allgemein/ Werk definieren, kopieren, löschen, prüfen/ Werk kopieren, löschen, prüfen

   Transaktionscode: EC02

Das Kopieren der Organisationseinheit „Werk" ist in Abbildung 2-3 auf Seite 61 zu sehen.

Bestätigen Sie die Informationsmeldung zu den Nummernkreisobjekten, wählen Sie – falls das System so eingestellt ist – einen zugehörigen Customizing-Auftrag, und springen Sie dann einmal mit „F3" zurück um die Transaktion zu verlassen.

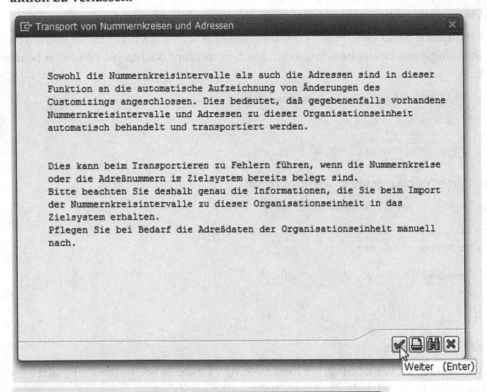

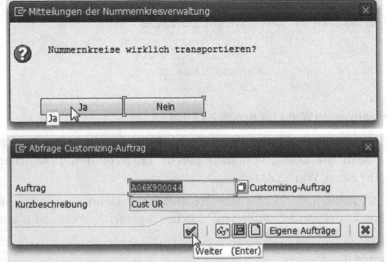

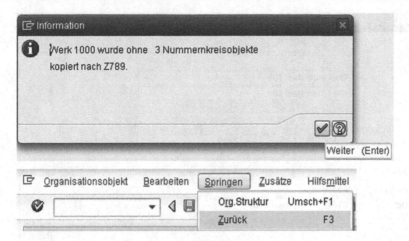

2) **Definieren Sie folgende Sachverhalte in Ihrem neuen Werk „Z###", indem Sie in die Details zu Ihrem Werk springen und dort für den Namen 1 „Werk Ingolstadt ###" und für den Namen 2 „Ingolstadt" eingeben.**

Menüpfad: Customizing/ Unternehmensstruktur/ Definition/ Logistik Allgemein/ Werk definieren, kopieren, löschen, prüfen/ Werk definieren

Springen Sie von dieser Detailsicht zur Adresse Ihres neuen Werks und geben Sie dort für die beiden Namensfelder und den Suchbegriff 1 jeweils „Ingolstadt ###" ein. Der Suchbegriff 2 lautet „Z###". Folgende Adressdaten liegen vor:

> Werk Ingolstadt ###
> Esplanade ###
> 85049 Ingolstadt (Region Bayern)
> Tel. 0841-###

Übernehmen Sie ihre Eingaben, sichern Sie sie und verlassen Sie danach die Transaktion.

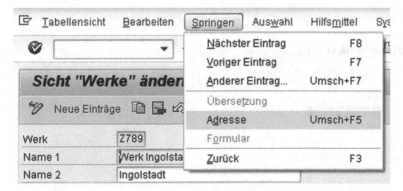

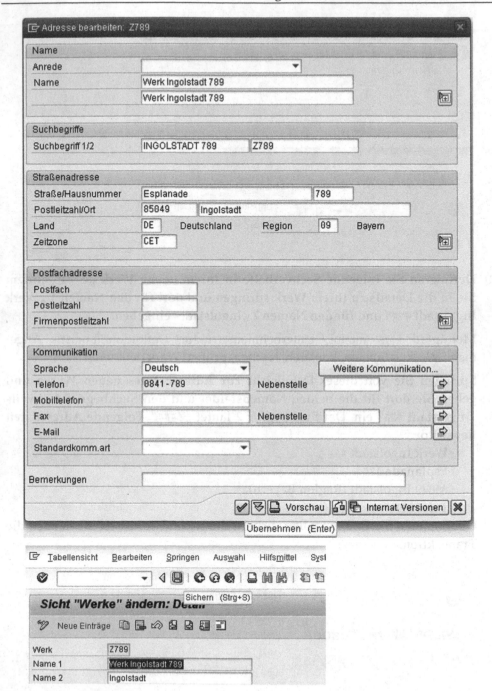

Übung 14: Zuordnungen von Organisationseinheiten zum neuen Werk (→ Kapitel 2.3.1, 2.4.1, 2.6.1, 2.7.2 und 2.9.3)

Lassen Sie sich die Zuordnungen zu Ihrem neuen Werk „Z###" anzeigen.

1) Welchem Buchungskreis ist Ihr Werk „Z###" zugeordnet? Woher stammt diese Zuordnung?

   Menüpfad: Customizing/ Unternehmensstruktur/ Zuordnung/ Logistik Allgemein/ Werk – Buchungskreis zuordnen

   Transaktionscode: OX18

   Um sich zeitraubendes Scrollen zu ersparen, wählen Sie ggf. in der Menüleiste „Springen/ Positionieren" und geben dort den Namen Ihres neuen Werks „Werk „Z###" ein. Die Zuordnung stammt aus den Daten zu Ihrer Kopiervorlage, dem Werk 1000.

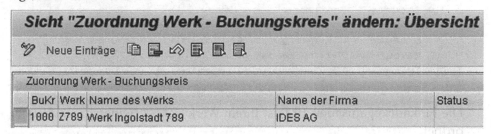

Sicht "Zuordnung Werk - Buchungskreis" ändern: Übersicht

BuKr	Werk	Name des Werks	Name der Firma	Status
1000	Z789	Werk Ingolstadt 789	IDES AG	

2) Welche Einkaufsorganisation ist Ihrem Werk „Z###" in der Materialwirtschaft zugeordnet?

   Wählen Sie den Eintrag, bei dem die Spalte „Status" nicht gefüllt ist (bzw. in diesem Fall kein Widerspruch enthalten ist).

   Nutzen Sie eine Auswahl nach Inhalten, z. B. mit dem Feld „Werk".

   Menüpfad: Customizing/ Unternehmensstruktur/ Zuordnung/ Materialwirtschaft/ Einkaufsorganisation – Werk zuordnen

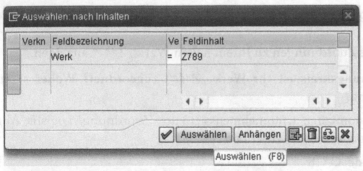

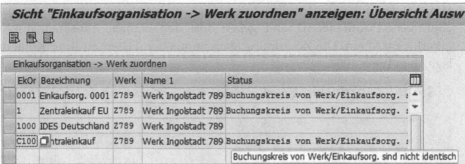

Die Einkaufsorganisation 1000 ist Ihrem Werk „Z###" (widerspruchsfrei) zugeordnet.

3) **Welche Versandstellen sind Ihrem Werk „Z###" zugeordnet?**

<u>Anmerkung:</u>

**Am besten nutzen Sie die Möglichkeit, um in einer Liste nach Einträgen zu
suchen. Ansonsten müssen Sie an dieser Stelle leider viel scrollen, um die
Versandstellen zu Ihrem Werk „Z###" zu sehen.**

Menüpfad: Customizing/ Unternehmensstruktur/ Zuordnung/ Logistics Execu-
tion/ Versandstelle – Werk zuordnen

Transaktionscode: OVXC

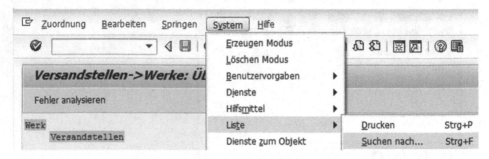

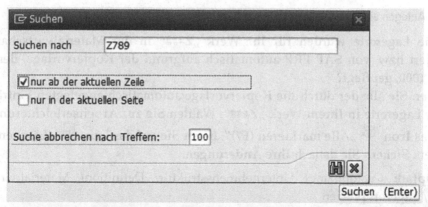

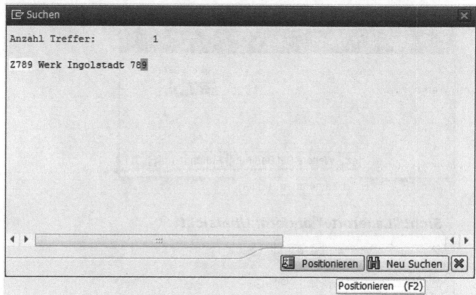

Auszug aus den zugeordneten Versandstellen:

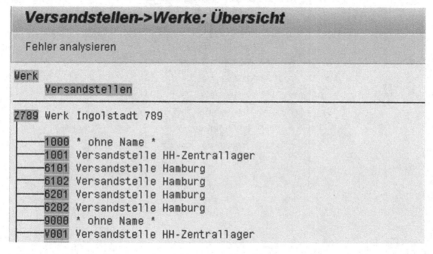

Übung 15: Anlegen eines neuen Lagerorts (→ Kapitel 2.4.1, 2.6.2, 2.7.1 und 2.9.2)

1) Welche Lagerorte wurden für Ihr Werk „Z###" in der Materialwirtschaft definiert bzw. von SAP ERP automatisch aufgrund der Kopiervorlage, dem Werk 1000, gepflegt?
Löschen Sie alle der durch die Kopiervorlage automatisch angelegten Einträge für Lagerorte in Ihrem Werk „Z###". Wählen Sie zur Arbeitserleichterung ggf. das Icon 📑 „Alle markieren (F7)", bevor Sie auf das Icon 📑 „Löschen" klicken. Sichern Sie danach Ihre Änderungen.

Menüpfad: Customizing/ Unternehmensstruktur/ Definition/ Materialwirtschaft/ Lagerort pflegen

Transaktionscode: OX09

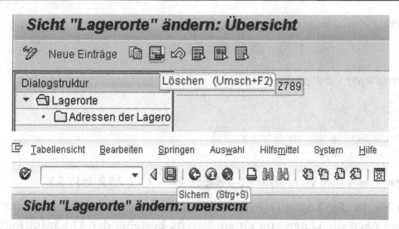

2) Legen Sie in derselben Transaktion einen neuen Eintrag für Ihren neuen Lagerort „L###" mit der Bezeichnung „HW-Lager ###" für Ihr Werk „Z###" an.
Sichern Sie ihre Eingaben und verlassen Sie danach die Transaktion.

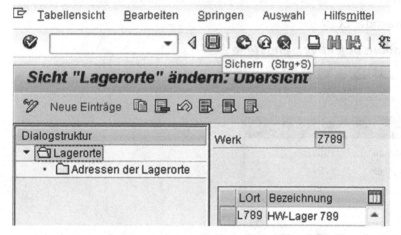

3) Ordnen Sie im Bereich Logistics Execution Ihrem neuen Werk „Z###" und Ihrem neuen Lagerort „L###" die Lagernummer 001 zu. Legen Sie dazu einen neuen Eintrag an.
Sichern Sie Ihren neuen Eintrag und springen Sie zweimal mit „F3" zurück.

Menüpfad: Customizing/ Unternehmensstruktur/ Zuordnung/ Logistics Execution/ Lagernummer zu Werk/ Lagerort zuordnen

Übung 16: Anlegen einer neuen Versandstelle (→ Kapitel 2.4.1, 2.7.2, 2.9.2 und 2.9.3)

1) Definieren Sie in der Logistics Execution eine neue Versandstelle „V###".
Kopieren Sie dazu die Daten von einem bereits bestehenden Organisationsobjekt, der Versandstelle 1000, in Ihre neue Versandstelle „V###".

Menüpfad: Customizing/ Unternehmensstruktur/ Definition/ Logistics Executi-
on/ Versandstelle definieren, kopieren, löschen, prüfen/ Versandstelle kopieren,
löschen, prüfen

Transaktionscode: EC07

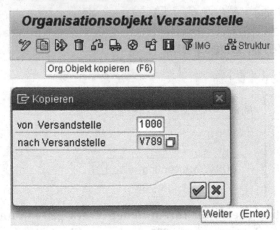

Bestätigen Sie die Informationsmeldung, springen Sie dann mit „F3" zurück
und verlassen Sie die Transaktion.

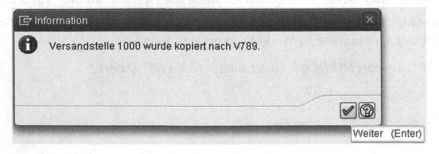

2) **Definieren bzw. benennen Sie die Bezeichnung Ihrer neuen Versandstelle „V###" in „Versandstelle Ingolstadt ###" und sichern Sie Ihre Änderungen. Verlassen Sie danach die Transaktion.**

Menüpfad: Customizing/ Unternehmensstruktur/ Definition/ Logistics Execution/ Versandstelle definieren, kopieren, löschen, prüfen/ Versandstelle definieren

3) **Überprüfen Sie in der Unternehmensstruktur zur Logistics Execution, ob Ihre neue Versandstelle „V###" auch Ihrem Werk „Z###" zugeordnet wurde.**

Menüpfad: Customizing/ Unternehmensstruktur/ Zuordnung/ Logistics Execution/ Versandstelle – Werk zuordnen

Transaktionscode: OVXC

Ja, Ihre Versandstelle „V###" wurde auch Ihrem Werk „Z###" zugeordnet.

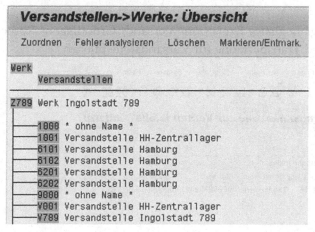

4) Definieren Sie in der Routenfindung bei den Grundlagen des Versands in der Logistics Execution noch einen neuen Eintrag für die Transportzone „D###085049" für die neue „Postregion Ingo. ###".
Sichern Sie Ihren neuen Eintrag und verlassen Sie die Transaktion, in dem Sie zweimal die Taste „F3" drücken.

Menüpfad: Customizing/ Logistics Execution/ Versand/ Grundlagen/ Routen/ Routenfindung/ Transportzonen definieren[31]

5) Pflegen bzw. ändern Sie in der Routenfindung bei den Grundlagen des Versands in der Logistics Execution noch die Transportzone[32] für Ihre Versandstelle „V###" in „D###085049" für die neue „Postregion Ingo. ###".
Sichern Sie Ihre Änderung und verlassen Sie die Transaktion mit der Taste „F3".

Menüpfad: Customizing/ Logistics Execution/ Versand/ Grundlagen/ Routen/ Routenfindung/ Land und Transportzone für Versandstelle pflegen

---

31 Ein alternativer Menüpfad lautet „Customizing/ Vertrieb/ Grundfunktionen/ Routen/ Routenfindung/ Transportzonen definieren".
32 Synonym an dieser Stelle: Abgangszone

6) **Pflegen bzw. ändern Sie die Zuordnung der Versandstelle „V###" in den Grundlagen des Versands der Logistics Execution.**

Menüpfad: Customizing/ Logistics Execution/ Versand/ Grundlagen/ Versand- und Warenannahmestellenfindung/ Versandstellen zuordnen

Für die Kombination von

- **Versandbedingung 02 „Standard" im Kundenstamm (vgl. Übung 23 auf Seite 146),**
- **Ladegruppe 0003 „Manuell" im Materialstamm (vgl. Übung 27 auf Seite 167) und dem**
- **Werk Z###**

soll von SAP ERP zukünftig statt der Versandstelle 1000 die Versandstelle „V###" automatisch vorgeschlagen werden. Um sich langwieriges Scrollen zu sparen, können Sie zum Positionieren für diese Einträge „springen".[33]

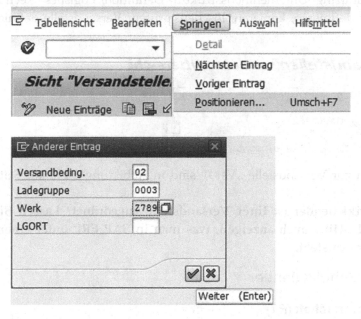

---

33 ☺ Dies ist ein Paradebeispiel für eine verbale Verrenkung, um den Leser auf den entsprechenden Eintrag in der Menüleiste hinzuführen und nicht durch Synonyme etc. in die Irre zu leiten.

Sichern Sie Ihre Änderung und verlassen Sie die Transaktion mit „F3".

7) **Lassen Sie sich in der Unternehmensstruktur der Logistics Execution die Details zu Ihrer definierten Versandstelle „V###" anzeigen.**

Menüpfad: Customizing/ Unternehmensstruktur/ Definition/ Logistics Execution/ Versandstelle definieren, kopieren, löschen, prüfen/ Versandstelle definieren

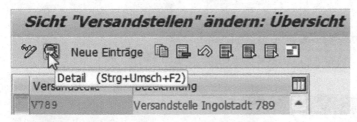

Die Einstellungen zur Versandstelle „V###" sind in Abbildung 3-112 auf Seite 397 zu sehen.

a) **Welcher Fabrikkalender ist Ihrer Versandstelle zugeordnet? Lassen Sie sich mit der F1-Hilfe auch anzeigen, was man in SAP ERP unter einem Fabrikkalender versteht.**

Definition: Fabrikkalender

Personalzeitwirtschaft (PT)

Kalender, in dem die Arbeitstage fortlaufend numeriert sind.

Der Fabrikkalender wird über einen Feiertagskalender definiert. Der Fabrikkalender besitzt einen Gültigkeitsbereich, der innerhalb des Gültigkeitsbereichs des Feiertagskalenders liegen muß.

Zusätzlich sind die Wochentage anzugeben, die Arbeitstage sind.

Beispiele:

- Montag bis Freitag sind Arbeitstage.

- Samstag, Sonntag und Feiertage sind arbeitsfreie Tage.

b) Welcher Wert ist für die Ladezeit, d. h. für das Verladen der Ware, in Ihrer Versandstelle hinterlegt?
Die Ladezeit beträgt einen Arbeitstag.

c) Welcher Wert ist für die Richtzeit für das Kommissionieren und Verpacken in Ihrer Versandstelle hinterlegt?
Die Richtzeit beträgt ebenfalls einen Arbeitstag.

Verlassen Sie bitte die Transaktion mit „F3".

Übung 17: Anlegen einer neuen Verkaufsorganisation (→ Kapitel 2.5.1 und 2.9.2)

1) Definieren Sie für den Vertrieb eine neue Verkaufsorganisation „Y###". Kopieren Sie dazu die Daten von einem bereits bestehenden Organisationsobjekt, der Verkaufsorganisation 1000, in Ihre neue Verkaufsorganisation „Y###".

Menüpfad: Customizing/ Unternehmensstruktur/ Definition/ Vertrieb/ Verkaufsorganisation definieren, kopieren, löschen, prüfen/ Verkaufsorganisation kopieren, löschen, prüfen

Transaktionscode: EC04

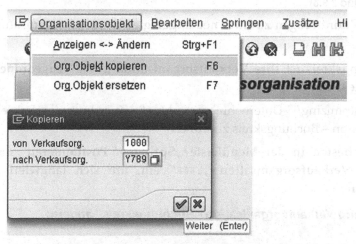

Bestätigen Sie die Informationsmeldung. Springen Sie dann mit „F3" zurück, um die Transaktion zu verlassen.

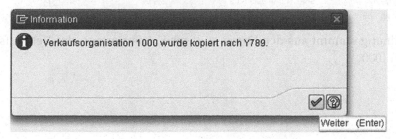

2) **Definieren bzw. benennen Sie die Bezeichnung Ihrer neuen Verkaufsorganisation „Y###" in „Ingolstadt ###" um und sichern Sie Ihre Änderungen.**

Menüpfad: Customizing/ Unternehmensstruktur/ Definition/ Vertrieb/ Verkaufsorganisation definieren, kopieren, löschen, prüfen/ Verkaufsorganisation definieren

Übung 18: Zuordnungen zur neuen Verkaufsorganisation (→ Kapitel 2.3.1, 2.3.2, 2.4.2, 2.5.1, 2.5.2, 2.5.3, 2.5.4, 2.5.5 und 2.9.3)

Lassen Sie sich die Zuordnungen zu Ihrer neu angelegten Verkaufsorganisation „Y###" anzeigen.

1) **Welchem Buchungskreis ist Ihre Verkaufsorganisation „Y###" zugeordnet? Woher stammt diese Zuordnung?**

Menüpfad: Customizing/ Unternehmensstruktur/ Zuordnung/ Vertrieb/ Verkaufsorganisation – Buchungskreis zuordnen

Wählen Sie am besten in der Menüleiste „Springen/ Positionieren" und geben Sie Ihre Verkaufsorganisation „Y###" ein, um sich langwieriges Scrollen zu sparen.

Diese Zuordnung stammt aus den Daten zu Ihrer Kopiervorlage, der Verkaufsorganisation 1000.

2) Welche Vertriebswege sind Ihrer Verkaufsorganisation „Y###" zugeordnet?

Menüpfad: Customizing/ Unternehmensstruktur/ Zuordnung/ Vertrieb/ Vertriebsweg – Verkaufsorganisation zuordnen

Sicht "Zuordnung Verkaufsorganisation - Vertriebsweg"

⁊⁊ Neue Einträge 📋 🖫 🔊 🖺 🖺 🖺

Zuordnung Verkaufsorganisation - Vertriebsweg

VkOrg	Bezeichnung	VW...	Bezeichnung	Status
Y789	Ingolstadt 789	01	Direktverkauf	
Y789	Ingolstadt 789	10	Endkundenverkauf	
Y789	Ingolstadt 789	12	Wiederverkäufer	
Y789	Ingolstadt 789	14	Service	
Y789	Ingolstadt 789	16	Werksverkauf	

3) Welche Sparten sind Ihrer Verkaufsorganisation „Y###" zugeordnet?

Menüpfad: Customizing/ Unternehmensstruktur/ Zuordnung/ Vertrieb/ Sparte – Verkaufsorganisation zuordnen

Sicht "Zuordnung Verkaufsorganisation - Sparte" ändern:

⁊⁊ Neue Einträge 📋 🖫 🔊 🖺 🖺 🖺

Zuordnung Verkaufsorganisation - Sparte

VkOrg	Bezeichnung	S..	Bezeichnung	Status
Y789	Ingolstadt 789	00	Spartenübergreifend	
Y789	Ingolstadt 789	01	Pumpen	
Y789	Ingolstadt 789	02	Motorräder	
Y789	Ingolstadt 789	04	Beleuchtung	
Y789	Ingolstadt 789	06	Aufzüge	
Y789	Ingolstadt 789	07	High Tech	
Y789	Ingolstadt 789	08	Dienstleistungen	
Y789	Ingolstadt 789	10	Fahrzeuge	
Y789	Ingolstadt 789	20	Turbinen	
Y789	Ingolstadt 789	A1	Pumpen	

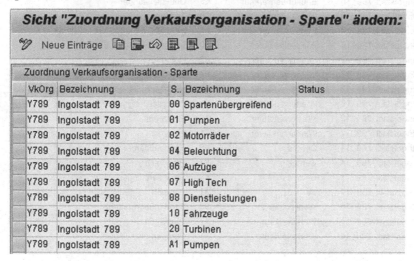

**4) Welche Vertriebsbereiche wurden mit Ihrer Verkaufsorganisation „Y###"
aufgrund der Kopiervorlage automatisch gebildet?**

Menüpfad: Customizing/ Unternehmensstruktur/ Zuordnung/ Vertrieb/
Vertriebsbereich bilden

Sicht "Zuordnung Verkaufsorganisation - Vertriebsweg - Sparte" ändern:

🅅 Neue Einträge 🗋 🖫 🔗 🖫 🖫 🖫

Zuordnung Verkaufsorganisation - Vertriebsweg - Sparte

VkOrg	Bezeichnung	VWeg	Bezeichnung	SP	Bezeichnung	Status
Y789	Ingolstadt 789	01	Direktverkauf	00	Spartenübergreifend	
Y789	Ingolstadt 789	01	Direktverkauf	01	Pumpen	
Y789	Ingolstadt 789	01	Direktverkauf	02	Motorräder	
Y789	Ingolstadt 789	01	Direktverkauf	04	Beleuchtung	
Y789	Ingolstadt 789	01	Direktverkauf	A1	Pumpen	
Y789	Ingolstadt 789	10	Endkundenverkauf	00	Spartenübergreifend	
Y789	Ingolstadt 789	10	Endkundenverkauf	01	Pumpen	
Y789	Ingolstadt 789	10	Endkundenverkauf	06	Aufzüge	
Y789	Ingolstadt 789	10	Endkundenverkauf	07	High Tech	
Y789	Ingolstadt 789	10	Endkundenverkauf	08	Dienstleistungen	
Y789	Ingolstadt 789	10	Endkundenverkauf	20	Turbinen	
Y789	Ingolstadt 789	10	Endkundenverkauf	A1	Pumpen	
Y789	Ingolstadt 789	12	Wiederverkäufer	00	Spartenübergreifend	
Y789	Ingolstadt 789	12	Wiederverkäufer	02	Motorräder	
Y789	Ingolstadt 789	12	Wiederverkäufer	04	Beleuchtung	
Y789	Ingolstadt 789	12	Wiederverkäufer	07	High Tech	
Y789	Ingolstadt 789	12	Wiederverkäufer	08	Dienstleistungen	
Y789	Ingolstadt 789	12	Wiederverkäufer	10	Fahrzeuge	
Y789	Ingolstadt 789	12	Wiederverkäufer	A1	Pumpen	
Y789	Ingolstadt 789	14	Service	00	Spartenübergreifend	
Y789	Ingolstadt 789	14	Service	07	High Tech	
Y789	Ingolstadt 789	14	Service	08	Dienstleistungen	
Y789	Ingolstadt 789	14	Service	A1	Pumpen	
Y789	Ingolstadt 789	16	Werksverkauf	00	Spartenübergreifend	
Y789	Ingolstadt 789	16	Werksverkauf	07	High Tech	
Y789	Ingolstadt 789	16	Werksverkauf	A1	Pumpen	

5) **Welcher Kreditkontrollbereich wurde den Vertriebsbereichen mit Ihrer Verkaufsorganisation „Y###" aufgrund der Kopiervorlage automatisch zugeordnet?**

Menüpfad: Customizing/ Unternehmensstruktur/ Zuordnung/ Vertrieb/ Vertriebsbereich Kreditkontrollbereich zuordnen

Den verschiedenen Vertriebsbereichen ist stets der Kreditkontrollbereich 1000 zugeordnet. Nachstehend ist ein Auszug aus der Liste der Vertriebsbereiche abgebildet:

Sicht "Vertriebsbereich: Zuordnung Kreditkontrollbereich"

VkOrg	VW...	S..	KKBr
Y789	01	00	1000
Y789	01	01	1000
Y789	01	02	1000
Y789	01	04	1000
Y789	01	A1	1000

6) **Welchem Werk ist die Kombination Ihrer Verkaufsorganisation „Y###" mit einzelnen Vertriebswegen jeweils zugeordnet?**

Menüpfad: Customizing/ Unternehmensstruktur/ Zuordnung/ Vertrieb/ Verkaufsorganisation – Vertriebsweg – Werk zuordnen

Sicht "Zuordnung Verkaufsorganisation/Vertriebsweg - Werk" ändern:

Neue Einträge

Zuordnung Verkaufsorganis̲| Löschen (Umsch+F2) |rk

VkOrg	Bezeichnung	Vweg Ku/Ma	Bezeichnung	Werk	Name 1
Y789	Ingolstadt 789	10	Endkundenverkauf	0005	Hamburg
Y789	Ingolstadt 789	10	Endkundenverkauf	0007	Werk Hamburg
Y789	Ingolstadt 789	10	Endkundenverkauf	0099	Werk für Customizing-Kurse
Y789	Ingolstadt 789	10	Endkundenverkauf	1000	Werk Hamburg
Y789	Ingolstadt 789	10	Endkundenverkauf	1100	Berlin
Y789	Ingolstadt 789	10	Endkundenverkauf	1200	Dresden
Y789	Ingolstadt 789	10	Endkundenverkauf	1300	Frankfurt
Y789	Ingolstadt 789	10	Endkundenverkauf	CHD1	Werk Hamburg
Y789	Ingolstadt 789	10	Endkundenverkauf	CHD2	Werk Hamburg
Y789	Ingolstadt 789	10	Endkundenverkauf	CHD3	Werk Hamburg
Y789	Ingolstadt 789	10	Endkundenverkauf	CHP1	Berlin
Y789	Ingolstadt 789	10	Endkundenverkauf	CHP2	Berlin
Y789	Ingolstadt 789	10	Endkundenverkauf	CHP3	Berlin
Y789	Ingolstadt 789	10	Endkundenverkauf	CPC2	Verteilzentrum München
Y789	Ingolstadt 789	10	Endkundenverkauf	Z789	Werk Ingolstadt 789
Y789	Ingolstadt 789	10	Endkundenverkauf	ZCS1	Walldorf, DON'T USE!!!!!!!!
Y789	Ingolstadt 789	12	Wiederverkäufer	0005	Hamburg
Y789	Ingolstadt 789	12	Wiederverkäufer	0007	Werk Hamburg
Y789	Ingolstadt 789	12	Wiederverkäufer	1000	Werk Hamburg
Y789	Ingolstadt 789	12	Wiederverkäufer	1200	Dresden
Y789	Ingolstadt 789	12	Wiederverkäufer	1400	Stuttgart
Y789	Ingolstadt 789	12	Wiederverkäufer	CHD1	Werk Hamburg
Y789	Ingolstadt 789	12	Wiederverkäufer	CHD2	Werk Hamburg
Y789	Ingolstadt 789	12	Wiederverkäufer	CHD3	Werk Hamburg
Y789	Ingolstadt 789	12	Wiederverkäufer	CPC1	Werk Stuttgart
Y789	Ingolstadt 789	12	Wiederverkäufer	CPC2	Verteilzentrum München
Y789	Ingolstadt 789	12	Wiederverkäufer	Z789	Werk Ingolstadt 789
Y789	Ingolstadt 789	14	Service	1200	Dresden

7) Welche Verkaufsbüros wurden aufgrund der Kopiervorlage Ihrem Vertriebsbereich mit der Verkaufsorganisation „Y###", dem Vertriebsweg „Wiederverkäufer" und der Sparte 00 zugeordnet?

Anmerkung:
In den nachfolgenden Übungen werden die beiden optionale Organisationseinheiten „Verkaufsbüro" und „Verkäufergruppe" nicht genutzt, so dass diese Zuordnungen nicht verändert werden müssen.

Menüpfad: Customizing/ Unternehmensstruktur/ Zuordnung/ Vertrieb/ Verkaufsbüro – Vertriebsbereich zuordnen

Sicht "Zuordnung Verkaufsbüro - Vertriebsbereich" ändern: Übersicht

Neue Einträge

Zuordnung Verkaufsbüro - Vertriebsbereich

VkOrg	Bezeichnung	VWeg	Bezeichnung	SP	Bezeichnung	VkBür	Bezeichnung
Y789	Ingolstadt 789	12	Wiederverkäufer	00	Spartenübergreifend	1000	Büro Frankfurt
Y789	Ingolstadt 789	12	Wiederverkäufer	00	Spartenübergreifend	1010	Büro Hamburg
Y789	Ingolstadt 789	12	Wiederverkäufer	00	Spartenübergreifend	1030	Büro Stuttgart

8) Welche Verkäufergruppen sind dem Verkaufsbüro Frankfurt zugeordnet?

Menüpfad: Customizing/ Unternehmensstruktur/ Zuordnung/ Vertrieb/ Verkäufergruppe – Verkaufsbüro zuordnen

Sicht "Zuordnung Verkaufsbüro - Verkäufergruppen"

Neue Einträge

Zuordnung Verkaufsbüro - Verkäufergruppen

VkBür	Bezeichnung	VKGr	Bezeichnung	Status
1000	Büro Frankfurt	100	Gr. F1 Hr. Anton	
1000	Büro Frankfurt	101	Gr. F2 Hr. Mayer	
1000	Büro Frankfurt	103	Gr. F3 Hr. Ludwig	

Übung 19: Zuordnungen zum Kostenrechnungskreis (→ Kapitel 2.3.1, 2.8.1, 2.8.2 und 2.9.3)

1) Welchem Kostenrechnungskreis ist der Buchungskreis 1000 zugeordnet?

Anmerkung:
Bei hierarchischen Dialogstrukturen im Customizing müssen Sie für eine Ebene immer zuerst einen Eintrag auswählen. Dadurch wird die entsprechende Zeile gelb unterlegt und somit markiert.
Dann erst können Sie sich mit einem Doppelklick der linken Maustaste in der Menüstruktur auf der linken Seite die Inhalte der nächsten untergeordneten Ebene zum gewählten Eintrag anzeigen lassen.

Menüpfad: Customizing/ Unternehmensstruktur/ Zuordnung/ Controlling/ Buchungskreis – Kostenrechnungskreis zuordnen

Transaktionscode: OX19

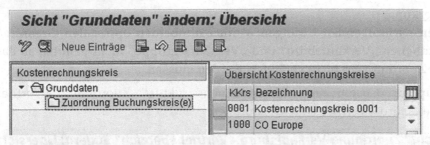

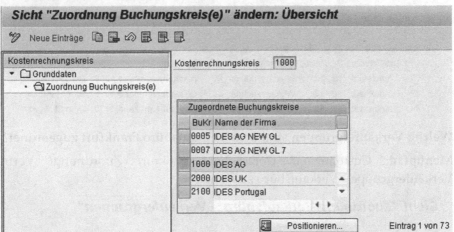

2) Existiert im Kostenrechnungskreis 1000 eine buchungskreisübergreifende Kostenrechnung?

Menüpfad: Customizing/ Unternehmensstruktur/ Definition/ Kostenrech-nungskreis pflegen/ Kostenrechnungskreis pflegen

Transaktionscode: OX06

Ja, im Kostenrechnungskreis 1000 existiert eine buchungskreisübergreifende Kostenrechnung. Dies ist u. a. auch schon an der letzten Abbildung erkennbar, da dort insgesamt 73 Buchungskreise dem Kostenrechnungskreis 1000 zuge-ordnet sind.

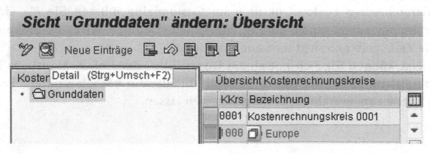

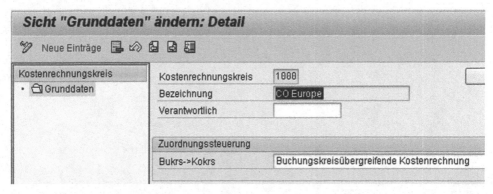

oder beispielsweise

Menüpfad: Customizing/ Controlling/ Controlling allgemein/ Organisation/ Kostenrechnungskreis pflegen/ Kostenrechnungskreis pflegen

Transaktionscode: OKKP

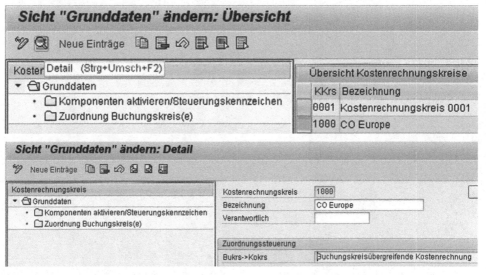

3) **Welchem Ergebnisbereich ist der Kostenrechnungskreis 1000 zugeordnet?**

Menüpfad: Customizing/ Unternehmensstruktur/ Zuordnung/ Controlling/ Kostenrechnungskreis – Ergebnisbereich zuordnen

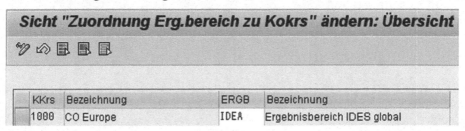

3 Vertriebsprozesse mit SAP ERP

Zusammenfassung

In Kapitel 3 werden operative Prozesse im Vertrieb sowie unterstützende Prozesse und deren Umsetzung in SAP ERP vorgestellt. Dazu werden jeweils die grundlegenden Zusammenhänge im Customizing erklärt, bevor deren Auswirkungen anhand von Übungen im Anwendungsmenü erläutert werden. Die Struktur der Unterkapitel entspricht der Abfolge der sequentiellen Prozessschritte von Abbildung 3-1 auf Seite 94.

3.1 Einführung

Die Prozesse aus Abbildung 3-1 bilden die Grundlage für die inhaltliche Struktur von Kapitel 3. In diesem Kapitel werden die wichtigsten operativen Vertriebstätigkeiten mit SAP ERP beschrieben. Viele Elemente dieser Prozesskette finden sich im Anwendungsmenü von SAP ERP unter dem Menüpfad „Logistik/ Vertrieb".

Bei der diesem Buch zugrundeliegenden prozessorientierten Betrachtungsweise werden die in SAP ERP vorhandenen Funktionen im Vertrieb – wie beispielsweise die Preis- und Partnerfindung, die Kopiersteuerung, die Bonusabsprachen, der Naturalrabatt, das Kreditmanagement sowie die kundenindividuellen dynamischen Produktvorschläge sowie das materialabhängige Cross-Selling – den Prozessen zugeordnet, in denen sie hauptsächlich genutzt werden.

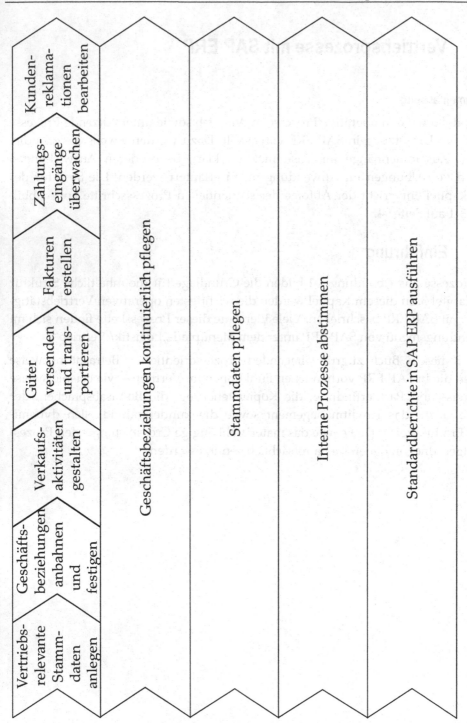

Abbildung 3-1:   Übersicht der operativen Vertriebsprozesse von Kapitel 3

Es lässt sich bei dieser Vorgehensweise nicht immer vermeiden, dass teilweise durchaus diskussionswürdige Kompromisse bei dieser Zuordnung eingegangen werden. Die obigen Vertriebsfunktionen werden in diesem Prozessmodell den unterstützenden Prozessen wie folgt zugeordnet (vgl. auch Abbildung 3-2):

– Geschäftsbeziehungen kontinuierlich pflegen:[34]
  Für den Vertriebs- bzw. Unternehmenserfolg ist es unabdingbar, Geschäftsbeziehungen mit Kunden während des in Abbildung 3-21 auf Seite 196 dargestellten Kundenbeziehungslebenszyklus kontinuierlich zu pflegen.
  Diese fortwährende Kommunikation mit Kunden bildet fast immer die Basis um Kundenbedürfnisse allgemein und individuell zu ermitteln, Zufriedenheit bei Kunden zu generieren, profitable Kunden langfristig an das Unternehmen zu binden und Marktanteile, Umsatzerlöse und Deckungsbeiträge zu steigern. Aufgrund seiner herausragenden Bedeutung wird dieser unterstützende Prozess zuerst genannt.

– Stammdaten pflegen:
  Stammdaten für Materialien und allgemeine Konditionen werden in SAP ERP meist bereits vor der Geschäftsanbahnung angelegt. Stammdaten für Kunden und konkrete Absprachen mit ihnen – wie beispielsweise die in Kapitel 3.3.5.4 beschriebenen Kunden-Material-Info – sowie für weitere spezielle Konditionen, z. B. für Naturalrabatte, werden dagegen in der Regel erst später gepflegt.
  Nachdem sich bei allen Stammdaten im Laufe des Vertriebsprozesses Änderungen – oftmals insbesondere durch die kontinuierliche Pflege der Geschäftsbeziehungen – ergeben, erfolgt die Pflege der Stammdaten oftmals fortwährend.

---

34 Ursprünglich hieß dieser Prozess „Mit Kunden kommunizieren". Er sollte explizit die Wichtigkeit der Kundenkommunikation im Vertrieb unterstreichen und stellte ein extern orientiertes Pendant zum Prozess „Interne Prozesse abstimmen" dar.
Der Prozess „Mit Kunden kommunizieren" bestand aus den beiden Teilprozessen „Geschäftsbeziehungen kontinuierlich pflegen" und „Kunden zu Prozessen benachrichtigen". Mit dieser Differenzierung wurde der Unterschied zwischen individueller und standardisierter Kundenansprache verdeutlicht. Ein Beispiel für eine standardisierte Kundenansprache ist das automatische Versenden einer Auftragsbestätigung per E-Mail, sobald ein Kundenauftrag in SAP ERP gespeichert wird.
Standardisierte Kundenansprachen erfolgen in SAP ERP mit Hilfe der sog. Nachrichtensteuerung, die sich im Anwendungsmenü in den Stammdaten des Vertriebs und im Customizing in den Grundfunktionen des Vertriebs befindet. Der mir vorliegende IDES-Mandant ist jedoch so eingestellt, dass kein Customizing und Versenden von Standardnachrichten möglich ist. Deshalb kann ich diese sehr praxisrelevante Thematik im Rahmen dieses Buches für den Leser leider nicht anhand von nachvollziehbaren Übungen beschreiben.

– Interne Prozesse abstimmen:
Die Nummernvergabe für Objekte im Vertrieb, die Partner- und Preisfindung, die Kopiersteuerung für Vertriebsbelege, das Cross-Selling, die kundenindividuellen dynamischen Produktvorschläge sowie das Kreditmanagement bilden als Funktionen die Grundlage für wichtige interne Prozesse im Vertrieb.
Für manche dieser oben genannten Prozesse werden im Anwendungsmenü Stammdaten im Vertrieb angelegt und geändert. Daher könnte für sie formell auch eine Einordnung unter dem unterstützenden Prozess „Stammdaten pflegen" erfolgen. Im Customizing finden sich hingegen die meisten dieser Prozesse unter den Grundfunktionen im Vertrieb. Aufgrund der Eigenständigkeit und Komplexität sind sie hier enthalten.

– Standardberichte in SAP ERP ausführen:
Verschiedene Standardberichte existieren für den Vertrieb in SAP ERP bereits u. a. zu Stammdaten, zu Aktivitäten im Rahmen der Vertriebsunterstützung, zu Verkaufsbelegen, zu Fakturen sowie zum Kreditmanagement. Diese Standardberichte ermöglichen es Anwendern, sich schnell einen Überblick über den aktuellen Stand bei einzelnen Prozessen im Vertrieb zu verschaffen.[35]
In der Praxis werden oftmals auch zusätzliche unternehmensindividuelle Vertriebsauswertungen mit selbst programmierten ABAP-Queries erstellt.[36]

---

35 Zudem gibt es noch Berichte im Vertriebsinformationssystem (VIS) von SAP ERP, mit denen betriebswirtschaftliche Sachverhalte und Prozesse im Vertrieb auf Basis von Kennzahlen analysiert werden können. Das VIS basiert auf gruppierten Vertriebsinformationen, die in sog. Informationsstrukturen zusammengefasst sind. In der Standardauslieferung der SAP AG sind bereits vordefinierte Informationsstrukturen enthalten. Diese können zusätzlich um unternehmensindividuell definierte Informationsstrukturen ergänzt werden.
  In dem IDES-Mandanten für die Lehre an Hochschulen, der für die Übungen genutzt wurde, sind diese Informationsstrukturen leider nicht gepflegt. So muss leider auf deren Darstellung im Rahmen dieses Buches verzichtet werden. Informationen hierzu finden sich in der entsprechenden Fachliteratur, z. B. bei Scheibler/ Maurer (2013), S. 225ff.
36 ABAP-Queries können mit der Transaktion SQ01, die sich im Anwendungsmenü beispielsweise unter dem Menüpfad „Logistik/ Vertrieb/ Verkauf/ Werkzeuge" findet, angelegt werden. Die Darstellung der Programmierung solcher ABAP-Queries würde jedoch den Umfang dieses Buches für die intendierte Benutzergruppe sprengen. Interessierte Anwender finden Informationen hierzu z. B. bei Kaleske/ Bädekerl/ Fortshuber (2013).

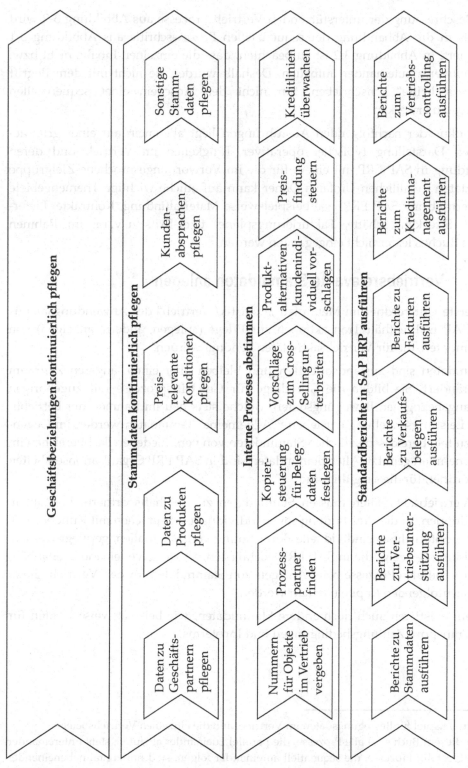

Abbildung 3-2: Detaillierung der unterstützenden Vertriebsprozesse

Die Beschreibung der unterstützenden Vertriebsprozesse aus Abbildung 3-2 wird jeweils in die Abhandlung der sequenziellen Prozessschritte aus Abbildung 3-1 integriert. In Abbildung 3-2 ist zu beachten, dass die einzelnen Inhalte nicht bzw. nur teilweise aufeinander aufbauen. Deshalb wurden sie nicht mit dem Begriff „Prozessschritte" umschrieben, um nicht den Anschein einer sequenziellen Abfolge zu erwecken.

Der Fokus der nachfolgenden Ausführungen liegt allgemein auf einer grundlegenden Darstellung typischer operativer Tätigkeiten im Vertrieb und deren Abbildung in SAP ERP mit einem für die im Vorwort angesprochene Zielgruppe adäquaten inhaltlichen Umfang. Daher kann auf etliche wichtige Themengebiete im Vertrieb mit SAP ERP, wie beispielsweise Materialfindung, Kontrakte, Lieferpläne, Streckengeschäfte, Fakturierungspläne, User-Exits u. v. m. im Rahmen dieses Buches leider nicht eingegangen werden.

3.2   Vertriebsrelevante Stammdaten anlegen

Der erste Unterordner im Menüpfad „Logistik/ Vertrieb" des Anwendungsmenüs von SAP ERP enthält Transaktionen zur Pflege (anlegen, ändern, anzeigen) von Stammdaten, die für Vertriebsaktivitäten benötigt werden.

Stammdaten sind zustandsorientiert und bleiben über einen längeren Zeitraum unverändert. Sie bilden die Grundlage für Geschäftsprozesse mit zugehörigen vorgangsbezogenen Bewegungsdaten, welche stets neu im Rahmen der betrieblichen Leistungserstellung entstehen.[37] Allgemeine Stammdaten werden im Gegensatz zu fachbereichsspezifischen Stammdaten von verschiedenen Fachbereichen im Unternehmen genutzt. Allen Stammdaten sind in SAP ERP Organisationseinheiten zugeordnet, für die sie gültig sind.

Für Vertriebsaktivitäten müssen Stammdaten zu Geschäftspartnern, Produkten, Konditionen für die Preisfindung sowie individuelle Absprachen mit Kunden, z. B. für die unternehmensindividuelle Bezeichnung von Materialien, gepflegt werden. Abbildung 3-3 zeigt die in SAP ERP wichtigsten, teilweise voneinander unabhängigen[38], initialen Prozesse beim Anlegen von Stammdaten für den Vertrieb, die in den nachfolgenden Kapiteln erklärt werden.

Zudem existieren auch noch andere Stammdaten, wie beispielsweise Routen für den Transport, Zahlungsbedingungen und Incoterms.

---

37 Ein Beispiel für Bewegungsdaten im Vertrieb sind die einzelnen Vertriebsbelege.

38 In diesem Buch sind alle Prozesse, die parallel zueinander ablaufen, stets untereinander dargestellt. Prozesse, die sequentiell aufeinander folgen, sind horizontal nebeneinander abgebildet.

Abbildung 3-3: Prozesse der erstmaligen Anlage von vertriebsrelevanten Stammdaten

Für kundenindividuelle Absprachen werden meist erst später im Zuge der Geschäftsanbahnung bzw. Kundenauftragsbearbeitung Stammdaten angelegt. Sie sind in diesem Buch deshalb dem Prozess „Stammdaten pflegen" zugeordnet.

Das Anlegen von Stammdaten ist meist aufgrund der vielen einzelnen Felder sehr aufwändig. Zudem existieren oftmals bereits ähnliche Stammdaten. Zur Arbeitserleichterung wird deshalb (auch) in SAP ERP fast immer ein ähnlicher, bereits vorhandener, Stammsatz als Kopiervorlage verwendet, dessen Nummer im Feld „Vorlage" einzutragen ist. Danach müssen nun noch die sich unterscheidenden Feldinhalte vom Bearbeiter modifiziert werden.

3.2.1 Daten zu Geschäftspartnern erfassen

Geschäftspartner sind natürliche oder juristische Personen, zu denen ein Unternehmen eine Geschäftsbeziehung unterhält. Die zugehörigen Stammdaten werden in SAP ERP in Stammsätzen gespeichert.

Für alle an der Vertriebsabwicklung beteiligten Geschäftspartner werden in SAP ERP mittels Partnerrollen spezifische Daten zu Rechten und Pflichten erfasst. Die Partnerrollen werden beim Anlegen eines Stammsatzes jedem Geschäftspartner zugeordnet. Wichtige Partnerrollen im Vertrieb sind beispielsweise

- Interessent,
- Kunde (Debitor) und
- Spediteur.

Das Anlegen von Stammdaten für die wichtigsten Geschäftspartner im Vertrieb, die Kunden, wird nachstehend beschrieben. Kunden werden über ein technisches Merkmal, die Kontengruppe[39], weiter klassifiziert. Für jede Kontengruppe ist u. a. direkt oder über Verknüpfungen festgelegt,

- ob die Nummernvergabe intern oder extern erfolgt (vgl. Seite 127),
- welches Nummernkreisintervall für die Kontengruppe des Debitors zugeordnet ist (vgl. Abbildung 3-18 auf Seite 126),
- welche Partnerrollen (vgl. Abbildung 3-20 auf Seite 128) zur Kontengruppe gehören und
- für welche der drei untenstehenden Bereiche Daten angelegt werden können bzw. müssen.

Die Daten des Kundenstammsatzes umfassen alle Sachverhalte, die für die Geschäftsverbindung zum Kunden relevant sind. Sie werden nicht nur im Vertrieb, sondern auch in der Buchhaltung benötigt.

Zur Minimierung des Aufwands beim Anlegen und zur Vermeidung von Redundanzen bestehen Stammsätze zu einem Kunden aus drei Bereichen, denen verschiedene Organisationseinheiten (siehe Abbildung 3-4 mit einem Beispiel) zugeordnet sind:

- Allgemeine Daten sind sowohl für alle Verkaufsorganisationen des Vertriebs als auch für die Buchhaltungen aller rechtlich selbständigen Unternehmen (Buchungskreise) in einem Konzern relevant und identisch.
  Sie müssen beim erstmaligen Anlegen des Kundenstammsatzes erfasst werden und sind auf Ebene des Mandanten gültig. Dazu zählen u. a. Daten
  • zur Adresse, wie z. B. Name, Straßenadresse, Daten zur Kommunikation und die Transportzone,
  • zur allgemeinen Steuerung, wie beispielsweise die Kreditorennummer beim Kunden,
  • zum Zahlungsverkehr, wie z. B. die Bankverbindungen,
  • für das Marketing, u. a. die Branche sowie Kennzahlen zur Klassifizierung nach Jahresumsatz und Mitarbeiteranzahl,
  • zu Abladestellen beim Kunden mit zugehörigen Zeiten für die Warenannahme,
  • zu eventuellen Exportrestriktionen, beispielsweise aufgrund von Boykotten und
  • zu einzelnen Ansprechpartnern beim Kunden.

---

39 Die Definition der Kontengruppen für Kunden findet sich im Customizing unter dem Menüpfad „Logistik Allgemein/ Geschäftspartner/ Kunden/ Steuerung/ Kontengruppen und Feldauswahl Kunden definieren" oder „Finanzwesen/ Debitoren- und Kreditorenbuchhaltung/ Debitorenkonten/ Stammdaten/ Anlegen von Debitorenstammdaten vorbereiten/ Kontengruppe mit Bildaufbau definieren (Debitoren)".

– Buchungskreisdaten werden im Vertrieb oder in der Buchhaltung erfasst und
  bilden das Debitorenkonto in der Debitorenbuchhaltung (Nebenbuchhaltung)
  ab. Sie sind auf Ebene eines Buchungskreises gültig. Beispiele hierfür sind
  Daten

   • zur Kontoführung, u. a. mit dem Abstimmkonto in der Hauptbuchhaltung,

   • zum Zahlungsverkehr mit Angaben zur Zahlungsbedingung, der Gewäh-
     rung von Skonto und der Behandlung von Zahlungsdifferenzen,

   • zur Korrespondenz, z. B. mit Sachbearbeitern beim Kunden oder Einstellun-
     gen zum Mahnwesen sowie

   • zur Warenkreditversicherung wie beispielsweise der Höhe einer vertraglich
     vereinbarten Selbstbeteiligung.

– Vertriebs- bzw. Vertriebsbereichsdaten ermöglichen es, Kundendaten
  vertriebsbereichsspezifisch zu erfassen. Sie müssen beim erstmaligen Bearbeiten von Vertriebsvorgängen bereits vorliegen und beinhalten Daten

   • zum Verkauf, beispielsweise zur Preisfindung für Kundengruppen, zur
     Auftragswahrscheinlichkeit und für ABC-Analysen,

   • zum Versand, z. B. der Lieferpriorität sowie eventuell möglichen Teilliefe-
     rungen,

   • zur Rechnungsstellung, u. a. mit der möglichen Gewährung von Boni, dem
     zuständigen Kreditkontrollbereich sowie der Steuerklassifikation und

   • zu den Partnerrollen mit den durch das Customizing für die Kontengruppe
     des Kunden festgelegten Pflichtpartnerrollen sowie zusätzlichen optionalen
     Partnerrollen.

Wurde beispielsweise ein neuer Vertriebsbereich für einen bestehenden
Buchungskreis angelegt, so brauchen für einen existierenden Kunden, der nun
auch mit diesem neuen Vertriebsbereich in Kontakt steht, nicht nochmals allgemeine Daten und Buchungskreisdaten in SAP ERP angelegt werden. Lediglich die
spezifischen Daten für den neuen Vertriebsbereich sind noch zu erfassen.

Abbildung 3-4 zeigt ein Beispiel für einen Konzern mit zwei rechtlich selbständigen Tochterunternehmen, die jeweils einen bzw. zwei Vertriebsbereiche aufweisen.
Die Inhalte dieser Abbildung dürfen nicht dahingehend hierarchisch interpretiert
werden, dass beispielsweise zwingend Buchungskreisdaten vor Vertriebsdaten
angelegt werden müssen. Es ist auch möglich, zuerst nur allgemeine Daten und
Vertriebsdaten anzulegen. Alle sequentiellen Prozessschritte aus Abbildung 3-1 bis
einschließlich der Erstellung der Faktura könnten dann auch ausgeführt werden,
jedoch würde kein Buchhaltungsbeleg für den Zahlungseingang erzeugt werden,
da die Integration zum externen Rechnungswesen fehlt.

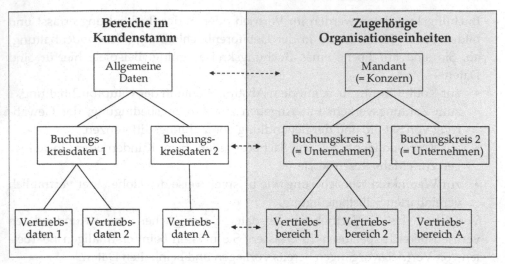

Abbildung 3-4:   Ein Beispiel für Bereiche im Kundenstamm und zugehörige Organisationseinheiten

Stammdaten zu allen drei Bereichen des Kundenstamms können an verschiedenen Stellen in SAP ERP angelegt, geändert und angezeigt werden. Die zentrale Pflege aller drei Bereiche erfolgt mit den Transaktionen XD01 bzw. XD02 in den Stammdaten des Vertriebs.

Allgemeine Daten und Buchungskreisdaten können auch mit der Transaktion FD01 bzw. FD02 bei den Stammdaten der Debitoren im Finanzwesen angelegt und geändert werden. Allgemeine Daten und Vertriebsbereichsdaten werden in den Stammdaten des Vertriebs mit den Transaktionen VD01 bzw. VD02 angelegt bzw. geändert. Zum Anzeigen der Daten dienen korrespondierend die Transaktionen XD03, VD03 und FD03.

Bei allen drei Bereichen des Kundenstamms existieren Muss-Felder, die durch ein Häkchen gekennzeichnet sind und zwingend eine Dateneingabe erfordern. Die angelegten Daten lassen sich später ändern bzw. kontinuierlich pflegen. Zudem können zusätzliche, im Laufe der Kundenbeziehung gewonnene Informationen später stets in den Stammdaten dokumentiert werden.

Wird – wie im Beispiel von Abbildung 3-5 – beim Anlegen eines neuen Kundenstammsatzes ein Stammsatz eines anderen, ähnlichen Kunden als Kopiervorlage verwendet, so werden standardmäßig einige Daten aus der Vorlage nicht übernommen. Dazu gehören u. a. Adressdaten. Zudem müssen bei der Vorlage auch die spezifischen Organisationseinheiten angegeben werden, aus denen Daten übernommen werden sollen. Ohne die Angabe eines Vertriebsbereichs werden beispielsweise keine Verkaufsdaten kopiert.

Abbildung 3-5: Beispiel für das Anlegen eines neuen Kunden mit Hilfe einer Kopiervorlage (XD01)

Beim Anlegen eines neuen Kunden ist u. a. zu beachten:

– In etlichen Auslieferungen des IDES-Systems von SAP ERP wurden im Laufe der Zeit mehrere gleich lautende Einträge für die Kontengruppe „Auftraggeber" angelegt. Um den richtigen Eintrag zu finden empfiehlt es sich in so einem Fall, den zugehörigen Primärschlüssel für jeden Eintrag anzeigen zu lassen (vgl. Seite 22).

– Ein Kunde wird im Menübaum von SAP ERP meist als Debitor bezeichnet. Das Feld „Debitor" eines Kundenstammsatzes aus Abbildung 3-5 wird jedoch nicht für den Namen des Kunden verwendet, sondern für die Kundennummer. Diese eindeutige Nummer (= Primärschlüssel) für jeden Kundenstammsatz kann, abhängig von der Kontengruppe und den Einstellungen im Customizing, extern oder intern vergeben werden (vgl. Kapitel 3.2.5.1).
Der Kundenname wird dagegen bei den allgemeinen Daten in der Registerkarte „Adresse" im Muss-Feld „Name" und eventuell noch im Muss-Feld „Suchbegriff 1/2" erfasst.

– Für die Vertriebsbereichsdaten muss, wie Abbildung 3-5 zeigt, bei dem Kunden
   aus der Kopiervorlage auch genau ein Vertriebsbereich angegeben werden, aus
   dem ähnliche Daten kopiert werden sollen. Besonders für die Preisfindung in
   Kapitel 3.2.3 existieren in den Vertriebsbereichsdaten in der Registerkarte
   „Verkauf" wichtige Felder:

   • Das Feld „Kundenschema" wird zur Findung eines in Abbildung 3-13 auf
      Seite 116 dargestellten Kalkulationsschemas benötigt.

   • Für eine Gruppe von Kunden, z. B. Neukunden, können identische preisre-
      levante Konditionen gelten. Für die Abbildung einer solchen Gruppierung
      wird das Feld „Preisgruppe" genutzt, z. B. in einer auf Seite 119 beschriebe-
      nen Zugriffsfolge für die Ermittlung von Konditionssätzen zu einer Kondi-
      tionsart.

– Kunden können in SAP ERP auch gruppiert und hierarchisch abgebildet
   werden. Solche Kundenhierarchien werden u. a. zur Preis- und Partnerfindung,
   für Bonusabsprachen sowie für Auswertungen, beispielsweise im Vertriebsinformationssystem (VIS) sowie der Ergebnis- und Marktsegmentrechnung
   (CO-PA) im internen Rechnungswesen, verwendet.

In Tabelle 3-1 sind abschließend noch wichtige Tabellen zum Kundenstamm aufgelistet, deren Inhalte mit den Transaktionen SE11 bzw. SE16 (vgl. Seite 13 und 40ff.)
angezeigt werden können.

Tabelle 3-1:   Wichtige Tabellen zum Kundenstamm

Tabellenname	Tabelleninhalte
KNA1	Allgemeine Daten
KNB1	Buchungskreisdaten
KNVV	Vertriebsdaten
KNVD	Dokumente
KNVP	Partnerrollen
KNVK	Ansprechpartner
KNVS	Versanddaten
KNVT	Texte für den Verkauf
KNVH	Kundenhierarchien

3.2.2 Daten zu Produkten erfassen

Im Menübaum von SAP ERP befinden sich bei den Stammdaten des Vertriebs im zweiten Menüpunkt die Produkte, welche wiederum unterteilt werden. Die mit Abstand wichtigsten Stammdaten stellen hier die Materialien dar.

Als „Material" werden in SAP ERP allgemein physische Güter sowie Dienstleistungen bezeichnet. Bevor mit der Vertriebstätigkeit begonnen werden kann, müssen stets verkaufsfähige Materialien in SAP ERP angelegt werden.

Für ein Material werden von unterschiedlichen Fachbereichen im Unternehmen verschiedene Daten erfasst, die für die jeweiligen Prozesse des Fachbereichs benötigt werden.

Mitarbeiter im Versand brauchen z. B. die Daten zu Größe und Gewicht eines Materials. Diese Daten interessieren jedoch beispielsweise Mitarbeiter der Buchhaltung nicht, für die hingegen z. B. die Preissteuerung des Materials von essenzieller Bedeutung ist.

Diesem Umstand wird in SAP ERP insofern Rechnung getragen, als dass die mögliche Vielzahl von Daten für einen Materialstamm nicht zentral erfasst wird, sondern in verschiedene fachbereichsspezifische Sichten gegliedert ist.

Stammdaten für Materialien werden entweder direkt in der Materialwirtschaft oder im Vertrieb angelegt und gepflegt. Es gibt spezielle Transaktionen für das Anlegen unterschiedlicher Materialarten, z. B. die Transaktion MMH1 für Handelswaren. Alle Materialien können jedoch auch mit der allgemeinen Transaktion MM01 angelegt werden. Der einzige Unterschied besteht darin, dass dann explizit die Materialart ausgewählt werden muss, die ansonsten bei der jeweiligen speziellen Transaktion schon implizit vorgegeben ist (vgl. Abbildung 3-6).

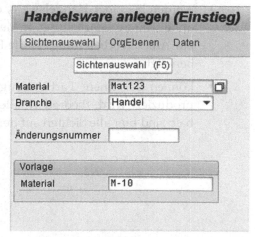

Abbildung 3-6: Anlegen eines Materialstammsatzes mit Hilfe einer Kopiervorlage (links MM01 und rechts MMH1)

Beim Anlegen eines neuen Materials ist u. a. zu beachten:

– Das Feld „Material" eines Materialstammsatzes in Abbildung 3-6 wird nicht für die Bezeichnung des Materials, sondern für die Materialnummer verwendet. Dieser Primärschlüssel ist für jeden Materialstammsatz, der ein Material eindeutig identifiziert, abhängig von der unten beschriebenen Materialart und kann extern oder intern vergeben werden (vgl. Kapitel 3.2.5.1).
Die Bezeichnung des Materials wird stattdessen in der Sicht „Grunddaten1" im Muss-Feld „Materialkurztext" eingetragen.

– Mit dem Feld „Branche" wird das Material einem bestimmten Industriezweig und zugehörigen branchenspezifischen Muss- und Kann-Feldern zugeordnet.

– Mit dem Feld „Materialart" werden Materialien mit identischen Eigenschaften zusammengefasst.
Eine Materialart, z. B. für Fertigerzeugnisse oder Handelswaren, wird im Customizing der allgemeinen Logistik in den Grundeinstellungen zum Materialstamm definiert und steuert u. a. die

   • Allgemeinen Daten, z. B. die Art der Nummernvergabe. (vgl. Seite 127),[40]

   • Art der Beschaffung[41], z. B. bei

      ▪ einer Handelsware ausschließlich Fremdbeschaffung.

      ▪ bei einem Fertigerzeugnis Eigenfertigung und (selten) Fremdbeschaffung.

   • Auswahl der beteiligten Fachbereiche und der damit verbundenen, in SAP ERP prinzipiell zur Verfügung stehenden Felder und Sichten des Materialstamms. Zum Beispiel

      ▪ werden bei einer Handelsware, die extern von Lieferanten bezogen und ohne weitere Bearbeitung an den Kunden verkauft wird, keine Sichten zur Arbeitsvorbereitung für die Produktion und für Fertigungshilfsmittel benötigt.

      ▪ können bei einem Fertigerzeugnis, welches vom Unternehmen selbst produziert wird, theoretisch alle Fachbereiche einbezogen werden. Deshalb sind hier alle Sichten auf den Materialstamm prinzipiell verfügbar.

---

40 Beispielsweise muss bei der externen Nummernvergabe für Handelswaren die Materialnummer neben Ziffern mindestens noch einen Buchstaben enthalten.

41 Im Customizing werden die beiden entsprechenden Felder betriebswirtschaftlich etwas gewöhnungsbedürftig als „Bestellungen" bezeichnet.

- Art der Preissteuerung, z. B. bei

  ▪ einer Handelsware mit einem gleitenden Durchschnittspreis bzw. einem periodischem Verrechnungspreis.

  ▪ einem Fertigerzeugnis mit einem Standardpreis, der für mindestens eine Periode konstant bleibt.
    Dieser wurde meist nicht manuell durch den Anwender im Material-stamm eingetragen, sondern ist das Ergebnis einer Plankalkulation der Produktkostenplanung bzw. Kostenträgerstückrechnung. Es wird nach Vormerkung und Freigabe von SAP ERP automatisch für das Material in den Materialstamm fortgeschrieben.

- Werden zusätzlich zu den bereits in SAP ERP konfigurierten Materialarten noch weitere Materialarten benötigt, so sollten diese mit Hilfe einer Kopie einer bereits bestehenden Materialart im Customizing angelegt werden.
  Für ein eventuelles Vorlagematerial, beispielsweise das Material M-10 in Abbildung 3-6, werden – anders als beim Anlegen eines Kunden – zunächst noch keine zugehörigen Organisationseinheiten eingetragen. Erst im nächsten Schritt erfolgt die fachbereichsspezifische Auswahl der Sichten zum Materialstamm.

Die fachbereichsspezifischen Sichten zum Materialstamm werden im Anwendungsmenü als Registerkarten mit zugehörigen Haupt- und Zusatzdaten angezeigt. Als Zusatzdaten können weitere Informationen zu Hauptdaten, wie z. B. ein interner Vermerk oder alternative Mengeneinheiten, erfasst werden.

Die korrespondierenden Begriffe im Customizing weichen davon leicht ab. Eine Sicht zum Materialstamm wird im Customizing „Datenbild" genannt. Die zugehörigen Hauptdaten heißen im Customizing „Hauptbilder" und die Zusatzdaten „Zusatzbilder".

Mehrere Registerkarten bzw. Datenbilder bilden eine Bildsequenz (vgl. Abbildung 3-7), welche die Reihenfolge der Sichten zum Materialstamm mit zugehörigen Haupt- und Zusatzdaten bestimmt.

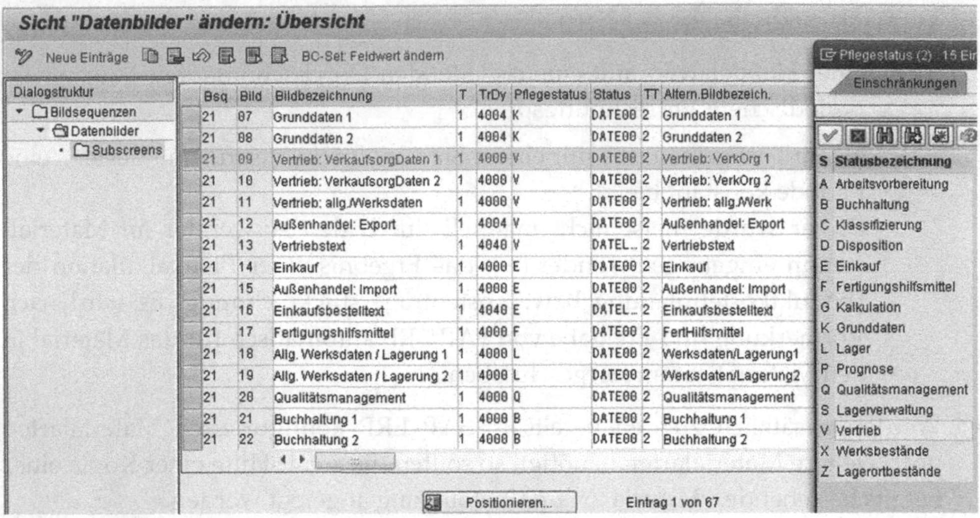

Abbildung 3-7:   Datenbilder zur Bildsequenz „Ind-Std kurz TabStrips" (OMT3B)

Die Auswahl der Bildsequenz erfolgt im Customizing der allgemeinen Logistik bei der Konfiguration zum Materialstamm und kann abhängig von der Transaktion, dem Benutzer, der Materialart und der Branche festgelegt werden.[42]

In der Spalte „Pflegestatus" in Abbildung 3-7 wird für jedes Datenbild festgelegt, von welchen Fachbereichen die zugehörigen Daten gepflegt werden dürfen. Beim Datenbild „Vertrieb: VerkaufsorgDaten 1" ist es erwartungsgemäß der Vertrieb.

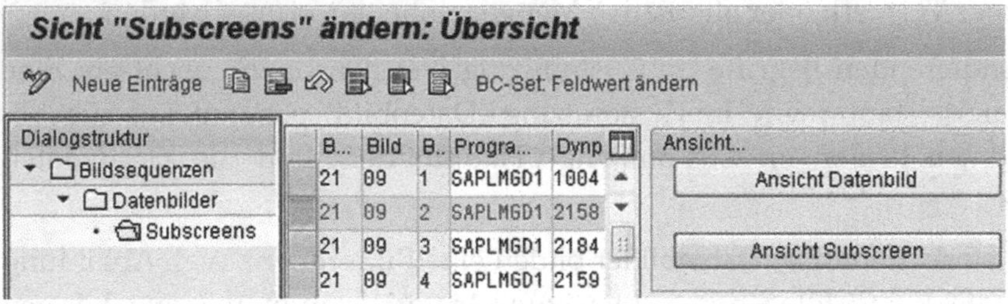

Abbildung 3-8:   Subscreens des Datenbildes „Vertrieb: VerkaufsorgDaten 1" (OMT3B)

Ein Datenbild für Hauptdaten innerhalb einer Bildsequenz im Customizing korrespondiert mit einer Sicht zum Materialstamm im Anwendungsmenü. Jedes Datenbild setzt sich aus mehreren sog. Bildbausteinen bzw. „Subscreens" mit jeweils logisch zusammenhängenden Datenfeldern zusammen, die gemeinsam in einem Bildausschnitt mit zugehörigem Rahmen und meist einer Überschrift grup-piert sind. Beispielsweise sind im Customizing dem Datenbild „09" aus Abbildung 3-7 die vier[43] Subscreens von Abbildung 3-8 zugeordnet.

---

42 Der Platzhalter „*" steht hier im Customizing wiederum für eine beliebige Anzahl von Einträgen (vgl. Übung 26).

43 Eigentlich sind an dieser Stelle im Customizing sechs Subscreens enthalten. Die beiden Letzten sind jedoch leer.

Ansicht Bildbaustein 02 (Dynpro SAPLMGD1/2158)

Allgemeine Daten

Basismengeneinheit	▢	Sparte
Verkaufsmengeneinh.		☐ VME nicht variabel
MengeneinheitenGrp		
VTL-überg. Status		Gültig ab
VTL-spez. Status		Gültig ab
Auslieferungswerk		
Warengruppe		
☐ Skontofähig		Konditionen

Abbildung 3-9: Erster Subscreen des Datenbildes „Vertrieb: VerkaufsorgDaten 1"
(OMT3B)

Abbildung 3-9 zeigt die Customizing-Inhalte des zweiten Bildbausteins für das
Datenbild „Vertrieb: VerkaufsorgDaten 1" der Bildsequenz „Ind-Std kurz
TabStrips (21)" aus Abbildung 3-7.

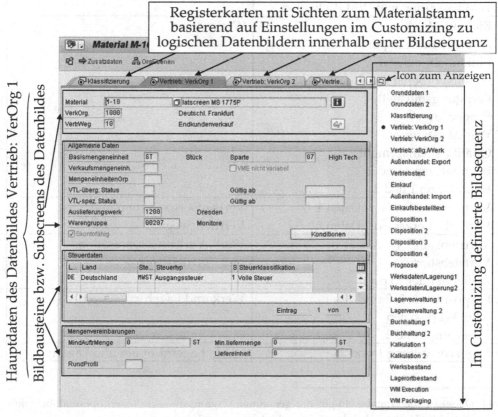

Abbildung 3-10: Auswirkungen der Einstellungen im Customizing (OMT3B) auf die
Ansicht im Anwendungsmenü (MM03)

Der modulare Aufbau im Customizing ermöglicht es, sehr flexibel Datenbilder mit Subscreens und benötigten Datenfeldern zum Material zu konfigurieren. Diese werden dann wie in Abbildung 3-10 im Anwendungsmenü als Sichten des Materialstamms in Registerkarten angezeigt. Jeder Sicht des Materialstamms werden eine oder mehrere Organisationseinheiten zugeordnet (vgl. Tabelle 3-2).[44] Diese müssen beim Anlegen eines Materials nach der Auswahl der Sichten eingegeben werden.

In Abbildung 3-10 sind oben auch die beiden Buttons für den Absprung zu den zugehörigen Zusatzdaten und Organisationseinheiten für eine Sicht des Materialstamms zu sehen. Für andere Organisationseinheiten kann man sich die (divergierenden) Daten zu einer Materialsicht schnell anzeigen lassen, indem man auf den Button „OrgEbenen" über den Registerkarten klickt und dann die abweichenden Organisationseinheiten eingibt.

Tabelle 3-2:   Sichten im Materialstamm und zuständige Organisationseinheit(en)

Sichten im Materialstamm	Zuständige Organisationseinheit(en)
Grunddaten 1 und 2 Klassifizierung WM Execution und WM Packaging	Mandant
Einkauf: Werk Außenhandel: Import Einkaufsbestelltext Arbeitsvorbereitung Fertigungshilfsmittel Prognose Werksbestand Qualitätsmanagement Buchhaltung 1 und 2 Kalkulation 1 und 2	Werk
Vertrieb: VerkaufsorgDaten 1 Vertrieb: VerkaufsorgDaten 2	Verkaufsorganisation und Vertriebsweg[45]
Vertrieb: allg./ Werksdaten Vertriebstext Außenhandel: Export	Werk, Verkaufsorganisation und Vertriebsweg
Disposition 1, 2, 3 und 4 Allg. Werksdaten Lagerung 1 und 2	Werk und Lagerort
Lagerverwaltung 1 und 2	Werk, Lagernummer und Lagertyp

44 Dabei ist die Eingabe einiger der genannten Organisationseinheiten optional, beispielsweise der Lagertyp bei den Sichten der Lagerverwaltung.

45 Eine Kombination von Verkaufsorganisation und Vertriebsweg wird auch als Vertriebslinie (vgl. Seite 54) bezeichnet.

Für ein Material können somit in einem Mandanten alle Sichten bis auf Grunddaten 1 und 2, Klassifizierung, WM Execution und WM Packaging mehrfach in
SAP ERP existieren (vgl. auch Abbildung 2-1 auf Seite 50).

Sollen zu einem Material nur Sichten angelegt werden, die lediglich dem Mandanten zugeordnet sind, so brauchen explizit keine Organisationseinheiten eingegeben
werden, da der Mandant bereits mit Anmeldung im System bestimmt wurde
(vgl. Abbildung 1-4 auf Seite 5). Ansonsten sind alle Organisationseinheiten für die
anzulegenden Sichten auszuwählen.

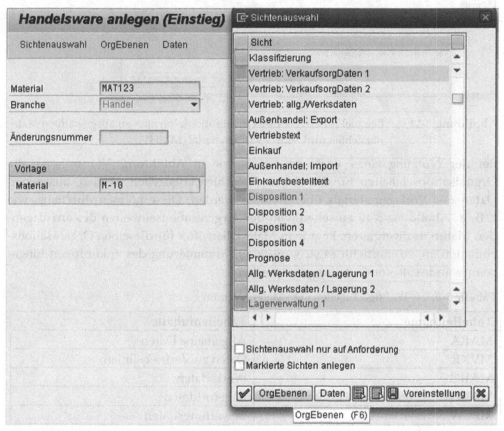

Abbildung 3-11:   Beispiel für die Auswahl von Sichten beim Anlegen einer Handelsware
                       (MMH1)

Sollen beispielsweise im nächsten Schritt von Abbildung 3-6 auf Seite 105 gemäß
Abbildung 3-11 die Sichten „Vertrieb: VerkaufsorgDaten 1", „Disposition 1" und
„Lagerverwaltung 1" angelegt werden, so müssen die gemäß Tabelle 3-2 zugehöri-
gen Organisationseinheiten eingegeben werden (vgl. Abbildung 3-12). Die
Verkaufsorganisation und der Vertriebsweg werden für die Sicht „Vertrieb:
VerkaufsorgDaten 1", das Werk und der Lagerort für die Sicht „Disposition 1" und
die Kombination von Werk, Lagernummer und Lagertyp für die Sicht „Lagerver-
waltung 1" benötigt.

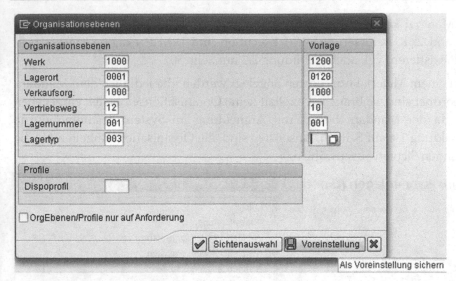

Abbildung 3-12:   Beispiel für zugehörige Organisationseinheiten zu ausgewählten Materialsichten und zum Vorlagematerial (MMH1)

Bei der Nutzung eines Vorlagematerials wie in Abbildung 3-11 müssen alle Organisationseinheiten für die einzelnen Sichten angegeben werden, aus denen Daten des Vorlagematerials übernommen werden. Diese können durchaus, wie z. B. in Abbildung 3-12 zu sehen, von den Organisationseinheiten des anzulegenden Materials divergieren. Legt man Materialien öfter für dieselben Organisationseinheiten an, so empfiehlt es sich, diese zur Minimierung des zukünftigen Eingabeaufwandes als Voreinstellung zu speichern.

Tabelle 3-3:   Wichtige Tabellen zum Materialstamm

Tabellenname	Tabelleninhalte
MARA	Allgemeine Daten
MVKE	Daten zu Vertriebslinien
MARC	Werksdaten
MARD	Lagerortdaten
MBEW	Bewertungsdaten

Daten im Materialstamm können nicht nur manuell vom Anwender gepflegt werden. Sie werden teilweise auch von SAP ERP automatisch in den entsprechenden Tabellen des Materialstamms (vgl. Tabelle 3-3) fortgeschrieben[46], z. B.

– bei Buchungen zu Bestandsveränderungen,

– bei der Übernahme von Kalkulationsergebnissen in den Materialstamm oder

– beim Anlegen von Konditionssätzen zum Materialpreis.

---

46 Dazu werden von SAP ERP sogar die zugehörigen Materialsichten automatisch angelegt, falls diese vorher noch nicht existierten.

Anmerkungen zur Navigation beim Anlegen eines Materials:[47]

– Werden bei einem Material, wie beispielsweise in Abbildung 3-11, nur einzelne Sichten zum Anlegen ausgewählt, so werden nach der Eingabe der zugehörigen Organisationseinheiten des Vorlagematerials aus Abbildung 3-12 jedoch von SAP ERP nicht nur die Registerkarten der ausgewählten, sondern aller Sichten angezeigt. Dieses ist erst einmal etwas gewöhnungsbedürftig.

– Zur Navigation zwischen allen angezeigten (und nicht unbedingt vorher ausgewählten) Registerkarten sollten diese **nicht** mit der linken Maustaste angeklickt werden. Sonst besteht die Gefahr, dass man eine Registerkarte anklickt, in der man gar keine Daten eingeben möchte. Wenn in so einem Fall ein oder mehrere Muss-Felder in der Sicht existieren, kann man die Bearbeitung nicht fortsetzen, ohne vorher diese Muss-Felder ausgefüllt zu haben.

Daher sollte man beim Anlegen eines Materials zwischen den einzelnen Registerkarten immer nur mit der Taste ENTER navigieren, da SAP ERP dann von einer ausgewählten zur nächsten ausgewählten Sicht springt. Zudem kann man noch das in Abbildung 3-10 dargestellte Icon ⬚ rechts oben verwenden, um genau zu einer bestimmten Sicht zu navigieren.

Anmerkungen zum Ändern und Anzeigen eines Materials:

– Um neue Sichten zu einem bereits bestehenden Material hinzuzufügen und somit den bereits existierenden Materialstammsatz zu erweitern, müssen die neuen Materialsichten wieder mit der Transaktion MM01 (neu) angelegt werden.

– Änderungen zu Eingaben in einzelnen Datenfeldern bei bereits bestehenden Sichten eines Materials werden stattdessen mit der Transaktion MM02 (Menüpfad „Logistik/ Materialwirtschaft/ Materialstamm/ Material/ Ändern/ Sofort") eingegeben.

– Für Änderungen in einigen sehr wichtigen Datenfeldern, denen nicht nur eine Beschreibungs-, sondern auch eine Steuerungsfunktion zukommt, kann die Transaktion MM02 nicht genutzt werden. Stattdessen existieren eigene Transaktionen, z. B. für das nachträgliche Ändern

- der Materialart (Transaktion MMAM)[48] oder

- des Materialpreises (Transaktion MR21).

---

47 Beim Ändern und Anzeigen entfällt diese Problematik.

48 Bitte bei Bedarf den zugehörigen Menüpfad im Anwendungsmenü mit der Transaktion SEARCH_SAP_MENU (vgl. Seite 7) anzeigen lassen.

- Alle angelegten Sichten zu einem Material kann man sich nach Angabe der Organisationseinheiten mit der Transaktion MM03 im Menüpfad „Logistik/ Vertrieb/ Stammdaten/ Produkte/ Material"[49] und der jeweiligen Materialart anzeigen lassen.

3.2.3 Preisrelevante Konditionen anlegen

Die Preispolitik und die damit verbundene, meist flexible und oftmals kunden-individuelle Preisfindung ist einer der wichtigsten und anspruchsvollsten Gestaltungsbereiche im Vertrieb.

Tabelle 3-4: Wichtige Tabellen zu Konditionen

Tabellenname	Tabelleninhalte
A001, A002, …	Konditionstabellen
T685	Daten zu einer Konditionsart
KONH	Konditionskopfdaten
KONP	Konditionspositionsdaten
KONM	Konditionen (Mengenstaffeln)
KONW	Konditionen (Wertstaffeln)

In Tabelle 3-4 sind vorab wichtige Tabellen zu Inhalten der nachfolgenden Kapitel aufgelistet, deren Inhalte mit den Transaktionen SE11 bzw. SE16 (vgl. Seite 13 und 40ff.) angezeigt werden können.

Die Preisfindung wird in SAP ERP, neben etlichen anderen Vertriebsfunktionen, über die sog. Konditionstechnik gesteuert. Diese wird deshalb nachfolgend erst einmal ganz allgemein beschrieben.

3.2.3.1 Exkurs: Konditionstechnik

Die in den letzten beiden Kapiteln besprochenen Stammdaten für Geschäftspartner und Materialien werden jeweils abhängig von Organisationseinheiten angelegt. Ein solches Vorgehen wäre prinzipiell auch für das Anlegen von preisrelevanten Konditionen möglich.

In der Praxis zeigt sich jedoch, dass Preisdifferenzierungen im Vertrieb oftmals wesentlich dynamischer auf einer Kombination von vielen verschiedenen Sachverhalten basieren. Dieser Anforderung wird in SAP ERP durch die Konditionstechnik insofern Rechnung getragen, als dass Konditionssätze dynamisch in Bezug auf die Kombination einer Vielzahl von verschiedenen Daten, den sog. Feldern bzw. Merkmalen aus einem Feldkatalog im Customizing, angelegt werden können.

---

49 Oder u. a. alternativ über den Menüpfad „Logistik/ Materialwirtschaft/ Materialstamm/ Material/ Anzeigen".

Beispiele für Felder sind Organisationseinheiten (im Vertrieb hauptsächlich der Vertriebsbereich bzw. die Vertriebslinie), Materialien, Kunden, Branchen, Material- und Preisgruppen, Preislisten, Kunden- und Produkthierarchien u. v. m.

Es bestehen wesentliche Unterschiede von Konditionsstammdaten bzw. Konditionssätzen im Vergleich zu „klassischen" Stammdaten, wie z. B. für Kunden und Materialien:

– Konditionssätze werden für einen bestimmten Gültigkeitszeitraum angelegt.

– Zugriffsschlüssel für Konditionssätze, die aus verschiedenen Feldern bestehen können, werden im Customizing vom Unternehmen frei ausgewählt und definiert.

– Für eine Konditionsart können verschiedene Konditionssätze mit unterschiedlichen Konditionsschlüsseln definiert werden.
Die Suchstrategie zur Findung solcher alternierender Konditionssätze wird über die sog. Zugriffsfolge konfiguriert.

Die Konditionstechnik wird in SAP ERP für die Ausgestaltung verschiedener Einsatzgebiete bzw. Prozesse verwendet, z. B. für die Preis- und Materialfindung (incl. Cross-Selling und dynamische Produktvorschläge), Bonus- und Verkaufsabsprachen (z. B. Promotions- und Verkaufsaktionen) sowie für Naturalrabatte.[50]

Diese Einsatzgebiete bzw. Verwendungen können in verschiedenen Anwendungskomponenten[51], z. B. dem Verkauf, dem Versand oder der Faktura, von SAP ERP genutzt werden.

Mit der Transaktion SM30 können die Einsatzgebiete der Konditionstechnik mit der View V_T681V und die Komponenten mit Hilfe der View V_T681Z angezeigt werden.

---

50 Wenn man die Konditionstechnik einmal verstanden hat, so erschließen sich viele scheinbar komplizierte Sachverhalte (nicht nur im Vertrieb) in SAP ERP fast von selbst. Für Interessierte empfehle ich sehr das im Literaturverzeichnis angegebene Buch von Becker/ Herhuth/ Hirn.

51 Synonyme: Teilbereiche bzw. Applikationen

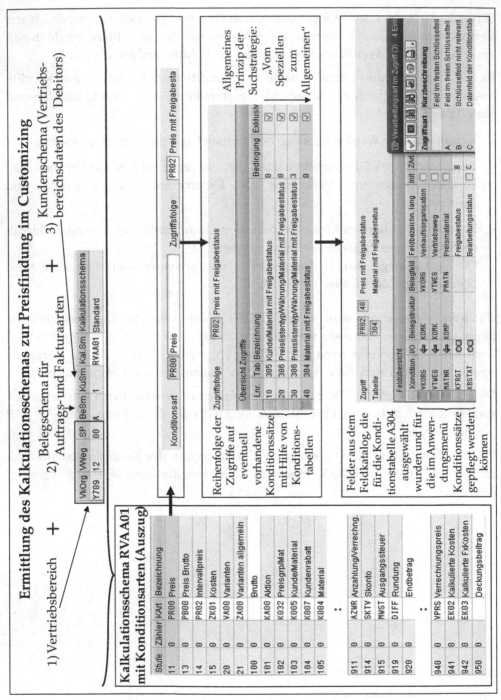

Abbildung 3-13:   Bestandteile und Zusammenhänge der Konditionstechnik bei der Preisfindung (SPRO)

Die Konditionstechnik bzw. -findung umfasst folgende Elemente, deren Zusammenhänge für die Preisfindung in Abbildung 3-13 visualisiert sind:

– Schema für Konditionen:
Ein Schema für Konditionen ist das hierarchisch höchste Element in der Konditionstechnik.
Es beinhaltet Konditionsarten einer Anwendungskomponente und legt deren Reihenfolge und Beziehungen untereinander fest. Zudem liefert es im Rahmen der Konditionsfindung Daten für einen konkreten betriebswirtschaftlichen Vorgang bzw. Prozessschritt.
Das Schema für Konditionen im Rahmen der Preisfindung ist das Kalkulationsschema. Es ist eine gestufte Auflistung von einzelnen Konditionsarten und deren spezifischen Einstellungen. Typischerweise entspricht es inhaltlich prinzipiell dem nachfolgenden Aufbau[52]:

Preis (z. B. UVP[53])
- Σ Rabatte
= Nettopreis
+ Umsatzsteuer
= Endbetrag
- Verrechnungspreis aus dem Materialstamm
= Deckungsbeitrag

Gefunden wird das jeweilige Schema durch die Zuordnung von betriebswirtschaftlichen Vorgängen und anderen Abhängigkeiten. So wird beispielsweise ein Kalkulationsschema über die Kombination von

- einem Kunden über das Feld „Kundenschema" (vgl. Seite 104) in den Vertriebsbereichsdaten des Debitors,

- einer Verkaufsbelegart über die Zuordnung von Auftrags- und Fakturaarten zu einem Belegschema und

- einem Vertriebsbereich

automatisch von SAP ERP ermittelt.

---

52 Die nachfolgende Aufstellung ist an einem typischen Kalkulationsschema in SAP ERP angelehnt und weicht vom Aufbau beispielsweise von einer klassischen Handelskalkulation ab. Die enthaltenen Positionen gliedern sich üblicherweise jeweils in viele weitere Unterpositionen mit einzelnen Konditionsarten auf.

53 UVP = Unverbindliche Preisempfehlung bzw. unverbindlicher Verkaufspreis. Dies ist meist der Verkaufspreis an Endkunden, der Handelsunternehmen vom Hersteller eines Produktes empfohlen wird und sich teilweise auf der Produktverpackung befindet.

– Konditionsart:
Eine Konditionsart ist ein Bestandteil eines Schemas für Konditionen. Bei einem Kalkulationsschema ist eine darin enthaltene Konditionsart z. B. eine Position für einen Materialpreis oder einen kundenindividuellen Rabatt.

Neben Konditionsarten, deren Ausprägungen in Konditionssätzen automatisch über Zugriffsfolgen ermittelt werden, kann ein Kalkulationsschema auch manuelle Konditionsarten enthalten, die vom Anwender während der Erfassung des Belegs (manuell) eingegeben werden.

Zu den manuellen Konditionen gehören auch sog. reine Kopfkonditionen, die nicht wie sonst auf Positionsebene, sondern ausschließlich auf Ebene des Belegkopfes (vgl. Seite 209) gültig sind. Kopfkonditionen gelten für alle Positionen eines Verkaufsbelegs und sind entweder als fester Prozentsatz oder als fester Betrag definiert (vgl. Seite 368). Bei einer Konditionsart mit der Rechenregel

- „prozentualer Abschlag" gilt die Kondition für alle Positionen im Verkaufsbeleg.
  Ein Beispiel dafür ist die Konditionsart „HA00". Wird auf Kopfebene für diese Konditionsart ein Rabatt von 0,5 Prozent eingegeben, so werden bei jeder Position 0,5 Prozent abgezogen.

- „fester Betrag" kann diese entweder als Gruppenkondition anteilig auf die Positionen verteilt, wie z. B. bei der Konditionsart „HB00" anhand des jeweiligen Nettowerts einer Position, oder pro Position – wie beispielsweise bei der Konditionsart „RB00", welche keine Gruppenkondition ist – vergeben werden.
  Wird z. B. bei einem Verkaufsbeleg mit zwei Positionen zu einem Nettowert von 60 bzw. 40 Euro auf Kopfebene für die Konditionsarten „HB00" und „RB00" jeweils ein Rabatt von 10 Euro vergeben, so werden die 10 Euro der Konditionsart „HB00" im Verhältnis 6:4 auf beide Positionen aufgeteilt.
  Bei jeder Position werden zudem 10 Euro aufgrund der Konditionsart „RB00" abgezogen.

– Zugriffsfolge:
Eine Zugriffsfolge beinhaltet die Suchreihenfolge zur Ermittlung von Konditionssätzen zu einer Konditionsart.
Dazu muss sie mindestens eine, normalerweise aber mehrere Konditionstabellen enthalten.
Die Konditionstabellen werden meist nach dem Prinzip „vom Speziellen zum Allgemeinen" nach Konditionssätzen durchsucht. Beispielsweise wird zuerst auf Konditionssätze zu einer Kombination von einem bestimmten Kunden und einem bestimmten Material (Konditionstabelle A305) zugegriffen, bevor dies auf Konditionssätze (nur) zu einem bestimmten Material (Konditionstabelle A304) geschieht.
Sind die Zugriffe einer Zugriffsfolge wie in Abbildung 3-13 mit dem Attribut „Exklusiv" gekennzeichnet, so wird von oben nach unten gesucht und die Suche nach dem ersten gefundenen Konditionssatz beendet.
Als Ergebnis dieser Suchreihenfolge wird genau ein Konditionssatz für die Preisfindung bereitgestellt.

– Konditionssatz:
Ein Konditionssatz ist eine konkrete Ausprägung für eine Konditionsart bezüglich der zugrundeliegenden Kombination von Schlüsselfeldern aus einer Konditionstabelle und bildet das Ergebnis der Konditionsfindung innerhalb eines Gültigkeitszeitraums ab.
Beispielsweise beträgt bei der Verkaufsorganisation 1000 und dem Vertriebsweg 10 der Preis für das Material M-10 80 Euro und der kundenindividuelle Rabatt 2% für den Kunden Müller.

– Konditionstabelle:
In einer Konditionstabelle wird eine Kombination von Feldern aus dem Feldkatalog der Anwendungskomponente gewählt, um die Schlüsselfelder eines Konditionssatzes zu bilden.
In der Standardauslieferung von SAP ERP sind bereits Konditionstabellen enthalten. Zusätzlich können unternehmensindividuell weitere Konditionstabellen mit neuen Kombinationen von Feldern erstellt werden.
Das Customizing von Konditionstabellen ist mandantenübergreifend. In den Transaktionen im Customizing wird nur die Nummer der Konditionstabelle angezeigt. Beim eigentlichen Tabellennamen ist jeweils noch ein „A" vorangestellt (vgl. Tabelle 3-4). Beispielsweise können für den letzten Zugriff aus Abbildung 3-13 die Inhalte der Konditionstabelle A304 mit der Transaktion SE16 angezeigt werden.

– Feldkatalog:
Ein Feldkatalog enthält die Menge aller Felder bzw. Merkmale, die als Schlüssel
für Konditionstabellen in einer Anwendungskomponente ausgewählt werden
können.
Er bildet die Grundlage für das Anlegen von Konditionstabellen. Dem Feldkatalog aus der Standardauslieferung der SAP AG können unternehmensindividuell zusätzliche Felder hinzugefügt werden.

3.2.3.2 Konditionsarten anlegen

Um eine neue Konditionsart für die Preisfindung anzulegen sind maximalfolgende
Schritte im Customizing in der nachstehend dargestellten Reihenfolge durchzu-
führen: [54]

– Auswahl von Schlüsselfeldern für Konditionssätze

– Zuordnung der Schlüsselfelder zu einer Konditionstabelle, die für einen Zugriff
benötigt wird[55]

– Definition einer Zugriffsfolge mit einem oder mehreren Zugriffen zum Auffinden des Konditionssatzes

– Anlegen einer neuen Konditionsart mit allen benötigten Einstellungen, u. a.
auch mit dem Verweis auf die zugehörige Zugriffsfolge, wie beispielhaft rechts
oben in Abbildung 3-14 dargestellt

– Definition eines Kalkulationsschemas

– Zuordnung der neuen Konditionsart zu diesem Kalkulationsschema

– Festlegung der Kalkulationsschemaermittlung (vgl. Abbildung 3-13 auf
Seite 116)

– Integration der Werteflüsse, u. a. mit der Kostenträgerzeitrechnung (Ergebnis-
und Marktsegmentrechnung)

---

54 Bei einem oder mehreren der beschriebenen Schritte können natürlich bereits bestehende
Inhalte aus der Standardauslieferung von SAP ERP genutzt und damit der eigene Arbeitsaufwand minimiert werden, so dass einige der nachstehenden Bearbeitungsschritte
entfallen können.
Eine detaillierte Beschreibung aller dieser Schritte würde an dieser Stelle zu weit führen.
Stattdessen werden grundlegende Sachverhalte und Zusammenhänge hierzu exemplarisch anhand der Übung 28 zu diesem Kapitel aufgezeigt.
55 Bei mehreren Zugriffen in der Zugriffsfolge muss dieser Schritt ggf. wiederholt werden.
Teilweise ist es gar nicht so leicht festzustellen, in welchen Konditionstabellen ein
Schlüsselfeld bereits überall enthalten ist. Ein pragmatischer Lösungsansatz wird in der
vierten Teilaufgabe von Übung 28 ab Seite 177 vorgestellt.

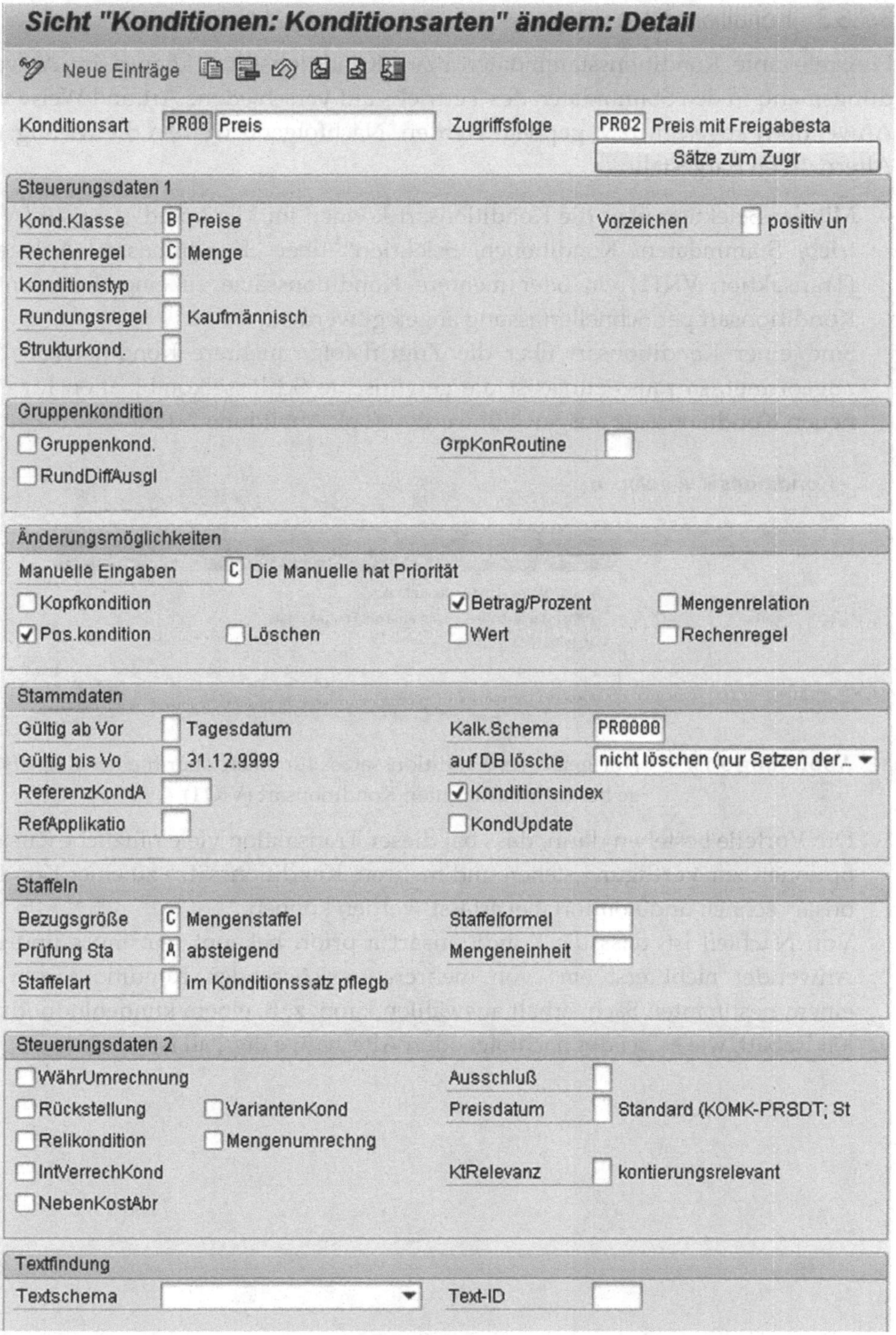

Sicht "Konditionen: Konditionsarten" ändern: Detail

✏ Neue Einträge 🗋 🖺 🖒 🗐 🗐 🔢

| Konditionsart | PR00 | Preis | Zugriffsfolge | PR02 | Preis mit Freigabesta |

Sätze zum Zugr

Steuerungsdaten 1

Kond.Klasse	B	Preise		Vorzeichen		positiv un
Rechenregel	C	Menge
Konditionstyp	
Rundungsregel		Kaufmännisch
Strukturkond.	

Gruppenkondition

☐ Gruppenkond.   GrpKonRoutine ☐
☐ RundDiffAusgl

Änderungsmöglichkeiten

Manuelle Eingaben   C Die Manuelle hat Priorität
☐ Kopfkondition   ☑ Betrag/Prozent   ☐ Mengenrelation
☑ Pos.kondition   ☐ Löschen   ☐ Wert   ☐ Rechenregel

Stammdaten

Gültig ab Vor		Tagesdatum	Kalk.Schema	PR0000
Gültig bis Vo		31.12.9999	auf DB lösche	nicht löschen (nur Setzen der… ▼
ReferenzKondA			☑ Konditionsindex
RefApplikatio			☐ KondUpdate

Staffeln

Bezugsgröße	C	Mengenstaffel	Staffelformel	
Prüfung Sta	A	absteigend	Mengeneinheit	
Staffelart		im Konditionssatz pflegb

Steuerungsdaten 2

☐ WährUmrechnung   Ausschluß ☐
☐ Rückstellung   ☐ VariantenKond   Preisdatum ☐ Standard (KOMK-PRSDT; St
☐ Relikondition   ☐ Mengenumrechng
☐ IntVerrechKond   KtRelevanz ☐ kontierungsrelevant
☐ NebenKostAbr

Textfindung

| Textschema | ▼ | Text-ID | |

Abbildung 3-14:   Einstellungen zur Konditionsart „PR00" für den Materialpreis
(SPRO)

3.2.3.3 Konditionssätze anlegen

Preisrelevante Konditionsstammdaten bzw. Konditionssätze können im Anwendungsmenü in den Stammdaten des Vertriebs auf verschiedene Art und Weise von Anwendern angelegt bzw. gepflegt werden. Nachfolgend werden die wichtigsten Alternativen dargestellt:

– Mit der Selektion über die Konditionsart können im Menüpfad „Logistik/ Vertrieb/ Stammdaten/ Konditionen/ Selektion" über „Konditionsart/ Anlegen" (Transaktion VK11) ein oder mehrere Konditionssätze zu einer bestimmten Konditionsart per Schnellerfassung angelegt werden.

Sind einer Konditionsart über die Zugriffsfolge mehrere Konditionstabellen zugeordnet, so muss zunächst die gewünschte Schlüsselkombination für den neuen Konditionssatz ausgewählt werden (vgl. Abbildung 3-15).

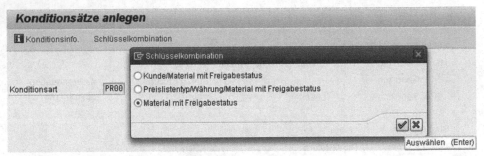

Abbildung 3-15:   Anlegen eines Konditionssatzes für einen Zugriff einer Zugriffsfolge bei einer bestimmten Konditionsart (VK11)

Die Vorteile bestehen darin, dass bei dieser Transaktion viele nützliche Zusatzoptionen zur Verfügung stehen und mehrere Konditionssätze zu einer Konditionsart schnell und komfortabel erfasst werden können.

Von Nachteil ist, dass die Konditionsart a priori bekannt sein muss und der Anwender nicht erst eine von mehreren existierenden Konditionsarten zu einem bestimmten Sachverhalt auswählen kann, z. B. einem kundenindividuellen Rabatt, wie es bei der nachfolgenden Alternative der Fall ist.

– Unter Verwendung des in Abbildung 3-16 dargestellten Bereichsmenüs[56] können über den Menüpfad „Logistik/ Vertrieb/ Stammdaten/ Konditionen/ Anlegen" (Transaktion VK31) ein oder mehrere Konditionssätze angelegt werden.

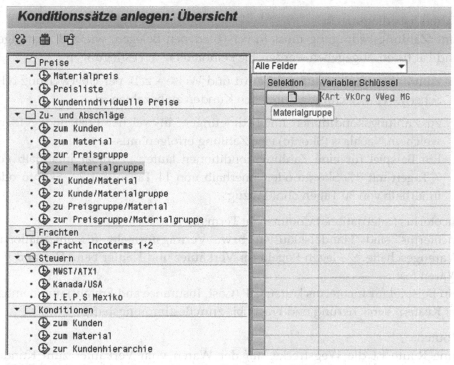

Abbildung 3-16: Anlegen eines Konditionssatzes (VK31)

Der Vorteil dieser Alternative besteht darin, dass verschiedene Konditionsarten
bereits aufgrund einer Konditionsliste sachlogisch nach Preisen, Zu- bzw.
Abschlägen, Frachten und Steuern gegliedert bzw. gefiltert dargestellt werden.
Dazu kann der Anwender noch verschiedene Unterpunkte auswählen, die nach
einem oder mehreren Schlüsselfeldern gegliedert sind. Zudem existiert ganz
unten noch ein allgemeiner Eintrag „Konditionen", in dem alle Konditionen zu
Kunden, zu Materialien oder zur Kundenhierarchie, die nicht vorab sachlogisch
unterteilt sind, ausgewählt werden können.
Ein Nachteil ist, dass Konditionssätze für eine neue Konditionsart erst angelegt
werden können, wenn Konditionslisten erstellt wurden.
Zudem ist das Erscheinungsbild dieser Transaktion etwas gewöhnungsbedürftig. Beispielsweise wird noch das Icon ☐ genutzt, um neue Einträge anzulegen, und die verschiedenen Zusatzfunktionen bei der Erfassung von Konditionssätzen (vgl. Übung 29) sind optisch nicht so ansprechend angeordnet wie
bei der Transaktion VK11.

---

56 Es handelt sich um das Bereichsmenü COND_AV, welches mit der Transaktion SE43
gepflegt werden kann.

3.2.4   Sonstige Stammdaten anlegen

Bei Bedarf können noch weitere vertriebsrelevante Stammdaten angelegt werden.
Beispiele hierfür sind:

– Zahlungsbedingungen:
  Eine Zahlungsbedingung muss in verschiedenen Belegen, wie z. B. Aufträgen
  und Fakturen, angegeben werden. Sie beinhaltet u. a. Festlegungen

  • zum Zahlweg, d. h. auf welche Art und Weise – z. B. per Überweisung oder
    Scheck – eine Rechnung durch den Kunden zu bezahlen ist.

  • zu Zahlungskonditionen mit Bedingungen, in welcher Frist und ggf. mit
    welchem Nachlass (Skonto) eine Zahlung erfolgen muss.
    Ein Beispiel für eine Zahlungskonditionen lautet: „Zahlbar innerhalb von
    7 Tagen mit 3% Skonto oder innerhalb von 14 Tagen mit 2% Skonto oder
    innerhalb von 30 Tagen ohne Abzug".

– Incoterms (International Commercial Terms):
  Incoterms sind Handelsklauseln bzw. Vertragsformeln für internationale
  Warengeschäfte. Sie legen Regeln für Verkäufer und Käufer beim Versand von
  Waren fest.
  Ein Beispiel für Incoterms lautet: CIF (Cost, Insurance and Freight) und beinhaltet Kosten, Versicherung und Fracht bis zum Bestimmungshafen.

– Routen:
  Eine Route ist die Wegstrecke, auf der Waren vom Verkäufer zum Kunden
  geliefert werden. Sie kann aus einem oder mehreren Routenabschnitten zwischen Abgangs- und Zielort (bzw. einem Zielgebiet) bestehen. Die automatische
  Routenfindung in SAP ERP ist abhängig von

  • dem Abgangsort und -land der Versandstelle des Verkäufers (vgl. Übung 16
    auf Seite 80).

  • dem Bestimmungsort und -land des Warenempfängers beim Kunden
    (vgl. Übung 32 auf Seite 188).

  • der Versandbedingung. Die Versandbedingung wird in der Verkaufsbelegart (vgl. beispielsweise Abbildung 3-32 auf Seite 210) oder – nachrangig – alternativ in der Registerkarte „Versand" in den Vertriebsdaten des
    Kundenstammsatzes festgelegt.

  • der Transportgruppe. Die Transportgruppe wird im Materialstamm in der
    Sicht „Vertrieb: allg./Werk" (vgl. Übung 27 auf Seite 167) zugeordnet. Mit
    ihr können Materialien mit denselben Anforderungen hinsichtlich der
    automatischen Ermittlung der Route und des Transports gruppiert werden.

  • der Gewichtsgruppe (optional). In einer Gewichtsgruppe wird das maximal
    zulässige Gewicht einer Lieferung erfasst.

3.2.5 Unterstützende Prozesse

3.2.5.1 Nummern für Objekte im Vertrieb vergeben

Datensätze zu betriebswirtschaftlichen Objekten, z. B. zu Materialien, Kunden und Vertriebsbelegen, müssen durch einen Primärschlüssel eindeutig identifiziert werden können.

Ein Nummernkreisobjekt beinhaltet alle Informationen und Definitionen, wie z. B. die maximale Länge der Nummern und die Unterteilung in Unterobjekte, die für die Nummernvergabe für ein betriebswirtschaftliches Objekt benötigt werden. Es wird über seinen Namen, z. B. MATERIALNR für Materialien und DEBITOR für Kunden, eindeutig identifiziert. Ihm können ein oder mehrere Nummernkreise zugeordnet werden. Komplexe Nummernkreisobjekte, z. B. Materialien, können zur Erhöhung der Übersichtlichkeit ggf. in weitere Nummernkreisobjekte – in diesem Fall nach der Materialart – untergliedert werden[57], denen jeweils eigene Nummernkreise zugeordnet sind.

Nummernkreisobjekte und ihre zugehörigen Nummernkreise können im Anwendungsmenü unter dem Menüpfad „Werkzeuge/ ABAP Workbench/ Entwicklung/ Weitere Werkzeuge/ Nummernkreise" angezeigt werden.

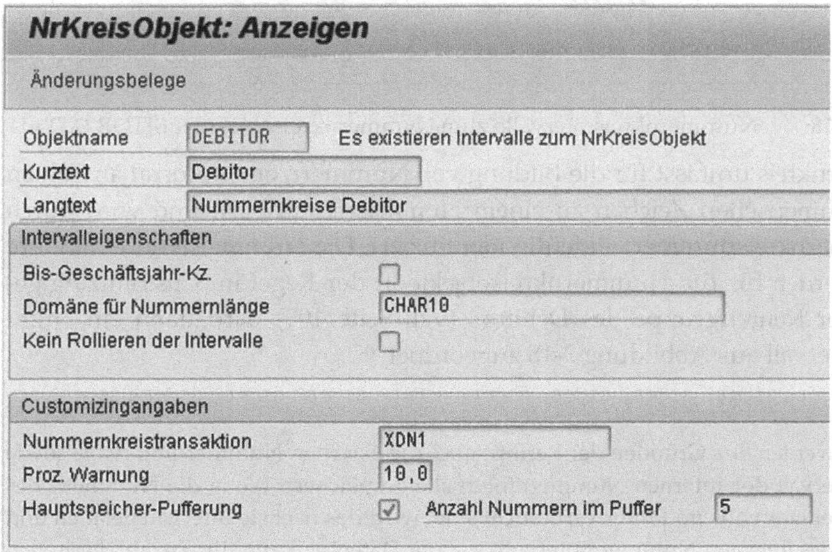

Abbildung 3-17: Informationen zum Nummernkreisobjekt DEBITOR (SNRO)

In Abbildung 3-17 sind die Informationen und Definitionen für das Nummernkreisobjekt DEBITOR zu sehen. Kundennummern können demnach in SAP ERP vom Typ CHAR und max. zehn Zeichen lang sein. Mit dem Transaktionscode XDN1 ist in Abbildung 3-17 auch der Verweis auf die Nummernkreisintervalle aus

---

57 Bei Debitoren erfolgt die Untergliederung nach der Kontengruppe.

Abbildung 3-18 angegeben. Zudem ist das Häkchen im Feld „Hauptspeicher-Pufferung" gesetzt, so dass in diesem Fall die Nummernintervalle für die Vergabe und Prüfung gepuffert werden.[58]

Nummernkreisintervalle anzeigen

Nummernkreisobjekt   Debitor

Intervalle

Nr	Von Nummer	Bis Nummer	Nummernstand	Ext
01	0000000001	0000099999		☑
02	0000100000	0000199999	100210	☐
03	1000000000	1000099999	1000000039	☐
04	0000200000	0000299999		☑
05	5000000000	5999999999		☑
06	6000000000	6999999999	0	☐
07	0000300000	0000399999	301284	☐
08	0000400000	0000499999		☑
XX	A	ZZZZZZZZZZ		☑

Abbildung 3-18:   Nummernkreisintervalle zum Nummernkreisobjekt DEBITOR (XDN1)

Ein Nummernkreis umfasst für die Bildung von Nummern einen Vorrat an Zahlen oder alphanumerischen Zeichen zu einem Nummernkreisobjekt und wird durch seine Nummernkreisnummer eindeutig identifiziert. Die Nummernkreise und ihre Intervalle werden für die Nummernkreisobjekte in der Regel im Customizing gepflegt.[59] Jeder Kontengruppe des Debitors (vgl. Seite 100) wird dann ein Nummernkreisintervall aus Abbildung 3-18 zugeordnet.[60]

---

58 Im Puffer werden aus Gründen der Performance die externen Nummernintervalle sowie ein Teilintervall der internen Nummernintervalle gespeichert. Wenn die Nummern des internen Teilintervalls im Puffer verbraucht sind, wird das nächste Intervall geladen und der Stand des internen Nummernintervalls auf der Datenbank um die Anzahl der in den Puffer geladenen Nummern erhöht. Somit können manchmal Lücken bei der Nummernvergabe entstehen; d. h. die Nummern bei der internen Nummernvergabe werden teilweise doch nicht fortlaufend vergeben.

59 Für Debitoren beispielsweise im Customizing unter dem Menüpfad „Finanzwesen/ Debitoren- und Kreditorenbuchhaltung/ Debitorenkonten/ Stammdaten/ Anlegen von Debitorenstammdaten vorbereiten/ Nummernkreise für Debitorenkonten anlegen".

60 Der Menüpfad im Customizing lautet „Finanzwesen/ Debitoren- und Kreditorenbuchhaltung/ Debitorenkonten/ Stammdaten/ Anlegen von Debitorenstammdaten vorbereiten/ Nummernkreise den Kontengruppen für Debitoren zuordnen".

Allgemein kann die Nummernvergabe intern oder extern erfolgen:

- Bei der externen Nummernvergabe gibt ein Anwender eine den Konventionen des zugehörigen Intervalls aus Abbildung 3-18 entsprechende und nicht bereits vergebene alphanumerische Nummer aus dem zugrunde liegenden Nummernkreisintervall direkt in SAP ERP ein.

  Abbildung 3-18 mit den Nummernkreisintervallen für Debitoren zeigt, dass beispielsweise im Nummernkreisintervall 01 die Nummernvergabe extern erfolgt. Ein Anwender kann in diesem Fall beim Anlegen eines neuen Kunden eine noch freie Nummer zwischen dem Wert 1 und 99999 wählen. Obwohl gemäß Abbildung 3-17 eine zehnstellige Nummer für einen Debitor möglich wäre, werden hier letztendlich nur fünfstellige Nummern verwendet.

- Im Zuge der internen Nummernvergabe vergibt SAP ERP für das neue Nummernkreisobjekt automatisch die nächste freie numerische Nummer aus dem zugehörigen Nummernkreisintervall.

  Ist für ein Nummernkreisobjekt externe oder interne Nummernvergabe möglich, so erfolgt die interne Nummernvergabe automatisch, wenn der Anwender keine externe Nummer eingegeben hat.

3.2.5.2 Prozesspartner finden

Prozesspartner für Partnerobjekte, wie beispielsweise eine Kontengruppe für Kunden oder eine Verkaufsbelegart, werden in SAP ERP mit Hilfe von Partnerrollen gefunden. Alle auf dem Markt handelnden Prozesspartner werden durch die Partnerart allgemein aufgeteilt.[61]

Durch die Partnerart wird festgelegt, welche Stammdaten in Belege übernommen werden. Folgende wichtige Partnerarten gibt es in SAP ERP für verschiedene Marktakteure:

- Intern: Personal (→ Personalstammsatz)

- Extern:

  - Lieferant (→ Kreditorenstammsatz),

  - Kunde (→ Debitorenstammsatz)

  - Ansprechpartner (→ Debitorenstammsatz):
    Ein Ansprechpartner wird nicht als eigener Stammsatz, sondern direkt im Debitorenstammsatz angelegt. Er kann auch für mehrere Kunden fungieren, z. B. wenn er als freier Berater agiert.

---

61 Dagegen umschreibt die Partnerrolle mit spezifischen Daten zu Rechten und Pflichten die Funktion eines Geschäftspartners bei der Vertriebsabwicklung (vgl. Seite 99).

Sicht "Partnerschemazuordnung" ändern: Übersicht

✐ Neue Einträge 📋 🖫 ↷ 🖫 🖫 🖫

Dialogstruktur
▾ ☐ Partnerschemata
• ☐ Partnerrollen im Schema
• 🗐 Partnerschemazuordnung
• ☐ Partnerrollen
• ☐ Kontogruppen-Rollenzuordnung
• ☐ Partnerrollenumschlüsselung

Partnerschemazuordnung			
Gruppe	Bedeutung	ParSc	Bez.
0001	Auftraggeber	AG	Auftraggeber
0002	Warenempfänger	WESR	WE mit SDB-Empfänger
0003	Regulierer	RG	Regulierer
0004	Rechnungsempfänger	RE	Rechnungsempfänger

Abbildung 3-19:   Zuordnung eines Partnerschemas zu einer Kontengruppe (SPRO)

Jedem Kunden muss in SAP ERP zwingend eine Kontengruppe (vgl. Seite 100) zugeordnet werden. Im Customizing des Vertriebs wird jeder Kontengruppe zuvor ein Partnerschema zugeordnet, z. B. der Kontengruppe „0001 Auftraggeber" das Partnerschema „AG Auftraggeber" (vgl. Abbildung 3-19).

Sicht "Partnerrollen im Schema" ändern: Übersicht

✐ Neue Einträge 📋 🖫 ↷ 🖫 🖫 🖫

Dialogstruktur
▾ ☐ Partnerschemata
• 🗐 Partnerrollen im Schema
• ☐ Partnerschemazuordnung
• ☐ Partnerrollen
• ☐ Kontogruppen-Rollenzuordnung
• ☐ Partnerrollenumschlüsselung

Partnerrollen im Schema				
P...	Partnerrolle	Bezeichnung	Ni...	Pflichtroll ▦
AG	AA	AG Kontraktabruf	☐	☐
AG	AG	Auftraggeber	☑	☑
AG	AP	Ansprechpartner	☐	☐
AG	AW	WE Kontraktabruf	☐	☐
AG	ED	EDI-Mailempfänger	☐	☐
AG	EK	Einkäufer	☐	☐
AG	EN	Endkunde für Außenh.	☐	☐
AG	LF	Lieferant	☐	☐
AG	Q1	QZeugnEmpf. WarEm...	☐	☐
AG	Q2	QZeugnEmpf. AuftrGb.	☐	☐
AG	R2	REACH Kontakt (Kund)	☐	☐
AG	RE	Rechnungsempfänger	☐	☑
AG	RG	Regulierer	☐	☑
AG	SB	Sonderbestandsführer	☐	☐
AG	SP	Spediteur	☐	☐
AG	VE	Vertriebsbeauftragt.	☐	☐
AG	WE	Warenempfänger	☐	☑
AG	Y1	Vertr. Repräsentant	☐	☐
AG	ZC	Rolle ZC Store	☐	☐
AG	ZH	POS / Outlet	☐	☐
AG	ZJ		☐	☐
AG	ZM	Zuständiger Mitarb.	☐	☐

Abbildung 3-20:   Partnerrollen im Partnerschema „Auftraggeber" (SPRO)

Jedes Partnerschema enthält nicht änderbare und verpflichtende Partnerrollen mit jeweils zugehörigen Rechten, Pflichten und Aufgaben, die den jeweiligen Beteiligten bei der Abwicklung der Vertriebsprozesse zukommt. Die beim Anlegen des Kundenstammsatzes gepflegten Partnerrollen werden später in die Vertriebsbelege übernommen. Abbildung 3-20 zeigt alle Partnerrollen des Partnerschemas „AG Auftraggeber".

Wichtige Partnerrollen im Partnerschema „Auftraggeber" sind beispielsweise für die Partnerart

- Kunde der Auftraggeber, Regulierer, Waren- und Rechnungsempfänger. Diese Rollen müssen beim Anlegen eines Kunden jeweils angegeben werden.
  Die Geschäftspartner für diese Pflichtrollen können identisch sein oder sich voneinander unterscheiden. Bei Kunden mit einer komplexen Organisationsstruktur divergieren sie oftmals. Beispielsweise ist der Auftraggeber die zentrale Einkaufsabteilung, der Waren- und Rechnungsempfänger eine Fachabteilung und der Regulierer die zentrale Kreditorenbuchhaltung des Unternehmens.

- Personal der zuständige (Vertriebs)Mitarbeiter und der Vertriebsbeauftragte im eigenen Unternehmen.

Alle o.g. Partnerarten und -rollen für den Vertrieb existieren bereits in der Standardauslieferung von SAP ERP. Sie können zudem unternehmensindividuell um weitere Partnerrollen ergänzt werden.

3.2.5.3 Berichte zu Stammdaten ausführen

Das Berichtswesen von SAP ERP ist in allen Modulen fast immer im jeweiligen Menüpunkt „Infosystem" enthalten. Der Ausgangspunkt für eine Suche nach Berichten zu vertriebsrelevanten Stammdaten ist somit der Menüpfad „Logistik/ Vertrieb/ Stammdaten/ Infosystem". Hier finden sich einige Standardberichte zu Geschäftspartnern und Konditionen, z. B.

- das vertriebsbereichsspezifische Kundenstammblatt (vgl. Übung 33 auf Seite 189) für die Stammdaten zum Geschäftspartner, das noch ausführlich im Kapitel 3.3.5.10 und den zugehörigen Übungen dargestellt wird, oder

- verschiedene Konditionslisten.

Andere Berichte zu Stammdaten im Vertrieb sind auf mehrere Stellen im Anwendungsmenü von SAP ERP verteilt. Beispielsweise gibt es noch

- das Materialverzeichnis (vgl. Übung 33 auf Seite 189), in dem Listen von Materialien aufgrund von verschiedenen Selektionskriterien, wie beispielsweise dem Werk und der Materialart, erstellt werden können. Es befindet sich im Menüpfad „Logistik/ Materialwirtschaft/ Materialstamm/ Sonstige/ Materialverzeichnis".

– Standardanalysen und flexible Analysen des Vertriebsinformationssystems (vgl. Fußnote 35 auf Seite 96).
Das Vertriebsinformationssystem ist ein Teilbereich des Logistikinformationssystems. Es umfasst in der Standardauslieferung von SAP ERP sowohl Standardanalysen, als auch flexible Analysemethoden, um verdichtete Daten von Verkaufsprozessen in Berichten aufzubereiten.
Es findet sich unter verschiedenen Menüpfaden, beispielsweise unter „Logistik/ Logistik-Controlling/ Vertriebsinfosystem" oder „Logistik/ Vertrieb/ Vertriebsunterstützung/ Vertriebsinfosystem".

3.2.6   Übungen

Allgemeine Anmerkungen:

Bitte lesen Sie sich diese allgemeinen Anmerkungen zu den Übungsaufgaben dieses und aller folgenden Kapitel vor der Bearbeitung sorgfältig vollständig durch.

Alle Aufgabenstellungen zu den Übungen finden sich zum Download im Internet unter http://www.springer.com/978-3-658-18856-6.

Löschen bzw. ändern Sie im Customizing nie bereits bestehende Einträge (vgl. Seite 18). Wenn Sie sich Tabellen im Customizing anzeigen lassen und danach beim Verlassen der Transaktion ein Dialog mit der Frage „Daten wurden verändert. Änderungen vorher sichern?" o.ä. erscheint, so wählen Sie bitte immer den Button „Nein".

Alle Aufgabenstellungen in den nachfolgenden Kapiteln beziehen sich auf Transaktionen des Anwendungsmenüs. Soll die Bearbeitung im Customizing-Menü ausgeführt werden, so ist dies in der Aufgabenstellung explizit angegeben.

Ersetzen Sie den dreistelligen Platzhalter ### in den Aufgabenstellungen immer durch Ihre individuelle Nummer, z. B. 030, 031, …

Gehen Sie bitte ab jetzt bei der Bearbeitung der Übungen absolut chronologisch vor, da die einzelnen Übungen aufeinander aufbauen.

Vergessen Sie nicht, nach jeder Übung Ihre Daten zu sichern. Sichern Sie aber nicht während der Bearbeitung, da SAP ERP stabil ist und Sie sonst die bereits angelegten Daten, z.T. in einer anderen Transaktion, meist mit Mehraufwand ändern müssen.

Die Aufgabenstellungen sind praxisnah formuliert. Dies bedeutet, dass viel mit der F1- und der F4-Hilfe (vgl. Kapitel 1.5.3) gearbeitet werden muss. Steht beispielsweise im Aufgabentext „…ist spartenübergreifend anzulegen…", so ist nach einem Eingabefeld „Sparte" zu suchen und dort mit der F4-Hilfe der Eintrag „00" für „spartenübergreifend" auszuwählen. Dieser Ansatz ist anfangs sicher anspruchsvoller, jedoch meist mit weitaus höheren Lerneffekten verbunden als Aufgabenstellungen nach dem Schema „Tragen Sie im Feld X den Wert 1000 und im Feld Y den Wert „A" ein, drücken Sie dann zweimal die Taste ENTER und klicken Sie danach auf das Diskettensymbol". Nach wenigen Minuten weiß man als Anwender dann in der Regel nicht mehr, ob man im ersten Feld „1000" oder „A" eingegeben hatte oder umgekehrt, da einem die Bedeutung der Felder und der zugehörigen Eingabewerte nicht vor Augen geführt wurde.

Nur wenn Sie keine neuen Organisationseinheiten in den Übungen von Kapitel 2 angelegt haben, so verwenden Sie bitte ab sofort bei allen Übungsaufgaben alternativ

– das Werk 1000 statt dem Werk „Z###",
– die Verkaufsorganisation 1000 statt der Verkaufsorganisation „Y###" und
– den Lagerort 0001 statt dem Lagerort „L###".

Alle Übungsaufgaben beziehen sich auf den Buchungskreis 1000.

Um Ihnen das Auffinden von Menüpfaden, Funktionalitäten etc. zu erleichtern, sind die Formulierungen bei den Aufgabenstellungen zu den Übungen den einzelnen Menüpunkten, Icons etc. von SAP ERP angepasst. Dies erfolgt bewusst teilweise zu Lasten der deutschen Sprache. Heißt es beispielsweise „Springen Sie zu...", so muss in der Menüleiste der entsprechende Eintrag unter dem Menüpunkt „Springen" gewählt werden.

Zur besseren Kenntlichmachung sind einzugebende Beschreibungen teilweise in Anführungszeichen angegeben. Lassen Sie diese Anführungszeichen bitte bei Ihren Eingaben in SAP ERP weg.

In grau bzw. hellblau unterlegte Felder können Sie in SAP ERP keine Werte eingeben. Diese werden stattdessen meist automatisch aufgrund anderer Daten ermittelt.

Allgemein, aber besonders bei umfangreichen Aufgabenstellungen, empfiehlt es sich, Informationen aus dem Aufgabentext, die als Eingaben in SAP ERP übernommen wurden, auf der ausgedruckten Aufgabenstellung immer per Bleistift mit einem Häkchen oder in der Datei direkt farblich zu markieren. So können später Fehler aufgrund fehlender oder fehlerhafter Eingaben viel leichter gefunden werden.

Nutzen Sie stets die Navigation über den Menüpfad, wenn Sie mit der Materie noch nicht sehr vertraut sind, anstatt frühzeitig Transaktionen über den zugehörigen Transaktionscode aufzurufen. Dieses Vorgehen hat den großen Vorteil, dass Sie den systematischen Aufbau und die innewohnende Logik von SAP ERP besser verstehen und auch andere Funktionalitäten in „benachbarten" Transaktionen im Menübaum sehen.

Sehen Sie bei auftretenden Problemen nicht zu schnell in die Musterlösung, sondern probieren Sie stattdessen die Übungsaufgabe erst selbst zu lösen. So haben Sie letztlich einen viel größeren Lerneffekt.

Notieren Sie für jede Übung jeweils den Menüpfad und den zugehörigen Transaktionscode. Bei Transaktionen im Customizing, die keinen eigenen Transaktionscode haben (d. h. es wird nur der allgemeine Transaktionscode SPRO angezeigt; vgl. Seite 11), wird bei den Übungen nur nach dem Menüpfad gefragt.

Szenario:

Sie legen erste Stammdaten für Ihren neuen Vertriebsbereich im Unternehmen „IDES AG" an. Um einen besseren Überblick über die zugehörigen Zusammenhänge zu erhalten, lassen Sie sich dazu auch grundlegende Einstellungen im Customizing anzeigen.

Übersicht zu den einzelnen Übungen von Kapitel 3.2:

Tabelle 3-5 zeigt im Überblick die Inhalte zu den Übungen von Kapitel 3.2, das zugehörige Buchkapitel sowie die Seite, bei der die Lösung beginnt.

Tabelle 3-5:   Inhalte der Übungen von Kapitel 3.2 (Übungen 20 bis 33)

Übung	Seite	Inhalte	zu Kapitel
20	134	Die Einstellungen zu Nummernkreisen für Kunden anzeigen	3.2.1 und 3.2.5.1
21	135	Die Einstellungen zu Kontengruppen für Kunden anzeigen	3.2.1 und 3.2.5.2
22	137	Die Einstellungen zur Partnerfindung für Kunden anzeigen	3.2.1 und 3.2.5.2
23	138	Einen Kunden (Debitor) „77###" anlegen	3.2.1
24	151	Die Einstellungen zu Nummernkreisen für Materialien anzeigen	0 und 3.2.5.1
25	153	Die Einstellungen zu Materialarten anzeigen	0
26	154	Die Einstellungen zu Datenbildern des Materialstamms anzeigen	0
27	159	– Eine Handelsware (Material) „ Notebook 15-###" anlegen – Eine Handelsware „PC-Mouse ###" anlegen – Einen neuen Knoten „001250010000000###" in der allgemeinen Produkthierarchie anlegen	0
28	175	Die Einstellungen zu einer Konditionsart anzeigen	3.2.3.1 und 3.2.3.2

Übung	Seite	Inhalte	zu Kapitel

29	180	Einen Konditionssatz für die Konditionsart „PR00"zum Material „Notebook 15-###" anlegen
		– mit gestaffelten Preisen
		  o 299 Euro/Stück
		  o 279 Euro/Stück (ab 15 Stück) und
		  o 259 Euro/Stück (ab 100 Stück),
		– einer Preisuntergrenze von 259 Euro/Stück und
		– einer Zahlungsbedingung „ZB01"
			3.2.3.3

30	185	Einen Konditionssatz mit einem Abschlag von 1% für die Konditionsart „K148" zum Knoten „001250010000000###" der allgemeinen Produkthierarchie anlegen	3.2.3.3
31	186	Einen Konditionssatz mit einem Abschlag von 0,10 Euro/kg für die Konditionsart „K029" zur Materialgruppe „Normalteile" anlegen	3.2.3.3
32	187	– Eine Route „R###" mit der Bezeichnung „Region ### – Region 8" anlegen – Die Routenfindung für Lieferungen mit der Versandbedingung „Standard" und der Transportgruppe "Auf Paletten" von der Postregion Ingolstadt ### zur Postregion München anlegen	3.2.4
33	189	Verschiedene Standardberichte zu vertriebs-relevanten Stammdaten ausführen: – Das Kundenstammblatt für den Kunden „77###" anzeigen – Die Konditionsliste für Konditionssätze anzeigen – Das Materialverzeichnis für das Werk „Z###" anzeigen	3.2.5.3

3.2.7   Lösungen zu den Übungen

Allgemeine Anmerkungen:

Für den dreistelligen Platzhalter ### wurde die Nummer 789 verwendet.

Achten Sie bei allen Abbildungen in der Musterlösung auch immer auf ggf. markierte Inhalte und angezeigte Quick-Info zu Buttons. Letzteres weist darauf hin, dass dieser Button als nächstes angeklickt wird.

Nutzen Sie die Querverweise, um sich Zusammenhänge nochmals zu vergegenwärtigen und so einen höheren Lernerfolg zu erzielen.

Übung 20: Einstellungen zu Nummernkreisen für Kunden im Customizing (→ Kapitel 3.2.1 und 3.2.5.1)

Lassen Sie sich im Customizing der allgemeinen Logistik bei der Steuerung der Kunden bzw. Geschäftspartner die Definition und Zuordnung der Nummernkreise zu Kunden anzeigen.

1) **Welcher Nummernkreis ist der Kontengruppe „0001 Auftraggeber" für Kunden zugeordnet?**

Menüpfad: Customizing/ Logistik Allgemein/ Geschäftspartner/ Kunden/ Steuerung/ Nummernkreise Kunden definieren und zuordnen/ Nummernkreise den Kontengruppen zuordnen[62]

Sicht "Zuo. Kontengruppen Debitoren->Nummernkreis" ändern: Übersicht

Gruppe	Bedeutung	Nummernkreis
0001	Auftraggeber	01
0002	Warenempfänger	01
0003	Regulierer	01
0004	Rechnungsempfänger	01
0005	Interessent	05

Der Kontengruppe „0001 Auftraggeber" für Debitoren ist der Nummernkreis 01 zugeordnet.

---

[62] Diese Information finden Sie an mehreren Stellen im Customizing, z. B. auch unter Finanzwesen/ Debitoren- und Kreditorenbuchhaltung/ Debitorenkonten/ Stammdaten/ Anlegen der Debitorenstammdaten vorbereiten/ Nummernkreise den Kontengruppen für Debitoren zuordnen.

2) **Lassen Sie sich die Übersicht der definierten Nummernkreise zum Kundenstamm anzeigen.**

Menüpfad: Customizing/ Logistik Allgemein/ Geschäftspartner/ Kunden/
Steuerung/ Nummernkreise Kunden definieren und zuordnen/ Nummernkreise Kundenstamm definieren[63]

Transaktionscode: OVZC

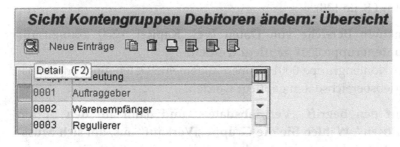

Erfolgt die Nummernvergabe beim Nummernkreis 01 intern oder extern?
Beim Nummernkreis 01 werden die Nummern extern vergeben, d. h. der
Anwender muss in diesem Fall manuell eine Nummer zwischen 1 und 99999
eingeben; vgl. auch Abbildung 3-18 auf Seite 126.

Übung 21: Einstellungen zur Kontengruppe im Customizing (→ Kapitel 3.2.1 und 3.2.5.2)

**Lassen Sie sich im Customizing der allgemeinen Logistik für die Steuerung bei
Kunden die Definition der Kontengruppen und deren Feldauswahl für die
Kontengruppe „0001 Auftraggeber" anzeigen.**

Markieren Sie diesen Eintrag und schauen Sie sich dazu die Details an.

Menüpfad: Customizing/ Logistik Allgemein/ Geschäftspartner/ Kunden/
Steuerung/ Kontengruppen und Feldauswahl Kunden definieren[64]

Transaktionscode: OVT0

---

63 Auch hier analog unter dem Menüpfad „Customizing/ Finanzwesen/ Debitoren- und
Kreditorenbuchhaltung/ Debitorenkonten/ Stammdaten/ Anlegen der Debitorenstammdaten vorbereiten/ Nummernkreise den Kontengruppen für Debitoren zuordnen".

64 Analog im Customizing unter dem Menüpfad „Finanzwesen/ Debitoren- und Kredito-
renbuchhaltung/ Debitorenkonten/ Stammdaten/ Anlegen von Debitorenstammdaten
vorbereiten/ Kontengruppe mit Bildaufbau definieren (Debitoren)".

Sicht Kontengruppen Debitoren ändern: Detail

| Feldstatus auflösen | Neue Einträge 🗐 🗑 ◀ ▶ 🖨 |

Kontengruppe [Feldstatus auflösen (F2)]

Allgemeine Daten

Nummernkreis [01]   ☐ CPD-Konto

Feldstatus

 Allgemeine Daten   Buchungskr.Daten   Vertriebsdaten

Textschemata

Textschema Z   [01]   Textschema SD   [01]

Vertriebsdaten

Kundenschema   [1]   Standard   ☐ Wettbewerber
Partnerschema [AG]   Auftraggeber   ☐ VertPartner
NachrSchema   [   ]   ☐ Interessent
                                                    ☐ Default-AG
                                                    ☐ Konsument

1) **Was versteht man in SAP ERP unter dem Begriff „Partnerschema"?**
   Positionieren Sie den Cursor im Feld „Partnerschema" und nutzen Sie die
   F1-Hilfe. Ein Partnerschema beinhaltet erlaubte und obligatorische Partnerrol-
   len für verschiedene Geschäftsvorfälle.

2) **Welches Partnerschema ist der Kontengruppe 0001 für Kunden bzw. Debito-**
   ren zugeordnet?
   Der Kontengruppe 0001 ist das Partnerschema „AG" zugeordnet (vgl. auch
   Abbildung 3-19 auf Seite 128).

3) **Welche allgemeinen Bereiche von Daten (vgl. Kapitel 3.2.1) können für**
   Kunden der Kontengruppe 0001 gepflegt werden?
   Für Kunden der Kontengruppe 0001 können allgemeine Daten, Buchungskreis-
   daten und Vertriebsbereichsdaten gepflegt werden.

4) **Klicken Sie auf den Begriff „Vertriebsdaten" und dann auf den Button**
   „Feldstatus auflösen". Wählen Sie die Gruppe „Verkauf" aus, um sich Muss-
   und Kann-Eingaben dafür anzeigen zu lassen.
   Ist die Eingabe einer Verkäufergruppe und eines Verkaufsbüros obligato-
   risch?

Feldstatusgruppe pflegen: Übersicht

🔍 Untergruppennachweis

All Auswählen (F2)

Kontengruppe0001
Auftraggeber
Vertriebsdaten

Gruppe auswählen

Verkauf
Versand
Faktura

Feldstatusgruppe pflegen: Verkauf

📄 Feldnachweis

Allgemeine Daten   Seite   1 /

Kontengruppe0001
Auftraggeber
Vertriebsdaten

Verkauf

	Ausblenden	Musseingabe	Kanneingabe	Anzeigen
Verkäufergruppe	○	○	◉	○
Statistikgruppe	○	○	◉	○
Kundengruppe	○	○	◉	○
Kundenbezirk	○	○	◉	○
Kalkulationsschema	○	◉	○	○
Preisgruppe	○	○	◉	○
Preislistentyp	○	○	◉	○
Mengeneinheitengruppe	○	○	○	◉
Währung	○	◉	○	○
U/Konto beim Kunden	○	○	◉	○
Auftragswahrscheinlichkeit	○	○	◉	○
Kundenschema Produktvorschlag	○	○	◉	○
Vorschlags-Sortiment	○	○	◉	○
Verkaufsbüro	○	○	◉	○

Nein, die Eingabe dieser beiden Organisationseinheiten ist optional (vgl. auch Kapitel 2.5.4 und 2.5.5).

Übung 22: Einstellungen zur Partnerfindung im Customizing (→ Kapitel 3.2.1 und 3.2.5.2)

Informieren Sie sich im Customizing des Vertriebs in den Grundfunktionen über die Partnerfindung für den Kundenstamm.

Menüpfad: Customizing/ Vertrieb/ Grundfunktionen/ Partnerfindung/ Partnerfindung einstellen/ Partnerfindung für den Kundenstamm einstellen

Welche Partnerrollen müssen im Partnerschema „AG", das der Kontengruppe „0001 Auftraggeber" aus Übung 21 zugeordnet ist, verpflichtend angelegt werden?

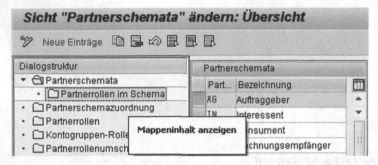

Im Menüpunkt „Partnerschemata/ Partnerrollen im Schema" ist definiert, dass die Partnerrollen „Auftraggeber", „Rechnungsempfänger", „Regulierer" und „Warenempfänger" beim Anlegen eines neuen Kunden mit der Kontengruppe „0001 Auftraggeber" obligatorisch sind (vgl. Abbildung 3-20 auf Seite 128).

Anmerkung:

Unter dem Menüpunkt „Partnerschemazuordnung" der Dialogstruktur können Sie beispielsweise die Zuordnung des Partnerschemas „AG" zur Kontengruppe „0001 Auftraggeber" sehen (vgl. Abbildung 3-19 auf Seite 128).

Übung 23: Anlegen eines Geschäftspartners (→ Kapitel 3.2.1)

Auf einer Messe haben Sie als Vertriebsmitarbeiter Ihres Unternehmens ein sehr vielversprechendes Gespräch mit Herrn Gerd Müller, Mitarbeiter im Einkauf des Einzelhandelsunternehmens Handels GmbH ###, geführt.

Wieder zurück im Unternehmen erfassen Sie für den potentiellen neuen Geschäftspartner einen Stammsatz. Da Sie sehr sicher sind, dass es sich nicht nur um einen Interessenten, sondern um einen zukünftigen Kunden handelt, legen Sie auf Grundlage Ihrer Gesprächsnotizen gleich einen Stammsatz für einen neuen Kunden bzw. Debitor „77###" mit allgemeinen Daten, Buchungskreis- und Vertriebsbereichsdaten gesamt an.[65]

Wählen Sie für Ihren Debitor „77###" die Kontengruppe „Auftraggeber".

---

65 Anmerkung: Man könnte die Handels GmbH ### natürlich auch mit der Transaktion "Interessent anlegen" (Transaktionscode V+21) erst mit der Kontengruppe „0005 Interessent" anlegen und später, nach der ersten Auftragserteilung, mit der Transaktion XD07 auf „0001 Auftraggeber" ändern und die restlichen der nachstehenden Daten, vor allem die für einen Interessenten nicht existierenden Buchungskreisdaten erfassen. Diese Vorgehensweise wäre in der Praxis sicher weiterverbreitet als das direkte Anlegen eines Interessenten als Kunden. Dieser Prozessschritt wird jedoch übersprungen, da er für die Bearbeitung der Übungsaufgaben nur einen Mehraufwand, jedoch keinen weiteren Erkenntnisgewinn nach sich ziehen würde.

Anmerkung:

Von den gleich lautenden Einträgen Kontengruppe „Auftraggeber" wählen Sie bitte den ersten in der Auswahlliste. Hier ist der Eintrag mit dem Primärschlüssel 0001 aus Übung 20 von Seite 136 gemeint. Lassen Sie sich vorher ggf. gemäß Seite 22 den Primärschlüssel für die Liste von Kontengruppen anzeigen.

Der Stammsatz für Ihren neuen Debitor „77###" wird für Ihre in Übung 17 auf Seite 83 angelegte Verkaufsorganisation „Ingolstadt ###" und den Vertriebsweg „Wiederverkäufer" im Unternehmen „IDES AG" spartenübergreifend angelegt.

Zur Arbeitserleichterung verwenden Sie als (Kopier)Vorlage den ähnlichen, bereits vorhandenen Debitor mit der Nummer 1030 (spartenübergreifend in der Verkaufsorganisation „1000 Deutschl. Frankfurt" und dem Vertriebsweg „Endkundenverkauf") im selben Unternehmen.

Menüpfad: Logistik/ Vertrieb/ Stammdaten/ Geschäftspartner/ Kunde/ Anlegen/ Gesamt

Transaktionscode: XD01

1) Ist die Nummer „77###" für Ihren neuen Debitor überhaupt zulässig?
   Ja, die Nummer „77###" befindet sich im zulässigen Intervall 1 bis 99999 des Nummernkreises 01 für Debitoren der Kontengruppe „0001 Auftraggeber" (vgl. Seite 135).

2) **Warum sind in der Registerkarte „Adresse" bei den allgemeinen Daten keine Adressdaten aus der Vorlage enthalten?**

Adressdaten werden aus einer Kopiervorlage nicht übernommen (vgl. Seite 102), da bei der Konzeption dieser Funktionalität von SAP davon ausgegangen wurde, dass Adressdaten stets divergieren.

3) **Erfassen bzw. ändern Sie folgende Sachverhalte zu Ihrem neuen Kunden bei den allgemeinen Daten (alle anderen Einträge übernehmen Sie aus der Vorlage):**

a) **Adressdaten:**

Die Firma mit dem Namen „Handels GmbH ###" soll auch unter diesem Suchbegriff gefunden werden. Sie ist ansässig in der Brienner Str. ###, 80333 München und unter der Telefonnummer 089-###-0 zu erreichen. Erfassen Sie auch die korrespondierende Region und Transportzone.

Adresse	Steuerungsdaten	Zahlungsverkehr	Marketing	Abladestellen	Exportdaten

▽ | 🖪 Vorschau | 🔏 🗐   Internat. Versionen

Name

Anrede	Firma ▼
Name	Handels GmbH 789

Suchbegriffe

Suchbegriff 1/2	HANDELS GMBH 789

Straßenadresse

Straße/Hausnummer	Brienner Str.	789
Postleitzahl/Ort	80333	München
Land	DE Deutschland	Region	09	Bayern
Zeitzone	CET			
Transportzone	D000080000	Postregion München		

Postfachadresse

Postfach	
Postleitzahl	

Kommunikation

Sprache	Deutsch ▼		Weitere Kommunikation...
Telefon	089-789-0	Nebenstelle	⇨
Fax		Nebenstelle	⇨
E-Mail			⇨
Standardkomm.art	▼		
Datenleitung			
Telebox			

b) Steuerungsdaten:

Der Kunde mit der Umsatzsteuer-Identifikationsnummer DE123456###
erhält seine normalen Lieferungen üblicherweise am Münchener Hbf.

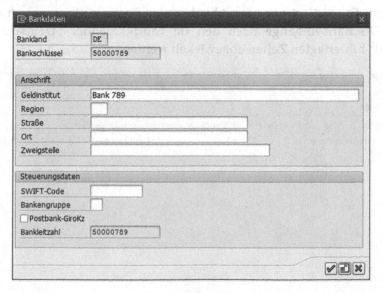

c) Für den Zahlungsverkehr in Deutschland verwendet Ihr Kunde „Handels
GmbH ###" das Bankkonto ### beim Geldinstitut „Bank ###"
(BLZ 50000###).

<u>Anmerkung:</u>
Wenn in SAP ERP zu einer Bankleitzahl noch kein Geldinstitut zugeordnet ist, muss der Name der Bank in einem separaten Eingabedialog erfasst
werden.

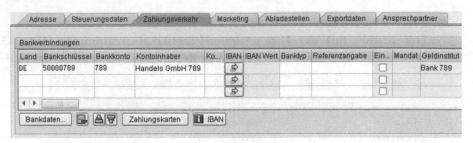

d) Für die Marketingabteilung schätzen Sie den Kunden in einer Klasse bis 0,5 Mio. Euro Umsatz ein und ordnen ihn für Auswertungen in der Ergebnis- und Marktsegmentrechnung sowie dem Vertriebsinformationssystem der Hierarchiestufe „01" zu.

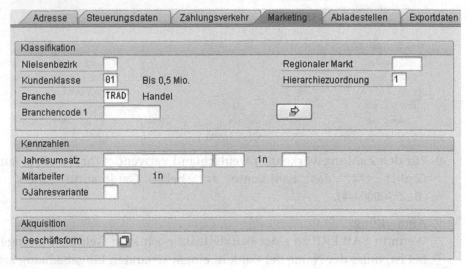

e) Herr Müller hat Sie auch über die Abladestelle in seinem Unternehmen informiert. Es existiert nur eine Abladestelle „Zentrale Warenannahme", in der Geschäftsvorgänge nach den im Fabrikkalender „Deutschland Standard" hinterlegten Zeiten abgewickelt werden.

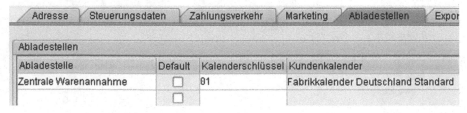

f) **Zuletzt erfassen (und sichern) Sie noch Herrn Gerd Müller als Ihren Ansprechpartner. Herr Müller ist als Einkäufer in der Abteilung Einkauf bei Ihrem (potentiellen) Kunden tätig.**

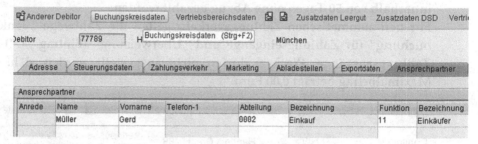

Anmerkung:

Bei den allgemeinen Daten könnten Sie über den Menüpunkt „Zusätze/ Konteninfogruppe/ Debitorenarten" Ihren Kunden prinzipiell auch noch als Interessenten sowie als Wettbewerber klassifizieren, falls der Kunde auch Produkte aus derselben Branche verkauft.

4) **Erfassen bzw. ändern Sie in den Buchungskreisdaten folgende Sachverhalte zu Ihrem neuen Kunden (alle anderen Einträge übernehmen Sie bitte aus der Vorlage):**

a) **Für die Kontoführung wird die Finanzdispogruppe „D-Inland" festgelegt.**

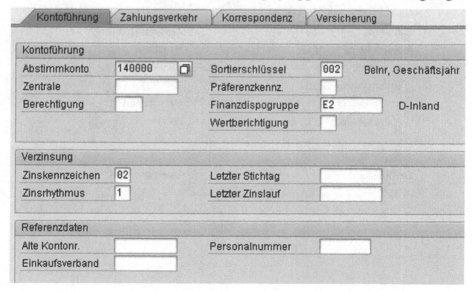

b) Beim Zahlungsverkehr werden Ihrem Kunden erst einmal Ihre normalen Zahlungsbedingungen mit 2% Skonto bei Zahlung innerhalb von zehn Tagen und 1% Skonto innerhalb von 30 Tagen gewährt. Ansonsten muss innerhalb von 50 Tagen ohne Abzug gezahlt werden.

Für den automatischen Zahlungsverkehr gelten die Zahlwege „Bankabbuchung" für Zahlungseingänge und „Überweisung" (Eintrag „U") für Zahlungsausgänge. Wechsel dürfen nicht ausgestellt werden, d. h. der Maximalbetrag beträgt 0,00 Euro.

5) Bei den Vertriebsbereichsdaten erfassen bzw. ändern Sie bitte folgende Sachverhalte zu Ihrem neuen Kunden (alle anderen Einträge übernehmen Sie aus der Vorlage):

a) Für den Verkauf erfassen Sie folgende Daten:
Der Kunde, dem Sie weder ein Verkaufsbüro noch eine Verkäufergruppe zuordnen, wohnt in München und gehört damit zum Kundenbezirk „Süddeutschland".
Die Auftragswahrscheinlichkeit schätzen Sie erst einmal auf 50%.
Für die Preisfindung ordnen Sie Ihrem Kunden die Preisgruppe für neue Kunden zu. Da die Handels GmbH ### an Endkunden verkauft, gilt die Preisliste für den Einzelhandel.
Beachten Sie das aus der Kopiervorlage übernommene Kundenschema „1 (Standard)". Dies wird mit für die Findung des Kalkulationsschemas in Kapitel 3.3.5.10 und für Übung 52 auf Seite 340 benötigt.

Debitor	77789	Handels GmbH 789	München
Verkaufsorg.	Y789	D Ingolstadt 789	
Vertriebsweg	12	Wiederverkäufer	
Sparte	00	Spartenübergreifend	

Verkauf | Versand | Faktura | Partnerrollen

Auftrag

Kundenbezirk	DE0015	Süddeutschland	Auftr.Wahrsch	50 %
Verkaufsbüro			BerechtGruppe	
Verkäufergruppe			Pos.Vorschlag	
Kundengruppe	02	Handelsunternehmen	Konto b.Debitor	
ABC-Klasse			MengeneinhGrp	
Währung	EUR	Euro	Kurstyp	
☐ Rundung ausschalten			Kundenschema PV	
Produktattribute				

Preisfindung/Statistik

Preisgruppe	03	Neue Kunden
Kundenschema	1	Standard
Preisliste	02	Einzelhandel
StatGruppeKunde	1	Statistikrelevant

Agenturgeschäft

☐ relevant für Agenturgeschäft

b) **Das Auslieferungswerk für den Versand ist Ihr Werk „Ingolstadt ###".**

<u>Anmerkung:</u>

Beachten Sie auf dieser Registerkarte auch die aus der Kopiervorlage übernommene Versandbedingung. Diese wird für die Ermittlung der Versandstelle (vgl. Übung 16 auf Seite 81) und die automatische Ermittlung der Route (vgl. Seite 124 sowie Übung 32 auf Seite 188) benötigt.

| Verkauf | Versand | Faktura | Partnerrollen |

Versand

Lieferpriorität	2	Normal	☑ AuftrZusammenführung
Versandbedingung	02	Standard	
Auslieferungswerk	Z789	Werk Ingolstadt 789	
☐ LEB relevant			
LEB Zeitfenster			

Teillieferungen

☐ Komplettlieferung vorgeschrieben

Teillieferung je Position		Teillieferung erlaubt
Teillieferungen maximal	9	

☐ Tol. unbegrenzt

Tol.Unterlieferung	
Tol.Überlieferung	

Allgemeine Transportdaten

Transportzone	D000080000	Postregion München

c) **Für die Faktura gelten die Incoterms „Kosten, Versicherung und Fracht" ab Ingolstadt.**
   Die Zahlungsbedingung für Ihren steuerpflichtigen Kunden ist in Ihrem Vertriebsbereich identisch zum Buchungskreis und lautet 2% Skonto bei Zahlung innerhalb von zehn Tagen und 1% Skonto innerhalb von 30 Tagen. Ansonsten muss innerhalb von 50 Tagen ohne Abzug gezahlt werden.

Verkauf	Versand	Faktura	Partnerrollen

Faktura

☐ Rechnungsnachbearbeitung ☑ Bonus ☐ Preisfindung
Rechnungstermine ☐
RechnListenTermine ☐

Liefer- und Zahlungsbedingungen

Incoterms	CIF	Ingolstadt	
Zahlungsbedingung	0005		Absicherung
Kreditkontrollber.			

Buchhaltung

Kontierungsgruppe	01	Erlöse Inland

Steuern

Land	Bezeichnung	Steuertyp	Bezeichnung	Steuerklassifikation	Bezeichnung
DE	Deutschland	MWST	Ausgangssteuer	1	steuerpflichtig

d) Mit einer neuen, optionalen Partnerrolle ordnen Sie noch Ihren zuständigen (Vertriebs)Mitarbeiter mit der Personalnummer „001000xx"
(„xx" steht für die letzten beiden Ziffern Ihrer individuellen dreistelligen
Nummer „###", z. B. „xx" = „89" für „###" = „789") zu.
Notieren Sie Vor- und Nachnamen Ihres zuständigen Mitarbeiters.

Verkauf	Versand	Faktura	Partnerrollen

Partnerrollen			
P..	Partnerrolle	Nummer	Name
AG	Auftraggeber	77789	Handels GmbH 789
AP	Ansprechpartner	152848	Müller
RE	Rechnungsempfänger	77789	Handels GmbH 789
RG	Regulierer	77789	Handels GmbH 789
WE	Warenempfänger	77789	Handels GmbH 789
ZM	Zuständiger Mitarb.	100089	Mrs Kathy O'Connor

Mrs Kathy O'Connor (für xx = 89)

6) Sichern Sie noch <u>nicht</u> Ihre Eingaben, sondern bearbeiten Sie erst die beiden
folgenden Teilübungen:

a) Warum hatte SAP ERP bereits vier Partnerrollen erfasst?
Die vier Partnerrollen stammen aus den Customizing-Einstellungen der von
Ihnen für Ihren Kunden gewählten Kontengruppe „0001 Auftraggeber"
(vgl. Seite 138).

b) Öffnen Sie einen neuen Modus und lassen Sie sich darin im Organisati-
onsmanagement des Personalwesens anzeigen, zu welcher Organisationseinheit der Aufbauorganisation Ihr zuständiger Mitarbeiter bzgl. Organisation und Besetzung zugeordnet ist.

<u>Anmerkung:</u>
Wählen Sie für die Suche nach dieser Person im linken Bereich der Trans-
aktion, dem sog. Locator, als Suchbegriff die Bezeichnung „001000xx" für
Ihre Personalnummer.
Klicken Sie dann im linken unteren Bereich mit der linken Maustaste
doppelt auf den angezeigten Treffer und lassen sich so im rechten
Ausgabebereich die hierarchische Organisationszuordnung für Ihren Mit-
arbeiter anzeigen.

Menüpfad: Personal/ Organisationsmanagement/ Aufbauorganisation/
Organisation und Besetzung/ Anzeigen

Transaktionscode: PPOSE

Anmerkungen:

- Die organisatorische Zuordnung Ihres zuständigen Mitarbeiters wird, wie auch beispielsweise im Fall für ## = 89, wahrscheinlich keinen Sinn ergeben. Dies ist für die Bearbeitung der zukünftigen Übungen ohne Belang.

- Bei den Personalstammdaten im IDES-System besteht beim Erstellen solcher allgemein formulierter Übungen das Problem, ein Intervall von mindestens 100 aufeinanderfolgend gepflegten Personalnummern für den dreistelligen Platzhalter ### zu finden.

- Im rechten Ausgabebereich müssen Sie die Unternehmenshierarchie von unten nach oben lesen.

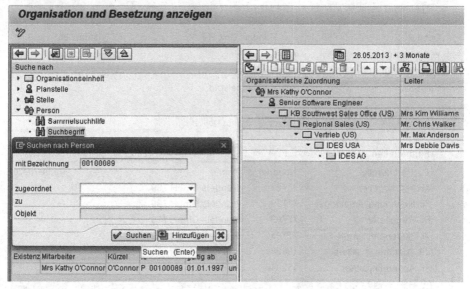

7) Kehren Sie nun wieder zum vorherigen Modus mit den Kundenstammdaten zurück und erfassen Sie eine weitere optionale Partnerrolle „Ansprechpartner".

Wählen Sie mit der F4-Hilfe den für Ihren Kunden „77###" bereits vorhandenen Ansprechpartner Gerd Müller aus.

Wie lautet die Partnernummer für Ihren Ansprechpartner? Wann wurde dieser Stammsatz angelegt?

Dieser Stammsatz (hier: 152848) wurde beim Ausfüllen der Registerkarte „Ansprechpartner" in den allgemeinen Daten (vgl. Seite 143) von SAP ERP automatisch angelegt.

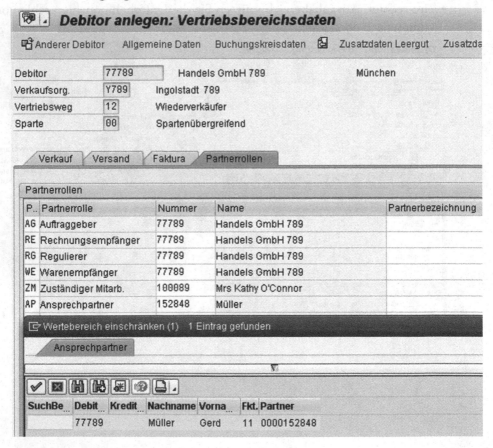

Sichern Sie nun Ihre Eingaben und verlassen Sie die Transaktion.

Übung 24: Einstellungen zu Nummernkreisen für Materialien (→ Kapitel 0 und 3.2.5.1)

1) Lassen Sie sich bei den Werkzeugen der ABAP Workbench im Bereich Entwicklung die weiteren Werkzeuge für Nummernkreise für den Objektnamen „MATERIALNR" anzeigen.

Menüpfad: Werkzeuge/ ABAP Workbench/ Entwicklung/ Weitere Werkzeuge/ Nummernkreise

Transaktionscode: SNRO

Nummernkreisobjektpflege

  A Nummernkreise

Objektname   MATERIALNR☐

    ☐   /   &
                        Anzeigen

NrKreisObjekt: Anzeigen

Änderungsbelege

Objektname	MATERIALNR	Es existieren Intervalle zum NrKreisObjekt
Kurztext	Materialstamm	
Langtext	Nummernkreise Materialstamm	

Intervalleigenschaften

Bis-Geschäftsjahr-Kz.	☐
Domäne für Nummernlänge	CHAR18
Kein Rollieren der Intervalle	☐

Customizingangaben

Nummernkreistransaktion	MMNR	
Proz. Warnung	10,0	
Hauptspeicher-Pufferung	☑ Anzahl Nummern im Puffer	10

Angabe zur Gruppe

Gruppentabelle	T134	Textangaben pflegen
Feld NrKreisElement	MTART	Gruppenbezug löschen
Felder int./ext. NrKreisNr.	NUMKI	NUMKE
Elementtext anzeigen	☑	

Wie viele Stellen kann eine Materialnummer in SAP ERP maximal enthalten?
Eine Materialnummer kann in SAP ERP maximal 18 Stellen enthalten.

Anmerkung:
Die Information zur maximalen Länge der Materialnummer finden Sie auch im Customizing unter dem Menüpfad „Logistik Allgemein/ Materialstamm/ Grundeinstellungen/ Ausgabedarstellung der Materialnummer festlegen".

2) **Lassen Sie sich im Customizing der allgemeinen Logistik bei den Grundeinstellungen zum Materialstamm die Übersicht zu den Nummernkreisen für
Materialarten anzeigen.**

Menüpfad: Customizing/ Logistik Allgemein/ Materialstamm/ Grundeinstel-
lungen/ Materialarten/ Nummernkreise pro Materialart festlegen[66]

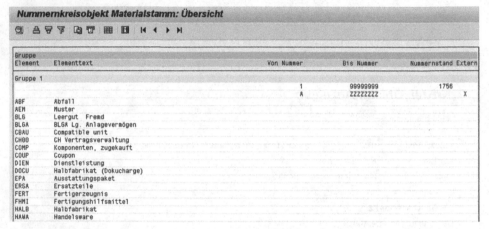

a) **Auf welche Art und Weise erfolgt die Nummernvergabe bei der Materialart „Handelsware"?**
Die Nummernvergabe bei der Materialart „Handelsware" kann extern und
intern erfolgen.

b) **Darf die Materialnummer bei dieser Materialart nur Zahlen enthalten?**
Nein, es muss mindestens ein Buchstabe in der Materialnummer enthalten
sein.

c) **Welche Nummer würde eine neue Handelsware, für die beim Anlegen
keine externe Materialnummer erfasst wurde, in Ihrem ERP-System
erhalten?**
Intern wurden in diesem SAP-System bereits Nummern für 1756 Materialien
vergeben, so dass das neue Material (normalerweise; vgl. Fußnote 58 auf
Seite 126) die Nummer 1757 erhalten würde.

---

66 Alternativer Menüpfad: Werkzeuge/ ABAP Workbench/ Entwicklung/ Weitere
Werkzeuge/ Nummernkreise, Objektname „MATERIALNR" eingeben, dann erst den
Button „Nummernkreise" und dann das Icon „Übersicht" wählen; Transaktion: SNUM

Übung 25: Einstellungen zu Materialarten im Customizing (→ Kapitel 0)

Informieren Sie sich über die Einstellungen zum Materialstamm im Customizing der allgemeinen Logistik.

Anmerkung:

Denken Sie daran, dass man in SAP ERP die F1-Hilfe nicht nur bei Eingabefeldern, sondern auch bei allen anderen Feldern – wie z. B. bei Checkboxes bzw. „Häkchen" – nutzen kann, um sich die betriebswirtschaftliche Bedeutung eines Feldes anzuzeigen.

Lassen Sie sich in den Grundeinstellungen zum Materialstamm die Details zu den Eigenschaften der Materialart „Handelsware" anzeigen.

Menüpfad: Customizing/ Logistik Allgemein/ Materialstamm/ Grundeinstellungen/ Materialarten/ Eigenschaften der Materialarten festlegen

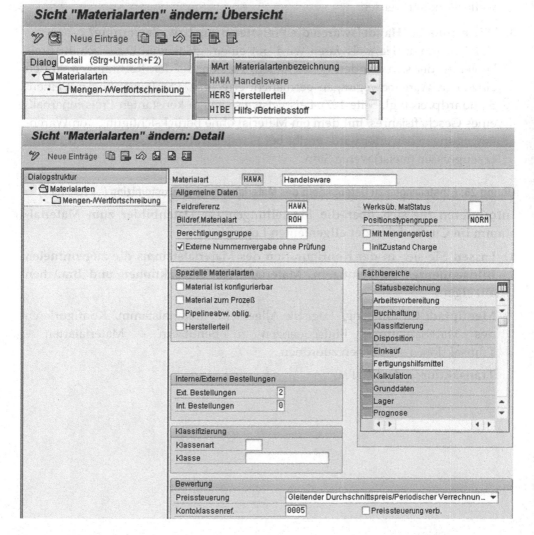

1) **Kann die Materialnummer bei Handelswaren auch extern vergeben werden?**
   Ja, die Materialnummer für Handelswaren kann auch extern vergeben werden. In diesem Fall wird sie nicht gegen den Nummernkreis geprüft und darf nicht nur aus Ziffern bestehen, sondern muss mindestens einen Buchstaben enthalten.
   Wird vom Anwender beim Anlegen einer Handelsware das Feld „Materialnummer" freigelassen, so wird von SAP ERP automatisch intern die nächste freie Nummer aus dem zugrundeliegenden Nummernkreisintervall gewählt (vgl. auch Seite 127).

2) **Welche Fachbereiche bzw. Materialsichten werden bei Handelswaren nicht angezeigt?**
   Arbeitsvorbereitung und Hilfsmittel ergeben bei Handelswaren keinen Sinn, da diese ausschließlich extern bezogen und ohne eigene Produktionsschritte weiterverkauft werden.

3) **Wie erfolgt bei Handelswaren die Preissteuerung bzw. Bewertung?**
   Der Bestand an Handelswaren wird mit einem gleitenden Durchschnittspreis bewertet, der sich aus den (gewichteten) Preisen aus den Rechnungen zu den einzelnen Warenbewegungen permanent errechnet. Die Bewertung mit einem Standardpreis (vgl. Seite 107), beispielsweise einem konstanten Preis innerhalb eines Geschäftsjahres, mit dem ein Material ohne Berücksichtigung von Warenbewegungen bewertet wird, ergibt bei Handelswaren im Gegensatz zu Fertigerzeugnissen (meist) wenig Sinn.

Übung 26: Einstellungen zu Datenbildern des Materialstamms im Customizing (→ Kapitel 0)

Informieren Sie sich über die Einstellungen für Datenbilder zum Materialstamm im Customizing der allgemeinen Logistik.

1) **Lassen Sie sich in der Konfiguration des Materialstamms die zugeordneten Bildsequenzen zu Benutzern, Materialarten, Transaktionen und Branchen anzeigen.**

   Menüpfad: Customizing/ Logistik Allgemein/ Materialstamm/ Konfigurieren des Materialstamms/ Bildsequenzen zu Benutzern – Materialarten – Transaktionen – Branchen zuordnen

   Transaktionscode: OMT3E

a) **Welche Bildreferenz gehört zur Transaktion MMH1 für das Anlegen einer Handelsware?**

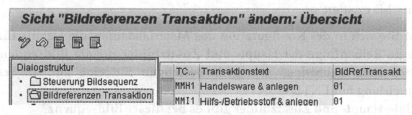

Die Bildreferenz „01" gehört zur Transaktion MMH1.

b) **Welche Bildreferenz ist der Materialart „HAWA" zugeordnet?**

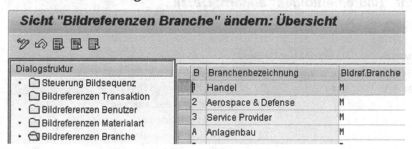

Die Bildreferenz „ROH" ist der Materialart „HAWA" zugeordnet.

c) **Welche Bildreferenz gehört zur Branche Handel?**

Sicht "Bildreferenzen Branche" ändern: Übersicht

Dialogstruktur	B	Branchenbezeichnung	Bldref.Branche
• ☐ Steuerung Bildsequenz	1	Handel	M
• ☐ Bildreferenzen Transaktion	2	Aerospace & Defense	M
• ☐ Bildreferenzen Benutzer	3	Service Provider	M
• ☐ Bildreferenzen Materialart	A	Anlagenbau	M
• ☐ Bildreferenzen Branche			

Die Bildreferenz „M" gehört zur Branche Handel.

d) **Welche Bildsequenz wird für die Kombination aus den drei obigen Bildreferenzen gewählt?**

Anmerkung:
Beachten Sie bzgl. der Platzhalter die Fußnote 42 auf Seite 108.

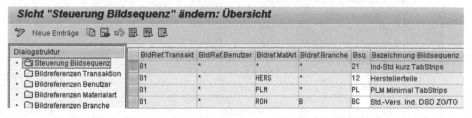

Es wird die Bildsequenz 21 „Ind-Std kurz TabStrips" gewählt, da kein speziellerer Eintrag für die Kombination der Bildreferenzen „01", „ROH" und „M" existiert.

2) **Lassen Sie sich in der Konfiguration des Materialstamms die Details für die gepflegte Reihenfolge der Haupt- und Zusatzbilder für die Bildsequenz 21 „Ind-Std kurz TabStrips" anzeigen. Bestätigen Sie eine ggf. angezeigte Warnmeldung mit ENTER.**
Wie viele Haupt- und Zusatzbilder gibt es bei dieser Bildsequenz?

Menüpfad: Customizing/ Logistik Allgemein/ Materialstamm/ Konfigurieren des Materialstamms/ Reihenfolgen der Haupt- und Zusatzbilder pflegen

Transaktionscode: OMT3R

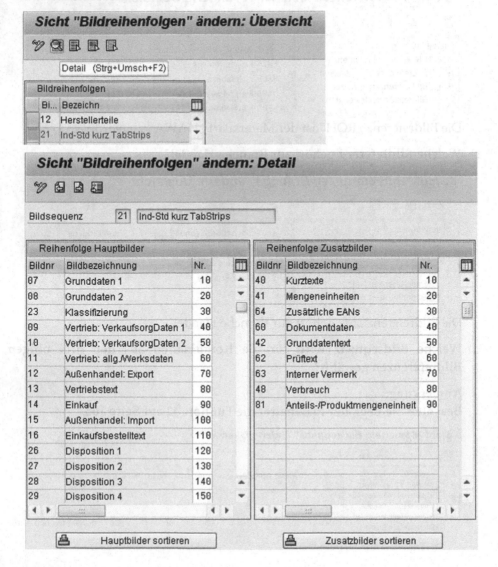

3) **Lassen Sie sich in der Konfiguration des Materialstamms den definierten Aufbau der Datenbilder für die Bildsequenz 21 „Ind-Std kurz TabStrips" anzeigen.**

Menüpfad: Customizing/ Logistik Allgemein/ Materialstamm/ Konfigurieren des Materialstamms/ Aufbau der Datenbilder pro Bildsequenz definieren

Transaktionscode: OMT3B

Stimmen diese mit Abbildung 3-7 auf Seite 108 überein?

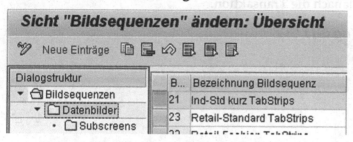

Ja, die Datenbilder für die Bildsequenz 21 „Ind-Std kurz TabStrips" stimmen mit Abbildung 3-7 auf Seite 108 überein.

4) **Wählen Sie bitte das Datenbild 09 „Vertrieb: VerkaufsorgDaten 1" und lassen Sie sich die zugehörigen Subscreens anzeigen. Stimmen diese mit Abbildung 3-8 auf Seite 108 überein?**

Ja, die Subscreens zum Datenbild 09 „Vertrieb: VerkaufsorgDaten 1" stimmen mit Abbildung 3-8 auf Seite 108 überein.

a) **Markieren Sie den zweiten Subscreen und lassen Sie sich die Ansicht zu diesem Bildbaustein anzeigen. Stimmt die Ansicht zum Bildbaustein 02 mit der von Abbildung 3-9 auf Seite 109 überein?**
Ja, die Ansicht zum Bildbaustein 02 stimmt mit der von Abbildung 3-9 auf Seite 109 überein.

b) **Gehen Sie einmal mit „F3" zurück und lassen Sie sich abschließend die Ansicht zu dem Datenbild 09 „Vertrieb: VerkaufsorgDaten 1" simulieren. Verlassen Sie danach die Transaktion.**

Simulation log.Bild ""

Material

VerkOrg.   RevStd

VertrWeg

Allgemeine Daten

Basismengeneinheit		Sparte	
Verkaufsmengeneinh.		□ VME nicht variabel	
MengeneinheitenGrp			
VTL-überg. Status		Gültig ab	
VTL-spez. Status		Gültig ab	
Auslieferungswerk			
Warengruppe			
□ Skontofähig			Konditionen

Steuerdaten

L...	Land	Ste...	Steuertyp	S	Steuerklassifikation

Eintrag   von

Mengenvereinbarungen

MindAuftrMenge		Min.liefermenge	
FertigMenge		Liefereinheit	
RundProfil			

Übung 27: Anlegen von Materialien (→ Kapitel 0)

Für Ihre späteren Verkaufsaktivitäten benötigen Sie für Ihr Großhandels-unternehmen verschiedene Handelswaren als Verkaufsmaterialien.

Tabelle 3-6 gibt Ihnen einen Überblick über alle Materialien, welche im Rahmen der Übungen in diesem und darauffolgenden Kapitel angelegt werden, zusammen mit deren späteren Verwendung.

Tabelle 3-6:   Übersicht der in den Übungen verwendeten Materialien

Material	Verkaufs-preis in Euro	Vorlage im IDES-System	Inhaltliche Verwendung in den Übungen	Wird angelegt bzw. bearbeitet in Übung/ auf Seite
Notebook 15-###	299,00	HT-1000	Verkaufsmaterial	Übung 27/ 159 Übung 46/ 302
PC-Mouse ###	9,90	HT-1060	Verkaufsmaterial	Übung 27/ 159 Übung 46/ 302 Übung 49/ 327
Notebook 17-###	349,00	HT-1002	Produktvorschlag zum Kunden „77###"	Übung 47/ 306 Übung 50/ 335
Notebook 17S-###	499,00	Notebook 17-###	Produktvorschlag zum Kunden „77###"	Übung 47/ 306 Übung 50/ 335
Duschgel ###	0,90	CP-0003	Material für Cross-Selling zur PC-Mouse ### und Material für Naturalrabatt	Übung 47/ 306 Übung 49/ 327 Übung 60/ 431
Duschgel ### klein	0,60	Duschgel ###	Material für Natu-ralrabatt	Übung 47/ 306 Übung 60/ 431

Legen Sie nun in den Stammdaten des Vertriebs gemäß dem aktuellen Kennt-nisstand Sichten für die beiden ersten Verkaufsmaterialien aus Tabelle 3-6 an. Später werden Sie noch zusätzliche Daten zu diesen Materialien erhalten, die Sie dann in neuen Sichten in Übung 46 auf Seite 302 erfassen.

Zur Arbeitserleichterung verwenden Sie als (Kopier)Vorlage jeweils ein ähnliches Material aus Tabelle 3-6, welches bereits im IDES-System existiert.

Sollte in Ihrem IDES-System wider Erwarten eines oder mehrere der Vorlage-materialien nicht existieren, so können Sie die neuen Materialien trotzdem anhand der Screenshots in den Musterlösungen anlegen. Füllen Sie in diesem Fall bitte alle Datenfelder analog aus.

1) Legen Sie die Handelsware „Notebook 15-###" für die Branche Handel, Ihr
   Werk „Z###", Ihre Verkaufsorganisation „Y###", den Vertriebsweg 12 und
   die Lagernummer 001 an.

   Menüpfad: Logistik/ Vertrieb/ Stammdaten/ Produkte/ Material/ Handels-
   waren/ Anlegen

   Transaktionscode: MMH1

   Legen Sie bitte die Sichten „Grunddaten 1", „Vertrieb: VerkOrg 1",
   „Vertrieb: VerkOrg 2", „Vertrieb: allg./Werk", „Vertriebstext", „Lagerverwaltung 1" sowie „Buchhaltung 1" für Ihre Handelsware „Notebook 15-###" und
   die Branche „Handel" an.

   Nutzen Sie als (Kopier)Vorlage das Material „HT-1000". Für die Organisationseinheiten der Vorlage wählen Sie bitte als Werk „Atlanta", als Verkaufsorganisation „USA Denver" und als Vertriebsweg „Internetverkauf". Eine
   Lagernummer geben Sie beim Vorlagematerial bitte nicht an.

   Sichern Sie zur späteren Arbeitsminimierung die eingegebenen Organisationseinheiten als Voreinstellung, bevor Sie auf den Button „Weiter" klicken.

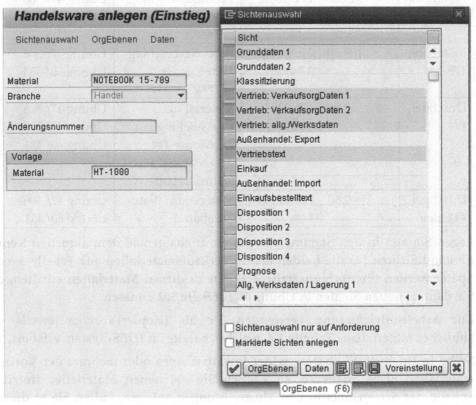

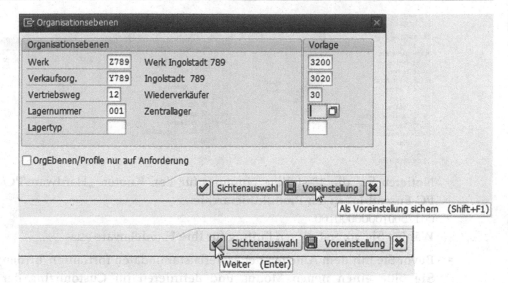

a) **Warum müssen Sie genau diese Organisationseinheiten bei der Anlage Ihres Materials angeben?**

- Die Verkaufsorganisation und den Vertriebsweg benötigen Sie für Ihre gewählten Sichten „Vertrieb: VerkOrg 1 und 2".

- Werk, Verkaufsorganisation und Vertriebsweg sind für die Sichten „Vertrieb: allg./ Werksdaten" und „Vertriebstext" vonnöten.

- Die Lagernummer ist für die Sicht „Lagerverwaltung 1" relevant.

- Die Sicht „Grunddaten 1" ist dagegen nur vom Mandanten abhängig (vgl. Seite 110).

b) **Erfassen bzw. ändern Sie folgende Sachverhalte zu Ihrem neuen Material (alle anderen Einträge übernehmen Sie aus der Vorlage):**

- Sicht „Grunddaten 1":
  Der Materialkurztext lautet wie die Materialnummer.
  Lassen Sie sich die bestehenden Einträge für die Produkthierarchie anzeigen, indem Sie mittels der F4-Hilfe bei der Hauptgruppe den Eintrag für „Hardware" markieren und dann mit dem Button „Stufe +" zur untergeordneten Gruppe navigieren.
  Wählen Sie dort den Eintrag für „PC" aus und zeigen Sie wieder mit dem Button „Stufe +" alle zugehörigen Untergruppen an.
  Dort sehen Sie, dass noch keine Untergruppe für Notebook-Systeme existiert.

Notieren Sie die 18-stellige Nummer für den Knoten „Hardware/PC/ PC-Ensemble" in der Produkthierarchie:

001250010000000100

Wählen Sie vorerst diesen Eintrag für Ihre Handelsware aus.

- Bevor Sie mit dem Anlegen der Materialstammdaten fortfahren, öffnen Sie bitte einen neuen Modus und definieren im Customizing der allgemeinen Logistik im Product Lifecycle Management für den Materialstamm und dessen Einstellungen zu zentralen Feldern für die vertriebsrelevanten Daten einen neuen Eintrag zur Produkthierarchie.

Menüpfad: Customizing/ Logistik Allgemein/ Product Lifecycle Management/ Materialstamm/ Einstellungen zu zentralen Feldern/ Vertriebsrelevante Daten/ Produkthierarchie definieren

Transaktionscode: V/76

Wählen Sie „Pflege: Produkthierarchie" und legen Sie den neuen Eintrag „001250010000000###" mit der Bezeichnung „Notebook-Systeme ###" an.

Bestätigen Sie Ihre Eingaben mit ENTER und lassen Sie sich noch mit der F1-Hilfe die Bedeutung des Feldes „Produkthierarchie" anzeigen, bevor Sie Ihren neuen Eintrag sichern.

Verlassen Sie danach die Transaktion, indem Sie dreimal die Taste „F3" drücken.

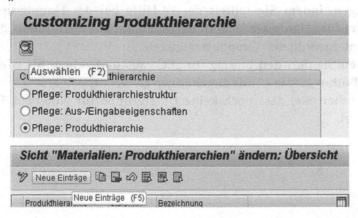

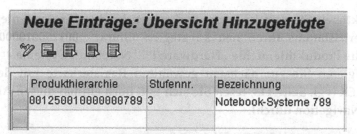

Produkthierarchie	Stufennr.	Bezeichnung
001250010000000789	3	Notebook-Systeme 789

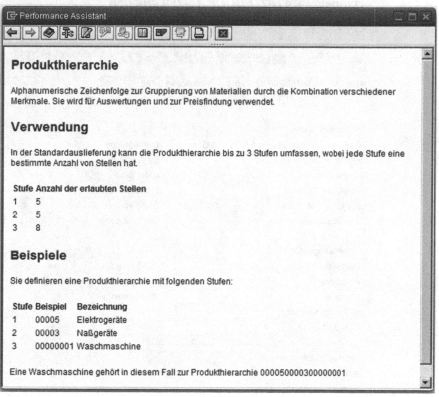

Produkthierarchie

Alphanumerische Zeichenfolge zur Gruppierung von Materialien durch die Kombination verschiedener Merkmale. Sie wird für Auswertungen und zur Preisfindung verwendet.

Verwendung

In der Standardauslieferung kann die Produkthierarchie bis zu 3 Stufen umfassen, wobei jede Stufe eine bestimmte Anzahl von Stellen hat.

Stufe	Anzahl der erlaubten Stellen
1	5
2	5
3	8

Beispiele

Sie definieren eine Produkthierarchie mit folgenden Stufen:

Stufe	Beispiel	Bezeichnung
1	00005	Elektrogeräte
2	00003	Naßgeräte
3	00000001	Waschmaschine

Eine Waschmaschine gehört in diesem Fall zur Produkthierarchie 000050000300000001

- Selektieren Sie nun in Ihrem vorherigen Modus für das Anlegen des Materialstamms Ihren neu angelegten Eintrag „001250010000000###" für die Produkthierarchie „Hardware/PC/ Notebook-Systeme ###".[67] Navigieren Sie zur nächsten gewählten Registerkarte mit der Taste ENTER (vgl. Seite 113; lesen Sie sich ggf. noch einmal diesen Abschnitt zur Navigation durch).

Handelsware NOTEBOOK 15-789 anlegen

⇨ Zusatzdaten   OrgEbenen   Bilddaten prüfen

| Grunddaten 1 | Grunddaten 2 | Klassifizierung | Vertrieb: VerkOrg 1 | |

| Material | NOTEBOOK 15-789 | Notebook 15-789 | |

Allgemeine Daten

Basismengeneinheit	ST	Stück	Warengruppe	002
Alte Materialnummer			Ext.Warengrp.	
Sparte	07		Labor/Büro	
KontingentSchema			Produkthierar.	001250010000000789
Werksüb. MatStatus			Gültig ab	
Gültigkeit bewerten			allg.Postypengr	NORM Normalposition

Abmessungen/EAN

Bruttogewicht	4,200	Gewichtseinheit	KG
Nettogewicht	4,200		
Volumen		Volumeneinheit	
Größe/Abmessung			
EAN/UPC-Code		EAN-Typ	

Verpackungsmaterialdaten

| Materialgruppe PM | |
| RefMat Packvorschr. | |

Grunddatentexte

| Gepflegte Sprachen: | 2 | Grunddatentext | Sprache: | Deutsch |

---

67 Falls Sie kein Profil mit Schreibberechtigung im Customizing haben, so wählen Sie stattdessen bitte den zweistufigen Eintrag für die Produkthierarchie „Hardware/ PC".

- Sicht „Vertrieb: VerkOrg 1":
  Ersetzen Sie den Eintrag für das Auslieferungswerk durch Ihr angelegtes Werk „Z###".
  Vergleichen Sie diese Materialsicht mit dem Datenbild 09 „Vertrieb: VerkaufsorgDaten 1" von Seite 158. Sind beide identisch?
  Ja, beide Bilder sind identisch.

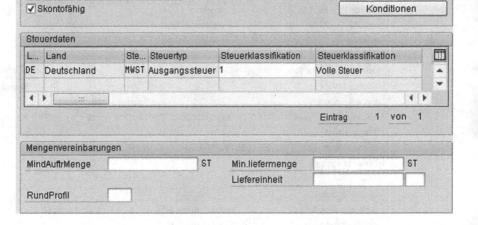

- Sicht „Vertrieb: VerkOrg 2":
Ihr Notebook gehört zur Materialgruppe „Normalteile". Lassen Sie sich mit der F1-Hilfe die betriebswirtschaftliche Bedeutung der Materialgruppe anzeigen.
In einer Materialgruppe können verschiedene Materialien gruppiert werden, für die identische Konditionen gelten sollen.

Tragen Sie auch in dieser Sicht Ihren neuen Eintrag „001250010000000###" für den Knoten in der Produkthierarchie ein.

Aus der Materialart „Handelsware" der Kopiervorlage für Ihr Notebook hat SAP ERP die allgemeine Positionstypengruppe „NORM" für eine Normalposition übernommen. Diese allgemeine Positionstypengruppe dient zur Gruppierung von Materialien und zur Ermittlung des Positionstyps in Vertriebsbelegen (vgl. Seite 212).

Handelsware NOTEBOOK 15-789 anlegen

⇨ Zusatzdaten   OrgEbenen   Bilddaten prüfen

Vertrieb: VerkOrg 1 | Vertrieb: VerkOrg 2 | Vertrieb: allg./Werk | Außen...

Material	NOTEBOOK 15-789	Notebook 15-789
VerkOrg.	Y789	Ingolstadt 789
VertrWeg	12	Wiederverkäufer

Gruppierungsbegriffe

StatistikGrMaterial		Materialgruppe	01	Normalteile
Bonusgruppe		Kontierungsgr. Mat.		
allg.Pos.typenGruppe	NORM	Normalpositi...	Positionstypengruppe	NORM	Normalpositi...
Preismaterial				
Produkthierarchie	001250010000000789	Notebook-Systeme 789		
Provisionsgruppe				

Materialgruppen

| Materialgruppe 1 | | Materialgruppe 2 | | Materialgruppe 3 | |
| Materialgruppe 4 | | Materialgruppe 5 | | | |

Produktattribute

☐ Produktattribut 1   ☐ Produktattribut 2   ☐ Produktattribut 3
☐ Produktattribut 4   ☐ Produktattribut 5   ☐ Produktattribut 6
☐ Produktattribut 7   ☐ Produktattribut 8   ☐ Produktattribut 9
☐ Produktattribut 10

- Sicht „Vertrieb: allg./Werk":
  Übernehmen Sie alle Einträge der Vorlage. Beachten Sie auf dieser
  Registerkarte auch die aus der Kopiervorlage übernommene

  - Ladegruppe, die für die Ermittlung der Versandstelle (vgl. Übung
    16 auf Seite 81) benötigt wird.

  - Transportgruppe, die mit in die Ermittlung der Route (vgl. Seite 124
    sowie Übung 32 auf Seite 188)

  einfließt.

  Gehen Sie dann mit der Taste ENTER zur nächsten Sicht.

- Sicht „Vertriebstext":
  Ersetzen Sie den deutschen Vertriebstext durch „Hochwertiges
  Notebook 15-###; Kunden auf das neue Notebook 17-### aufmerksam
  machen und Zubehör anbieten".

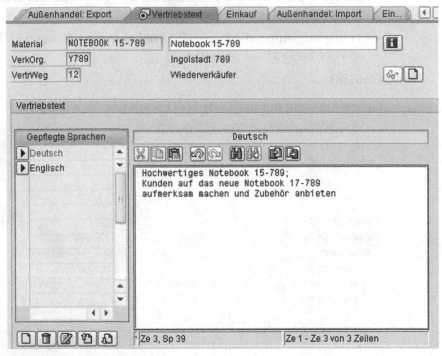

- Sicht „Lagerverwaltung 1":
  Übernehmen Sie bitte alle angezeigten Daten ohne etwas zu ändern
  bzw. hinzuzufügen.

- Sicht „Buchhaltung 1":
  Geben Sie einen gleitenden Preis (Achtung: Dies ist nicht der
  Verkaufspreis) von 199,00 Euro ein und sichern Sie Ihre neue
  Handelsware.

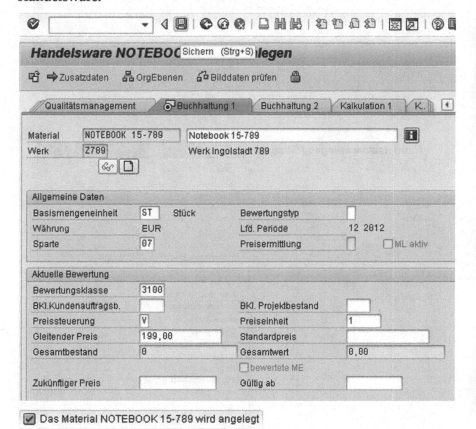

2) Legen Sie die Sichten „Grunddaten 1", „Vertrieb: VerkOrg 1", „Vertrieb:
   VerkOrg 2", „Vertrieb: allg./Werk", „Lagerverwaltung 1" sowie „Buchhaltung 1" für Ihr zweites Verkaufsmaterial, die Handelsware „PC-Mouse ###"
   und die Branche „Handel" an. Nutzen Sie als Vorlage das Material
   „HT-1060".
   Ihre Handelsware „PC-Mouse ###" wird für Ihr Werk „Z###", Ihre Verkaufsorganisation „Y###", den Vertriebsweg 12 und die Lagernummer 001
   angelegt.
   Für die Organisationseinheiten der Vorlage wählen Sie bitte (ohne Angabe
   eines Lagerortes) als Werk „Atlanta", als Verkaufsorganisation
   „USA Denver" und als Vertriebsweg „Internetverkauf".

   Menüpfad: Logistik/ Vertrieb/ Stammdaten/ Produkte/ Material/ Handelswa-
   ren/ Anlegen

   Transaktionscode: MMH1

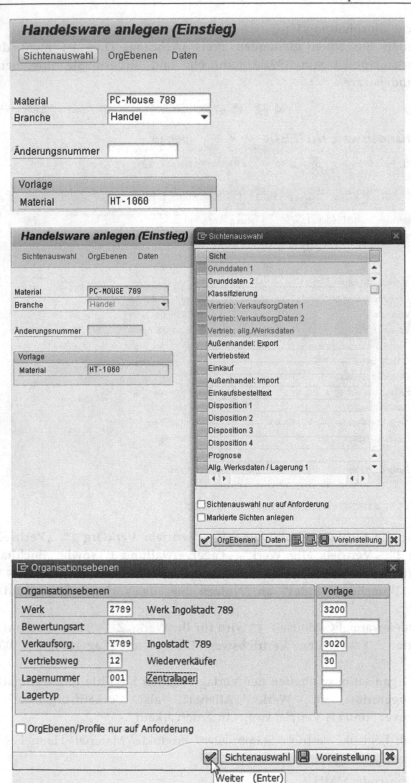

Erfassen bzw. ändern Sie folgende Sachverhalte zu Ihrem neuen Material (alle anderen Einträge übernehmen Sie aus der Vorlage):

a) Sicht „Grunddaten 1":
Der Materialkurztext lautet wie die Materialnummer.
Die 18-stellige Nummer für den Knoten in der Produkthierarchie lautet für Hardware/PC/Notebook-Systeme ### wie in der letzten Teilaufgabe „001250010000000###".

b) Sicht „Vertrieb: VerkOrg 1":
Ersetzen Sie den Eintrag für das Auslieferungswerk durch Ihr angelegtes Werk „Z###".
Für die Preiskondition erfassen Sie folgende Staffelmengen:
Kauft ein Kunde ein Stück, so kostet die „PC-Mouse ###" 9,90 Euro/Stück.
Ab 20 Stück reduziert sich der Preis auf 9,40 Euro/Stück und ab 50 Stück auf 8,90 Euro/Stück.

Gehen Sie einmal mit „F3" zurück und dann zur nächsten Sicht.

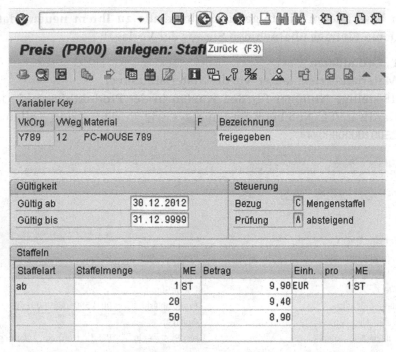

Preis (PR00) anlegen: Staf Zurück (F3)

Variabler Key

VkOrg	VWeg	Material	F	Bezeichnung
Y789	12	PC-MOUSE 789		freigegeben

Gültigkeit

Gültig ab	30.12.2012
Gültig bis	31.12.9999

Steuerung

Bezug	C	Mengenstaffel
Prüfung	A	absteigend

Staffeln

Staffelart	Staffelmenge	ME	Betrag	Einh.	pro	ME
ab	1	ST	9,90	EUR	1	ST
	20		9,40			
	50		8,90			

Klassifizierung Vertrieb: VerkOrg 1 Vertrieb: VerkOrg 2 Vertrieb: al...

Material	PC-MOUSE 789	PC-MOUSE 789
VerkOrg.	Y789	Ingolstadt 789
VertrWeg	12	Wiederverkäufer

Allgemeine Daten

Basismengeneinheit	ST	Stück	Sparte	07	High Tech
Verkaufsmengeneinh.			☑ VME nicht variabel		
MengeneinheitenGrp					
VTL-überg. Status			Gültig ab		
VTL-spez. Status			Gültig ab		
Auslieferungswerk	Z789	Werk Ingolstadt 789			
Warengruppe	002	Elektronik/Hardware			

☑ Skontofähig   Konditionen

Steuerdaten

L..	Land	Ste...	Steuertyp	S	Steuerklassifikation
DE	Deutschland	MWST	Ausgangssteuer	1	Volle Steuer

Eintrag   1 von 1

Mengenvereinbarungen

MindAuftrMenge		ST	Min.liefermenge		ST
			Liefereinheit		
RundProfil					

c) Sicht „Vertrieb: VerkOrg 2":

Ihre PC-Mouse gehört zur Materialgruppe „Normalteile".

Tragen Sie auch hier „0012500100000000###" für den Knoten in der Produkthierarchie ein.

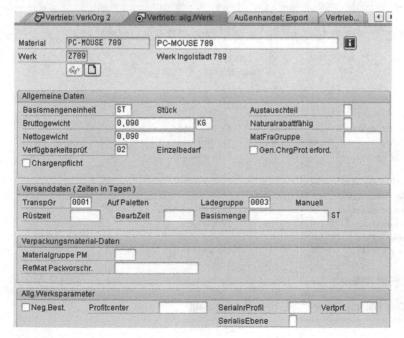

d) Sicht „Vertrieb: allg./Werk":

Übernehmen Sie alle Einträge der Vorlage und gehen Sie mit der Taste ENTER zur nächsten Sicht.

e) Sicht „Lagerverwaltung 1":
   Übernehmen Sie bitte alle angezeigten Daten.

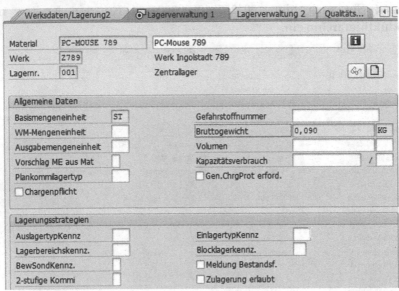

f) Sicht „Buchhaltung 1":
   Geben Sie einen gleitenden Preis von 5,90 Euro ein und sichern Sie Ihre
   neue Handelsware.

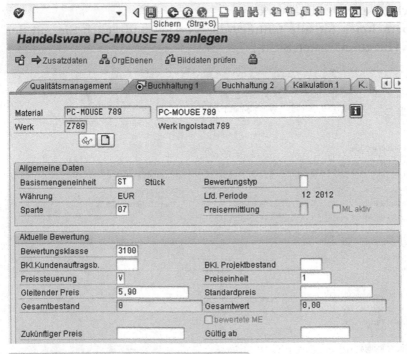

Übung 28: Einstellungen zu einer Konditionsart im Customizing (→ Kapitel 3.2.3.1 und 3.2.3.2)

Lassen Sie sich im Customizing des Vertriebs in den Grundfunktionen zur Steuerung der Preisfindung die Details zur bereits definierten Konditionsart „PR00" für den Materialpreis anzeigen.

Menüpfad: Customizing/ Vertrieb/ Grundfunktionen/ Preisfindung/ Steuerung der Preisfindung/ Konditionsarten definieren/ Konditionsarten pflegen

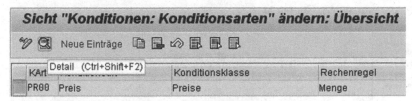

Danach wird Abbildung 3-14 auf Seite 121 angezeigt.

1) **Über welche Zugriffsfolge wird bei dieser Konditionsart mit Konditionstabellen auf Konditionssätze zugegriffen?**
   Die Zugriffsfolge heißt „PR02".

2) **Lassen Sie sich in einem neuen Modus im Customizing des Vertriebs in den Grundfunktionen zur Steuerung der Preisfindung die Details zur Zugriffsfolge „PR02" anzeigen.**
   Menüpfad: Customizing/ Vertrieb/ Grundfunktionen/ Preisfindung/ Steuerung der Preisfindung/ Zugriffsfolgen definieren/ Zugriffsfolgen pflegen

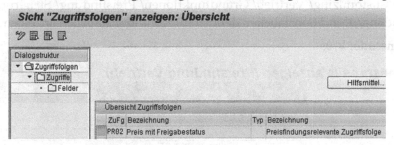

a) **Welche Zugriffe sind für diese Zugriffsfolge in welcher Reihenfolge definiert?**

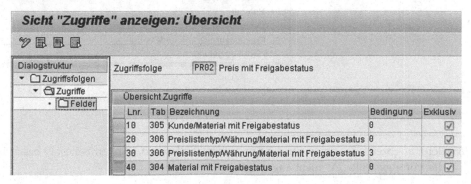

b) Welche Konditionstabelle ist für den Zugriff 40 hinterlegt? Wie kann man sich die Inhalte dieser Konditionstabelle anzeigen lassen?

Für den Zugriff 40 ist die Konditionstabelle A304 hinterlegt.[68]

Die Inhalte der Konditionstabelle kann man sich mit der Transaktion SE16 anzeigen lassen.

c) Welche Felder sind für den Zugriff 40 hinterlegt?

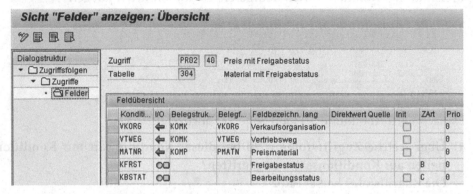

3) In der letzten Teilaufgabe ist unter anderem das Feld „MATNR" für das Material als Teil des Schlüssels enthalten.

Öffnen Sie einen weiteren Modus und lassen Sie sich im Customizing in den Grundfunktionen des Vertriebs bei der Steuerung der Preisfindung mit der F4-Hilfe die definierten Konditionstabellen anzeigen.

Menüpfad: Customizing/ Vertrieb/ Grundfunktionen/ Preisfindung/ Steuerung der Preisfindung/ Konditionstabellen definieren/ Konditionstabellen anzeigen

Transaktionscode: V/05

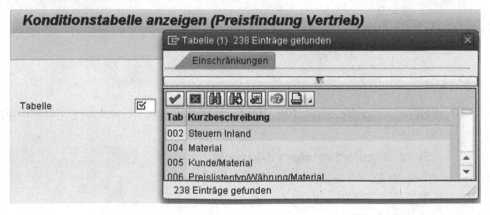

---

68 Beim angezeigten Namen für die Konditionstabelle wird, wie auf Seite 119 beschrieben, das vorangestellte „A" nicht angezeigt.

4) Sie sehen, dass aufgrund der Kurzbeschreibungen zu den einzelnen Konditionstabellen u. a. nicht immer alle Schlüsselfelder, wie beispielsweise das Feld „MATNR", ersichtlich sind.

<u>Anmerkung:</u>

Es besteht jedoch an einer anderen Stelle in SAP ERP, beim Anlegen einer Konditionsliste, die Möglichkeit sich diese Information anzuzeigen. Verlassen Sie daher diese Transaktion und rufen Sie im Customizing bei den Grundfunktionen des Vertriebs den Menüpunkt zur Pflege der Konditionsliste auf.

Wählen Sie dort den Eintrag „Anlegen Konditionsliste", geben Sie zwei Ziffern, z. B. „ZZ", für die neue Konditionsliste ein und drücken Sie ENTER. Selektieren Sie für Ihren neuen Eintrag die Zeile mit dem Feldnamen „Material" (Bezeichnung der technischen Sicht: „MATNR").

Menüpfad: Customizing/ Vertrieb/ Grundfunktionen/ Preisfindung/ Konditionsliste pflegen/ Anlegen Konditionsliste

Transaktionscode: V/LA

Selektieren Sie alle Konditionstabellen zu diesem Feld „MATNR", indem Sie oben auf das Icon „UND" klicken.

Sie sehen nun alle Konditionstabellen, in denen das Schlüsselfeld „MATNR" bereits (mit) enthalten ist.

So kann man sicherstellen, dass man nicht unnötigerweise eine neue Konditionstabelle mit einer bereits existierenden Kombination von Schlüsselfeldern anlegt.

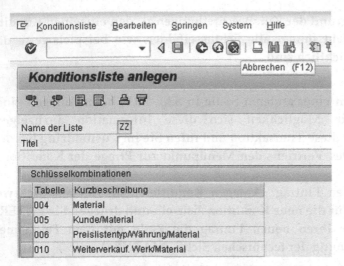

Wählen Sie „Abbrechen" (bzw. die Taste F12) und verlassen Sie diese Transaktion, ohne Ihre neue Konditionsliste zu speichern.

5) Gehen Sie wieder zurück zu Ihrem anderen Modus mit den Details zur Konditionsart „PR00".

a) Kann bei dieser Konditionsart ein Vertriebsmitarbeiter im Rahmen der Belegerfassung manuelle Eingaben, hier Preisänderungen, durchführen? Falls ja, welcher Wert hat Priorität? Der automatisch von SAP ERP ermittelte Konditionssatz oder die manuelle Eingabe des Mitarbeiters?

Ein Vertriebsmitarbeiter kann den Preis manuell ändern. In diesem Fall hat die manuelle Kondition Priorität und es wird nicht geprüft, ob ein Konditionssatz existiert.

b) Gilt der Wert zu dieser Konditionsart für alle Positionen des Beleges oder handelt es sich um eine Kondition für eine einzelne Position?

Es handelt sich um eine Kondition für eine einzelne Position.

c) Wie lauten beim Anlegen eines Konditionssatzes die Vorschlagswerte bzgl. des Gültigkeitszeitraums des Konditionssatzes?

Wenn der Anwender nichts anderes eingibt, so wird ein Konditionssatz zu dieser Konditionsart ab dem Tagesdatum der Erfassung unendlich, d. h. in SAP ERP bis zum 31.12.9999 angelegt.

d) **Welches Kalkulationsschema wird zur Bestimmung von Zusatzkonditionen zur Konditionsart „PR00" verwendet?**

Das Kalkulationsschema „PR0000" wird zur Bestimmung von Zusatzkonditionen verwendet.

<u>Anmerkung:</u>

Für eine Konditionsart müssen nicht unbedingt zugehörige Zusatzkonditionen definiert werden. Falls doch, so müssen diese in einem speziellen Kalkulationsschema hinterlegt werden.

6) **Lassen Sie sich in einem neuen Modus im Customizing des Vertriebs in den Grundfunktionen zur Steuerung der Preisfindung die Steuerung zum definierten Kalkulationsschema „PR0000" anzeigen.**

Menüpfad: Customizing/ Vertrieb/ Grundfunktionen/ Preisfindung/ Steuerung der Preisfindung/ Kalkulationsschemata definieren und zuordnen/ Kalkulationsschema pflegen

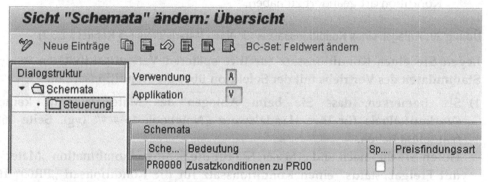

Welche Konditionsarten für Zusatzkonditionen zur Konditionsart „PR00" sind im Kalkulationsschema „PR0000" enthalten?

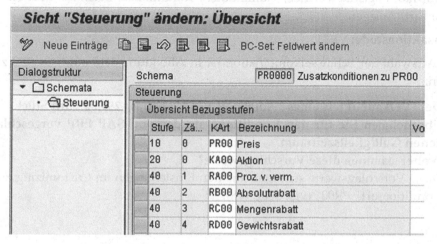

7) Gehen Sie nun wieder zurück zu Ihrem anderen Modus, in dem Sie sich die Details zur Konditionsart „PR00" anzeigen lassen.

a) Werden bei der Pflege von Konditionssätzen zu dieser Konditionsart ein oder mehrere Konditionsindizes fortgeschrieben, so dass im Anwendungsmenü Konditionssätze unabhängig von der Konditionsart und einer Konditionstabelle gepflegt werden können?
Ja, das Häkchen für den Konditionsindex ist gesetzt.

b) Preise werden oftmals nach Sachverhalten variiert, beispielsweise nach Verkaufsmengen gestaffelt, so dass Kunden, die eine größere Menge eines Produktes kaufen, einen günstigeren Stückpreis erhalten.
Auf welche Bezugsgröße beziehen sich Preisstaffeln zu dieser Konditionsart?
Die Bezugsgröße ist bei dieser Konditionsart eine Mengeneinheit.
Verlassen Sie die Transaktion, ohne etwas an den Einstellungen zu dieser Konditionsart geändert zu haben.

Übung 29: Anlegen eines Konditionssatzes für einen Materialpreis (→ Kapitel 3.2.3.3)

Legen Sie einen Konditionssatz für Ihre späteren Verkaufsaktivitäten in den Stammdaten des Vertriebs mit der Selektion über die Konditionsart an.

1) Sie bemerken, dass Sie beim Anlegen des Materialstamms keinen (Verkaufs)Preis für Ihre Handelsware „Notebook 15-###" (vgl. Seite 160) festgelegt haben.
Holen Sie dies nach und erfassen Sie für die Schlüsselkombination „Material mit Freigabestatus" einen Konditionssatz für die Konditionsart „PR00" für Ihre Verkaufsorganisation „Y###" und den Vertriebsweg „Wiederverkäufer".

Menüpfad: Logistik/ Vertrieb/ Stammdaten/ Konditionen/ Selektion über Konditionsart/ Anlegen

Transaktionscode: VK11

Die Auswahl der Schlüsselkombination ist in Abbildung 3-15 auf Seite 122 zu sehen.

a) Der (Verkaufs)Preis eines „Notebook 15-###" beträgt 299,00 Euro/Stück.
Übernehmen Sie für den Konditionssatz den von SAP ERP vorgeschlagenen Gültigkeitszeitraum.
Woher stammen diese Vorschlagswerte?
Diese Vorschlagswerte stammen aus den Einstellungen im Customizing zur Konditionsart „PR00" (vgl. Seite 178).

b) Informieren Sie sich nun zu verschiedenen Zusatzfunktionen bei der Erfassung von Konditionssätzen.

- Springen Sie zu den Details für Ihren Konditionssatz und erfassen Sie eine Preisuntergrenze von 255,00 Euro. Welche Vorgänge werden durch diesen Wert gesteuert?

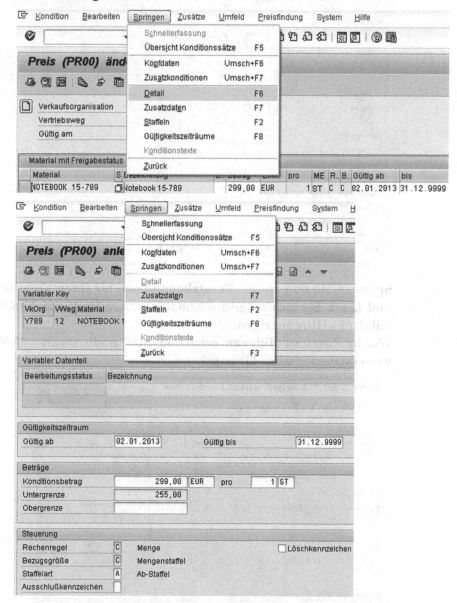

Durch die Untergrenze wird bei der Belegverarbeitung geprüft, ob bei einer manuellen Preisänderung durch einen Vertriebsmitarbeiter oder bei der Anlage von Staffelpreisen die eingegebene Untergrenze des zugehörigen Konditionssatzes bzw. der Konditionsart unterschritten wird.

- Springen Sie zu den Zusatzdaten für Ihren Konditionssatz und geben
  Sie die Zahlungsbedingungen „ZB01" für 14 Tage mit 3% Skonto,
  30 Tage mit 2% Skonto oder 45 Tage netto ein.

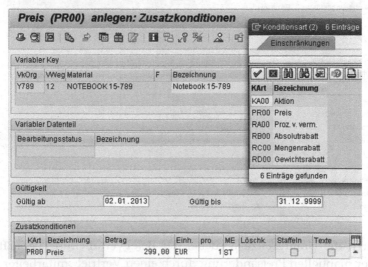

- Springen Sie nun zu den Zusatzkonditionen für Ihren Konditionssatz
  und lassen Sie sich mögliche Konditionsarten für Zusatzkonditionen
  mit der F4-Hilfe anzeigen.
  Welche Zusatzkonditionen existieren zur Konditionsart „PR00" und
  woher stammen diese Einträge?

Diese Zusatzkonditionen stammen aus dem Kalkulationsschema
„PR0000" (vgl. Seite 179).

- Erfassen Sie keine Zusatzkonditionen, sondern springen Sie zu den Staffeln für Ihren Konditionssatz.
  Ab einer Bestellmenge von 15 Stück soll der Preis auf 279,00 Euro und ab einer Bestellmenge von 100 Stück auf 259,00 Euro sinken.

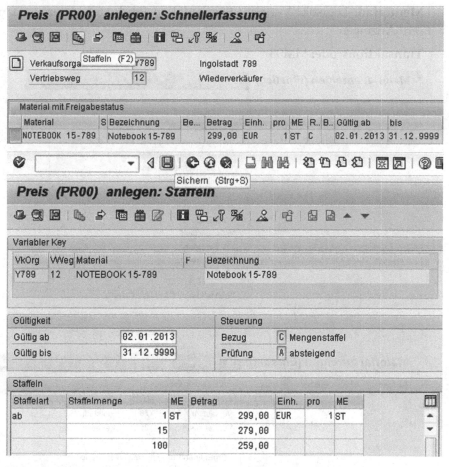

Sichern Sie Ihre Eingaben und verlassen Sie die Transaktion.

2) **Lassen Sie sich in den Stammdaten des Vertriebs bei den Produkten die Sicht „Vertrieb: VerkOrg 1" für Ihre Handelsware „Notebook 15-###" im Werk „Z###", der Verkaufsorganisation „Y###" und dem Vertriebsweg „Wiederverkäufer" anzeigen.**

Menüpfad: Logistik/ Vertrieb/ Stammdaten/ Produkte/ Material/ Handelswaren/ Anzeigen

Transaktionscode: MM03

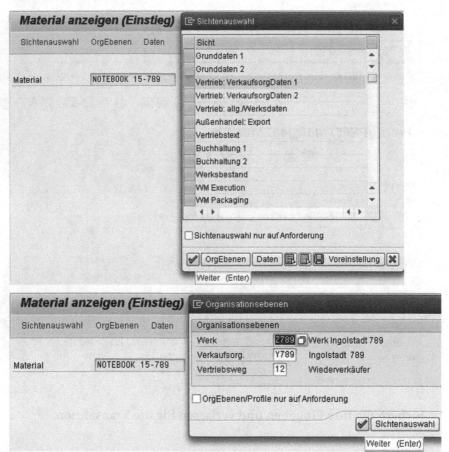

Auf Seite 165 hatten Sie lediglich Ihr Werk „Z###", jedoch keine Preise eingetragen. Klicken Sie auf den Button „Konditionen" und prüfen Sie, ob Ihre in der letzten Teilaufgabe angelegten Staffelpreise dort enthalten sind. Sie sollten alle Preisstaffeln finden, die Sie in der letzten Teilaufgabe eingegeben haben.

Anmerkung:
Dies ist ein Beispiel für Daten, die nicht manuell durch den Anwender eingegeben, sondern im Materialstamm von SAP ERP automatisch fortgeschrieben werden (vgl. Seite 112).

Übung 30: Anlegen eines Konditionssatzes für einen Knoten in der Produkthierarchie (→ Kapitel 3.2.3.3)

In Übung 27 haben Sie Ihre beiden Verkaufsmaterialien auf Seite 162 bzw. 171 Ihrem neuen Eintrag „001250010000000###" in der Produkthierarchie zugeordnet.

Für alle Materialien, die zu diesem Knoten in der Produkthierarchie gehören, soll als verkaufsfördernde Maßnahme nun ein Konditionssatz mit einem Abschlag von 1% angelegt werden.

Legen Sie diesen Konditionssatz für Ihre späteren Verkaufsaktivitäten in den Stammdaten des Vertriebs mit der Selektion über die Konditionsart für Ihre Verkaufsorganisation „Y###" und den Vertriebsweg „Wiederverkäufer" an.[69]

Menüpfad: Logistik/ Vertrieb/ Stammdaten/ Konditionen/ Selektion über Konditionsart/ Anlegen

Transaktionscode: VK11

1) Suchen Sie mit der F4-Hilfe die passende Konditionsart für einen Abschlag zu einem Eintrag in der Produkthierarchie. Wie heißt die Konditionsart?

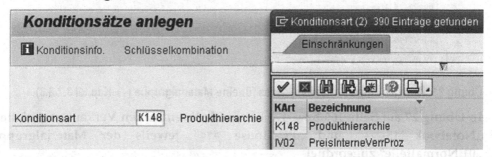

2) Beim Anlegen eines Konditionssatzes zur Konditionsart „PR00" mussten Sie auf Seite 180 eine Schlüsselkombination auswählen. Warum ist dies hier nicht der Fall?
Wenn Sie keine Schlüsselkombination auswählen müssen, so beinhaltet die zur Konditionsart gehörende Zugriffsfolge nur einen Zugriff.
Prüfen Sie diese Aussage ggf. in den Einstellungen im Customizing zur Konditionsart „K148" und ihrer zugehörigen Zugriffsfolge nach.

---

69 Falls Sie den neuen Eintrag in der Produkthierarchie nicht angelegt haben, so erfassen Sie bitte stattdessen einen Konditionssatz für den zweistufigen Eintrag „Hardware/PC" in der Produkthierarchie.

3) Erfassen Sie nun (mit einem negativen Vorzeichen) für die Konditionsart
„K148" einen Abschlag von 1% für Ihren Eintrag „001250010000000###" in der
Produkthierarchie und sichern Sie danach Ihren neuen Konditionssatz.

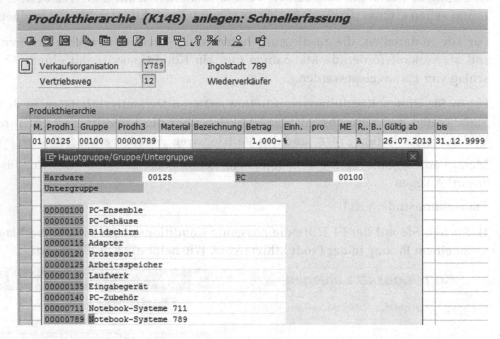

Übung 31: Anlegen eines Konditionssatzes für eine Materialgruppe (→ Kapitel 3.2.3.3)

In Übung 27 auf Seite 166 bzw. 173 haben Sie Ihren beiden Verkaufsmaterialien
„Notebook 15-###" und „PC-Mouse ###" jeweils der Materialgruppe
„01 Normalteile" zugeordnet.

Für alle Materialien dieser Materialgruppe soll eine verkaufsfördernde
Maßnahme mit einem gewichtsabhängigen Abschlag eingerichtet werden.[70]

Legen Sie diesen Konditionssatz für einen Abschlag zur Materialgruppe in den
Stammdaten des Vertriebs direkt über das Bereichsmenü für Ihre Verkaufsorganisation „Y###" und den Vertriebsweg „Wiederverkäufer" an.

Menüpfad: Logistik/ Vertrieb/ Stammdaten/ Konditionen/ Anlegen

Transaktionscode: VK31

---

70 Anmerkung: Vergegenwärtigen Sie sich ggf. nochmals die betriebswirtschaftliche
Bedeutung der Materialgruppe (vgl. Seite 166).

1) **Wählen Sie dazu mit der F4-Hilfe die in der Auslieferung von SAP ERP bereits angelegte Konditionsart „K029" für die Materialgruppe „01 Normalteile" aus und erfassen Sie einen Abschlagsbetrag von 0,10 Euro je Kilogramm. Ändern Sie dazu die von SAP ERP vorgeschlagene Mengeneinheit „Tonnen" in „KG".**

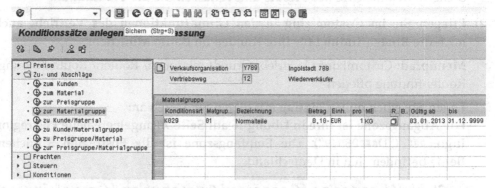

Siehe auch Abbildung 3-16 auf Seite 123.

2) **Woher stammt die von SAP ERP vorgeschlagene Mengeneinheit für das Gewicht?**

Die von SAP ERP vorgeschlagene Mengeneinheit für das Gewicht stammt aus den Einstellungen im Customizing zur Konditionsart „K029". Dort ist bei den Daten zu Staffeln im Feld „Mengeneinheit" die Einheit „TO" für Tonnen eingetragen.

Prüfen Sie diese Aussage ggf. in den Einstellungen im Customizing zur Konditionsart „K029" nach.

Sichern Sie nun Ihren Konditionssatz und verlassen Sie die Transaktion.

Übung 32: Anlegen eines Stammsatzes für eine Route im Customizing (→ Kapitel 3.2.4)

1) **Sie rechnen mit vielen zukünftigen Kunden im Raum München.**
Definieren Sie deshalb im Customizing in den Grundfunktionen des Vertriebs einen neuen Eintrag für die Route „R###" mit der Bezeichnung „Region ### – Region 8".

Menüpfad: Customizing/ Vertrieb/ Grundfunktionen/ Routen/ Routendefinition/ Routen und Abschnitte definieren

Transaktionscode: 0VTC

Ihre neue Route ist transportrelevant. Die Transitdauer beträgt 0,5 Arbeits-
tage und die Transportdispositionsvorlaufzeit 1 Arbeitstag. Der zugehörige
Fabrikkalender heißt „Fabrikkalender Deutschland Standard".
Die Daten zur Route „R###" sind in Abbildung 3-111 auf Seite 397 zu sehen.

Sichern Sie bitte Ihre neue Route und verlassen Sie die Transaktion.

2) **Pflegen Sie im Customizing in den Grundfunktionen des Vertriebs auch
noch die Routenfindung für Ihre Kunden im Raum München.**

Menüpfad: Customizing/ Vertrieb/ Grundfunktionen/ Routen/ Routenfindung/
Routenfindung pflegen

Legen Sie einen neuen Eintrag mit folgenden Daten an:
**Die Abgangszone ist Ihre in Übung 16 auf Seite 78 angelegte neue Postregion
Ingo. ### („D###08549"). Die Empfangszone ist die Postregion München.
Beide befinden sich in Deutschland.**

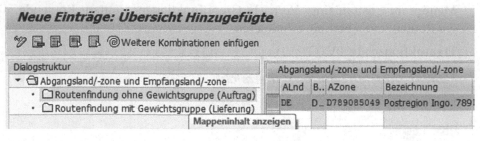

**Markieren Sie Ihren neuen Eintrag und wählen Sie in der nächsten Ebene
"Routenfindung ohne Gewichtsgruppe (Auftrag)".**
**Legen Sie für die Routenfindung ohne Gewichtsgruppe (Auftrag) ebenfalls
einen neuen Eintrag mit folgenden Daten an:**
**Für Lieferungen mit der Versandbedingung „Standard", die bei Ihrem
Kunden „77###" in dessen Vertriebsbereichsdaten hinterlegt ist (vgl. Übung
23 auf Seite 146), und die Transportgruppe "Auf Paletten" (vgl. dem Material-
stammsatz von Übung 27 auf Seite 167) soll Ihre neue Route „R###" mit der
Bezeichnung „Region ### – Region 8" verwendet werden.**

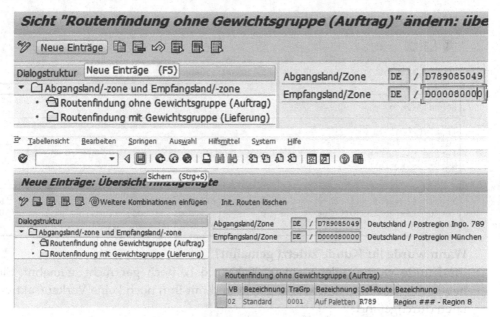

Sichern Sie Ihre Routenfindung und verlassen Sie die Transaktion.

Übung 33: Standardberichte zu Vertriebsstammdaten ausführen (→ Kapitel 3.2.5.3)

Rufen Sie abschließend Standardberichte zu Vertriebsstammdaten auf.

1) Lassen Sie sich im Infosystem für die Stammdaten des Vertriebs das Kundenstammblatt für Ihren Geschäftspartner „77###" mit Ihrer Verkaufsorganisation „Y###" und dem Vertriebsweg „Wiederverkäufer" spartenübergreifend anzeigen.

Menüpfad: Logistik/ Vertrieb/ Stammdaten/ Infosystem/ Geschäftspartner/ Kundenstammblatt

Transaktionscode: VC/2

Wann wurde Ihr Kunde zuletzt gemahnt?

Ihr Kunde wurde zuletzt am 00.00.0000, d. h. noch gar nicht, gemahnt. Sie haben ihn ja auch gerade erst angelegt und mit ihm noch keine Verkaufsaktivitäten durchgeführt.

2) **Die bereits in SAP ERP eingegebenen Konditionssätze können über Konditionslisten angezeigt werden.**
   Lassen Sie sich im Infosystem für die Stammdaten des Vertriebs die Konditionsliste mit dem Materialpreis zu allen Materialien in Ihrer Verkaufsorganisation „Y###" mit zusätzlichen Konditionsfeldern im vorgeschlagenen Gültigkeitszeitraum anzeigen.

Menüpfad: Logistik/ Vertrieb/ Stammdaten/ Infosystem/ Konditionen & Preisfindung/ Konditionsliste

Transaktionscode: V/LD

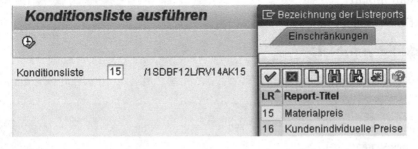

Materialpreis

⊕ ⎙)(

Ver Ausführen (F8) n	Y789	bis ⇨
Vertriebsweg		bis ⇨
Material		bis ⇨
Freigabestatus		bis ⇨
Konditionsart		bis ⇨

Gültigkeitszeitraum

Gültigkeitsintervall | 03.01.2013 | bis | 31.12.9999

Konditionssätze mit Überschreitung des oben genannten Intervalls
☑ am Gültigkeitsanfang
☑ am Gültigkeitsende

Listbild

☑ Staffeln anzeigen
☑ Gültigkeitszeitraum anzeigen
☑ Zusätzliche Konditionsfelder
☐ Zum Löschen vorgemerkte Kond.
☐ Exclusiv

3) **Stimmen alle Staffelpreise, alle Gültigkeitszeiträume und die (Preis-)Unter-
grenze für Ihr Notebook „77###" mit Ihren Eingaben zum Materialstamm
bzw. zu den Konditionsätzen aus den vorherigen Übungsaufgaben überein?
Vergleichen Sie bitte die Werte. Falls diese nicht stimmen, so ändern Sie
bitte jetzt die entsprechenden Felder im Materialstamm bzw. den fehlerhaf-
ten Konditionssatz.**

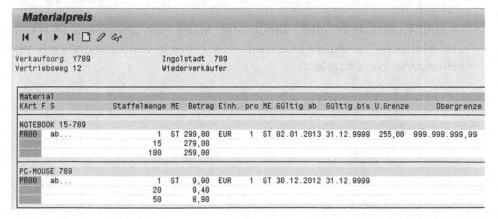

```
Materialpreis

I◀ ◀ ▶ ▶I 🗋 ⫻ ⅋

Verkaufsorg. Y789          Ingolstadt  789
Vertriebsweg 12            Wiederverkäufer

Material
KArt F S          Staffelmenge ME Betrag Einh. pro ME Gültig ab  Gültig bis U.Grenze    Obergrenze

NOTEBOOK 15-789
PR00   ab...              1 ST 299,00 EUR   1 ST 02.01.2013 31.12.9999 255,00 999.999.999,99
                         15     279,00
                        100     259,00

PC-MOUSE 789
PR00   ab...              1 ST   9,90 EUR   1 ST 30.12.2012 31.12.9999
                         20      9,40
                         50      8,90
```

4) Mit einem Materialverzeichnis können Listen von Materialien aufgrund von verschiedenen Selektionskriterien, wie beispielsweise dem Werk und der Materialart, erstellt werden.

Lassen Sie sich in der Materialwirtschaft für den Materialstamm die sonstigen Transaktionen anzeigen und wählen Sie dort das Materialverzeichnis. Welche Materialien sind für Ihr Werk „Z###" bereits angelegt?

Menüpfad: Logistik/ Materialwirtschaft/ Materialstamm/ Sonstige/ Materialverzeichnis

Transaktionscode: MM60

| Programm | Bearbeiten | Springen | System | Hilfe |

Materialverzeichnis

Ausführen (F8)

| Material | | bis | | |
| Werk | Z789 | bis | | |

Materialart		bis		
Warengruppe		bis		
Ersteller		bis		

☑ Nur bewertete Materialien

Materialverzeichnis

Material	Werk	B	Materialkurztext	L	MatArt	Warengrp	BME	E	A	D	BewKl	Prs	Preis	Währg	/
NOTEBOOK 15-789	Z789		Notebook 15-789	2	HAWA	002	ST				3100	V	199,00	EUR	1
PC-MOUSE 789	Z789		PC-Mouse 789	2	HAWA	002	ST				3100	V	5,90	EUR	1

Es sind (natürlich lediglich) Ihre beiden Materialien „Notebook 15-###" und „PC-Mouse ###" enthalten (Ausnahme: Sie haben in den Übungen zu Kapitel 2 kein eigenes Werk angelegt).

3.3 Geschäftsbeziehungen anbahnen und festigen

Es gibt Situationen, in denen Kunden ohne vorherige Beziehung zu einem Unternehmen Käufe tätigen, z. B. wenn sie nach der Suche mit einer Preissuchmaschine den billigsten Anbieter eines Produktes auswählen.

Der Aufbau und die kontinuierliche Pflege von Geschäftsbeziehungen ist in der Regel jedoch eine der wichtigsten Determinanten für die Generierung von Umsatzerlösen im Vertrieb. Auch im obigen Beispiel greifen neue Kunden letztendlich auf Erfahrungen von Bestandskunden des Unternehmens zurück, z. B. wenn sie für die Entscheidungsfindung Bewertungen von anderen Kunden zu Transaktionen mit dem Unternehmen heranziehen. Die Pflege von Geschäftsbeziehungen stellt daher auch in einem solchen Fall indirekt eine Determinante für den Vertriebserfolg dar.

Durch die kontinuierliche Pflege von Geschäftsbeziehungen zu profitablen Kunden wird langfristig meist der Unternehmenserfolg maximiert. Durch Customer Relationship Management (CRM) wird dafür das gesamte Unternehmen, vor allem in Marketing, Vertrieb und Service, systematisch an Kundenbedürfnissen und -prozessen ausgerichtet. Vertriebsprozesse umfassen daher nur einen Teilbereich des CRM (vgl. auch Abbildung 3-23 auf Seite 200).

Für die Abbildung dieser komplexen CRM-Prozesse mit ihren zugehörigen großen Datenmengen wird oftmals ein eigenes IT-System (CRM-System) genutzt.

Ein CRM-System kann entweder als Stand-Alone-Lösung oder, wie in der Mehrzahl der Fälle, mit einer festen Kopplung an ein ERP-System ausgestaltet sein. Es beinhaltet typischerweise folgende drei Komponenten zur Unterstützung und Abbildung von Prozessen mit Kundenbezug in Marketing, Vertrieb und Service:

– Im analytischen CRM werden Daten zu Interessenten und Kunden mit Hilfe multivariater Verfahren der Statistik und des Data Mining analysiert und ausgewertet. Dazu ist das CRM-System meist an ein Data Warehouse gekoppelt.
  Besonders wichtig für die späteren Verkaufsaktivitäten ist die Dokumentation und Integration aller wichtigen Daten, die während des gesamten Kundenbeziehungslebenszyklus gesammelt werden. Mit ihnen kann mit einem IT-System eine ganzheitliche Abbildung von Kunden („One Face of the Customer") realisiert werden. Diese ganzheitliche Abbildung von Kunden bildet die Grundlage für eine abgestimmte Kundenansprache („One Face to the Customer") im gesamten Unternehmen, die eine der wichtigsten Erfolgsdeterminanten im operativen CRM darstellt.

– Operatives CRM umfasst alle Prozesse mit direktem Kundenkontakt in Marketing, Vertrieb und Service. Als Grundlage für die kundenindividuelle Beziehungspflege dienen meist auch die im analytischen CRM ermittelten Daten und Zusammenhänge, z. B. zum Cross-Selling (Kapitel 3.3.5.8).

Durch die Integration von Daten aus der gesamten Kundenkontakthistorie können Kunden, z. B. in Angeboten, individuell Preise und Rabatte gewährt (Kapitel 3.2.3.3), Produktvorschläge unterbreitet (Kapitel 3.3.5.9) oder die Kreditlinie angepasst (Kapitel 3.4.3.4) werden.

Die im operativen CRM gewonnenen Kundeninformationen und generierten Daten bilden wiederum auch eine Grundlage für Analysen im analytischen CRM.

– Im kommunikativen CRM[71] werden alle Kanäle für die Kommunikation mit Kunden abgebildet.

Unternehmen bieten Kunden neben persönlichen Kontakten meist eine Vielzahl von Kommunikationskanälen an, die oftmals zusammen genutzt werden können. Beispiele für Kommunikationskanäle sind:

- Telefonie
- Persönliche Kundenbesuche
- Brief
- Fax
- E-Mail
- Kontaktformulare auf den Webseiten des Unternehmens

Durch die oftmals vorhandene Vielzahl von Kommunikationskanälen stehen Unternehmen vor der Herausforderung, alle wichtigen kundenbezogenen Informationen und Daten aus verschiedenen Kommunikationskanälen und Kundenkontaktpunkten im gesamten Kundenbeziehungslebenszyklus (Abbildung 3-21 zeigt einen beispielhaften Verlauf) zu integrieren und zu synchronisieren. Nur so werden die Voraussetzungen für eine ganzheitliche Abbildung von Kunden und eine abgestimmte Kundenansprache geschaffen.

Eine zentrale Kommunikationsplattform, in der alle angebotenen Kommunikationskanäle integriert sind, wird als Customer Interaction Center bezeichnet.

In SAP ERP befindet sich ein einfaches Customer Interaction Center im Menüpfad „Logistik/ Kundenservice/ Customer-Interaction-Center". Für die Nutzung müssten jedoch einige Voraussetzungen geschaffen werden, beispielsweise die Einrichtung einer Computer Telephony Integration (CTI), die bei einem normalen IDES-Mandanten nicht vorliegen.

In der Praxis wird meist ein separates CRM-System, z. B. SAP CRM, mit einem umfangreicheren Customer Interaction Center an SAP ERP gekoppelt, statt das

---

71 Teilweise wird das kommunikative CRM nicht als eigenständige Komponente, sondern als ein Bestandteil des operativen CRM angesehen.

relativ spartanisch ausgebildete Customer Interaction Center von SAP ERP zu nutzen.

Aus den vorgenannten Gründen wird für Vertriebsprozesse zur allgemeinen Anbahnung und Festigung von Geschäftsbeziehungen in diesem Buch nicht auf das Customer Interaction Center eingegangen.

Neben diesen Hauptkomponenten werden in einem CRM-System teilweise auch Inhalte des strategischen und des kollaborativen CRM abgebildet und mit dem analytischen, operativen und kommunikativen CRM verknüpft.

Die meisten Kunden bleiben einem Unternehmen nicht lebenslang treu. Stattdessen durchläuft die Geschäftsbeziehung meist einen gewissen Lebenszyklus. Dieser ist zwar stets kundenindividuell ausgeprägt, beinhaltet jedoch oftmals die in Abbildung 3-21 dargestellten Phasen.

Jede Phase des Kundenbeziehungslebenszyklus beinhaltet spezifische Ziele in Bezug auf die Geschäftsbeziehung mit korrespondierenden Aufgaben für das analytische, operative und kommunikative CRM (vgl. Abbildung 3-22).

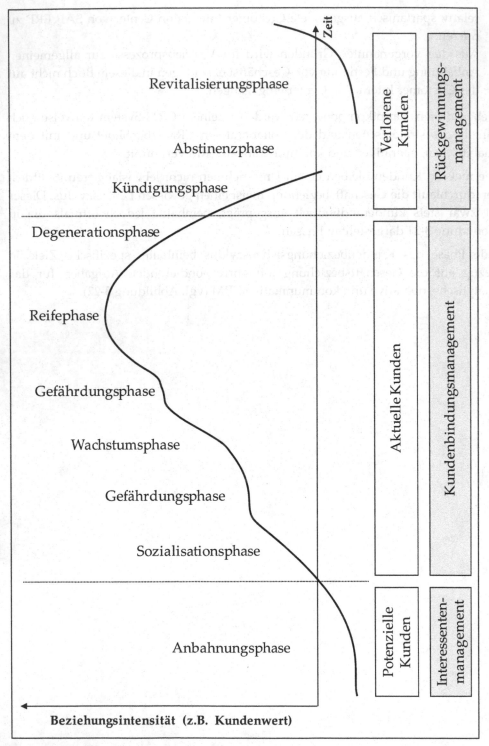

Abbildung 3-21:   Kundenbeziehungslebenszyklus (Quelle: In Anlehnung an Stauss (2000), S. 16.)

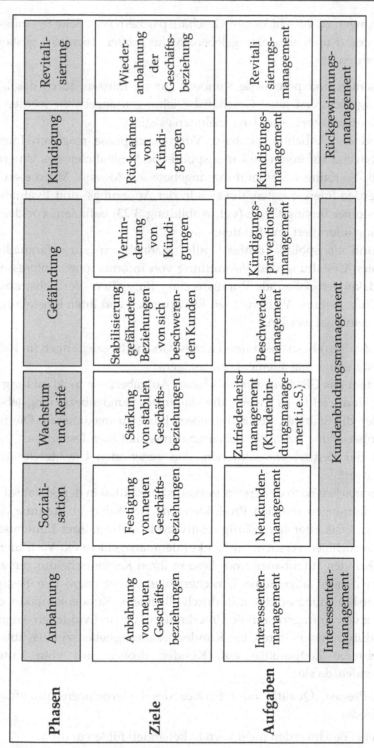

Abbildung 3-22: Aufgaben des CRM im Kundenbeziehungslebenszyklus (Quelle: In Anlehnung an Stauss (2000), S. 16.)

Die Beziehungen zu verschiedenen Geschäftspartnern (vgl. Seite 99) müssen daher während des Kundenbeziehungslebenszyklus unterschiedlich gestaltet bzw. gepflegt werden:

– Interessenten sind potentielle Kunden. Für sie müssen durch das Interessentenmanagement erst neue Geschäftsbeziehungen angebahnt werden, da noch keine Kontakthistorie zum Unternehmen existiert.
  Während der Anbahnungs- bzw. Vorverkaufsphase reagieren Interessenten beispielsweise auf kommunikationspolitische Maßnahmen des Unternehmens, wie z. B. Werbung oder Beratungsangebote auf Messen. Mit diesen Maßnahmen werden Interesssenten, die sich in der Anregungs- und Evaluationsphase des Customer Buying Cycle (vgl. Abbildung 3-23) befinden, vor der Kaufentscheidung informiert und beraten.
  Kommunikationspolitik umfasst alle Maßnahmen zur planmäßigen und bewussten Gestaltung und Vermittlung von Informationen. Interessenten und Bestandskunden sollen als Voraussetzung für spätere Vertriebstransaktionen, d. h. Käufe, in ihrem Wissen, ihren Erwartungen und ihren Einstellungen nachhaltig beeinflusst werden.

– Bei (profitablen) Bestandskunden gilt es, Geschäftsbeziehungen im Rahmen des Kundenbindungsmanagements zu festigen.
  Dabei steht das CRM vor verschiedenen Aufgaben, die in Abbildung 3-22 dargestellt sind. Ziel ist es jeweils, die Dauer des Kundenbeziehungslebenszyklus und/oder die Stabilität der Kundenbeziehung zu maximieren. Die Stärke der Kundenbeziehung bzw. die Beziehungsintensität manifestiert sich z. B. in der Anzahl der Vertriebstransaktionen, den generierten Umsatzerlösen oder im Kundenwert.
  Kunden machen nach der ersten Verkaufstransaktion in der Sozialisationsphase erste Erfahrungen mit den Produkten und der Kundenbetreuung des Unternehmens. Erstkäufer sind häufig relativ unsicher bzgl. ihrer Kaufentscheidung. Das Unternehmen versucht im Neukundenmanagement ein Vertrauensverhältnis zu Kunden aufzubauen und diese in ihren Kaufentscheidungen zu bestätigen bzw. ihnen allgemeine Unsicherheiten zu nehmen. Die Festigung der Geschäftsbeziehung erfolgt z. B. durch allgemeine Kundenkontakte, die Beantwortung von Anfragen und die Unterbreitung von individuellen Angeboten.
  Gefährdungsphasen treten im Kundenbeziehungslebenszyklus üblicherweise zu mehreren Zeitpunkten auf. Kunden drohen sich vom Unternehmen abzuwenden, da sie

  • mit Preisen, Qualität oder Service des Unternehmens unzufrieden sind und/oder

  • sich bei Beschwerden nicht korrekt behandelt fühlen und/oder

  • allgemein für Wettbewerberprodukte, z. B. infolge eines Preiskampfes oder Innovationen, empfänglicher geworden sind.

In der Wachstumsphase steigern zufriedene Kunden die Anzahl ihrer Verkaufstransaktionen bzw. die Höhe der Umsatzerlöse. Hier gilt es, die jeweilige Beziehung zu diesen stabilen Kunden zu festigen, indem sie mit Instrumenten des Kundenbindungsmanagements im engeren Sinne weiterentwickelt und vertieft wird.

Um Wechselbarrieren zu Wettbewerbern zu errichten wird die Beziehungsintensität und -qualität durch Maßnahmen, wie beispielsweise individualisierte Kundenkontakte und Angebote, erhöht.

In der Reifephase wird der Wendepunkt bei der Beziehungsintensität erreicht. Die Umsatzerlöse steigen nur noch gering oder sinken bereits.

Die Degenerationsphase ist durch einen Rückgang der Beziehungsintensität gekennzeichnet. Darin manifestiert sich oftmals eine aus Kundensicht gesunkene Zufriedenheit oder Attraktivität des Unternehmens. Auch wenn Kündigungen vermieden werden können, so stellt die Degenerationsphase stets eine Gefährdungsphase dar. Werden in dieser Phase keine Gegenmaßnahmen ergriffen, so kann es zur Beendigung der Geschäftsbeziehung kommen.

– Verloren gegangene profitable Kunden sollten im Rahmen des Rückgewinnungsmanagements wieder kontaktiert werden, um die Geschäftsbeziehung zu reaktivieren.

   Dieses Vorgehen macht ökonomisch Sinn, da die Kosten für die Rückgewinnung ehemaliger Kunden oftmals nur einen Bruchteil der Kosten für die Gewinnung neuer Kunden betragen.

In allen obigen Phasen im Kundenbeziehungslebenszyklus müssen somit Geschäftsbeziehungen zu Kunden vor dem Abschluss von Verkaufstransaktionen stets individuell (wieder) angebahnt und gefestigt werden. Dazu können prinzipiell alle Unternehmensprozesse mit direktem oder indirektem Kundenkontakt beitragen.

Allgemein lassen sich Unternehmensprozesse, wie in Abbildung 3-23 dargestellt, in Kern- und Supportprozesse unterteilen:

– Kernprozesse umfassen die betriebliche Leistungserstellung und den Vertrieb. Einige von ihnen, z. B. Produktionsprozesse, beinhalten normalerweise keinen direkten externen Kundenkontakt. CRM-Prozesse dagegen sind durch einen direkten Kundenkontakt gekennzeichnet.

– Supportprozesse unterstützen Kernprozesse, indem sie für diese Produktionsfaktoren bereitstellen.

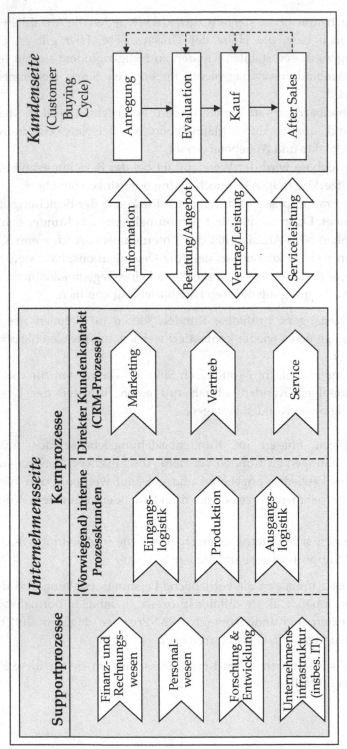

Abbildung 3-23: Korrespondierende Unternehmens- und Kundenprozesse im CRM (Quelle: In Anlehnung an Rimmelspacher (2007), S. 186.)

Unternehmensprozessen steht auf Kundenseite der Customer Buying Cycle gegenüber (vgl. Abbildung 3-23). Der Customer Buying Cycle zeigt die Phasen des Problemlösungsprozesses eines Kunden für eine Vertriebstransaktion. Er besteht gewöhnlich aus den Phasen Anregung, Evaluation, Entscheidung (Kauf) und After Sales.

Mit diesen einzelnen Phasen korrespondieren auf Unternehmensseite vor allem die CRM-Prozesse in Marketing, Vertrieb und Service. Marketingprozesse decken im Wesentlichen die Anregungsphase ab, Vertriebsprozesse die Evaluations- und Entscheidungsphase und Serviceprozesse die After Sales-Phase.

Der Customer Buying Cycle kann auch verkürzt, z. B. bei Wiederholungsentscheidungen ohne vorherige Evaluation, oder unterbrochen werden, beispielsweise bei Abwanderung des Kunden nach der Evaluationsphase. Das Unternehmensziel besteht daher darin, Kunden im Rahmen des operativen CRM konsequent in allen Phasen durch verschiedene kundenbindende Prozesse zu unterstützen.

Kunden kontaktieren

Anfragen bearbeiten

Angebote erstellen

Abbildung 3-24: Prozesse der Anbahnung und Festigung von Geschäftsbeziehungen

Nachfolgend werden dazu die wichtigsten Vertriebsprozesse von SAP ERP für die Anbahnung und Festigung von Geschäftsbeziehungen während der Vorverkaufsphase vorgestellt (vgl. Abbildung 3-24). Sie können sich jeweils auf Interessenten oder bereits vorhandene Kunden beziehen.

– Die Pflege und Dokumentation von Kundenkontakten erfolgt in der Vertriebsunterstützung von SAP ERP im Menüpfad „Logistik/ Vertrieb/ Vertriebsunterstützung".
  Die dort enthaltenen Prozesse und Funktionen sind relativ spartanisch ausgebildet und wurden ungefähr seit der Zeit, als SAP CRM eingeführt wurde, nicht mehr weiter entwickelt.
  Recht gut ausgestaltet ist hingegen die Abbildung von Kundenkontakten (vgl. Abbildung 3-25 auf Seite 203) zur Unterstützung des operativen und

kommunikativen CRM. Sie ist für die Dokumentation einfacher Kundenkontakte ausreichend und bildet die Grundlage für den Prozess "Kunden kontaktieren" in Kapitel 3.3.1.

- Obwohl es sich um eine Tätigkeit während der Vorverkaufsphase handelt, befinden sich Transaktionen zum Bearbeiten von Anfragen in SAP ERP nicht in der Vertriebsunterstützung, sondern im Menüpfad „Logistik/ Vertrieb/ Verkauf".

Eine Anfrage ist in SAP bereits wie alle anderen Verkaufsbelege zu späteren Vertriebsprozessen aufgebaut. Die Struktur von Verkaufsbelegen unterscheidet sich signifikant von der eines Kundenkontaktes in der Vertriebsunterstützung. Daher wird vor der Beschreibung von Anfragen, als Exkurs, zuerst der allgemeine Aufbau von Verkaufsbelegen in Kapitel 3.3.2 beschrieben.

- Das Erstellen von Angeboten befindet sich ebenfalls im Menüpfad „Logistik/ Vertrieb/ Verkauf".

Ein Angebot ist ebenfalls ein Verkaufsbeleg in SAP ERP.

Alle drei Prozesse aus Abbildung 3-24 können sowohl sequenziell als auch parallel durchlaufen werden. Zudem können

- einzelne oder alle der obigen Prozesse entfallen, z. B. wenn ein Kunde

  • direkt nach einem allgemeinen Kontakt mit dem Unternehmen bestellt oder

  • ohne vorherigen Kontakt eine Anfrage schickt und aufgrund des darauf folgenden Angebots bestellt oder

  • direkt einen Kauf tätigt.

- verschiedene Iterationen zwischen den Prozessen auftreten. Beispielsweise kann eine Anfrage zu einem Kundenkontakt – wie z. B. einem Besuch – führen, auf dessen Grundlage wieder eine neue Anfrage gestellt wird, für die ein Angebot unterbreitet wird. Dieses kann wieder eine modifizierte Anfrage oder einen weiteren Kundenkontakt nach sich ziehen usw.

3.3.1   Kunden kontaktieren

Für Interessenten und Kunden ist oftmals nichts ärgerlicher, als bei verschiedenen Vertriebsmitarbeitern das gleiche Anliegen im Zeitverlauf mehrmals vorzubringen bzw. die Inhalte einzelner Absprachen mit anderen Vertriebsmitarbeitern aus der Vergangenheit wiederholen zu müssen.

Ein konsistentes Auftreten gegenüber Kunden im Sinne eines „One Face to the Customer" steigert dagegen meist beträchtlich die Kundenzufriedenheit und erhöht die Chancen auf einen späteren Vertragsabschluss im Vertrieb. Voraussetzung dafür ist, dass allen zuständigen Mitarbeitern stets alle relevanten Informationen und Daten aus der Kundenkontakthistorie zur Verfügung stehen. So kann jederzeit auf individuelle Kundenbedürfnisse eingegangen werden und Redundanzen bzw. Inkonsistenzen im Auftreten werden vermieden.

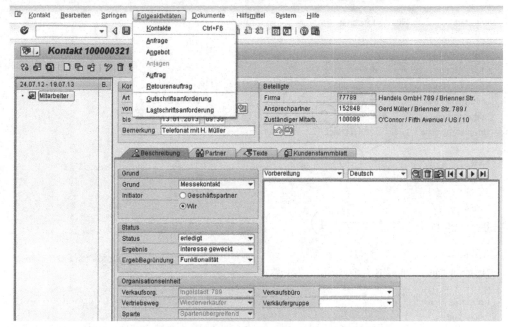

Abbildung 3-25: Anlegen eines Kontaktes mit der Kontaktart „Telefonat" (VC01N)

Für einzelne Kontaktpunkte bzw. Kommunikationskanäle von Seite 194 sind in der Standardauslieferung der Vertriebsunterstützung von SAP ERP bereits verschiedene Kontaktarten – z. B. für ein Telefonat, einen Kundenbesuch oder einen Brief – vordefiniert. Jede Kontaktart enthält alle relevanten Steuerungsparameter für einen zugehörigen Kontakt. Beim Anlegen eines neuen Kontaktes (vgl. Abbildung 3-25) in der Vertriebsunterstützung[72] muss daher verpflichtend eine Kontaktart ausgewählt werden, wie z. B. die Kontaktart „Telefonat" in Abbildung 3-26.

---

72 Die gesamte Kontaktpflege erfolgt im Anwendungsmenü mit der Transaktion VC01N.

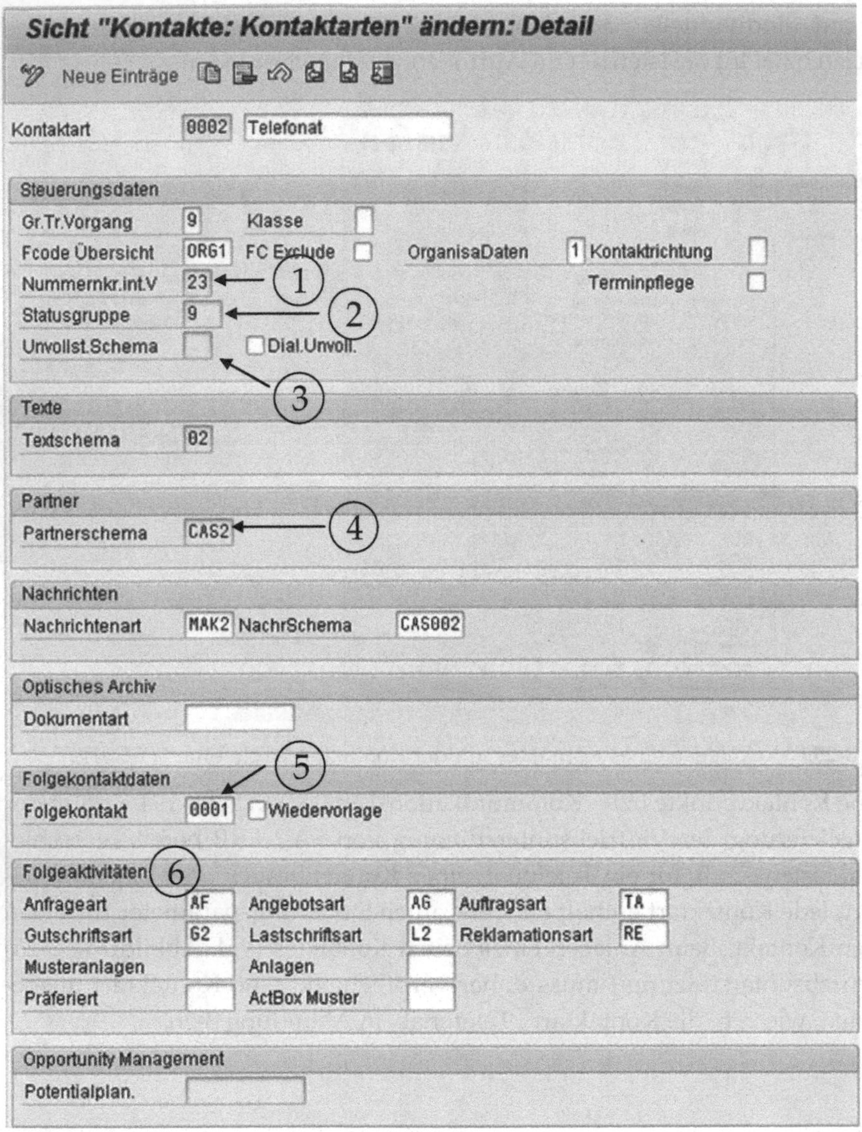

Sicht "Kontakte: Kontaktarten" ändern: Detail

✐ Neue Einträge 🗋 🗐 🖉 🖫 🖫 🖫

Kontaktart   0002 Telefonat

Steuerungsdaten

Gr.Tr.Vorgang	9	Klasse	☐		
Fcode Übersicht	ORG1	FC Exclude	☐	OrganisaDaten	1	Kontaktrichtung	☐
Nummernkr.int.V	23	①			Terminpflege	☐
Statusgruppe	9	②		
Unvollst.Schema	☐	☐ Dial.Unvoll.		
		③		

Texte

Textschema   02

Partner

Partnerschema   CAS2 ④

Nachrichten

Nachrichtenart   MAK2 NachrSchema   CAS002

Optisches Archiv

Dokumentart   ⬚

Folgekontaktdaten ⑤

Folgekontakt   0001 ☐ Wiedervorlage

Folgeaktivitäten ⑥

Anfrageart	AF	Angebotsart	A6	Auftragsart	TA
Gutschriftsart	G2	Lastschriftsart	L2	Reklamationsart	RE
Musteranlagen	☐	Anlagen	☐		
Präferiert	☐	ActBox Muster	☐		

Opportunity Management

Potentialplan.   ⬚

Abbildung 3-26:   Einstellungen zur Kontaktart „Telefonat" (OVCK)

Die zu einer Kontaktart zugehörigen Steuerungsdaten werden in Abbildung 3-26 beispielhaft anhand der Kontaktart „Telefonat" gezeigt. Die Steuerungsdaten umfassen u. a.

– ① die Nummernvergabe (vgl. Kapitel 3.3.5.5),

– ② die Statusgruppe für die möglichen Status des Kontaktes (vgl. Abbildung 3-27).[73]

---

73 Der u. a. zu dieser Kontaktart zugeordnete Status „erledigt" aus Abbildung 3-27 ist auch in Abbildung 3-25 bei der Pflege eines Kontaktes mit dieser Kontaktart zu sehen.

Sicht "Kontakte : Erlaubte Status pro Statusgruppe" ändern: Übersicht

Neue Einträge

Statusgruppe	Bezeichnung	Kontaktstatus	Bezeichnung	Gesamtstatus	Reihenfolge	
9	Statusgruppe IDES I	0	offen	A	1	
9	Statusgruppe IDES I	1	in Bearbeitung	B	2	
9	Statusgruppe IDES I	5	erledigt	C	3	

Abbildung 3-27: Erlaubte Status für die Kontaktart „Telefonat" (SPRO)

Für die weitere Kundeninteraktionen ist es auch wichtig, zusätzlich zum Status ein zugehöriges Kontaktergebnis und ggf. eine Begründung dafür zu erfassen (vgl. Abbildung 3-25). Sowohl Kontaktergebnisse als auch Begründungen können im Customizing von SAP ERP definiert werden (vgl. Übung 40 auf Seite 284).

– ③ das Unvollständigkeitsschema, in welchem die Felder festgelegt sind, die beim Anlegen eines Kontaktes vor dem Speichern ausgefüllt werden müssen (siehe auch Übung 36 auf Seite 277),

– ④ das Partnerschema für die Partnerfindung (vgl. Kapitel 3.2.5.2),

– ⑤ die von SAP ERP vorgeschlagene Folgekontaktart und

– ⑥ die erlaubten Folgeaktivitäten im Verkauf, wie beispielsweise Verkaufsbelegarten (vgl. Kapitel 3.3.2) für Anfragen, Angebote und Terminaufträge.

Tabelle 3-7 zeigt wichtige Tabellennamen und -inhalte zum Kontaktbeleg.

Tabelle 3-7: Wichtige Tabellen zum Kontaktbeleg

Tabellenname	Tabelleninhalte
VBKA	Daten zum Kontakt
VBFA	Belegfluss zu einem Kontakt
VBPA	Daten zu Partnern in einem Kontakt
VBUV	Unvollständigkeitsprotokoll zu einem Kontakt

Um die Ziele „One Face to the Customer" und „One Face of the Customer" zu realisieren ist es unabdingbar, dass über die gesamte Prozesskette alle Daten von sachlogisch aufeinander aufbauenden Prozessschritten mit zugehörigen Belegen in einem sog. Belegfluss verknüpft sind.

Abbildung 3-28 zeigt ein Beispiel für einen Belegfluss mit sieben sachlogisch aufeinander aufbauenden Belegen aus verschiedenen Vertriebsprozessen sowie dem jeweils zugehörigen Status für jeden dieser Belege. Der Status eines Belegs vermittelt einem Anwender schnell und detailliert Informationen über den aktuellen Bearbeitungsstand.

Den gesamten Belegfluss kann man sich in SAP ERP aus jedem der enthaltenen Belege heraus anzeigen lassen.[74]

Belegfluß

Q ⅰ Statusübersicht   Beleg anzeigen   Servicebelege   ⬚ Weitere Verknüpfungen

Geschäftspartner 0000077789 Handels GmbH 789

Beleg	Am	Status
▾ Kontakte (CAS) 0100000328	14.01.2013	erledigt
▾ Kontakte (CAS) 0100000342	16.01.2013	erledigt
▾ Anfrage 0010000338	27.07.2013	erledigt
▾ Angebot 0005777789	29.07.2013	in Arbeit
▾ ⇒ Terminauftrag 0000013735	11.08.2013	erledigt
▾ Lieferung 0080016561	18.08.2013	erledigt
• LVS-Transportauftrag 0000000203	19.08.2013	erledigt
• LVS-Transportauftrag 0000000204	20.08.2013	erledigt
• WL WarenausLieferung 4900039064	20.08.2013	erledigt
▾ Rechnung (F2) 0090038549	21.08.2013	FI Beleg erzeugt
• Buchhaltungsbeleg 1400002271	21.08.2013	ausgeziffert
▾ Gutschriftsanford. 0060000286	29.08.2013	erledigt
▾ Gutschrift 0090038588	29.08.2013	FI Beleg erzeugt
• Buchhaltungsbeleg 1400003001	29.08.2013	ausgeziffert
▾ Rechnung (F2) 0090038550	21.08.2013	FI Beleg erzeugt
• Buchhaltungsbeleg 1400002272	21.08.2013	ausgeziffert
▾ Retoure 0060000287	30.08.2013	erledigt
▾ Retourenanlieferung 0084000231	30.08.2013	erledigt
• WL WarenRück Retoure 4900039072	30.08.2013	erledigt
▾ Retourengutschrift 0090038589	30.08.2013	FI Beleg erzeugt
• Buchhaltungsbeleg 1400003003	30.08.2013	ausgeziffert

Abbildung 3-28:   Beispiel für einen Belegfluss im Vertrieb (u. a. VC01N, VA03)

Durch die in Kapitel 3.3.5.7 beschriebene Kopiersteuerung müssen die Daten aus dem Vorgängerbeleg im Folgebeleg nicht nochmals manuell erfasst werden. Dadurch wird Zeit bei der Datenerfassung gespart sowie die Fehlerquote gegenüber einer manuellen Eingabe minimiert.

Der Belegfluss wird im Rahmen der Kopiersteuerung für verschiedene Belege durch das Setzen eines Häkchens ausgesteuert. Für die Kopiersteuerung zwischen Kontakten ist dieses Häkchen in der rechten Spalte von Abbildung 3-29 zu sehen. Bei der Kopiersteuerung zwischen Verkaufsbelegen wird für die Fortschreibung des Belegflusses auf Positionsebene im Datenfeld „Update Belegfluss" ausgesteu-

---

74 Aus diesem Grund sind bei Abbildung 3-28 mehrere alternative Transaktionscodes zu Prozessschritten angegeben, aus denen der gesamte Belegfluss für die zugehörigen Belege angezeigt werden kann.

ert (vgl. Abbildung 3-62 auf Seite 244). Ist in diesem Datenfeld kein Eintrag vorhanden, so werden keine Belegflusssätze erstellt.

Da Belege der Vertriebsunterstützung vollkommen anders aufgebaut sind als Verkaufsbelege, existiert in SAP ERP keine Kopiersteuerung zwischen Kontakten und Verkaufsbelegen auf Positionsebene. An dieser Stelle, wie z. B. in Abbildung 3-28 zwischen dem zweiten Kontakt und der Anfrage, wird lediglich der Belegfluss auf Belegebene fortgeschrieben.

Es existieren in SAP ERP prinzipiell zwei Möglichkeiten, um Belege in einem Belegfluss wie in Abbildung 3-28 miteinander zu verknüpfen und Daten aus dem Vorgänger- in den Folgebeleg automatisch zu kopieren:

– Aus dem Vorgängerbeleg wird als Folgeaktivität ein Folgebeleg angelegt.
  Bei Kontakten aus der Vertriebsunterstützung ist dies die einzige Möglichkeit um einen Folgebeleg für einen Belegfluss zu erzeugen.
  Für einen Kontakt der Kontaktart „Telefonat" sind in Abbildung 3-25 beispielhaft alle möglichen Folgeaktivitäten zu sehen:
  • Abbildung 3-25 zeigt, dass auf einen Kontakt der Kontaktart „Telefonat" auch ein oder mehrere weitere Kontakte folgen können.
    Die möglichen Kontaktarten für Folgekontakte werden im Customizing der Vertriebsunterstützung nicht bei der Definition der Kontaktart in Abbildung 3-26 selbst, sondern in der Kopiersteuerung definiert.

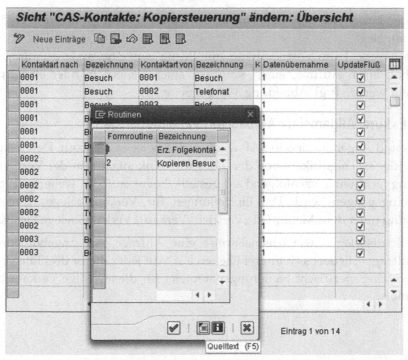

Abbildung 3-29: Mögliche Kontaktarten für Folgekontakte zur Kontaktart „Telefonat" (OVCP)

Mit einem Häkchen in der Spalte „UpdateFluß" in Abbildung 3-29 wird festgelegt, ob der Belegfluss automatisch fortgeschrieben wird, wenn ein weiterer Kontakt als Folgeaktivität angelegt wird.

Klickt man beim Anlegen bzw. Anzeigen eines Kontaktes der Kontaktart „Telefonat" (vgl. Abbildung 3-25) im Menüpunkt „Folgeaktivitäten" auf den Eintrag „Kontakte", so erhält man die in Abbildung 3-30 dargestellten Auswahlmöglichkeiten.

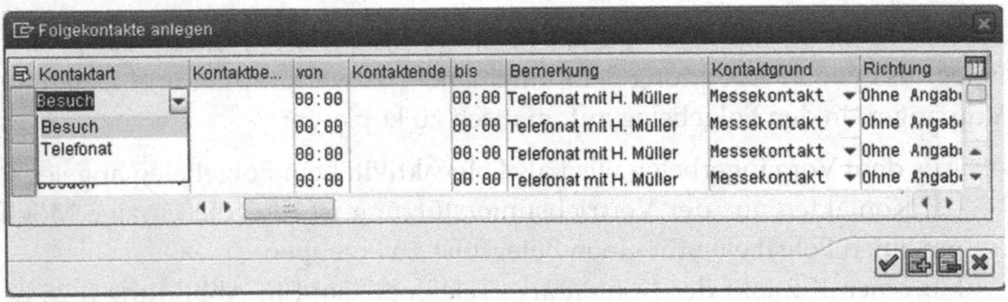

Abbildung 3-30:   Anlegen eines Folgekontaktes zur Kontaktart „Telefonat" (VC01N)

- Für einen Kontakt der Kontaktart „Telefonat" können auch Folgebelege für Verkaufsaktivitäten angelegt werden, die im Customizing für die dem Kontakt zugrundeliegende Kontaktart „Telefonat" definiert sind (vgl. Abbildung 3-26).

– Ein Folgebeleg, wie z. B. eine Anfrage, wird mit Bezug zu einem Vorgängerbeleg angelegt.

Beispielsweise kann eine Anfrage mit Bezug auf eine andere Anfrage, ein Angebot, einen Auftrag, einen Kontrakt, einen Lieferplan oder eine Faktura angelegt werden (vgl. Abbildung 3-38 auf Seite 221).

3.3.2 Exkurs: Allgemeiner Aufbau von Verkaufsbelegen

Anfragen und Angebote sind in SAP wie Verkaufsbelege aufgebaut. Deren Aufbau unterscheidet sich signifikant von der eines Kundenkontaktes in der Vertriebsunterstützung und wird nachfolgend vorgestellt, bevor auf die weiteren Prozessschritte eingegangen wird. Die Einstellungen für Verkaufsbelege werden im Customizing unter dem Menüpfad „Vertrieb/ Verkauf/ Verkaufsbelege" festgelegt.

Jeder Verkaufsbeleg – wie beispielsweise eine Anfrage, ein Angebot oder ein Terminauftrag – gliedert sich in drei Ebenen auf. Auf jeder dieser drei Ebenen sind im Customizing spezifische Steuerungsparameter für die jeweilige Verkaufsbelegart[75] definiert:

---

75 Synonym: Auftragsart

– Kopfebene:

Die Kopfebene beinhaltet Daten, welche für alle Positionen eines Verkaufsbelegs identisch sind. Dazu gehören u. a. die bereits auf Seite 118 beschriebenen Kopfkonditionen.

Die Verkaufsbelegart beinhaltet Steuerungsparameter für Daten auf der Kopfebene. Beispiele für Verkaufsbelegarten in SAP ERP sind

- eine Anfrage (AF),

- ein Angebot (AG) oder

- ein Terminauftrag (TA).

Im Customizing des Vertriebs[76] ist definiert, welche Verkaufsbelegarten in einem Vertriebsbereich überhaupt verwendet werden können. Abbildung 3-31 zeigt beispielsweise einen Auszug aus zulässigen Verkaufsbelegarten im Vertriebsbereich Y789/10/00.[77]

Sicht "Verkaufsbelege: Erlaubte Auftragsarten je Verk.-Org." ändern:

Neue Einträge

Ref.V	Bezeichnung	Vweg	Bezeichnung	Spa	Bezeichnung	VArt	Bezeichnung
Y789	Ingolstadt 789	10	Endkundenverkauf	00	Spartenübergreifend	AF	Anfrage
Y789	Ingolstadt 789	10	Endkundenverkauf	00	Spartenübergreifend	AG	Angebot
Y789	Ingolstadt 789	10	Endkundenverkauf	00	Spartenübergreifend	AP	Angebot Projekt
Y789	Ingolstadt 789	10	Endkundenverkauf	00	Spartenübergreifend	AU	Verkaufsauskunft

Abbildung 3-31: Auszug aus den in einem Vertriebsbereich zulässigen Verkaufsbelegarten (SPRO)

Für jede Verkaufsbelegart ist eine Vielzahl von Steuerungsparametern hinterlegt. Abbildung 3-32 zeigt beispielhaft die Steuerungsparameter für ein Angebot.

---

76 Der Menüpfad lautet „Vertrieb/ Verkauf/ Verkaufsbelege/ Verkaufsbelegkopf/ Zuordnung Vertriebsbereich zu Verkaufsbelegarten/ Erlaubte Auftragsarten den Vertriebsbereichen zuordnen".

77 In dem den Übungen zugrundeliegenden Vertriebsbereich „Y##/12/00" können alle diese Verkaufsbelegarten ebenfalls verwendet werden.

Dieser Vertriebsbereich findet sich jedoch im Customizing nicht unter dem in Fußnote 76 genannten Menüpfad, da der Vertriebsweg 12 dieses Vertriebsbereichs für die obige Zuordnung in der Standardauslieferung von SAP ERP auf den Vertriebsweg 10 referenziert. Dieses Referenzieren auf den anderen Vertriebsbereich finden Sie im Customizing im Menüpfad „Vertrieb/ Verkauf/ Verkaufsbelege/ Verkaufsbelegkopf/ Zuordnung Vertriebsbereich zu Verkaufsbelegarten/ Vertriebswege zusammenfassen".

Sicht "Pflege der Auftragsarten" ändern: Detail

✐ Neue Einträge 📋 🖫 ⟠ 🗐 🗐 🗐

Verkaufsbelegart	AG	Angebot
Vertriebsbelegtyp	B	Sperre Verkaufsbeleg ☐
Kennzeichnung	☐	

Nummernsysteme

Nummernkr.int.Verg.	05 ①	Inkrement Pos.Nummer 10
Nummernkr.ext.Verg.	02	Inkrement Upos.Num.

Allgemeine Steuerung

Bezug obligat.	☐	Materialerfassungsart ☐
Sparte prüfen	☐	☑ Sparte Position
Wahrscheinlichkeit	70 ② ③	☑ Infosatz lesen ⑧
Kreditlimit prüfen	☐ ←	Prüfen Bestellnummer ☐
Kreditgruppe	☐	☐ Bestellnummer füllen
Nachrichtenappl.	V1	Zusagedat. berechnen ☐

Transaktionsablauf

Gr. Bildfolge	AG	Anfrage, Angebot	Anzeigeumfang UALL
Unvollst.Schema	10	Anfrage und Angebot ④	FCODE Übersichtsbild UER2
Gr.Transakt.Vorgang	2	Angebot	Hinweis auf Angebote ☐
Belegschema	A ⑤		Hinw. Rahmenverträge ☐ ☐
Statusschema			Hinw.Gruppenkontrakt ☐
Alt.V.belegart 1			Dialog Produktattr. ☐
Alt.V.belegart 2			☐ Dialog Unvollst.
Variante			

Lieferplan

Korr.Lieferungsart	Liefersp.Mengenänd. ☐
Verwendung	
Dispobeh.Abrufarten	

Versand

Lieferart	← ⑥	Sofortlieferung ☐
Liefersperre		
Versandbedingung		
FrachtAuskftsProfil		

Faktura

Lieferbez. Fakt.Art		⑦ KondArtEinzelposten EK02
Auftr.bez. Fakt.Art	F5	Proforma für Auftr.	Fakturierungsplanart ☐

Abbildung 3-32: Auszug aus den Steuerungsparametern für die Verkaufsbelegart „Angebot" (VOV8)

Für eine Verkaufsbelegart können Festlegungen und Vorschlagswerte u. a. getroffen werden zur

- ① Nummernkreisvergabe der Belegnummern (intern und/oder extern)

- ② Auftragswahrscheinlichkeit, d. h. der Wahrscheinlichkeit, mit der aufgrund einer Anfrage oder eines Angebots ein Kundenauftrag zustande kommt.

- Die Bedarfsmenge wird aus dem Produkt der Auftragswahrscheinlichkeit in der Verkaufsbelegart und der Auftragswahrscheinlichkeit der Position, die in den Vertriebsbereichsdaten des Auftraggebers hinterlegt ist, ermittelt.

- ③ Prüfung des Kreditlimits

- ④ Zuordnung eines Unvollständigkeitsschemas

- ⑤ Zuordnung zu einem Belegschema für die Findung des Kalkulationsschemas (vgl. Abbildung 3-13 auf Seite 116 und Kapitel 3.3.5.10)

- ⑥ zugehörigen Lieferart für den Lieferbeleg (vgl. Kapitel 3.5.1)

- ⑦ zugehörigen Fakturaart für
    - eine lieferbezogene Faktura, d. h. für lieferrelevante Positionen im Verkaufsbeleg
    - eine auftragsbezogene Faktura, d. h. für zu fakturierende Positionen im Kundenauftrag, die nicht lieferrelevant sind (z. B. für Dienstleistungen)

- ⑧ eventuellen Verarbeitung von Kunden-Material-Info (vgl. Kapitel 3.3.5.4). Ist das Häkchen gesetzt, so werden vorhandene Kunden-Material-Informationssätze gelesen.

- Vorlaufzeit in Tagen, d. h. die Zeit, die zwischen dem Erfassungsdatum des Beleges und dem Wunschlieferdatum des Kunden liegen soll. Basierend auf dem Erfassungsdatum wird daraus das Wunschlieferdatum automatisch vorgeschlagen.[78]

Zudem können im Customizing des Vertriebs für die Kopfebene eines Verkaufsbelegs noch weitere Sachverhalte definiert werden, z. B. die

- zugehörigen möglichen Bestellarten. Diese können die Grundlage für statistische Auswertungen bilden und entsprechen den auf Seite 194 vorgestellten Kommunikationskanälen, über die ein Kunde seine Bestellung aufgeben kann.

- Auftragsgründe, die beschreiben, wie ein Verkaufsbeleg zustande gekommen ist. Typische Beispiele sind Vertreterbesuche, Messekontakte usw.

---

78 Aus Platzgründen kann dieser Eintrag in Abbildung 3-32 nicht mehr mit angezeigt werden.

– Positionsebene:
Jeder Verkaufsbeleg muss mindestens eine Position, u. a. mit zugehörigen Angaben zur Menge und Art eines Materials oder einer Dienstleistung, enthalten. Daten auf Positionsebene gelten ausschließlich für die jeweilige Position und können somit für verschiedene Positionen eines Verkaufsbelegs divergieren.

Der Positionstyp beinhaltet alle Steuerungsparameter für die individuellen Daten auf Positionsebene und die Abwicklung der späteren betriebswirtschaftlichen Abläufe für die einzelne Position.

Im Customizing des Vertriebs werden jeder Verkaufsbelegart spezifische Positionstypen zugeordnet. Zudem können verschiedene Materialarten (vgl. Seite 106) mittels einer Positionstypengruppe zusammengefasst werden.[79]

Für jedes Material wird aufgrund der zugehörigen Materialart beim Anlegen im Materialstamm in der Sicht „Vertrieb: VerkOrg 2" eine Positionstypengruppe vorgeschlagen. Diese wird von SAP ERP genutzt, um einen Vorschlagswert für den Positionstyp in einem Verkaufsbeleg zu ermitteln.

Die Positionstypengruppe „NORM" ist gemäß Abbildung 3-33 beispielsweise u. a. den Materialarten „Handelswaren"[80] und „Mode" als Vorschlagswert zugeordnet.

Sicht "Vorschlagswert f|r Materialpositionstypengruppe"

Vorschlagswert f|r Materialpositionstypengruppe

MatArt	PosTypGru	Bezeichn	Bez.
HAWA	NORM	Handelsware	Normalposition
HERS		Herstellerteil	
HIBE		Hilfs-/Betriebsstoff	
IBAU		Instandhaltungs-Baugruppe	
INTR		Intramaterial	
KMAT	0002	Konfigurierbares Material	Konfiguration
LEER	LEIH	Leergut	Leih-/Leergut
LEIH	VERP	Leihgut-Packmittel	Verpackung
LGUT	LEER	Leergut Warenwirtschaft	Leergut
MODE	NORM	Mode (saisonal)	Normalposition

Abbildung 3-33:   Zuordnung der Positionstypengruppe zur Materialart (SPRO)

---

79 Die Positionstypengruppe bezieht sich stets auf Materialien. Für andere Positionen in einem Verkaufsbeleg, z. B. reine Textpositionen, die sich nicht auf ein Material beziehen, wird stattdessen für eine Klassifizierung die Positionstypenverwendung genutzt.

80 Überprüfen Sie diese Aussage z. B. für die Positionstypengruppe „NORM" bei den Stammdaten Ihrer auf Seite 166 angelegten Handelsware „Notebook 15-###".

Der Vorschlagswert für den Positionstyp im Verkaufsbeleg wird in SAP ERP aus der Verkaufsbelegart und der Positionstypengruppe des Materials (vgl. Abbildung 3-34) ermittelt.

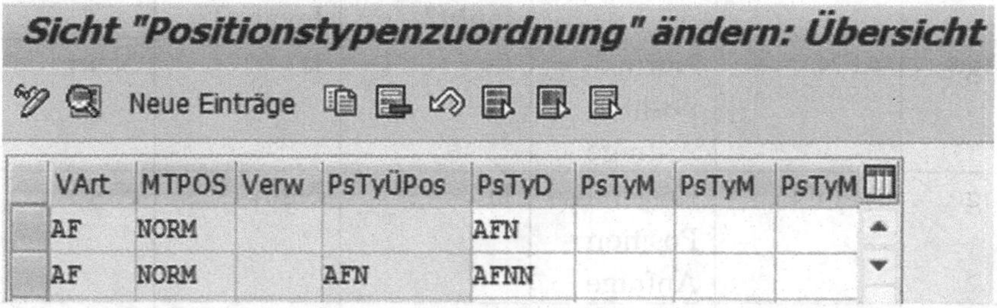

Sicht "Positionstypenzuordnung" ändern: Übersicht

🖉 ✑ Neue Einträge ▦ ▦ ✑ ▦ ▦ ▦

	VArt	MTPOS	Verw	PsTyÜPos	PsTyD	PsTyM	PsTyM	PsTyM ▦
	AF	NORM			AFN			▲
	AF	NORM		AFN	AFNN			▼

Abbildung 3-34:   Ermittlung des Vorschlagswerts für den Positionstyp (SPRO)

Abbildung 3-34 zeigt, dass bei einer Anfrage (Verkaufsbelegart „AF") für die Positionstypengruppe „NORM" der Positionstyp „AFN" vorgeschlagen wird. Dort ist auch noch eine weitere Spalte „PsTyÜPos" zu sehen, welche für die Ermittlung des Positionstyps mit herangezogen wird. Dabei handelt es sich um den eventuell vorhandenen Positionstyp einer übergeordneten Position, auf den sich eine untergeordnete Position bezieht. Dies ist beispielsweise der Fall, wenn in einem Verkaufsbeleg für eine Position eine zugehörige kostenlose Position – bei einer Anfrage der Positionstyp „AFNN" in Form eines Naturalrabatts (vgl. Kapitel 3.4.3.1) – existiert.

In Tabelle 3-8 sind wichtige Beispiele für verschiedene Positionstypen der Standardauslieferung von SAP ERP in unterschiedlichen Verkaufsbelegen aufgelistet. Der Positionstyp für eine Normalposition in einem Verkaufsbeleg ist meist so benannt, dass an die Abkürzung der Verkaufsbelegart noch ein „N" angehängt wird. Eine kostenlose Position ist in der Regel durch ein weiteres „N" gekennzeichnet.

Tabelle 3-8: Beispiele für Positionstypen in verschiedenen Verkaufsbelegen (SPRO)

Verkaufs-beleg	Positions-typ	Bedeu-tung	Einteilungen erlaubt?	Preisfindungsrelevanz?	Faktura-relevanz?
Anfrage (AF)	AFN	Normal-position Anfrage	Ja	Ja	Nein
Anfrage (AF)	AFNN	Kostenlose Position Anfrage	Ja	Nein	Nein
Angebot (AG)	AGN	Normal-position Angebot	Ja	Ja	Nein
Angebot (AG)	AGNN	Kostenlose Position Angebot	Ja	Nein	Nein
Termin-auftrag (TA)	TAN	Normal-position Termin-auftrag	Ja	Ja	Nein[81]
Termin-auftrag (TA)	TANN	Kostenlose Position Termin-auftrag	Ja	Nein[82]	Nein

Neben den grundlegenden Einstellungen aus Tabelle 3-8 können für einen Positionstyp noch viele andere Sachverhalte individuell ausgesteuert werden.

Abbildung 3-35 zeigt beispielhaft einen Auszug aus den Steuerungsparametern für den Positionstyp „AGN" für ein Angebot.

---

81 Bei den Positionstypen TAN und TANN bildet die Auslieferung die Grundlage für die Faktura (sog. lieferbezogene Faktura), d. h. der Status der Faktura wird nur in der Auslieferung fortgeschrieben.

82 Formell: Ja, da eine Preisfindung für einen Naturalrabatt (100%-Abschlag) angestoßen wird. Als betriebswirtschaftliches Resultat ergibt dies jedoch einen Wert von null, der inhaltlich einem Sachverhalt ohne Preisfindung entspricht.

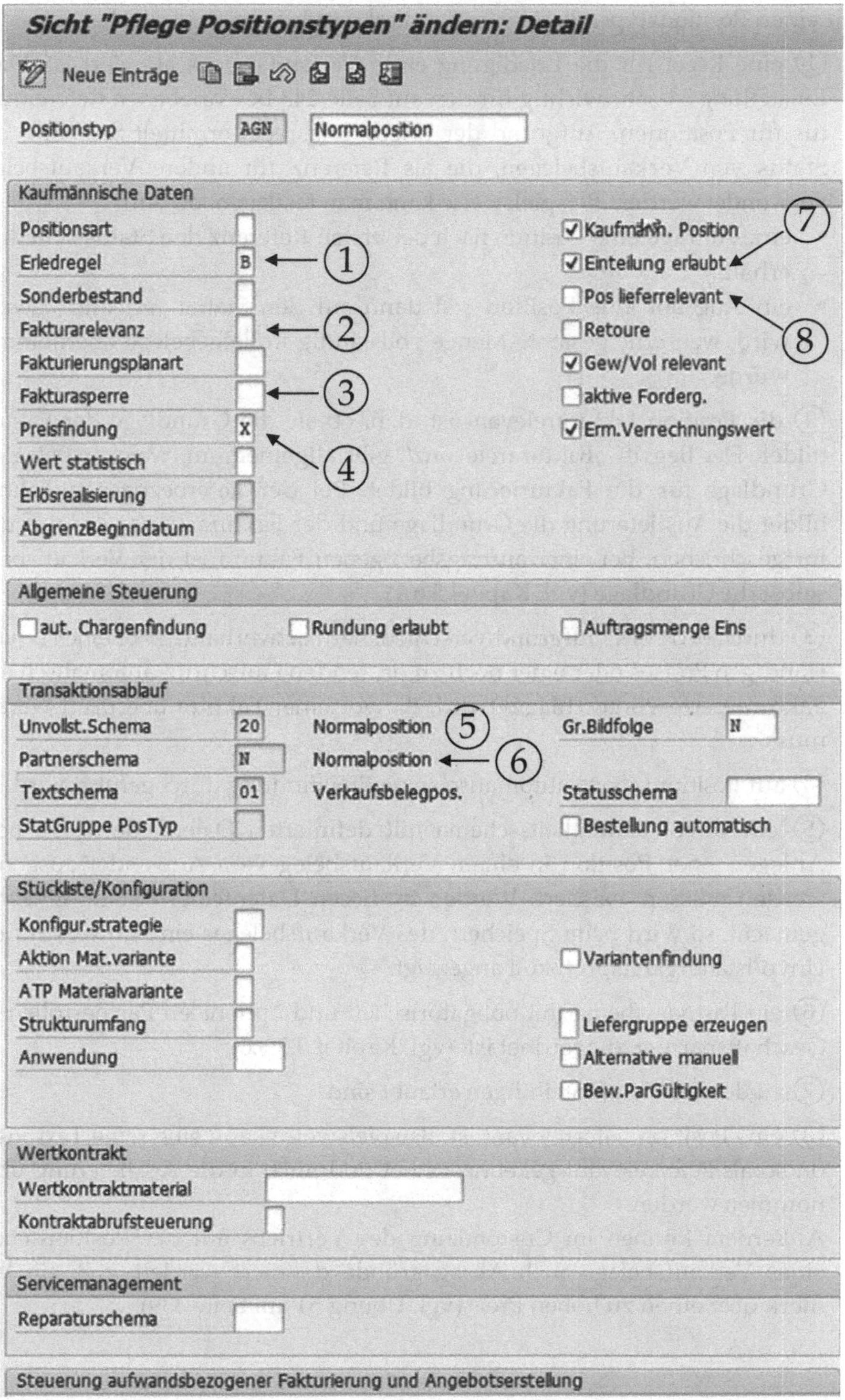

Abbildung 3-35: Auszug aus den Steuerungsparametern für den Positionstyp „AGN" für ein Angebot (SPRO)

Für einen Positionstypen kann u. a. definiert werden, ob

- ① eine Regel für die Erledigung eines Verkaufsbelegs aktiviert ist. Diese Einstellung ist sehr wichtig für den auf Seite 243 beschriebenen Referenzstatus für Positionen. Aufgrund der Erledigungsregel ermittelt SAP ERP den Status von Verkaufsbelegen, die als Referenz für andere Verkaufsbelege verwendet werden. Beispielsweise kann man festlegen, dass für
  - eine Anfrage eine Position nach der ersten Referenz den Status „erledigt" erhält.
  - ein Angebot eine Position erst dann auf den Status „erledigt" gesetzt wird, wenn die gesamte Menge vollständig in Folgebelege übernommen wurde.

- ② die Position fakturarelevant ist, d. h. ob sie die Grundlage der Faktura bildet. Der Begriff „Fakturarelevanz" gibt allgemein an, welcher Beleg die Grundlage für die Fakturierung bildet. Bei der lieferbezogenen Faktura bildet die Auslieferung die Grundlage und der Fakturastatus wird nur dort fortgeschrieben. Bei einer auftragsbezogenen Faktura ist der Verkaufsbeleg selbst die Grundlage (vgl. Kapitel 3.6.1).

- ③ durch SAP ERP aufgrund verschiedener Sachverhalte, z. B. eines unvollständigen Preises oder einer noch zu prüfenden Gutschrift, automatisch eine Fakturasperre vorgeschlagen wird, die vor einer Faktura überprüft werden muss.

- ④ auf Positionsebene automatisch eine Preisfindung durchgeführt wird.

- ⑤ ein Unvollständigkeitsschema mit definierten Datenfeldern, die beim Anlegen einer Position in einem Verkaufsbeleg vom Anwender ausgefüllt werden müssen, existiert. Werden in diesen Datenfeldern keine Eingaben gemacht, so wird beim Speichern des Verkaufsbeleges ein Hinweis auf das Unvollständigkeitsprotokoll angezeigt.

- ⑥ ein Partnerschema mit obligatorischen und optionalen Partnerrollen für Geschäftspartner zugeordnet ist (vgl. Kapitel 3.3.5.6).

- ⑦ zu der Position Einteilungen erlaubt sind.

- ⑧ eine Position lieferrelevant ist. Beispielsweise kann eine reine Textposition so als lieferrelevant gekennzeichnet und auch in die Auslieferung übernommen werden.
  Außerdem können im Customizing des Vertriebs auf der Positionsebene eines Verkaufsbelegs auch Absagegründe definiert werden, z. B. ein Vermerk über einen zu hohen Preis (vgl. Übung 51 auf Seite 339).

– Einteilungsebene:
Zu jeder lieferrelevanten Position muss mindestens eine Einteilung mit einem zugehörigen Lieferdatum existieren, das später in eine Auslieferung übernommen wird. Eine Einteilung untergliedert allgemein eine Position nach Termin und zugehöriger Menge.

Kann für ein Wunschlieferdatum eines Kunden die gesamte Menge geliefert werden, so wird für eine Position nur eine Einteilung erzeugt. Mehrere Einteilungen zu einer Position werden angelegt, wenn

- eine Komplettlieferung nicht möglich ist und mit dem Kunden Teillieferungen vereinbart sind. Dann werden zu einer Position mehrere Einteilungen mit verschiedenen Datumsangaben und zugehörigen Mengen generiert.

- das Wunschlieferdatum eines Kunden für eine bestimmte Menge insgesamt nicht bestätigt werden kann, d. h. die Rückwärtsterminierung erfolglos verlaufen ist. Folgt darauf automatisch eine Vorwärtsterminierung, so wird dem Kunden ein späteres Datum für den Liefertermin vorgeschlagen, an dem seine gewünschte Liefermenge bestätigt werden kann. Akzeptiert der Kunde dies, so wird eine Einteilung zum Wunschlieferdatum mit einer bestätigten Menge von null Stück sowie eine Einteilung zum bestätigten Lieferdatum mit der gewünschten Liefermenge erzeugt. Diese Vorgehensweise ist sehr sinnvoll, um ex-post im Reporting zu ermitteln, ob das Unternehmen die vom Kunden gewünschten Lieferfristen in der Regel einhalten konnte oder nicht.

Die Steuerung der Einteilungen erfolgt durch den Einteilungstyp. Dieser bildet die dritte Ebene eines Verkaufsbelegs. SAP ERP schlägt einen Einteilungstyp aufgrund der Kombination von einem Positionstyp und einem werksspezifischen Dispositionsmerkmal (aus der Sicht „Disposition 1" im Materialstamm) vor.

Sicht "Einteilungstypenzuordnung" ändern

Neue Einträge

Ptyp	DMk	EtTyD	EtTyM	EtTyM	EtTyM
AGN		BN	BP		
AGN	ND	BN			
AGN	VB	BV			
AGN	VM	BV			
AGN	VV	BV			

Abbildung 3-36: Ermittlung des Vorschlagswerts für den Einteilungstyp (SPRO)

In Abbildung 3-36 sind die Vorschlagswerte für den Einteilungstyp für den Positionstyp „AGN" aus Abbildung 3-35 und verschiedene Dispositionsmerkmale zu sehen. Für das Dispositionsmerkmal „ND" wird hier beispielsweise der Einteilungstyp „BN" aus Abbildung 3-37 vorgeschlagen.

Neben diesem Vorschlagswert können in den Spalten „EtTyM" auch noch ein
oder mehrere manuell erlaubte alternative Einteilungstypen hinterlegt werden.
Mit diesen kann man bei der Bearbeitung des Verkaufsbelegs den Vorschlagswert manuell überschreiben.

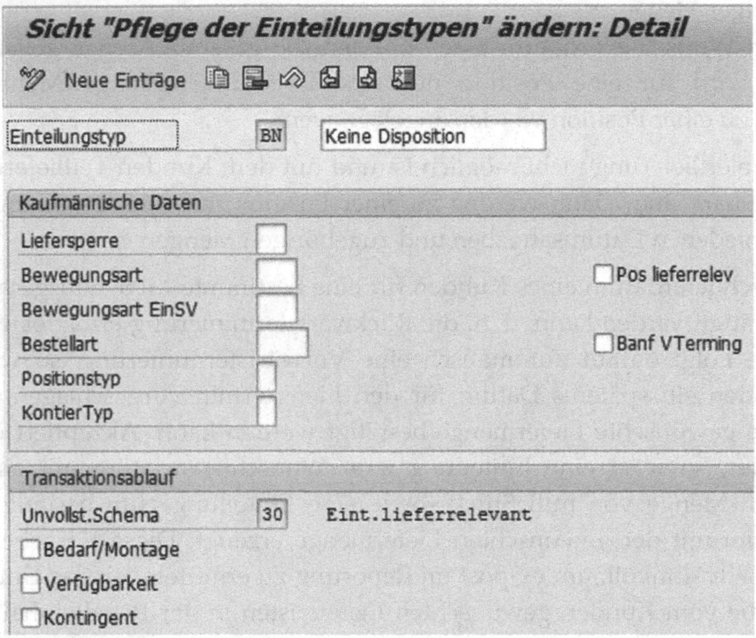

Sicht "Pflege der Einteilungstypen" ändern: Detail

Neue Einträge 🗋 🖫 ⚙ 🖭 🖻 🖩

| Einteilungstyp | BN | Keine Disposition |

Kaufmännische Daten

Liefersperre		
Bewegungsart		☐ Pos lieferrelev
Bewegungsart EinSV		
Bestellart		☐ Banf VTerming
Positionstyp		
KontierTyp		

Transaktionsablauf

Unvollst.Schema   30   Eint.lieferrelevant
☐ Bedarf/Montage
☐ Verfügbarkeit
☐ Kontingent

Abbildung 3-37: Steuerungsparameter zum Einteilungstyp „BN" (VOV6)

In einem Einteilungstyp (vgl. Abbildung 3-37) wird u. a. festgelegt,
- ob die zu einer Einteilung gehörende Position lieferrelevant ist,
- welche Bewegungsart in der Bestandsführung zugeordnet ist,
- ob ein Unvollständigkeitsschema zugeordnet ist,
- ob und ggf. wie Bedarfe an die Disposition übergeben werden und
- wie die Verfügbarkeitsprüfung im Verkauf durchgeführt wird.

In Tabelle 3-9 sind abschließend wichtige Tabellen zum Verkaufsbeleg aufgelistet.

Tabelle 3-9: Wichtige Tabellen zum Verkaufsbeleg

Tabellenname	Tabelleninhalte
VBAK	Daten zum Verkaufsbeleg(kopf)
VBUK	Daten zum Status des Verkaufsbelegs
VBFA	Belegfluss zu einem Verkaufsbeleg
VBUV	Unvollständigkeitsprotokoll zu einem Verkaufsbeleg
VBAP	Daten zu Positionen im Verkaufsbeleg
VBUP	Status zu einer Position im Verkaufsbeleg
VBEP	Einteilungen in einem Verkaufsbeleg

3.3.3 Anfragen bearbeiten

Nach den ersten Kundenkontakten im Rahmen der Vertriebsunterstützung bzw. Geschäftsanbahnung, bei denen in der Vorverkaufsphase zunehmend genauere Informationen über die Kundenbedürfnisse gewonnen werden, intensiviert und konkretisiert sich für gewöhnlich die beidseitige Kommunikation.

Im Idealfall folgen auf die initiale Kontaktaufnahme in der Vorverkaufsphase erste konkrete Aktivitäten, die später zu einem Kundenauftrag führen. Beispielsweise wurde das Interesse eines Kunden geweckt, so dass er eine Anfrage zu einem oder mehreren Gütern oder Dienstleistungen des Unternehmens stellt.

Das Unternehmen prüft die Kundenanfrage und gibt darauf ggf. ein Angebot ab. Wenn das Angebot den Erwartungen des Kunden entspricht, so wird dieser dem Unternehmen einen Auftrag erteilen.

Diese mögliche Abfolge der Prozessschritte wurde bereits in Abbildung 3-24 auf Seite 201 dargestellt. Dort wurde auch darauf hingewiesen, dass einzelne Prozessschritte entfallen können, z. B. wenn das Unternehmen ohne vorherige Anfrage ein Angebot erstellt oder der Kunde direkt einen Auftrag erteilt. Prozessschritte können sich auch iterativ wiederholen, z. B. wenn auf das Angebot des Unternehmens eine geänderte Anfrage des Kunden erfolgt, die wiederum ein modifiziertes Angebot nach sich zieht usw.

Ein Kunde kann dem Unternehmen seine rechtlich unverbindliche Anfrage auf eine Vielzahl von verschiedenen Kommunikationskanälen (vgl. Seite 194) übermitteln.

Nachdem die Vertriebsabteilung des Unternehmens die Anfrage erhalten hat, wird diese geprüft. Inhalte dieser Prüfung können Fragestellungen u. a. zu folgenden Sachverhalten umfassen:

- Liegt tatsächlich eine konkrete Kaufabsicht des potentiellen Kunden vor oder handelt es sich beispielsweise um eine Scheinanfrage eines Wettbewerbers oder eines Kunden, der sowieso bei einem anderen Unternehmen bestellen wird und der lediglich ein Vergleichsangebot benötigt?

- Besitzt der Kunde für eine Transaktion des angestrebten Ausmaßes die erforderliche Zahlungsfähigkeit und Kreditwürdigkeit?

- Kann ein der Anfrage folgender Kundenauftrag zu dem vom Kunden gewünschten Liefertermin überhaupt realisiert werden oder stehen dem im konkreten Fall Sachverhalte in der Beschaffung bzw. Produktion entgegen?

– Macht es aus wirtschaftlichen Gesichtspunkten Sinn, ein Angebot auf die Anfrage abzugeben? Beispielsweise können in einer Anfrage bereits konkrete Preiskonditionen vom Kunden genannt sein, die zu einem negativen Deckungsbeitrag führen würden. Nach rein ökonomischen Gesichtspunkten wird ein Unternehmen dann darauf kein Angebot abgeben.

Auch wenn nach rein ökonomischen Gesichtspunkten eine Angebotsabgabe unterbleiben sollte, so wird das Unternehmen in bestimmten Fällen trotzdem an dem Zustandekommen eines Auftrags interessiert sein. Dies ist beispielsweise der Fall, wenn

- einem Kunden mittel- und langfristig ein solch hohes Kaufpotenzial unterstellt wird, dass zukünftige Transaktionen mit zugehörigen positiven Deckungsbeiträgen den negativen Deckungsbeitrag im gegenwärtigen Fall mehr als kompensieren werden.

- ein Kunde aus politischen Gründen trotz seines negativen Deckungsbeitrags für das Unternehmen von Interesse ist, z. B. er ein hohes Referenzpotenzial aufweist und durch seine Weiterempfehlungen oder aufgrund seiner Vorbildfunktion einen signifikanten positiven Einfluss auf die Kaufentscheidungen Dritter ausübt.

Bei einer positiven Prüfung der Anfrage wird diese in einem eigenen Beleg dokumentiert. Das Anlegen einer Anfrage kann autark oder mit Referenz auf einen anderen Vertriebsbeleg erfolgen. Auf folgende zwei Arten kann eine Anfrage auf einen anderen Beleg referenzieren:

– Anlegen als Folgeaktivität aus einem Kontakt heraus:
Existiert bereits ein vorheriger Kontakt in SAP ERP, so kann eine Anfrage als Folgeaktivität direkt in der Vertriebsunterstützung aus dem letzten Kontakt heraus angelegt werden (vgl. Abbildung 3-25 auf Seite 203). Der zugehörige Menüpfad lautet „Logistik/ Vertrieb/ Vertriebsunterstützung/ Kontakte/ Bearbeiten".
Dies setzt jedoch voraus, dass eine Anfrage als Folgeaktivität der dem Kontakt zugrundeliegenden Kontaktart im Customizing vorgesehen bzw. definiert ist. Beispielsweise ist festgelegt, dass auf ein Telefonat nur eine Anfrage mit der Verkaufsbelegart „AF" folgen kann (vgl. Abbildung 3-26 auf Seite 204). Die zu der Anfrage gehörenden Organisationseinheiten werden in einem solchen Fall mittels Kopiersteuerung analog zu Abbildung 3-57 auf Seite 239 aus den Organisationseinheiten des vorausgegangen Kundenkontaktes ermittelt und der auf Seite 205 beschriebene Belegfluss beim zugrundeliegenden Kontakt wird fortgeschrieben.

- Anlegen mit Bezug zu einem Vorgängerbeleg:
  Eine Anfrage kann auch im Menüpfad „Logistik/ Vertrieb/ Verkauf/ Anfrage/
  Anlegen" mit Bezug zu einem Vorgängerbeleg angelegt werden. SAP ERP
  bietet an dieser Stelle als mögliche Vorgängerbelege zu einer Anfrage eine
  andere Anfrage, ein Angebot, einen Auftrag, einen Kontrakt, einen Lieferplan
  oder eine Faktura – jedoch nicht einen Kontakt – an (vgl. rechter Teil von
  Abbildung 3-38).
  Beim Anlegen mit Bezug wird auch der Belegfluss fortgeschrieben und die
  Anfrage mit dem gewählten Vorgängerbeleg sachlogisch miteinander
  verknüpft.

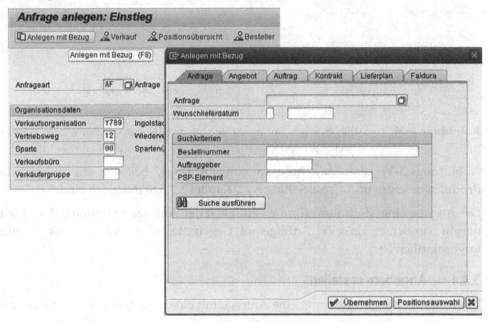

Abbildung 3-38:   Anlegen einer Anfrage mit Bezug auf einen Vorgängerbeleg
(VA11)

Sowohl beim Anlegen einer Anfrage als Folgeaktivität als auch beim Anlegen einer
Anfrage mit Bezug werden Vorschlagswerte für die Anfrage aus dem Vorgängerbeleg bzw. den zugehörigen Stammdaten, beispielsweise aus dem Kunden- oder
Materialstamm übernommen. Dadurch werden der manuelle Erfassungsaufwand
sowie die Wahrscheinlichkeit fehlerhafter Eingaben minimiert.

Anfrage anlegen: Übersicht

🖫 🗗 🖨 🏠 🗗 🖊 ⊞Aufträge Σ

Anfrage		Nettowert	0,00	EUR
Auftraggeber	77789	Handels GmbH 789 / Brienner Str. 789 / D-80333 München		🗋
Warenempfänger	77789	Handels GmbH 789 / Brienner Str. 789 / D-80333 München		
Bestellnummer		Bestelldatum	16.01.2013	🗗

| Verkauf | Positionsübersicht | Positionsdetail | Besteller | Beschaffung | Versand | Absagegrund |

Gültig von		Gültig bis		
Wunschlieferdat	T 18.07.2013	ErwAuftragswert	0,00	EUR

Alle Positionen (Produktvorschlag aktiv)

Pos	Material	Auftragsmenge	ME	AltPos	Bezeichnung
	NOTEBOOK 17-789	5	ST	0	NOTEBOOK 17-789
	NOTEBOOK 17S-789	5	ST	0	NOTEBOOK 17S-789
	PC-MOUSE 789	10			

Abbildung 3-39:   Anlegen einer Anfrage unter Integration eines dynamischen Produktvorschlags (VA11)

Abbildung 3-39 zeigt das Anlegen einer Anfrage, bei der ein dynamischer
Produktvorschlag und Cross-Selling (vgl. Kapitel 3.3.5.8) integriert sind.

Die Angabe eines Zeitraums für die Gültigkeit der Anfrage ist optional. Meist wird
darauf verzichtet, da eine Anfrage im Gegensatz zu einem Angebot rechtlich
unverbindlich ist.

3.3.4 Angebote erstellen

Ein Unternehmen beantwortet eine Anfrage mit einem Angebot, wenn die Anfrage
aus ökonomischen oder sonstigen Gründen, z. B. aufgrund des Kundenprestiges,
interessant ist.

Die zentrale Zielsetzung bei der Angebotsabgabe ist die Herbeiführung eines
Vertragsabschlusses. Dieses Ziel wird umso wahrscheinlicher erreicht, wenn indi-
viduell auf die Kundenbedürfnisse eingegangen wird, z. B. mit maßgeschneiderten
Informationen und Kontakten, spezifischen Preisen und Bonusabsprachen etc.

Ein Angebot ist in SAP ERP genauso wie eine Anfrage eine Verkaufsbelegart und
wird prinzipiell identisch ausgesteuert. Beim Erstellen eines Angebots, welches
analog zu Abbildung 3-38 auf Seite 221 mit Bezug auf einen Vorgängerbeleg angelegt werden kann, sieht der Erfasser die identischen Informationen wie bei der
Anlage einer Anfrage in Abbildung 3-39.

In einem Angebot kann sich der Erfasser – wie in jedem Verkaufsbeleg bei SAP ERP – zahlreiche Informationen auf der Kopfebene anzeigen lassen (vgl. Abbildung 3-40), die für alle Positionen im Verkaufsbeleg gelten bzw. – wie z. B. bei Konditionen – die Einzelwerte von allen Positionen kumulieren.

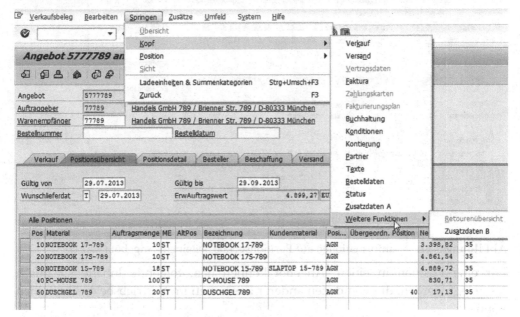

Abbildung 3-40:   Informationen auf Kopfebene bei einem Angebot (VA21)

Da ein Angebot rechtlich verbindlich ist und die Leistung des Unternehmens darin konkretisiert wird, ist es meist zeitlich befristet und wird in schriftlicher Form ausgestellt.

Bei der Angebotserstellung ist es oft sinnvoll, den Kunden zu involvieren und noch offene Fragen zu klären und Kundenbedürfnisse genau zu ermitteln.

Auf die Kundenbedürfnisse kann vom Erfasser eines Angebots insbesondere auf der Positionsebene (vgl. Abbildung 3-41) individuell eingegangen werden.[83] Dort sind bereits, wie auch auf der Kopfebene, viele Informationen aus den Einstellungen im Customizing, den Kunden- und den Materialstammdaten automatisch von SAP ERP eingetragen.

---

83 Diese Aussage, sowie die nachfolgenden Ausführungen gelten wiederum für jeden Verkaufsbeleg von SAP ERP.

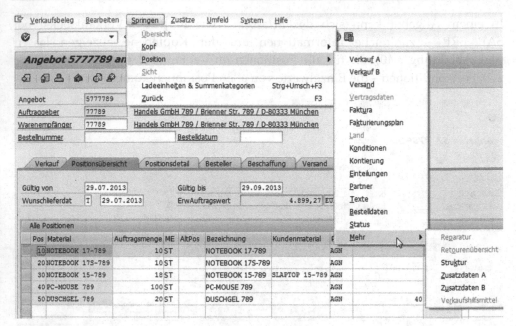

Abbildung 3-41:   Informationen auf Positionsebene bei einem Angebot (VA21)

Für eine Position in einem Angebot können u. a. folgende Inhalte spezifisch festgelegt werden, die von denen anderer Positionen im Vertriebsbeleg abweichen können:

– Für den Verkauf: Liefer- und Preisdatum, sowie die Auftragswahrscheinlichkeit.

– Für den Versand: Werk, Versandstelle, Route, maximale Anzahl der Teillieferungen und Versandart, z. B. per LKW.

– Für die Faktura: Incoterms, Zahlungsbedingungen und eine ggf. existierende Mahnsperre.

– Für die Konditionen zur Preisfindung: Alle automatisch von SAP ERP ermittelten sowie manuell änderbaren Konditionen für alle Konditionsarten im zugehörigen Kalkulationsschema (vgl. Abbildung 3-42) sowie dem Deckungsbeitrag.

| Position | | 10 | | | Positionstyp | AGN | Normalposition | |
| Material | | NOTEBOOK 17-789 | | | NOTEBOOK 17-789 | | | |

| Verkauf A | Verkauf B | Versand | Faktura | Konditionen | Kontierung | Eint |

| Menge | | 10 ST | Netto | 3.398,82 | EUR |
| | | | Steuer | 645,78 | |

Preiselemente

I...	KArt	Bezeichnung	Betrag	Währg	pro	ME	Konditionswert	Wä...	Status
☐	PR00	Preis	349,00	EUR	1	ST	3.490,00	EUR	
		Brutto	349,00	EUR	1	ST	3.490,00	EUR	
☐	K007	Kundenrabatt	1,500-	%			52,35-	EUR	
☐	K029	Materialgruppe	0,10-	EUR	1	KG	4,50-	EUR	
☐	K148	Produkthierarchie	1,000-	%			34,33-	EUR	
		Rabattbetrag	9,12-	EUR	1	ST	91,18-	EUR	
		Bonusbasis	339,88	EUR	1	ST	3.398,82	EUR	
		Positionsnetto	339,88	EUR	1	ST	3.398,82	EUR	
☐	AMIW	Mindestauftragswert	...000,00	EUR			1.214,04	EUR	
☐	AMIZ	Mindestwertzuschlag	...000,00	EUR			0,00	EUR	
			461,29	EUR	1	ST	4.612,86	EUR	
		Nettowert 2	339,88	EUR	1	ST	3.398,82	EUR	
		Nettowert 3	461,29	EUR	1	ST	4.612,86	EUR	
☐	AZWR	Anzahlung/Verrechng.	0,00	EUR			0,00	EUR	
☐	MWST	Ausgangssteuer	19,000	%			645,78	EUR	
		Endbetrag	404,46	EUR	1	ST	4.044,60	EUR	
☐	SKTO	Skonto	2,000-	%			80,89-	EUR	
☐	VPRS	Verrechnungspreis	249,00	EUR	1	ST	2.490,00	EUR	
		Deckungsbeitrag	90,88	EUR	1	ST	908,82	EUR	

Abbildung 3-42: Beispiel für Konditionen zu einer Position in einem Angebot (VA21)

– Für die Kontierung im internen Rechnungswesen: Ermittlung des Ergebnisobjektes der Ergebnis- und Marktsegmentrechnung (vgl. Kapitel 3.6.2.1).

– Für die Prozesspartner: Alle obligatorischen und ggf. optionalen Partnerrollen mit spezifischen Prozesspartnern.

– Für spezifische Texte zu einer Position: Materialverkaufstext, Positionsnotiz, Verpackungshinweis und Anlieferungstext.

– Für den Bearbeitungsstatus der Position: Eventueller Absagegrund und Prüfung auf Vollständigkeit der Daten.

3.3.5 Unterstützende Prozesse

Der Prozessschritt „Geschäftsbeziehungen anbahnen und festigen" wird durch viele der Vertriebsprozesse aus Abbildung 3-2 auf Seite 97 unterstützt. Aus dieser Vielzahl werden nachfolgend beispielhaft einzelne wichtige unterstützende Prozesse herausgegriffen. Einige andere unterstützende Vertriebsprozesse werden in Kapitel 3.4 „Verkaufsaktivitäten gestalten" beschrieben.

3.3.5.1 Daten zu Geschäftspartnern pflegen

In der Vorverkaufsphase werden dem Unternehmen durch die Kontaktaufnahme oftmals weitere Daten zu Kunden bekannt bzw. Sachverhalte mit diesen vereinbart. Die Inhalte können ganz mannigfaltiger Art sein und sind deshalb oft an verschiedenen Stellen in SAP ERP zu erfassen. Beispiele dafür sind:

– Mit einem Kunden wird eine neue Zahlungsbedingung vereinbart. Diese ist im Kundenstammsatz bei den Buchungskreisdaten zu ändern.

– Bei einem Kunden treten neue Akteure in Erscheinung. Diese sind als neue Partnerrollen im Kundenstammsatz bei den Vertriebsbereichsdaten zu hinterlegen bzw. zu ändern.

– Für einen Kunden wird aufgrund selbst geäußerter Präferenzen, z. B. in Form eines Positionsvorschlags (vgl. Seite 228), oder der Auftragshistorie ein dynamischer Produktvorschlag (vgl. Kapitel 3.3.5.9) angelegt.
Ein zugehöriges Produktvorschlagsschema ist wie in Abbildung 3-43 im Kundenstammsatz bei den Vertriebsbereichsdaten als Kundenschema für einen dynamischen Produktvorschlag einzutragen. Die Bezeichnung des Datenfeldes im Kundenstammsatz lautet „Kundenschema PV".

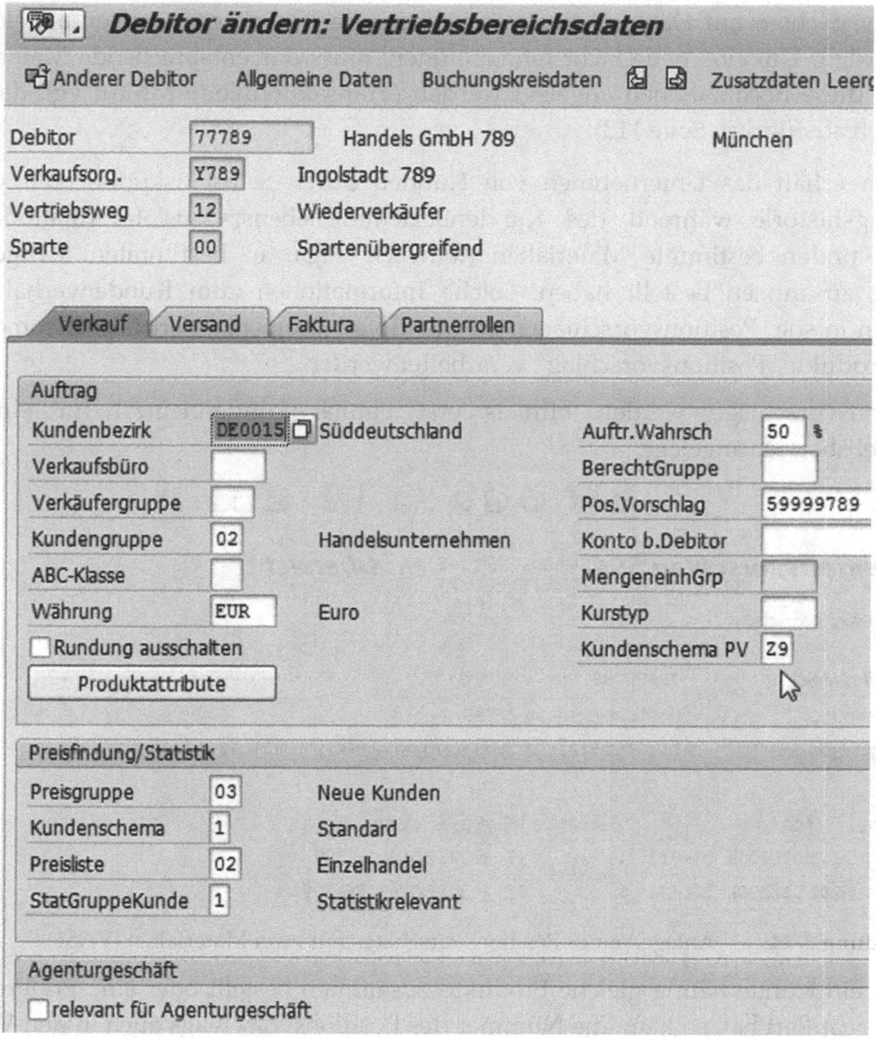

Abbildung 3-43: Zuweisung eines Kundenschemas für Produktvorschläge zum Kundenstamm (XD02)

3.3.5.2 Daten zu Produkten pflegen

Während der Anbahnung und der Festigung von Geschäftsbeziehungen ergeben sich auch häufig neue Erkenntnisse zu Materialien, die als Daten in den verschiedenen Sichten des Materialstamms gepflegt werden müssen. Zum Tagesgeschäft gehört, dass beispielsweise

– neue Materialien im Vertrieb aufgrund von Änderungen von Kundenbedürfnissen oder Marktgegebenheiten erfasst werden.

– Daten in bestehenden Materialsichten neu erhoben oder geändert werden (Transaktionscode MM02).

– neue Sichten mit Daten für bereits existierende Verkaufsmaterialien angelegt werden. Um eine neue Sicht hinzuzufügen, muss das entsprechende Material für diese nochmals neu angelegt werden (Transaktionscode MM01; vgl. dazu auch ausführlich Seite 113).

Zudem erhält das Unternehmen von Kunden durch Selbstauskünfte oder die Auftragshistorie während des Kundenbeziehungslebenszyklus Informationen, dass Kunden bestimmte Materialien (teilweise sogar in bestimmten Mengen) häufig zusammen bestellt haben. Solche Informationen zum Kundenverhalten können in sog. Positionsvorschlägen im Menüpfad „Logistik/ Vertrieb/ Stammdaten/ Produkte/ Positionsvorschlag" verarbeitet werden.

Positionsvorschläge werden oftmals erst einmal kundenneutral für einen Vertriebsbereich angelegt.

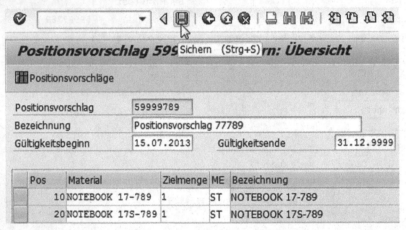

Abbildung 3-44:   Anlegen eines Positionsvorschlags mit zwei Materialien (VA51)

Wenn ein Kunde häufig gleiche Produkte zusammen bestellt oder eine Präferenz dafür geäußert hat, so kann die Nummer des Positionsvorschlags auch in den Vertriebsbereichsdaten des Kundenstammsatzes wie in Abbildung 3-43 auf Seite 227 gespeichert werden.

Ist ein Positionsvorschlag im Kundenstammsatz hinterlegt und wird für einen Produktvorschlag verwendet, so wird er beim Anlegen eines Verkaufsbelegs nach dem Eingeben des Auftraggebers automatisch im Verkaufsbeleg angezeigt (vgl. Abbildung 3-75 auf Seite 254).

3.3.5.3 Preisrelevante Konditionen pflegen

Genauso wie die Pflege von Produkten kontinuierlich erfolgen muss, ändern sich häufig preisrelevante Konditionen zu Kunden und Materialien im Laufe des Kundenbeziehungslebenszyklus. Materialpreise können sich aufgrund von technischen Entwicklungen und Innovation ändern, Kunden können aufgrund ihrer Auftragshistorie oder zur Rückgewinnung höhere Rabatte erhalten usw.

3.3.5.4 Kundenabsprachen pflegen

Verschiedene Absprachen, u. a. mit Kunden, werden in den Stammdaten des Vertriebs im eigenen Menüpunkt „Absprachen" gepflegt.

Eine wichtige Kundenabsprache ist die sog. Kunden-Material-Info. In ihr wird kundenspezifisch die Bezeichnung eines eigenen Materials im Zusammenhang mit dem Namen, unter dem der Kunde das Material kennt, erfasst. Dabei handelt es sich also quasi um eine Übersetzungstabelle.

Die Möglichkeit, solche Stammdaten erfassen zu können, ist sehr praxisrelevant. Die meisten Kunden kennen bzw. interessieren sich nicht für die interne Bezeichnung eines Materials beim Verkäufer. Stattdessen möchten sie bei Bestellungen ihre eigene Materialbezeichnung oder -nummer verwenden.

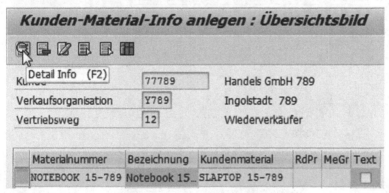

Abbildung 3-45: Beispiel für eine Kunden-Material-Info (VD51)

Unter dem Icon „Detail Info" können noch weitere kundenspezifische Daten für ein Material festgelegt und erfasst werden. Beispiele hierfür sind

– ein spezifisches Auslieferungswerk für den Versand,

– die Lieferpriorität,

– eine Mindestliefermenge und

– die Möglichkeit und ggf. die maximale Anzahl von Teillieferungen.

Sind diese Daten in einem Kunden-Material-Infosatz gepflegt, so werden sie gegenüber den entsprechenden Daten im Debitoren- bzw. Materialstammsatz priorisiert und in die entsprechende Position im Verkaufsbeleg übernommen. Dort sind sie durch den Bearbeiter jedoch manuell änderbar.

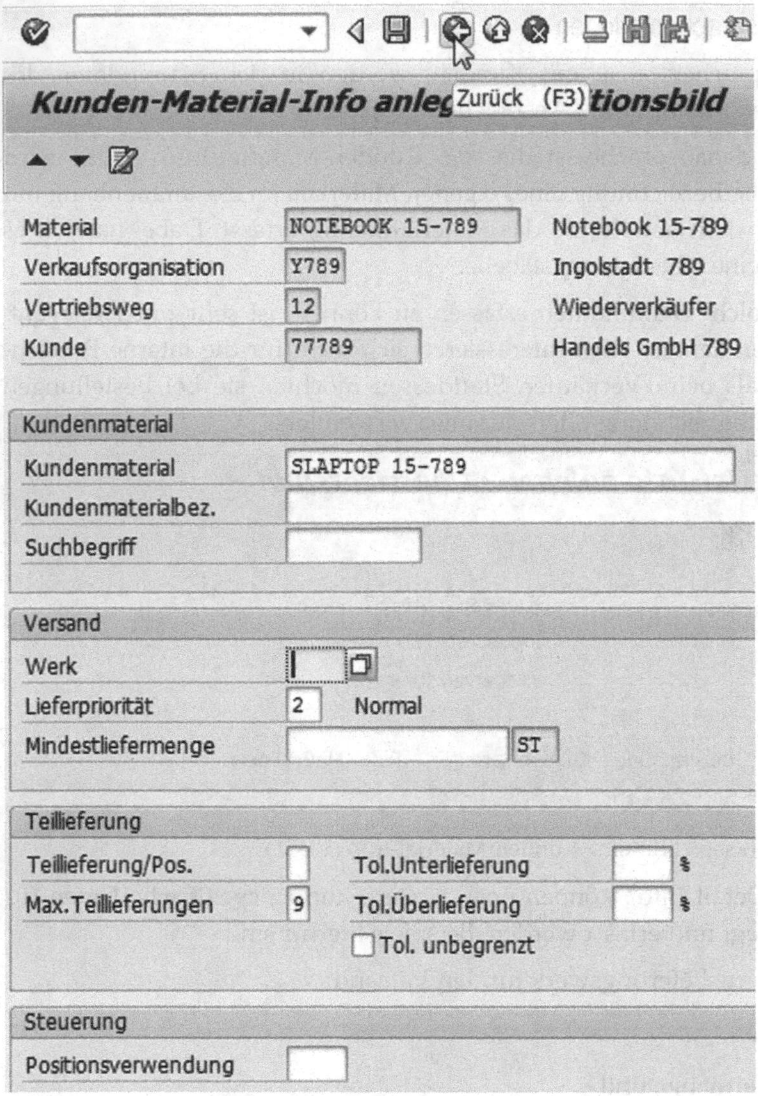

⊘ [▼]   ◁ 🖫 | 🔇 🏠 ⊗ | 🖴 🛱 🛱 | 🗗

Kunden-Material-Info anleg Zurück (F3) **tionsbild**

▲ ▼ 🗏

Material	NOTEBOOK 15-789	Notebook 15-789
Verkaufsorganisation	Y789	Ingolstadt 789
Vertriebsweg	12	Wiederverkäufer
Kunde	77789	Handels GmbH 789

Kundenmaterial

Kundenmaterial	SLAPTOP 15-789
Kundenmaterialbez.	
Suchbegriff	

Versand

Werk	[◻]	
Lieferpriorität	2	Normal
Mindestliefermenge		ST

Teillieferung

Teillieferung/Pos.	☐	Tol.Unterlieferung	%
Max.Teillieferungen	9	Tol.Überlieferung	%
		☐ Tol. unbegrenzt	

Steuerung

Positionsverwendung	

Abbildung 3-46:   Weitere Daten einer Kunden-Material-Info (VD51)

Für jede Verkaufsbelegart wird festgelegt, ob eventuell vorhandene Kunden-Material-Informationssätze gelesen werden oder nicht (vgl. Abbildung 3-32 auf Seite 210).

Ist das entsprechende Häkchen in der Verkaufsbelegart gesetzt, d. h. diese Einstellung aktiviert, so kann alternativ statt der eigenen Materialbezeichnung in der Spalte „Kundenmaterialnummer" der vom Kunden benutzte Name für das Material eingegeben werden. Nach der Bestätigung mit ENTER wird die eigene Materialbezeichnung in der Spalte „Material" angezeigt.

3.3.5.5 Nummern für Objekte im Vertrieb vergeben

Alle Vertriebsbelege gehören, wie auch alle Stammdaten, zu den betriebswirtschaftlichen Objekten von SAP ERP.

Für die einzelnen Elemente einer Belegart, die Belege, wird je ein Datensatz in SAP ERP angelegt. Jeder Datensatz zu einem Beleg wird durch einen Primärschlüssel eindeutig identifiziert. Zusätzlich kann nach Belegen mit verschiedenen Sekundärschlüsseln gesucht werden. Ein Sekundärschlüssel beinhaltet – wie z. B. im rechten Teil von Abbildung 3-38 auf Seite 221 – ein oder mehrere Suchkriterien, mit denen ein Datensatz in einer Datenbank gesucht werden kann. Im Gegensatz zu einem Primärschlüssel identifiziert ein Sekundärschlüssel einen Datensatz nicht unbedingt eindeutig, sondern liefert u.U. mehrere Datensätze als Suchergebnis.

Für jede Belegart wird im Customizing ein Nummernkreisobjekt mit einem Vorrat an Zahlen oder alphanumerischen Zeichen definiert. Jedem Nummernkreisobjekt werden ein oder mehrere Nummernkreise mit jeweils einem Intervall für einen Zeichenvorrat von möglichen zu vergebenden Belegnummern zugeordnet. Die Nummernvergabe in einem Nummernkreis erfolgt wiederum, wie auf Seite 127 beschrieben, entweder

– extern, d. h. manuell durch den Anwender, innerhalb des definierten Intervalls oder

– intern, d. h. beim Speichern des Datensatzes automatisch und fortlaufend durch SAP ERP.

Nummernkreise für Kontakte

Die Einstellungen für Nummernkreise zu Kontakten finden sich im Customizing unter dem Menüpfad „Vertrieb/ Vertriebsunterstützung/ Kontakte/ Nummernkreise für Kontakte definieren und zuordnen".

Jeder Beleg- bzw. Kontaktart der Vertriebsunterstützung wird ein Nummernkreis zugeordnet. Abbildung 3-47 zeigt beispielhaft den zugehörigen Nummernkreis für das Nummernkreisobjekt „Telefonat" aus Abbildung 3-26 auf Seite 204.

Sicht "View für Zuordnung Adressnummernkreis

%️ Neue Einträge 🗋 🗐 ⬦ 🗐 🗐 🗐

Kontaktart	Bezeichnung	Nummernkreis für Kontakt	
0001	Besuch	23	▲
0002	Telefonat	23	▼
0003	Brief	23	

Abbildung 3-47: Nummernkreis für das Nummernkreisobjekt „Telefonat" (SPRO)

Nach Abbildung 3-26 auf Seite 204 erfolgt die Nummernvergabe für das Nummernkreisobjekt „Telefonat" intern im Nummernkreis 23. Deshalb kann beim

Anzeigen des Nummernkreisintervalls in Abbildung 3-48 ein konkreter Nummernstand angegeben werden. Bislang wurden für die zum Nummernkreis 23 zugehörigen Belegarten in dem zugrundeliegenden SAP-System 772 Belege angelegt.

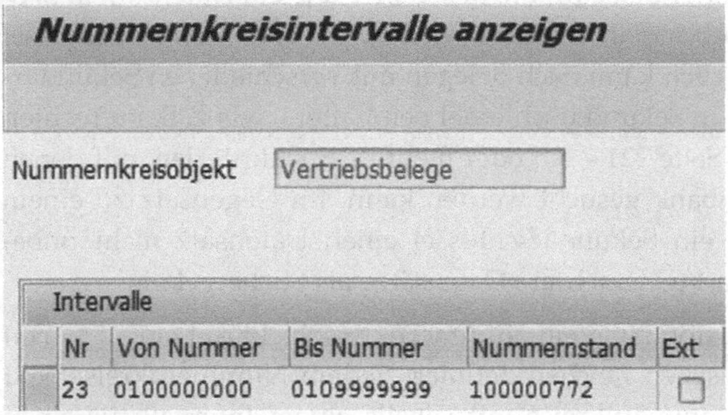

Nummernkreisintervalle anzeigen

Nummernkreisobjekt   Vertriebsbelege

Intervalle

Nr	Von Nummer	Bis Nummer	Nummernstand	Ext
23	0100000000	0109999999	100000772	☐

Abbildung 3-48:   Nummernkreisintervall für Kontakte (VN01)

Nummernkreise für Verkaufsbelege

Korrespondierend befinden sich die Einstellungen für Nummernkreise zu Verkaufsbelegen im Customizing unter dem Menüpfad „Vertrieb/ Verkauf/ Verkaufsbelege/ Verkaufsbelegkopf/ Nummernkreise für Verkaufsbelege definieren".

Gemäß Abbildung 3-32 auf Seite 210 kann die Nummernvergabe für einen Terminauftrag intern oder extern erfolgen. Für die interne Nummernvergabe ist das Nummernkreisintervall „01" und für die externe Nummernvergabe das Nummernkreisintervall „02" zugeordnet.

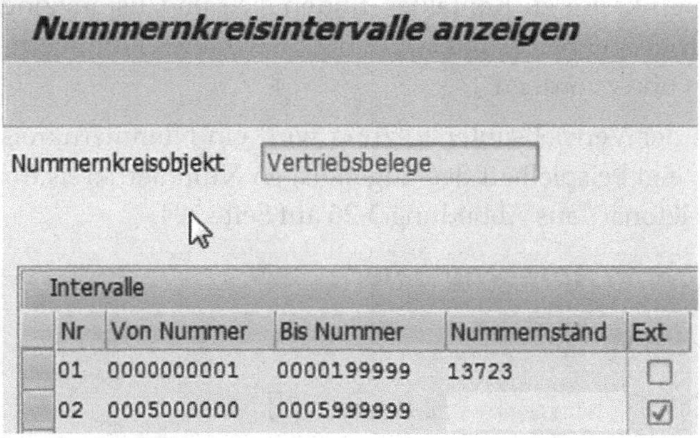

Nummernkreisintervalle anzeigen

Nummernkreisobjekt   Vertriebsbelege

Intervalle

Nr	Von Nummer	Bis Nummer	Nummernstand	Ext
01	0000000001	0000199999	13723	☐
02	0005000000	0005999999		☑

Abbildung 3-49:   Nummernkreisintervalle für Terminaufträge (VN01)

Abbildung 3-49 zeigt die beiden Nummernkreisintervalle für Terminaufträge. Beim Nummernkreisintervall 02 kann kein konkreter Nummernstand angegeben werden, da Nummern vom Anwender frei aus den noch nicht vergebenen Nummern im zugrundeliegenden Nummernintervall gewählt werden können.

3.3.5.6 Prozesspartner finden

Für alle Vertriebsbelege müssen Prozesspartner angegeben werden. Für die einzelnen Belegarten divergieren die obligatorischen und optionalen Partnerrollen.

Die Einstellungen zur Partnerfindung für alle Belegarten befinden sich im Customizing im Menüpfad „Vertrieb/ Grundfunktionen/ Partnerfindung/ Partnerfindung einstellen".

Prozesspartner für Kontakte

Beim Anlegen eines Kontaktes müssen nach Abbildung 3-25 auf Seite 203 in der Eingabemaske rechts oben zugehörige Prozesspartner als „Beteiligte" eingegeben werden.

Diese für das Anlegen eines Kontaktes obligatorischen Partnerrollen sind im Customizing im Partnerschema für die jeweilige Kontaktart definiert. Der Kontaktart „Telefonat" ist gemäß Abbildung 3-26 auf Seite 204 das Partnerschema „CAS2" zugeordnet.

Wichtige Festlegungen existieren u. a. für die

– Festlegung, aus welcher Herkunftstabelle Prozesspartner für jede Partnerrolle in einem Partnerschema ermittelt werden (vgl. dazu auch Übung 35).

– Zuordnung von einem Partnerschema zu einer Kontaktart. Abbildung 3-50 zeigt z. B. die Partnerschemata zu den Kontaktarten „Besuch" und „Telefonat".

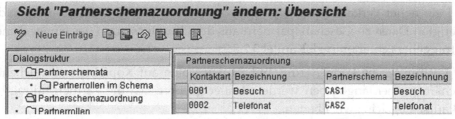

Abbildung 3-50: Partnerschemata zu den Kontaktarten „Besuch" und „Telefonat" (SPRO)

– Zuordnung obligatorischer und optionaler Partnerrollen zu einem Partnerschema. In Abbildung 3-51 sind z. B. die obligatorischen und optionalen Partnerrollen für das Partnerschema „CAS2" zu sehen, welches der Kontaktart „Telefonat" zugeordnet ist.

Sicht "Partnerrollen im Schema" ändern: Übersicht

✍ Neue Einträge 🗋 🖫 🕭 🖫 🖫 🖫

Dialogstruktur	Partnerrollen im Schema						
▼ ☐ Partnerschemata	Partnerschema	Partnerrolle	Bezeichnung	N...	P...	Ein...	Her...	Her...
• ⬚ Partnerrollen im Schema	CAS2	AG	Auftraggeber	☐	☑	☐		C
• ☐ Partnerschemazuordnung	CAS2	AP	Ansprechpartner	☐	☑	☐		E
• ☐ Partnerrollen	CAS2	VE	Vertriebsbeauftrag...	☐	☐	☐		
• ☐ Kontogruppen-Rollenzuordnung	CAS2	WE	Warenempfänger	☐	☐	☐		C
• ☐ Partnerrollenumschlüsselung	CAS2	ZM	Zuständiger Mitarb.	☐	☑	☑		

☞ Herkunftstabelle (2)   11 Einträge gefunden

✓ ☒ 🛗 🛅 🖳 🕭 🖫 ↧ ☝

Herkunftsta...	Kurzbeschreibung
	Partnerrolle aus KNVP oder AG (bei Pflichtpartner Art "KU")
A	Kreditmanagement: Kreditbearbeiter (Tabelle T024P)
B	Kundenhierarchie: (Tabelle KNVH)
C	Partnerrolle aus Kundenstamm (Tabelle KNVP)
D	Personalnummer (Ermittelt aus SY-UNAME bei Dialog-User)
E	Partnerrolle aus Ansprechpartner zum Kunden (Tabelle KNVK)

Abbildung 3-51:   Partnerrollen im Partnerschema „CAS2" zur Kontaktart „Telefonat" (SPRO)

Prozesspartner für Verkaufsbelege

Die Partnerfindung bei Verkaufsbelegen ist prinzipiell genauso wie bei Kontakten der Vertriebsunterstützung ausgestaltet.

Wird ein neuer Verkaufsbeleg angelegt, so werden von SAP ERP automatisch die benötigten Daten zu Geschäftspartnern aus dem Kundenstamm des eingegebenen Auftraggebers ermittelt (vgl. Kapitel 3.2.5.2).

Auf Positionsebene können zum Teil zu den Daten auf Kopfebene abweichende Geschäftspartner eingegeben werden. Daher gliedert sich die Partnerfindung bei Verkaufsbelegen in zwei Ebenen:

– Kopfebene:
   Auf Kopfebene werden im Customizing Partnerschemata mit verschiedenen obligatorischen und optionalen Partnerrollen identisch zu Abbildung 3-51 definiert. Abbildung 3-52 zeigt, dass beispielsweise im Partnerschema „TA" der Auftraggeber, der Rechnungsempfänger, der Regulierer und der Warenempfänger obligatorisch sind. Bis auf den Auftraggeber sind alle anderen Rollen manuell im Verkaufsbeleg änderbar.

Sicht "Partnerrollen im Schema" ändern: Übersicht

Neue Einträge

Dialogstruktur	Partnerrollen im Schema					
▼ ☐ Partnerschemata	Partnerschema	Partnerrolle	Bezeichnung	Nicht änderbar	Pflichtrolle	Herkunft
• ☐ Partnerrollen im Schema	TA	1A	Kundenhierarchie 1	☑	☐	
• ☐ Partnerschemazuordnung	TA	1B	Kundenhierarchie 2	☑	☐	
• ☐ Partnerrollen	TA	1C	Kundenhierarchie 3	☑	☐	
• ☐ Kontogruppen-Rollenzuordnu	TA	1D	Kundenhierarchie 4	☑	☐	
• ☐ Partnerrollenumschlüsselung	TA	AG	Auftraggeber	☑	☑	
	TA	AP	Ansprechpartner	☐	☐	
	TA	ED	EDI-Mailempfänger	☐	☐	
	TA	EK	Einkäufer	☐	☐	
	TA	EN	Endkunde für Außenh.	☐	☐	
	TA	KB	Kreditsachbearbeiter	☑	☐	
	TA	KM	Kreditmanager	☑	☐	
	TA	Q1	QZeugnEmpf. WarEmpf.	☐	☐	WE
	TA	Q2	QZeugnEmpf. AuftrGb.	☐	☐	
	TA	RE	Rechnungsempfänger	☐	☑	
	TA	RG	Regulierer	☐	☑	
	TA	SB	Sonderbestandsführer	☐	☐	
	TA	SP	Spediteur	☐	☐	
	TA	VE	Vertriebsbeauftragt.	☐	☐	
	TA	WE	Warenempfänger	☐	☑	

Abbildung 3-52: Partnerrollen im Partnerschema „TA" für Verkaufsbelege (SPRO)

Jedem Partnerschema sind Verkaufsbelegarten zugeordnet, beispielsweise u. a. Anfragen und Angebote dem Partnerschema „TA" (vgl. Abbildung 3-53). Daher müssen beim Anlegen einer Anfrage gemäß Abbildung 3-39 von Seite 222 mindestens alle Pflichtrollen[84] aus Abbildung 3-52 erfasst werden.[85]

Sicht "Partnerschemazuordnung" ändern: Übersicht

Neue Einträge

Dialogstruktur	Partnerschemazuordnung			
▼ ☐ Partnerschemata	Ve...	Bezeichnung	Partnerschema	Bezeichnung
• ☐ Partnerrollen im Schema	AF	Anfrage	TA	Terminauftrag
• ☐ Partnerschemazuordnung	AG	Angebot	TA	Terminauftrag
• ☐ Partnerrollen				

Abbildung 3-53: Zuordnung von Verkaufsbelegarten zum Partnerschema „TA" (SPRO)

---

84 Synonym: Obligatorische Partnerrollen

85 Man beachte, dass die vier Pflichtpartnerrollen des Partnerschemas „TA" genau denen des Partnerschemas „Auftraggeber" aus Abbildung 3-20 auf Seite 128 entsprechen.

– Positionsebene:

Auf Positionsebene können unterschiedliche Partnerschemata definiert werden.
Diesen können, wie z. B. beim Partnerschema „N" in Abbildung 3-54, obligatorische und optionale Partnerrollen zugeordnet werden.

Sicht "Partnerrollen im Schema" ändern: Übersicht

Neue Einträge

Dialogstruktur	Partnerrollen im Schema				
▼ ☐ Partnerschemata	Partnerschema	Partn...	Bezeichnung	N..	Pflichtrolle
• ☐ Partnerrollen im Schema	N	AP	Ansprechpartner	☐	☐
• ☐ Partnerschemazuordnung	N	EN	Endkunde für A...	☐	☐
• ☐ Partnerrollen	N	Q1	QZeugnEmpf. ...	☐	☐
• ☐ Kontogruppen-Rollenzuordnu	N	Q2	QZeugnEmpf. A...	☐	☐
• ☐ Partnerrollenumschlüsselung	N	RE	Rechnungsempf...	☐	☐
	N	RG	Regulierer	☐	☐
	N	SB	Sonderbestands...	☐	☐
	N	VE	Vertriebsbeauftr...	☐	☐
	N	WE	Warenempfänger	☐	☑

Abbildung 3-54:   Partnerrollen auf Positionsebene im Partnerschema „N" (SPRO)

Es existieren jedoch auch Partnerschemata ohne zugeordnete Partnerrollen, wie
z. B. das Partnerschema „T" (vgl. Abbildung 3-55).

Sicht "Partnerrollen im Schema" ändern: Übersicht

Neue Einträge

Dialogstruktur	Partnerrollen im Schema				
▼ ☐ Partnerschemata	Partnerschema	Part...	Bezeichnung	N...	Pflichtrolle
• ☐ Partnerrollen im Schema					
• ☐ Partnerschemazuordnung					
• ☐ Partnerrollen					
• ☐ Kontogruppen-Rollenzuordnu					
• ☐ Partnerrollenumschlüsselung					

Abbildung 3-55:   Partnerrollen auf Positionsebene im Partnerschema „T" (SPRO)

Jedem Partnerschema werden dann verschiedene Positionstypen aus Verkaufsbelegen zugewiesen.

Abbildung 3-56 zeigt, dass die beiden zu einer Anfrage gehörenden Positionstypen „AFN" und „AFNN" dem Partnerschema „T" aus Abbildung 3-55
zugewiesen sind. Damit ergibt sich, dass bei einer Anfrage mit diesen Positionstypen auf Positionsebene nicht zwingend ein Partner angegeben werden muss.

Dagegen muss bei einem Angebot mit den Positionstypen „AGN" und
„AGNN" gemäß Abbildung 3-54 auf Positionsebene mindestens ein Waren-

empfänger angegeben sein. Auf Kopfebene müssen nach Abbildung 3-52 zusätzlich Auftraggeber, Rechnungsempfänger und Regulierer benannt werden.

Sicht "Partnerschemazuordnung" ändern: Übersicht

✎ Neue Einträge 📋 🖳 🖉 🖳 🖳 🖳

Dialogstruktur	Partnerschemazuordnung			
▼ ☐ Partnerschemata	Positionstyp	Bezeichnung	Partnerschema	Bezeichnung
• ☐ Partnerrollen im Schema	AFN	Anfrageposition	T	keine Pos.Partner
• 🗐 Partnerschemazuordnung	AFNN	Kostenlose Positi...	T	keine Pos.Partner
• ☐ Partnerrollen	AFTX	Textposition	T	keine Pos.Partner
• ☐ Kontogruppen-Rollenzuordnu	AFX	Anfrageposition	T	keine Pos.Partner
• ☐ Partnerrollenumschlüsselung	AGC	Variantenkonfigur..N		Normalposition
	AGE	Angebot für Serv..N		Normalposition
	AGM	Konfiguration unt..N		Normalposition
	AGN	Normalposition	N	Normalposition
	AGNN	Kostenlose Positi...	N	Normalposition

Abbildung 3-56: Zuordnung von Positionstypen aus Verkaufsbelegen zu Partnerschemata (SPRO)

3.3.5.7 Kopiersteuerung für Belegdaten festlegen

Für einen Belegfluss für sachlogisch zusammengehörige Belege, wie z. B. in Abbildung 3-28 auf Seite 206 dargestellt, muss in SAP ERP im Customizing die Art und der Umfang der Datenübernahme aus einem Vorgängerbeleg für einen Folgebeleg festgelegt werden.[86]

Auf Seite 207 wurde bereits beschrieben, dass der Belegfluss auf Beleg- und auf Positionsebene fortgeschrieben wird. Aufgrund des unterschiedlichen Aufbaus von Belegen der Vertriebsunterstützung und Verkaufsbelegen erfolgt in SAP ERP zwischen diesen keine Kopiersteuerung; lediglich der Belegfluss wird auf Belegebene fortgeschrieben (vgl. Seite 207).

---

86 Wenn Sie sich allgemein mehr für Datenflüsse zwischen verschiedenen Objekten in SAP ERP interessieren, so können Sie sich im Menüpfad „Werkzeuge/ ABAP Workbench/ Entwicklung/ Data Modeler" (Transaktionscode SD11) Grafiken mit dem Datenmodell für verschiedene Modellierungsobjekte anzeigen lassen. Beispielsweise heißt das Modellierungsobjekt für den Vertrieb „ARCSD", das für die Vertriebsunterstützung „ARCSD301", das für den Verkauf „ARCSD302", das für den Versand „ARCSD303" und das für die Fakturierung „ARCSD304".

Festlegungen zur Kopiersteuerung existieren für Kontakte, Verkaufsbelege, Lieferungen sowie Fakturen. Sie befinden sich an mehreren Stellen im Customizing:

- Zwischen zwei Kontakten im Menüpfad „Vertrieb/ Vertriebsunterstützung/ Kopiersteuerung für Kontakte pflegen".

- Zwischen zwei Verkaufsbelegen sowie von einer Faktura zu einem Verkaufsbeleg im Menüpfad „Vertrieb/ Verkauf/ Kopiersteuerung für Verkaufsbelege pflegen".

- Von einem Verkaufsbeleg zu einer Lieferung im Menüpfad „Logistics Execution/ Versand/ Kopiersteuerung/ Kopiersteuerung für Lieferungen festlegen".

- Von einem Verkaufsbeleg, einer Lieferung oder einer Faktura zu einer Faktura im Menüpfad „Vertrieb/ Fakturierung/ Fakturen/ Kopiersteuerung für Fakturen pflegen".

Kopiersteuerung zwischen Kontakten

Die Kopiersteuerung zwischen Kontakten wurde bereits in Abbildung 3-29 auf Seite 207 gezeigt. Bei der Nutzung der F4-Hilfe für Einträge der Spalte „Datenübernahme" für jeden Folgekontakt zu einem Vorgängerkontakt wird die zugehörige Nummer der Formroutine für die Kopiersteuerung angezeigt.

Anmerkungen zu Formroutinen:

- Eine Formroutine ist ein Unterprogramm, mit dem zu einem bestimmten Zeitpunkt Bedingungen beim Kopieren geprüft und die für den Folgebeleg zu übernehmenden Daten aus den Feldern der Tabelle des Vorgängerbelegs zugeordnet werden.

- Formroutinen existieren bei SAP ERP bei Vertriebsbelegen zu Kontakten, Verkaufsbelegen, Lieferungen und Fakturen für

  • Kopierbedingungen, in denen festgelegt ist, welche Daten beim Kopieren von Belegen betroffen sind und

  • Datenübernahmen, welche eine Feinsteuerung der kopierten Felder ermöglichen.
    Beispielsweise kann festgelegt werden, dass einzelne Datenfelder von Positionen nur mit bestimmten anderen Feldern in genau spezifizierte Verkaufsbelege kopiert werden.

– Die Inhalte von allen Formroutinen für Kopierbedingungen und Datenübernahmen kann man sich im Customizing unter dem Menüpfad „Vertrieb/ Systemanpassung/ Routinen/ Kopierbedingungen definieren" bzw. mit dem Transaktionscode VOFM anzeigen lassen, z. B.:

- Die Datenübernahme von Abbildung 3-29 auf Seite 207 befindet sich in der Menüleiste unter „Datenübernahme/ Kontakte". Nach Auswahl der Formroutine „1" und Klick auf das Icon „Quelltext" wird der Quelltext aus Abbildung 3-57 angezeigt.

- Die in Abbildung 3-59 auf Seite 241 dargestellten Formroutinen für Kopierbedingungen findet man in der Menüleiste unter „Kopierbedingungen/ Aufträge". Der Quelltext der Formroutine „1" ist in Abbildung 3-60 auf Seite 242 dargestellt.

In Abbildung 3-57 sind z. B. die Daten zu sehen, die mit der Formroutine „1" aus Daten des Vorgängerbelegs in den Folgebeleg kopiert werden.

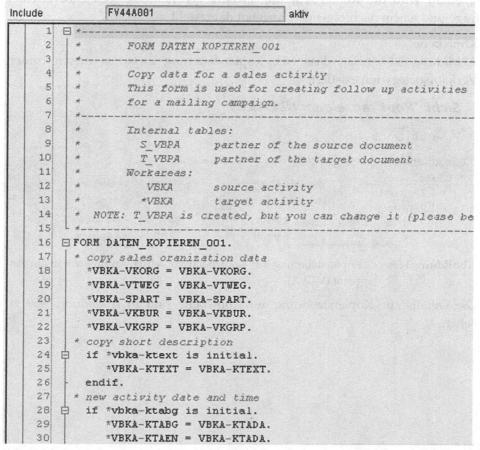

```
Include          FV44A001                    aktiv
   1  ⊟ *---------------------------------------------------------
   2    *        FORM DATEN_KOPIEREN_001
   3    *---------------------------------------------------------
   4    *        Copy data for a sales activity
   5    *        This form is used for creating follow up activities
   6    *        for a mailing campaign.
   7    *---------------------------------------------------------
   8    *        Internal tables:
   9    *           S_VBPA       partner of the source document
  10    *           T_VBPA       partner of the target document
  11    *        Workareas:
  12    *           VBKA         source activity
  13    *          *VBKA         target activity
  14    *  NOTE: T_VBPA is created, but you can change it (please be
  15    *---------------------------------------------------------
  16  ⊟ FORM DATEN_KOPIEREN_001.
  17    * copy sales oranization data
  18      *VBKA-VKORG = VBKA-VKORG.
  19      *VBKA-VTWEG = VBKA-VTWEG.
  20      *VBKA-SPART = VBKA-SPART.
  21      *VBKA-VKBUR = VBKA-VKBUR.
  22      *VBKA-VKGRP = VBKA-VKGRP.
  23    * copy short description
  24  ⊟   if *vbka-ktext is initial.
  25        *VBKA-KTEXT = VBKA-KTEXT.
  26      endif.
  27    * new activity date and time
  28  ⊟   if *vbka-ktabg is initial.
  29        *VBKA-KTABG = VBKA-KTADA.
  30        *VBKA-KTAEN = VBKA-KTADA.
```

Abbildung 3-57: Beispiel für eine Formroutine für eine Kopierbedingung zwischen Kontakten (OVCP)

Der Quelltext für eine Formroutine kann angezeigt werden, indem man in Abbildung 3-29 auf Seite 207 die Zeile für eine Formroutine markiert und anschließend auf das Icon ▣ klickt. Abbildung 3-57 zeigt, dass beim Kopieren von Daten zwischen verschiedenen Kontaktarten ausschließlich Felder der Tabelle VBKA kopiert werden.[87]

Kopiersteuerung zwischen Verkaufsbelegen

Die Kopiersteuerung zwischen Verkaufsbelegen ist wie der Aufbau eines Verkaufsbelegs selbst dreistufig auf Kopf-, Positions- und Einteilungsebene ausgestaltet. Für die Kopiersteuerung existieren auf allen drei Ebenen

– Routinen für die Datenübernahme,

– Kopierbedingungen sowie

– sonstige Einstellungen, wie z. B. für einen Belegfluss.

Beispielhaft wird die Kopiersteuerung zwischen Verkaufsbelegen anhand einer Anfrage und einem nachfolgenden Angebot dargestellt.

– Kopfebene:
   Abbildung 3-58 zeigt, dass eine Kopiersteuerung zwischen diesen beiden Verkaufsbelegarten existiert.

Abbildung 3-58:   Kopiersteuerung auf Kopfebene von einer Anfrage zu einem Angebot (VTAA)

Die Details zur Kopiersteuerung auf Kopfebene sind in Abbildung 3-59 zu sehen.

---

87 Die Syntax in ABAP ist so aufgebaut, dass zuerst der Tabellenname und dann, mit einem Bindestrich getrennt, der Spaltenname angegeben wird.

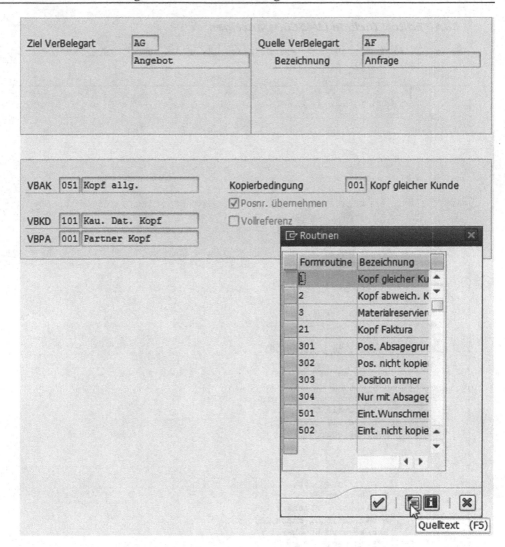

Abbildung 3-59: Details zur Kopiersteuerung auf Kopfebene von einer Anfrage zu einem Angebot (VTAA)

In Abbildung 3-59 ist im Datenfeld „Vollreferenz" kein Häkchen gesetzt. Dies bedeutet, dass eine Anfrage nicht vollständig in ein Angebot kopiert wird. So können im Angebot Änderungen erfasst werden, z. B. kann eine aus der Anfrage übernommene Position gelöscht oder deren Auftragsmenge geändert werden.

Des Weiteren ist auf Kopfebene u. a. die Kopierbedingung mit einer Formroutine analog zu Abbildung 3-57 auf Seite 239 angegeben. Für die Kopiersteuerung von einer Anfrage zu einem Angebot wird in dieser u. a. geprüft, ob der Auftraggeber und der Vertriebsbereich identisch sind (vgl. Abbildung 3-60).

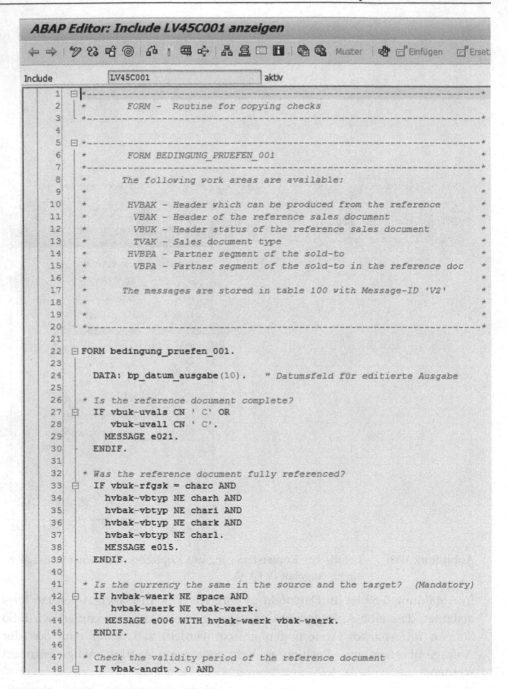

Abbildung 3-60:   Beispiel für eine Formroutine für eine Kopierbedingung auf Kopfebene eines Verkaufsbelegs (VTAA)

– Positionsebene:
Auf Positionsebene werden ein oder mehrere Positionstypen angegeben (vgl. Abbildung 3-61), die dann – wie beispielhaft in Abbildung 3-62 dargestellt – individuell ausgesteuert werden können.

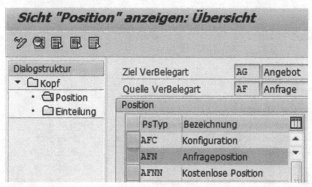

Abbildung 3-61: Positionstypen für die Kopiersteuerung von einer Anfrage zu einem Angebot (VTAA)

Für eine Normalposition (Positionstyp AFN) in einer Anfrage wird im Angebot ebenfalls eine Normalposition (Positionstyp AGN) von SAP ERP vorgeschlagen (vgl. Abbildung 3-61).

Für die Preisfindungsart ist in Abbildung 3-62 festgelegt, dass beim Angebot eine komplett neue Preisfindung durchgeführt wird und manuell eingegebene Konditionssätze aus der Anfrage nicht übernommen werden.

Zudem ist u. a. im Datenfeld „Update Belegfluss" der Eintrag „X" vorhanden. Dies bedeutet, dass Belegflusssätze von der Zielverkaufsbelegposition „AGN" zur Quellbelegposition „AFN" und ggf. zu referierten Vorgängerbelegpositionen erfasst werden, die mit Bezug zu einem anderen Verkaufsbeleg angelegt wurden (vgl. Seite 221; z. B. zu einer weiteren vorangegangenen Anfrage).

Dieser Referenzstatus für Positionen im referenzierten Beleg im Belegfluss wird aufgrund der Regel für die Erledigung bei der Definition eines Positionstyps (vgl. Seite 216) in dem Eintrag im Datenfeld „Update Belegfluss" fortgeschrieben. Der Zusammenhang zwischen diesen beiden Einstellungen offenbart sich nur sehr schwer, ist aber äußerst wichtig für die Datenintegration innerhalb des Belegflusses.

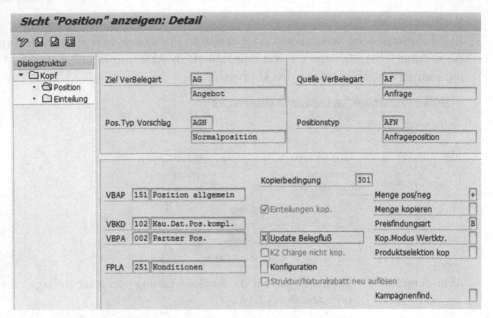

Abbildung 3-62:   Details zur Kopiersteuerung für den Positionstyp „AFN" zum Positionstyp „AGN" (VTAA)

– Einteilungsebene:
Auf der Einteilungsebene können für die Kopiersteuerung zwischen zwei Verkaufsbelegarten verschiedene Einteilungstypen definiert werden (vgl. Abbildung 3-63).

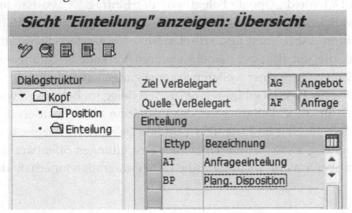

Abbildung 3-63:   Kopiersteuerung auf Einteilungsebene zum Positionstyp von einer Anfrage zu einem Angebot (VTAA)

Abbildung 3-64 zeigt Details zum Einteilungstyp „BP" aus Abbildung 3-63 für eine Anfrage. In diesem Fall werden mittels einer Formroutine nur Einteilungen von einer Anfrage in ein Angebot kopiert, wenn deren offene Menge positiv ist.

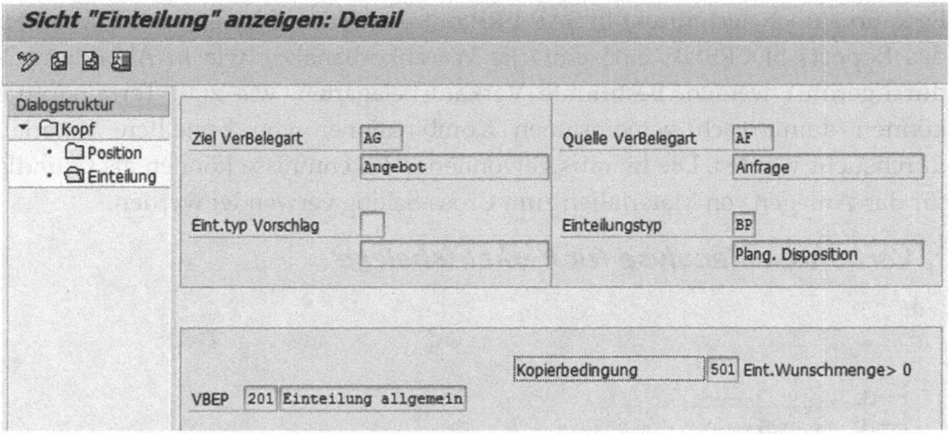

Sicht "Einteilung" anzeigen: Detail

Dialogstruktur
- ▼ ☐ Kopf
  - • ☐ Position
  - • ☐ Einteilung

Ziel VerBelegart   AG
                    Angebot

Quelle VerBelegart   AF
                      Anfrage

Eint.typ Vorschlag   ☐

Einteilungstyp   BP
                  Plang. Disposition

Kopierbedingung   501 Eint.Wunschmenge> 0

VBEP 201 Einteilung allgemein

Abbildung 3-64:   Details zum Einteilungstyp „BP" für eine Anfrage (VTAA)

3.3.5.8 Vorschläge zum Cross-Selling unterbreiten

Um Geschäftsbeziehungen nachhaltig anzubahnen und zu festigen, müssen Unternehmen stets auf individuelle Kundenbedürfnisse und allgemeine Trends eingehen. Je mehr Informationen und Daten zu Kunden bekannt sind, umso individueller kann ein Unternehmen mit Maßnahmen der Verkaufsunterstützung und -förderung auf Kundenbedürfnisse und -anforderungen reagieren.

In diesem und dem nächsten Kapitel werden mit dem materialabhängigen Cross-Selling und den kundenabhängigen Produktvorschlägen zwei Maßnahmen zur Verkaufsunterstützung und -förderung in SAP ERP beschrieben.

Als Cross-Selling bezeichnet man die Abschöpfung von Vertriebschancen bei anderen Produkten und Dienstleistungen, die erst einmal nicht offensichtlich mit dem vom Kunden nachgefragten Produkt in Verbindung stehen.

Ein klassisches Beispiel für Cross-Selling ist der Zusammenhang zwischen Kinderwindeln und Bier. Man hat angeblich herausgefunden, dass Männer, die zum Kauf von Kinderwindeln geschickt wurden, sich in Erwartung des Geschreis des lieben Nachwuchses oftmals gleich auch noch ein paar Flaschen Bier kaufen. Dieser entdeckte Zusammenhang ist der Grund, warum in einigen Geschäften Kinderwindeln recht nahe beim Bier positioniert sind.

Die emotionale Bindung von Kunden wird beim Cross-Selling genutzt, um Vorschläge für Querverkäufe zu unterbreiten. Zufriedene Kunden sind oftmals aufgeschlossen, von einem bereits bekannten Verkäufer weitere Produkte nachzufragen. Der Vorteil des Unternehmens besteht darin, dass beim Cross-Selling kaum Akquisitionskosten anfallen.

Im analytischen CRM (vgl. Seite 193) wird nach solchen versteckten Abhängigkeiten u. a. mit Warenkorbanalysen gesucht. Daher stammen die dem Cross-Selling zugrundeliegenden Wirkungszusammenhänge meist aus Daten von einem an ein CRM-System angeschlossenen Data Warehouse.

Es kann jedoch auch direkt in SAP ERP mit dem Transaktionscode SE38 mit Hilfe des Reports SDCRSL01 eine einfache Warenkorbanalyse wie in Abbildung 3-65 durchgeführt werden. Bestimmte Verkaufsbelegarten, wie z. B. Terminaufträge, können damit nach gemeinsamen Kombinationen von bestellten Materialien durchsucht werden. Die hieraus gewonnenen Erkenntnisse können als Grundlage für das Anlegen von Materialien zum Cross-Selling verwendet werden.

Verbundkaufanalyse für Verkaufsbelege

☐ Kopfinformation
☐ Häufigkeiten, ein Objekt
☐ Verbundhäufigkeiten, zwei Objekte

Material	Material	Sup. (%)
Flatscreen MS 1775P	MAG PA/DX 175	2,82
Flatscreen MS 1785P	SEC Multisync XV15	2,76
Flatscreen MS 1585	MAG DX 17F	2,76
Flatscreen LE 64P	SEC Multisync XV15	2,73
Flatscreen LE 50 P	MAG DX 17F	2,70
Flatscreen MS 1575P	MAG DX 15F/Fe	2,67
Flatscreen LE 50 P	Flatscreen MS 1585	2,64
Sunny Sunny 01	MAG DX 17F	2,62
Flatscreen LE 64P	Flatscreen MS 1785P	2,62
Sunny Sunny 01	Flatscreen MS 1585	2,56
MAG PA/DX 175	Jotachi SN4500	2,55
Sunny Extrem	Flatscreen MS 1575P	2,53
SEC Multisync XV15	Jotachi SN5000	2,51
Sunny Sunny 01	Flatscreen LE 50 P	2,50
Sunny Extrem	MAG DX 15F/Fe	2,44
Flatscreen MS 1775P	Jotachi SN4500	2,42
Flatscreen MS 1785P	Jotachi SN5000	2,41
Flatscreen LE 64P	Jotachi SN5000	2,38
Flatscreen MS 1460 P	MAG PA/DX 175	2,13
Flatscreen MS 1460 P	Flatscreen MS 1775P	2,01

☐ Assoziationsregeln, zwei Objekte

Abbildung 3-65:   Beispiel für eine Warenkorbanalyse in SAP ERP (SE38)

Das Cross-Selling ist in SAP ERP ebenfalls über die Konditionstechnik (vgl. Kapitel 3.2.3.1) realisiert. Folgende Arbeiten müssen im Customizing unter dem Menüpfad „Vertrieb/ Grundfunktionen/ Cross-Selling" ausgeführt werden, um es einzurichten:

– Feldkatalog und Konditionstabellen pflegen:
  Aus dem Feldkatalog (vgl. Seite 120) können Konditionstabellen (vgl. Seite 119) angelegt werden, falls die bereits in der Standardauslieferung von SAP ERP enthaltenen Konditionstabellen nicht für die Definition von Zugriffsfolgen (vgl. Seite 119) ausreichen.

– Zugriffsfolgen pflegen:
In der Standardauslieferung von SAP ERP ist bereits eine Zugriffsfolge für Cross-Selling-Artikel enthalten. Der Zugriff ist beim Cross-Selling definitionsgemäß materialabhängig, daher wird in der ausgelieferten Zugriffsfolge nur auf die Materialnummer aus der Konditionstabelle „11" zugegriffen (vgl. Abbildung 3-66).

Abbildung 3-66: Beispiel für eine Zugriffsfolge zum Cross-Selling (OV41)

– Konditionsarten definieren:
Für das Cross-Selling muss mindestens eine eigene Konditionsart definiert werden, der zumindest eine Zugriffsfolge zugeordnet ist. Diese Konditionsart dient zur Materialfindung im Verkaufsbeleg und muss im Anwendungsmenü beim Anlegen von Stammsätzen zum Cross-Selling (siehe unten) als Findungsart angegeben werden.

– Schema zum Cross-Selling definieren:
Das Schema für Konditionen (vgl. Seite 117) zum Cross-Selling muss mit mindestens einer Konditionsart definiert werden.

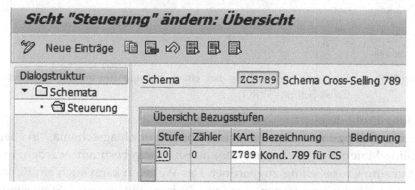

Abbildung 3-67: Schema zum Cross-Selling mit einer Konditionsart zum Cross-Selling (OV43)

– Kunden- und Belegschema für Cross-Selling definieren:
Das Cross-Selling-Profil (siehe unten) wird einer Kombination aus Vertriebsbereich, Kundenschema zum Cross-Selling und Belegschema zum Cross-Selling zugeordnet. Daher muss ein

- Kundenschema zum Cross-Selling angelegt werden, welches in den Vertriebsbereichsdaten des Kundenstamms im Feld „Kundenschema PV" eingetragen wird.

- Belegschema für Cross-Selling definiert werden, das einzelnen Verkaufsbelegarten zugeordnet wird.

Nach dem Zuordnen des Belegschemas zu einer oder mehreren Verkaufsbelegarten muss im Customizing im Menüpfad „Vertrieb/ Verkauf/ Verkaufsbelege/ Verkaufsbelegposition/ Positionstypen zuordnen" mindestens noch ein Eintrag für die Positionstypenfindung für das Cross-Selling-Material angelegt werden. Abbildung 3-68 zeigt ein Beispiel für eine Anfrage, bei der ein Cross-Selling-Material zu einem Material mit dem Positionstyp „AFN" ermittelt wird. Dem Cross-Selling-Material wird in diesem Fall selbst der Positionstyp „AFN" zugeordnet.

Neue Einträge: Detail Hinzugefügte

Verk.belegart	AF
PosTypengruppe	NORM
PosVerwendung	CSEL
PosTyp ÜbergPos	AFN
Positionstyp	AFN
Pos.Typ manuell	

Abbildung 3-68:   Positionstypenfindung bei einer Anfrage für eine Position zum Cross-Selling (SPRO)

– Cross-Selling-Profil definieren:
Einem Cross-Selling-Profil werden ein Produktvorschlagsschema, in dem Cross-Selling-Materialien über einen Funktionsbaustein bestimmt werden, und ein Schema zum Cross-Selling zugeordnet. Des Weiteren kann auch ein Kalkulationsschema direkt eingetragen werden. Zudem gibt es zwei Steuerungskennzeichen für die Art des Popup zum Cross-Selling im Verkaufsbeleg sowie für die Verfügbarkeitsprüfung für das Cross-Selling-Material (vgl. Abbildung 3-69).

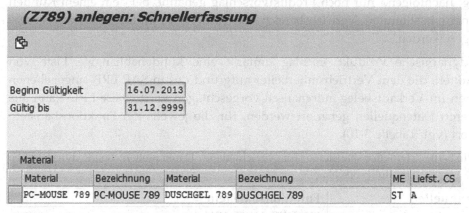

Sicht "Profildefinition" ändern: Detail

🖉 Neue Einträge 🗋 🗐 🖎 🖆 🖪 🔢

Schlüssel		
Cross-Selling Profil	ZCP789	CS-Profil 789

Allgemeine Steuerung		
Produktvorschlagsschema	B00001	Cross-Selling
Cross-Selling Kalk.Schema	ZCS789	Schema Cross-Selling 789
Kalkulationsschema		
Cross-Selling Popup-Kennzeichen	☐	Popup erscheint nach Datenfreigabe und auf An...
☑ Cross-Selling ATP-Kennzeichen		Verfügbarkeitsprüfung findet statt

Abbildung 3-69:   Beispiel für ein Cross-Selling-Profil (SPRO)

– Cross-Selling-Profil zuordnen:
Abschließend wird das Cross-Selling-Profil einer Kombination von einem
Vertriebsbereich, einem Belegschema und einem Kundenschema zugewiesen.

Wenn alle diese Einstellungen im Customizing erfolgt sind, können Stammsätze
für Cross-Selling im Anwendungsmenü im Menüpfad „Logistik/ Vertrieb/
Stammdaten/ Produkte/ Cross-Selling" angelegt werden. Abbildung 3-70 zeigt ein
Beispiel für einen Stammsatz zum Cross-Selling. Dem Material „PC-Mouse 789"
wird das Cross-Selling-Material „Duschgel 789" zugeordnet.

(Z789) anlegen: Schnellerfassung

🖺

Beginn Gültigkeit	16.07.2013
Gültig bis	31.12.9999

Material					
Material	Bezeichnung	Material	Bezeichnung	ME	Liefst. CS
PC-MOUSE 789	PC-MOUSE 789	DUSCHGEL 789	DUSCHGEL 789	ST	A

Abbildung 3-70:   Beispiel für einen Stammsatz zum Cross-Selling (VB41)

Wird in einem Verkaufsbeleg, beispielsweise bei einer Anfrage, das Material
„PC-Mouse 789" mit einer zugehörigen Auftragsmenge angegeben und ENTER
gedrückt, so erscheint der Popup zum Cross-Selling-Material aus Abbildung 3-71.

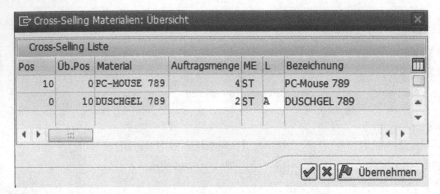

Abbildung 3-71:   Beispiel für ein Popup zu einem Cross-Selling-Material beim Anlegen einer Anfrage (VA11)

Der Erfasser des Verkaufsbelegs kann eine Auftragsmenge für das Cross-Selling-Material eintragen und diesen Vorschlag zum Cross-Selling übernehmen. In diesem Fall wird das Cross-Selling-Material mit dem Positionstyp „AFN" in den Verkaufsbeleg übernommen (vgl. Abbildung 3-68).

Löscht der Erfasser später bei der Bearbeitung des Verkaufsbelegs die Position mit dem Material, auf den sich der Vorschlag zum Cross-Selling bezieht, so wird auch die Position mit dem Cross-Selling-Material gelöscht.

3.3.5.9 Produktalternativen kundenindividuell vorschlagen

Eine Maßnahme zur Verkaufsförderung ist auch der sog. dynamische Produktvorschlag, nachfolgend nur noch Produktvorschlag genannt, bei dem einem Kunden in einem bestimmten Vertriebsbereich individuelle Produktalternativen vorgeschlagen werden.

Der dynamische Produktvorschlag umfasst eine kundenabhängige Liste von Produkten, die dem Vertriebsmitarbeiter aufgrund des in SAP ERP eingegebenen Kunden im Verkaufsbeleg automatisch vorgeschlagen wird. Diese Liste kann aus mehreren Datenquellen generiert werden, für die jeweils ein Funktionsbaustein existiert (vgl. Tabelle 3-10).

Tabelle 3-10:   Funktionsbausteine für verschiedene Datenquellen beim dynamischen Produktvorschlag

Datenquelle	Funktionsbaustein
Auftragshistorie	SD_DPP_HISTORY
Listung	SD_DPP_LISTING
Positionsvorschlag	SD_DPP_PRODUCT_PROPOSAL
Kunden-Material-Info	SD_DPP_CUSTOMER_MATERIAL_INFO
Ausschluss	SD_DPP_EXCLUSION

Auch der Produktvorschlag ist in SAP ERP über die in Kapitel 3.2.3.1 beschriebene Konditionstechnik realisiert.

Folgende Arbeiten müssen im Customizing unter dem Menüpfad „Vertrieb/ Grundfunktionen/ Dynamischer Produktvorschlag" ausgeführt werden, um einen Produktvorschlag zu generieren:

– Ein Kundenschema für den Produktvorschlag definieren:
  Da der Produktvorschlag kundenindividuell ist, muss das Kundenschema für den Produktvorschlag in den Vertriebsbereichsdaten des Kundenstamms im Feld „Kundenschema PV" hinterlegt werden.
  Möchte man sowohl dynamische Produktvorschläge als auch Cross-Selling gemeinsam nutzen, so wird dafür das identische Kundenschema vom Cross-Selling (vgl. Seite 248) verwendet.
  Beim Bearbeiten eines Verkaufsbeleges für den Kunden wird es dann automatisch berücksichtigt.

– Ein Belegschema für den Produktvorschlag definieren und zuordnen:
  Das Belegschema für den Produktvorschlag wird definiert und dann einzelnen Vertriebsbelegarten zugeordnet. Bei der gleichzeitigen Verwendung von dynamischen Produktvorschlägen und Cross-Selling wird wiederum – analog zum Kundenschema – ein gemeinsames Belegschema mit dem Cross-Selling genutzt.

– Einen Indikator für die Herkunftstabelle für den Produktvorschlag anlegen:
  Die Indikatoren für die Datenquellen aus Tabelle 3-10 sind bereits in der Standardauslieferung von SAP ERP enthalten.

– Ein Produktvorschlagsschema definieren:
  Produktvorschläge basieren in der Praxis meistens auf der kundenindividuellen Auftragshistorie. Für so einen Fall können in einem Produktvorschlagsschema noch verschiedene Eingrenzungen zur Anzahl der Perioden etc. vorgenommen werden (vgl. Abbildung 3-72).

Sicht "Produktvorschlagsschema" ändern: Übersicht

Prod.Sch.	Bez.	Per. anz.	PerArt	Spbez
A00001	PV - Hintergrund	12	Anzahl Verkaufsbelege ▾	Datum Vertriebsbeleg
A00002	PV - Online	12	Anzahl Verkaufsbelege ▾	Datum Vertriebsbeleg
B00001	Cross-Selling		▾	
CSPV1	Cross-Selling		▾	
Z00789	PV - Online789		▾	

Abbildung 3-72: Beispiele für Schema für einen Produktvorschlag (SPRO)

– Zugehörige Zugriffsfolgen für ein Produktvorschlagsschema definieren:
Für jedes Produktvorschlagsschema muss mindestens eine Zugriffsfolge mit
einem Funktionsbaustein und einer Datenquelle aus Tabelle 3-10 hinterlegt
werden (vgl. Abbildung 3-73).

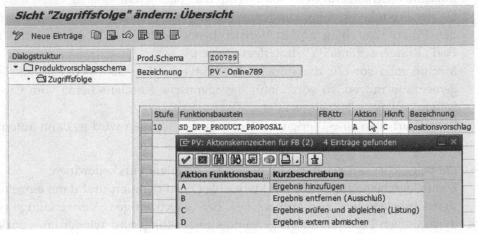

Abbildung 3-73:   Beispiel für eine Zugriffsfolge für ein Schema für einen Produktvorschlag (SPRO)

In der Zugriffsfolge wird ein Funktionsbaustein für die Herkunft des Produktvorschlagsschemas hinterlegt. Eine zugehörige Aktion gibt an, wie mit den
ermittelten Materialien verfahren werden soll.

In der Standardauslieferung von SAP ERP stehen u. a. folgende Funktionsbausteine für verschiedene Datenquellen zur Verfügung:

• SD_DPP_EXCLUSION: Materialien aus einem Materialausschluss, die nicht
  an den Kunden geliefert werden dürfen.

• SD_DPP_HISTORY Materialien aus der Auftragshistorie des Kunden.

• SD_DPP_LISTING: Materialien aus einer kundenindividuellen Listung, die
  vom Kunden gekauft werden dürfen.

• SD_DPP_PRODUCT_PROPOSAL: Materialien aus einem Positionsvorschlag
  (vgl. Seite 228).

• SD_DPP_CUSTOMER_MATERIAL_INFO Materialien aus einer Kunden-
  Material-Info (vgl. Kapitel 3.3.5.4).

– Die Ermittlung für ein Produktvorschlagsschema pflegen:
Ein Produktvorschlagsschema kann online oder im Hintergrund ermittelt werden:

• Online wird ein Produktvorschlagsschema von SAP ERP ermittelt (vgl. Abbildung 3-74) aus:

  ▪ Vertriebsbereich aus dem Verkaufsbeleg,

  ▪ Verkaufsbüro (optional),

  ▪ Verkäufergruppe (optional),

  ▪ Kundenschema für den Produktvorschlag und

  ▪ Belegschema für den Produktvorschlag

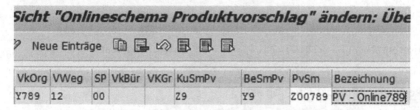

Abbildung 3-74: Ermittlung eines Produktvorschlagsschemas – online (SPRO)

• Ein Produktvorschlagsschema sollte im Hintergrund ermittelt werden, wenn auf viele unterschiedliche Datenquellen mit großem Datenvolumen zugegriffen wird. Dazu muss der Funktionsbaustein SD_DPP_READ aus der Standardauslieferung in der Zugriffsfolge eingetragen werden.

Das in der Positionsübersicht eingeblendete Material kann vom Bearbeiter bei Bedarf übernommen werden.

Wird ein Verkaufsbeleg als Folgeaktivität (z. B. zu einem Kontakt aus der Vertriebsunterstützung) oder manuell angelegt, so wird nach der Eingabe des Auftraggebers von SAP ERP automatisch der Funktionsbaustein zur Ermittlung des Produktvorschlags aufgerufen. Im Gegensatz dazu wird beim Anlegen eines Verkaufsbeleges mit Bezug zu einem Vorgängerbeleg der dynamische Produktvorschlag nicht angezeigt.

Alle Materialien, die für den Produktvorschlag ermittelt wurden, werden automatisch als mögliche Vorschlagspositionen in den Verkaufsbeleg eingeblendet. Dient die Auftragshistorie als Datenquelle für den Produktvorschlag, werden für jedes Material die in der Vergangenheit bestellten Mengen angezeigt.

Für die angezeigten Materialien eines Produktvorschlags ist die Spalte mit dem Positionstyp nicht gefüllt. Erst bei Eingabe einer Auftragsmenge werden eine Positionsnummer und ein Positionstyp zugewiesen und SAP ERP prüft für die Position Preise, Verfügbarkeit etc.

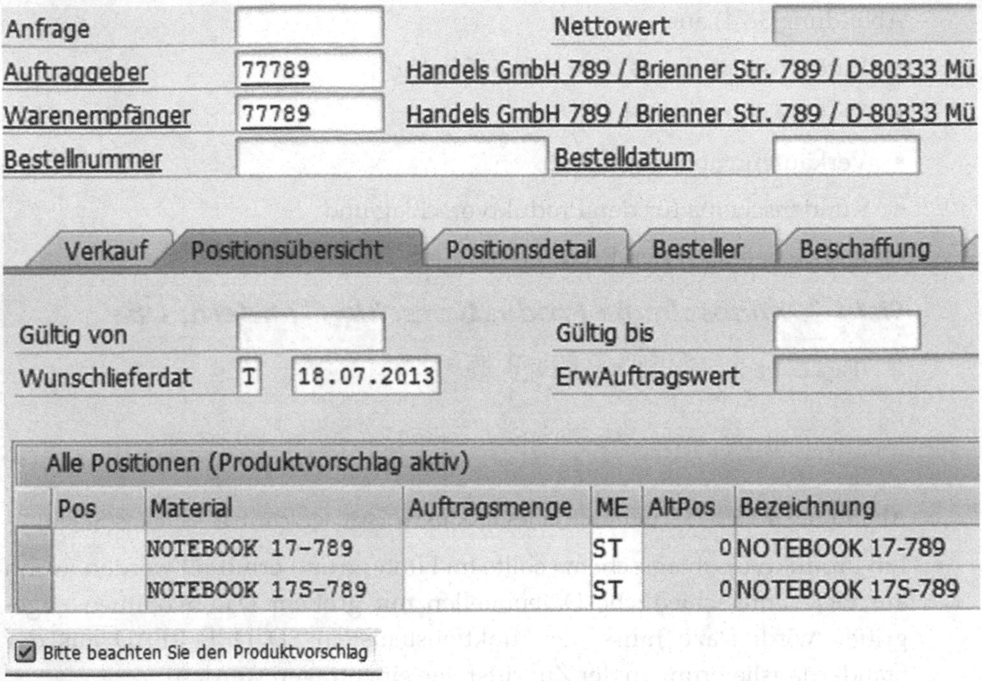

Anfrage		Nettowert	
Auftraggeber	77789	Handels GmbH 789 / Brienner Str. 789 / D-80333 Mü	
Warenempfänger	77789	Handels GmbH 789 / Brienner Str. 789 / D-80333 Mü	
Bestellnummer		Bestelldatum	

Verkauf / Positionsübersicht / Positionsdetail / Besteller / Beschaffung

Gültig von		Gültig bis	
Wunschlieferdat	T 18.07.2013	ErwAuftragswert	

Alle Positionen (Produktvorschlag aktiv)

	Pos	Material	Auftragsmenge	ME	AltPos	Bezeichnung
		NOTEBOOK 17-789		ST	0	NOTEBOOK 17-789
		NOTEBOOK 17S-789		ST	0	NOTEBOOK 17S-789

☑ Bitte beachten Sie den Produktvorschlag

Abbildung 3-75:   Beispiel für einen Produktvorschlag beim Anlegen einer Anfrage (VA11)

Anmerkung:

In den folgenden Fällen wird kein Produktvorschlag erzeugt:

- Anlegen eines Verkaufsbelegs mit Bezug

- Ändern eines Verkaufsbeleg

- Anzeigen eines Verkaufsbelegs

3.3.5.10 Preisfindung steuern

Die Grundlagen der Preisfindung wurden bereits in Kapitel 3.2.3.1 erläutert, als die Konditionstechnik ganz allgemein anhand dieses Themas beschrieben wurde. Vergegenwärtigen Sie sich ggf. nochmals die Inhalte von Kapitel 3.2.3.1 und den zugehörigen Übungsaufgaben, da alle nachfolgenden Ausführungen darauf aufbauen.

Die Einstellungen zur Steuerung der Preisfindung befinden sich im Customizing im Menüpfad „Vertrieb/ Grundfunktionen/ Preissteuerung/ Steuerung der Preisfindung". Dort werden für die Preisfindung

– Konditionstabellen, Konditionsarten, Zugriffsfolgen, Kunden- und Belegschemata[88], Kalkulationsschemata sowie die Preisfindung für Positionstypen von Verkaufsbelegen definiert,

– Belegschema einzelnen Verkaufsbeleg- und Fakturaarten zugeordnet sowie

– Kalkulationsschema aus einer Kombination von Vertriebsbereich, Kunden- und Belegschema (vgl. oberer Teil von Abbildung 3-13 auf Seite 116) ermittelt.

Nachfolgend werden einzelne Sachverhalte zu diesen Punkten detaillierter beschrieben.

Konditionsarten definieren

Die Einstellungen zu einer Konditionsart wurden bereits in Abbildung 3-14 auf Seite 121 dargestellt. Nachfolgend wird anhand der Konditionsart „PR00" für den Materialpreis auf einzelne Aspekte davon eingegangen.

– Änderungsmöglichkeiten (vgl. Abbildung 3-76):

Änderungsmöglichkeiten			
Manuelle Eingaben	C Die Manuelle hat Priorität		
☐ Kopfkondition		☑ Betrag/Prozent	☐ Mengenrelation
☑ Pos.kondition	☐ Löschen	☐ Wert	☐ Rechenregel

Abbildung 3-76:   Einstellungen zu Änderungsmöglichkeiten bei einer Konditionsart (SPRO)

• Im Datenfeld „Manuelle Eingaben" kann festgelegt werden, ob in einem Verkaufsbeleg ein Konditionssatz zu der Konditionsart manuell durch den Anwender geändert werden kann oder nicht.

---

88 Achtung, dies sind andere Kunden- und Belegschemata als bei den dynamischen Produktvorschlägen und beim Cross Selling.

- Es wird definiert, ob es sich um eine Konditionsart auf Kopf- oder Positionsebene handelt.

  - Kopfkonditionen gelten für alle Positionen in einem Verkaufsbeleg. Sie
    wurden bereits auf Seite 118 beschrieben.

    Eine wichtige Kondition auf Kopfebene ist die Konditionsart „AMIW", in
    der statistisch ein Mindestwert je Verkaufsbeleg festgelegt wird.

    Wird der Mindestauftragswert im Verkaufsbeleg auf Kopfebene unter-
    schritten, so wird automatisch ein Mindestwertzuschlag mit der Konditi-
    onsart „AMIZ" ausgewiesen. Dieser wird als Nettobetrag auf Kopfebene
    übernommen und auf die einzelnen Positionen anteilig gemäß ihren
    jeweiligen Nettowerten aufgeteilt.

    Mindestauftragswert und Mindestwertzuschlag werden getrennt ausge-
    wiesen, da der Mindestauftragswert nur ein rein statistischer Wert mit
    lediglich informativem Charakter ist und die Preisfindung nicht beein-
    flusst.

    Da sich die Konditionsart „AMIZ" immer auf die Konditionsart „AMIW"
    bezieht, muss dafür kein eigner Konditionssatz angelegt werden. Dies
    kann man in den Einstellungen zur Konditionsart durch die Angabe
    einer sog. Referenzkonditionsart festlegen.

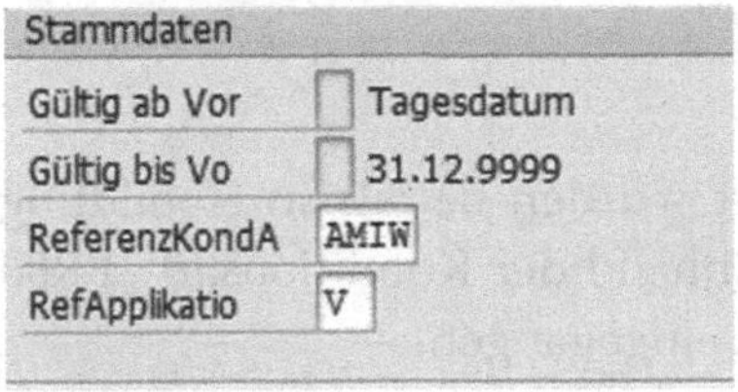

Abbildung 3-77:   Beispiel für eine Referenzkonditionsart (SPRO)

    Abbildung 3-77 zeigt die bei der Definition der Konditionsart „AMIZ"
    hinterlegte Referenzkonditionsart „AMIW".

  - Positionskonditionen gelten nur für die einzelne Position im Verkaufsbe-
    leg. Mit ihnen können verschiedene Positionen im Verkaufsbeleg indivi-
    duell ausgesteuert werden, z. B. der Materialpreis mit der Konditionsart
    „PR00".

    Analog zur Konditionsart „AMIW" auf Kopfebene kann auf Positions-
    ebene mit der Konditionsart „PMIN" ein Mindestpreis für ein Material
    festgelegt werden. Wird der Mindestpreis nach Abzug aller Abschläge
    unterschritten, so ersetzt SAP ERP automatisch den errechneten Wert
    nach Erlösschmälerungen (= Nettowert) durch den Mindestpreis und
    berechnet auf dessen Basis Mehrwertsteuer etc.

    Zudem kann man, wie auf Seite 181 beschrieben, in einem Konditionssatz
    für die Konditionsart „PR00" zu einem Materialpreis auch noch eine
    Preisuntergrenze definieren.

Folgendes Beispiel zeigt die Beziehung von Mindestpreis und Preisuntergrenze bei manuellen Änderungen in einem Verkaufsbeleg:
Für ein Material sind u. a. Konditionssätze für eine Preisuntergrenze von
250 Euro und einen Mindestpreis von 249 Euro festgelegt.
Wird in einem Verkaufsbeleg ein Bruttopreis automatisch von SAP ERP
ermittelt oder manuell vom Bearbeiter in einer Höhe eingegeben, dass
der errechnete Nettowert unter dem Mindestpreis liegt, so wird der
errechnete Nettowert (248,24 Euro in Abbildung 3-78) durch den
Mindestpreis substituiert.

I...	KArt	Bezeichnung	Betrag	Währg	pro	ME	Konditionswert	Währg
☐	PR00	Preis	255,00	EUR	1	ST	255,00	EUR
		Brutto	255,00	EUR	1	ST	255,00	EUR
☐	K007	Kundenrabatt	1,500-	%			3,83-	EUR
☐	K029	Materialgruppe	0,10-	EUR	1	KG	0,42-	EUR
☐	K148	Produkthierarchie	1,000-	%			2,51-	EUR
		Rabattbetrag	6,76-	EUR	1	ST	6,76-	EUR
☐	PMIN	Mindestpreis	249,00	EUR	1	ST	0,76	EUR
		Bonusbasis	249,00	EUR	1	ST	249,00	EUR
		Positionsnetto	249,00	EUR	1	ST	249,00	EUR
			249,00	EUR	1	ST	249,00	EUR
		Nettowert 2	249,00	EUR	1	ST	249,00	EUR
		Nettowert 3	249,00	EUR	1	ST	249,00	EUR
☐	AZWR	Anzahlung/Verrechng.	0,00	EUR			0,00	EUR
☐	MWST	Ausgangssteuer	19,000	%			47,31	EUR
		Endbetrag	296,31	EUR	1	ST	296,31	EUR
☐	SKTO	Skonto	2,000-	%			5,93-	EUR
☐	VPRS	Verrechnungspreis	199,00	EUR	1	ST	199,00	EUR
		Deckungsbeitrag	50,00	EUR	1	ST	50,00	EUR

Abbildung 3-78:   Substitution des errechneten Preises nach Erlösschmälerungen durch den definierten Mindestpreis (VA01)

Versucht der Bearbeiter beim Erfassen des Verkaufsbelegs den Bruttopreis manuell auf einen Wert unter der Preisuntergrenze von 250 Euro zu
ändern, so erscheint in der Statusleiste eine Fehlermeldung wie in
Abbildung 3-79, auch wenn der Mindestpreis noch nicht unterschritten
ist.

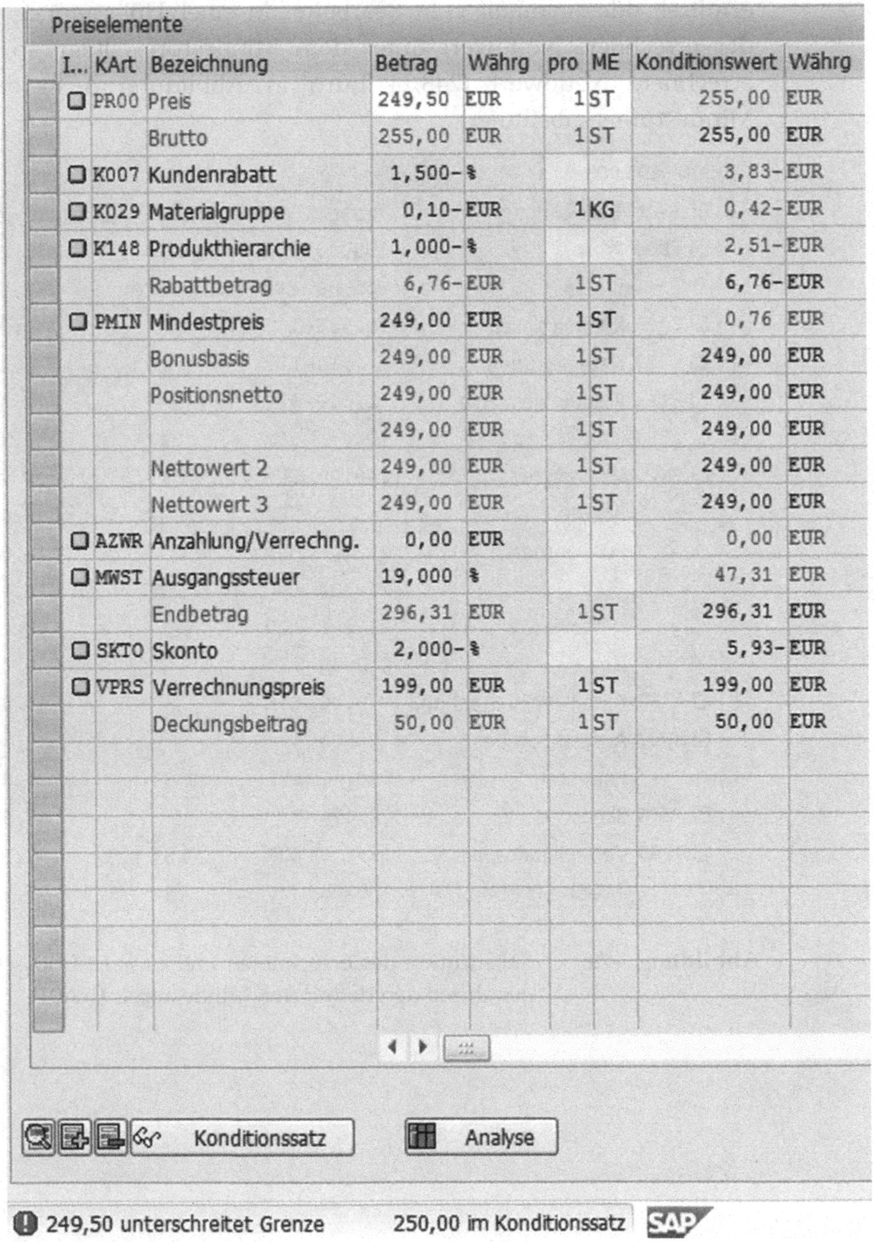

I...	KArt	Bezeichnung	Betrag	Währg	pro	ME	Konditionswert	Währg
☐	PR00	Preis	249,50	EUR	1	ST	255,00	EUR
		Brutto	255,00	EUR	1	ST	255,00	EUR
☐	K007	Kundenrabatt	1,500-	%			3,83-	EUR
☐	K029	Materialgruppe	0,10-	EUR	1	KG	0,42-	EUR
☐	K148	Produkthierarchie	1,000-	%			2,51-	EUR
		Rabattbetrag	6,76-	EUR	1	ST	6,76-	EUR
☐	PMIN	Mindestpreis	249,00	EUR	1	ST	0,76	EUR
		Bonusbasis	249,00	EUR	1	ST	249,00	EUR
		Positionsnetto	249,00	EUR	1	ST	249,00	EUR
			249,00	EUR	1	ST	249,00	EUR
		Nettowert 2	249,00	EUR	1	ST	249,00	EUR
		Nettowert 3	249,00	EUR	1	ST	249,00	EUR
☐	AZWR	Anzahlung/Verrechng.	0,00	EUR			0,00	EUR
☐	MWST	Ausgangssteuer	19,000	%			47,31	EUR
		Endbetrag	296,31	EUR	1	ST	296,31	EUR
☐	SKTO	Skonto	2,000-	%			5,93-	EUR
☐	VPRS	Verrechnungspreis	199,00	EUR	1	ST	199,00	EUR
		Deckungsbeitrag	50,00	EUR	1	ST	50,00	EUR

Preiselemente

Konditionssatz   Analyse

🔴 249,50 unterschreitet Grenze   250,00 im Konditionssatz SAP

Abbildung 3-79:   Fehlermeldung beim Unterschreiten der Preisuntergrenze
                          (VA01)

– Stammdaten (vgl. Abbildung 3-80):

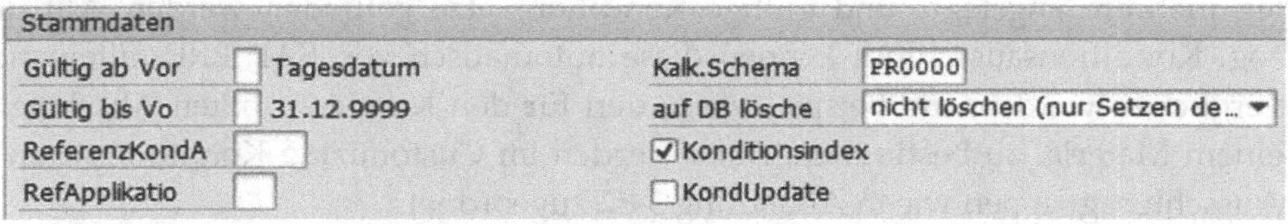

Stammdaten			
Gültig ab Vor	☐ Tagesdatum	Kalk.Schema	PR0000
Gültig bis Vo	☐ 31.12.9999	auf DB lösche	nicht löschen (nur Setzen de… ▾
ReferenzKondA	☐	☑ Konditionsindex	
RefApplikatio	☐	☐ KondUpdate	

Abbildung 3-80: Einstellungen zu Stammdaten bei einer Konditionsart (SPRO)

• Es können Vorschläge für Gültigkeitszeiträume für die Konditionssätze zu einer Konditionsart angegeben werden.

• Optional kann für Zusatzkonditionen ein separates Kalkulationsschema zur Konditionsart hinterlegt werden (vgl. Seite 179).
Zusatzkonditionen werden verwendet, wenn bei der Preisfindung bestimmte Konditionssätze im Verkaufsbeleg immer gemeinsam auftreten sollen, z. B. ein Kundenrabatt zusammen mit einem Aktionsrabatt. Sie können dann in einem Kalkulationsschema für Zusatzkonditionen zusammengefasst werden.

– Staffeln (vgl. Abbildung 3-81):

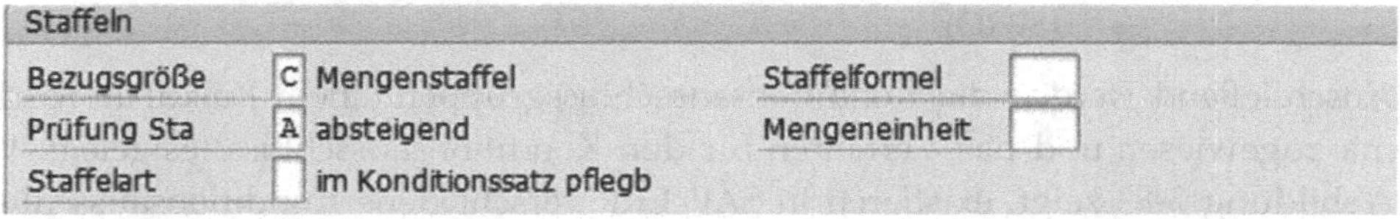

Staffeln			
Bezugsgröße	C Mengenstaffel	Staffelformel	☐
Prüfung Sta	A absteigend	Mengeneinheit	☐
Staffelart	☐ im Konditionssatz pflegb		

Abbildung 3-81: Einstellungen zu Staffeln bei einer Konditionsart (SPRO)

• Es wird definiert, ob sich Staffeln zu einer Kondition auf eine Menge, ein Gewicht oder einen anderen Sachverhalt beziehen und ob die Staffelbeträge auf- oder absteigend erfasst werden müssen.

• Zudem kann mit der Staffelart gesteuert werden, wie der Staffelwert oder -prozentsatz gepflegt wird, z. B. ab einer bestimmten Menge oder einem Wert, bis zu einer bestimmten Menge oder einem Wert oder als Intervallstaffel.

Bei der Preisfindung passiert es häufig, dass für eine Position in einem Verkaufsbeleg mehrere angelegte und gültige Konditionssätze gefunden werden. Mit dem sog. Konditionsausschluß können diese automatisch von SAP ERP miteinander verglichen werden, um beispielsweise den für den Kunden größten Abschlag zu einem Material zu bestimmen. Dazu werden im Customizing Konditionsarten zu Ausschlussgruppen wie in Abbildung 3-82 zugeordnet.

Sicht "Konditionsausschlußgruppen.

🖉 Neue Einträge ▨ ▨ ▨ ▨ ▨ ▨

AuGr	KondAusschlGruppe	KArt	Konditionsart
0001	Ausschlußgruppe 1	K004	Material
0001	Ausschlußgruppe 1	K005	Kunde/Material
0001	Ausschlußgruppe 1	K007	Kundenrabatt
0001	Ausschlußgruppe 1	K020	Preisgruppe
0001	Ausschlußgruppe 1	K030	Kunde/MatGrp
0001	Ausschlußgruppe 1	K031	Preisgrp/MatGrp
0001	Ausschlußgruppe 1	K032	Preisgrp/Mat
0002	Ausschlußgruppe 2	HD00	Fracht
0002	Ausschlußgruppe 2	KF00	Fracht

Abbildung 3-82:   Zuordnung von Konditionsarten zu Konditionsausschlussgruppen (SPRO)

Anschließend werden die Konditionsausschlussgruppen einem Kalkulationsschema zugewiesen und das Verfahren für den Konditionsausschluss festgelegt. Wie Abbildung 3-83 zeigt, existieren in SAP ERP verschiedene Konditionsausschlussverfahren. Im Kalkulationsschema „RVAA01" wird für die beiden Konditionsausschlussgruppen jeweils der für den Kunden günstige Konditionssatz einer Konditionsart innerhalb der Konditionsausschlussgruppe verwendet.

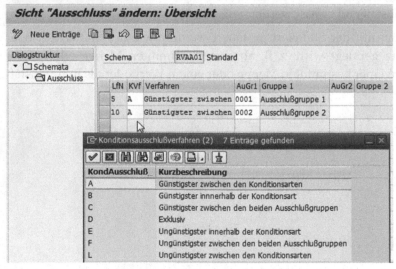

Abbildung 3-83:   Zuordnung von Konditionsausschlussgruppen zum Kalkulationsschema „RVAA01" (SPRO)

Belegschema Verkaufsbelegarten zuordnen

Jeder Verkaufsbelegart kann ein Belegschema für die Preisfindung zugeordnet werden. Auf diese Weise wird über das Belegschema im Prozessschritt „Kalkulationsschemata zuordnen" (siehe unten) ein Kalkulationsschema einzelnen Verkaufsbelegarten zugeordnet. Beispielsweise sind dem Belegschema „A" gemäß Abbildung 3-84 die Verkaufsbelegarten „Anfrage" und „Angebot" zugeordnet.

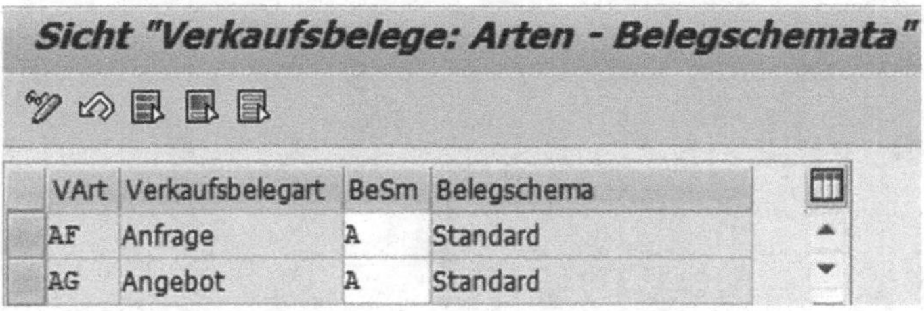

Abbildung 3-84: Zuordnung der Verkaufsbelegarten „Anfrage (AF)" und „Angebot (AG)" zum Belegschema „A" (SPRO)

Kalkulationsschema definieren

Ein Kalkulationsschema zur Preisfindung im Vertrieb beinhaltet in einer bestimmten Reihenfolge Konditionsarten, die für die Preisfindung in einem Verkaufsbeleg berücksichtigt werden.

Typischerweise enthält es wie in Abbildung 3-85 Konditionsarten zum Materialpreis sowie verschiedene Zu- und Abschläge für Kunden, Materialien, Kombinationen von einem bestimmten Kunden und einem bestimmten Material, Frachten, Steuern usw.

Die in einem Kalkulationsschema enthaltenen Konditionsarten stellen die maximale Menge an Bestandteilen zur Preisfindung dar. Normalerweise können in einem Verkaufsbeleg von SAP ERP automatisch jedoch nur aktuelle Konditionssätze für eine Teilmenge der Konditionsarten in einem Kalkulationsschema ermittelt werden.

| Schema | | | RVAA01 Standard | | | | | | | | | |

Steuerung

Übersicht Bezugsstufen

Stufe	Zähler	KArt	Bezeichnung	Von	Bis	Manuell	Obligatorisch	Statisch	D	ZwiSu	Bedg	RchFrr
8	0	EK01	Kosten			☑	☐	☐				
11	0	PR00	Preis			☐	☐	☐			2	
13	0	PB00	Preis Brutto			☑	☐	☐			2	
14	0	PR02	Intervallpreis			☐	☐	☐			2	
15	0	ZK01	Kosten			☐	☐	☐	X		2	
20	0	VA00	Varianten			☐	☐	☐	X		2	
21	0	ZA00	Varianten allgemein			☐	☐	☐	X		2	
100	0		Brutto			☐	☐	☐	X	1		2
101	0	KA00	Aktion			☐	☐	☐	X		2	
102	0	K032	Preisgrp/Mat			☐	☐	☐	X		2	
103	0	K005	Kunde/Material			☐	☐	☐	X		2	
104	0	K007	Kundenrabatt			☐	☐	☐	X		2	
105	0	K004	Material			☐	☐	☐	X		2	
106	0	K020	Preisgruppe			☐	☐	☐	X		2	
107	0	K029	Materialgruppe			☐	☐	☐	X		2	
108	0	K030	Kunde/MatGrp			☐	☐	☐	X		2	

Positionieren...   Eintrag 1 von 73

Abbildung 3-85:   Auszug aus dem Kalkulationsschema „RVAA01" (SPRO)

Inhaltlich ist ein Kalkulationsschema oftmals wie auf Seite 117 beschrieben aufgebaut. Es besteht u. a. aus folgenden Elementen (Spalten):

- Die Reihenfolge der Konditionsarten innerhalb des Kalkulationsschemas wird durch die Stufennummer bestimmt.

- Die Basis für Summenzeilen kann nach der Bezeichnung der Konditionsart in zwei Spalten „Von ... Bis" festgelegt werden.

- Mit dem Häkchen „Manuell" wird festgelegt, ob zugehörige Konditionssätze zu einer Konditionsart automatisch von SAP ERP gesucht oder im Verkaufsbeleg vom Erfasser manuell eingegeben werden.[89]

- Ist das Häkchen gesetzt, so werden erst nach der manuellen Eingabe die verschiedenen Findungen für Preise etc. von SAP ERP ausgeführt.

- Das nächste Häkchen zeigt an, ob ein Konditionssatz im Vertrieb im Verkaufsbeleg unbedingt vorhanden sein muss oder nicht. Es erscheint eine Fehlermeldung, wenn das Häkchen gesetzt ist, jedoch kein Konditionssatz ermittelt werden kann.

---

89 Anmerkung: Statt der manuellen Eingabe könnten Konditionssätze beispielsweise auch durch eine Kalkulation übergeben werden.

- Es kann auch eingestellt werden, dass Konditionssätze nur statistisch auszuwerten und damit die (statischen) Werte im Verkaufsbeleg nicht geändert werden können.

- Ein Kontoschlüssel (nicht mehr in Abbildung 3-85 sichtbar) gibt an, auf welche Sachkontenart im externen Rechnungswesen – z. B. Erlöse, Erlösschmälerungen, Mehrwertsteuer etc. die Beträge eines Konditionssatzes gebucht werden.

Kalkulationsschema zuordnen

In Übung 23 haben Sie auf Seite 145 Ihrem Kunden „77###" das Kundenschema „1" zugewiesen. Abbildung 3-86 zeigt, dass beispielsweise für die Kombination aus der Verkaufsorganisation „Y789", dem Vertriebsweg „12", der Sparte „00", dem Belegschema „A" aus Abbildung 3-84 und dem Kundenschema „1" automatisch das Kalkulationsschema „RVAA01" verwendet wird.

Diese Zuordnung existiert bereits in SAP ERP, da die neue Verkaufsorganisation „Y789" in Übung 17 auf Seite 83 mit der Kopiervorlage Verkaufsorganisation „1000" angelegt wurde. Dies ist ein Beispiel für die Vorteilhaftigkeit dieser Vorgehensweise, da dann von SAP ERP automatisch abhängige Tabellen, wie sie u. a. Abbildung 3-86 zugrunde liegen, mit kopiert werden.

VkOrg	VWeg	SP	BeSm	KuSm	Kal.Sm	Kalkulationsschema	KArt	Konditionsart
Y789	12	00	A	1	RVAA01	Standard	PR00	Preis

Abbildung 3-86: Beispiel für die Ermittlung des Kalkulationsschemas „RVAA01" (SPRO)

Preisfindung pro Positionstyp definieren

In diesem Prozessschritt wird definiert, für welche Positionstypen in einem Verkaufsbeleg eine Preisfindung erfolgt, und ob der Positionswert bei der Berechnung der Summe eines Verkaufsbelegs berücksichtigt wird.

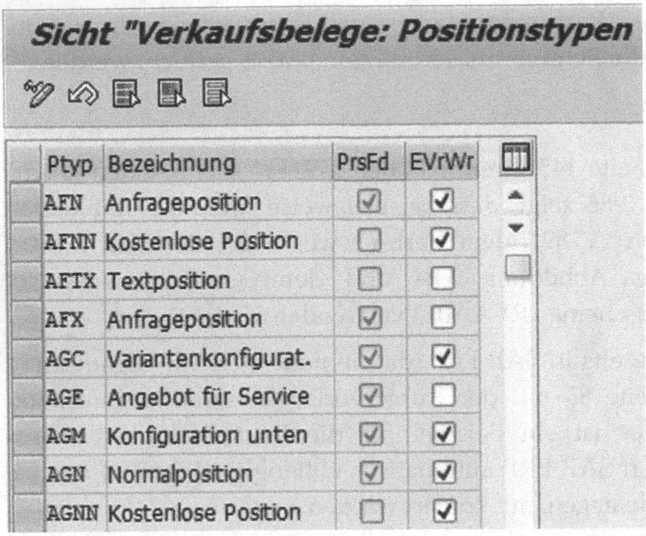

Ptyp	Bezeichnung	PrsFd	EVrWr
AFN	Anfrageposition	☑	☑
AFNN	Kostenlose Position	☐	☑
AFTX	Textposition	☐	☐
AFX	Anfrageposition	☑	☐
AGC	Variantenkonfigurat.	☑	☑
AGE	Angebot für Service	☑	☐
AGM	Konfiguration unten	☑	☑
AGN	Normalposition	☑	☑
AGNN	Kostenlose Position	☐	☑

Abbildung 3-87:   Preisfindung für verschiedene Positionstypen einer Anfrage und eines Angebots (SPRO)

Abbildung 3-87 zeigt beispielsweise, dass für einen Positionstyp „AFN" für eine Normalposition in einer Anfrage automatisch eine Preisfindung (Spalte „PrsFd") durchgeführt wird.

Das Häkchen in der Spalte „EVrWr" gibt an, ob bei der Preisfindung in einem Verkaufsbeleg für eine Position automatisch der Verrechnungswert bzw. -preis (Konditionsart „VPRS") aus dem Standardpreis oder dem gleitenden Durchschnittspreis in der Sicht „Buchhaltung 1" des Materialstamms ermittelt wird.

Die Konditionsart „VPRS" ist eine statistische Kondition im Kalkulationsschema und verändert damit die Werte im Verkaufsbeleg nicht. Meist wird sie verwendet, um für eine Position im Verkaufsbeleg den zugehörigen Deckungsbeitrag und damit eine Aussage über die Wirtschaftlichkeit zu ermitteln.

Ein Deckungsbeitrag ist die Differenz von Erlösen nach Erlösschmälerungen und variablen Kosten. Der Verkauf eines Materials ist bei einem positiven Deckungsbeitrag ökonomisch sinnvoll. Kurzfristig kann auch ein Deckungsbeitrag von null akzeptiert werden.

3.3.5.11 Berichte zu Stammdaten ausführen

In Kapitel 3.2.5.3 wurden bereits Standardberichte für Stammdaten vorgestellt. Nachfolgend werden zwei Möglichkeiten beschrieben, um sich die in Kapitel 3.3.5.4 beschriebene Absprache für Kunden-Material-Info anzeigen zu lassen.

– Der erste Ausgangspunkt für die Suche nach Standardberichten ist wiederum der Menüpunkt „Infosystem" in den Stammdaten des Vertriebs.
Im Menüpfad „Logistik/ Vertrieb/ Stammdaten/ Infosystem/ Absprachen/ Liste Kunden-Material-Info" können alle angelegten Kunden-Material-Info für die Kombination von Verkaufsorganisation und Sparte[90] angezeigt werden.

Liste Kunden-Material-Info

VkOrg	VWeg	Kunde	Material	Angelegt von	Angel.am	Suchbegr.	Kundenmaterialnummer
Y789	12	77789	NOTEBOOK 15-789	VIS-X-99	10.07.2013		SLAPTOP 15-789

Abbildung 3-88:   Liste der Kunden-Material-Info in einer Vertriebslinie (VD59)

– Daten zu Kunden-Material-Info sind in der Tabelle „KNMT" gespeichert. Mit dem Transaktionscode SE16 kann man dort mit verschiedenen Selektionskriterien nach Kunden-Material-Info suchen.
Im Gegensatz zur obigen Liste für die Kunden-Material-Info im Anwendungsmenü existieren hier keine Muss-Felder für die Eingabe.

Data Browser: Tabelle KNMT   1 Treffer

Prüftabelle...

Tabelle: KNMT
Angezeigte Felder: 21 von 24 Feststehende Führungsspalten: 5 Listbreite 0250

	MANDT	VKORG	VTWEG	KUNNR	MATNR	ERNAM	ERDAT	SORTL	KDMAT
☐	916	Y789	12	0000077789	NOTEBOOK 15-789	VIS-X-99	10.07.2013		SLAPTOP 15-789

Abbildung 3-89:   Kunden-Material-Info in der Tabelle „KNMT" (SE16)

3.3.5.12 Berichte zur Vertriebsunterstützung ausführen

Nachfolgend werden einige wichtige Standardberichte zur Vertriebsunterstützung beschrieben.

– Im Vertriebsunterstützungsmonitor kann die Liste der Kontakte angezeigt werden. Einer der Menüpfade, unter denen der Vertriebsunterstützungsmonitor zu finden ist, lautet „Logistik/ Vertrieb/ Vertriebsunterstützung/ Infosystem/ Liste Kontakte" (Transaktionscode VC05).

---

90 Beide Felder sind hier Muss-Felder.

– Das Kundenstammblatt wurde bereits in Kapitel 3.2.5.3 sowie in Übung 33 auf
Seite 189 vorgestellt.
Es dient bei der Geschäftsanbahnung im Rahmen der Vertriebsunterstützung
als Hilfsmittel zur Bearbeitung und Dokumentation von Kontakten und ist über
eine eigene Registerkarte in die Bildschirmmaske für die Bearbeitung von
Kontakten (vgl. Abbildung 3-25 auf Seite 203 und Abbildung 3-90 auf Seite 266)
integriert.

Der Vertriebsmitarbeiter kann damit beispielsweise während eines Kundentele-
fonats schnell und gezielt wichtige Daten zum Kunden abrufen und sofort auf
individuelle Kundenbedürfnisse eingehen.

Alle zur Verfügung stehenden Kundendaten werden im Kundenstammblatt in
sog. Infosichten gruppiert. Jede Infosicht besteht aus einer Reihenfolge von sog.
Infoblöcken mit gruppierten Daten.

Das Kundenstammblatt findet sich außerdem u. a. im Menüpfad „Logistik/
Vertrieb/ Vertriebsunterstützung/ Infosystem/ Kundenstammblatt" (Transaktionscode VC/2).

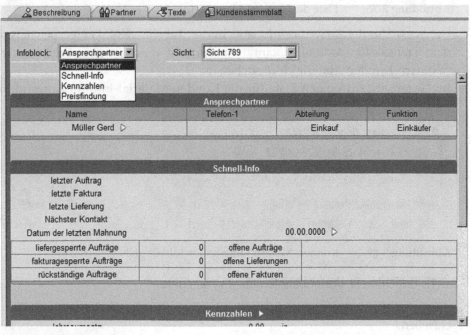

Abbildung 3-90:   Bestandteile des Kundenstammblatts (VC01N)

Alle Bestandteile des Kundenstammblatts, wie z. B. die Zuordnung von Infoblöcken zu einer neuen Infosicht wie in Abbildung 3-91, können im Customizing unternehmensindividuell unter dem Menüpfad „Vertrieb/ Vertriebsunterstützung/ Kundenstammblatt" definiert werden. Diese Zuordnungen stehen dann beim Pflegen eines Kontaktes im Anwendungsmenü wie in Abbildung 3-25 auf Seite 203 zur Verfügung.

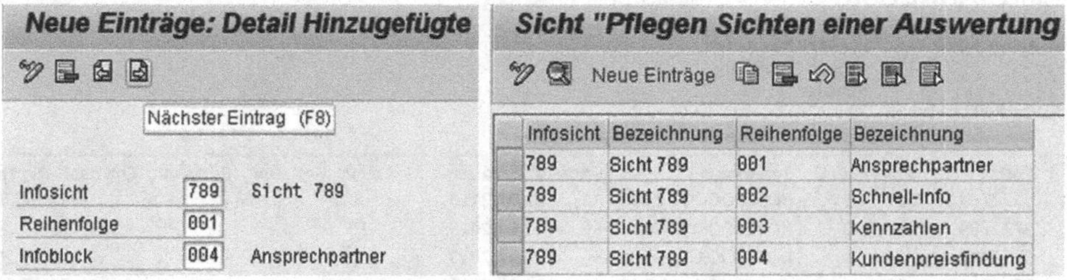

Abbildung 3-91: Zuordnung von Infoblöcken zu einer Infosicht des Kundenstammblatts (SPRO)

Die in Abbildung 3-91 neu angelegte Infosicht „Sicht ###" mit ihren vier Infoblöcken steht beispielsweise in Abbildung 3-90 zur Verfügung.

3.3.5.13 Berichte zu Anfragen und Angeboten ausführen

Berichte zu Anfragen und Angeboten für einen Kunden finden sich im Anwendungsmenü unter dem Menüpfad „Logistik/ Vertrieb/ Verkauf/ Infosystem". Die dort zur Verfügung gestellten Listen zu Anfragen bzw. Angeboten können durch verschiedene Anzeigevarianten an das individuelle Informationsbedürfnis eines Anwenders angepasst werden. SAP ERP stellt dazu mit seinem Werkzeug „SAP List Viewer" verschiedene Möglichkeiten, u. a. zur Auswahl verschiedener Datenfelder bzw. Spalten, zum Sortieren und zum Filtern bereit.

Anhand einer Liste für Angebote zum Kunden „77###" werden die vorhandenen Möglichkeiten nachfolgend kurz vorgestellt.

Nach Eingabe des Auftraggebers und eines Gültigkeitszeitraums wird die Liste der Angebote zu den Selektionskriterien in einer Anzeigevariante mit zugehörigem Layout wie in Abbildung 3-92 angezeigt.

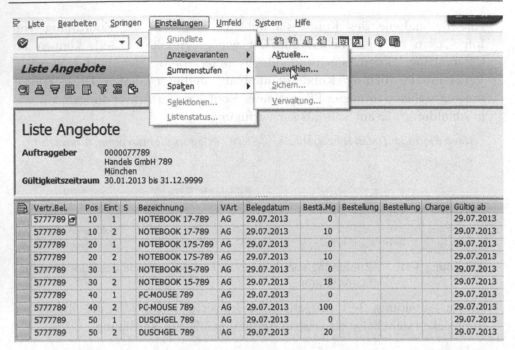

Liste Angebote

Liste Angebote

Auftraggeber   0000077789
                          Handels GmbH 789
                          München
Gültigkeitszeitraum 30.01.2013 bis 31.12.9999

	Vertr.Bel.	Pos	Eint	S	Bezeichnung	VArt	Belegdatum	Bestä.Mg	Bestellung	Bestellung	Charge	Gültig ab
	5777789	10	1		NOTEBOOK 17-789	AG	29.07.2013	0				29.07.2013
	5777789	10	2		NOTEBOOK 17-789	AG	29.07.2013	10				29.07.2013
	5777789	20	1		NOTEBOOK 17S-789	AG	29.07.2013	0				29.07.2013
	5777789	20	2		NOTEBOOK 17S-789	AG	29.07.2013	10				29.07.2013
	5777789	30	1		NOTEBOOK 15-789	AG	29.07.2013	0				29.07.2013
	5777789	30	2		NOTEBOOK 15-789	AG	29.07.2013	18				29.07.2013
	5777789	40	1		PC-MOUSE 789	AG	29.07.2013	0				29.07.2013
	5777789	40	2		PC-MOUSE 789	AG	29.07.2013	100				29.07.2013
	5777789	50	1		DUSCHGEL 789	AG	29.07.2013	0				29.07.2013
	5777789	50	2		DUSCHGEL 789	AG	29.07.2013	20				29.07.2013

Abbildung 3-92:   Initiale Liste der Angebote zu einem Kunden (VA25)

Die Darstellung der Liste kann mit Hilfe anderer Anzeigevarianten geändert werden. Dazu wählt man in der Menüleiste über den Menüpunkt „Einstellungen/ Anzeigevarianten/ Auswählen" eine alternative Anzeigevariante aus der Standardauslieferung von SAP ERP (vgl. Abbildung 3-93).

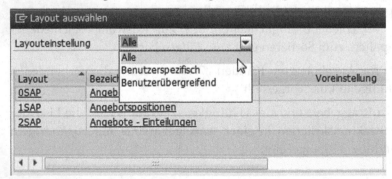

Abbildung 3-93:   Liste der Anzeigevarianten und zugehörigen Layouts (VA25)

Die Liste mit der gewählten Anzeigevariante (vgl. Abbildung 3-94) kann in der Menüleiste im Menüpunkt „Einstellungen/ Anzeigevarianten/ Aktuelle" benutzerindividuell angepasst werden.

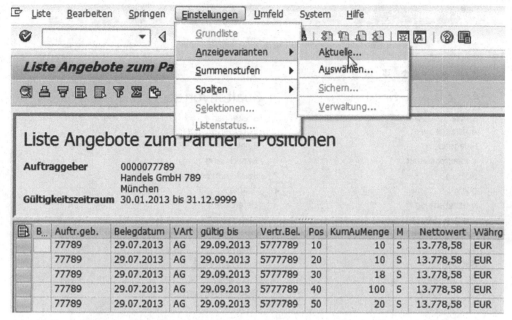

Abbildung 3-94: Liste der Angebote in der Anzeigevariante „Angebotspositionen"(VA25)

Beispielsweise können wie in Abbildung 3-95 weitere Datenfelder als Spalten in die Liste übernommen werden oder Spalten entfernt werden.

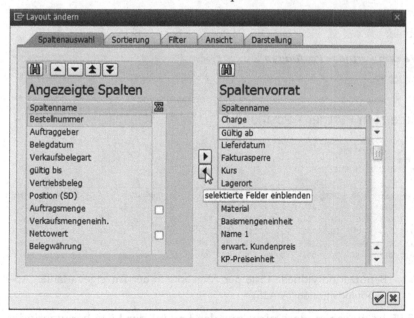

Abbildung 3-95: Liste der möglichen Spalten in einer Anzeigevariante (VA25)

Die Reihenfolge der Felder bzw. Spalten kann in der Anzeigevariante beliebig geändert werden (vgl. Abbildung 3-96).

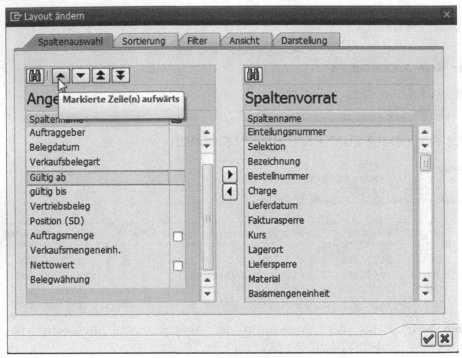

Abbildung 3-96:   Änderung der Reihenfolge der angezeigten Spalten in einer Anzeige-
                       variante (VA25)

Abbildung 3-97 zeigt das Ergebnis der benutzerindividuellen Änderungen für die
Liste der Angebote.

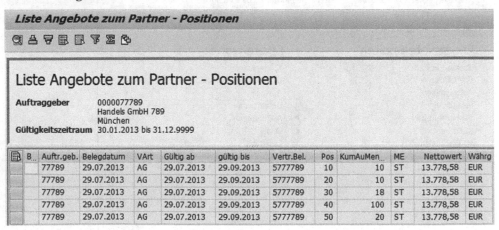

Abbildung 3-97:   Benutzerindividuelle Liste der Angebote in der Anzeigevariante „An-
                       gebotspositionen"(VA25)

In Abbildung 3-95 ist zu sehen, dass nicht nur das Layout der Liste benutzerindividuell verändert werden kann. Zudem kann – analog wie oben beschrieben – die
Liste der Angebote weiter angepasst, z. B. sortiert und gefiltert, werden.

Tabelle 3-11: Wichtige Tabellen zu Verkaufsbelegen

Tabellenname	Tabelleninhalte
VAKGU	Gültigkeitszeitraum von Verkaufsbelegen
VAKPA	Verkaufsbelege zu Partnerrollen
VAPMA	Verkaufsbelegpositionen zu Materialien

Abschließend sind in Tabelle 3-11 wichtige Tabellen zu Verkaufsbelegen aufgeführt, die mit der Transaktion SE16 aufgerufen und auch für Berichte zu Anfragen und Angeboten genutzt werden können.

3.3.6 Übungen

Allgemeine Anmerkungen:

Auch für diese Übungsaufgaben gelten analog die Anmerkungen von Kapitel 3.2.6 auf Seite 130. Bitte lesen Sie sich diese dort nochmals durch.

Szenario:

Sie kontaktieren Ihren potentiellen Kunden „77###", um eine Geschäftsbeziehung anzubahnen. Die gesamte Kontakthistorie mit zugehörigen Inhalten und Ergebnissen dokumentieren Sie in der Vertriebsunterstützung von SAP ERP.

Aufgrund Ihrer Vereinbarungen und Ergebnisse aus den Kontakten mit dem Kunden sowie unternehmensspezifischen Entwicklungen legen Sie zudem weitere Stammdaten an und nehmen unternehmensindividuelle Einstellungen im Customizing vor.

Basierend auf Ihren Kontakten schickt Ihr potentieller Kunde „77###" eine Anfrage, die Sie mit einem Angebot beantworten.

Um sich einen Überblick über die zugrundeliegenden Zusammenhänge zwischen einzelnen Prozessschritten und zugehörigen Belegen in der Vorverkaufsphase zu verschaffen, lassen Sie sich zu einzelnen Prozessschritten punktuell auch grundlegende Einstellungen im Customizing anzeigen.

Übersicht zu den einzelnen Übungen:

Tabelle 3-12 zeigt im Überblick die Inhalte zu den Übungen von Kapitel 3.3, das zugehörige Buchkapitel sowie die Seite, bei der die Lösung beginnt.

Tabelle 3-12:   Inhalte der Übungen zu Kapitel 3.3 (Übungen 34 bis 57)

Übung	Seite	Inhalte	zu Kapitel
34	275	Die Einstellungen zu Nummernkreisen für eine Kontaktart anzeigen	3.3.5.3
35	276	Die Einstellungen zur Partnerfindung für eine Kontaktart anzeigen	3.3.5.6
36	277	Die Einstellungen zum Unvollständigkeits-schema für Kontakte anzeigen	3.3.1
37	278	– Einen Erstkontakt für ein Telefonat mit H. Müller vom (potentiellen) Kunden „77###" anlegen – Die Einstellungen zu möglichen Folgeak-tivitäten bei einem Kontakt anzeigen – Das Kundenstammblatt in einem Kontakt anzeigen	3.3.1
38	281	Die Einstellungen zur Kopiersteuerung für eine Kontaktart anzeigen	3.3.5.7
39	282	Die Einstellungen zum Kontaktstatus anzeigen	3.3.1
40	284	Ein neues Kontaktergebnis mit einer Ergebnisbegründung anlegen	3.3.1
41	286	– Die Einstellungen zum Kundenstamm-blatt anzeigen – Eine neue Reportingsicht mit Infoblöcken für das Kundenstammblatt anlegen	3.3.1 und 3.3.5.10
42	288	Einen Folgekontakt für einen Besuch zum Vorgängerbeleg für das Telefonat mit H. Müller vom (potentiellen) Kunden „77###" anlegen	3.3.1
43	297	Standardberichte zur Vertriebsunterstützung ausführen – Das Kundenstammblatt anzeigen – Den Vertriebsunterstützungsmonitor aufrufen	3.3.5.10

Übung	Seite	Inhalte	zu Kapitel
44	300	Preisrelevante Konditionen pflegen – Einen Konditionssatz für die Konditions- art „K007" zu einem kundenindividuellen Abschlag von 1,5 % anlegen – Einen Konditionssatz für die Konditions- art „K005" zu einem Abschlag von 0,30 Euro/Stück und 0,50 Euro/Stück ab einer Abnahmemenge von 50 Stück für die Kombination von Kunde „77###" und Material „PC-Mouse ###" anlegen	3.3.5.3
45	302	Eine Kunden-Material-Info „SLaptop 15-###" zum „Notebook 15-###" anlegen	3.3.5.4
46	302	Eine neue Sicht „Lagerverwaltung 1" zu den bestehenden Produkten „Notebook 15-###" und „PC-Mouse ###" anlegen	3.3.5.2
47	306	– Die Handelswaren „Notebook 17-###" und „Notebook 17S-###" für einen dyna- mischen Produktvorschlag anlegen – Die Handelsware „Duschgel ###" für Cross-Selling anlegen	3.3.5.2, 3.3.5.8 und 3.3.5.9
48	324	Einen Wareneingang für verschiedene Handelswaren buchen	n.a.
49	327	Das Material „Duschgel ###" als Positions- vorschlag zum Cross-Selling für das Material „PC-Mouse ###" anlegen	3.3.5.8
50	335	Die Materialien „Notebook 17-###" und „Notebook 17S-###" als dynamische Produktvorschläge für den Kunden „77###" anlegen	3.3.5.1, 3.3.5.2 und 3.3.5.9
51	339	Einen Absagegrund „ZA" für Verkaufsbele- ge auf Positionsebene anlegen	3.3.2
52	340	– Einen Mindestauftragswert von 5.000 Euro für alle Kunden der Preisgruppe „Neue Kunden" anlegen – Einen Mindestpreis von 240 Euro/Stück für das Material „Notebook 15-###" anlegen	3.3.5.10

Übung	Seite	Inhalte	zu Kapitel
53	347	Einstellungen zu Verkaufsbelegen anzeigen – Einstellungen für die Verkaufsbelegart „Anfrage" anzeigen – Nummernkreise zur Verkaufsbelegart „Anfrage" anzeigen – Partnerschemata und -rollen für die Verkaufsbelegarten „Anfrage" und „Angebot" anzeigen – Kopiersteuerung für Verkaufsbelege von einer Anfrage zu einem Angebot anzeigen	3.3.2, 3.3.5.5, 3.3.5.6 und 3.3.5.7
54	355	Eine Anfrage als Folgeaktivität zum Folgekontakt anlegen	3.3.3, 3.3.5.8 und 3.3.5.9
55	362	Ein Angebot „5777###" mit Bezug auf die Anfrage anlegen – Daten auf Kopfebene eingeben und analysieren – Daten auf Positionsebene eingeben und analysieren	3.3.2, 3.3.4, 3.3.5.3 und 3.3.5.10
56	382	Informationen zum angelegten Angebot und zur Anfrage anzeigen – Belegfluss anzeigen – Statusübersicht zum Angebot und zur Anfrage anzeigen	3.3.3, 3.3.4 und 3.3.5.7
57	384	Eine Liste von Angeboten mit Hilfe von Anzeigevarianten ausgeben	3.3.5.13

3.3.7 Lösungen zu den Übungen

Allgemeine Anmerkungen:

Für die Lösungen gelten analog die Anmerkungen von Kapitel 3.2.7 auf Seite 134. Bitte lesen Sie sich diese dort ggf. nochmal durch.

Die Gesamtübersicht der in diesem Buch angelegten Materialien findet sich in Tabelle 3-6 auf Seite 159.

Übung 34: Einstellungen zu Nummernkreisen für eine Kontaktart im Customizing (→ Kapitel 3.3.5.1)

Lassen Sie sich im Customizing der Vertriebsunterstützung die definierten Nummernkreise für Belege zu einer Kontaktart anzeigen.

1) **Welcher Nummernkreis ist der Kontaktart „0002 Telefonat" zugeordnet?**

   Menüpfad: Customizing/ Vertrieb/ Vertriebsunterstützung/ Kontakte/ Nummernkreise für Kontakte definieren und zuordnen/ Nummernkreis Vertriebsunterstützungsbelegarten zuordnen

   Der Kontaktart „Telefonat" ist, wie auch allen anderen Kontaktarten der Vertriebsunterstützung, der Nummernkreis 23 zugeordnet (vgl. Abbildung 3-47 auf Seite 231).

2) **Lassen Sie sich die Intervalle der Nummernkreise für Kontakte im Nummernkreisobjekt „Vertriebsbelege" anzeigen.**

   Menüpfad: Customizing/ Vertrieb/ Vertriebsunterstützung/ Kontakte/ Nummernkreise für Kontakte definieren und zuordnen/ Nummernvergabe Vertriebsbeleg

   Transaktionscode: VN01

   a) **Werden die Nummern für den Nummernkreis 23 intern oder extern vergeben?**
   Die Nummern für den Nummernkreis 23 werden intern vergeben (vgl. Abbildung 3-48 auf Seite 232).

   b) **Welchen Wertebereich umfasst das zugehörige Nummernkreisintervall?**
   Das zugehörige Nummernkreisintervall umfasst Nummern von 100000000 bis 109999999.

Übung 35: Einstellungen zur Partnerfindung für eine Kontaktart (→ Kapitel 3.2.5.2)

Lassen Sie sich im Customizing zu den Grundfunktionen des Vertriebs die eingestellte Partnerfindung für das Partnerobjekt „Kontakte (CAS)" anzeigen.

Menüpfad: Customizing/ Vertrieb/ Grundfunktionen/ Partnerfindung/ Partnerfindung einstellen/ Partnerfindung für die Kontakte (CAS) einstellen

1) Welches Partnerschema ist der Kontaktart „0001 Besuch" und welches ist der Kontaktart „0002 Telefonat" zugeordnet?
   Der Kontaktart „0001 Besuch" ist das Partnerschema „CAS1", der Kontaktart „0002 Telefonat" das Partnerschema „CAS2" zugeordnet (vgl. Abbildung 3-50 auf Seite 233).

2) Welche Partnerrollen müssen in den Partnerschemata „CAS1" und „CAS2" jeweils verpflichtend beim Anlegen eines Kontaktes erfasst werden?

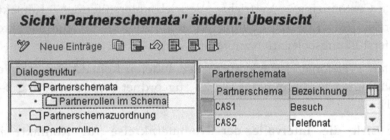

Bei beiden Partnerschemata müssen verpflichtend Auftraggeber, Ansprechpartner und zuständiger Mitarbeiter erfasst werden (vgl. Abbildung 3-51 auf Seite 234).

3) Aus welcher Herkunftstabelle werden die Einträge für die Partnerrollen Auftraggeber, Ansprechpartner und zuständiger Mitarbeiter ermittelt (vgl. auch Tabelle 3-1 auf Seite 104)?
   a) **Auftraggeber:**
      Der Auftraggeber wird ausschließlich aus dem Eintrag in den Vertriebsbereichsdaten des Kundenstammes (vgl. Übung 23 auf Seite 148) übernommen.
      Wenn im Kundenstamm kein Auftraggeber hinterlegt wäre (dies ist bei der Kontengruppe „0001 Auftraggeber" jedoch eine Pflichtrolle), so würde diese Rolle im Kontakt offen bleiben und müsste ggf. manuell ergänzt werden.

   b) **Ansprechpartner:**
      Der Ansprechpartner wird beim Anlegen eines Kontaktes aus den Daten im Kundenstamm (Tabelle KNVK) bestimmt.

   c) **Zuständiger Mitarbeiter:**
      Der zuständige Mitarbeiter wird beim Anlegen eines Kontaktes aus dem im Kundenstamm des Auftraggebers (Tabelle KNVP) eingegebenen Eintrag ermittelt.

Übung 36: Einstellungen zum Unvollständigkeitsschema für eine Kontaktart im Customizing (→ Kapitel 3.3.1)

Lassen Sie sich im Customizing zu den Grundfunktionen des Vertriebs die Einstellungen und Zuordnungen für Unvollständigkeitsschemata anzeigen.

1) Welches Unvollständigkeitsschema ist der Kontaktart „0001 Besuch" bzw. der Kontaktart „0002 Telefonat" zugeordnet?

   Menüpfad: Customizing/ Vertrieb/ Grundfunktionen/ Unvollständigkeit/ Unvollständigkeitsschemata zuordnen/ Schemata den Kontakten zuordnen

   Transaktionscode: VUC2

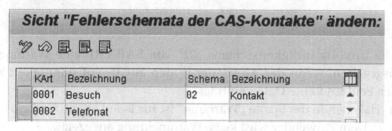

   Der Kontaktart „0001 Besuch" ist das Unvollständigkeitsschema „02" zugeordnet. Der Kontaktart „0002 Telefonat" ist hingegen kein Unvollständigkeitsschema zugeordnet.

2) Welche Unvollständigkeitsschemata sind der Fehlergruppe „Kontakt" zugeordnet?

   Menüpfad: Customizing/ Vertrieb/ Grundfunktionen/ Unvollständigkeit/ Unvollständigkeitsschemata definieren

   Transaktionscode: OVA2

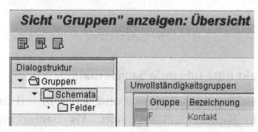

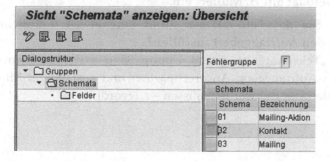

a) Aus welcher Datenbanktabelle werden Felder im Unvollständigkeitsschema „02" für Kontakte geprüft?

Sicht "Felder" anzeigen: Übersicht

Fehlerschema 02

Unvollständigkeitsfelder

Tabelle	Feldname	Bezeichnung	Bild	Status	Warnung
VBKA	KTADA	Datum Folgekontakt	01		☐
VBKA	KTAEB	Ergebnisbegründung	01		☐
VBKA	KTAER	Kontaktergebnis	01		☐
VBKA	KTAFK	Folgekontakt	01		☐
VBKA	KTAGR	Kontaktgrund	01		☐

Dialogstruktur
- Gruppen
  - Schemata
    - Felder

b) Wird beim Unvollständigkeitsschema „02" von SAP ERP eine Warnmeldung ausgegeben, wenn der Anwender in den auf Unvollständigkeit zu prüfenden Feldern keine Daten einträgt?

Nein, das Häkchen in der Spalte „Warnung" ist für kein Unvollständigkeitsfeld gesetzt. Dem Anwender wird keine Warnmeldung angezeigt.

Übung 37: Anlegen eines Kontaktes (→ Kapitel 3.3.1)

Als Nachbereitung des Treffens auf der Messe mit Ihrem (potentiellen) Kunden „77###", der Firma HandelsGmbH###, haben Sie heute ein Telefonat mit dessen Mitarbeiter Herrn Müller geführt.

Bearbeiten Sie nach Beendigung des Telefonats in der Vertriebsunterstützung für Ihre Verkaufsorganisation „Y###" und den Vertriebsweg „Wiederverkäufer" spartenübergreifend einen neuen Kontakt, in dem Sie Inhalte und Ergebnisse des Telefonats dokumentieren.

Menüpfad: Logistik/ Vertrieb/ Vertriebsunterstützung/ Kontakte/ Bearbeiten

Transaktionscode: VC01N

1) Erfassen Sie in Ihrem neuen Kontakt bitte folgende Sachverhalte:

a) Das Telefonat fand am heutigen Tag zwischen 9:00 und 9:30 Uhr mit der Firma bzw. dem (potentiellen) Kunden „77###" statt. Als Bemerkung geben Sie noch „Telefonat mit H. Müller" ein.

- Warum müssen Sie das Feld „Firma" (hier eine etwas unübliche Bezeichnung für den Auftraggeber) ausfüllen?
  Der Kontaktart „Telefonat" ist gemäß Übung 35 das Partnerschema „CAS2" – in dem Auftraggeber, Ansprechpartner und zuständiger Mitarbeiter verpflichtend erfasst werden müssen – zugeordnet.

- **Aus welcher Quelle hat SAP ERP aufgrund des eingegebenen Auftrag-gebers automatisch den Ansprechpartner und den zuständigen Mitar-beiter ermittelt?**

  Der Ansprechpartner und der zuständige Mitarbeiter werden beim Anlegen eines Kontaktes aus den Daten der Registerkarte „Partnerrollen" in den Vertriebsbereichsdaten des Kundenstamms zum Kunden „77###" ermittelt (vgl. Übung 35).

b) **Der Grund für das von Ihnen initiierte Telefonat mit dem Status „erledigt" und dem Ergebnis „Interesse geweckt" ist der vorausgegangene Messekontakt.**

  Erfassen Sie diesen Grund und notieren Sie sich alle Auswahlmöglichkei-ten im Feld „Status".

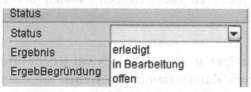

c) **Als Bericht geben Sie auf der Registerkarte „Beschreibung" bitte noch den Text „Herr Müller ist sehr interessiert an unserer Produktpalette und unseren Konditionen. Er bittet um ein persönliches Gespräch in den nächsten Tagen." ein.**

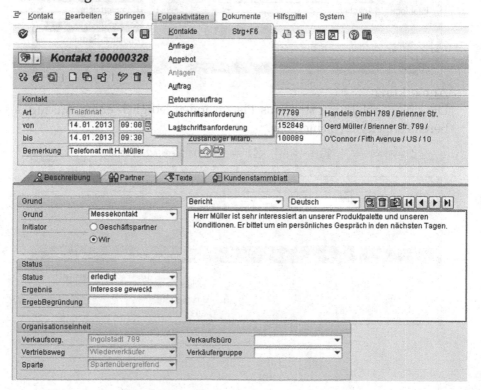

2) **Welche Folgeaktivitäten können Sie bei einem Kontakt der Kontaktart „Telefonat" prinzipiell anlegen?**
   Wählen Sie aus diesen möglichen Folgeaktivitäten den Eintrag „Kontakte" und lassen Sie sich die als Folgeaktivitäten möglichen Kontaktarten zur Kontaktart „Telefonat" anzeigen.

   Die erlaubten Folgeaktivitäten sind oben oder in Abbildung 3-25 auf Seite 203 zu sehen. Die möglichen Folgekontakte zur Kontaktart „Telefonat" sind in Abbildung 3-30 auf Seite 208 aufgelistet.

   Wählen Sie „Abbrechen" bzw. „F12", um wieder in die Anzeige zu Ihrem Kontakt zu gelangen.

3) **Sehen Sie sich die Inhalte des schon aus Übung 33 auf Seite 189 bekannten Kundenstammblattes an und notieren Sie sich den Namen der bereits vorhandenen Sichten.**

   <u>Anmerkung:</u>
   Wenn Sie auf das nach rechts zeigende weiße Dreieck bei jedem Infoblock klicken, gelangen Sie direkt zum Kundenstammsatz. Gehen Sie dann bitte mit der Taste „F3" zum Kontakt zurück.

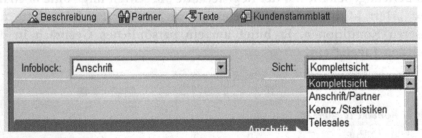

<u>Anmerkung:</u>
Die obige Abbildung stellt aus Platzgründen lediglich einen Auszug aus den bereits angelegten Sichten dar.

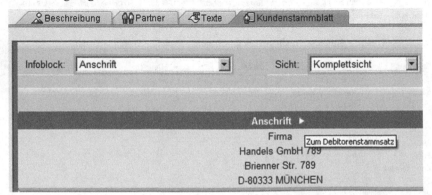

4) **Sichern bzw. speichern Sie Ihren Kontakt und notieren Sie die in der Statusleiste angezeigte Belegnummer (ggf. zur besseren Gesamtübersicht zum Belegfluss auch in Tabelle 4-1 auf Seite 575).**
Liegt Ihre Belegnummer in dem in Übung 34 (vgl. Seite 275) festgelegten Nummernkreisintervall für die Kontaktart „0002 Telefonat"?

> ✅ Vertriebsunterstützungsbeleg 100000328 wurde hinzugefügt

Ja, die Belegnummer ist im für die Kontaktart „0002 Telefonat" zugeordneten Nummernkreis 23 mit dem Intervall 100000000 bis 109999999 enthalten.

Übung 38: Einstellungen zur Kopiersteuerung für Kontakte im Customizing (→ 3.3.5.7)

Sehen Sie sich im Customizing zur Vertriebsunterstützung die gepflegte Kopiersteuerung für Kontakte an.

Menüpfad: Customizing/ Vertrieb/ Vertriebsunterstützung/ Kopiersteuerung für Kontakte pflegen

Transaktionscode: OVCP

1) **Für welche Kontaktarten können Daten aus der Kontaktart „0002 Telefonat" übernommen werden?**
Die möglichen Folgekontakte zur Kontaktart „Telefonat" sind in Abbildung 3-30 auf Seite 208 aufgelistet.

a) **Vergleichen Sie diese Einträge mit den Ergebnissen aus der zweiten Teilaufgabe von Übung 37. Sind diese identisch?**
Ja, die Einträge bzw. Auswahlmöglichkeiten sind identisch.

b) **Wie lautet jeweils die Formroutine für die Datenübernahme?**
Es ist jeweils die Formroutine „Erzeuge Folgekontakte" für die Datenübernahme eingestellt (vgl. Abbildung 3-29 auf Seite 207).

c) **Kann man sich später den Belegfluss anzeigen lassen bzw. wird ein Satz für den Belegfluss erstellt, wenn die Daten eines Vorgängerkontaktes der Kontaktart „0002 Telefonat" in einen Folgekontakt einer dieser Kontaktarten kopiert werden?**
Ja, die Häkchen sind jeweils gesetzt.

2) **Nutzen Sie die F4-Hilfe, um sich die Auswahlmöglichkeiten für die Formroutinen zur Datenübernahme anzeigen zu lassen.**
Markieren Sie die Zeile für die Formroutine 1 „Erzeuge Folgekontakte" und sehen Sie sich mit F5 den Quelltext für die Kopiersteuerung an.
Wie heißt die Tabelle, aus der Inhalte von Spalten im Rahmen der Kopiersteuerung kopiert werden?
Gemäß Abbildung 3-57 auf Seite 239 werden (ausschließlich) Felder der Tabelle VBKA im Rahmen der Kopiersteuerung für Kontakte kopiert.

Anmerkungen:

- In SAP ERP wird allgemein in ABAP als Syntax zuerst die Tabelle und dann, mit einem Bindestrich getrennt, die Spalte der Tabelle angegeben.

- Die Inhalte der Tabelle VBKA können Sie sich gerne für Ihren Vertriebsbereich des Kontaktes in einem neuen Modus mit der Transaktion SE16 anzeigen lassen. Sie sehen dann die Daten in den einzelnen Spalten der Tabelle VBKA zu allen bereits angelegten Telefonkontakten. Dort ist auch Ihr Telefonkontakt aus Übung 37 enthalten.

Übung 39: Einstellungen zum Kontaktstatus im Customizing (→ Kapitel 3.3.1)

1) Lassen Sie sich im Customizing der Vertriebsunterstützung die definierten Kontaktstatus und Statusgruppen anzeigen.

Menüpfad: Customizing/ Vertrieb/ Vertriebsunterstützung/ Kontakte/ Kontaktstatus und Statusgruppen definieren und zuordnen/ Vertriebsunterstützungsbelege: Belegarten: Statusgruppen

Welche Statusgruppe ist dem Vertriebsunterstützungsbeleg der Kontaktart „0002 Telefonat" zugeordnet?

Sicht "Kontakte: Kontaktarten: Statusgruppe" ändern:

🖉 ⟱ 🗐 🗐 🗐

Kontaktart	Bezeichnung	Statusgruppe	Bezeichnung
0002	Telefonat	9	Statusgruppe IDES I

Die Statusgruppe „9" ist der Kontaktart „0002 Telefonat" zugeordnet.

2) Sehen Sie sich im Customizing der Vertriebsunterstützung die erlaubten Status für die Statusgruppe „9" an.

Menüpfad: Customizing/ Vertrieb/ Vertriebsunterstützung/ Kontakte/ Kontaktstatus und Statusgruppen definieren und zuordnen/ Kontakte: Erlaubte Status pro Statusgruppe

Vergleichen Sie die Einträge mit den Auswahlmöglichkeiten im Anwendungsmenü beim Anlegen eines Kontaktes wie in Übung 37. Stimmen sie überein?

Ja, die Auswahlmöglichkeiten stimmen überein.

Sicht "Kontakte : Erlaubte Status pro Statusgruppe" ändern: Üb

🖉 Neue Einträge 🗐 🗐 ⟱ 🗐 🗐 🗐

Statusgruppe	Bezeichnung	Kontaktstatus	Bezeichnung	Gesamtstatus	Reihenfolge
9	Statusgruppe IDES I	0	offen	A	1
9	Statusgruppe IDES I	1	in Bearbeitung	B	2
9	Statusgruppe IDES I	5	erledigt	C	3

Zum Vergleich nochmals die korrespondierende Abbildung aus Übung 37:

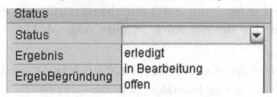

3) **Ihrem Vorgesetzten reichen die bisher in SAP ERP definierten Kontaktgründe nicht mehr aus. Er bittet Sie, im Customizing der Vertriebsunterstützung den Kontaktgrund ### mit der Bezeichnung „Kundenbindung ###" als neuen Eintrag zu definieren.**

Menüpfad: Customizing/ Vertrieb/ Vertriebsunterstützung/ Kontakte/ Kontaktgründe definieren

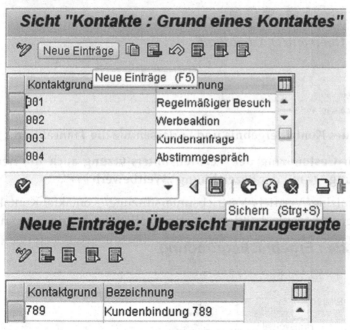

Sichern Sie Ihren neuen Kontaktgrund und verlassen Sie die Transaktion.

Übung 40: Einstellungen zum Kontaktergebnis im Customizing (→ Kapitel 3.3.1)

1) Ihr Vorgesetzter bittet Sie, im Customizing der Vertriebsunterstützung das neue Kontaktergebnis ### mit der Bezeichnung „Kunde wägt ab ###" zu definieren.

Menüpfad: Customizing/ Vertrieb/ Vertriebsunterstützung/ Kontakte/ Kontaktergebnisse und Ergebnisgründe definieren/ Kontakte: Kontaktergebnisse

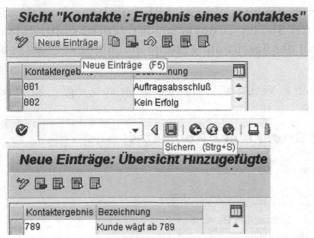

Sichern Sie Ihr neues Kontaktergebnis und verlassen Sie die Transaktion.

2) Definieren Sie im Customizing der Vertriebsunterstützung auch die neue Ergebnisbegründung ### mit der Bezeichnung „Wettbewerb ###".

Menüpfad: Customizing/ Vertrieb/ Vertriebsunterstützung/ Kontakte/ Kontaktergebnisse und Ergebnisgründe definieren/ Kontakte: Ergebnisbegründungen

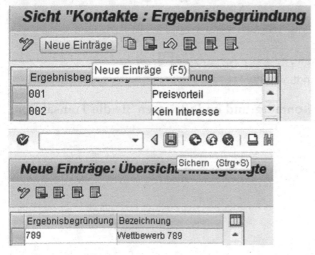

Sichern Sie Ihre neue Ergebnisbegründung und verlassen Sie die Transaktion.

3) Ordnen Sie im Customizing der Vertriebsunterstützung Ihre Ergebnisbegründung ### Ihrem Kontaktergebnis ### zu.

Menüpfad: Customizing/ Vertrieb/ Vertriebsunterstützung/ Kontakte/ Kontaktergebnisse und Ergebnisgründe definieren/ Zuordnung Ergebnisbegründung zum Kontaktergebnis

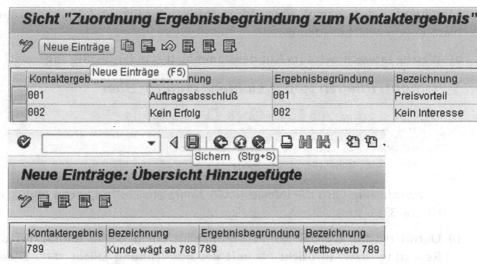

Sichern Sie Ihre neue Zuordnung und verlassen Sie die Transaktion.

Übung 41: Einstellungen zum Kundenstammblatt im Customizing (→ Kapitel 3.3.1 und 3.3.5.10)

Ihr Vorgesetzter möchte auch noch das Kundenstammblatt erweitern.

1) **Lassen Sie sich im Customizing der Vertriebsunterstützung die bereits definierten Reportingsichten für das Kundenstammblatt anzeigen.**

   Menüpfad: Customizing/ Vertrieb/ Vertriebsunterstützung/ Kundenstamm-blatt/ Reportingsichten definieren

   a) **Welche Infosicht wird im Kundenstammblatt standardmäßig angezeigt?**

   Standardmäßig wird die Infosicht „001 Komplettsicht" angezeigt (vgl. auch Übung 33).

   b) **Definieren Sie für das Kundenstammblatt einen neuen Eintrag für die Reporting- bzw. Infosicht ### mit der Bezeichnung „Sicht ###". Dieser Sicht liegt das Formular „SD-SALES-SUMMARY" zugrunde.**
   Wenn in der Statusleiste eine Warnmeldung bzgl. des Namensraums ### erscheint, so bestätigen Sie diese bitte mit ENTER und fahren dann mit der Eingabe fort.

   Sichern Sie Ihre neue Reporting- bzw. Infosicht. Wenn links unten in der Statusleiste eine Warnmeldung bzgl. des Namensraums erscheint, so klicken Sie bitte mit der linken Maustaste darauf und lassen Sie sich deren Inhalt anzeigen.

   ⚠ Bitte den Schlüssel aus dem zulässigen Namensraum wählen

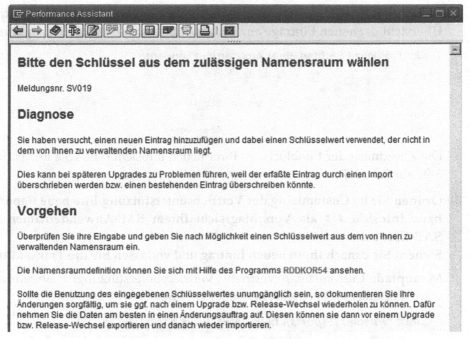

Schließen Sie danach die Warnmeldung im Performance Assistant wieder, drücken Sie noch einmal die Taste ENTER und sichern Sie Ihren neuen Eintrag. Verlassen Sie danach bitte die Transaktion.

Anmerkungen:

- Diese Warnmeldung wird angezeigt, da der Schlüssel für den Namensraum der Reportingsichten in SAP ERP nur dreistellig ist und bei kundenindividuellen Erweiterungen mit dem Buchstaben „Z" beginnen sollte.
- Da die Gruppennummern bei den Übungen in diesem Buch jedoch bereits dreistellig sind, muss in diesem Fall gegen diese Namenskonvention verstoßen werden. Bei einem Update Ihres SAP-Systems würde Ihr neuer Eintrag überschrieben werden, da er aufgrund der Namenskonvention nicht als kundenindividuelle Erweiterung erkannt werden würde.

2) **Ordnen Sie nun im Customizing der Vertriebsunterstützung Ihrer neuen Reporting- bzw. Infosicht ### die Infoblöcke 001, 002, 003 und 004 für Ansprechpartner, Schnell-Info, Kennzahlen und Kundenpreisfindung in dieser Reihenfolge zu. Legen Sie dafür einen neuen Eintrag an.**

Menüpfad: Customizing/ Vertrieb/ Vertriebsunterstützung/ Kundenstammblatt/ Infoblöcke einer Sicht zuordnen

Bestätigen bzw. ignorieren Sie wiederum jeweils eine ggf. erscheinende Warnmeldung bzgl. der Konventionen des Namensraums und springen Sie mit der Taste „F8" zum nächsten Eintrag in der obigen Reihenfolge.

Sichern Sie Ihre Eingaben nach dem letzten Eintrag und sehen Sie sich die
Übersicht der neuen Einträge an. Verlassen Sie dann bitte die Transaktion.

Die Zuordnung der Infoblöcke zu Ihrer neuen Infosicht sehen Sie in Abbildung
3-91 auf Seite 267.

3) Ordnen Sie im Customizing der Vertriebsunterstützung Ihre neue Reporting-
   bzw. Infosicht ### als Vorschlagssicht Ihrem SAP-Anwendernamen bzw.
   SAP-User zu.
   Sichern Sie danach Ihren neuen Eintrag und verlassen Sie die Transaktion.

   Menüpfad: Customizing/ Vertrieb/ Vertriebsunterstützung/ Kundenstamm-
   blatt/ Vorschlagssicht einem Anwender zuordnen

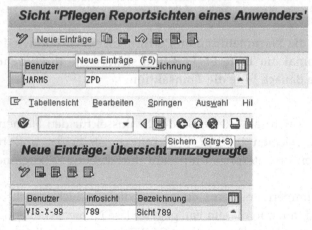

Übung 42: Anlegen eines Folgekontaktes für das Telefonat (→ Kapitel 3.3.1)

Ein paar Tage nach der Erfassung Ihres ersten Kontaktes für das Telefonat mit
Herrn Müller erhalten Sie von ihm einen Anruf.

Herr Müller bittet Sie kurzfristig um einen Besuch beim Kunden „77###".
Da die Distanz von Ingolstadt nach München kurz ist und Sie heute ausnahmsweise keine anderen Termine mehr haben, vereinbaren Sie gleich heute Nach-
mittag bei ihm vorbeizukommen.

1) **Holen Sie den von Ihnen angelegten Kontakt für das Telefonat als Gesprächsvorbereitung für Ihren Besuch.**
   Schränken Sie die Suche nach dem Beleg beispielsweise nach Kontakten ein, die von Ihnen angelegt wurden.
   Vergegenwärtigen Sie sich nochmals die Kontaktinhalte und lassen Sie diesen Kontakt geöffnet. Dann müssen Sie auch schon zu Ihrem Kunden fahren...

   Menüpfad: Logistik/ Vertrieb/ Vertriebsunterstützung/ Kontakte/ Bearbeiten

   Transaktionscode: VC01N

   Wählen Sie in der Menüleiste „Kontakt/ Holen".

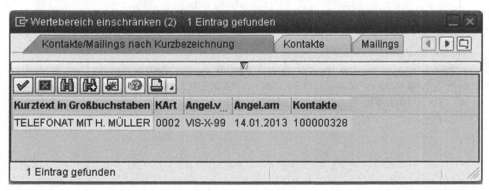

   Klicken Sie auf den gefundenen Eintrag doppelt mit der linken Maustaste, um ihn auszuwählen.

2) Zurück von Ihrem Kundenbesuch legen Sie abends im Büro als Folgeaktivi-
tät zu Ihrem Kontakt mit dem Telefonat aus der letzten Teilaufgabe einen
Folgekontakt für Ihren Besuch an. Wählen Sie dazu in der Menüleiste
„Folgeaktivitäten/ Kontakte".
Der Besuch fand heute von 16:00 bis 18:00 Uhr statt. Als Bemerkung erfassen
Sie „Besuch (###) bei H. Müller" und als Grund für das Treffen Ihren neuen
Kontaktgrund mit der Bezeichnung „Kundenbindung ###" aus Übung 40.

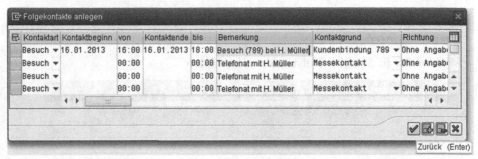

Bestätigen Sie Ihre Eingaben (damit gehen Sie zum vorangegangenen
Kontakt zurück) und sichern Sie Ihren geänderten Vorgängerkontakt.

3) Holen Sie sich nochmals Ihren Vorgängerkontakt und springen Sie in
diesem zum Belegfluss.
Notieren Sie sich dort die Belegnummer für Ihren Folgekontakt (ggf. zur
besseren Gesamtübersicht zum Belegfluss auch in Tabelle 4-1 auf Seite 575)
und markieren Sie diese.
Lassen Sie sich dann den Beleg zu diesem Folgekontakt anzeigen.
Wählen Sie in der Menüleiste „Springen/ Belegfluss". Markieren Sie Ihren
Folgekontakt und lassen Sie sich diesen Beleg anzeigen.

4) **Wechseln Sie in Ihrem Folgekontakt in der Menüleiste vom Modus „Anzeigen" in den Modus „Ändern".**

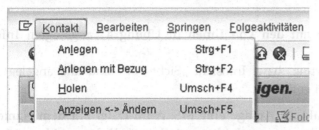

Dokumentieren Sie in Ihrem Folgekontakt bitte folgende Erkenntnisse Ihres Besuchs:

Der gegenwärtige Status lautet „in Bearbeitung". Als Kontaktergebnis wählen Sie Ihren neuen Eintrag „Kunde wägt ab ###" mit Ihrer neuen Ergebnisbegründung „Wettbewerb ###" (vgl. Übung 40).

In der Registerkarte „Beschreibung" erfassen Sie als „Vorbereitung" für die weitere Kommunikation den Text „Herr Müller wird sich in den nächsten Tagen, nach Durchsicht von Alternativen, bei uns melden."

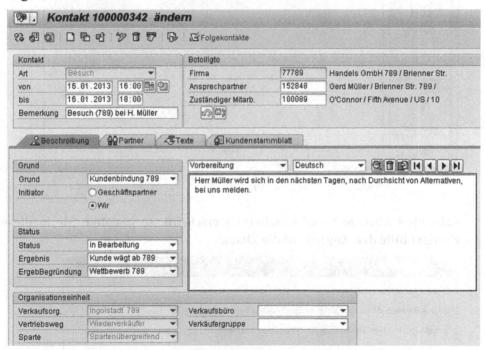

5) **Klicken Sie auf die Registerkarte „Kundenstammblatt".**
Warum wird Ihre in Übung 41 angelegte neue Reporting- bzw. Infosicht „Sicht ###" mit den darin enthaltenen Infoblöcken nun automatisch angezeigt?

In der letzten Teilaufgabe von Übung 41 haben Sie Ihre neue Reporting- bzw. Infosicht „Sicht ###" Ihrem Anwendernamen zugeordnet. Da Sie mit diesem

Ihren neuen Kontakt angelegt haben, wird diese Reporting- bzw. Infosicht automatisch angezeigt. Das Kundenstammblatt ist in Abbildung 3-90 auf Seite 266 zu sehen.

Stimmen alle Einträge mit den von Ihnen in Übung 41 angelegten Infoblöcken überein?
Ja, in der neuen Reporting- bzw. Infosicht „Sicht ###" sind alle angelegten Infoblöcke aus Übung 41 enthalten.

6) **Fügen Sie Ihrem Kontakt als Anlage eine MS Word-Datei mit dem Namen „Anhang ###", welche Sie zuvor noch bitte erstellen, als Dokument hinzu.**
Wählen Sie in der Menüleiste „Dokumente/ Neue Anlage".

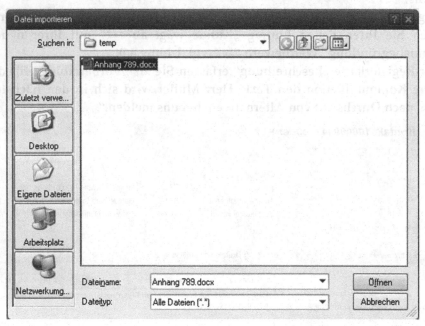

Falls eine Abfrage zu GUI-Sicherheit erscheint, so gestatten Sie in diesem Kontext bitte den Zugriff auf die Datei.

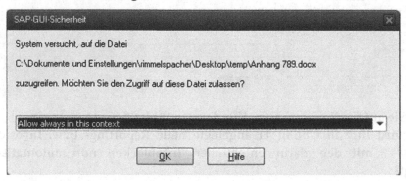

7) **Sichern Sie die Änderungen in Ihrem Folgekontakt.**

a) **Es erscheint ein Dialogfenster, in dem Sie auf unvollständige Daten in Ihrem neuen Kontakt hingewiesen werden.**
Wählen Sie bitte den Button „Daten bearbeiten". Warum wird dieser Dialog angezeigt?
In Übung 36 wurde gezeigt, dass der Kontaktart „0001 Besuch" das Unvollständigkeitsschema „02" zugeordnet ist. Da Sie bislang in Ihrem neuen Kontakt nicht alle Unvollständigkeitsfelder aus diesem Unvollständigkeitsschema ausgefüllt haben, wird dieser Dialog angezeigt.

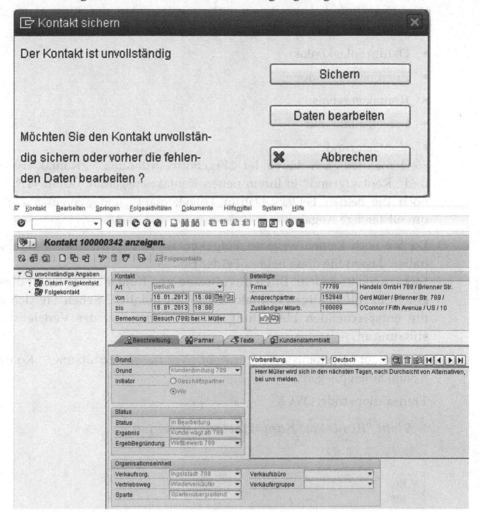

b) Warum wird links oben im Browserbereich bzw. Locator auf die beiden unvollständigen Angaben in den Feldern „Datum Folgekontakt" und „Folgekontakt" hingewiesen?

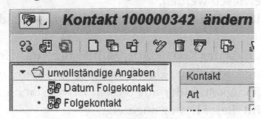

Das Unvollständigkeitsschema „02" für Kontakte der Kontaktart „0001 Besuch" enthält gemäß Übung 36 die Unvollständigkeitsfelder

- Datum Folgekontakt,

- Ergebnisbegründung,

- Kontaktergebnis,

- Folgekontakt und

- Kontaktgrund.

Sie haben lediglich die Felder „Ergebnisbegründung", „Kontaktergebnis" und „Kontaktgrund" in Ihrem neuen Kontakt ausgefüllt. Damit verbleiben noch die beiden Felder „Datum Folgekontakt" und „Folgekontakt" als unvollständige Angaben.

c) Da Sie noch keinen weiteren Folgekontakt mit Herrn Müller vereinbart haben, lassen Sie diese beiden Felder frei.
Sichern Sie (trotzdem) Ihren unvollständigen Kontakt. Warum ist dies bei einem unvollständigen Kontakt dieser Art möglich? Sehen Sie sich dazu die entsprechenden Einstellungen im Customizing der Vertriebsunterstützung an.

Menüpfad: Customizing/ Vertrieb/ Vertriebsunterstützung/ Kontakte/ Kontaktarten pflegen

Transaktionscode: OVCK

Sicht "Kontakte: Kontaktarten" ändern: Detail

✏ Neue Einträge 🗅 🖫 🖉 🖺 🖺 🖽

Kontaktart   0001   Besuch

Steuerungsdaten

Gr.Tr.Vorgang	9	Klasse	☐			
Fcode Übersicht	ORG1	FC Exclude	☐	OrganisaDaten	1	Kontaktrichtung ☐
Nummernkr.int.V	23					Terminpflege ☐
Statusgruppe	10					
Unvollst.Schema	02	☐ Dial.Unvoll.				

Texte

Textschema   01

Partner

Partnerschema   CAS1

Nachrichten

Nachrichtenart   MAK3   NachrSchema   CAS001

Optisches Archiv

Dokumentart   SDIACTINFO

Folgekontaktdaten

Folgekontakt   [   ]   ☐ Wiedervorlage

Folgeaktivitäten

Anfrageart	AF	Angebotsart	AG	Auftragsart	TA
Gutschriftsart		Lastschriftsart		Reklamationsart	RE
Musteranlagen		Anlagen			
Präferiert		ActBox Muster			

Opportunity Management

Potentialplan.   [   ]

Die Einstellung im Feld „Dial. Unvoll." steuert, ob man einen unvollständigen Beleg sichern kann. Bei der Kontaktart „Besuch" ist das Häkchen nicht gesetzt, so dass auch ein unvollständiger Kontakt dieser Kontaktart gespeichert werden kann.

8) **Senden Sie diesen Folgekontakt mit einer Notiz des Inhalts „Informationen ### zum Besuch bei Herrn Müller" an sich (oder realistischer einen Kollegen). Geben Sie dazu als Empfänger Ihren SAP-Anmeldenamen an.**
Wählen Sie in der Menüleiste „Kontakt/ Senden mit Notiz".

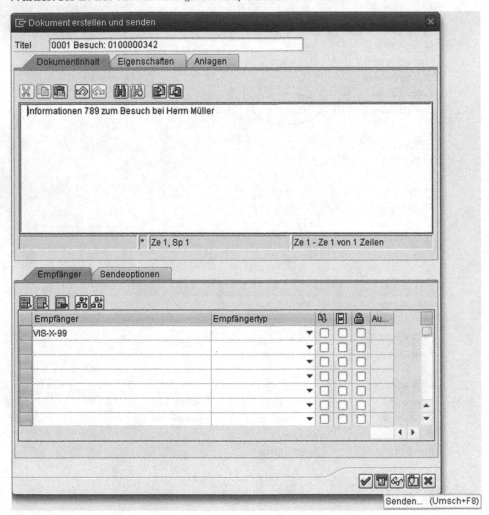

9) **Sehen Sie sich im Posteingang Ihres SAP-Arbeitsplatzes in Ihrem „Büro" die gerade gesendete Nachricht an. Der Menüpunkt „Büro" befindet sich bei SAP ERP nicht im Vertrieb, sondern direkt auf der obersten Ebene im Anwendungsmenü.**

Menüpfad: Büro/ Arbeitsplatz

Transaktionscode: SBWP

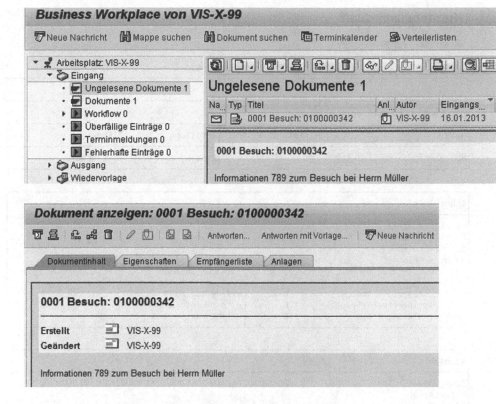

Übung 43: Standardberichte zur Vertriebsunterstützung ausführen (→ Kapitel 3.2.5.3)

1) Lassen Sie sich das schon aus Übung 33 auf Seite 189 bekannte Kundenstammblatt im Infosystem der Vertriebsunterstützung für Ihren Geschäftspartner „77###" mit Ihrer Verkaufsorganisation „Y###" und dem Vertriebsweg „Wiederverkäufer" spartenübergreifend anzeigen.

Menüpfad: Logistik/ Vertrieb/ Vertriebsunterstützung/ Infosystem/ Kundenstammblatt

Transaktionscode: VC/2

Kundenstammblatt

🔍 🖨 🔄 Infoblock... [Sicht...]

Kundenstammblatt für Kunde [Sicht... (F6)] Handels GmbH 789

Ansprechpartner

Name	Telefon-1	Abteilung	Funktion
Müller Gerd		Einkauf	Einkäufer

Schnell-Info

letzter Auftrag
letzte Faktura
letzte Lieferung
Nächster Kontakt
Datum der letzten Mahnung   00.00.0000

liefergesperrte Aufträge	0	offene Aufträge	0
fakturagesperrte Aufträge	0	offene Lieferungen	0
rückständige Aufträge	0	offene Fakturen	0

Kennzahlen

Jahresumsatz	0,00	in
Mitarbeiter		in
Geschäftsform		

Preisfindung

Preisgruppe	Neue Kunden
Kundenschema	Standard
Preisliste	Einzelhandel

---

a) **Warum wird nun für Ihren Kunden eine andere Sicht als in Übung 33 auf Seite 189 angezeigt?**

In Übung 33 wurde die im Customizing als Standardsicht festgelegte Sicht „001 Komplettsicht" (vgl. erste Teilaufgabe von Übung 41) angezeigt. In der dritten Teilaufgabe von Übung 41 haben Sie Ihrem Anwendernamen bzw. SAP-User dann jedoch Ihre neue Reporting- bzw. Infosicht ### zugeordnet, so dass diese nun als Standardsicht angezeigt wird.

b) **Wählen Sie für das Kundenstammblatt aus der Liste der Sichten die Sicht „001 Komplettsicht" aus und vergleichen Sie das Ergebnis mit dem von Übung 33. Stimmen beide Berichte überein?**

Wählen Sie in der Menüleiste „Kundenstammblatt/ Liste/ Sicht".

Die beiden Berichte stimmen überein. Der Kunde hat bislang weder Aufträge erteilt, noch wurden ihm Rechnungen gestellt.

2) **Rufen Sie im Infosystem für die Vertriebsunterstützung abschließend noch den Vertriebsunterstützungsmonitor mit den Listen der Kontakte für Ihren Kunden „77###" mit Ihrer Verkaufsorganisation „Y###" und dem Vertriebsweg „Wiederverkäufer" spartenübergreifend auf.**
Lassen Sie sich dort alle Kontakte anzeigen, die Sie bislang angelegt haben.

Menüpfad: Logistik/ Vertrieb/ Vertriebsunterstützung/ Infosystem/ Liste Kontakte

Transaktionscode: VC05

Vertriebsunterstützungsmonitor

⊕)⊏(Anzeigevariante   Listvariante

Ausführen (F8)

Kontaktpartner

Kunde/Interessent	77789	⇨	⇨ Klassen
Partner		⇨	⇨ Rollen
Mitarbeiter/Vertbeauftragter		⇨	
angelegt von		⇨	
☐ Adreßbestand berücksichtigen			

Kontaktart/Kontaktdatum

Bemerkung		⇨
Kontaktart		⇨
Kontaktbeginn		bis

Selektionsumfang

○ nur offene Kontakte

◉ alle Kontakte   ⇨ Status

Organisation

Verkaufsorganisation	Y789	⇨
Vertriebsweg	12	⇨
Sparte	00	⇨

Vertriebsunterstützungsmonitor

▣ ▤ ♣ ▼ ▼ ⊮ ◀ ▶ ⊯ Präf. Folgeaktivität

FolgeKont	Begründung	Kontaktergebnis	Kontaktstatus	Kontaktgrund	Kontaktart	Kontakte	Angel.am
Besuch		Interesse geweckt	erledigt	Messekontakt	Telefonat	100000328	14.01.2013
	Wettbewerb 789	Kunde wägt ab 789	in Bearbeitung	Kundenbindung 789	Besuch	100000342	16.01.2013

Anmerkung:

Aus Platzgründen beinhaltet die obige Abbildung lediglich einen Auszug aus den Spalten der beiden Kontakte aus der Liste.

Übung 44: Preisrelevante Konditionen pflegen (→ Kapitel 3.3.5.3)

Nach der formellen Dokumentation des Kundenbesuchs erfassen Sie in SAP
ERP noch Konditionssätze für verschiedene Rabatte, die Sie in Ihrem Gespräch
mit Herrn Müller vom Kunden „77###" vereinbart haben.

Legen Sie in den Stammdaten des Vertriebs die folgenden Konditionssätze an.
Alle Konditionssätze sollen ab sofort unendlich gültig sein.

Menüpfad: Logistik/ Vertrieb/ Stammdaten/ Konditionen/ Anlegen

Transaktionscode: VK31 (oder VK11)

1) Der Kunde „77###" erhält ab sofort einen Abschlag von 1,5 % auf alle seine
   Bestellungen.
   Legen Sie bitte für Ihre Verkaufsorganisation „Y###" und den Vertriebsweg
   „Wiederverkäufer" spartenübergreifend einen Konditionssatz für diesen
   Abschlag für den Kunden „77###" zur Konditionsart „K007" an.

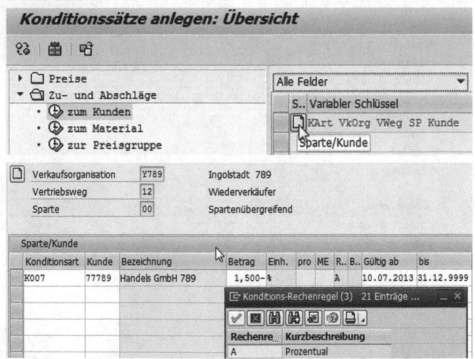

Sichern Sie bitte Ihren Konditionssatz.

2) Dem Kunden „77###" wird zudem für das Material „PC-Mouse ###" ein Abschlag von 0,30 Euro/Stück ab dem ersten Stück gewährt. Ab einer Abnahmemenge (Staffel) von 50 Stück beträgt der Abschlag 0,50 Euro/Stück. Legen Sie bitte dazu für Ihre Verkaufsorganisation „Y###" und den Vertriebsweg „Wiederverkäufer" einen Konditionssatz für die Konditionsart „K005" an. Markieren Sie bitte die Zeile mit dem Konditionssatz und legen Sie dazu die Preisstaffel an.

Konditionssätze anlegen: Übersicht

- ▸ ☐ Preise
- ▾ ☐ Zu- und Abschläge
  - • ⊕ zum Kunden
  - • ⊕ zum Material
  - • ⊕ zur Preisgruppe
  - • ⊕ zur Materialgruppe
  - • ⊕ zu Kunde/Material

Alle Felder ▾

S..	Variabler Schlüssel
☐	KArt VkOrg VWeg Kunde Material
	Kunde/Material

☐	Verkaufsorganisation	Y789	Ingolstadt 789
	Vertriebsweg	12	Wiederverkaufer
	Kunde	77789	Handels GmbH 789

Kunde/Material

Konditionsart	Material	Bezeichnung	Betrag	Einh.	pro	ME	R..	B..	Gültig ab	bis
K005	PC-MOUSE 789	PC-MOUSE 789	0,30-	EUR		1 ST	C		17.07.2013	31.12.9999

Kunde/Material (K005) anlegen: Staffeln

- ▸ ☐ Preise
- ▾ ☐ Zu- und Abschläge
  - • ⊕ zum Kunden
  - • ⊕ zum Material
  - • ⊕ zur Preisgruppe
  - • ⊕ zur Materialgruppe
  - • ⊕ zu Kunde/Material
  - • ⊕ zu Kunde/Materialg
  - • ⊕ zu Preisgruppe/Mat
  - • ⊕ zur Preisgruppe/Ma
- ▸ ☐ Frachten
- ▸ ☐ Steuern
- ▸ ☐ Konditionen

Variabler Key

Vk..	V	Kunde	Material	Bezeichnung
Y7..	12	77789	PC-MOUSE 789	PC-MOUSE 789

Gültigkeit		Steuerung		
Gültig ab	17.07.2013	Bezug	C	Mengenstaffel
Gültig bis	31.12.9999	Prüfung	☐	keine

Staffeln

Staffelart	Staffelmenge	ME	Betr...	Einh.	pro	ME
ab	1	ST	0,30-	EUR	1	ST
	50		0,50-			

Sichern Sie bitte Ihren Konditionssatz und verlassen Sie die Transaktion.

Übung 45: Eine Kundenabsprache pflegen (→ Kapitel 3.3.5.4)

Während des Gesprächs mit Herrn Müller hat sich herausgestellt, dass er Ihr Material „Notebook 15-###" von Übung 27 auf Seite 159 bereits unter dem Namen „SLaptop 15-###" kennt.

Sie haben mit ihm für den Kunden „77###" abgesprochen, dass dieser bei etwaigen Bestellungen seinen eigenen Namen „SLaptop 15-###" für Ihr Material „Notebook 15-###" verwenden kann.

1) Erfassen Sie in den Stammdaten des Vertriebs diese Absprache mit Ihrem Kunden zur Kunden-Material-Info für Ihre Verkaufsorganisation „Y###" und den Vertriebsweg „Wiederverkäufer".

   Menüpfad: Logistik/ Vertrieb/ Stammdaten/ Absprachen/ Kunden-Material-Info/ Anlegen

   Transaktionscode: VD51

Kunden-Material-Info anlegen		
Kunde	77789	☐ Handels GmbH 789
Verkaufsorganisation	Y789	Ingolstadt 789
Vertriebsweg	12	Wiederverkäufer

2) Markieren Sie nach der Eingabe die Zeile mit Ihrer Kundenabsprache und lassen Sie sich dazu die Details im Positionsbild anzeigen.

   Anmerkung:
   Hier könnten Sie beispielsweise noch weitere kundenspezifische Daten für ein Material festlegen (vgl. Seite 230).
   Das Anlegen der Kunden-Material-Info ist in Abbildung 3-45 auf Seite 229 zu sehen. Abbildung 3-46 auf Seite 230 zeigt mögliche zusätzliche kundenspezifische Daten bei einer Kunden-Material-Info.

3) Gehen Sie aus dem Positionsbild einmal mit „F3" zurück, sichern Sie dann Ihre Kunden-Material-Info und verlassen Sie danach bitte die Transaktion.

Übung 46: Eine neue Sicht zu bestehenden Produkten anlegen (→ Kapitel 3.3.5.2)

Ihnen fällt auf, dass Sie für eine etwaige Bestellung Ihre beiden Materialien „Notebook 15-###" und „PC-Mouse ###" aus Übung 27 (s. Seite 159) noch nicht ausreichend gepflegt haben.

Zur Bestimmung des Einteilungstyps (vgl. Seite 217) benötigen Sie neben dem Positionstyp aus dem Verkaufsbeleg auch noch das Dispositionsmerkmal aus der Sicht „Disposition 1" im Materialstamm, welche Sie in Übung 27 noch gar nicht angelegt hatten.

1) **Legen Sie nun in den Stammdaten des Vertriebs für Ihre Handelsware „Notebook 15-###" die neue Sicht „Disposition 1" im Materialstamm für die Branche Handel, das Werk „Z###" und den Lagerort „L###" an.**
Als Kopiervorlage verwenden Sie das Material HT-1000 aus dem Werk 3800 und dem Lagerort 0001.

Menüpfad: Logistik/ Vertrieb/ Stammdaten/ Produkte/ Material/ Handelswaren/ Anlegen

Transaktionscode: MMH1 (oder MM01)

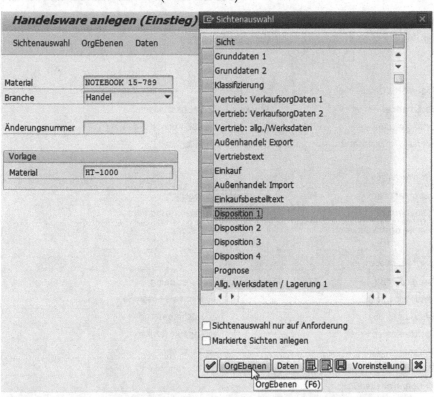

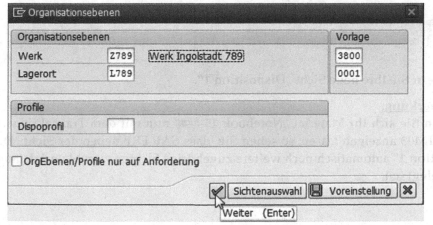

Wie lautet das Dispositionsmerkmal?
Das Dispositionsmerkmal lautet "PD" für „plangesteuerte Disposition".

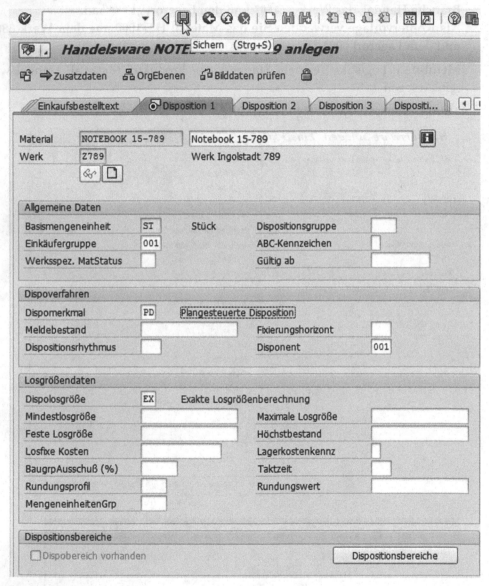

Sichern Sie Ihre neue Sicht „Disposition 1".

<u>Anmerkung:</u>
**Wenn Sie sich Ihr Material „Notebook 15-###" nun mit dem Transaktionsco-
de MM03 anzeigen lassen, so sehen Sie, dass SAP ERP neben der Sicht "Disposition 1" automatisch noch weitere zugehörige Sichten zum Materialstamm
angelegt hat.**

2) Legen Sie auch gleich die neue Sicht „Disposition 1" im Materialstamm für Ihre Handelsware „PC-Mouse ###" für die Branche Handel, das Werk „Z###" und den Lagerort „L###" an.

Als Kopiervorlage verwenden Sie das Material „HT-1060" aus dem Werk „1200" und dem Lagerort „MAM1" (Achtung: Bei der Kopiervorlage handelt es sich um andere Organisationseinheiten als in der vorherigen Teilaufgabe).

Menüpfad: Logistik/ Vertrieb/ Stammdaten/ Produkte/ Material/ Handelswaren/ Anlegen

Transaktionscode: MMH1 (oder MM01)

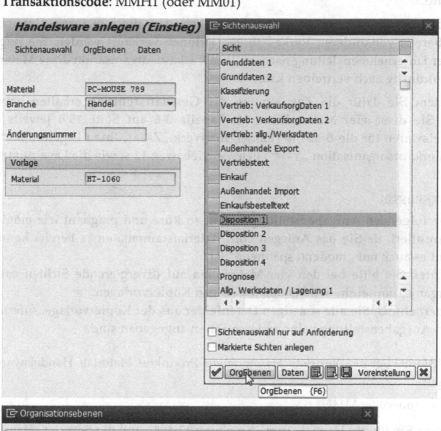

Wie lautet das Dispositionsmerkmal?

Das Dispositionsmerkmal lautet "ND" für „keine Disposition".

Sichern Sie bitte Ihre neue Sicht „Disposition 1" und verlassen Sie die Transaktion.

Übung 47: Neue Produkte anlegen (→ Kapitel 3.3.5.2, 3.3.5.8 und 3.3.5.9)

Bei Ihrem Besuch hat Herr Müller auch sehr starkes Interesse an vier Materialien geäußert, die gegenwärtig noch nicht in Ihrer Verkaufsorganisation verfügbar sind.

Von diesen vier Materialien wissen Sie jedoch, dass diese in Ihrem Unternehmen bereits von anderen Verkaufsorganisationen verkauft werden. Sie fragen bei der Unternehmensleitung nach, ob Ihre Verkaufsorganisation diese Materialien zukünftig auch vertreiben kann.

Nachdem Sie dafür die Zustimmung der Geschäftsführung erhalten haben, legen Sie diese vier Materialien (vgl. Tabelle 3-6 auf Seite 159) jeweils als Handelswaren für die Branche Handel, Ihr Werk „Z###", Ihren Lagerort „L###", Ihre Verkaufsorganisation „Y###", den Vertriebsweg 12 sowie die Lagernummer 001 an.

Anmerkungen:

– Die folgenden Aufgabenstellungen sind so kurz und prägnant wie möglich formuliert, da Sie das Anlegen von Materialstammdaten ja bereits kennen und es auch nur „moderat spannend" ist.

– Achten Sie bitte bei den vier Materialien auf divergierende Sichten sowie Organisationseinheiten bei den jeweiligen Kopiervorlagen.

– Übernehmen Sie alle sonstigen Datenfelder aus der Kopiervorlage, sofern in der Aufgabenstellung keine anderen Daten angegeben sind.

Menüpfad: Logistik/ Vertrieb/ Stammdaten/ Produkte/ Material/ Handelswaren/ Anlegen

Transaktionscode: MMH1

1) Legen Sie für die Handelsware „Notebook 17-###" und die Branche „Handel" die Sichten „Grunddaten 1", „Vertrieb: VerkOrg 1", „Vertrieb: VerkOrg 2", „Vertrieb: allg./Werk", „Disposition 1", „Lagerverwaltung 1" und „Buchhaltung 1" an.
Verwenden Sie als Vorlage Ihr Material „Notebook 15-###" mit identischen Organisationseinheiten. [91]

---

91 Es ist sicher in Ihrem Sinne, dass an dieser Stelle dem Aspekt der Arbeitsminimierung ausnahmsweise Priorität gegenüber der praktischen Wahrscheinlichkeit eingeräumt wird.

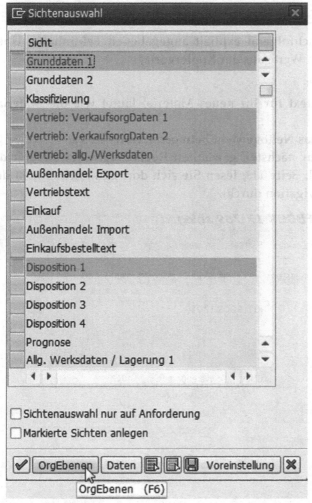

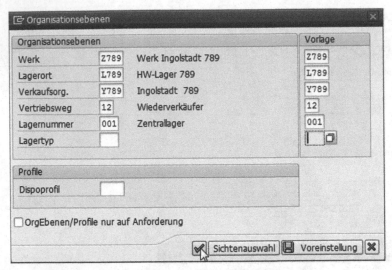

Ändern Sie nur die nachfolgend explizit angegebenen Feldinhalte. Übernehmen Sie alle anderen Werte aus der Kopiervorlage.

a) Sicht „Grunddaten 1":

- Der Materialkurztext für Ihr neues Material lautet wie die Materialnummer.
- Das Brutto- und das Nettogewicht betragen jeweils 4,5 kg.
- Navigieren Sie zur nächsten gewählten Registerkarte jeweils mit der Taste ENTER (vgl. Seite 113; lesen Sie sich dort ggf. noch einmal den Abschnitt zur Navigation durch).

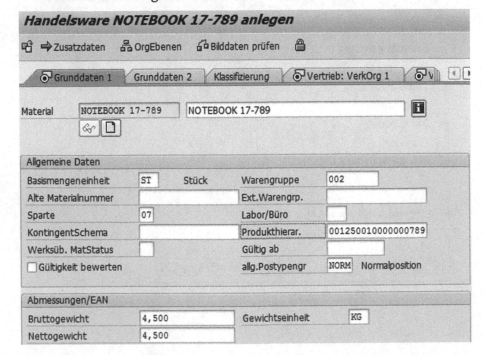

b) Sicht „Vertrieb: VerkOrg 1":

- Klicken Sie auf den Button „Konditionen" und erfassen Sie einen Konditionssatz für den Verkaufspreis (Konditionsart „PR00") von 349,00 Euro/Stück.
- Gehen Sie danach mit „F3" einmal zurück und dann mit ENTER bis zur Sicht „Buchhaltung 1".

| //Klassifizierung | ⚙Vertrieb: VerkOrg 1 | ⚙Vertrieb: VerkOrg 2 | ⚙Vertrieb: ... |

Material   NOTEBOOK 17-789   NOTEBOOK 17-789

VerkOrg.   Y789   Ingolstadt 789

VertrWeg   12   Wiederverkäufer

Allgemeine Daten

Basismengeneinheit	ST	Stück	Sparte	07	High Tech
Verkaufsmengeneinh.			☐VME nicht variabel		
MengeneinheitenGrp					
VTL-überg. Status			Gültig ab		
VTL-spez. Status			Gültig ab		
Auslieferungswerk	Z789		Werk Ingolstadt 789		
Warengruppe	002		Elektronik/Hardware		
☑Skontofähig				Konditionen	

Preis (PR00) anlegen: Staffeln

Variabler Key

VkOrg	VW..	Material	F	Bezeichnung
Y789	12	NOTEBOOK 17-789		freigegeben

Gültigkeit		**Steuerung**		
Gültig ab	11.07.2013	Bezug	C	Mengenstaffel
Gültig bis	31.12.9999	Prüfung	A	absteigend

Staffeln

Staffelart	Staffelmenge	ME	Betrag	Einh.	pro	ME
ab	1	ST	349,00	EUR	1	ST

c) Sicht „Buchhaltung 1":
- Löschen Sie den Eintrag für den Standardpreis und geben Sie einen gleitenden Preis (dies ist nicht der Verkaufspreis!) von 249,00 Euro ein.
- Sichern Sie danach Ihre neue Handelsware.

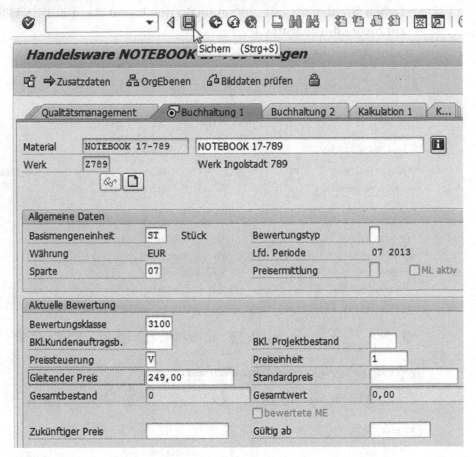

2) Legen Sie für die Handelsware „Notebook 17S-###" und die Branche „Handel" die Sichten „Grunddaten 1", „Vertrieb: VerkOrg 1", „Vertrieb: VerkOrg 2", „Vertrieb: allg./Werk", „Disposition 1", „Lagerverwaltung 1" und „Buchhaltung 1" an.
Verwenden Sie als (Kopier)Vorlage Ihr gerade angelegtes Material „Notebook 17-###" mit den identischen Organisationseinheiten.

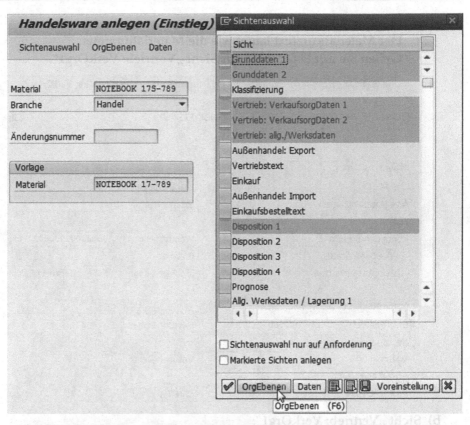

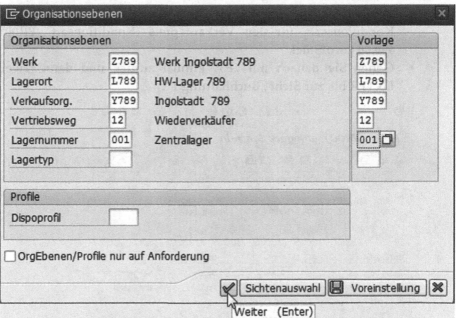

a) Sicht „Grunddaten 1":
  - Der Materialkurztext lautet wie die Materialnummer.
  - Gehen Sie mit ENTER bis zur Sicht „Vertrieb: VerkOrg1".

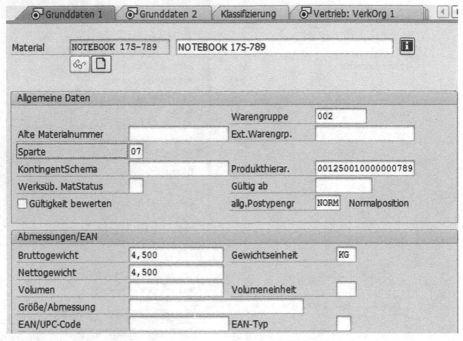

b) Sicht „Vertrieb: VerkOrg1":
  - Klicken Sie auf den Button „Konditionen" und erfassen Sie einen Konditionssatz für den Verkaufspreis (Konditionsart „PR00") von 499,00 Euro/Stück.
  - Gehen Sie danach mit „F3" einmal zurück und dann jeweils mit ENTER bis zur Sicht „Buchhaltung 1".

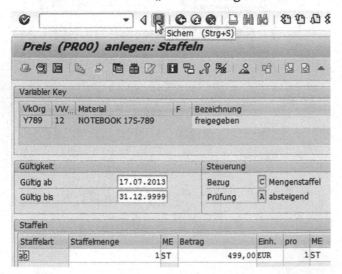

c) Sicht „Buchhaltung 1":
Ändern Sie den gleitenden Preis auf 279,00 Euro und sichern Sie dann Ihr Material.

| Lagerverwaltung 2 | Buchhaltung 1 | Buchhaltung 2 | Werksbestand | La... |

Material   NOTEBOOK 17S-789   NOTEBOOK 17S-789

Werk   Z789   Werk Ingolstadt 789

Allgemeine Daten

Basismengeneinheit	ST	Stück	Bewertungstyp	
Währung	EUR		Lfd. Periode	07 2013
Sparte	07		Preisermittlung	☐ ML aktiv

Aktuelle Bewertung

Bewertungsklasse	3100		
BKl.Kundenauftragsb.		BKl. Projektbestand	
Preissteuerung	V	Preiseinheit	1
Gleitender Preis	279,00	Standardpreis	
Gesamtbestand	0	Gesamtwert	0,00
		☐ bewertete ME	
Zukünftiger Preis		Gültig ab	

| Vorperiode/-jahr | Plankalkulation |

3) Legen Sie für die Handelsware „Duschgel ###" und die Branche „Handel" die Sichten „Grunddaten 1", „Vertrieb: VerkOrg 1", „Vertrieb: VerkOrg 2", „Vertrieb: allg./Werk", „Disposition 1", „Disposition 2", „Lagerverwaltung 1" und „Buchhaltung 1" an.

Verwenden Sie als Vorlage das Material „CP-0003" mit dem Werk 3200, dem Lagerort 0001, der Verkaufsorganisation 3020 und dem Vertriebsweg 30.

Handelsware anlegen (Einstieg)

| Sichtenauswahl | OrgEbenen | Daten |

Sichtenauswahl   (F5)

Material	DUSCHGEL 789
Branche	Handel
Änderungsnummer	

Vorlage

Material	CP-0003

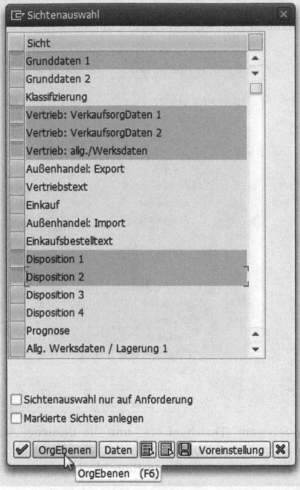

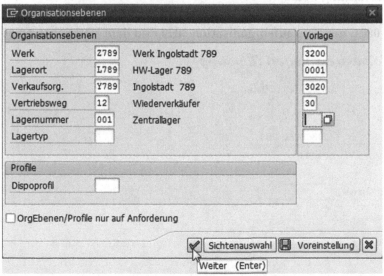

a) Sicht „Grunddaten 1":

- Der Materialkurztext lautet wie die Materialnummer.
- Das Duschgel gehört zur Warengruppe „00107" für Sonstiges.

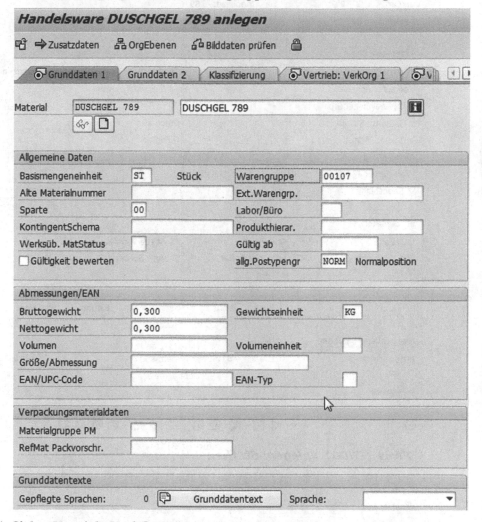

b) Sicht „Vertrieb: VerkOrg 1":

- Ersetzen Sie den Eintrag für das Auslieferungswerk durch Ihr angelegtes Werk „Z###".
- Klicken Sie auf den Button „Konditionen" und erfassen Sie einen Konditionssatz für den Verkaufspreis (Konditionsart „PR00") von 0,90 Euro/Stück.
- Gehen Sie danach mit „F3" einmal zurück und dann mit ENTER in die nächste Sicht.

| Klassifizierung | Vertrieb: VerkOrg 1 | Vertrieb: VerkOrg 2 | Vertrieb: ... |

Material   DUSCHGEL 789   DUSCHGEL 789
VerkOrg.   Y789   Ingolstadt 789
VertrWeg   12   Wiederverkäufer

Allgemeine Daten

Basismengeneinheit   ST   Stück   Sparte   00   Spartenübe...
Verkaufsmengeneinh.   [ ]   ☐ VME nicht variabel
MengeneinheitenGrp   [ ]
VTL-überg. Status   [ ]   Gültig ab
VTL-spez. Status   [ ]   Gültig ab
Auslieferungswerk   Z789   Werk Ingolstadt 789
Warengruppe   00107   Sonstiges
☑ Skontofähig   Konditionen

Steuerdaten

L...	Land	St...	Steuertyp	S	Steuerklassifikation
DE	Deutschland	MWST	Ausgangssteuer	1	Volle Steuer

                                                        Eintrag   1   von   1

Mengenvereinbarungen

MindAuftrMenge   ST   Min.liefermenge   ST
                                                Liefereinheit
RundProfil

Zurück (F3)

Preis (PR00) anlegen: Staffeln

Variabler Key

VkOrg	VW...	Material	F	Bezeichnung
Y789	12	DUSCHGEL 789		freigegeben

Gültigkeit

		### Steuerung	
Gültig ab	11.07.2013	Bezug	C Mengenstaffel
Gültig bis	31.12.9999	Prüfung	A absteigend

Staffeln

Staffelart	Staffelmenge	ME	Betrag	Einh.	pro	ME
ab	1	ST	0,90	EUR	1	ST

c) **Sicht „Vertrieb: VerkOrg 2":**
   Ihr Duschgel gehört zur Materialgruppe „Normalteile".

Vertrieb: VerkOrg 1	Vertrieb: VerkOrg 2	Vertrieb: allg./Werk	Au...

Material	DUSCHGEL 789	DUSCHGEL 789	ℹ
VerkOrg.	Y789	Ingolstadt 789	
VertrWeg	12	Wiederverkäufer	

Gruppierungsbegriffe

StatistikGrMaterial		Materialgruppe	01
Bonusgruppe		Kontierungsgr. Mat.	
allg.Pos.typenGruppe	NORM	Normalposition Positionstypengruppe	NORM Normalposition
Preismaterial			
Produkthierarchie			
Provisionsgruppe			

Materialgruppen

Materialgruppe 1	Materialgruppe 2	Materialgruppe 3
Materialgruppe 4	Materialgruppe 5	

Produktattribute

☐ Produktattribut 1   ☐ Produktattribut 2   ☐ Produktattribut 3
☐ Produktattribut 4   ☐ Produktattribut 5   ☐ Produktattribut 6
☐ Produktattribut 7   ☐ Produktattribut 8   ☐ Produktattribut 9
☐ Produktattribut 10

d) **Sicht „Vertrieb: allg./Werk":**
   Ersetzen Sie den Eintrag für die Ladegruppe durch „0003" für „Manuell".

Vertrieb: VerkOrg 2	Vertrieb: allg./Werk	Außenhandel: Export	

Material	DUSCHGEL 789	DUSCHGEL 789	ℹ
Werk	Z789	Werk Ingolstadt 789	

Allgemeine Daten

Basismengeneinheit	ST	Stück	Austauschteil	
Bruttogewicht	0,300	KG	Naturalrabattfähig	
Nettogewicht	0,300		MatFraGruppe	
Verfügbarkeitsprüf.	02	Einzelbedarf	☐ Gen.ChrgProt erford.
☐ Chargenpflicht			

Versanddaten (Zeiten in Tagen)

TranspGr	0001	Auf Paletten	Ladegruppe 0003	Manuell

e) Sicht „Disposition 1":
 ▪ Wählen Sie das Dispomerkmal „ND" für „keine Disposition".
 ▪ Die Nummer des Disponenten lautet „001".

| Einkaufsbestelltext | Disposition 1 | Disposition 2 | Disposition 3 | Dispositi... |

Material   DUSCHGEL 789   DUSCHGEL 789   ℹ
Werk   Z789   Werk Ingolstadt 789

Allgemeine Daten

Basismengeneinheit	ST	Stück	Dispositionsgruppe	
Einkäufergruppe	001		ABC-Kennzeichen	
Werksspez. MatStatus			Gültig ab	

Dispoverfahren

Dispomerkmal	ND	Keine Disposition		
Meldebestand			Fixierungshorizont	
Dispositionsrhythmus			Disponent	001

Losgrößendaten

Dispolosgröße			
Mindestlosgröße		Maximale Losgröße	
Feste Losgröße		Höchstbestand	
Losfixe Kosten		Lagerkostenkennz	
BaugrpAusschuß (%)		Taktzeit	
Rundungsprofil		Rundungswert	
MengeneinheitenGrp			

Dispositionsbereiche

☐ Dispobereich vorhanden   [Dispositionsbereiche]

f) Sicht „Disposition 2":
   Die Planlieferzeit beträgt einen Tag.

| Disposition 1 | Disposition 2 | Disposition 3 | Disposition 4 | Prognose | V |

Material   DUSCHGEL 789   DUSCHGEL 789   ℹ
Werk   Z789   Werk Ingolstadt 789

Beschaffung

Beschaffungsart	F	Chargenerfassung	
Sonderbeschaffung		Produktionslagerort	
Quotierungsverw.		Vorschlags-PVB	
Retrogr. Entnahme		FremdBesch Lagerort	
Feinabrufkennzeichen		BfGruppe	
☐ Schüttgut			

Terminierung

		Planlieferzeit	1	Tage
WE-Bearbeitungszeit	Tage	Planungskalender		
Horizontschlüssel				

Nettobedarfsrechnung

Sicherheitsbestand		Lieferbereitsch.(%)	
min Sicherheitsbest		Reichweitenprofil	
BedarfsvorlaufKennz		Bedvorlzeit/ Ist-RW	Tage
BedVorl-PeriodProfil			

g) Sicht „Lagerverwaltung 1":
   Übernehmen Sie bitte alle angezeigten Daten.

h) Sicht „Buchhaltung 1":

- Löschen Sie den Eintrag für den Standardpreis.
- Wählen Sie für die Preissteuerung den gleitenden Durchschnittspreis/periodischen Verrechnungspreis.
- Sichern Sie dann Ihre neue Handelsware.

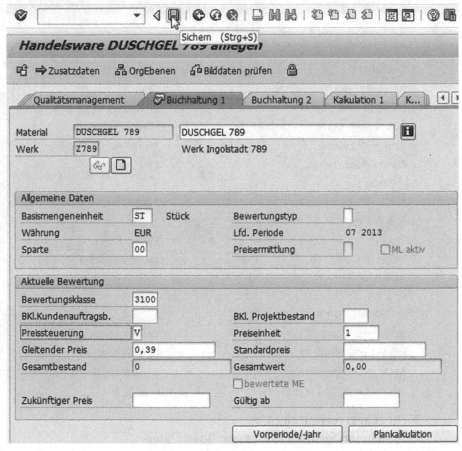

4) Legen Sie zuletzt noch die Handelsware „Duschgel ### klein" für die Branche „Handel" mit den Sichten „Grunddaten 1", „Vertrieb: VerkOrg 1", „Vertrieb: VerkOrg 2", „Vertrieb: allg./Werk", „Disposition 1", „Disposition 2", „Lagerverwaltung 1" und „Buchhaltung 1" an.
Übernehmen Sie außer den unten genannten Änderungen alle sonstigen Daten aus der Vorlage des Materials „Duschgel ###" mit den identischen Organisationseinheiten.

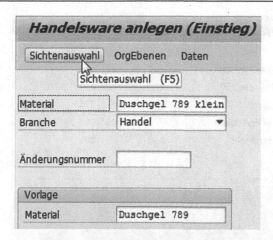

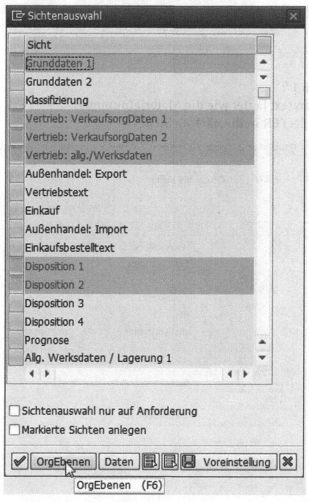

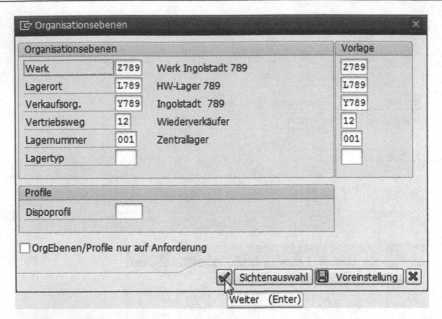

a) Sicht „Grunddaten 1":
  ▪ Der Materialkurztext lautet wie die Materialnummer.
  ▪ Gehen Sie mit ENTER in die nächste Sicht.

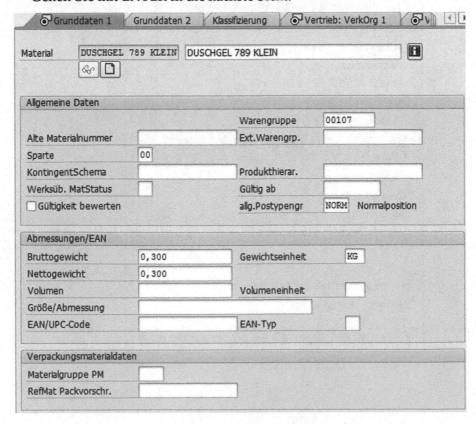

b) Sicht „Vertrieb: VerkOrg 1":
- Klicken Sie auf den Button „Konditionen" und erfassen Sie einen Konditionssatz für den Verkaufspreis (Konditionsart PR00) von 0,65 Euro/Stück.
- Gehen Sie danach mit „F3" einmal zurück und dann jeweils mit ENTER bis zur Sicht „Buchhaltung 1".

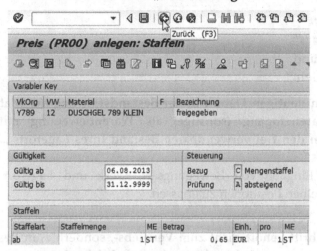

c) Sicht „Buchhaltung 1":
- Der gleitende Preis beträgt 0,35 Euro/Stück.
- Sichern Sie bitte Ihre neue Handelsware und freuen Sie sich, dass Sie in diesem Buch keine weiteren Materialstammdaten mehr anlegen müssen.

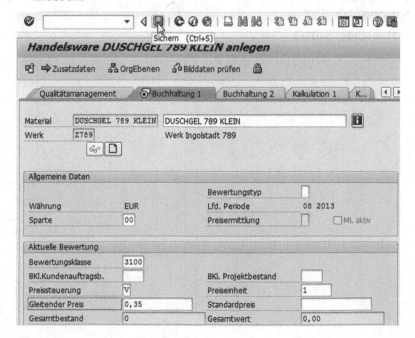

Übung 48: Buchung eines Wareneingangs in der Materialwirtschaft

Nachdem Sie die Zustimmung der Geschäftsführung für die neuen Materialien erhalten und die zugehörigen Materialstämme in SAP ERP angelegt haben, erhalten Sie eine Lieferung über

100 St. „Notebook 15-###",

300 St. „PC-Mouse ###",

100 St. „Notebook 17-###",

100 St. „Notebook 17S-###",

300 St. „Duschgel ###" und

300 St. „Duschgel ### klein"

1) Buchen Sie mit dem heutigen Datum in der Bestandsführung der Material-wirtschaft den Wareneingang (sonstige) als Warenbewegung mit der Bewegungsart 561 in den frei verwendbaren Bestand Ihres Lagerorts „L###" in Ihrem Werk „Z###".

   Drücken Sie nach Eingabe von Bewegungsart, Werk und Lagerort bitte ENTER, um die einzelnen Positionen zu erfassen.

   Anmerkungen:
   - Dieser Prozessschritt gehört nicht zum Vertriebs-, sondern zum Beschaf-fungsprozess. Deswegen wird er nicht weiter inhaltlich erläutert.
   - Im Rahmen dieses Buches ist es nur von Relevanz, ausreichend Bestände von den angelegten verkaufsfähigen Materialien für den Vertrieb verfüg-bar zu haben, um diese später verkaufen zu können.

   Menüpfad: Logistik/ Materialwirtschaft/ Bestandsführung/ Warenbewegung/ Wareneingang/ Sonstige

   Transaktionscode: MB1C

Sonst. Wareneingänge erfassen: Einstieg

🗋 Neue Position   Zur Reservierung...   Zum Auftrag...   LVS-Parameter...

Belegdatum	11.07.2013	Buchungsdatum	11.07.2013
Materialschein			
Belegkopftext		WaBeglSchein	

Vorschlag für Belegpositionen

Bewegungsart	561	Sonderbestand	
Werk	Z789	Grund der Bewegung	
Lagerort	L789	☐ Nullzeilen vorschlagen	

Warenbegleitschein

☐ Drucken

○ Einzelschein
◉ Einzelschein mit Prüftext
○ Sammelschein

Buchen Sie danach bitte Ihren Wareneingang für die verschiedenen Materialien, notieren Sie die Belegnummer zur besseren Gesamtübersicht ggf. auch in Tabelle 4-1 auf Seite 575 und verlassen Sie diese Transaktion.

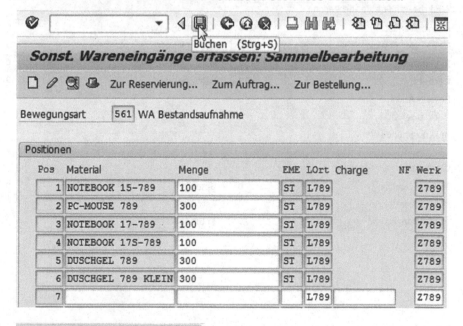

Buchen (Strg+S)

Sonst. Wareneingänge erfassen: Sammelbearbeitung

🗋 ✏ 🔍 🖨   Zur Reservierung...   Zum Auftrag...   Zur Bestellung...

Bewegungsart   561 WA Bestandsaufnahme

Positionen

Pos	Material	Menge	EME	LOrt	Charge	NF	Werk
1	NOTEBOOK 15-789	100	ST	L789			Z789
2	PC-MOUSE 789	300	ST	L789			Z789
3	NOTEBOOK 17-789	100	ST	L789			Z789
4	NOTEBOOK 17S-789	100	ST	L789			Z789
5	DUSCHGEL 789	300	ST	L789			Z789
6	DUSCHGEL 789 KLEIN	300	ST	L789			Z789
7				L789			Z789

☑ Beleg 4900038939 wurde gebucht

2) Lassen Sie sich beispielhaft in den Stammdaten des Vertriebs die Verbuchung des Wareneingangs in den frei verwendbaren Bestand für Ihr Material „Notebook 17-###" in der Sicht „Werksbestand" für Ihr Werk „Z###" anzeigen.

Menüpfad: Logistik/ Vertrieb/ Stammdaten/ Produkte/ Material/ Handelswaren/ Anzeigen

Transaktionscode: MM03

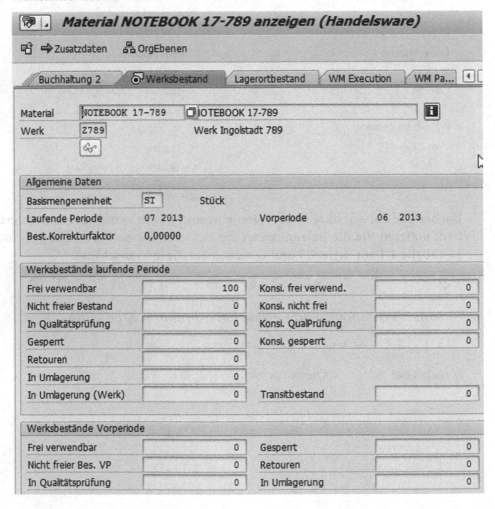

Übung 49: Einen Vorschlag zum Cross-Selling anlegen (→ Kapitel 3.3.5.8)

Von Ihrer Zentralabteilung „Analytisches CRM" erhalten Sie eine Warenkorbanalyse mit der Bitte, die Ergebnisse als Vorschläge zum Cross-Selling zu berücksichtigen.

<u>Anmerkung:</u>

Die Inhalte zu allen Teilaufgaben dieser Übung finden Sie, falls nicht explizit anders angegeben, im Customizing.

1) Lassen Sie sich in den Grundfunktionen des Vertriebs die aktuellen Einstellungen zum Cross-Selling anzeigen.
   Wie lautet die in der Standardauslieferung enthaltene Zugriffsfolge, die für das Findungsschema zum Cross-Selling verwendet werden kann?
   Welches Datenfeld ist für den Zugriff 10 dieser Zugriffsfolge hinterlegt?

Menüpfad: Customizing/ Vertrieb/ Grundfunktionen/ Cross-Selling/ Findungsschema für Cross-Selling definieren/ Zugriffsfolgen pflegen

Transaktionscode: OV41

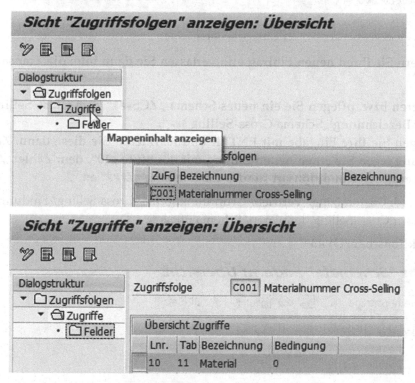

Abbildung 3-66 auf Seite 247 zeigt dann, dass bei dieser Zugriffsfolge ausschließlich auf die Materialnummer (Datenfeld MATNR) aus der Konditionstabelle „011" zugegriffen wird.

Verlassen Sie danach bitte die Transaktion.

2) Definieren Sie für das Cross-Selling eine neue Konditionsart „Z###" mit der Bezeichnung „Kond. ###" und der Zugriffsfolge C001.

   Menüpfad: Customizing/ Vertrieb/ Grundfunktionen/ Cross-Selling/ Findungsschema für Cross-Selling definieren/ Konditionsarten definieren

   Transaktionscode: OV42

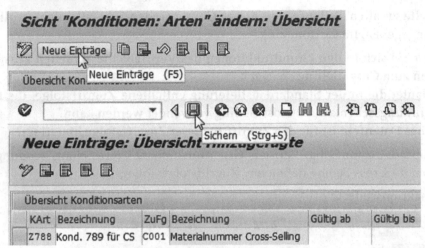

Speichern Sie Ihren neuen Eintrag und verlassen Sie dann bitte die Transaktion.

3) Definieren bzw. pflegen Sie ein neues Schema „ZCS###" zum Cross-Selling mit der Bezeichnung „Schema Cross-Selling ###".
   Bestätigen Sie Ihre Eingabe mit ENTER und markieren Sie diese dann. Zur Steuerung legen Sie einen neuen Eintrag mit der Stufe „10", dem Zähler „0" und Ihrer neuen Konditionsart für das Customizing „Z###" an.

   Menüpfad: Customizing/ Vertrieb/ Grundfunktionen/ Cross-Selling/ Findungsschema für Cross-Selling definieren/ Schema pflegen

   Transaktionscode: OV43

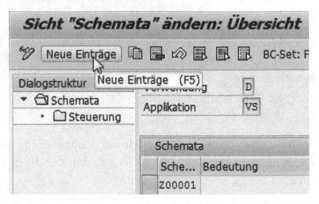

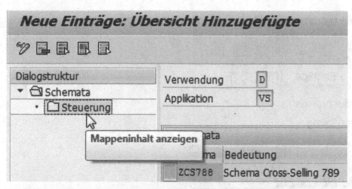

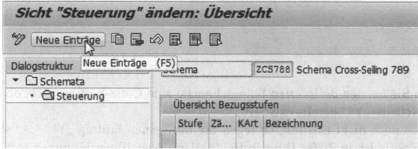

Dieser neue Eintrag für die Steuerung dieses Schemas zum Cross-Selling ist in Abbildung 3-67 auf Seite 247 zu sehen.

Speichern Sie Ihren neuen Eintrag und verlassen Sie dann bitte die Transaktion.

4) **Sehen Sie bei den definierten Kundenschemata zum Cross-Selling nach, ob das Kundenschema „Z9" bereits existiert.**
Falls es noch nicht existiert, so legen Sie bitte einen Eintrag „Z#" („#" steht hier für die letzte Ziffer von „###") mit der Bezeichnung „CS & PV ###" an und sichern ihn.

Anmerkungen:

- Für dynamische Produktvorschläge und Cross-Selling wird gemeinsam ein zusätzliches Kundenschema in den Vertriebsbereichsdaten des Kundenstamms hinterlegt. Es bestimmt, welches Produktvorschlagsschema und Cross-Selling-Schema SAP ERP automatisch verwendet, wenn ein Verkaufsbeleg zu einem Kunden erstellt wird.

- Da Kundenschemata zum Cross-Selling in SAP ERP nur mit zwei Zeichen angelegt werden können, ist meist kein individuelles Anlegen bei dreistelligen Nummern für ### möglich. Deshalb muss nur sichergestellt sein, dass dieses Kundenschema einmal angelegt wurde.

Menüpfad: Customizing/ Vertrieb/ Grundfunktionen/ Cross-Selling/ Kundenschema/ Belegschema für Cross-Selling pflegen/ Kundenschema für Cross-Selling definieren

5) **Sehen Sie bei den definierten Belegschemata zum Cross-Selling nach, ob das Belegschema „Y9" bereits existiert.**
Falls es noch nicht existiert, so legen Sie bitte einen Eintrag „Y#" („#" steht hier für die letzte Ziffer Ihrer individuellen dreistelligen Nummer ###) mit der Bezeichnung „BS für CS & PV ###" an und sichern ihn.

Anmerkung:
Für das Belegschema gilt analog die Anmerkung zum Kundenschema. Es muss separat Verkaufsbelegarten zugeordnet werden, bei denen dynamische Produktvorschläge und Cross-Selling genutzt werden können.

Menüpfad: Customizing/ Vertrieb/ Grundfunktionen/ Cross-Selling/ Kundenschema/ Belegschema für Cross-Selling pflegen/ Belegschema für Cross-Selling definieren

6) Sehen Sie bitte nach, ob irgendein Belegschema „Y#" (mit # = 1, 2, 3, 4, 5, 6, 7, 8 oder 9) bereits den Verkaufsbelegarten „Anfrage (AF)" und „Angebot (AG)" zugeordnet ist.

Falls nicht, so tragen Sie Ihr Belegschema „Y#" bitte bei den beiden Verkaufsbelegarten ein und sichern Sie Ihre Änderung. Ansonsten verlassen Sie bitte die Transaktion und übernehmen das bereits den Verkaufsbelegarten „Anfrage (AF)" und „Angebot (AG)" zugeordnete Belegschema „Y#" (mit # = 1, 2, 3, 4, 5, 6, 7, 8 oder 9).

Anmerkung:
Für diese Zuordnung gilt analog die Anmerkung zum Kundenschema.

Menüpfad: Customizing/ Vertrieb/ Grundfunktionen/ Cross-Selling/ Kundenschema/ Belegschema für Cross-Selling pflegen/ Belegschema für Cross-Selling den Verkaufsbelegarten zuordnen

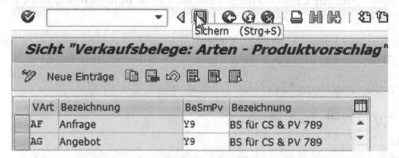

7) Legen Sie bitte ein neues Cross-Selling-Profil „ZCP###" mit der Bezeichnung „CS-Profil ###" an. Ordnen Sie diesem das in der Standardauslieferung von SAP ERP bereits vorhandene Produktvorschlagsschema „B00001" und Ihr Kalkulationsschema für Cross-Selling „ZCS###" zu.

Das Popup-Fenster zum Cross-Selling soll nach Datenfreigabe und auf Anforderung erscheinen. Zudem soll für die Cross-Selling-Materialien bei der Anzeige in der Verkaufsbelegerfassung eine Verfügbarkeitsprüfung stattfinden.

Menüpfad: Customizing/ Vertrieb/ Grundfunktionen/ Cross-Selling/ Cross-Selling-Profil definieren und zuordnen/ Cross-Selling-Profil definieren

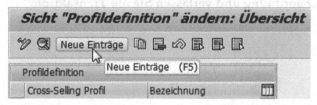

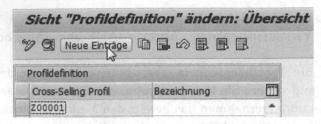

Das Cross-Selling-Profil mit den o.g. Zuordnungen und Einstellungen ist in Abbildung 3-69 auf Seite 249 zu sehen.

Speichern Sie bitte Ihr neues Cross-Selling-Profil und verlassen Sie dann die Transaktion.

8) **Ordnen Sie bitte Ihr neues Cross-Selling-Profil „ZCP###" Ihrer Verkaufsorganisation „Y###", dem Vertriebsweg „Wiederverkäufer", der Sparte „00", dem Kundenschema für Cross-Selling „Z#" und dem Belegschema für Cross-Selling „Y#" zu.**

Menüpfad: Customizing/ Vertrieb/ Grundfunktionen/ Cross-Selling/ Cross-Selling-Profil definieren und zuordnen/ Cross-Selling-Profil zuordnen

Speichern Sie bitte Ihre Zuordnung und verlassen Sie die Transaktion.

9) Sie haben in einer der vorherigen Teilaufgaben das Belegschema den Verkaufsbelegarten „Anfrage (AF)" und „Angebot (AG)" zugeordnet.

Überprüfen Sie im Customizing des Vertriebs bei den Verkaufsbelegen, ob bei diesen beiden Verkaufsbelegarten das Positionsverwendungskennzeichen „CSEL" für Cross-Selling bereits für die Positionstypengruppe „NORM" für die jeweiligen Normalpositionen „AFN" und „AGN" gepflegt ist.

Falls nicht, so legen Sie bitte die beiden untenstehenden neuen Einträge an und speichern Sie sie jeweils.

Menüpfad: Customizing/ Vertrieb/ Verkauf/ Verkaufsbelege/ Verkaufsbelegposition/ Positionstypen zuordnen

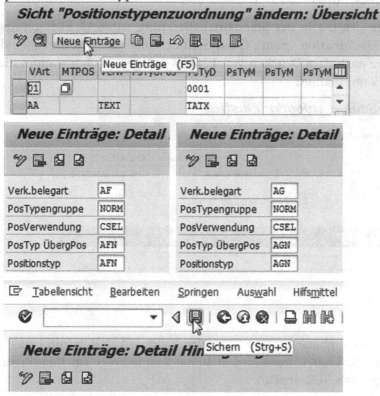

Verlassen Sie bitte die Transaktion.

10) Nun können Sie den von Ihrer Zentralabteilung „Analytisches CRM" kürzlich ermittelten Zusammenhang in SAP ERP erfassen.

Die Zentralabteilung hat herausgefunden, dass Computernutzer in der letzten Zeit hygienebewusster geworden sind. Deshalb besteht bei vielen Kunden eigentlich der Wunsch, beim Kauf von Computerzubehör auch einen
Hygieneartikel zu erwerben.

Legen Sie im Anwendungsmenü bei den Stammdaten zu den Produkten des
Vertriebs für das Cross-Selling und Ihre neue Findungs- bzw. Konditionsart
„Z###" einen Konditionssatz an.

Menüpfad: Logistik/ Vertrieb/ Stammdaten/ Produkte/ Cross-Selling/ Anlegen

Transaktionscode: VB41

a) Lassen Sie sich die in der Standardauslieferung von SAP ERP gepflegte
Schlüsselkombination zum Cross-Selling anzeigen, bevor Sie den
Stammsatz nach dem Drücken von ENTER anlegen. Woher stammt diese
Schlüsselkombination?

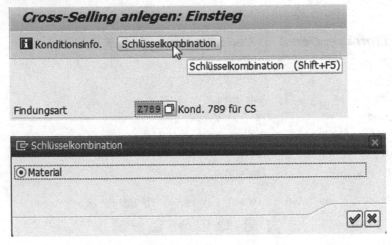

Die Schlüsselkombination bzw. das Datenfeld MATNR stammt aus der
Konditionstabelle „011" vom Zugriff 10 der Zugriffsfolge zur Konditionsart
„Z###" (vgl. erste Teilaufgabe).

b) Bei der Eingabe Ihres Materials „PC-Mouse ###" soll in den Verkaufsbelegen als Cross-Selling-Material Ihr Material „Duschgel ###" angezeigt
werden.

Dieser Stammsatz zum Cross-Selling ist in Abbildung 3-70 auf Seite 249 zu
sehen.

**Sichern Sie Ihren Stammsatz und verlassen Sie dann bitte die Trans-
aktion.**

Übung 50: Dynamische Produktvorschläge anlegen (→ Kapitel 3.3.5.1, 3.3.5.2 und 3.3.5.9)

Sie erhalten einen Anruf von Herrn Gerd Müller von Ihrem Kunden „77###".

Herr Müller teilt Ihnen mit, dass er morgen auf eine mehrtägige Geschäftsreise geht und diese in den letzten Tagen vorbereiten musste. Deshalb habe er es nicht mehr geschafft, die geplante Anfrage zu bearbeiten. Er teilt Ihnen mit, dass dies sein Stellvertreter, Herr Helmut Rahn, in den nächsten Tagen erledigt.

Herr Müller hat Herrn Rahn ausdrücklich gebeten, auch bezüglich der eher selten verkauften Notebooks mit 17-Zoll-Display anzufragen. Er ist sich aber nicht sicher, ob der teilweise etwas vergessliche Herr Rahn daran denken wird. Deswegen bittet er Sie, bei der Erfassung der Anfrage Herrn Rahn ggf. darauf hinzuweisen.

Sie entschließen sich daraufhin, für den Kunden „77###" einen dynamischen Produktvorschlag mit Ihren beiden Materialien „Notebook 17###" und „Notebook 17S-###" anzulegen.

Für den Produktvorschlag verwenden Sie mit dem Kundenschema „Z#" und dem Belegschema „Y#" die beiden in der letzten Übung angelegten Schemata. Diese sind auch bereits den beiden Verkaufsbelegarten „Anfrage (AF)" und „Angebot (AG)" zugeordnet.

Da noch keine Auftragshistorie für den neuen Kunden „77###" existiert, entschließen Sie sich, einen Positionsvorschlag (vgl. Seite 228) als Datenquelle für den Produktvorschlag anzulegen.

<u>Anmerkung:</u>

Die Inhalte zu allen Teilaufgaben dieser Übung finden Sie, falls nicht explizit anders angegeben, im Customizing.

1) Legen Sie für Ihren dynamischen Produktvorschlag im Customizing in den
   Grundfunktionen des Vertriebs einen neuen Eintrag für das Produktvorschlagsschema „Z00###" mit der Bezeichnung „PV – Online###" an.

   Menüpfad: Customizing/ Vertrieb/ Grundfunktionen/ Dynamischer Produkt-
   vorschlag/ Produktvorschlagsschema definieren und Zugriffsfolgen festlegen

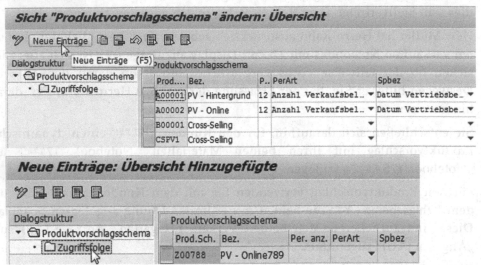

Markieren Sie Ihren neuen Eintrag und tragen Sie bei der Zugriffsfolge den
Funktionsbaustein „SD_DPP_PRODUCT_PROPOSAL" für einen Positionsvorschlag, beim Aktionskennzeichen „Ergebnis hinzufügen" und beim Indikator für die Herkunft der Datenquelle „Positionsvorschlag" ein.
Die Definition dieser Zugriffsfolge sehen Sie in Abbildung 3-73 auf Seite 252.

Speichern Sie bitte Ihr Produktvorschlagsschema mit dieser Zugriffsfolge
und verlassen Sie die Transaktion.

2) Pflegen Sie im Customizing in den Grundfunktionen des Vertriebs die
   Schemaermittlung online für Ihren dynamischen Produktvorschlag, indem
   Sie ihn mit Ihrem Produktvorschlagsschema „Z00###" Ihrer Verkaufsorgani-
   sation „Y###", dem Vertriebsweg „Wiederverkäufer", der Sparte „00", dem
   Kundenschema PV „Z#" und dem Belegschema „Y#" zuordnen.

   Menüpfad: Customizing/ Vertrieb/ Grundfunktionen/ Dynamischer Produkt-
   vorschlag/ Schemaermittlung (Online) für Produktvorschlag pflegen

   Diese Zuordnung ist in Abbildung 3-74 auf Seite 253 dargestellt.

   Speichern Sie bitte Ihre Zuordnung und verlassen Sie die Transaktion.

3) **Legen Sie im Anwendungsmenü bei den Stammdaten des Vertriebs einen Positionsvorschlag für Produkte an.**
Legen Sie bitte für die Positionsvorschlagsart „PV", Ihre Verkaufsorganisation „Y###" und den Vertriebsweg „Wiederverkäufer" spartenübergreifend den Positionsvorschlag mit der Belegnummer „59999###" an.

Menüpfad: Logistik/ Vertrieb/ Stammdaten/ Produkte/ Positionsvorschlag/ Anlegen

Transaktionscode: VA51

a) **Lassen Sie sich zuerst mit der F4-Hilfe im Datenfeld „Positionsvorschlag" die erlaubten Belegnummern für die externe Nummernvergabe anzeigen und geben Sie Ihre Belegnummer „59999###" ein.**

b) **Erfassen Sie in Ihrem Positionsvorschlag Ihre beiden Materialien „Notebook17-###" und „Notebook17S-###" jeweils mit einer Zielmenge von einem Stück.**
Dieser Positionsvorschlag ist in Abbildung 3-44 auf Seite 228 zu sehen.

Speichern Sie bitte Ihren Positionsvorschlag „77###" und verlassen Sie die Transaktion.

4) **Ändern Sie abschließend im Anwendungsmenü den Stammsatz für Ihren Kunden spartenübergreifend für Ihre Verkaufsorganisation „Y###" und den Vertriebsweg „Wiederverkäufer".**
In den Vertriebsbereichsdaten erfassen Sie bitte in der Registerkarte „Verkauf" Ihren Positionsvorschlag „59999###" und als Kundenschema für Produktvorschläge (Feld „Kundenschema PV") Ihr Kundenschema „Z#".

Menüpfad: Logistik/ Vertrieb/ Stammdaten/ Geschäftspartner/ Kunde/ Ändern

Transaktionscode: XD02 (oder VD02, da nur Vertriebsbereichsdaten betroffen sind)

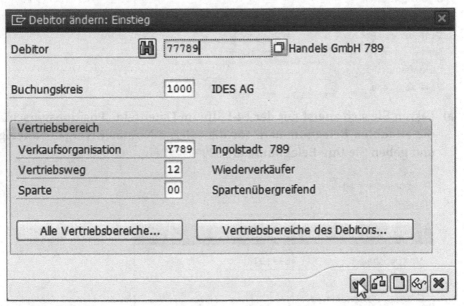

Abbildung 3-43 auf Seite 227 zeigt die Zuweisung des Positionsvorschlags und des Kundenschemas für Produktvorschläge.

Sichern Sie bitte Ihre Änderungen und verlassen Sie die Transaktion. Die optisch bescheidene Auswirkung aller Ihrer Tätigkeiten im Rahmen dieser Übung sehen Sie beim Anlegen der Anfrage für Ihren Kunden „77###" in Übung 54 auf Seite 358.

Übung 51: Einen Absagegrund für Verkaufsbelege im Customizing anlegen (→ Kapitel 3.3.2)

Von Kunden hören Sie in Verkaufsverhandlungen öfters, dass manche Ihrer Materialien zu teuer seien. Sie möchten zukünftig auswerten, bei welchen Materialien diese Meinung besteht. Legen Sie deshalb, falls noch nicht vorhanden, im Customizing des Vertriebs für Verkaufsbelege auf Positionsebene einen neuen Absagegrund „ZA" mit der Bezeichnung „Material zu teuer (###)" an.

Ihr Absagegrund ist weder druck- noch fakturarelevant.

Anmerkung:

Diesen Absagegrund benötigen Sie beim Anlegen und Ändern des Terminauftrags in Übung 63 auf Seite 450 (vgl. auch Abbildung 3-107 auf Seite 392).

Sollte ein Absagegrund (von einem anderen Studierenden bzw. Schulungsteilnehmer) mit dieser Bezeichnung bereits in SAP ERP existieren, so benutzen Sie bitte diesen.

Menüpfad: Customizing/ Vertrieb/ Verkauf/ Verkaufsbelege/ Verkaufsbelegposition/ Absagegründe definieren

Sichern Sie bitte Ihren neuen Absagegrund und verlassen Sie die Transaktion.

Übung 52: Rahmenbedingungen der Preisfindung (→ Kapitel 3.3.5.3 und 3.3.5.10)

Sie erhalten ein Schreiben der Geschäftsleitung, dessen Inhalte Sie in SAP ERP erfassen.

1) Für alle Vertriebsbereiche wurde für die Preisgruppe „neue Kunden", zu der auch Ihr Kunde „77###" gehört (vgl. Seite 145), einheitlich ein Mindestauftragswert von 5.000 Euro festgelegt.

   Legen Sie in den Stammdaten des Vertriebs dazu spartenübergreifend für Ihre Verkaufsorganisation „Y###" und den Vertriebsweg „Wiederverkäufer" einen Konditionssatz für die Konditionsart „AMIW" an. Der Konditionssatz ist ab sofort unendlich gültig.

   Menüpfad: Logistik/ Vertrieb/ Stammdaten/ Konditionen/ Selektion über Konditionsart/ Anlegen

   Transaktionscode: VK11

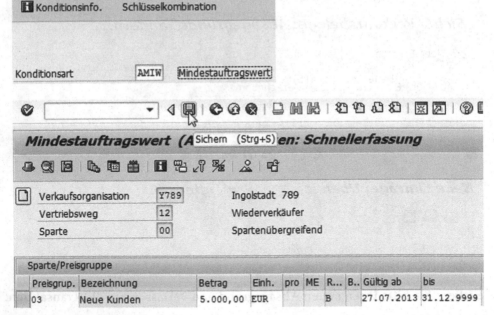

Sichern Sie Ihren Konditionssatz und verlassen Sie bitte die Transaktion.

2) **Für das Material „Notebook 15-###" wurde unternehmensweit ein Mindestpreis von 240 Euro/Stück festgelegt.**
   a) **Lassen Sie sich im Customizing des Vertriebs bei den Grundfunktionen zur Steuerung der Preisfindung die für den Mindestpreis gepflegte Konditionsart „PMIN" im Detail anzeigen.**

   Menüpfad: Customizing/ Vertrieb/ Grundfunktionen/ Preisfindung/ Steuerung der Preisfindung/ Konditionsarten definieren/ Konditionsarten pflegen

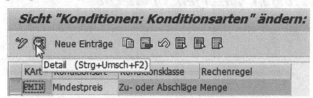

   - **Handelt es sich bei dieser Konditionsart um eine Kondition auf Kopf- oder auf Positionsebene?**

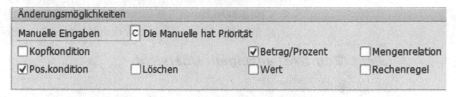

   Die Konditionsart „PMIN" ist eine Positionskondition, die nur für eine einzelne Position in einem Verkaufsbeleg gilt.

   - **Kann der von SAP ERP automatisch ermittelte Wert für den Konditionssatz vom Erfasser des Verkaufsbelegs manuell geändert werden?**
   Ja, ein manuell im Verkaufsbeleg eingegebener Wert wird gegenüber einem von SAP ERP automatisch ermittelten Wert priorisiert (siehe vorherige Abbildung).

   - **Wie heißt die Zugriffsfolge für diese Konditionsart?**

   Die Zugriffsfolge zu dieser Konditionsart heißt „K004".

   Verlassen Sie bitte die Transaktion.

b) Lassen Sie sich im Customizing des Vertriebs bei den Grundfunktionen zur Steuerung der Preisfindung die gepflegte Zugriffsfolge „K004" für die Konditionsart „PMIN" anzeigen.
Welche Felder werden für das Anlegen eines Konditionssatzes benötigt?

Menüpfad: Customizing/ Vertrieb/ Grundfunktionen/ Preisfindung/ Steuerung der Preisfindung/ Zugriffsfolgen definieren/ Zugriffsfolgen pflegen

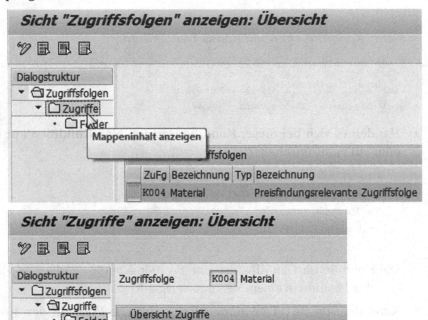

Für das Anlegen eines Konditionssatzes zu dieser Konditionsart werden die Felder „Verkaufsorganisation", „Vertriebsweg" und „Material" benötigt.

Verlassen Sie bitte die Transaktion.

c) **Legen Sie in den Stammdaten des Vertriebs für Ihre Verkaufsorganisation „Y###" und den Vertriebsweg „Wiederverkäufer" einen Konditionssatz für die Konditionsart „PMIN" an. Der Konditionssatz ist ab sofort unendlich gültig.**

   Menüpfad: Logistik/ Vertrieb/ Stammdaten/ Konditionen/ Selektion über Konditionsart/ Anlegen

   Transaktionscode: VK11

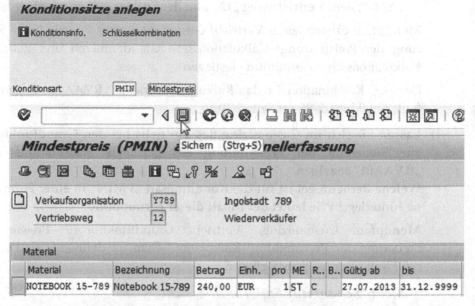

   Welche Felder müssen sie beim Anlegen des Konditionssatzes neben dem Betrag eingeben und wurden diese festgelegt?
   Es werden die Felder „Verkaufsorganisation", „Vertriebsweg" und „Material" benötigt. Sie wurden in der Zugriffsfolge für diese Konditionsart festgelegt (vgl. vorherige Teilaufgabe).

   Sichern Sie Ihren Konditionssatz und verlassen Sie bitte die Transaktion.

d) **Lassen Sie sich im Customizing des Vertriebs bei den Grundfunktionen zur Steuerung der Preisfindung anzeigen, welches Belegschema den Verkaufsbeleg- bzw. Auftragsarten „Anfrage (AF)", „Angebot (AG) " und „Terminauftrag (TA)" zugeordnet ist.**

   Menüpfad: Customizing/ Vertrieb/ Grundfunktionen/ Preisfindung/ Steuerung der Preisfindung/ Kalkulationsschemata definieren und zuordnen/ Belegschema Auftragsarten zuordnen

   Diesen drei Auftragsarten ist jeweils das Belegschema „A" zugeordnet (vgl. auch Abbildung 3-84 auf Seite 261).

e) Lassen Sie sich im Customizing des Vertriebs bei den Grundfunktionen zur Steuerung der Preisfindung das Kalkulationsschema anzeigen, welches für

- das zu Ihrem Kunden „77###" auf Seite 145 zugewiesene Kundenschema „1",

- das Belegschema „A" aus der vorherigen Teilaufgabe und

- Ihren Vertriebsbereich, bestehend aus Ihrer Verkaufsorganisation „Y###", dem Vertriebsweg „12" und der Sparte „00", zugeordnet ist.

Menüpfad: Customizing/ Vertrieb/ Grundfunktionen/ Preisfindung/ Steuerung der Preisfindung/ Kalkulationsschemata definieren und zuordnen/ Kalkulationsschemaermittlung festlegen

Der o.g. Kombination ist das Kalkulationsschema „RVAA01" zugeordnet (vgl. Abbildung 3-86 auf Seite 263).

f) Lassen Sie sich im Customizing des Vertriebs bei den Grundfunktionen zur Steuerung der Preisfindung das gepflegte Kalkulationsschema „RVAA01" anzeigen.
Welche Rechenregel ist für die Konditionsart „PMIN" in einer Formroutine hinterlegt? Wie lautet der Inhalt dieser Formroutine?

Menüpfad: Customizing/ Vertrieb/ Grundfunktionen/ Preisfindung/ Steuerung der Preisfindung/ Kalkulationsschemata definieren und zuordnen/ Kalkulationsschema pflegen

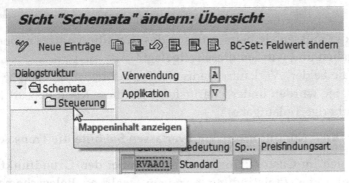

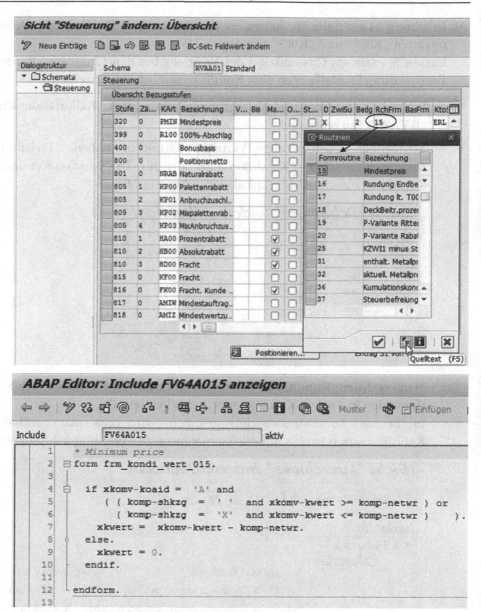

Verlassen Sie dann bitte die Transaktion.

3) In Übung 44 auf Seite 300 haben Sie Konditionssätze für die beiden Konditionsarten „K007" und „K005" angelegt.
Lassen Sie sich im Customizing des Vertriebs bei den Grundfunktionen der Preisfindung Einstellungen zum Konditionsausschluss anzeigen.

a) Welche Konditionsausschlussgruppen sind dem Kalkulationsschema „RVAA01" zugeordnet?

Menüpfad: Customizing/ Vertrieb/ Grundfunktionen/ Preisfindung/ Konditionsausschluss/ Konditionsausschluss für Gruppen von Konditionen/ Konditionsausschluss für Kalkulationsschemata pflegen

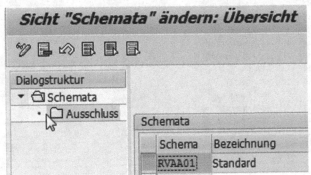

Nach welchem Konditionsausschlussverfahren werden jeweils die Konditionsarten in diesem Kalkulationsschema bestimmt?
In beiden Konditionsausschlussgruppen wird aus allen enthaltenen Konditionsarten jeweils nur die (eine) günstigste Konditionsart gewählt.

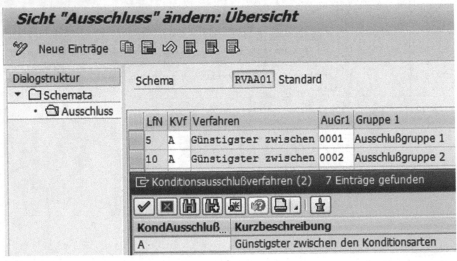

Verlassen Sie bitte die Transaktion.

b) **Notieren Sie bitte, in welcher Konditionsausschlussgruppe die beiden Konditionsarten „K005" und „K007" enthalten sind.**
Menüpfad: Customizing/ Vertrieb/ Grundfunktionen/ Preisfindung/ Konditionsausschluss/ Konditionsausschluss für Gruppen von Konditionen/ Konditionsarten den Ausschlussgruppen zuordnen
Beide Konditionsarten sind – neben anderen – in der Konditionsausschlussgruppe 1 enthalten (vgl. Abbildung 3-82 auf Seite 260).

Verlassen Sie bitte die Transaktion.

Übung 53: Einstellungen zu Verkaufsbelegen im Customizing (→ Kapitel 3.3.2, 3.3.5.5, 3.3.5.6 und 3.3.5.7)

Da Sie in Kürze mit einer Anfrage von ihrem Kunden „77###" rechnen, schauen Sie sich zuvor noch grundlegende Einstellungen zu Verkaufsbelegarten im Customizing an.

1) **Lassen Sie sich im Customizing des Vertriebs die Details zu den Einstellungen für die Verkaufsbelegart „Anfrage (AF)" anzeigen.**

Menüpfad: Customizing/ Vertrieb/ Verkauf/ Verkaufsbelege/ Verkaufsbelegkopf/ Verkaufsbelegarten definieren

Transaktionscode: V0V8

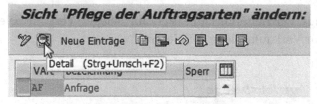

a) **Auf welche Arten kann die Nummernvergabe für eine Anfrage erfolgen? Notieren Sie das jeweilige Nummernkreisintervall.**

Nummernsysteme	
Nummernkr.int.Verg.	03
Nummernkr.ext.Verg.	04

Die Nummer für eine Anfrage in SAP ERP kann intern oder extern vergeben werden.

b) **Wie hoch ist die hinterlegte prozentuale Wahrscheinlichkeit, dass eine Anfrage zu einem Kundenauftrag führt?**

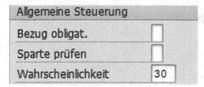

c) **Wird eine Anfrage automatisch auf eine eventuelle Unvollständigkeit bei den Eingaben des Benutzers geprüft und ggf. ein Unvollständigkeitsprotokoll erzeugt?**

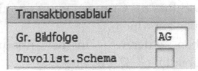

Nein, einer Anfrage ist kein Unvollständigkeitsschema zugeordnet.

d) **Wird beim Anlegen einer Anfrage automatisch das Wunschlieferdatum aus dem Tagesdatum vorgeschlagen?**

Wunschlieferdatum/Preisdatum/Bestelldatum	
Vorlaufzeit in Tagen	☑ LiefDat vorschlagen

Ja, das Häkchen ist gesetzt, so dass das Wunschlieferdatum automatisch aus dem Tagesdatum der Erfassung vorgeschlagen wird.

Verlassen Sie dann bitte die Transaktion.

2) **Lassen Sie sich im Customizing des Vertriebs die Intervalle für die Nummernkreise „03" und „04" aus der vorherigen Teilaufgabe für eine Anfrage anzeigen.**

Menüpfad: Customizing/ Vertrieb/ Verkauf/ Verkaufsbelege/ Verkaufsbelegkopf/ Nummernkreise für Verkaufsbelege definieren

Transaktionscode: VN01

Verlassen Sie dann bitte die Transaktion.

3) Lassen Sie sich im Customizing in den Grundfunktionen des Vertriebs die Partnerfindung anzeigen.

a) **Welches Partnerschema ist auf Kopfebene den Verkaufsbelegarten „Anfrage (AF)" und „Angebot (AG)" zugeordnet?**

Menüpfad: Customizing/ Vertrieb/ Grundfunktionen/ Partnerfindung/ Partnerfindung einstellen/ Partnerfindung für den Verkaufsbelegkopf einstellen

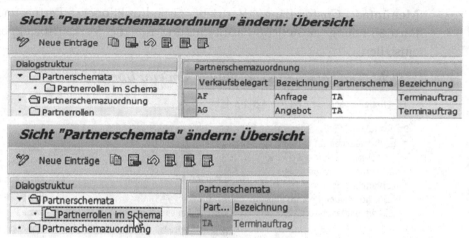

b) **Welche Partnerrollen müssen in Belegen, die dem Partnerschema „TA" zugeordnet sind, verpflichtend angegeben sein?**

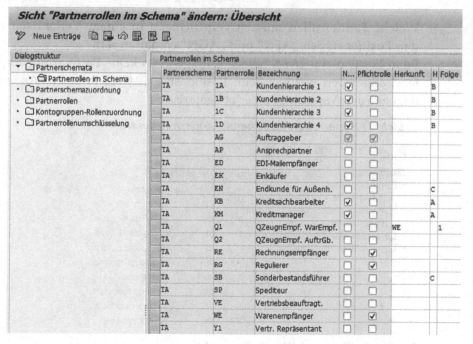

In Belegen, die dem Partnerschema „TA" zugeordnet sind, müssen die Partnerrollen „Auftraggeber", „Rechnungsempfänger", „Regulierer" und „Warenempfänger" verpflichtend angegeben sein.
Verlassen Sie nun bitte die Transaktion.

c) **Welches Partnerschema ist auf Positionsebene den Positionstypen „AFN" und „AGN" für eine Normalposition bei einer Anfrage bzw. einem Angebot zugeordnet?**

Menüpfad: Customizing/ Vertrieb/ Grundfunktionen/ Partnerfindung/ Partnerfindung einstellen/ Partnerfindung für die Verkaufsbelegposition einstellen

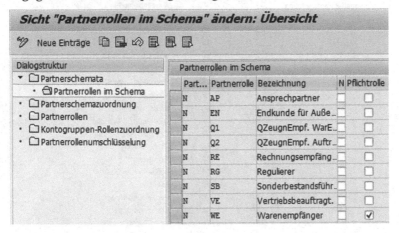

Welche Partnerrollen müssen verpflichtend in einem Verkaufsbeleg bei den Positionstypen „AFN" und „AGN" enthalten sein?
Beim Positionstyp „AFN" einer Anfrage muss keine Partnerrolle verpflichtend angegeben werden; beim Positionstyp „AGN" in einem Angebot ist dagegen der Warenempfänger obligatorisch.

Sicht "Partnerrollen im Schema" ändern: Übersicht

Part...	Partnerrolle	Bezeichnung	N	Pflichtrolle
N	AP	Ansprechpartner	☐	☐
N	EN	Endkunde für Auße...	☐	☐
N	Q1	QZeugnEmpf. WarE...	☐	☐
N	Q2	QZeugnEmpf. Auftr...	☐	☐
N	RE	Rechnungsempfäng...	☐	☐
N	RG	Regulierer	☐	☐
N	SB	Sonderbestandsführ...	☐	☐
N	VE	Vertriebsbeauftragt.	☐	☐
N	WE	Warenempfänger	☐	☑

Dialogstruktur
▼ ☐ Partnerschemata
  • ☐ Partnerrollen im Schema
• ☐ Partnerschemazuordnung
• ☐ Partnerrollen
• ☐ Kontogruppen-Rollenzuordnung
• ☐ Partnerrollenumschlüsselung

Verlassen Sie nun bitte die Transaktion.

4) Lassen Sie sich im Customizing des Vertriebs die Kopiersteuerung für Verkaufsbelege von einer Anfrage zu einem Angebot anzeigen.

Anmerkung:
Erleichtern Sie sich ggf. die Suchen, indem Sie in der Menüleiste „Springen/ Positionieren" wählen und die beiden Verkaufsbelegarten „AG" (als Ziel) und „AF" (als Quelle) eingeben.

Menüpfad: Customizing/ Vertrieb/ Verkauf/ Kopiersteuerung für Verkaufsbelege pflegen/ Kopiersteuerung: Verkaufsbeleg nach Verkaufsbeleg

Transaktionscode: VTAA

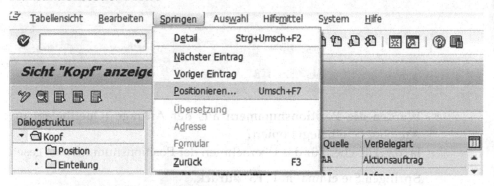

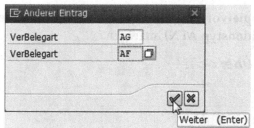

a) Lassen Sie sich zu diesem Kopiervorgang die Details auf Kopfebene anzeigen.

- **Wie lautet die Kopierbedingung für diesen Vorgang?**
  Es muss sich um den identischen Kunden handeln.

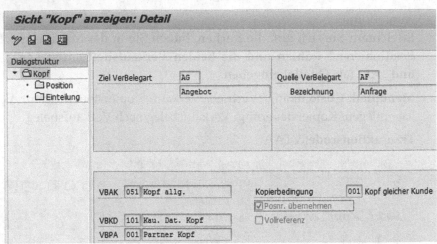

- **Werden die Positionsnummern aus der Anfrage (Quellbeleg) in das Angebot (Zielbeleg) kopiert?**
  Ja, das Häkchen für das Übernehmen der Positionsnummern ist gesetzt.

  Springen Sie einmal mit „F3" zurück.

b) **Lassen Sie sich zu diesem Kopiervorgang die Details auf Positionsebene für eine Anfrageposition (Positionstyp AFN) anzeigen.**

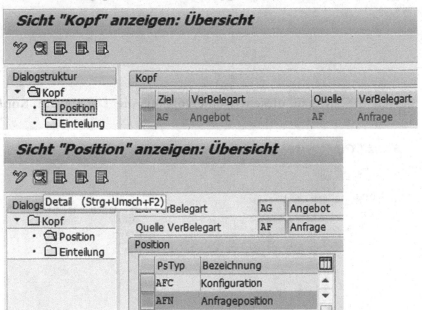

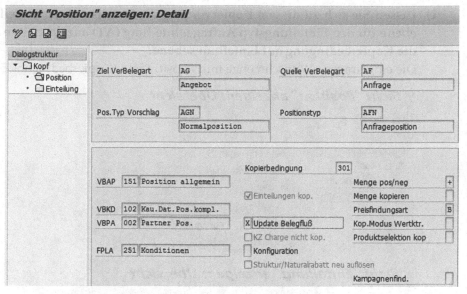

- **Welcher Positionstyp wird in einem Angebot zu einer Anfrageposition (AFN) vorgeschlagen?**
  In einem Angebot wird zu einer Anfrageposition (AFN) der Positionstyp Normalposition (AGN) vorgeschlagen.

- **Wird der Belegfluss beim Kopieren der Daten einer Anfrageposition in eine Angebotsposition aktualisiert?**
  Ja, das Updatekennzeichen Belegfluss ist so gesetzt, dass Belegflusssätze von der Zielverkaufsbelegposition zur Quellbelegposition und ggf. zu deren Vorgängerbelegpositionen erstellt werden.
  Das folgende Beispiel für einen Quellbeleg „Kundenangebot" und einen Zielbeleg „Kundenauftrag" stammt aus der F1-Hilfe von SAP ERP:
  „Der Kundenauftrag erstellt einen Belegflusssatz zum Kundenangebot. Lieferung, Warenausgang und Faktura zum Kundenauftrag erstellen nicht nur Belegflusssätze zum Auftrag selber, sondern auch zum Angebot."

Springen Sie einmal mit „F3" zurück.

c) Lassen Sie sich zu diesem Kopiervorgang die Details auf der Einteilungsebene für den Einteilungstyp Anfrageeinteilung (AT) anzeigen. Wie lautet
   die Kopierbedingung auf Einteilungsebene?

   Die eingetragene Wunschmenge muss positiv sein (Kopierbedingung 501).

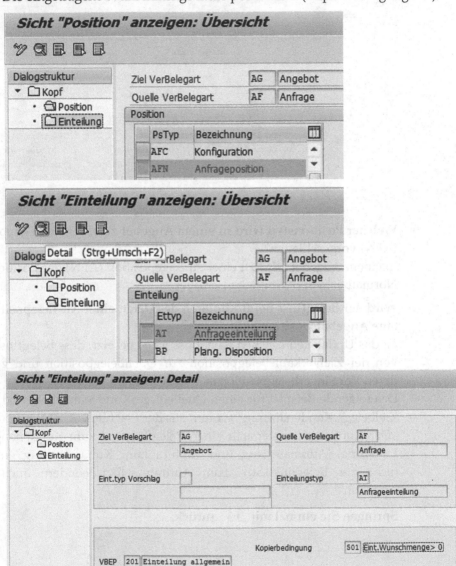

Verlassen Sie danach bitte die Transaktion.

Übung 54: Anlegen einer Anfrage als Folgeaktivität zu einem Kontakt (→ Kapitel 3.3.3, 3.3.5.8 und 3.3.5.9)

Herr Rahn ruft Sie an, um telefonisch eine Anfrage zum Notebook „15-###" und zur „PC-Mouse ###" für den Kunden „77###" aufzugeben. Er bezieht sich dabei auf die von Ihnen mit Herrn Müller getroffenen Vereinbarungen bei ihrem letzten persönlichen Gespräch.

1) Holen Sie sich in der Vertriebsunterstützung Ihren in Übung 42 auf Seite 288 angelegten Folgekontakt für Ihren „Besuch (###) bei H. Müller".

   Menüpfad: Logistik/ Vertrieb/ Vertriebsunterstützung/ Kontakte/ Bearbeiten

   Transaktionscode: VC01N

a) Ändern Sie bitte den Status auf „erledigt", das zugehörige Ergebnis auf „Interesse geweckt" und die Ergebnisbegründung auf „Kunde wird bestellen". Sichern Sie bitte Ihre Änderungen.

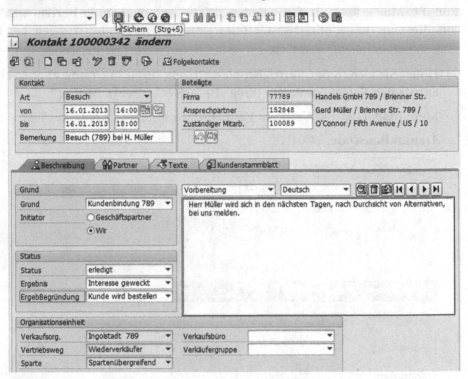

b) Wenn Sie den Kontakt sichern wollen, erscheint eine Meldung, dass dieser unvollständig ist.
Klicken Sie bitte auf den Button „Daten bearbeiten", um sich die fehlenden Daten anzeigen zu lassen.

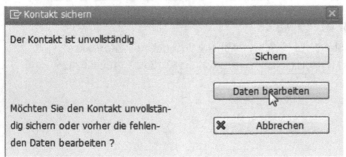

- **Welche Angaben werden in Ihrem Kontakt von SAP ERP als unvollständig moniert?**

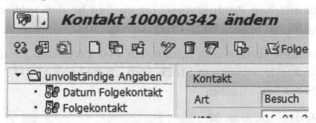

- **Warum prüft SAP ERP Ihren Kontakt auf diese Daten?**

  Der Kontaktart „Besuch" ist das Unvollständigkeitsschema „02" zugordnet (vgl. Übung 36 auf Seite 277).

  Auf Seite 278 sehen Sie, dass in diesem Unvollständigkeitsschema u. a. die beiden Felder „Datum Folgekontakt" und „Folgekontakt" geprüft werden.

- **Sichern Sie nun Ihren Kontakt ohne die beiden unvollständigen Angaben zu ergänzen.**

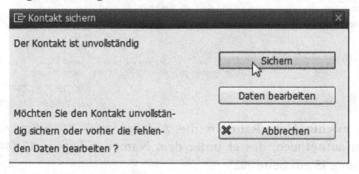

2) **Holen Sie sich nochmals diesen Kontakt und legen Sie aus ihm eine Folgeaktivität in Form einer Anfrage an.**

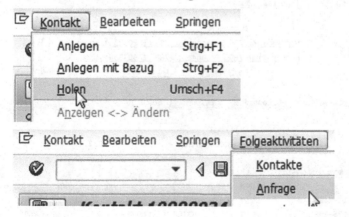

3) Sie erinnern sich an die Bemerkung von Herrn Müller und weisen „den manchmal etwas vergesslichen Herrn Rahn" auf den automatisch erschienenen dynamischen Produktvorschlag zu den beiden größeren Notebooks (vgl. Übung 50 auf Seite 335) in Ihrer Anfrage hin.

a) Herr Rahn murmelt etwas von „...hätte ich fast vergessen..." und bittet Sie, in der Anfrage jeweils zehn Stück vom „Notebook 17-###" und vom „Notebook 17S-###" zu erfassen.

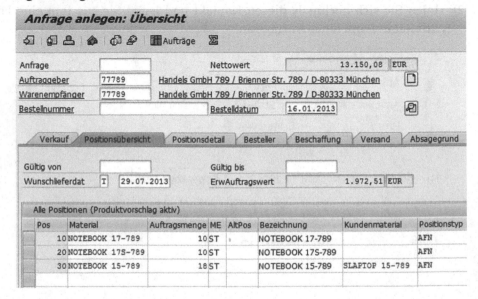

b) Zudem möchte Herr Rahn in die Anfrage noch 18 Stück von dem Material aufnehmen, das er unter dem Namen „SLaptop 15-###" kennt (vgl. Übung 45 auf Seite 302).

c) **Abschließend teilt Ihnen Herr Rahn noch mit, dass die Anfrage auch 100 Stück vom Material „PC-Mouse ###" enthalten soll. Bitte erfassen Sie auch diese Position.**

Bei der Eingabe der Position zum Material „PC-Mouse ###" erhalten Sie als Vorschlag zum Cross-Selling das Material „Duschgel ###" angezeigt.

Sie erklären Herrn Rahn am Telefon, dass die Zentralabteilung „Analytisches CRM" herausgefunden hat, dass in der Vergangenheit Kunden neben der „PC-Mouse ###" oftmals auch das „Duschgel ###" gekauft hätten. Dieser Umstand sei auf das mittlerweile gestiegene Hygienebewusstsein von Computernutzern zurückzuführen.

Anfrage anlegen: Übersicht

Anfrage			Nettowert			13.150,08	EUR
Auftraggeber	77789		Handels GmbH 789 / Brienner Str. 789 / D-80333 München				
Warenempfänger	77789		Handels GmbH 789 / Brienner Str. 789 / D-80333 München				
Bestellnummer			Bestelldatum	16.01.2013			

| Verkauf | Positionsübersicht | Positionsdetail | Besteller | Beschaffung | Versand | Absagegrund |

Gültig von				Gültig bis		
Wunschlieferdat	T	29.07.2013		ErwAuftragswert	1.972,51	EUR

Alle Positionen (Produktvorschlag aktiv)

Pos	Material	Auftragsmenge	ME	AltPos	Bezeichnung	Kundenmaterial	Positionstyp
10	NOTEBOOK 17-789	10	ST		NOTEBOOK 17-789		AFN
20	NOTEBOOK 17S-789	10	ST		NOTEBOOK 17S-789		AFN
30	NOTEBOOK 15-789	18	ST		NOTEBOOK 15-789	SLAPTOP 15-789	AFN
	PC-MOUSE 789	100					

Cross-Selling Materialien: Übersicht

Cross-Selling Liste

Pos	Üb.Pos	Material	Auftragsmenge	ME	L	Bezeichnung	
40	0	PC-MOUSE 789	100	ST		PC-MOUSE 789	
0	40	DUSCHGEL 789	20	ST	A	DUSCHGEL 789	

Übernehmen

Positionen anlegen (F8)

Herr Rahn ist von diesem Zusammenhang genauso überrascht wie interessiert und entschließt sich spontan, auch noch 20 Stück vom Material „Duschgel ###" mit in die Anfrage aufnehmen zu lassen.

Er bittet Sie, alle obigen Materialien in der Anfrage zu erfassen und ihm schnellstmöglich ein Angebot dazu zuzusenden. Sie bedanken sich für das konstruktive Telefonat und die Anfrage.

d) Nach Beendigung des Telefonats schauen Sie sich noch einmal die angelegte, aber noch nicht gespeicherte Anfrage an.

- Wie wurde das von SAP ERP automatisch eingetragene Wunschliefer-datum bestimmt?

  Bei den Einstellungen zur Verkaufsbelegart „Anfrage" ist festgelegt, dass beim Anlegen einer Anfrage automatisch das Wunschlieferdatum aus dem Tagesdatum vorgeschlagen wird (vgl. Seite 348).

- Welche Partner wurden für die Anfrage aufgrund des Anlegens als Folgeaktivität automatisch aus den Kundenstammdaten des zugrunde-liegenden Kontaktes übernommen?

  Springen Sie dazu in der Anfrage auf der Kopfebene zu den Partnern.

  Sind alle obligatorischen Partnerrollen aus dem einer Anfrage zugeordneten Partnerschema „TA" (vgl. Seite 349) enthalten?

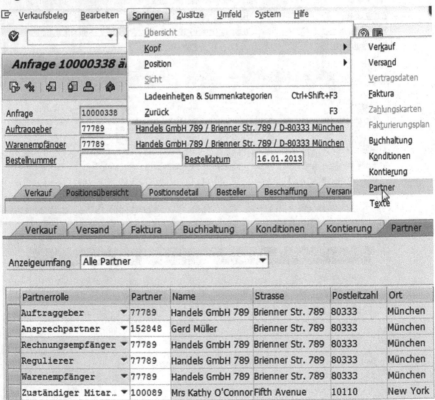

Ja, alle obligatorischen Partnerrollen aus dem einer Anfrage zugeordne-ten Partnerschema „TA" sind enthalten.

Gehen Sie dann einmal mit „F3" zurück.

- Wie hat SAP ERP den automatisch angezeigten erwarteten Auftragswert von 2.099,69 Euro errechnet?
  Springen Sie dazu auf der Kopfebene zu den Konditionen und notieren Sie den gesamten Nettowert („Positionsnetto") aller Positionen
  Ihrer Anfrage.

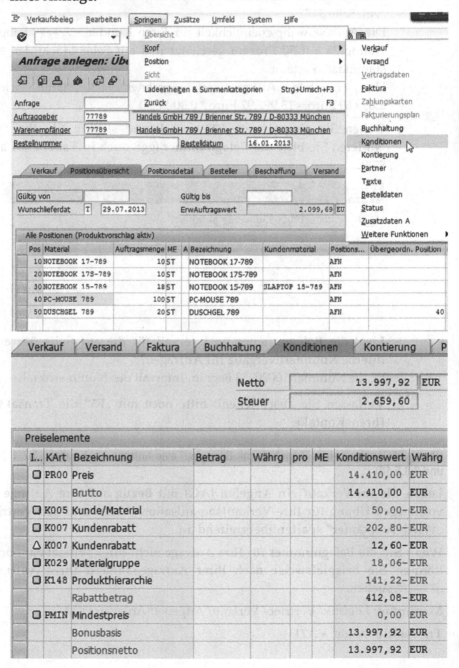

Mit dem Nettowert von 13.997,92 Euro haben Sie die erste Einflussvariable. Wie errechnet sich daraus der erwartete Auftragswert von 2.099,69 Euro?

Die in der Verkaufsbelegart für eine Anfrage hinterlegte Wahrscheinlichkeit beträgt 30 Prozent, dass eine Anfrage zu einem Kundenauftrag führt (vgl. Seite 347).

Die Auftragswahrscheinlichkeit für Ihren Kunden „77###" haben Sie in Übung 23 auf 50 Prozent geschätzt und auf Seite 145 in den Kundenstammdaten erfasst.

Der erwartete Auftragswert errechnet sich damit wie folgt: 2.099,69 Euro = 13.997,92 Euro * 0,30 * 0,50

- **Gehen Sie einmal mit „F3" zurück und sichern Sie Ihre Anfrage. Notieren Sie bitte die Belegnummer (ggf. auch in Tabelle 4-1 auf Seite 575).**

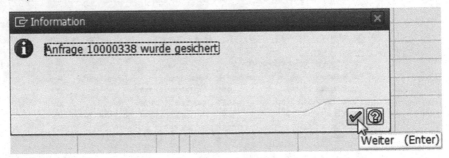

Liegt die Belegnummer im Intervall für die auf Seite 348 ermittelte interne Nummernvergabe für Anfragen?

Ja, die Nummer 10000338 liegt im Intervall des Nummernkreises „03".

Verlassen Sie abschließend bitte noch mit „F3" die Transaktion mit Ihrem Kontakt.

Übung 55: Anlegen eines Angebots mit Bezug auf eine Anfrage (→ Kapitel 3.3.2, 3.3.4, 3.3.5.3 und 3.3.5.10)

Legen Sie im Verkauf ein Angebot (AG) mit Bezug auf Ihre Anfrage aus der vorherigen Übung für Ihre Verkaufsorganisation „Y###" und den Vertriebsweg „Wiederverkäufer" spartenübergreifend an.

Wenn Sie die Belegnummer für Ihre Anfrage nicht direkt eingeben möchten, so können Sie beispielsweise nach Ihrer Anfrage anhand Ihres Auftraggebers „77###" suchen.

Menüpfad: Logistik/ Vertrieb/ Verkauf/ Angebot/ Anlegen

Transaktionscode: VA21

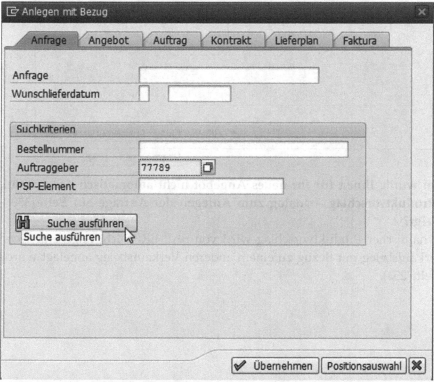

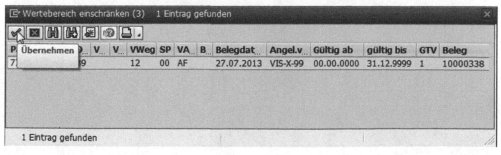

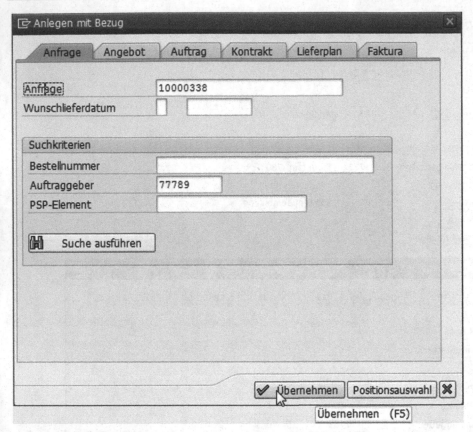

1) **Warum wurde Ihnen für Ihr neues Angebot nicht automatisch der dynamische Produktvorschlag – analog zum Anlegen der Anfrage auf Seite 358 – angezeigt?**
Ein dynamischer Produktvorschlag wird von SAP ERP nicht angezeigt wenn ein Verkaufsbeleg mit Bezug zu einem anderen Verkaufsbeleg angelegt wurde (vgl. Seite 253).

2) **Sie nutzen die Möglichkeit zur externen Nummernvergabe. Vergeben Sie bitte für Ihr Angebot die Belegnummer „5777###".**

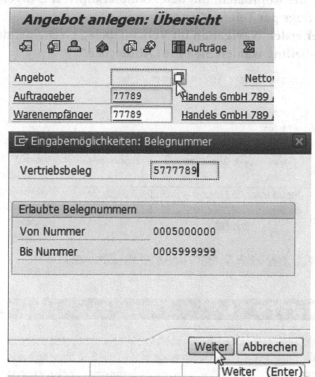

Woher stammt der von SAP ERP automatisch angegebene Wertebereich für die erlaubten Belegnummern?

Dieser im Anwendungsmenü angegebene Wertebereich entspricht dem Intervall für den Nummernkreis „02", welcher der Verkaufsbelegart „Angebot (AG)" für die externe Nummernvergabe zugeordnet ist (vgl. analog zu den Nummernkreisen für eine Anfrage auf Seite 348).

Der Menüpfad lautet „Customizing/ Vertrieb/ Verkauf/ Verkaufsbelege/ Verkaufsbelegkopf/ Nummernkreise für Verkaufsbelege definieren".

3) **Der Gültigkeitszeitraum Ihres Angebots beginnt am heutigen Tage und endet in zwei Monaten.[92]**

Verkauf	Positionsübersicht	Positionsdetail	Besteller	Beschaffung

Gültig von	29.07.2013		Gültig bis	29.09.2013

---

92 Dieser Zeitraum ist zwar praxisfremd, gibt Ihnen jedoch genügend zeitliche Flexibilität für die weitere Bearbeitung der Übungsaufgaben.

4) Eingabe und Analyse von Daten auf Kopfebene:

a) Springen Sie bitte in die Kopfdaten, um den Formularkopftext „Angebot zu Ihrer heutigen Anfrage per Telefon" anzulegen.
Bei der immer bei der ersten Navigation im Verkaufsbeleg erscheinenden Übersicht zum Cross-Selling wählen Sie bitte „Abbrechen".

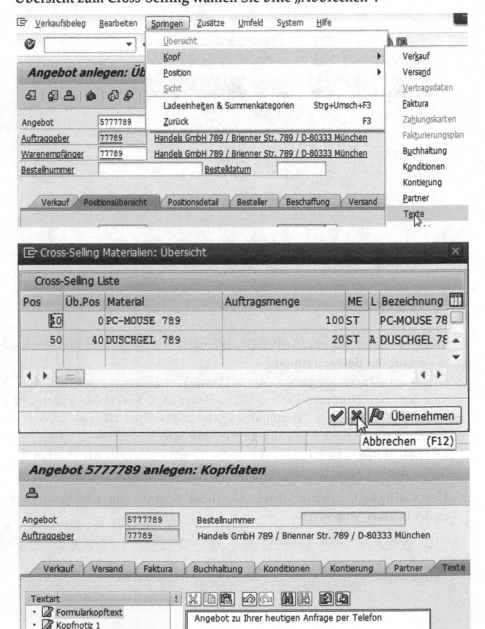

b) **Klicken Sie bitte auf die Registerkarte „Verkauf" und notieren Sie sich das Ihrem Angebot zu Grunde liegende Kalkulationsschema.**

Verkauf	Versand	Faktura	Buchhaltung	Konditionen	Kontierung	Partner

Angebotsart	AG	Angebot		Belegdatum	29.07.2013
Vertr.bereich	Y789 / 12 / 00	Ingolstadt 789, Wiederverkäufer, Spartenübergreifend			
Verkaufsbüro				Angelegt von	VIS-X-99
Verkäufergruppe				Angelegt am	29.07.2013
Angebot gültig von	29.07.2013			Angebot gültig bis	29.09.2013
Version				Gewährleistung	
Auftragsgrund		▼			
Lieferzeit		▼			

Preisfindung und Statistiken

Belegwährung	EUR / 1,00000 🔁	Preisdatum	27.07.2013	
Kalk.Schema	RVAA01 Standard	Kundengruppe	Handelsunternehmen ▼	
Preisliste	Einzelhandel ▼	Verwendung	▼	
Preisgruppe	Neue Kunden ▼	Kundenbezirk	DE0015 Süddeutschland	

Aufgrund welcher Daten wurde dieses Kalkulationsschema von SAP ERP automatisch ermittelt?

Das Kalkulationsschema „RVAA01" wurde aufgrund des zu Ihrem Kunden „77###" zugewiesenen Kundenschemas „1", des zu der Verkaufsbelegart „Angebot (AG)" zugeordneten Belegschemas „A" und Ihrem Vertriebsbereich, bestehend aus Ihrer Verkaufsorganisation „Y###", dem Vertriebsweg „12" und der Sparte „00", ermittelt (vgl. Seite 344).

c) **Sie entschließen sich aufgrund der aktuellen Marktlage spontan, Ihrem Kunden „77###" drei zusätzliche Rabatte zu gewähren.**
Wählen Sie bitte die Registerkarte „Konditionen" und notieren Sie sich zunächst den gesamten Deckungsbeitrag Ihres Angebots.
Der gesamte Deckungsbeitrag Ihres Angebots beträgt 4.538,12 Euro.

Klicken Sie nun links unten auf das Icon „Zeile einfügen", um die drei Rabatte auf Kopfebene zu erfassen.
Ihr Kunde soll für alle Positionen einen prozentualen Abschlag von -0,5% (Konditionsart „HA00") und einen zusätzlichen Absolutrabatt von 100 Euro (Konditionsart „HB00") erhalten. Zusätzlich gewähren Sie ihm einen Absolutrabatt von 10 Euro (Konditionsart „RB00").

Erfassen Sie bitte diese drei Konditionen und bestätigen Sie Ihre Eingabe mit ENTER.

<u>Anmerkungen (vgl. auch Beschreibung auf Seite 118):</u>

- Die Konditionsart „HA00" ist eine Kopfkondition, die einen prozentualen Abschlag beinhaltet. Dieser wird immer in jede Position des
  Angebots übernommen.

- Die Konditionsart „HB00" ist ein absoluter Abschlag und sowohl eine
  Kopf- als auch eine Gruppenkondition. Sie wird deshalb nach dem
  jeweiligen Nettowert aller Positionen des Angebots proportional auf
  diese verteilt.

- Die Konditionsart „RB00" ist eine Kopf-, jedoch keine Gruppenkondition. Sie wird daher in jede Position des Angebots übernommen.

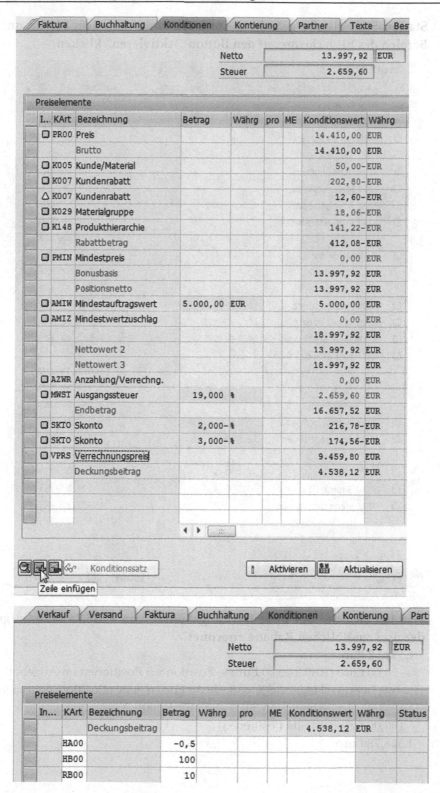

| | Faktura | Buchhaltung | Konditionen | Kontierung | Partner | Texte | Bes |

| | | Netto | 13.997,92 | EUR |
| | | Steuer | 2.659,60 | |

Preiselemente

I...	KArt	Bezeichnung	Betrag	Währg	pro	ME	Konditionswert	Währg
☐	PR00	Preis					14.410,00	EUR
		Brutto					14.410,00	EUR
☐	K005	Kunde/Material					50,00-	EUR
☐	K007	Kundenrabatt					202,80-	EUR
△	K007	Kundenrabatt					12,60-	EUR
☐	K029	Materialgruppe					18,06-	EUR
☐	K148	Produkthierarchie					141,22-	EUR
		Rabattbetrag					412,08-	EUR
☐	PMIN	Mindestpreis					0,00	EUR
		Bonusbasis					13.997,92	EUR
		Positionsnetto					13.997,92	EUR
☐	AMIW	Mindestauftragswert	5.000,00	EUR			5.000,00	EUR
☐	AMIZ	Mindestwertzuschlag					0,00	EUR
							18.997,92	EUR
		Nettowert 2					13.997,92	EUR
		Nettowert 3					18.997,92	EUR
☐	AZWR	Anzahlung/Verrechng.					0,00	EUR
☐	MWST	Ausgangssteuer	19,000	%			2.659,60	EUR
		Endbetrag					16.657,52	EUR
☐	SKTO	Skonto	2,000-	%			216,78-	EUR
☐	SKTO	Skonto	3,000-	%			174,56-	EUR
☐	VPRS	Verrechnungspreis					9.459,80	EUR
		Deckungsbeitrag					4.538,12	EUR

◀ ▶ ⠿

🔍📑📊 ✎ Konditionssatz   ⓘ Aktivieren 📊 Aktualisieren

Zeile einfügen

| | Verkauf | Versand | Faktura | Buchhaltung | Konditionen | Kontierung | Part |

| | | Netto | 13.997,92 | EUR |
| | | Steuer | 2.659,60 | |

Preiselemente

In...	KArt	Bezeichnung	Betrag	Währg	pro	ME	Konditionswert	Währg	Status
		Deckungsbeitrag					4.538,12	EUR	
	HA00		-0,5						
	HB00		100						
	RB00		10						

Starten Sie bitte die geänderte Kopfpreisfindung, indem Sie im unteren Bereich des Bildschirms auf den Button „Aktivieren" klicken.

In...	KArt	Bezeichnung	Betrag	Währg	pro	ME	Konditionswert	Währg	S
☐	PR00	Preis					14.410,00	EUR	
		Brutto					14.410,00	EUR	
☐	K005	Kunde/Material					50,00-	EUR	
☐	K007	Kundenrabatt					202,80-	EUR	
△	K007	Kundenrabatt					12,60-	EUR	
☐	K029	Materialgruppe					18,06-	EUR	
☐	RB00	Absolutrabatt	10,00-	EUR			0,00	EUR	
☐	K148	Produkthierarchie					141,22-	EUR	
		Rabattbetrag					412,08-	EUR	
☐	PMIN	Mindestpreis					0,00	EUR	
		Bonusbasis					13.997,92	EUR	
		Positionsnetto					13.997,92	EUR	
☐	HA00	Prozentrabatt	0,500-	%			0,00	EUR	
☐	HB00	Absolutrabatt	100,00-	EUR			0,00	EUR	
☐	AMIW	Mindestauftrags...	5.000,00	EUR			5.000,00	EUR	
☐	AMIZ	Mindestwertzus...					0,00	EUR	
							18.997,92	EUR	
		Nettowert 2					13.997,92	EUR	
		Nettowert 3					18.997,92	EUR	
☐	AZWR	Anzahlung/Verr...					0,00	EUR	
☐	MWST	Ausgangssteuer	19,000	%			2.659,60	EUR	
		Endbetrag					16.657,52	EUR	
☐	SKTO	Skonto	2,000-	%			216,78-	EUR	
☐	SKTO	Skonto	3,000-	%			174,56-	EUR	
☐	VPRS	Verrechnungspr...					9.459,80	EUR	
		Deckungsbeitrag					4.538,12	EUR	

Preiselemente

◀ ▶   ...

🔍📄💾 🔗 Konditionssatz   ▯ ⬐Aktivieren 🔧 Aktualisieren
                                  Aktivieren: Neue Belegpreisf.

Wie hat sich der der neue Deckungsbeitrag von 4.318,78 Euro aufgrund der drei zusätzlichen Rabatte errechnet?

   4.538,52 Euro

   – 50,00 Euro (RB00; 10,00 Euro je Position x 5 Positionen im Angebot)

   – 69,74 Euro (HA00; 0,5% x 13.948,32 Euro = neues Positionsnetto nach
              Abzug von 50,00 Euro für RB00)

   – 100,00 Euro (für alle Positionen)

   = 4.318,78 Euro

Preiselemente								
In...	KArt	Bezeichnung	Betrag	Währg	pro	ME	Konditionswert	Währg
☐	PR00	Preis					14.410,00	EUR
		Brutto					14.410,00	EUR
☐	K005	Kunde/Material					50,00-	EUR
☐	K007	Kundenrabatt					202,80-	EUR
△	K007	Kundenrabatt					12,60-	EUR
☐	K029	Materialgruppe					18,06-	EUR
☐	RB00	Absolutrabatt	10,00-	EUR			50,00-	EUR
☐	K148	Produkthierarchie					140,82-	EUR
		Rabattbetrag					461,68-	EUR
☐	PMIN	Mindestpreis					0,00	EUR
		Bonusbasis					13.948,32	EUR
		Positionsnetto					13.948,32	EUR
☐	HA00	Prozentrabatt	0,500-	%			69,74-	EUR
☐	HB00	Absolutrabatt	100,00-	EUR			100,00-	EUR
☐	AMIW	Mindestauftragswert	5.000,00	EUR			5.000,00	EUR
☐	AMIZ	Mindestwertzuschlag					0,00	EUR
							18.778,58	EUR
		Nettowert 2					13.778,58	EUR
		Nettowert 3					18.778,58	EUR
☐	AZWR	Anzahlung/Verrechng.					0,00	EUR
☐	MWST	Ausgangssteuer	19,000	%			2.617,93	EUR
		Endbetrag					16.396,51	EUR
☐	SKTO	Skonto	2,000-	%			213,20-	EUR
☐	SKTO	Skonto	3,000-	%			172,09-	EUR
☐	VPRS	Verrechnungspreis					9.459,80	EUR
		Deckungsbeitrag					4.318,78	EUR

Gehen Sie danach einmal mit „F3" zurück zu der ursprünglich angezeigten Positionsübersicht Ihres Angebots.

5) Eingabe und Analyse von Daten auf Positionsebene:

a) Markieren Sie bitte Position 30 mit dem „Notebook 15-###" und springen Sie für diese Position zu den Versanddaten.

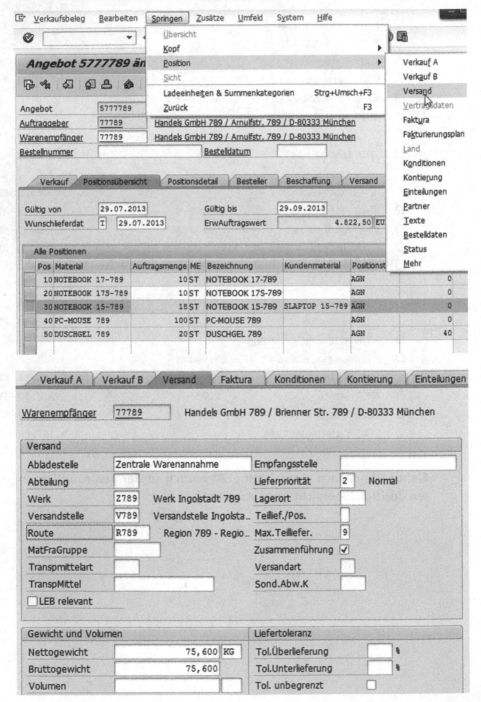

Aus welchen Daten hat SAP ERP automatisch die Route „R###" bestimmt?
Die Route „R###" wurde automatisch aus den Adressdaten im Kundenstammsatz des Warenempfängers „77###", Ihrer Versandstelle „V###" und den Versanddaten im Materialstammsatz ermittelt (vgl. auch Übung 32 auf Seite 188).

b) **Klicken Sie bitte auf die Registerkarte „Faktura".**

Verkauf A	Verkauf B	Versand	Faktura	Konditionen	Kontierung	Einteilungen

Regulierer   77789   Handels GmbH 789 / Brienner Str. 789 / D-80333 München

Liefer- und Zahlungsbedingungen

Incoterms	CIF Ingolstadt	Valuta-Fixdatum	
Zahlungsbed	ZB01 14 Tage 3%, 30/2%, 45 netto	Zus.Valutatage	

Fakturierung

Fakturasperre	▼
RechTermine	▼
Fakturadatum	29.07.2013
LeistErstDat	
Steuerklass.	1
RechnungsNachb	☐

Buchhaltung

KontierGrp.Mat.	▼
Zahlweg	
Buchungsperiode	0
Kurs f.Buchh	
Mahnschlüssel	▼
Mahnsperre	Zur Mahnung frei ▼
ErlösReal ☐	Erlösverteilung ☐
AbgrBeginn ☐	Erlösereignis ☐

Risikomanagement

Absicherung	AbsForm	Abg. 0,00 %
Finanzd.nummer	Abschreib. %	⊞ Finanzdokum...

Woher stammt die Zahlungsbedingung „ZB01" für diese Position?
Die Zahlungsbedingung „ZB01" wurde aus den Zusatzdaten für den Konditionssatz für die Konditionsart „PR00" zum Material „Notebook 15-###" übernommen (vgl. Seite 182). Sie ist auch im Materialstammsatz in den Zusatzdaten zu den Konditionen in der Sicht „Vertrieb: VerkOrg 1" gespeichert.
Liegt diese Information vor, so wird sie gegenüber der Zahlungsbedingung „0005" im Kundenstammsatz (vgl. Seite 147) priorisiert.
Für die anderen Positionen des Angebots existiert im Materialstammsatz keine Zahlungsbedingung, so dass die Zahlungsbedingung „0005" des Kundenstammsatzes verwendet wird.

Gehen Sie einmal mit „F3" zurück zur Positionsübersicht.

c) Markieren Sie nun bitte Position 40 mit der „PC-Mouse ###" und springen Sie für diese Position zu den Konditionen.

| Verkauf A | Verkauf B | Versand | Faktura | Konditionen | Kontierung |

Menge 100 ST   Netto 810,83 EUR

Steuer 154,06

Preiselemente

Inakt.	KArt	Bezeichnung	Betrag	Wä...	pro	ME	Konditionswert	Wä...
☐	PR00	Preis	8,90	EUR	1	ST	890,00	EUR
		Brutto	8,90	EUR	1	ST	890,00	EUR
☐	K005	Kunde/Material	0,50-	EUR	1	ST	50,00-	EUR
△	K007	Kundenrabatt	1,500-	%			12,60-	EUR
☐	K029	Materialgruppe	0,10-	EUR	1	KG	0,90-	EUR
☐	RB00	Absolutrabatt	10,00-	EUR			10,00-	EUR
☐	K148	Produkthierarchie	1,000-	%			8,29-	EUR
		Rabattbetrag	0,69-	EUR	1	ST	69,19-	EUR
		Bonusbasis	8,21	EUR	1	ST	820,81	EUR
		Positionsnetto	8,21	EUR	1	ST	820,81	EUR
☐	HA00	Prozentrabatt	0,500-	%			4,10-	EUR
☐	HB00	Absolutrabatt	100,00-	EUR			5,88-	EUR
☐	AMIW	Mindestauftragswert	5.000,00	EUR			294,24	EUR
☐	AMIZ	Mindestwertzuschlag	5.000,00	EUR			0,00	EUR
			11,05	EUR	1	ST	1.105,07	EUR
		Nettowert 2	8,11	EUR	1	ST	810,83	EUR
		Nettowert 3	11,05	EUR	1	ST	1.105,07	EUR
☐	AZWR	Anzahlung/Verrechng.	0,00	EUR			0,00	EUR
☐	MWST	Ausgangssteuer	19,000	%			154,06	EUR
		Endbetrag	9,65	EUR	1	ST	964,89	EUR
☐	SKTO	Skonto	2,000-	%			19,30-	EUR
☐	VPRS	Verrechnungspreis	5,90	EUR	1	ST	590,00	EUR
		Deckungsbeitrag	2,21	EUR	1	ST	220,83	EUR

- Die Konditionsart „K007" für den Kundenrabatt ist als einzige inaktiv (symbolisiert durch das gelbe Dreieck in der ersten Spalte), d. h. sie wird nicht berücksichtigt.
  Erklären Sie bitte kurz den Grund dafür.
  Sie haben in Übung 44 einen Konditionssatz für die Konditionsart „K007" (Seite 300) und für die Konditionsart „K005" (Seite 301) angelegt. Beide Konditionsarten sind in der Konditionsausschlussgruppe „1" enthalten (vgl. Seite 347), in der nur der günstigste Konditionssatz für den Kunden in die Preisfindung übernommen wird. Im vorliegenden Fall beträgt der Rabatt bei der Konditionsart „K005" 50,00 Euro gegenüber

12,60 Euro bei der Konditionsart „K007", so dass Letztere zwar angezeigt, jedoch nicht für die Preisfindung berücksichtigt wird.

Anmerkung:
Sie können beispielsweise für die Konditionsart „K007" -10% eintragen und ENTER drücken. Dann übersteigt der Rabatt von 89,00 Euro den Wert von 50,00 Euro der Konditionsart „K005" und diese würde inaktiv gesetzt werden.
Vergessen Sie bitte nicht, abschließend den Kundenrabatt der Konditionsart „K007" wieder auf -1,5% zu setzen.

- **Jetzt wird es anspruchsvoller: Woher stammt der Wert für jede dieser Konditionsarten zur Preisfindung und wie berechnet er sich?**
  Tragen Sie die Daten bitte in Tabelle 3-13 ein.

Tabelle 3-13: Herkunft der Konditionswerte zur Preisfindung für das Material „PC-Mouse ###"

Konditionsart	Betrag	Konditionswert	Berechnung	Quelle/ Seite
PR00	8,90 €	890,00 €	8,90 €/St. x 100 St.	Staffelpreis für das Material „PC-Mouse ###" ab einer Menge von 50 St./ S. 171
K005	-0,50 €	-50,00 €	-0,50 €/St. x 100 St.	Spezifischer Rabatt für die Kombination von Kunde „77###" und Material „PC-Mouse ###" ab einer Menge von 50 St./ S. 301
K007	-1,5%	-12,60 €	-1,5% x (890,00 € - 50,00 €)	Kundenspezifischer Rabatt auf alle Bestellungen/ S. 300
K029	-0,10 €	-0,90 €	-0,10 €/ kg x 9,00 kg[93]	Allgemeiner Rabatt für die Materialgruppe „Normalteile"/ S. 187
RB00	-10,00 €	-10,00 €	1 x -10,00 €	Kundenspezifischer Absolutrabatt für jede Position im Verkaufsbeleg/ S. 367

---

93 Siehe Registerkarte „Versand"

Kondi-tionsart	Betrag	Kondi-tions-wert	Berech-nung	Quelle/ Seite
K148	-1,0%	-8,29 €	-1,0% x (890,00 € - 50,00 € - 0,90 € - 10,00 €)	Allgemeiner Rabatt für alle Materialien im Knoten „001250010000000###" der Produkthierarchie/ S. 186
Netto	**8,21 €**	**820,81 €**	890,00 € - 50,00 € - 0,90 € - 10,00 € - 8,29 €	Kalkulationsschema „RVAA01"/ S. 263
HA00	-0,5%	-4,10 €	0,5% x 820,81 €	Kundenspezifischer prozentualer Rabatt für jede Position im Verkaufsbeleg/ S. 367
HB00	-100,00 €	-5,88 €	100,00 € x (820,81 € / 13948,32€) [94]	Kundenspezifischer proportionaler Abso-lutrabatt für den Net-towert jeder Position im Verkaufsbeleg/ S. 367
AMIW	5000 €	294,24 €	5000 € x (820,81 € / 13948,32€)	Proportionaler Min-destauftragswert für alle Neukunden für den Nettowert der Position/ S. 340
AMIZ	5000 €	0,00 €	Entfällt aufgrund des Ge-samtnetto von 13948,32€	Proportionaler Min-destwertzuschlag für die Position, falls der Mindestauftragswert im Verkaufsbeleg unterschritten ist

---

94 Den Nettowert von 13.948,32 € für alle Positionen des Angebots finden Sie in der Menü-leiste unter „Springen/ Kopf/ Konditionen".

Konditionsart	Betrag	Konditionswert	Berechnung	Quelle/ Seite
AZWR	0,00 €	0,00 €	Entfällt, da keine Anzahlung existiert	Kalkulationsschema „RVAA01"/ S. 263
MWST	19,0%	154,06 €	19,0% x (890,00 € - 50,00 € - 0,90 € - 10,00 € - 8,29 € - 4,10 € - 5,88 €)	Kalkulationsschema „RVAA01"/ S. 263; Mehrwertsteuer zum Nettowert nach Abzug aller Rabatte
Brutto		964,89 €	1,19 x 810,83 €	Kalkulationsschema „RVAA01"/ S. 263
SKTO	-2,0%	-19,30 €	2,0% x 964,89 €	Kundenspezifische Zahlungsbedingung mit 2% Skonto bei Zahlung innerhalb von 10 Tagen[95]/ S. 147
VPRS	5,90 €	590,00 €	5,90 €/St. x 100 St.	Gleitender Preis für das Material „PC-Mouse ###" in der Sicht „Buchhaltung 1"/ S. 174
DB	2,21 €	220,83 €	810,83 € - 590,00 €	Kalkulationsschema „RVAA01"/ S. 263

Anmerkung:

Für die sehr praxisrelevante Analyse bzw. Prüfung der Preisfindung finden Sie in SAP ERP auf dem Bildschirm unter der Auflistung der Preiselemente verschiedene Hilfsmittel.

Mit dem Button „Analyse" kann man sich das Protokoll der Preisfindung anzeigen lassen.

Für jede Konditionsart im Kalkulationsschema werden alle Zugriffsfolgen angezeigt. Man kann sich durch die möglichen Zugriffe klicken, bis man den verwendeten Konditionssatz findet.

---

95 Die Zahlungsbedingung „0005" finden Sie auch in der Menüleiste unter „Springen/ Position/ Faktura".

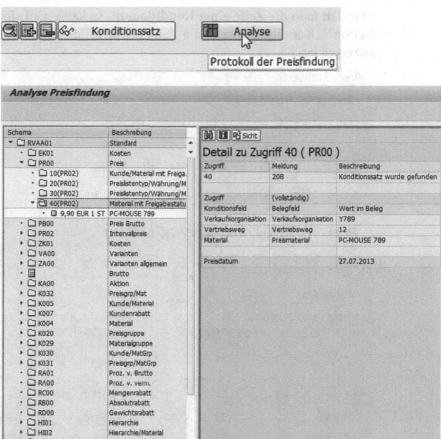

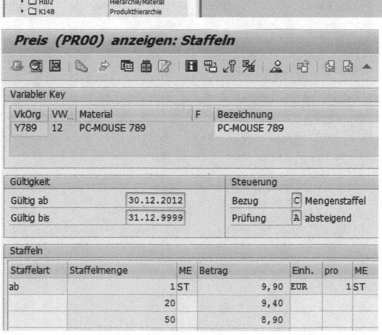

Markiert man die Zeile einer Konditionsart, so kann man sich mit dem Button „Konditionssatz" die Stammdaten des Konditionssatzes anzeigen lassen.

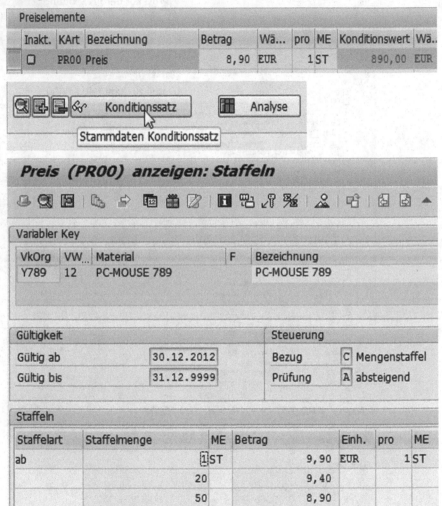

Preiselemente

Inakt.	KArt	Bezeichnung	Betrag	Wä...	pro	ME	Konditionswert	Wä..
☐	PR00	Preis	8,90	EUR	1	ST	890,00	EUR

Konditionssatz   Analyse

Stammdaten Konditionssatz

Preis (PR00) anzeigen: Staffeln

Variabler Key

VkOrg	VW...	Material	F	Bezeichnung
Y789	12	PC-MOUSE 789		PC-MOUSE 789

Gültigkeit

Gültig ab	30.12.2012
Gültig bis	31.12.9999

Steuerung

Bezug	C	Mengenstaffel
Prüfung	A	absteigend

Staffeln

Staffelart	Staffelmenge	ME	Betrag	Einh.	pro	ME
ab		1 ST	9,90	EUR	1	ST
	20		9,40			
	50		8,90			

Markiert man die Zeile einer Konditionsart, so kann man mit dem Icon „Detail" das Konditionsdetail anzeigen.

Preiselemente

Inakt.	KArt	Bezeichnung	Betrag	Wä...	pro	ME	Konditionswert	Wä..
☐	PR00	Preis	8,90	EUR	1	ST	890,00	EUR

Position - Konditionen - Detail

Position	40	Applikation V
Konditionsart	PR00 Preis	KoPreisstelldat 27.07.2013

Konditionswerte

Betrag	8,90	EUR	/ 1	ST
Konditionsbasis	100,000	ST		
Konditionswert	890,00	EUR		

Steuerung

Kond.Klasse	B	Preise
Rechenregel	C	Menge
Konditionstyp		
Kond.Steuerung	A	Anpassen bei Mengenänderung
Kond.Herkunft	A	Automatische Preisfindung

Kontenfindung

Kontoschlüssel	ERL

Staffeln

Bezugsgröße	C	Mengenstaffel		
Staffelbasis	100,000	ST	Staffelart	A

d) Sichern Sie bitte abschließend Ihr Angebot „5777###" und tragen Sie ggf. die Belegnummer in Tabelle 4-1 auf Seite 575 ein.

Übung 56: Anzeige von Informationen nach dem Anlegen des Angebots (→ Kapitel 3.3.3, 3.3.4 und 3.3.5.7)

Lassen Sie sich im Verkauf Ihr Angebot „5777###" nochmals anzeigen.

Anmerkung:

Benutzen Sie bitte die Transaktion „Ändern", da unter „Anzeigen" sonst der Belegfluss nicht mit den beiden Kontakten aus der Vertriebsunterstützung, sondern nur bis zur Anfrage aus den Verkaufsbelegen angezeigt wird (nice to know ⊗).

Menüpfad: Logistik/ Vertrieb/ Verkauf/ Angebot/ Ändern

Transaktionscode: VA22

1) Lassen Sie sich unter dem Menüpunkt „Umfeld" den Belegfluss anzeigen. Wie lautet jeweils der Status für Ihre Kontakte, Ihre Anfrage und Ihr Angebot?

2) Markieren Sie mit der linken Maustaste Ihre Anfrage und lassen Sie sich die zugehörige Statusübersicht anzeigen.

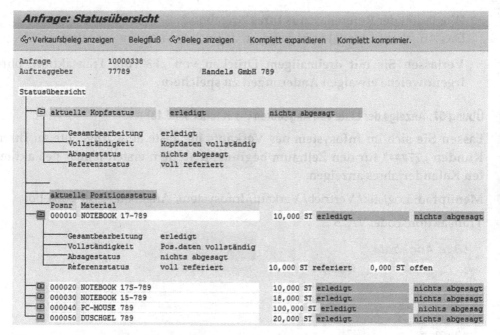

Wie lautet der Referenzstatus Ihrer Anfrage?

Die Anfrage ist voll referiert, da Sie Ihr Angebot mit Bezug dazu angelegt haben.

Gehen Sie danach einmal mit „F3" zum Belegfluss zurück.

3) **Markieren Sie Ihr Angebot und lassen Sie sich die zugehörige Statusübersicht anzeigen.**

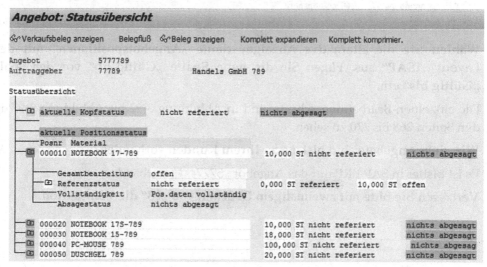

Wie lautet der Referenzstatus Ihres Angebots?

Das Angebot ist (noch) nicht referiert, da noch kein Auftrag angelegt wurde.

Verlassen Sie mit dreimaligem Drücken von „F3" die Transaktion, ohne irgendwelche etwaigen Änderungen zu speichern.

Übung 57: Anzeige der Liste von Angeboten (→ Kapitel 3.3.5.13)

Lassen Sie sich im Infosystem des Verkaufs die Liste aller Angebote zu Ihrem Kunden „77###" für den Zeitraum beginnend ab dem ersten Januar des aktuellen Kalenderjahres anzeigen.

Menüpfad: Logistik/ Vertrieb/ Verkauf/ Infosystem/ Angebote/ Liste Angebote

Transaktionscode: VA25

Liste Angebote

| 🖺 Anzeigevar... | Weitere SelKriter... | Organisationsdaten.. | Partnerrolle... |

Auftraggeber	77789
Material	
Gültig ab	30.01.2013	Bis	

Angebotsdaten

| Belegdatum | | Bis | |

Selektionsumfang

○ Offene Angebote   ☐ Meine Angebote
◉ Alle Angebote

Wählen Sie die alternative Anzeigevariante „Angebotspositionen" mit dem Layout „1SAP" aus. Fügen Sie die neue Spalte „Gültig ab" vor der Spalte „Gültig bis" ein.

Die einzelnen Bearbeitungsschritte sind in Abbildung 3-92 bis Abbildung 3-97 auf den Seiten 268 bis 270 zu sehen.

Wie viele Angebote sind bislang zu Ihrem Kunden vorhanden?

Es ist bisher in SAP ERP nur das Angebot „5777###" vorhanden.

Verlassen Sie bitte mit zweimaligem Drücken von „F3" die Transaktion.

3.4   Verkaufsaktivitäten gestalten

Nach der Anbahnung und Festigung der Geschäftsbeziehung gilt es, Umsatzerlöse mit positiven Deckungsbeiträgen zu generieren.

Kunden können nochmals individuell oder gruppenspezifisch durch verkaufsfördernde Maßnahmen, wie z. B. Promotions und Verkaufsaktionen, zu Käufen angeregt werden. Dieser Prozessschritt ist jedoch optional, da Kunden auch direkt ohne solche spezifischen Anreize Unternehmen Aufträge erteilen.

Die Bearbeitung von Aufträgen führt wiederum dazu, dass Kundenbedürfnisse individuell und in ihrer Gesamtheit besser wahrgenommen und darauf aufbauend spezifische verkaufsfördernde Maßnahmen durchgeführt werden.

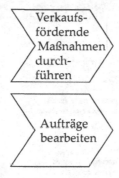

Abbildung 3-98:   Prozesse im Rahmen der Gestaltung von Verkaufsaktivitäten

Beide Prozesse von Abbildung 3-98 bauen demnach nicht sequentiell aufeinander auf, sondern bedingen einander teilweise. Flankiert werden sie in der Praxis von einer Vielzahl von unterstützenden Prozessen, wie z. B. der Gewährung von Naturalrabatten (Kapitel 3.4.3.1) oder Boni (Kapitel 3.4.3.3) sowie Prozessen, die bereits in Kapitel 3.3.5 beschrieben wurden.

3.4.1   Verkaufsfördernde Maßnahmen durchführen

Für die Abbildung von verkaufsfördernden Maßnahmen existieren in SAP ERP Promotions und Verkaufsaktionen.

Eine Promotion bildet meist global eine verkaufsfördernde Maßnahme, z. B. für eine Sparte oder verschiedene (Saison)Produkte ab. Sie kann in verschiedene Verkaufsaktionen mit spezifischen Inhalten aufgeteilt werden.

Eine Verkaufsaktion beinhaltet spezifische Parameter für eine verkaufsfördernde Maßnahme, die in zugehörigen Konditionsarten und -sätzen abgebildet werden. Sie kann autonom oder mit Bezug auf eine übergeordnete Promotion angelegt werden. In letzterem Fall können im Nachhinein alle Konditionssätze verschiedener Verkaufsaktionen ausgewertet werden, die sich auf dieselbe Promotion beziehen.

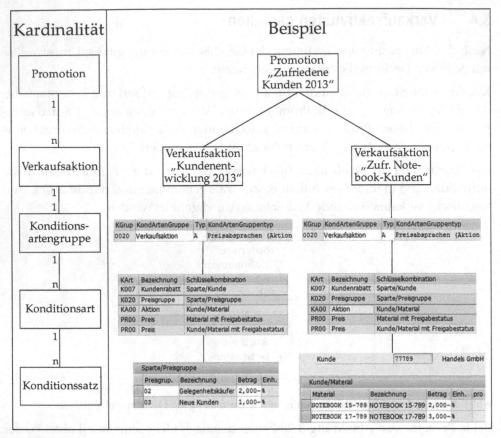

Abbildung 3-99:   Zusammenhänge zwischen Promotion, Verkaufsaktion, Konditionsartengruppe, Konditionsart und -satz

Abbildung 3-99 zeigt die prinzipiellen Zusammenhänge zwischen den Begriffen
und ein konkretes Beispiel, bei dem eine Promotion aus zwei Verkaufsaktionen
besteht.

In der ersten Verkaufsaktion „Kundenentwicklung 2013" existieren u. a. mehrere
Konditionssätze für Abschläge zur Konditionsart „K020 Preisgruppe", die sich auf
eine konkrete Kombination von einer Sparte und einer Preisgruppe im Kundenstammsatz (vgl. Seite 145) bezieht.

Die zweite Verkaufsaktion „Zufriedene Notebook-Kunden" umfasst u. a. mehrere
Konditionssätze für Abschläge zur Konditionsart „KA00 Aktion", die eine konkrete Kombination von einem Kunden und einem Material abbildet.

Alle Einstellungen zu Promotions und Verkaufsaktionen erfolgen im Customizing
im Menüpfad „Vertrieb/ Grundfunktionen/ Preisfindung/ Absprachen zur Preis-
findung/ Promotions definieren" bzw. „Vertrieb/ Grundfunktionen/ Preisfindung/
Absprachen zur Preisfindung/ Verkaufsaktionen einrichten/ Verkaufsaktionen

definieren" nach demselben Prinzip wie bei der Bonusabsprache, die in Kapitel 3.4.3.3 vorgestellt wird.

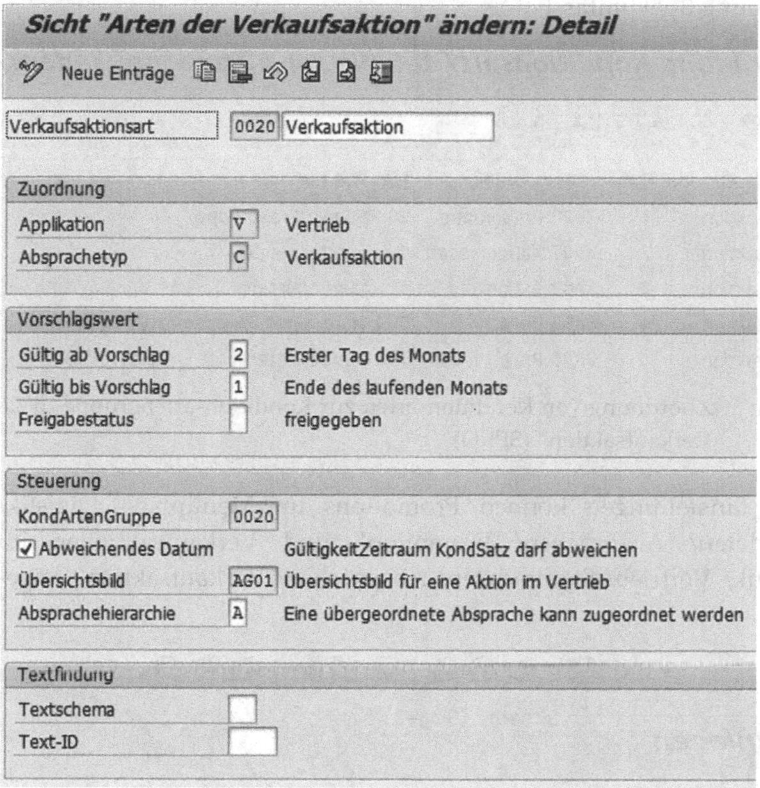

Sicht "Arten der Verkaufsaktion" ändern: Detail

🖉 Neue Einträge 🔲 🔜 🔊 🔡 🔡 🔠

Verkaufsaktionsart	0020	Verkaufsaktion

Zuordnung

Applikation	V	Vertrieb
Absprachetyp	C	Verkaufsaktion

Vorschlagswert

Gültig ab Vorschlag	2	Erster Tag des Monats
Gültig bis Vorschlag	1	Ende des laufenden Monats
Freigabestatus		freigegeben

Steuerung

KondArtenGruppe	0020	
☑ Abweichendes Datum		GültigkeitZeitraum KondSatz darf abweichen
Übersichtsbild	AG01	Übersichtsbild für eine Aktion im Vertrieb
Absprachehierarchie	A	Eine übergeordnete Absprache kann zugeordnet werden

Textfindung

Textschema	
Text-ID	

Abbildung 3-100: Einstellungen zur Verkaufsaktionsart „0020 Verkaufsaktion" (VB(9)

Abbildung 3-100 zeigt beispielhaft die Einstellungen zur Verkaufsaktionsart „0020 Verkaufsaktion", u. a. mit Angaben

- zu Vorschlagswerten für den Gültigkeitszeitraum,

- zum Vorschlagswert für den Freigabestatus für Konditionssätze, mit dem die Verwendung bereits bestehender Konditionssätze eingeschränkt werden kann,

- zur Möglichkeit einer Zuordnung zu einer übergeordneten Promotion und

- zur Aussteuerung mit einer Konditionsartengruppe (vgl. Abbildung 3-101), welche die Konditionsarten und deren zugrundeliegenden Schlüsselkombinationen aus Abbildung 3-99 umfasst.

Sicht "Zuordnung Konditionsart/-tabelle zur Absprache" ändern:

✎ Neue Einträge 📋 🖫 🖎 🖫 🖫 🖫

KGrup	KondArtenGruppe	Zähl	KArt	Konditionsart	Nr.	Tabelle
0020	Verkaufsaktion	1	K020	Preisgruppe	20	Sparte/Preisgruppe
0020	Verkaufsaktion	2	K007	Kundenrabatt	7	Sparte/Kunde
0020	Verkaufsaktion	3	KA00	Aktion	5	Kunde/Material
0020	Verkaufsaktion	4	PR00	Preis	304	Material mit Freigabestatus
0020	Verkaufsaktion	5	PR00	Preis	305	Kunde/Material mit Freigabestatus

Abbildung 3-101:   Zuordnung von Konditionsarten zur Konditionsartengruppe „0020 Verkaufsaktion" (SPRO)

Aufgrund dieser Einstellungen können Promotions im Menüpfad „Logistik/ Vertrieb/ Stammdaten/ Absprachen/ Promotion" und Verkaufsaktionen im Menüpfad „Logistik/ Vertrieb/ Stammdaten/ Absprachen/ Verkaufsaktion" angelegt werden.

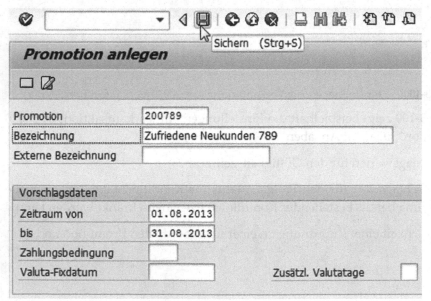

Abbildung 3-102:   Anlegen einer Promotion (VB31)

Einer Promotion wird eine eindeutige Nummer zugewiesen. Zudem kann optional eine spezifische Zahlungsbedingung hinterlegt werden (vgl. Abbildung 3-102).

Verkaufsaktion anlegen: Übersicht Absprache

🖺 🖉 | ☐ | Konditionen | 🔏

Konditionen (F9)

| Verkaufsaktion | |
| Bezeichnung | Zufriedene Neukunden 789-VA1 |

Vorschlagsdaten

Zeitraum von	01.08.2013
bis	31.08.2013
Währung	EUR
Freigabestatus	

Zuordnungen

| Externe Bezeichnung | |
| Promotion | 200789 | Zufriedene Neukunden 789 |

Zahlung

Zahlungsbedingung	
Valuta-Fixdatum	
Zusätzl. Valutatage	

Abbildung 3-103: Anlegen einer Verkaufsaktion (VB21)

Auch eine Verkaufsaktion erhält eine eindeutige Nummer aus einem Nummern-kreisintervall und kann optional eine eigene Zahlungsbedingung beinhalten (vgl. Abbildung 3-103). Zugehörige Konditionssätze zu einer Konditionsart können direkt in der Verkaufsaktion angelegt werden (vgl. Abbildung 3-104).

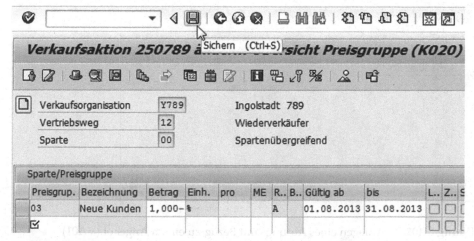

Abbildung 3-104: Konditionssatz zu einer Verkaufsaktion (VB21)

Datenfelder für Promotionen und Verkaufsaktionen sind in den Details einer Fakturaposition (vgl. Kapitel 3.6.1) enthalten. Diese können mit Hilfe von einer vom Benutzer definierten Informationsstruktur im Vertriebsinformationssystem (vgl. Fußnote 35 auf Seite 96) statistisch ausgewertet werden.

3.4.2   Aufträge bearbeiten

Die Generierung von Aufträgen (mit positivem Deckungsbeitrag) ist eines der Hauptziele im gesamten Vertriebsprozess.

Verschiedene betriebswirtschaftliche Sachverhalte, z. B. Bar-, Werks- und Messeverkäufe oder Aufträge zu einem bestimmten Lieferdatum, werden in SAP ERP durch eine Vielzahl von Auftragsarten mit unterschiedlichen Steuerungsparametern abgebildet.

Die Bearbeitung aller Aufträge erfolgt analog zu der bei Anfragen und Angeboten, da alle Auftragsarten auch Verkaufsbelegarten sind. Daher können Sie das gesamte in Kapitel 3.3.2 erworbene Wissen zu Verkaufsbelegarten bei der Auftragsbearbeitung verwenden.

Um die Datenintegration zu gewährleisten und Aussagen über die Effektivität und Effizienz von Vertriebsaktivitäten treffen zu können, sollten Aufträge stets – falls möglich – wie in Abbildung 3-105 mit Bezug zu einem Vorgängerbeleg angelegt werden.

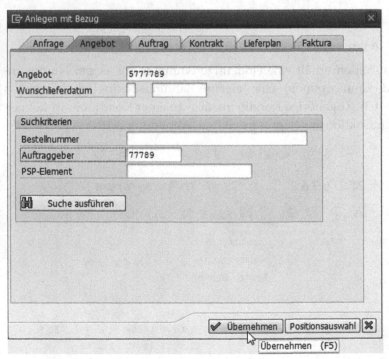

Abbildung 3-105:   Anlegen eines Auftrags mit Bezug zu einem Angebot (VA01)

Für statistische Auswertungen ist es wichtig, falls bekannt, wie in Abbildung 3-106 einen Auftragsgrund auf Kopfebene zu erfassen. Damit werden allgemeine und individuelle Maßnahmen zur Pflege von Kundenbeziehungen nachverfolgt und Erfolgsfaktoren für den Vertrieb identifiziert.

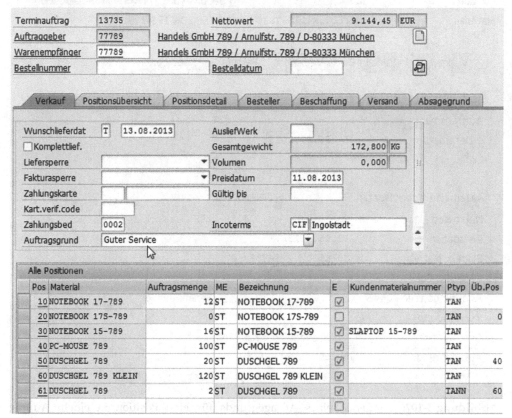

Abbildung 3-106: Erfassen eines Auftragsgrunds in einem Terminauftrag (VA01)

Korrespondierend dazu kommt es oftmals beim Anlegen mit Bezug vor, dass ein Kunde nicht alle Positionen aus dem Vorgängerbeleg bestellt. Wenn möglich sollte beim Kunden der Grund für die Nichtbeauftragung in Erfahrung gebracht und wie in Abbildung 3-107 auf Positionsebene individuell dokumentiert werden. Absagegründe sind konkrete Anknüpfungspunkte, um sofort mit dem Kunden über seine Bedürfnisse zu sprechen und ggf. in Nachverhandlungen doch noch einen Vertragsabschluss oder wenigstens einen Erkenntnisgewinn für zukünftige Verkäufe herbeizuführen.

Das periodische Auswerten von Absagegründen bietet auch frühzeitig Anhaltspunkte zur Identifikation von Unzufriedenheit bei Kunden. Dieser gilt es allgemein oder kundenindividuell zu begegnen, um Gefährdungsphasen aus Abbildung 3-21 auf Seite 196 zu vermeiden bzw. zu verkürzen.

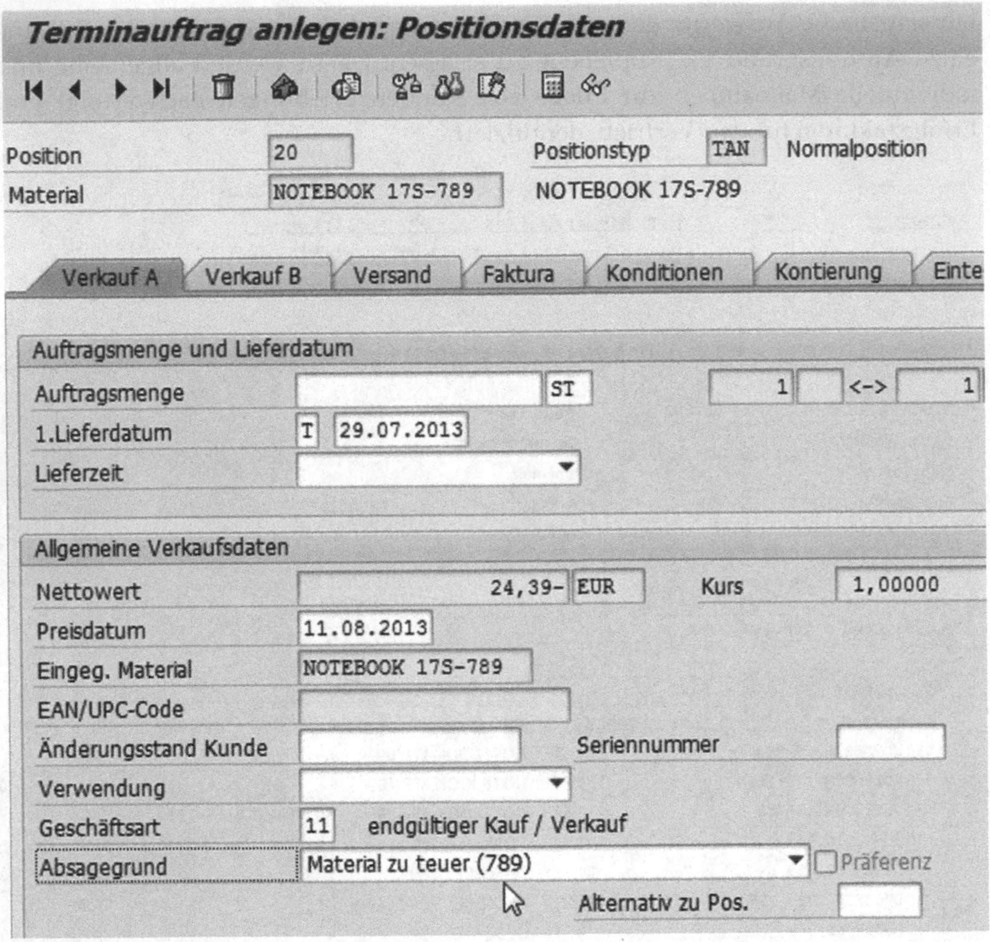

Terminauftrag anlegen: Positionsdaten

⏮ ◀ ▶ ⏭   🗑 📦 📑 🔍📋📝 🖩 🔗

Position   20   Positionstyp   TAN   Normalposition
Material   NOTEBOOK 17S-789   NOTEBOOK 17S-789

| Verkauf A | Verkauf B | Versand | Faktura | Konditionen | Kontierung | Einte |

Auftragsmenge und Lieferdatum

Auftragsmenge   ST   1   <-->   1
1.Lieferdatum   T 29.07.2013
Lieferzeit   ▼

Allgemeine Verkaufsdaten

Nettowert   24,39- EUR   Kurs   1,00000
Preisdatum   11.08.2013
Eingeg. Material   NOTEBOOK 17S-789
EAN/UPC-Code
Änderungsstand Kunde   Seriennummer
Verwendung   ▼
Geschäftsart   11   endgültiger Kauf / Verkauf
Absagegrund   Material zu teuer (789)   ▼ ☐ Präferenz
                        ↳   Alternativ zu Pos.

Abbildung 3-107:   Erfassen eines Absagegrunds für eine Position in einem Auftrag
(VA01)

Beim Anlegen eines Auftrags mit Bezug auf einen Vorgängerbeleg können solche
Nachverhandlungen, das Hinzufügen neuer Positionen bzw. das Entfernen von
Positionen aus dem Vorgängerbeleg, zwischenzeitlich initiierte verkaufsfördernde
Maßnahmen etc. dazu führen, dass die aus dem Vorgängerbeleg übernommene
Preisfindung veraltet ist.

Relevant für die Preisfindung ist das Preisdatum, welches bei der Übersicht in
Abbildung 3-106 zu sehen ist. Ist die Preisfindung veraltet, so können wie in
Abbildung 3-108 auf Kopf- oder Positionsebene alle in der Registerkarte „Konditi-
onen" enthaltenen Preiselemente aktualisiert werden.

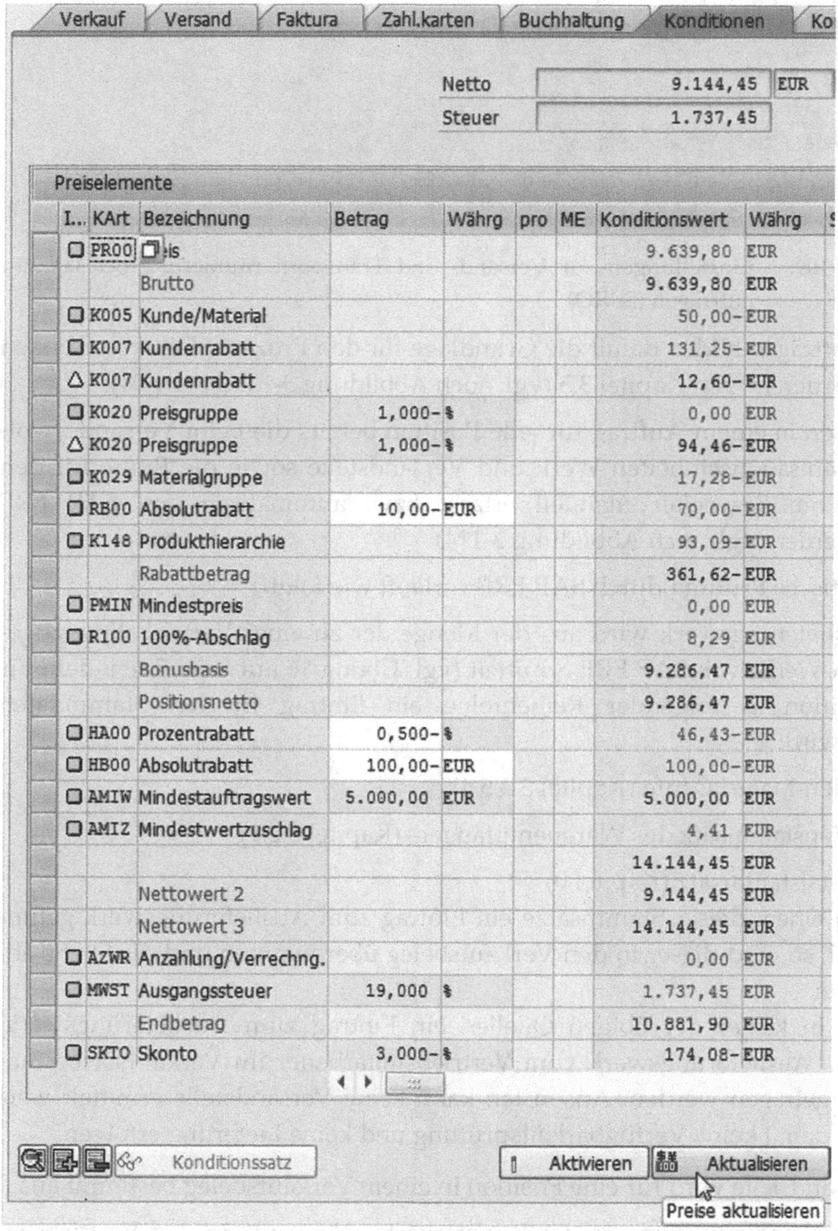

Abbildung 3-108: Aktualisieren von Preiselementen in einem Auftrag (VA01)

Aufträge sind im Gegensatz zu Anfragen und Angeboten fast immer lieferrelevant. Für jede Verkaufsbelegart wird im Customizing im Menüpfad „Vertrieb/ Grundfunktionen/ Versand- und Transportterminierung/ Terminierung je Verkaufsbelegart definieren" festgelegt, ob eine Versand- und/oder Transportterminierung durchgeführt wird. Abbildung 3-109 zeigt beispielhaft die Einstellungen zur Versand- und Transportterminierung bei der Verkaufsbelegart „Terminauftrag (TA)".

Sicht "Verkaufsbelege: Arten - Terminierung"

🖉 🖉 🖺 🖺 🖺

Verkaufsbelege: Arten - Terminierung

VArt	Bezeichnung	VersTerm	TranspTerm	Nur rückw.
TA	Terminauftrag	X	☑	☐

Abbildung 3-109:   Einstellungen zur Versand- und Transportterminierung bei Terminaufträgen (SPRO)

Daten in Aufträgen bilden damit die Grundlage für den Prozess „Güter versenden
und transportieren" von Kapitel 3.5 (vgl. auch Abbildung 3-1 auf Seite 94).

Daher müssen in einem Auftrag für jede Position bereits die beim Versand invol-
vierten Organisationseinheiten Werk und Versandstelle sowie die Route für den
Transport vom Bearbeiter manuell erfasst bzw. automatisch von SAP ERP
bestimmt werden (vgl. auch Abbildung 3-114).

Die automatische Prüfung durch SAP ERP verläuft wie folgt:

– Das Auslieferungswerk wird aus der Menge der zu einer Vertriebslinie zugeordneten Werke von SAP ERP ermittelt (vgl. Übung 16 auf Seite 78), indem für
  die Position in folgender Reihenfolge ein Eintrag in den Stammdaten
  gesucht wird:

  • Kunden-Material-Info (Kapitel 3.3.5.4)

  • Kundenstammsatz des Warenempfängers (Kapitel 3.2.1)

  • Materialstammsatz (Kapitel 0)
  Wenn in einem dieser Stammsätze ein Eintrag zum Auslieferungswerk gefunden wird, so wird dieser in den Verkaufsbeleg übernommen und die Suche ab-
  gebrochen.
  Existiert in keiner der obigen Quellen ein Eintrag zum Auslieferungswerk,
  muss das Auslieferungswerk vom Vertriebsmitarbeiter im Verkaufsbeleg manuell eingetragen werden. Ansonsten kann keine Versandstelle ermittelt werden und damit keine Verfügbarkeitsprüfung und keine Lieferung erfolgen.

– Die Versandstelle wird für eine Position in einem Verkaufsbeleg bestimmt aus

  • der Versandbedingung in der Registerkarte „Versand" in den Vertriebsbe-
    reichsdaten des Auftraggebers (Kapitel 3.2.1),

  • der Ladegruppe in der Sicht „Vertrieb: allg./ Werk" im Materialstammsatz
    (Kapitel 0) und

  • dem von SAP ermittelten Auslieferungswerk.

– Die automatische Routenfindung wurde bereits auf Seite 124 beschrieben.

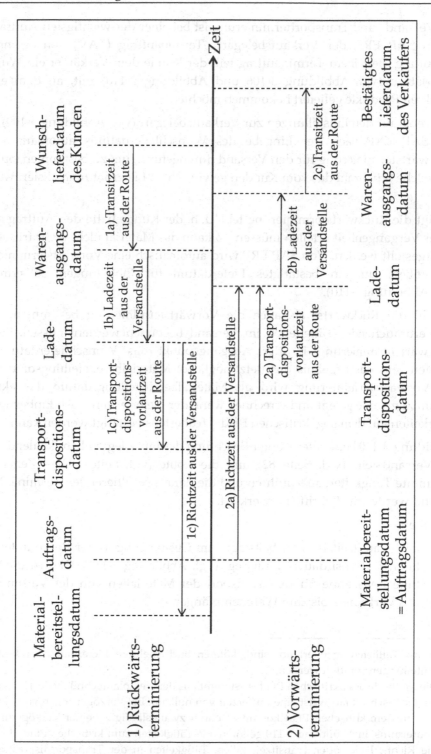

Abbildung 3-110: Ablauf der Vorwärtsterminierung nach einer fehlgeschlagenen Rückwärtsterminierung

Die Versand- und Transportterminierung ist bei einer der wichtigsten Auftragsarten in SAP ERP, der Verkaufsbelegart „Terminauftrag (TA)", von essentieller Bedeutung. Bei einem Terminauftrag teilt der Kunde dem Verkäufer ein Wunschlieferdatum (vgl. Abbildung 3-106 und Abbildung 3-110) mit, an dem er die bestellten Produkte geliefert bekommen möchte.

Basierend auf den Einstellungen zur Verkaufsbelegart (vgl. Abbildung 3-109) wird von SAP ERP nach der Eingabe des Wunschlieferdatums automatisch eine Rückwärtsterminierung für den Versand durchgeführt, um zu bestimmen, ob bzw. für welche Stückzahl das vom Kunden gewünschten Lieferdatum realisiert werden kann.

Schlägt die Rückwärtsterminierung fehl, d. h. der Kunde hätte den Auftrag schon in der Vergangenheit erteilen müssen, so kann das Material nicht mehr fristgemäß bereitgestellt werden. Von SAP ERP wird automatisch eine Vorwärtsterminierung angestoßen, um ein bestätigtes Lieferdatum für Einteilungen zu ermitteln (vgl. Abbildung 3-110).[96]

Sowohl die Rückwärts- als auch die Vorwärtsterminierung bestimmen, wann (zeitverbrauchende) Tätigkeiten im Versand begonnen werden müssen. Bei der Rückwärtsterminierung ist der Ausgangspunkt das Wunschlieferdatum des Kunden und das Ergebnis das (letztmögliche) Materialbereitstellungsdatum. Bei der Vorwärtsterminierung wird als Materialbereitstellungsdatum das aktuelle Datum zugrunde gelegt und errechnet, wann der Liefertermin, nach Einbezug aller Tätigkeiten auf dem sog. kritischen Pfad[97], frühestens bestätigt werden kann.

Abbildung 3-110 beinhaltet – unter Beachtung des hinterlegten Fabrikkalenders für die Versandstelle (vgl. Seite 82) und die Route (vgl. Seite 188) – Zeiten, um bestimmte Tätigkeiten auszuführen und die daraus resultierenden Termine. Nachfolgend werden die Begriffe kurz erklärt:

– Zeiten:

   • Die Transitzeit ist in Arbeitstagen im Customizing in der Route unter dem Begriff „Transitdauer" hinterlegt (vgl. Abbildung 3-111). Dies ist die benötigte Zeitspanne für den Transport der Materialien von der Versandstelle des Verkäufers bis zum Warenempfänger.

---

96 Wenn Teillieferungen erlaubt sind, können auch mehrere Lieferdaten für bestätigte Einteilungen ermittelt werden.

97 Die Methode des „kritischen Pfades" stammt aus der Netzplantechnik. Jede Tätigkeit auf dem kritischen Pfad weist eine Pufferzeit von null auf. Bei Verzögerungen von Tätigkeiten auf dem kritischen Pfad kommt es damit zwangsläufig zu einer Verzögerung des Endtermins. In Abbildung 3-110 gehören alle Tätigkeiten zum kritischen Pfad, die unter die Richt-, Lade- oder Transitzeit fallen. Tätigkeiten in der Transportdispositionszeit können sich jedoch verlängern (bei gleichzeitigem Beginn bis zum Zeitumfang der Richtzeit), ohne dass sich der Endtermin verzögert.

Route   R789
Identifikation
Bezeichnung   Region 789 - Region 8
Routenidentif.

Abwicklung
Dienstleister
Verkehrszweig
Versandart   Entfernung
Versandart VL
Versandart NL   ☑ Transp.relevant

Terminierung
Transitdauer   0,50   Fabrikkalender   01
Fahrdauer
TD-Vorlauf   1,00
TD-Vorl.Std.
zu.Ges.gew

Gefahrgut
☐ Transitländertabelle berücksichtigen

Abbildung 3-111:   Einstellungen zur Route (0VTC)

- Die Ladezeit wird an der Versandstelle für das Verladen der Ware benötigt. Sie kann, wie Abbildung 3-112 zeigt, in den Daten der Versandstelle eingetragen werden.

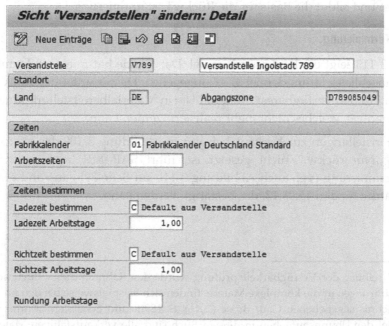

Sicht "Versandstellen" ändern: Detail

📝 Neue Einträge ▣ ▣ ⟳ ▣ ▣ ▣ ▣

Versandstelle   V789   Versandstelle Ingolstadt 789
Standort
Land   DE   Abgangszone   D789085049

Zeiten
Fabrikkalender   01 Fabrikkalender Deutschland Standard
Arbeitszeiten

Zeiten bestimmen
Ladezeit bestimmen   C Default aus Versandstelle
Ladezeit Arbeitstage   1,00

Richtzeit bestimmen   C Default aus Versandstelle
Richtzeit Arbeitstage   1,00

Rundung Arbeitstage

Abbildung 3-112:   Einstellungen zur Versandstelle (SPRO)

- Die Richtzeit beinhaltet Zeiten für alle Tätigkeiten zur gemeinsamen Bereitstellung der Materialien. Hierzu gehören u. a. das Zuordnen von Materialien zu einer Lieferung, das Kommissionieren und das Verpacken. Die Richtzeit kann ebenfalls in der Versandstelle festgelegt werden.

- Die Transportdispositionsvorlaufzeit wird benötigt, um den Transport zu organisieren. Dazu gehören beispielsweise Auswahl und Beauftragung einer Spedition. Die Transportdispositionsvorlaufzeit kann bei der Route im Feld „TD-Vorlauf" hinterlegt werden (vgl. Abbildung 3-111).

- Termine:

  - Das Materialbereitstellungsdatum muss so festgelegt werden, dass alle Materialien unter Beachtung des Maximums von Richt- und Transportdispositionsvorlaufzeit zum angestrebten Ladetermin bereitstehen.

  - Am Transportdispositionsdatum muss mit der Organisation des Warentransports begonnen werden, damit das benötigte Transportmittel zum Ladetermin verfügbar ist, um die Materialien aufzunehmen.

  - Zum Ladedatum müssen alle Materialien verladefertig sein.

  - Das Warenausgangsdatum ist der Termin, an dem die Materialien die Versandstelle verlassen müssen, um zum Wunschlieferdatum des Kunden beim Warenempfänger einzutreffen.

  - Das Wunschlieferdatum ist der dem Kunden genannte Termin für das Eintreffen der Materialien beim Warenempfänger. Er wird im Terminauftrag erfasst und bildet die Basis für die Rückwärtsterminierung.

Beispiel zur Terminierung:

Abbildung 3-113 zeigt ein konkretes Beispiel. Der Kunde hat in einem Terminauftrag als Wunschlieferdatum den 29.07.13 angegeben. Das Resultat der Rückwärtsterminierung für ein verfügbares[98] Material ist ein Materialbereitstellungsdatum in der Vergangenheit, welches nicht mehr realisiert werden kann.

Da in den Einstellungen zur Verkaufsbelegart in Abbildung 3-109 das Häkchen in der Spalte „Nur rückw." nicht gesetzt ist, führt SAP ERP automatisch eine Vorwärtsterminierung (vgl. auch Abbildung 3-110 auf Seite 395) aus und ermittelt ein Lieferdatum für den 15.08.13, das bestätigt werden kann.

---

98 Die Beschreibung der Verfügbarkeitsprüfung würde den Rahmen dieses Buches sprengen. Einführungen in die komplexe Materie finden sich beispielsweise bei den im Literaturverzeichnis angegebenen Gau/ Bröse (2016), S. 189ff. und Scheibler/ Maurer (2013), S. 85ff. Bei den Übungsaufgaben in diesem Buch sind alle verkaufsfähigen Materialien verfügbar.

Für beide Lieferdaten wird je eine Einteilung zur Position im Terminauftrag erzeugt. Beim Wunschlieferdatum des Kunden wird eine bestätigte Menge von 0 Stück eingetragen (vgl. Abbildung 3-113).

Die Erfassung beider Einteilungen ist wichtig für Auswertungen im Vertrieb. Nur so kann später kontrolliert werden, welcher Anteil an Wunschlieferdaten von Kunden vom Unternehmen realisiert werden konnte. Diese Kennzahl ist ein wichtiger Indikator für die Qualität der Vertriebsprozesse.

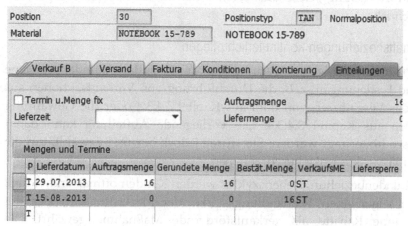

Abbildung 3-113: Einteilungen mit bestätigter und nicht bestätigter Menge zu einer Position in einem Terminauftrag (VA01)

Abbildung 3-114 zeigt im Terminauftrag auf Positionsebene die zu Abbildung 3-113 berechneten Datumswerte der Vorwärtsterminierung für die Zeitpunkte aus Abbildung 3-110. Ausgangspunkt ist eine fehlgeschlagene Rückwärtsterminierung zum Datum der Auftragserfassung, welches dem Preisdatum in Abbildung 3-107 entspricht.

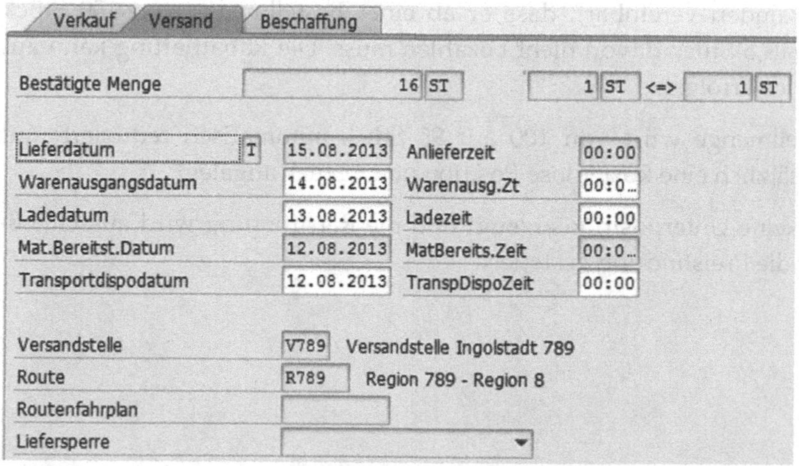

Abbildung 3-114: Berechnete Datumswerte aus der Vorwärtsterminierung für eine Position in einem Terminauftrag (VA01)

3.4.3   Unterstützende Prozesse

Der Prozessschritt „Verkaufsaktivitäten gestalten" wird durch eine Vielzahl von Vertriebsprozessen aus Abbildung 3-2 auf Seite 97 unterstützt. Aus diesen werden nachfolgend einige unterstützende Prozesse beispielhaft herausgegriffen.

Viele andere unterstützende Vertriebsprozesse, die auch zu diesem Zeitpunkt in der Prozesskette erstmals oder wiederholt durchlaufen werden können, wurden bereits beim Prozessschritt „Geschäftsbeziehungen anbahnen und festigen" in Kapitel 3.3 beschrieben.

3.4.3.1   Geschäftsbeziehungen kontinuierlich pflegen

Zu diesem Prozessschritt gehören prinzipiell auch andere kundenbezogene Tätigkeiten und Festlegungen, z. B. die Durchführung von Verkaufsaktionen aus Kapitel 3.4.1, das Vereinbaren von Boni aus Kapitel 3.4.3.3 oder die Gewährung von Kreditlinien aus Kapitel 3.4.3.4. Die vorliegende Aufteilung kann daher durchaus kritisch hinterfragt werden. Sie wurde jedoch bewusst gewählt, um die jeweiligen Hauptcharakteristika hervorzuheben.

Im Laufe des Kundenbeziehungslebenszyklus werden Kunden oftmals individuell aufgrund ihrer allgemeinen Verhandlungsstärke, der Marktsituation oder der Transaktionshistorie Rabatte als verkaufsfördernde Maßnahme gewährt. Die Rabatte müssen nicht immer monetärer Natur sein, sondern können auch aus kostenlosen Produkten, sog. Naturalrabatten, bestehen. Es existieren zwei Formen von Naturalrabatten in SAP ERP:

– Dreingabe:
  Ein Kunde bezahlt ab einer gewissen Mindestbestellmenge nur einen Teil der von ihm bestellten Materialien. Die restlichen Stücke des identischen Materials werden als kostenloser inkludierter Naturalrabatt geliefert. Beispielsweise wird mit einem Kunden vereinbart, dass er ab einer Bestellmenge von 100 Stück eines Materials 5 Stück davon nicht bezahlen muss. Die Rabattierung kann auf zweierlei Arten erfolgen:

  • Die Bestellmenge wird von 100 auf 95 Stück automatisch reduziert und dafür zusätzlich eine kostenlose Position von 5 Stück angelegt.

  • Es wird keine Unterposition erzeugt und die Rabattierung wird ausschließlich über die Preisfindung gesteuert.

- Draufgabe: Ein Kunde bezahlt die gesamte von ihm bestellte Menge eines Materials. Ab einer gewissen Mindestbestellmenge erhält er zusätzlich kostenlose Materialien. Eine Draufgabe wird auch „Naturalrabatt exklusive" genannt. Das bei der Draufgabe als Naturalrabatt gelieferte kostenlose Material kann vom bestellten Material divergieren. Beispielsweise wird mit einem Kunden vereinbart, dass er ab einer Bestellmenge von 50 Stück eines Materials „Duschgel klein", die er auch alle bezahlen muss, je bestellten 50 Stück des Materials zusätzlich kostenlos 1 Stück eines anderen Materials „Duschgel" erhält (vgl. Abbildung 3-121 auf Seite 404).

Die Einrichtung von Naturalrabatten erfolgt in SAP ERP wiederum mit Hilfe der Konditionstechnik. Im Customizing sind im Menüpfad „Vertrieb/ Grundfunktionen/ Naturalrabatt" u. a. folgende Einstellungen zu treffen:

- Aus dem Feldkatalog aus Abbildung 3-115 können Datenfelder für Konditionstabellen ausgewählt werden.

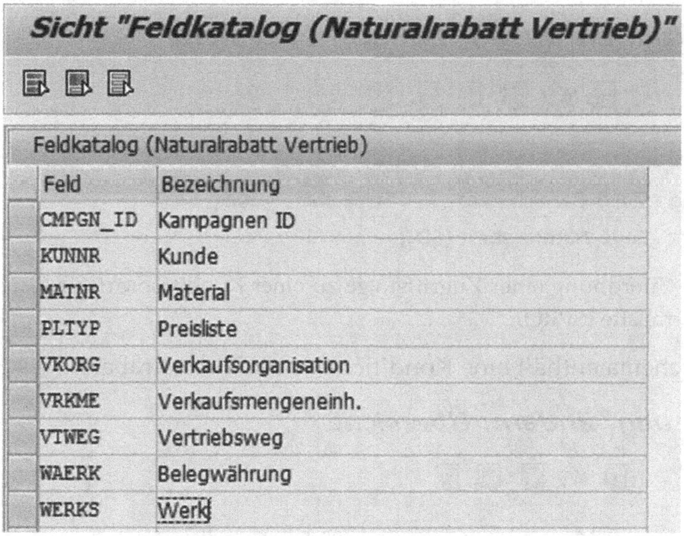
Sicht "Feldkatalog (Naturalrabatt Vertrieb)"

Feldkatalog (Naturalrabatt Vertrieb)

Feld	Bezeichnung
CMPGN_ID	Kampagnen ID
KUNNR	Kunde
MATNR	Material
PLTYP	Preisliste
VKORG	Verkaufsorganisation
VRKME	Verkaufsmengeneinh.
VTWEG	Vertriebsweg
WAERK	Belegwährung
WERKS	Werk

Abbildung 3-115: Felder im Feldkatalog für Naturalrabatte (SPRO)

Die Konditionstabellen enthalten ein oder mehrere Datenfelder aus dem Feldkatalog, z. B. die Tabelle „10" die Kombination von Kunde und Material.

– Datenfelder werden wie in Abbildung 3-116 mittels Konditionstabellen einer Zugriffsfolge zugeordnet.

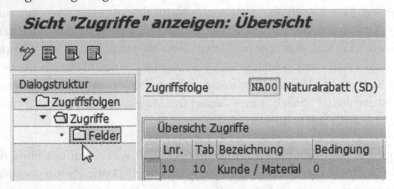

Abbildung 3-116:   Zuordnung von Datenfeldern zu einer Zugriffsfolge (SPRO)

– Eine Konditionsart für Naturalrabatte beinhaltet (wie in Abbildung 3-117) eine oder mehrere Zugriffsfolgen zur Suche nach Konditionssätzen.

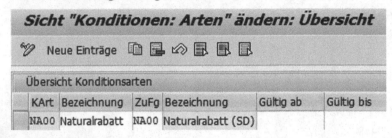

Abbildung 3-117:   Zuordnung einer Zugriffsfolge zu einer Konditionsart für Naturalrabatte (SPRO)

– Ein Naturalrabattschema enthält eine Konditionsart für Naturalrabatte.

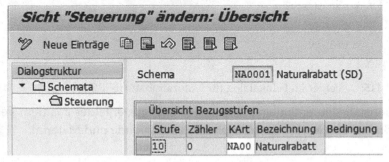

Abbildung 3-118:   Zuordnung einer Konditionsart für Naturalrabatte zu einem Naturalrabattschema (SPRO)

– Die Naturalrabattfindung wird für eine eindeutige Kombination von Verkaufs-organisation, Vertriebsweg, Sparte, Beleg- und Kundenschema aktiviert, indem man dieser Kombination – wie z. B. in Abbildung 3-119 – ein Kalkulations-schema, in diesem Fall auch Naturalrabattschema genannt, zuordnet.

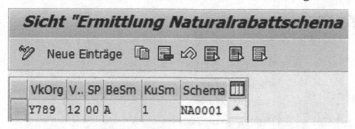

Abbildung 3-119: Zuordnung eines Naturalrabattschemas (V/N6)

– Für jede Verkaufsbelegart, in der Naturalrabatte genutzt werden sollen, wird der Positionstyp für den Naturalrabatt (Verwendung „FREE") festgelegt. Abbildung 3-120 zeigt, dass z. B. für eine Normalposition „TAN" in einem „Terminauftrag (TA)" der Positionstyp des kostenlosen Naturalrabatts auf „TANN" festgelegt wird.

Sicht "Positionstypenzuordnung" ändern

🖉 📖 Neue Einträge 📖 🗐 🖄 🗐 🗐 🗐

VArt	MTPOS	Verw	PsTyÜPos	PsTyD	PsTyM	PsTyM
TA	NORM	FREE	TAN	TANN		

Abbildung 3-120: Findung des Positionstyps für den Naturalrabatt in einem Termin-auftrag (SPRO)

– Damit wird die Preisfindung für den Naturalrabatt ausgesteuert, indem u. a. die Konditionsart für den kostenlosen Naturalrabatt als hundertprozentiger Abschlag in das Kalkulationsschema zur Preisfindung übernommen wird.

– Abschließend wird in der Kopiersteuerung eingestellt, ob die Position mit dem Naturalrabatt in die Lieferung und die Faktura übernommen wird. In der Rechnung kann sie dann als kostenlose Position ausgewiesen werden.

Nach diesen Vorarbeiten im Customizing kann, wie beispielsweise in Abbildung 3-121 mit einem Beispiel für eine Draufgabe, ein Konditionssatz für einen Naturalrabatt im Anwendungsmenü im Menüpfad „Logistik/ Vertrieb/ Stammdaten/ Konditionen/ Naturalrabatt" angelegt werden.

Naturalrabatt (NA00) anlegen

🎁 Dreingabe 📇

Verkaufsorganisation	Y789	Ingolstadt 789
Vertriebsweg	12	Wiederverkäufer
Kunde	77789	Handels GmbH 789
Beginn Gültigkeit	09.08.2013 bis	31.12.9999

Kunde / Material — Naturalrabattsicht - DRAUFGABE

Material	Bezeichnung	Mind.Mge	Bei	EinhNR	zusätzlich NR	ZugMgeEinh
DUSCHGEL 789 KLEIN	DUSCHGEL 789 KLEIN	50	50	ST	1	ST

in %	RechRegel	Na.Rab.Typ	Naturalrabattart	ZugabeMatNr	Materialkurztext	Liefst. NR
1,96	2	2	Draufgabe	DUSCHGEL 789	DUSCHGEL 789	B

Abbildung 3-121:   Anlegen eines Naturalrabatts als Draufgabe (VBN1)[99]

Abbildung 3-121 zeigt einen Konditionssatz mit einer bestimmten Kombination von Kunde und Material für die Konditionsart „NA00". Folgende Daten werden dafür u. a. zusätzlich benötigt:

- Mit der Mindestmenge wird festgelegt, ab welcher Bestellmenge im Verkaufs- beleg der Naturalrabatt gewährt wird.

- Die Naturalrabattmenge in der Spalte „Bei" enthält die zugrundeliegende Stückelung für den Naturalrabatt. Sie entspricht maximal der Mindestmenge.

- Die Zugabemenge in der Spalte „zusätzlich NR" bestimmt die Naturalrabatt- menge, welche bei Überschreitung der Mindestmenge abhängig von der Natu- ralrabattmenge gewährt wird. Ihre Mengeneinheit kann von der der Mindest- und Naturalrabattmenge abweichen.

---

99 Die beiden Teile dieser Abbildungen gehören eigentlich nebeneinander. Sie wurden zur besseren Lesbarkeit untereinander platziert.

- Die Rechenregel zur Bestimmung der Naturalrabattmenge gibt bei Überschreiten der Mindestmenge an, wie sich aus Naturalrabattmenge, Zugabemenge und der Belegmenge die Höhe des Naturalrabatts errechnet.[100]
  In der Standardauslieferung von SAP ERP sind die Rechenregeln „Anteilig", „Einheitsbezug" und „Ganze Einheiten" enthalten.
  Das folgende Beispiel aus der F1-Hilfe von SAP ERP mit einer Naturalrabattmenge von 100 Stück, einer Zugabemenge von 3 Stück und einer Belegmenge von 280 Stück verdeutlicht die Unterschiede der drei Rechenregeln bei der Gewährung des Naturalrabatts:
  • Menge bei „Anteilig": 8 Stück = 280 / 100 * 3 kaufmännisch gerundet
  • Menge bei „Einheitsbezug": 6 Stück = 200 / 100 * 3, da die Naturalrabattmenge hier nur zweimal berücksichtigt wird; ein „Klassiker" ist die Draufgabe von zwei Weißbiergläsern je Kasten Weißbier ☺
  • Menge bei „Ganze Einheit": 0 Stück, da 280 kein ganzzahliges Vielfaches von 100 ist.

- Der Naturalrabatttyp kennzeichnet die Form der Drein- bzw. Draufgabe.

- Bei der Draufgabe kann in der Spalte „ZugabeMatNr" auch ein vom bestellten Material divergierendes Produkt angegeben werden.

- In der Liefersteuerung wird festgelegt, ob der Naturalrabatt unabhängig oder nur mit der Hauptposition ausgeliefert werden kann.

- Optional können durch Klick auf den Button 🔖 auch noch Staffeln für den Naturalrabatt erfasst werden.

Nach dem Speichern des Konditionssatzes aus Abbildung 3-121 wird beim Anlegen eines Kundenauftrags nach Eingabe des bestellten Materials das im Naturalrabatt festgelegte Material automatisch von SAP als kostenlose separate Unterposition angezeigt. Diese Unterposition ist durch einen Eintrag in der Spalte „Üb. Pos" gekennzeichnet und bezieht sich auf die übergeordnete Position (Position 10 im Terminauftrag von Abbildung 3-122) des bestellten Materials.

Alle Positionen							
Pos	Material	Auftragsmenge	ME	Bezeichnung	E	Ptyp	Üb.Pos
10	DUSCHGEL 789 KLEIN	120	ST	DUSCHGEL 789 KLEIN	☐	TAN	
11	DUSCHGEL 789	2	ST	DUSCHGEL 789	☐	TANN	10

Abbildung 3-122: Beispiel für die Darstellung einer Draufgabe in einem Terminauftrag (VA01)

---

100 Rechenregeln sind als Formroutinen hinterlegt. Wenn man in dieser Spalte die F4-Hilfe nutzt und einen Eintrag für eine Rechenregel markiert, kann man sich – wie auf Seite 240 beschrieben – mit „F5" den Quelltext für die Formroutine und die jeweilige konkrete Berechnung anzeigen lassen.

3.4.3.2 Daten zu Geschäftspartnern pflegen

In der Verkaufsphase können, analog zu Kapitel 3.3.5.1 für die Vorverkaufsphase, dem Unternehmen weitere Daten zu Kunden bekannt bzw. Sachverhalte mit diesen vereinbart werden. Weitere, Kapitel 3.3.5.1 ergänzende, Beispiele dafür sind:

- Ein Kunde zieht um. Die neuen Adressdaten sind im Kundenstammsatz bei den allgemeinen Daten zu erfassen.

- Aufgrund von Informationen von Auskunfteien ändert das Unternehmen das Kreditlimit des Kunden. Eine Auskunftei ist ein Privatunternehmen, das personenbezogene Daten im Zusammenhang mit der Bonität sammelt und diese an Dritte weiterverkauft. Bekannte Auskunfteien in Deutschland sind z. B. der Verband der Vereine Creditreform e.V. und die SCHUFA Holding AG.

Das Kreditlimit und die Risikoklasse für einen Kunden, welche beide auch für den Prozessschritt „Kreditlinien überwachen" aus Kapitel 3.4.3.3 relevant sind, können nicht direkt im Kundenstammsatz eingegeben bzw. geändert werden. Dafür existiert im Vertrieb ein eigener Menüpunkt „Kreditmanagement", in dem die diesbezüglichen Kundenstammdaten gepflegt werden (vgl. Abbildung 3-123). Alternativ kann man diese Stammdaten auch in der Debitorenbuchhaltung im Menüpunkt „Kreditmanagement" ändern.

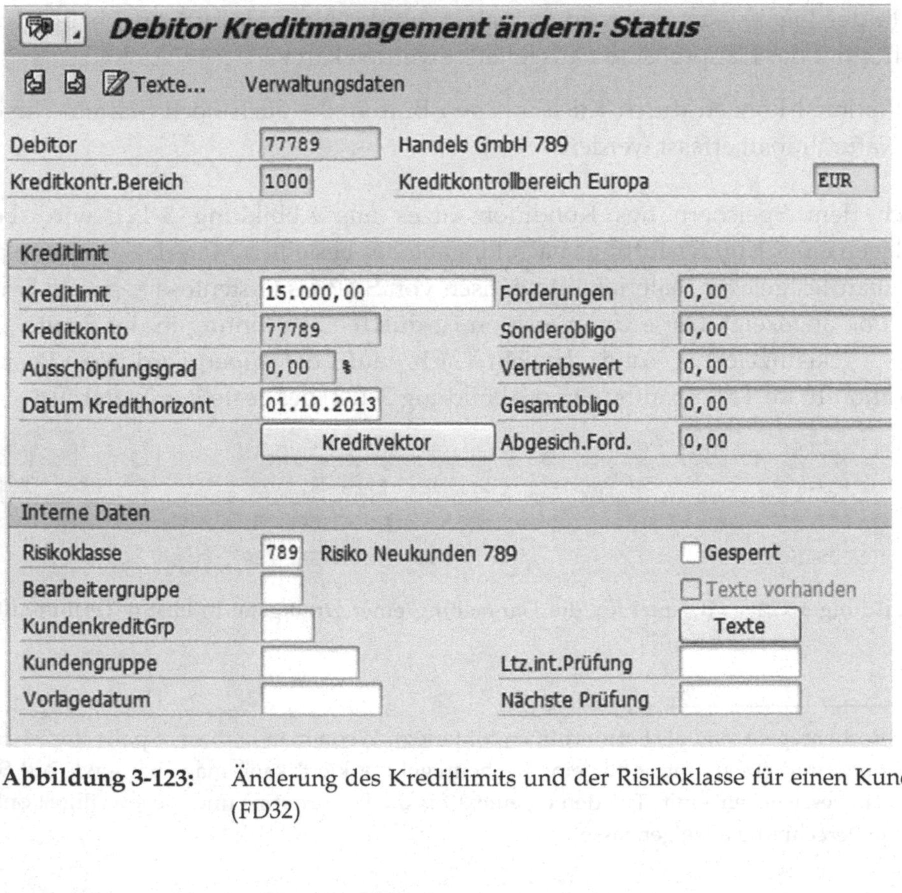

Abbildung 3-123: Änderung des Kreditlimits und der Risikoklasse für einen Kunden (FD32)

3.4.3.3 Kundenabsprachen pflegen

Im Laufe der Geschäftsbeziehung werden aufgrund der detaillierteren Kenntnisse über die Kundenbedürfnisse oft immer mehr kundenindividuelle Absprachen getroffen.

Ein weiteres Beispiel für eine individuelle Absprache mit einem Kunden stellt die Bonusabsprache dar. Ein Bonus ist ein spezieller Abschlag (Konditionssatz), der einem Kunden in Abhängigkeit von seinem Umsatzvolumen innerhalb eines festgelegten Zeitraums gewährt wird.

Folgende Voraussetzungen müssen vorliegen, bevor eine Bonusabsprache für einen Kunden angelegt werden kann:

– In den Vertriebsbereichsdaten des Stammsatzes für den Kunden bzw. Regulierer muss in der Registerkarte „Faktura" das Häkchen für fakturarelevante Boni gesetzt sein.

– Die zu einer Verkaufsbelegart gehörende Fakturaart muss als relevant für die Bonusabrechnung gekennzeichnet sein. Beispielsweise ist im Customizing festgelegt, dass für Belege der Verkaufsbelegart „Terminauftrag (TA)" stets eine Rechnung mit der Fakturaart „Rechnung (F2)" gestellt wird. Diese Fakturaart ist bonusrelevant. So können bei Terminaufträgen Sachverhalte erfasst werden, die später zur Auszahlung bzw. Verrechnung von Boni führen.

– Die Bonusabwicklung muss für die Verkaufsorganisation aktiviert sein.

Alle Einstellungen zu einer Bonusabsprache werden im Customizing im Menüpfad „Vertrieb/ Fakturierung/ Bonusabwicklung/ Bonusabsprachen/ Absprachearten definieren/ Absprachearten definieren" definiert.

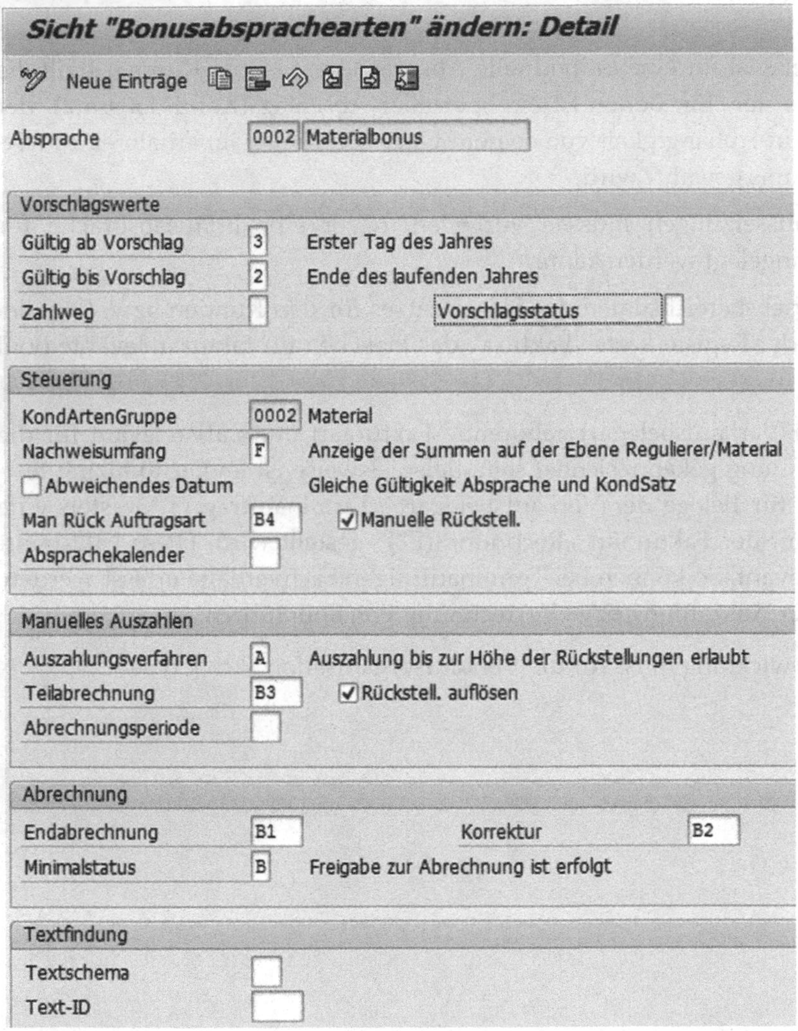

Sicht "Bonusabsprachearten" ändern: Detail

🖉 Neue Einträge 📋 🖫 🖉 🖫 🖫 🖫

Absprache   `0002` Materialbonus

Vorschlagswerte

Gültig ab Vorschlag	`3`	Erster Tag des Jahres
Gültig bis Vorschlag	`2`	Ende des laufenden Jahres
Zahlweg		Vorschlagsstatus

Steuerung

KondArtenGruppe	`0002`	Material
Nachweisumfang	`F`	Anzeige der Summen auf der Ebene Regulierer/Material
☐ Abweichendes Datum		Gleiche Gültigkeit Absprache und KondSatz
Man Rück Auftragsart	`B4`	☑ Manuelle Rückstell.
Absprachekalender		

Manuelles Auszahlen

Auszahlungsverfahren	`A`	Auszahlung bis zur Höhe der Rückstellungen erlaubt
Teilabrechnung	`B3`	☑ Rückstell. auflösen
Abrechnungsperiode		

Abrechnung

| Endabrechnung | `B1` | Korrektur | `B2` |
| Minimalstatus | `B` | Freigabe zur Abrechnung ist erfolgt | |

Textfindung

| Textschema | |
| Text-ID | |

Abbildung 3-124:   Einstellungen zur Bonusabspracheart „Materialbonus" (VB(2)

Abbildung 3-124 zeigt beispielhaft die Einstellungen zur Bonusabspracheart „Materialbonus", u. a. mit Angaben

– zu Vorschlagswerten für den Gültigkeitszeitraum und den Zahlweg, d. h. mit welchem Verfahren, z. B. per Scheck oder Überweisung, die Bonuszahlungen geleistet werden sollen,

– zur Aussteuerung mit einer Konditionsartengruppe, welche die Konditionsarten und deren zugrundeliegenden Kriterien für die Gewährung von Boni enthält (vgl. Abbildung 3-125),

Abbildung 3-125: Zuordnung der Konditionsart „BO02" zur Konditionsartengruppe „0002 Material" (SPRO)

– zur Möglichkeit bzw. dem Vorgehen bei manuellen Auszahlungen,

– zur Möglichkeit bzw. dem Vorgehen bei der Bildung und Auflösung von Rückstellungen für Bonuszahlungen,

– zur Verkaufsbelegart, z. B. eine Anforderung für eine Bonusgutschrift, für die Endabrechnung der Bonusabsprache. Diese Anforderung muss in der Regel erst freigegeben werden, bevor die Gutschrift ausgezahlt werden kann.

Aufgrund dieser Einstellungen können Bonusabsprachen im Menüpfad „Logistik/ Vertrieb/ Stammdaten/ Absprachen/ Bonusabsprache" angelegt werden.

Materialbonus anlegen: Übersicht Absprache

| | Konditionen | 📧 👤 | 🔲 | 🖩 Auszahlen 🖩 Rückstellen |

Absprache	295 Konditionen (F9)	Abspracheart	0002 Materialbonus
Bezeichnung	Materialbonus 789		
Erweiterter Bonus	☐ mit VAKEY ☐ ind. Abrechnung	☐ periodische Abr.	

Bonusempfänger

Bonusempfänger	77789 🗖
Währung	EUR
Zahlweg	
Externe Bezeichnung	

Gültigkeit

Abrechnungsperiode	
Zeitraum von	01.01.2013
bis	31.12.2013

Steuerung

| Status der Absprache | | Offen |
| Nachweisumfang | F | Anzeige der Summen auf der Ebene Regulierer/Material |

Abbildung 3-126: Anlegen eines Materialbonus (VBO1)

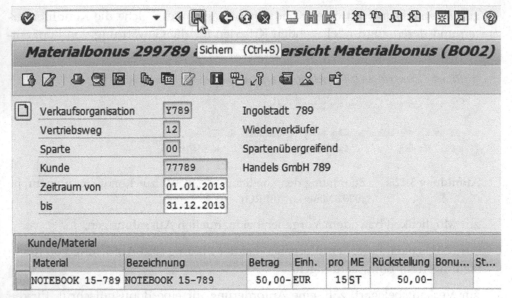

Abbildung 3-127:   Konditionssatz zu einem Materialbonus (VBO1)

Eine Bonusabsprache hat eine eindeutige Nummer (vgl. Abbildung 3-126) und besteht oft aus mehreren Einzelabsprachen, für die Konditionssätze angelegt werden. Diese beinhalten gemäß Abbildung 3-127 jeweils u. a. Informationen

– zum Bonusempfänger,

– zum Gültigkeitszeitraum. Die Auszahlung von Boni erfolgt in der Regel immer erst am Ende des Gültigkeitszeitraums. In SAP ERP müssen daher alle bonus- relevanten Fakturaarten, wie z. B. Rechnungen, Gut- und Lastschriften, berück- sichtigt werden, um automatisch Rückstellungen zu bilden.

– zur Grundlage bzw. Bezugsbasis des Bonus. Dazu können, wie immer beim Einsatz der Konditionstechnik, ganz verschiedene Felder – z. B. Kunde, Material, Kundenhierarchie, Materialgruppe – aus dem Feldkatalog verwendet werden.
Für alle Boni, die sich nicht auf ein Material beziehen, muss ein sog. Abrechnungsmaterial mit frei wählbarer Materialart und -typ angelegt werden, auf das sich die Boni und ihre jeweiligen Auszahlungen beziehen.

3.4.3.4 Kreditlinien überwachen

Das Kreditmanagement trägt wesentlich zum Unternehmenserfolg bei, da es hilft, Kreditrisiken und damit die Quote von Forderungsausfällen auf ein adäquates Niveau zu begrenzen.

Ein wichtiges Instrument des Kreditmanagements sind individuelle Kreditlinien[101] für einzelne Kunden oder Kundengruppen. Die finanzielle Situation von Kunden kann u. a. mit Hilfe von Änderungen des Zahlungsverhaltens in der Vergangenheit, Informationen von Wirtschaftsauskunfteien und im Bundesanzeiger etc. prognostiziert werden.

Für Unternehmen besteht die Herausforderung, ein ausgewogenes Verhältnis zwischen dem eigenen Sicherheitsbedürfnis – das sich oft in restriktiven Kreditlinien ausdrückt – und den Kundenbedürfnissen – die sich meist in dem Wunsch nach einem flexiblen finanziellen Handlungsrahmen manifestieren – zu finden. In diesem Spannungsfeld gilt es, einerseits Forderungsausfälle zu minimieren und andererseits möglichst wenige Kundenaufträge aufgrund zu restriktiver Kreditlinien zu verlieren. Daher ist eine individuelle Prüfung der jeweiligen Kreditlinien sehr wichtig.

Die Prüfung der Kreditwürdigkeit von Kunden vor der Auftragsannahme erfordert eine enge Zusammenarbeit zwischen der Debitorenbuchhaltung im Finanzwesen und dem Vertrieb. In SAP ERP werden im externen Rechnungswesen in der Debitorenbuchhaltung die Komponente FI-AR-CR und im Vertrieb die Komponente SD-BF-CM genutzt.[102]

---

101 Synonym: Kreditlimits

102 „AR" ist die Abkürzung für den englischen Begriff „Accounts Receivable" für die Debitorenbuchhaltung, „CR" steht für Credit-/Risc Management. „SD-BF" bezeichnet die Grundfunktionen und Stammdaten in der Vertriebsabwicklung und „CM" das Kredit- und Risikomanagement.

Unternehmensübergreifend kann man, insbesondere beim Vorliegen verteilter Systeme, für das Kreditmanagement alternativ als zusätzliche Software SAP Credit Management aus dem Financial Supply Chain Management einsetzen, mit deren Hilfe Finanz- und Informationsströme innerhalb eines Unternehmens und zwischen Geschäftspartnern optimiert werden.

Im Customizing findet sich die mögliche Integration mit SAP ERP u. a. im Menüpfad „Financial Supply Chain Management/ Credit Management/ Integration mit der Debitorenbuchhaltung und dem Vertrieb".

Die Synchronisation der verschiedenen Stammdaten in verteilten Systemen erfolgt im Customizing über den Menüpfad „Anwendungsübergreifende Komponenten/ Datensynchronisation/ Customer-Vendor-Integration".

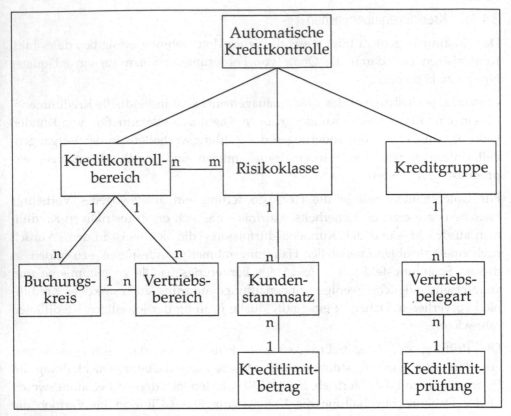

Abbildung 3-128:   Determinanten der automatischen Kreditkontrolle

Die in Abbildung 3-128 gezeigten Determinanten der automatischen Kreditkontrolle im Rahmen des traditionellen Kreditmanagements werden nachfolgend
beschrieben:

– Der in Kapitel 2.3.2 beschriebene Kreditkontrollbereich ist die zuständige
  Organisationseinheit für das Kreditmanagement.
  Der Kreditkontrollbereich wird von SAP ERP automatisch gemäß der
  nachstehenden Reihenfolge ermittelt:

  • Etwaiger unternehmensindividueller User Exit[103] mit zusätzlichen Para-
    metern zur Bestimmung des Kreditkontrollbereichs

  • Vertriebsbereich des Verkaufsbeleges

  • Regulierer im Kundenstammsatz

  • Buchungskreis der Verkaufsorganisation bzw. des Vertriebsbereichs

---

103 Ein User Exit ist eine Schnittstelle für kundenindividuelle Programme, mit denen auf
    Programmteile und Datenobjekte von SAP ERP zugegriffen werden kann. So kann der
    Programmablauf von SAP ERP mit einer unternehmensspezifischen Logik beeinflusst
    werden.

– Für jeden Kunden kann im Vertrieb in den Stammdaten des Kreditmanagements für einen bestimmten Kontrollbereich ein individuelles Kreditlimit vergeben werden.

Zudem kann jeder Kunde einer bestimmten Risikoklasse zugeordnet werden, beispielsweise Neukunden, die anders als Bestandskunden behandelt werden sollen.

Für jede Risikoklasse werden im Customizing Umfang und Ergebnis der Kreditkontrolle bestimmt.

Verschiedene Risikoklassen können in mehreren Kreditkontrollbereichen verwendet werden.

– Für jede Vertriebsbelegart, z. B. einen Auftrag, eine Lieferung oder einen Warenausgang, wird in einer separaten Kreditgruppe die Art der Kreditlimitprüfung festgelegt.

Eine Prüfung des Kreditlimits findet beispielsweise in dem für die Übungen genutzten SAP-System bei einem Terminauftrag in Form einer automatischen Kreditkontrolle statt, nicht jedoch bei einer Anfrage oder einem Angebot (vgl. Abbildung 3-129).

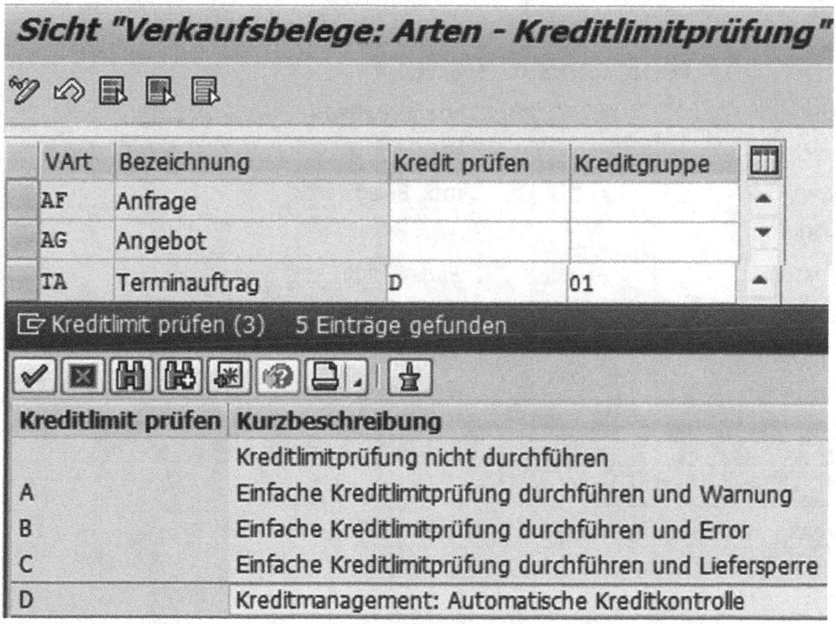

Sicht "Verkaufsbelege: Arten - Kreditlimitprüfung"

VArt	Bezeichnung	Kredit prüfen	Kreditgruppe	
AF	Anfrage			
AG	Angebot			
TA	Terminauftrag	D	01	

Kreditlimit prüfen (3)   5 Einträge gefunden

Kreditlimit prüfen	Kurzbeschreibung
	Kreditlimitprüfung nicht durchführen
A	Einfache Kreditlimitprüfung durchführen und Warnung
B	Einfache Kreditlimitprüfung durchführen und Error
C	Einfache Kreditlimitprüfung durchführen und Liefersperre
D	Kreditmanagement: Automatische Kreditkontrolle

Abbildung 3-129:   Kreditlimitprüfung bei Verkaufsbelegen (OVAK)

Abbildung 3-130 zeigt mögliche Einstellungen bei der automatischen Kreditkontrolle für eine eindeutige Kombination aus Kreditkontrollbereich, Risikoklasse und Kreditgruppe.

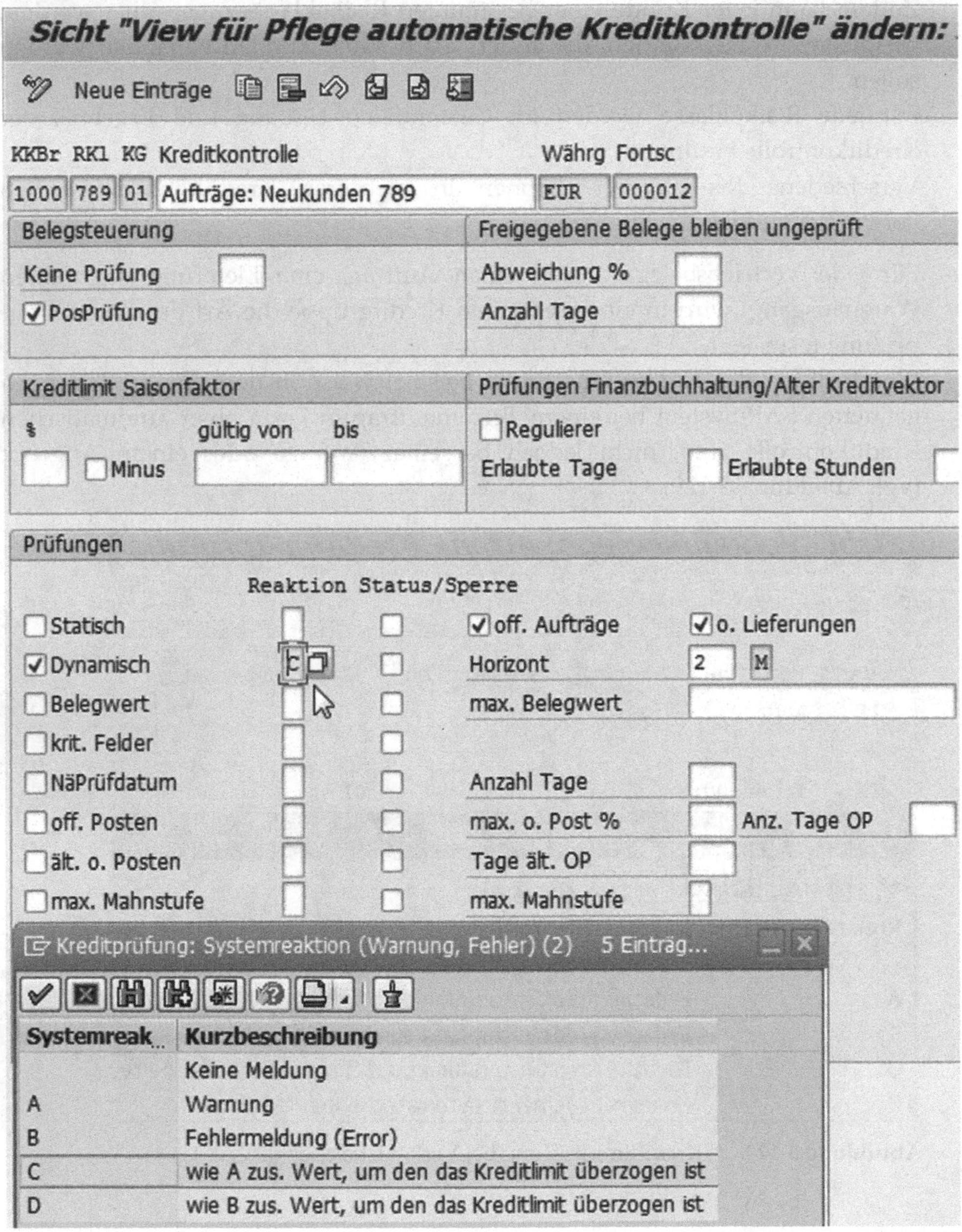

Sicht "View für Pflege automatische Kreditkontrolle" ändern:

✏️ Neue Einträge 🗋 🖫 🖉 🗐 🗐 🗐

KKBr RKl KG Kreditkontrolle   Währg Fortsc

| 1000 | 789 | 01 | Aufträge: Neukunden 789 | | EUR | 000012 |

| Belegsteuerung | Freigegebene Belege bleiben ungeprüft |

Keine Prüfung ☐   Abweichung % ☐

☑ PosPrüfung   Anzahl Tage ☐

| Kreditlimit Saisonfaktor | Prüfungen Finanzbuchhaltung/Alter Kreditvektor |

% 　　　　gültig von　　bis   ☐ Regulierer

☐ ☐ Minus ☐ ☐   Erlaubte Tage ☐ Erlaubte Stunden ☐

Prüfungen

Reaktion Status/Sperre

☐ Statisch	☐	☐	☑ off. Aufträge	☑ o. Lieferungen
☑ Dynamisch	C☐	☐	Horizont	2 M
☐ Belegwert	☐	☐	max. Belegwert	
☐ krit. Felder	☐	☐		
☐ NäPrüfdatum	☐	☐	Anzahl Tage	☐
☐ off. Posten	☐	☐	max. o. Post % ☐	Anz. Tage OP ☐
☐ ält. o. Posten	☐	☐	Tage ält. OP	☐
☐ max. Mahnstufe	☐	☐	max. Mahnstufe	☐

🖙 Kreditprüfung: Systemreaktion (Warnung, Fehler) (2)   5 Einträg...   ▢ ✕

✓ 🗵 🔃 🔂 🔄 📧 🖨 ↗ | ⬇

Systemreak...	Kurzbeschreibung
	Keine Meldung
A	Warnung
B	Fehlermeldung (Error)
C	wie A zus. Wert, um den das Kreditlimit überzogen ist
D	wie B zus. Wert, um den das Kreditlimit überzogen ist

Abbildung 3-130:   Einstellungen zur automatischen Kreditkontrolle (OVA8)

Festgelegt werden kann u. a.

– ob die Kreditprüfung erst beim Sichern des Verkaufsbelegs oder schon vorher,
  z. B. bei der Eingabe der Daten auf Kopf- und Positionsebene oder bei der
  Datenübernahme aus einem Vorgängerbeleg durch „Anlegen mit Bezug"
  durchgeführt wird.

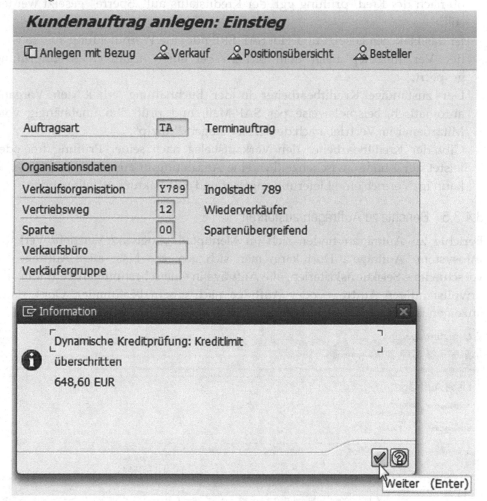

Abbildung 3-131:   Dynamische Kreditprüfung beim Anlegen eines Terminauftrags
                       mit Bezug zu einem Vorgängerbeleg (VA01)

– auf welche Sachverhalte sich die Kreditprüfung bezieht und ob ggf. ein
  kundenindividueller User Exit für eine selbstdefinierte Kreditprüfung genutzt
  wird.
  Die dynamische Kreditprüfung bezieht sich beispielsweise auf einen bestimmten Zeithorizont.

– wie SAP ERP beim Überschreiten des Kreditlimits automatisch reagiert, z. B.
  indem eine Fehler- oder eine Warnmeldung ausgegeben wird.

– ob zusätzlich zum allgemeinen Kreditlimit ein Verkaufsbeleg auf einen maximalen Wert geprüft wird.

– ob auch die Werte aller offenen Aufträge, Lieferungen und Fakturen berücksichtigt werden.

– ob nach der Kreditprüfung ggf. der Kreditstatus auf „Sperre" gesetzt werden soll.

Ist das Häkchen gesetzt und gibt SAP ERP nur eine Warnmeldung aus, so wird der Verkaufsbeleg nach dem Sichern bei einer negativen Kreditprüfung gesperrt.

Der zuständige Kreditbearbeiter in der Buchhaltung erhält den Vorgang automatisch, beispielsweise per SAP-Mail, und prüft ihn unabhängig vom Mitarbeiter im Vertrieb nach dem „Vier-Augen-Prinzip".

Gibt der Kreditbearbeiter den Verkaufsbeleg nach seiner Prüfung frei oder leistet der Kunde zwischenzeitlich eine Anzahlung in ausreichender Höhe, so kann im Vertrieb eine Lieferung angelegt und eine Faktura erstellt werden.

3.4.3.5 Berichte zu Aufträgen ausführen

Berichte zu Aufträgen finden sich im Menüpfad „Logistik/ Vertrieb/ Verkauf/ Infosystem/ Aufträge". Dort kann man sich u. a. die Liste aller Aufträge für verschiedene Selektionskriterien, alle Aufträge in einem bestimmten Zeitraum, alle unvollständigen Aufträge oder Aufträge nach einem bestimmten Objektstatus anzeigen lassen.

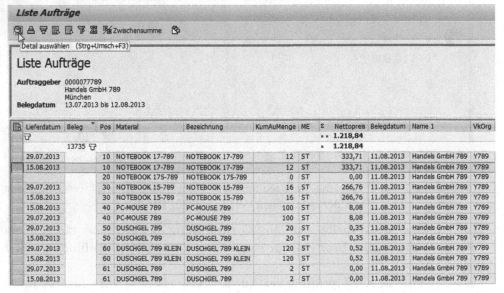

Abbildung 3-132:   Liste der Aufträge für eine Verkaufsorganisation (VA05)

Abbildung 3-132 zeigt beispielhaft die Liste der Aufträge mit jeweils allen zugehörigen Positionen für den Kunden „77###" in der Verkaufsorganisation „Y###".

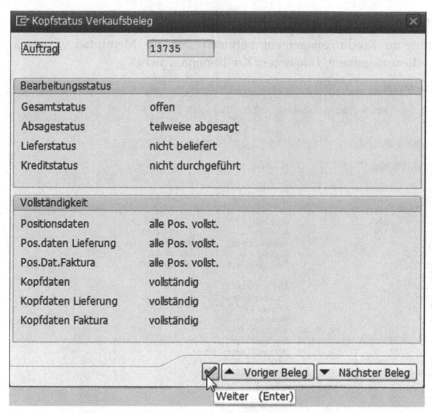

Abbildung 3-133: Status eines Auftrags auf Kopfebene (VA05)

Markiert man in Abbildung 3-132 eine Zeile mit einer Position, kann man sich im Menüpunkt „Umfeld" zum Auftrag u. a. neben den zugehörigen Kunden- und Materialstammdaten die Einzelheiten zum Status auf Kopfebene (vgl. Abbildung 3-133) oder den Belegfluss (vgl. Abbildung 3-134) anzeigen lassen.

Abbildung 3-134: Belegfluss zu einem Auftrag aus der Liste aller Aufträge (VA05)

3.4.3.6 Berichte zum Kreditmanagement ausführen

Die Berichte zum Kreditmanagement befinden sich im Menüpfad „Logistik/ Vertrieb/ Kreditmanagement/ Infosystem Kreditmanagement".

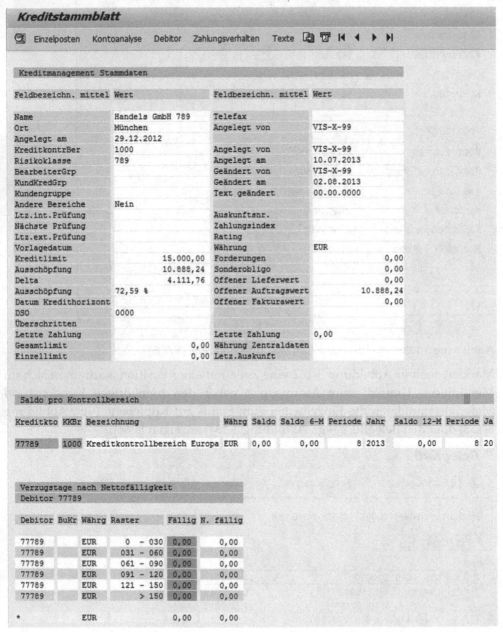

Abbildung 3-135:   Kreditstammblatt zu einem Kunden (S_ALR_87012218)

Ein wichtiger Bericht ist das Kreditstammblatt zu einem Kunden in einem Kredit-kontrollbereich (vgl. Abbildung 3-135). Es enthält einen Überblick über kredit-relevante Kundenstammdaten und Kennzahlen zum Kreditmanagement, wie z. B.

– zum Grad der Ausschöpfung als Quotient von allen offenen Auftragswerten und dem Kreditlimit des Kunden.

– der Days Sales Outstanding (DSO) bzw. Forderungslaufzeit. Die DSO ist die durchschnittliche Anzahl der Tage zwischen dem Zeitpunkt der Rechnungsstel-lung bis zum Zahlungseingang.

Das Kreditstammblatt kann somit zur Information und Dokumentation verwendet werden. Es enthält eine Vielzahl von Verknüpfungen, u. a. zur Kontoanalyse auf Ebene des Buchungskreises, zum Debitorenstammsatz, zu den Kreditdaten im Kreditmanagement, zum Zahlungsverhalten des Kunden oder von allen Kunden eines Landes, eines Kreditkontrollbereichs oder eines Buchungskreises (vgl. Abbil-dung 3-136).

Zahlungsverhalten

▼ ▲ ◱ ▣ ▼ ▥

Kreditkontrollbereich Kreditkontrollbereich Europa   Stichtag: 21.08.2009
Buchungskreis   IDES AG

Kunde	Verzugstage mittelfristig	Verzugstage kurzfristig	Verzugstage offene Posten
Wanja Wagner	0	0	3443
Michaela Meier	0	0	3440
Susanne Schmid	0	0	3435
Markus Miller	0	0	3432
Barbara Beckmann	0	0	3430
Rolf Rothmann	0	0	3429
Wolfgang Weber	0	0	3420
Matthias Mayer	0	0	3411
TCC AG	0	0	3361
Norbert Neumann	0	0	3354
Stefan Schäfer	0	0	3351
Frank Hiller	0	0	3248
Ina Imhof	0	0	3232
Ferdinand Fichtel	0	0	3212
Karsson High Tech Markt	385	999	2955
Bernd Berger	0	0	2634
IDES Customer	0	0	2510
Technik und Systeme GmbH	277	766	2500
Hallmann Anlagenbau GmbH	251	300	2500

Abbildung 3-136: Zahlungsverhalten von Kunden mit Zahlungsverzug in einem Bu-chungskreis (F.30)

3.4.4   Übungen

Allgemeine Anmerkungen:

Auch für diese Übungsaufgaben gelten analog die Anmerkungen von Kapitel 3.2.6 auf Seite 130. Bitte lesen Sie sich diese dort nochmals durch.

Szenario:

Sie erhalten von der Unternehmensleitung allgemeine Vertriebsanweisungen zu verkaufsfördernden Maßnahmen und zur Kreditvergabe, die Sie in SAP ERP umsetzen.

Gleichzeitig intensivieren Sie in mehreren Telefonaten die Beziehung zu Herrn Müller vom potentiellen Kunden „77###". Sie gehen individuell auf seine Bedürfnisse ein und gewähren ihm nach zähen Verhandlungen einen Naturalrabatt für ein bestimmtes Produkt und treffen mit ihm eine kundenindividuelle Bonusabsprache. Zudem erfassen Sie auf Basis der Telefonate noch einige Änderungen im Kundenstammsatz.

Die Gespräche und Vertragsverhandlungen sind zur vollen Zufriedenheit von Herrn Müller verlaufen. Als Resultat bestellt er aufgrund Ihres Angebots verschiedene Materialien bei Ihnen, die Sie in einem Terminauftrag erfassen.

Nach dem Auftragseingang schauen Sie sich noch verschiedene Berichte zu Aufträgen und zum Kreditmanagement an.

Übersicht zu den einzelnen Übungen von Kapitel 3.4:

Tabelle 3-14 zeigt im Überblick die Inhalte zu den Übungen von Kapitel 3.4, das zugehörige Buchkapitel sowie die Seite, bei der die Lösung beginnt.

Tabelle 3-14: Inhalte der Übungen zu Kapitel 3.4 (Übungen 58 bis 65)

Übung	Seite	Inhalte	zu Kapitel
58	422	Eine Promotion „Zufriedene Neukunden ###" und eine zugehörige Verkaufsaktion „Zufriedene Neukunden ###-VA1" für Neukunden anlegen	3.4.1
59	427	– Eine Risikoklasse „Risiko Neukunden ###" für den Kreditkontrollbereich 1000 anlegen – Ein Kreditlimit von 15.000 Euro für den (Neu)Kunden „77###" festlegen – Die automatische Kreditkontrolle im Kreditkontrollbereich 1000 zur Risikoklasse „###" und der Kreditgruppe „Auftrag" festlegen	3.4.3.4
60	431	Dem Kunden „77###" für das Material „Duschgel ### klein" einen Naturalrabatt in Form einer Draufgabe mit dem anderen Produkt „Duschgel ###" gewähren	3.4.3.1
61	436	Einen Bonus „Materialbonus ###" mit dem Kunden „77###" für das Material „Notebook 15-###" vereinbaren	3.4.3.3
62	441	Verschiedene Daten im Kundenstamm „77###" ändern – neue Adresse infolge Umzugs – neue Zahlungsbedingung „0002" aufgrund einer Nachverhandlung mit dem Kunden	3.4.3.2
63	443	Einen Terminauftrag für den Kunden „77###" mit Bezug zum Angebot „5777###" anlegen	3.4.2
64	459	Einen Bericht zu Aufträgen aufrufen	3.4.3.5
65	460	Berichte zum Kreditmanagement aufrufen – Kreditübersicht für den Kunden „77###" – Kreditstammblatt für den Kunden „77###"	3.4.3.6

3.4.5 Lösungen zu den Übungen

Allgemeine Anmerkungen:

Für die Lösungen gelten analog die Anmerkungen von Kapitel 3.2.7 auf Seite 134. Bitte lesen Sie sich diese dort ggf. nochmal durch.

Die Gesamtübersicht der in diesem Buch angelegten Materialien findet sich in Tabelle 3-6 auf Seite 159.

Übung 58: Eine Promotion und eine Verkaufsaktion für Neukunden anlegen (→ Kapitel 3.4.1)

Ihr Unternehmen möchte eine Promotion mit verschiedenen Verkaufsaktionen für Neukunden durchführen. Ihr Vorgesetzter bittet Sie, diese unternehmensweiten verkaufsfördernden Maßnahmen auch in Ihrem Vertriebsbereich umzusetzen.

1) Sehen Sie sich im Customizing des Vertriebs in den Grundfunktionen der Absprachen zur Preisfindung die Details zur gepflegten Promotionsart „0030 Promotion" an.
Welche Vorschlagswerte sind für den Gültigkeitszeitraum hinterlegt?

Menüpfad: Customizing/ Vertrieb/ Grundfunktionen/ Preisfindung/ Absprachen zur Preisfindung/ Promotions definieren/ Promotionsarten pflegen

Transaktionscode: VB(A

Verlassen Sie bitte mit zweimaligem „F3" die Transaktion.

2) **Sehen Sie sich im Customizing des Vertriebs in den Grundfunktionen der Absprachen zur Preisfindung die Details zur gepflegten Verkaufsaktionsart „0020 Verkaufsaktion" an.**

Menüpfad: Customizing/ Vertrieb/ Grundfunktionen/ Preisfindung/ Absprachen zur Preisfindung/ Verkaufsaktionen einrichten/ Verkaufsaktionen definieren/ Verkaufsaktionsarten definieren

Transaktionscode: VB(9

Die Details zur Verkaufsaktionsart „0020 Verkaufsaktion" sind in Abbildung 3-100 auf Seite 387 zu sehen.

a) **Welche Konditionsartengruppe ist für diese Verkaufsaktionsart hinterlegt?**
Der Verkaufsaktionsart „0020" ist die Konditionsartengruppe „0020" zugeordnet.

b) **Müssen die Konditionssätze exakt denselben Gültigkeitszeitraum wie die Verkaufsaktion aufweisen oder müssen sie lediglich innerhalb dieses Zeitraumes liegen und können damit abweichen?**
Konditionssätze können auch einen abweichenden Zeitraum aufweisen.

c) **Kann eine Verkaufsaktion dieser Art einer übergeordneten Promotion zugeordnet sein?**
Ja, eine Verkaufsaktion dieser Art kann einer übergeordneten Promotion zugeordnet sein.

Verlassen Sie bitte mit zweimaligem „F3" die Transaktion.

3) **Sehen Sie sich im Customizing des Vertriebs in den Grundfunktionen der Absprachen zur Preisfindung für eine Verkaufsaktion die Konditionsarten zur Konditionsartengruppe „0020 Verkaufsaktion" an.**
Welche Konditionsarten sind in dieser Konditionsartengruppe enthalten?

Menüpfad: Customizing/ Vertrieb/ Grundfunktionen/ Preisfindung/ Absprachen zur Preisfindung/ Verkaufsaktionen einrichten/ Konditionsartengruppen/ Konditionsarten & -tabellen Konditionsartengruppen zuordnen

Die Zuordnung der Konditionsarten zur Konditionsartengruppe „0020 Verkaufsaktion" ist in Abbildung 3-101 auf Seite 388 zu sehen.

Verlassen Sie bitte mit zweimaligem „F3" die Transaktion.

4) **Legen Sie in den Stammdaten des Vertriebs eine Absprache für die neue Promotion „Zufriedene Neukunden ###" mit der Promotionsart „0030 Promotion" für die Verkaufsorganisation „Y###" und den Vertriebsweg „Wiederverkäufer" spartenübergreifend unter der Nummer „200###" für den aktuellen Monat**[104] **an.**

Menüpfad: Logistik/ Vertrieb/ Stammdaten/ Absprachen/ Promotion/ Anlegen

Transaktionscode: VB31

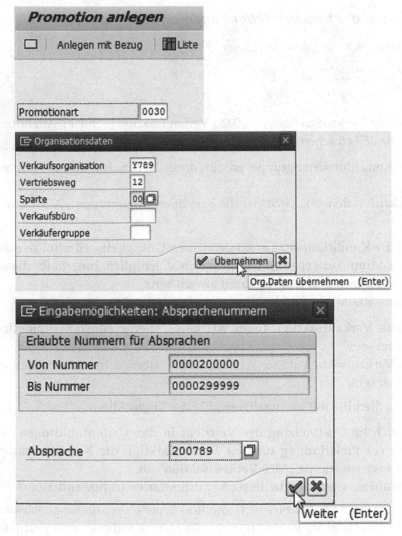

Die Promotion ist in Abbildung 3-102 auf Seite 388 zu sehen.

Sichern Sie Ihre neue Promotion und verlassen Sie mit „F3" die Transaktion.

---

104 Hier kann eine Fehlerquelle liegen, wenn Sie sich am Monatsende befinden und den Terminauftrag von Übung 64 erst im darauf folgenden Monat anlegen.

5) **Legen Sie in den Stammdaten des Vertriebs eine Absprache für eine neue Verkaufsaktion mit der Verkaufsaktionsart „0020 Verkaufsaktion" mit Bezug auf Ihre Promotion an.**
Kopieren Sie sich die Daten aus Ihrer Promotion „200###".

Menüpfad: Logistik/ Vertrieb/ Stammdaten/ Absprachen/ Verkaufsaktion/ Anlegen

Transaktionscode: VB21

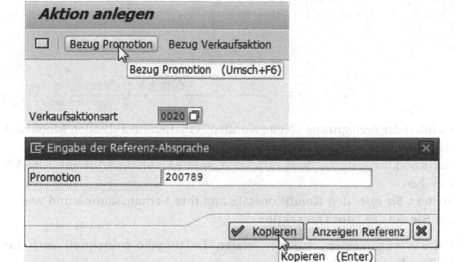

a) **Ihre Verkaufsaktion erhält die Nummer „250###" und den Namen „Zufriedene Neukunden ###-VA1".**

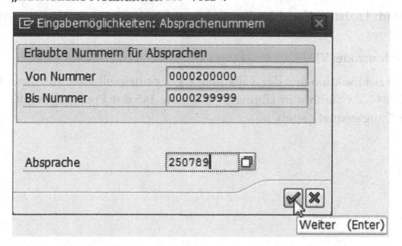

Die Verkaufsaktion wird in Abbildung 3-103 auf Seite 389 gezeigt.

b) **Legen Sie direkt aus diesem Bildschirm einen neuen Konditionssatz für die Konditionsart „K020 Preisgruppe" für die Kombination von Sparte und Preisgruppe an.**

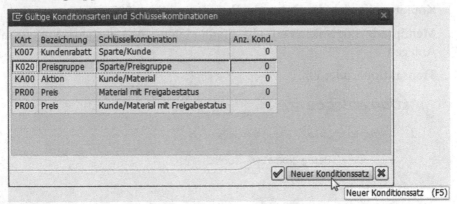

Kunden der Preisgruppe „Neue Kunden" erhalten im aktuellen Monat auf alle Materialien einen Rabatt von 1%.

Der Konditionssatz zur Verkaufsaktion ist in Abbildung 3-104 auf Seite 389 zu sehen.

Sichern Sie bitte den Konditionssatz und Ihre Verkaufsaktion und verlassen Sie mit „F3" die Transaktion.

6) **Gilt die Verkaufsaktion aus der letzten Teilaufgabe prinzipiell auch für Ihren Kunden „77###"?**

Tipp: Lesen Sie sich dafür nochmals Übung 23, insbesondere Seite 145, durch.

Menüpfad: Logistik/ Vertrieb/ Stammdaten/ Geschäftspartner/ Kunde/ Anzeigen/ Vertrieb

Transaktionscode: VD03

Ja, die Verkaufsaktion aus der Teilaufgabe gilt prinzipiell auch für Ihren Kunden „77###", da Sie ihm in Übung 23 auf Seite 145 der Preisgruppe „03 Neue Kunden" zugeordnet hatten.

7) Ist die Verkaufsaktion aus der vorletzten Teilaufgabe wirklich für Ihren Kunden „77###" von Bedeutung?
Tipp: Lesen Sie sich dafür nochmals Übung 44 auf Seite 300 und Übung 52, insbesondere Seite 347, durch.

Nein, die Verkaufsaktion aus der vorletzten Teilaufgabe ist für Ihren Kunden „77###" letztendlich nicht von Bedeutung, da ihm in Übung 44 auf Seite 300 bereits ein allgemeiner Kundenrabatt von 1,5% (Konditionsart „K007") gewährt wurde.

Gemäß Übung 52 auf Seite 347 sind die beiden Konditionsarten „K007" und „K020" aus der Verkaufsaktion, neben anderen, in der Konditionsausschlussgruppe 1 enthalten (vgl. auch Abbildung 3-82 auf Seite 260). Jedoch wird für den Kunden nur der günstigere Konditionssatz dieser beiden Konditionsarten in einem Verkaufsbeleg berücksichtigt.

Übung 59: Ein Kreditlimit für einen Kunden festlegen (→ Kapitel 3.4.3.4)

In Ihrem Unternehmen wird die Kreditvergabe vereinheitlicht. Für jeden Neukunden sind nun zwingend vor einem ersten Geschäftsabschluss Daten von Auskunfteien zum Zahlungsverhalten einzuholen. Maximal soll für Neukunden ein initiales Kreditlimit von 15.000 Euro gewährt werden.

Sie erhalten für den Kunden „77###" Daten der Unternehmen Creditreform und SCHUFA, die Ihrem Kunden beste Bonität bescheinigen. Daher räumen Sie ihm ein Kreditlimit von insgesamt 15.000 Euro ein.

1) Daten zum Kreditlimit können in SAP ERP unterschiedlich ausgesteuert werden. Die verantwortliche Organisationseinheit ist der in Kapitel 2.3.2 beschriebene Kreditkontrollbereich.

In Übung 18 haben Sie auf Seite 87 gesehen, dass die mit Ihrer Verkaufsorganisation „Y###" neu gebildeten Vertriebsbereiche (aufgrund der Kopiervorlage für die Verkaufsorganisation „Y###") dem Kreditkontrollbereich 1000 zugeordnet sind.

Schauen Sie sich im Customizing für die Unternehmensstruktur die Details in der Definition für den Kreditkontrollbereich 1000 an.

Menüpfad: Customizing/ Unternehmensstruktur/ Definition/ Finanzwesen/ Kreditkontrollbereich definieren

Sicht "Kreditkontrollbereiche" ändern: Detail

🖉 Neue Einträge 📋 📑 🖘 🗐 📄 📃

KreditkontrBer |1000| Kreditkontrollbereich Europa
Währung |EUR|

Daten zur Fortschreibung im Vertrieb

Fortschreibung |000012|
GJahresvariante |K4|

Defaultdaten für die automatische Anlage von Neukunden

Risikoklasse | |
Kreditlimit | |
BearbGrp Neu | |

Organisatorische Daten

☐ Alle BuchKreise

Welches Kreditlimit und welche Risikoklasse werden automatisch als
Defaultwerte bei der automatischen Anlage eines Neukunden im Kreditkontrollbereich 1000 von SAP ERP erfasst?

Im Kreditkontrollbereich 1000 existieren bei der automatischen Anlage von
Neukunden keine Defaultdaten für die Risikoklasse und das Kreditlimit.

Verlassen Sie bitte die Transaktion, ohne irgendwelche Änderungen vorzunehmen.

2) Sie gehen inzwischen fest davon aus, dass Ihr potentieller Kunde „77###" ein
   zukünftiger Kunde wird.

   Definieren Sie im Customizing der Debitoren- und Kreditorenbuchhaltung
   eine neue Risikoklasse für das Kreditkontrollkonto des Kreditmanagements.

   Menüpfad: Customizing/ Finanzwesen/ Debitoren- und Kreditoren-
   buchhaltung/ Kreditmanagement/ Kreditkontrollkonto/ Risikoklassen definieren

   Legen Sie bitte einen neuen Eintrag für Ihre Risikoklasse „###" mit der
   Bezeichnung „Risiko Neukunden ###" für den Kreditkontrollbereich 1000 an.

Sichern Sie bitte Ihren neuen Eintrag und verlassen Sie mit zweimaligem Drücken von „F3" die Transaktion.

3) Ändern Sie im Vertrieb bei den Stammdaten für das Kreditmanagement das Kreditlimit auf 15.000 Euro für Ihren Debitor „77###" im Kreditkontrollbereich 1000. Ordnen Sie Ihren Debitor „77###" Ihrer neuen Risikoklasse „###" zu.

Setzen Sie dazu bei den Kreditkontrollbereichsdaten das Häkchen bei „Status" und bestätigen Ihre Auswahl mit ENTER.

Menüpfad: Logistik/ Vertrieb/ Kreditmanagement/ Stammdaten/ Ändern[105]

Transaktionscode: FD32

Debitor Kreditmanagement ändern: Einstieg

| Debitor | 77789 | Handels GmbH 789 |
| Kreditkontr.Bereich | 1000 | Kreditkontrollbereich Europa |

Übersicht
- [ ] Übersicht

Allgemeine Daten
- [ ] Anschrift
- [ ] Zentraldaten

Kreditkontrollbereichsdaten
- [x] Status
- [ ] Zahlungsverhalten

Die Änderung des Kreditlimits und die Festlegung der Risikoklasse sehen Sie in Abbildung 3-123 auf Seite 406.

Sichern Sie Ihre Änderung und verlassen Sie bitte die Transaktion.

---

105 Alternativer Menüpfad: Rechnungswesen/ Finanzwesen/ Debitoren/ Kreditmanagement/ Stammdaten/ Ändern

4) Lassen Sie sich im Customizing bei den Grundfunktionen des Vertriebs die Kreditlimitprüfung für die Verkaufsbelegarten „Anfrage (AF)", „Angebot (AG)" und „Terminauftrag (TA)" anzeigen.

Menüpfad: Customizing/ Vertrieb/ Grundfunktionen/ Kreditmanagement-Risikomanagement/ Kreditmanagement/ Zuordnung Verkaufsbelege und Lieferbelege vornehmen/ Kreditlimitprüfung für Auftragsarten

Transaktionscode: OVAK

Bei welcher dieser drei Verkaufsbelegarten findet eine Prüfung des Kreditlimits statt? Handelt es sich dabei um eine einfache Kreditlimitprüfung oder eine automatische Kreditkontrolle? Notieren Sie bitte auch die zugehörige Kreditgruppe.
Eine Prüfung des Kreditlimits findet nur bei einem Terminauftrag statt. Dabei handelt es sich um eine automatische Kreditkontrolle (vgl. Abbildung 3-129 auf Seite 413).

Verlassen Sie bitte mit „F3" die Transaktion, ohne Änderungen vorzunehmen.

5) **Legen Sie im Customizing bei den Grundfunktionen des Vertriebs einen neuen Eintrag mit der Bezeichnung „Aufträge: Neukunden ###" für die automatische Kreditkontrolle im Kreditkontrollbereich 1000 zu Ihrer neuen Risikoklasse „###" und der Kreditgruppe „Auftrag" an.**

Menüpfad: Customizing/ Vertrieb/ Grundfunktionen/ Kreditmanagement-Risikomanagement/ Kreditmanagement/ Automatische Kreditkontrolle festlegen

Transaktionscode: OVA8

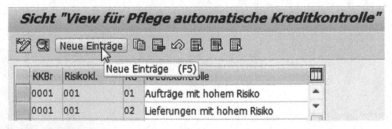

Berücksichtigen Sie für Ihren neuen Eintrag zur Kreditkontrolle folgende Anforderungen:

a) **Die Kreditprüfung soll nicht erst beim Sichern des Verkaufsbelegs, sondern bereits bei der Eingabe der Daten auf Kopf- und Positionsebene durchgeführt werden.**

b) **Die Kreditprüfung soll dynamisch innerhalb eines Kredithorizonts von zwei Monaten durchgeführt werden.**

c) Als Systemreaktion soll beim Überschreiten des Kreditlimits eine Warnung zusammen mit dem Wert, über den das Kreditlimit überzogen ist, ausgegeben werden.

d) Bei der Kreditprüfung sollen auch die Werte aller offenen Aufträge, Lieferungen und Fakturen berücksichtigen werden.
Die obigen Einstellungen für die automatische Kreditkontrolle sind in Abbildung 3-130 auf Seite 414 zu sehen.

Sichern Sie bitte Ihren neuen Eintrag und verlassen Sie mit zweimaligem Drücken von „F3" die Transaktion.

Übung 60: Einem Kunden einen Naturalrabatt gewähren (→ Kapitel 3.4.3.1)

Herr Müller, der wieder zurück im Büro ist, ruft Sie an und bedankt sich ganz herzlich für Ihr Angebot.

Er amüsiert sich etwas über den von Ihrer Zentralabteilung „Analytisches CRM" gefundenen Zusammenhang zwischen der „PC-Mouse ###" und dem „Duschgel ###". Jedoch räumt er ein, dass ihm eine solche „Querverbindung" durchaus logisch erscheint. Allerdings empfindet er den Preis für das „Duschgel ###" als zu hoch und fragt nach möglichen Alternativen.

Sie stellen ihm daraufhin Ihr Produkt „Duschgel ### klein" vor. Herr Müller ist daran so interessiert, dass er gleich größere Bestellmengen in Aussicht stellt. Nach zähen Verhandlungen einigen Sie sich mit ihm darauf, ihm einen Naturalrabatt für das Material „Duschgel ### klein" zu gewähren und ihn danach nochmals anzurufen, um ggf. letzte Fragen zu klären.

Nach Beendigung des Telefonats schauen Sie sich zunächst grundlegende Einstellungen zu Naturalrabatten im Customizing an, bevor Sie den Naturalrabatt in SAP ERP anlegen.

1) In Übung 23 haben Sie auf Seite 145 Ihrem Kunden „77###" das Kundenschema „1" zugewiesen.
Abbildung 3-84 auf Seite 261 zeigt, dass die Verkaufsbelegarten „Anfrage (AF)" und „Angebot (AG)" zum Belegschema „A" zugeordnet sind. Diese Zuordnung gilt genauso für die Verkaufsbelegart „Terminauftrag (TA)".[106]
Prüfen Sie im Customizing des Vertriebs bei den Grundfunktionen zum Naturalrabatt, ob die Naturalrabattfindung für die Kombination von Verkaufsorganisation „Y###", Vertriebsweg „12", Sparte „00", Belegschema „A" und Kundenschema „1" durch die Hinterlegung eines Schemas für Naturalrabattfindung aktiviert ist.
Falls ja, so notieren Sie bitte den Namen des Schemas für die Naturalrabattfindung und verlassen Sie danach die Transaktion.

---

106 Prüfen Sie diese Aussage ggf. nach.

Anmerkung:

Nutzen Sie ggf. in der Menüleiste „Springen/ Positionieren", um sich langwieriges Scrollen zu ersparen.

Menüpfad: Customizing/ Vertrieb/ Grundfunktionen/ Naturalrabatt/ Konditionstechnik für Naturalrabatt/ Aktivierung der Naturalrabattfindung

Transaktionscode: V/N6

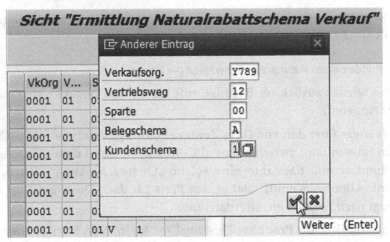

Die Zuordnung des Schemas für die Naturalrabattfindung für diese spezifische Kombination ist in Abbildung 3-119 auf Seite 403 zu sehen.

2) **Lassen Sie sich im Customizing des Vertriebs bei den Grundfunktionen zum Naturalrabatt das Kalkulationsschema „NA0001 Naturalrabatt (SD)" anzeigen.**
Notieren Sie den Namen der zugeordneten Konditionsart und verlassen Sie danach bitte die Transaktion.

Menüpfad: Customizing/ Vertrieb/ Grundfunktionen/ Naturalrabatt/ Konditionstechnik für Naturalrabatt/ Kalkulationsschema pflegen

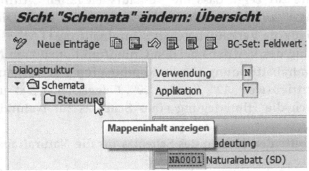

Die Zuordnung der Konditionsart „NA00" für Naturalrabatte zum Naturalrabattschema „NA0001" ist in Abbildung 3-118 auf Seite 402 zu sehen.

3) **Lassen Sie sich im Customizing des Vertriebs bei den Grundfunktionen zum Naturalrabatt die Konditionsart „NA00 Naturalrabatt" anzeigen.**
Notieren Sie den Namen der zugeordneten Kalkulationsart und verlassen Sie danach bitte die Transaktion.

Menüpfad: Customizing/ Vertrieb/ Grundfunktionen/ Naturalrabatt/ Konditionstechnik für Naturalrabatt/ Konditionsarten pflegen

Abbildung 3-117 auf Seite 402 zeigt die Zuordnung der Zugriffsfolge „NA00" zur Konditionsart „NA00" für Naturalrabatte.

4) **Lassen Sie sich im Customizing des Vertriebs bei den Grundfunktionen zum Naturalrabatt die Zugriffsfolge „NA00 Naturalrabatt (SD)" anzeigen.**
Notieren Sie die Felder und die Tabelle, auf die zugegriffen wird. Verlassen Sie danach bitte die Transaktion.

Menüpfad: Customizing/ Vertrieb/ Grundfunktionen/ Naturalrabatt/ Konditionstechnik für Naturalrabatt/ Zugriffsfolgen pflegen

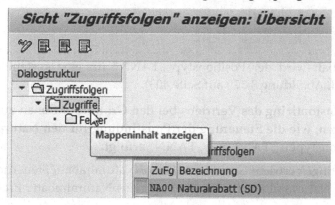

In Abbildung 3-116 auf Seite 402 ist die Zuordnung der Kombination aus den Datenfeldern „Kunde" und „Material" zu sehen.

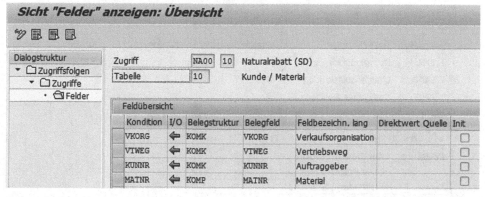

Wenn Sie später einen Konditionssatz anlegen, so müssen Sie alle diese Felder füllen.

5) **Lassen Sie sich im Customizing des Vertriebs bei den Grundfunktionen zum Naturalrabatt anzeigen, welcher Positionstyp bei der Verkaufsbelegart „Terminauftrag (TA)", der Positionstypengruppe „NORM" aus dem Materialstammsatz und dem Positionsverwendungskennzeichen „FREE" für den Naturalrabatt ermittelt wird.**

Menüpfad: Customizing/ Vertrieb/ Grundfunktionen/ Naturalrabatt/ Positionstypenfindung für die Naturalrabattposition

Wählen Sie in der Menüleiste „Springen/ Positionieren".

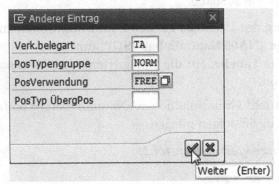

Für einen Naturalrabatt wird der Positionstyp „TANN" für eine kostenlose Position ermittelt (vgl. Abbildung 3-120 auf Seite 403).

6) **Lassen Sie sich im Customizing des Vertriebs bei den Grundfunktionen zum Naturalrabatt anzeigen, wie die Steuerung der Preisfindung für den Naturalrabatt bei den Positionstypen „TAN" und „TANN" erfolgt.**

Menüpfad: Customizing/ Vertrieb/ Grundfunktionen/ Naturalrabatt/ Steuerung der Preisfindung für Naturalrabatt/ Für Positionstyp des Naturalrabatts Preisfindung steuern

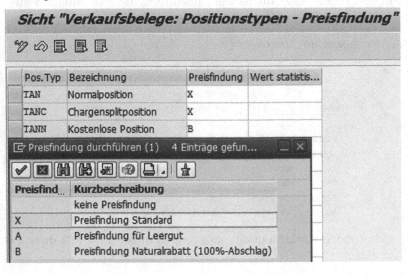

7) Legen Sie den Konditionssatz zum Naturalrabatt für das Material „Duschgel ### klein" mit der Konditionsart „NA00" in den Stammdaten des Vertriebs an.

Menüpfad: Logistik/ Vertrieb/ Stammdaten/ Konditionen/ Naturalrabatt/ Anlegen

Transaktionscode: VBN1

a) Lassen Sie sich vor Anlegen des Konditionssatzes die Schlüsselkombination für diese Rabattart anzeigen.
   Woher stammt diese Schlüsselkombination?

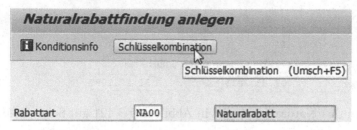

Die angezeigte Schlüsselkombination ist die auf Seite 433 ermittelte Zugriffsfolge „NA00 Naturalrabatt (SD)" für die Konditionsart „NA00".

b) Wählen Sie die angezeigte Schlüsselkombination aus und legen Sie den Konditionssatz für das Material „Duschgel ### klein" für Ihre Verkaufsorganisation „Y###", den Vertriebsweg „Wiederverkäufer" und Ihren Kunden „77###" als Draufgabe an. Der Konditionssatz soll ab dem heutigen Datum unendlich lange gelten.
   Nach zähen Verhandlungen hatten Sie sich mit Herrn Müller, der jedoch auch prinzipiell weiterhin am Material „Duschgel ###" interessiert ist, auf folgenden Naturalrabatt für das Material „Duschgel ### klein" aus Übung 47 auf Seite 306 geeinigt:

   ▪ Ab einer Mindestmenge von 50 Stück (ST) vom Material „Duschgel ### klein" soll der Kunde „77###" als Draufgabe je 50 Stück ein Stück vom größeren „Duschgel ###" erhalten.

   ▪ Als Rechenregel zur Bestimmung der Naturalrabattmenge wählen Sie bitte jeweils den „Einheitsbezug".

   ▪ Der Naturalrabatt soll nur ausgeliefert werden, wenn die Hauptposition des Materials „Duschgel ### klein" vollständig geliefert ist.

Anmerkung:
Bitte vergessen Sie nicht, vor der Eingabe Ihres Konditionssatzes auf den Button „Draufgabe" zu klicken. Ansonsten würde Ihr Naturalrabatt als Dreingabe angelegt werden.

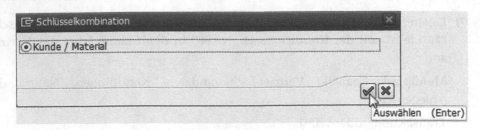

Das Anlegen des Naturalrabatts ist in Abbildung 3-121 auf Seite 404 dargestellt.

Sichern Sie bitte Ihren Naturalrabatt und verlassen Sie die Transaktion.

Übung 61: Einen Bonus mit einem Kunden vereinbaren (→ Kapitel 3.4.3.3)

Sie rufen Herrn Müller vereinbarungsgemäß zurück. Herr Müller ist auch noch
besonders an dem „Notebook 15-###" interessiert. Da er noch nie so einen
zuvorkommenden Verkäufer erlebt hat, bittet er Sie zu prüfen, ob Sie ihm für
dieses Material einen Bonus gewähren können.

Um seinem Anliegen etwas Nachdruck zu verleihen, erwähnt er, dass er mit
„ziemlicher Sicherheit" beabsichtigt, Ihrem Unternehmen demnächst „einen
größeren Auftrag" zu erteilen.

Sie versprechen ihm, sein Anliegen zu prüfen und ihn wieder zurückzurufen.
Vorher möchten Sie sich jedoch noch einige Einstellungen im Customizing zur
Bonusabwicklung ansehen.

1) Sehen Sie sich in den Stammdaten des Vertriebs die Vertriebsbereichsdaten
   für Ihren Kunden „77###", für Ihre Verkaufsorganisation „Y###" und den
   Vertriebsweg „Wiederverkäufer" spartenübergreifend an.
   Darf Ihrem Kunden prinzipiell ein fakturarelevanter Bonus gewährt werden?

Menüpfad: Logistik/ Vertrieb/ Stammdaten/ Geschäftspartner/ Kunde/
Anzeigen/ Vertrieb

Transaktionscode: VD03

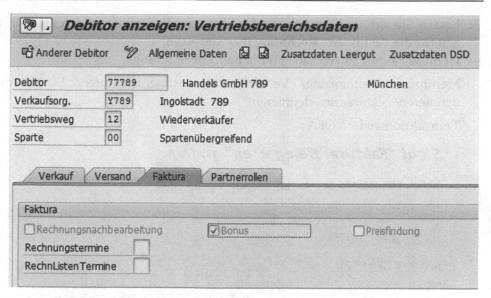

Ja, das Häkchen „Bonus" ist in der Registerkarte „Faktura" gesetzt.

Verlassen Sie die Transaktion bitte mit „F3".

2) **Lassen Sie sich im Customizing des Vertriebs die Details zu den Einstellungen für die Verkaufsbelegart „Terminauftrag (TA)" anzeigen.**
   Welche lieferbezogene Fakturaart ist einem „Terminauftrag (TA)" zugeordnet?

Menüpfad: Customizing/ Vertrieb/ Verkauf/ Verkaufsbelege/ Verkaufsbelegkopf/ Verkaufsbelegarten definieren

Transaktionscode: VOV8

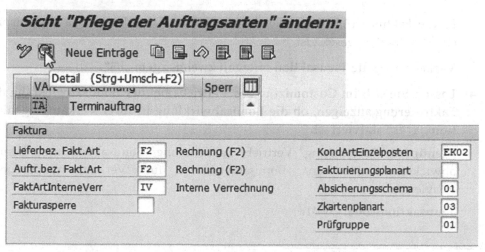

Verlassen Sie die Transaktion bitte mit zweimaligem „F3".

3) **Lassen Sie sich im Customizing des Vertriebs die Details zu den Einstellungen für die Fakturaart „Rechnung (F2)" anzeigen.**
Ist diese Fakturaart relevant für die Bonusabrechnung?

Menüpfad: Customizing/ Vertrieb/ Fakturierung/ Fakturen/ Fakturaarten definieren/ Fakturaarten definieren[107]

Transaktionscode: VOFA

Ja, die Fakturaart „F2" ist relevant für die Bonusabrechnung, da das entsprechende Häkchen gesetzt ist.

Verlassen Sie die Transaktion bitte mit zweimaligem „F3".

4) **Lassen Sie sich im Customizing des Vertriebs bei der Bonusabwicklung der Fakturierung anzeigen, ob die Bonusabwicklung in Ihrer Verkaufsorganisation „Y###" aktiviert ist.**

Menüpfad: Customizing/ Vertrieb/ Fakturierung/ Bonusabwicklung/ Bonusabwicklung aktivieren/ Bonusabwicklung für Verkaufsorganisationen aktivieren

Transaktionscode: OVB1

---

107 Ein alternativer Menüpfad im Customizing lautet „Vertrieb/ Fakturierung/ Fakturen/ Bonusabwicklung/ Bonusabwicklung aktivieren/ Fakturen für die Bonusabwicklung kennzeichnen" (Transaktionscode OVB0).

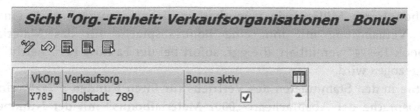

Ja, die Bonusabwicklung ist in Ihrer Verkaufsorganisation „Y###" aktiviert.

Verlassen Sie die Transaktion bitte mit „F3".

5) **Lassen Sie sich im Customizing des Vertriebs bei der Bonusabwicklung der Fakturierung anzeigen, welche Absprachearten für Bonusabsprachen definiert wurden.**
Lassen Sie sich dann die Details für die Abspracheart „0002 Materialbonus" anzeigen. Welche Konditionsartengruppe für Bonusabsprachen ist dieser Abspracheart zugeordnet?

Menüpfad: Customizing/ Vertrieb/ Fakturierung/ Bonusabwicklung/ Bonusabsprachen/ Absprachearten definieren/ Absprachearten definieren

Transaktionscode: VB(2

Sicht "Bonusabsprachearten"

0001	Gruppenbonus	
0002	Materialbonus	
0003	Kundenbonus	
0004	Hierarchiebonus	
0005	Umsatzunabhängig	

Der Abspracheart „0002 Materialbonus" ist die Konditionsartengruppe „0002 Material" zugeordnet (vgl. Abbildung 3-124 auf Seite 408).

Verlassen Sie die Transaktion bitte mit zweimaligem „F3".

6) **Lassen Sie sich im Customizing des Vertriebs bei der Bonusabwicklung der Fakturierung anzeigen, welche Konditionsart der Konditionsartengruppe „0002 Material" zugeordnet ist.**

Menüpfad: Customizing/ Vertrieb/ Fakturierung/ Bonusabwicklung/ Bonusabsprachen/ Konditionsartengruppen/ Konditionsarten & -tabellen Konditionsartengruppen zuordnen

Der Konditionsartengruppe „0002 Material" ist die Konditionsart „BO02 Materialbonus" zugeordnet (vgl. Abbildung 3-125 auf Seite 409).

Verlassen Sie die Transaktion bitte mit „F3".

7) Sie haben Herrn Müller wie vereinbart zurückgerufen und nach einer kurzen Verhandlung mit ihm eine Bonusabsprache für das Material „Notebook 15-###" vereinbart, die ggf. sofort bei der Faktura berücksichtigt und abgezogen wird.

Legen Sie in den Stammdaten des Vertriebs für Ihren Kunden „77###" eine Bonusabsprache der Abspracheart „0002 Materialbonus" mit der Nummer „299###" und der Bezeichnung „Materialbonus ###" an.

Menüpfad: Logistik/ Vertrieb/ Stammdaten/ Absprachen/ Bonusabsprache/ Anlegen

Transaktionscode: VBO1

Das Anlegen des Materialbonus ist in Abbildung 3-126 auf Seite 409 zu sehen.

Springen Sie bitte zu den Konditionen. Pro 15 gekaufter Stück „Notebook 15-###" soll Ihr Kunde einen Bonus von 50 Euro erhalten. Sichern Sie bitte Ihren Materialbonus und verlassen Sie die Transaktion.

Die Konditionen zu diesem Materialbonus sind in Abbildung 3-127 auf Seite 410 zu sehen.

Übung 62: Daten im Kundenstamm ändern (→ Kapitel 3.4.3.2)

Herr Müller hat Sie im letzten Telefonat auch darüber informiert, dass sein Unternehmen morgen den Umzug in die Arnulfstr. ### in 80333 München vollenden wird.

Zudem fragt er an, ob Sie die Zahlungsbedingungen nicht noch etwas zu seinen Gunsten ändern können. Üblicherweise erhalte sein Unternehmen drei Prozent Skonto bei Zahlung innerhalb von 14 Tagen oder zwei Prozent Skonto bei Zahlung innerhalb von 30 Tagen oder ein Zahlungsziel von 45 Tagen ohne Abzug.

Ziemlich amüsiert, dass Herr Müller als gewiefter Einkäufer Ihren Grad an Gutmütigkeit punktgenau eingeschätzt und nun vollständig ausgenutzt hat, versprechen Sie ihm diese Zahlungsbedingungen zukünftig zu gewähren.

Herr Müller ist nun mit den von Ihnen gewährten Rabatten und Zahlungsbedingungen sehr zufrieden und lobt Ihre individuelle Kundenbetreuung und Flexibilität. Mit einem Lächeln auf den Lippen verabschieden Sie sich von ihm am Telefon in dem Wissen, dass trotz aller Ihrer Zugeständnisse die Deckungsbeiträge aller Materialien immer noch positiv und hoch genug sind.

Ändern Sie in den Stammdaten des Vertriebs für Ihren Vertriebsbereich die Adresse und die Zahlungsbedingung bei Ihrem Kunden „77###".

Menüpfad: Logistik/ Vertrieb/ Stammdaten/ Geschäftspartner/ Kunde/ Ändern

Transaktionscode: XD02

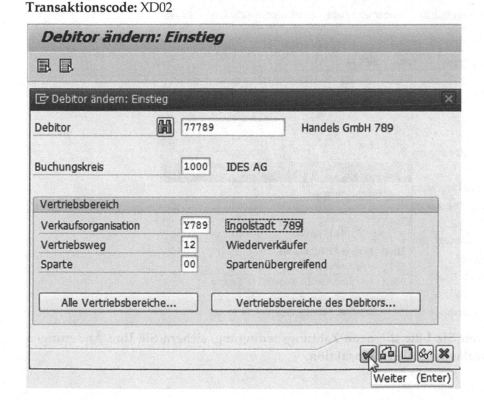

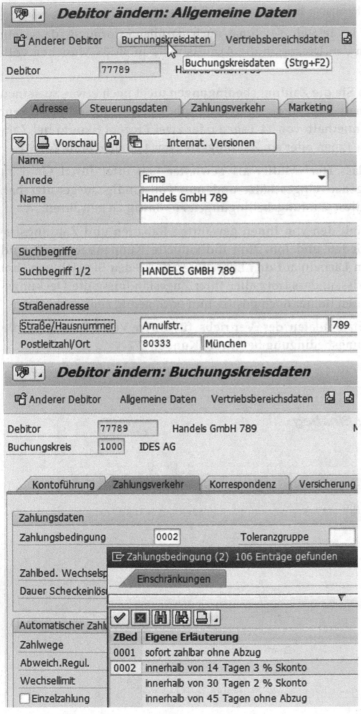

Notieren Sie bitte die neue Zahlungsbedingung, sichern Sie Ihre Änderungen und verlassen Sie die Transaktion.

Übung 63: Einen Terminauftrag mit Bezug zum Angebot anlegen (→ Kapitel 3.4.2)

Sie erhalten eine Bestellung per Fax von Ihrem Kunden „77###". Legen Sie im Verkauf einen Terminauftrag (TA) mit Bezug auf Ihr Angebot „5777###" für Ihre Verkaufsorganisation „Y###" und den Vertriebsweg „Wiederverkäufer" spartenübergreifend an.

Bestätigen Sie die Information zur automatischen Kreditprüfung.

Menüpfad: Logistik/ Vertrieb/ Verkauf/ Auftrag/ Anlegen

Transaktionscode: VA01

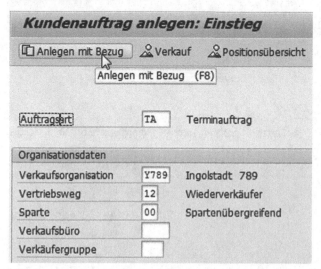

Das Anlegen des Terminauftrags mit Bezug auf das Angebot „5777###" ist in Abbildung 3-105 auf Seite 390 zu sehen.

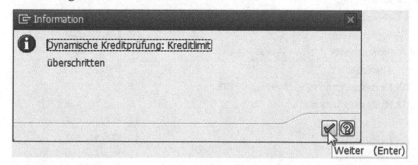

1) Warum erscheint bei der Anlage des Auftrags automatisch die Information, dass das Kreditlimit überschritten ist?
   Springen Sie zur Beantwortung der Frage auf Kopfebene zu den Konditionen des Auftrags.
   Wählen Sie in der Menüleiste „Springen/ Kopf/ Konditionen". Der Auftragswert der aus dem Angebot übernommenen Positionen übersteigt das von Ihnen in Übung 59 festgelegte Kreditlimit von 15.000 Euro.

Wird ein Terminauftrag mit Bezug angelegt, so wird das Kreditlimit von SAP
ERP automatisch beim Kopieren der Daten aus dem Vorgängerbeleg und nicht
erst beim Sichern des Terminauftrags geprüft.

Terminauftrag anlegen: Kopfdaten

Terminauftrag		Bestellnummer	
Auftraggeber	77789	Handels GmbH 789 / Arnulfstr. 789 / D-80333 München

| Verkauf | Versand | Faktura | Zahl.karten | Buchhaltung | Konditionen | Kontierur |

Netto	13.778,58	EUR
Steuer	2.617,93	

Preiselemente

Inakt.	KArt	Bezeichnung	Betrag	Währg	pro	ME	Konditionswert	Währg	Status
☐	PR00	Preis					14.410,00	EUR	
		Brutto					14.410,00	EUR	
☐	K005	Kunde/Material					50,00-	EUR	
☐	K007	Kundenrabatt					202,80-	EUR	
△	K007	Kundenrabatt					12,60-	EUR	
☐	K029	Materialgruppe					18,06-	EUR	
☐	RB00	Absolutrabatt					50,00-	EUR	
☐	K148	Produkthierarchie					140,82-	EUR	
		Rabattbetrag					461,68-	EUR	
☐	PMIN	Mindestpreis					0,00	EUR	
		Bonusbasis					13.948,32	EUR	
		Positionsnetto					13.948,32	EUR	
☐	HA00	Prozentrabatt	0,500-	%			69,74-	EUR	
☐	HB00	Absolutrabatt					100,00-	EUR	
☐	AMIW	Mindestauftragswert	5.000,00	EUR			5.000,00	EUR	
☐	AMIZ	Mindestwertzuschlag					0,00	EUR	
							18.778,58	EUR	
		Nettowert 2					13.778,58	EUR	
		Nettowert 3					18.778,58	EUR	
☐	AZWR	Anzahlung/Verrechng.					0,00	EUR	
☐	MWST	Ausgangssteuer	19,000	%			2.617,93	EUR	
		Endbetrag					16.396,51	EUR	
☐	SKTO	Skonto	2,000-	%			213,20-	EUR	
☐	SKTO	Skonto	3,000-	%			172,09-	EUR	
☐	VPRS	Verrechnungspreis					9.459,80	EUR	
		Deckungsbeitrag					4.318,78	EUR	

2) **Bleiben Sie in den Konditionen auf Kopfebene. Warum ist die Konditionsart „K020" für Ihre Verkaufsaktion aus Übung 58, zu der Sie auf Seite 426 einen Konditionssatz für Ihren Kunden angelegt haben, bei den Preiselementen zu diesem Auftrag nicht enthalten?**

Tipp: Gehen Sie bitte einmal mit „F3" zurück zur Übersicht.

Als Preisdatum ist in Ihrem Terminauftrag noch das Datum aus dem Angebot eingetragen. Zu diesem Zeitpunkt hatten Sie Ihre Verkaufsaktion noch nicht angelegt, so dass diese nicht in die Preiselemente übernommen werden konnte. Korrigieren Sie dieses Preisdatum bitte noch nicht!

Verkauf	Positionsübersicht	Positionsdetail	Besteller	Beschaffung	Versand

Wunschlieferdat	T	29.07.2013	AusliefWerk	
☐ Komplettlief.			Gesamtgewicht	180,600 KG
Liefersperre		▼	Volumen	0,000
Fakturasperre		▼	Preisdatum	27.07.2013
Zahlungskarte			Gültig bis	
Kart.verif.code				
Zahlungsbed	0005		Incoterms	CIF Ingolstadt
Auftragsgrund		▼		

3) **Zum Zeitpunkt der Erstellung Ihres Angebots „5777###", auf das sich der Terminauftrag bezieht, wohnte Ihr Kunde noch an seiner alten Adresse in der „Brienner Str. ###". Diese hatten Sie auch im Angebot erfasst.**
Warum wird im Terminauftrag – trotz Kopiersteuerung – bereits die neue Adresse übernommen?
Die Adresse wird im Verkaufsbeleg immer aktuell aus dem Kundenstammsatz übernommen. Es macht inhaltlich keinen Sinn, diese Daten – welche zu einer falschen Lieferadresse führen würden – in die Kopiersteuerung vom Vorgängerbeleg zu übernehmen.

4) **In der Übersicht sehen Sie auch (auf Kopfebene) die alte Zahlungsbedingung „0005" aus Ihrem Angebot.**

a) **Warum wurde Ihre neue Zahlungsbedingung „0002" aus Übung 62 nicht auch, analog zur Adresse, in den Auftrag übernommen?**
Die Zahlungsbedingung ist ein Bestandteil Ihres Angebots. Da Sie sich beim Anlegen des Auftrags auf Ihr Angebot beziehen, werden alle rechtlich verbindlichen Sachverhalte aus diesem übernommen.

b) Ändern Sie nun, gemäß Ihrer Vereinbarung mit dem Kunden, die Zahlungsbedingung auf „0002" ab und bestätigen Sie Ihre Eingabe mit ENTER.

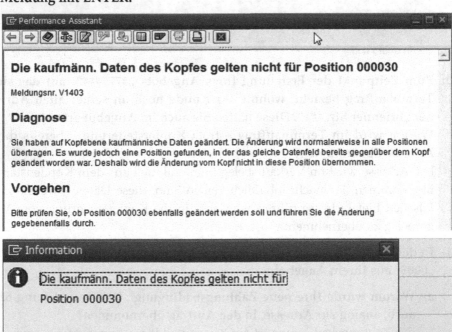

c) Lassen Sie sich durch Klick auf das Icon [?] die Hilfe für die von SAP ERP angezeigte Informationsmeldung anzeigen und bestätigen Sie die Meldung mit ENTER.

d) Warum weicht die Zahlungsbedingung für Position 30 ab?

Sie haben in Übung 28 auf Seite 182 einen Konditionssatz für dieses Material angelegt. SAP ERP übernimmt in so einem Fall nicht die allgemeinere Zahlungsbedingung „0005" aus dem Kundenstammsatz.

Behalten Sie die abweichende Zahlungsbedingung für Position 30 bei. So wird in Übung 72 auf Seite 535 ein Rechnungssplit für diesen Auftrag erzeugt.

5) In der Bestellung vom Kunden 77## heißt es u. a.:

„… **bestellen wir aufgrund Ihres Angebots „5777###" sowie der nachfolgenden telefonischen Vereinbarungen zum Produkt „Duschgel klein ###" mit unserem Herrn Müller folgende Artikel:**

12 Stück Notebook 17-###

16 Stück Notebook 15-###

100 Stück PC-Mouse ###

20 Stück Duschgel ###

120 Stück Duschgel klein ###

…"

Erfassen Sie die obigen Auftragsmengen. Tragen Sie eine Auftragsmenge von 0 Stück bei der Position zum „Notebook 17S-###" ein, welches der Kunde nicht bestellt hat. Bestätigen Sie Ihre Eingabe am Ende bitte mit ENTER.

Alle Positionen								
Pos	Material	Auftragsmenge	ME	Bezeichnung	E	Kundenmaterialnummer	Ptyp
10	NOTEBOOK 17-789	12	ST	NOTEBOOK 17-789	☑		TAN
20	NOTEBOOK 17S-789	0	ST	NOTEBOOK 17S-789	☑		TAN
30	NOTEBOOK 15-789	16	ST	NOTEBOOK 15-789	☑	SLAPTOP 15-789	TAN
40	PC-MOUSE 789	100	ST	PC-MOUSE 789	☑		TAN
50	DUSCHGEL 789	20	ST	DUSCHGEL 789	☑		TAN
	DUSCHGEL 789 klein	120			☐		
					☐		
					☐		
					☐		
					☐		
					☐		
					☐		
					☐		
					☐		
					☐		
					☐		

⚠ Menge der Vorlage: 10 ST (Insgesamt referiert: 12 ST)   SAP   ▷ | VA01 ▼ | a88z | INS

a) **Bestätigen Sie bitte mit ENTER die Systemmeldung zu der eingegebenen Auftragsmenge in Position 10. Warum erscheint diese Systemmeldung?**

Im Angebot sind lediglich verbindlich 10 Stück des Materials „Notebook 17-###" zu den spezifischen Konditionen enthalten. SAP ERP gibt eine Warnmeldung aus, wenn diese Menge überschritten wird. Dies macht sachlogisch Sinn, da es sein könnte, dass Sie eine höhere Stückzahl nicht zu diesen Konditionen verkaufen möchten.

Die Eingabe einer geringeren Menge, wie z. B. bei Position 30, ist hingegen unkritisch.

b) **Was fällt Ihnen nach der Eingabe aller Materialien auf?**

SAP ERP zeigt keinen Naturalrabatt für das Material „Duschgel ### klein" an. Zum Preisdatum des Angebots, das immer noch in Ihrem Auftrag steht, existierte dieser Naturalrabatt noch nicht. So kann er bislang nicht übernommen werden.

6) **Jetzt bemerken Sie das fehlerhafte Preisdatum. Ändern Sie es bitte auf den heutigen Tag und bestätigen Sie Ihre Eingabe mit ENTER. Was fällt Ihnen sofort auf?**

SAP ERP hat automatisch als Position 61 den Naturalrabatt von 2 Stück „Duschgel ###" zu Ihrer Position 60 „Duschgel ### klein" als kostenlose Position mit dem Positionstyp „TANN" hinzugefügt.

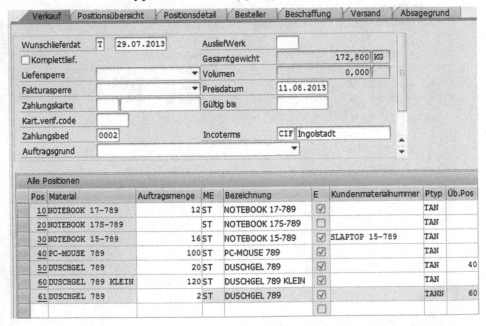

7) **Springen Sie nochmals zu den Konditionen auf Kopfebene. Ist jetzt ein Konditionssatz für die Konditionsart „K020" für Ihre Verkaufsaktion in den Preiselementen enthalten?**
Wählen Sie in der Menüleiste „Springen/ Kopf/ Konditionen".
Ja, die Kondition „K020" für Ihre Verkaufsaktion ist nun in den Preiselementen enthalten, da alle Ihre Einstellungen bzw. Vereinbarungen zur Preisfindung bis zum heutigen Tage berücksichtigt werden.

Gehen Sie bitte einmal mit „F3" zur Übersicht zurück.

8) **Lassen Sie sich das aktuelle Unvollständigkeitsprotokoll zu Ihrem Auftrag anzeigen. Welche Daten fehlen noch und was ist der Grund dafür?**
Wählen Sie in der Menüleiste „Bearbeiten/ Unvollständigkeitsprotokoll". Die Position 20 wird von SAP ERP trotz einer Auftragsmenge von 0 Stück immer noch als aktuelle Position im Auftrag angesehen.

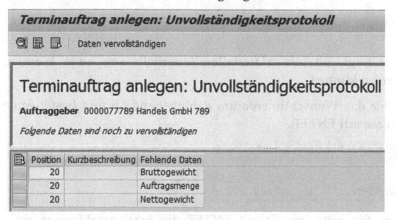

Gehen Sie bitte einmal mit „F3" zur Übersicht zurück, ohne die fehlenden Daten zu vervollständigen.

9) **Sie rufen Herrn Müller an, um ihm den korrekten Eingang des Faxes zu bestätigen und ihn zu fragen, warum er sich letztendlich für die Auftragsvergabe an Ihr Unternehmen entschieden hat. Herr Müller meint, dass letztendlich Ihr guter Service entscheidend war. Nur das „Notebook 17S-###" war ihm trotz aller Rabatte zu teuer.**

a) **Erfassen Sie in der Übersicht (auf Kopfebene) den Auftragsgrund „Guter Service".**
Die Erfassung des Grundes für den Auftrag wird in Abbildung 3-106 auf Seite 391 gezeigt.

b) Markieren Sie Position 20 und springen Sie zur Registerkarte „Verkauf A" für diese Position. Wählen Sie dort Ihren in Übung 51 auf Seite 339 angelegten Absagegrund „Material zu teuer (###)".
Die Erfassung des Absagegrundes ist in Abbildung 3-107 auf Seite 392 zu sehen.

Gehen Sie bitte einmal mit „F3" zur Übersicht zurück.

c) Nach dem Erfassen eines Absagegrundes sehen Sie, dass die Auftrags-menge bei Position 20 in der Übersicht nun nicht mehr geändert werden kann.
Lassen Sie sich nochmals das Unvollständigkeitsprotokoll zu Ihrem Auftrag anzeigen. Welche Daten fehlen nun noch?
Der Auftrag ist nun vollständig, da Position 20 aufgrund des Absagegrun-des nicht mehr als Belegposition gilt, zu der Daten erfasst werden müssen.

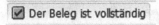

10) Herr Müller fragt, ob alle Materialien innerhalb von zwei Werktagen geliefert werden können.

a) Ändern Sie das Wunschlieferdatum dahingehend ab und bestätigen Sie Ihre Eingabe mit ENTER.

b) Bestätigen Sie bitte jeweils mit ENTER die Systemmeldungen zu den Einteilungen und zur Neuberechnung des Fakturadatums.

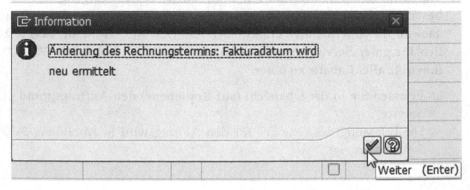

c) **Markieren Sie Position 30 und springen Sie auf Positionsebene zu den Einteilungen.**

Zu welchem Datum wird die Lieferung bestätigt? Wie hat SAP ERP dieses Datum ermittelt? Lassen Sie sich die Details zum Versand mit dem Button 🔲 Versand **anzeigen.**

Tipp: Sehen Sie sich auch nochmals die Daten zu Ihrer Versandstelle „V###" in Übung 16 auf Seite 83 und zur Route in Übung 32 auf Seite 187 an.

Die Einteilungen für die angefragten und bestätigten Mengen nach erfolgloser Rückwärtsterminierung und anschließender Vorwärtsterminierung zeigt Abbildung 3-113 auf Seite 399.

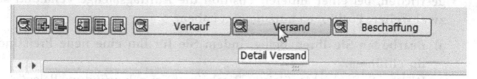

Die ermittelten Termine für den Versand sehen Sie in Abbildung 3-114 auf Seite 399.

Die allgemeine Ermittlung des Ihrem Terminauftrag zugrundeliegenden Auslieferungswerks „Z###" wurde auf Seite 394 beschrieben. Auf Seite 146 haben Sie im Stammsatz für Ihren Kunden „77###" dieses Auslieferungswerk zugeordnet. Die Versandstellenfindung wurde auf Seite 81 und die Routenfindung für Kunden im Raum München auf Seite 188 festgelegt.

Der zugehörige Fabrikkalender zur Versandstelle (vgl. Seite 82) und zur Route (vgl. Seite 188) ist der „Fabrikkalender Deutschland Standard".

Aus den Daten zur Versandstelle „V###" ergibt sich aus Übung 16 auf Seite 83 je ein Arbeitstag als Lade- und als Richtzeit.

Die Daten zur Route in Übung 32 auf Seite 187 beinhalten eine Transitzeit von 0,5 Arbeitstagen und eine Transportdispositionsvorlaufzeit von einem Arbeitstag.

<u>Anmerkung:</u>

Der diesen Screenshots zugrunde liegende Terminauftrag wurde am Sonntag, den 11.08.13, erstellt. Dieser Tag ist im „Fabrikkalender Deutschland Standard" kein Arbeitstag. Der nächste Arbeitstag ist Montag, der 12.08.13. Daraus folgt:

Materialbereitstellungsdatum 12.08.13 (Montag)

+ Maximum aus Richt- und Transportdispositionszeit = 1 Arbeitstag

= Ladedatum 13.08.13

+ Ladezeit = 1 Arbeitstag

= Warenausgangsdatum 14.08.13

- Transitzeit = 0,5 Arbeitstage

= Lieferdatum 15.08.13 (Donnerstag)

Für Ihren Terminauftrag erfolgt die Versandterminierung analog zu Ihrem Datum der Belegerstellung. Da alle anderen Materialien in Ihrem Auftrag ebenfalls sofort verfügbar sind, erfolgt bei den anderen Positionen die Versandterminierung mit identischen Zeiten.

Gehen Sie bitte zweimal mit „F3" zur Übersicht zurück.

11) **Sie beenden das Telefonat, nachdem Sie Herrn Müller das Ergebnis der Versandterminierung mitgeteilt haben und er mit dem Lieferdatum einverstanden ist.**
Die Preisfindung ist bei den Staffelpreisen und den Kopfkonditionen nicht mehr aktuell, da Sie gegenüber dem Vorgängerbeleg eine Position gestrichen, bei einer anderen Position die Auftragsmenge verändert sowie zwei weitere Positionen hinzugefügt haben.

a) **Bearbeiten Sie Ihren Beleg, indem Sie für ihn eine neue Preisfindung durchführen.**
Wählen Sie in der Menüleiste „Bearbeiten/ Neue Preisfindung Beleg".

b) **Springen Sie auf Kopfebene wieder zu den Konditionen.**
Durch die divergierenden Belegpositionen und Ihre neue Preisfindung wurden die Kopfkonditionen von Übung 54 auf Seite 367 entfernt.
Legen Sie bitte, wie dort beschrieben, auch für Ihren Auftrag einen prozentualen Abschlag von -0,5% (Konditionsart „HA00"), einen zusätzlichen Absolutrabatt von 100 Euro (Konditionsart „HB00") und einen Absolutrabatt von 10 Euro (Konditionsart „RB00") an.

Verkauf	Versand	Faktura	Zahl.karten	Buchhaltung	Konditionen	Konti

	Netto	9.346,07	EUR
	Steuer	1.775,75	

Preiselemente

I...	KArt	Bezeichnung	Betrag	Währg	pro	ME	Konditionswert	Währg	Status
		Deckungsbeitrag					2.533,49	EUR	
	HA00		-0,5						
	HB00		100						
	RB00		10						

Starten Sie bitte die geänderte Kopfpreisfindung, indem Sie im unteren Bereich des Bildschirms auf den Button „Aktivieren" klicken.

Konditionssatz   Aktivieren   Aktualisieren
                                    Aktivieren: Neue Belegpreisf.

| Verkauf | Versand | Faktura | Zahl.karten | Buchhaltung | Konditionen |

Netto			9.144,45	EUR
Steuer			1.737,45	

Preiselemente

I...	KArt	Bezeichnung	Betrag	Währg	pro	ME	Konditionswert	Wä...	
☐	PR00	Preis					9.639,80	EUR	
		Brutto					9.639,80	EUR	
☐	K005	Kunde/Material					50,00-	EUR	
☐	K007	Kundenrabatt					131,25-	EUR	
△	K007	Kundenrabatt					12,60-	EUR	
☐	K020	Preisgruppe	1,000-	%			0,00	EUR	
△	K020	Preisgruppe	1,000-	%			94,46-	EUR	
☐	K029	Materialgruppe					17,28-	EUR	
☐	RB00	Absolutrabatt	10,00-	EUR			70,00-	EUR	
☐	K148	Produkthierarchie					93,09-	EUR	
		Rabattbetrag					361,62-	EUR	
☐	PMIN	Mindestpreis					0,00	EUR	
☐	R100	100%-Abschlag					8,29	EUR	
		Bonusbasis					9.286,47	EUR	
		Positionsnetto					9.286,47	EUR	
☐	HA00	Prozentrabatt	0,500-	%			46,43-	EUR	
☐	HB00	Absolutrabatt	100,00-	EUR			100,00-	EUR	
☐	AMIW	Mindestauftragswert	5.000,00	EUR			5.000,00	EUR	
☐	AMIZ	Mindestwertzuschlag					4,41	EUR	
							14.144,45	EUR	
		Nettowert 2					9.144,45	EUR	
		Nettowert 3					14.144,45	EUR	
☐	AZWR	Anzahlung/Verrech...					0,00	EUR	
☐	MWST	Ausgangssteuer	19,000	%			1.737,45	EUR	
		Endbetrag					10.881,90	EUR	
☐	SKTO	Skonto	3,000-	%			174,08-	EUR	
☐	SKTO	Skonto	3,000-	%			152,37-	EUR	
☐	VPRS	Verrechnungspreis					6.812,58	EUR	
		Deckungsbeitrag					2.331,87	EUR	

Notieren Sie sich die Werte des Nettobetrags („Positionsnetto") für Ihren Auftrag, des Prozentrabatts „HA00" und der Absolutrabatte „RB00" und „HB00".

Nettobetrag: 9.286,47 Euro

Prozentrabatt „HA00":   -46,43 Euro

Absolutrabatt „RB00":   -70,00 Euro[108]

Absolutrabatt „HB00":   -100,00 Euro

Gehen Sie danach bitte mit „F3" zur Übersicht zurück.

c) **Markieren Sie bitte Position 30 mit dem „Notebook 15-###" und springen Sie in die Konditionen zu dieser Position**
   Wie errechnen sich für diese Position die Werte für den Prozentrabatt „HA00" und die Absolutrabatte „RB00" und „HB00"?
   Tipp: Lesen Sie noch einmal die Beschreibung zu diesen Konditionsarten auf Seite 256 und Übung 52 auf Seite 340 durch.
   Wählen Sie in der Menüleiste „Springen/ Position/ Konditionen".

Positionsnetto: 4.336,52 Euro

Prozentrabatt „HA00":   -21,68   Euro = 4.336,52 / 9.286,47 x (-46,43 Euro)

Absolutrabatt „RB00":   -10,00 Euro = -70,00 Euro / 7 Positionen

Absolutrabatt „HB00":   -46,70 Euro = 4.336,52 / 9.286,47 x (-100,00 Euro)

---

108 Diese Konditionsart wird so ausgesteuert, dass man diesen Absolutrabatt auch für die kostenlose Position 61 vom Naturalrabatt erhält!

12) Klicken Sie bei dieser Position in der nächsten Registerkarte „Kontierung" auf das Icon 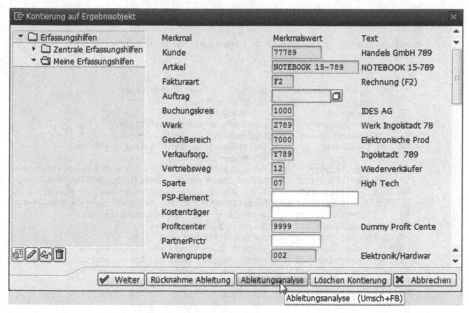, um sich die zukünftige Kontierung im Controlling auf das Ergebnisobjekt in der Kostenträgerzeitrechnung bzw. Ergebnisrechnung anzeigen zu lassen.

a) Klicken Sie bitte auf den Button „Ableitung". SAP ERP leitet nun aufgrund der Einstellungen im Customizing automatisch verschiedene Merkmalswerte ab, welche die Grundlage für Berichte in der Kostenträgerzeitrechnung bzw. Ergebnisrechnung bilden (vgl. Übung 73 auf Seite 544).

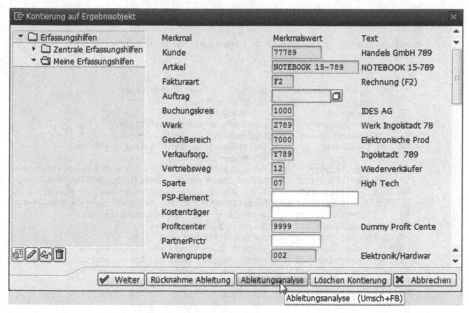

b) Lassen Sie sich danach die Ableitungsanalyse anzeigen, indem Sie auf
den Button „Ableitungsanalyse" klicken. Im Rahmen dieses Buches ist es
nicht das Ziel, dass Sie die Ableitungsschritte verstehen. Sie sollen
vielmehr ein Gefühl dafür bekommen, wie detailliert die Datenflüsse
zwischen dem Vertrieb und dem internen Rechnungswesen verzahnt
sind.

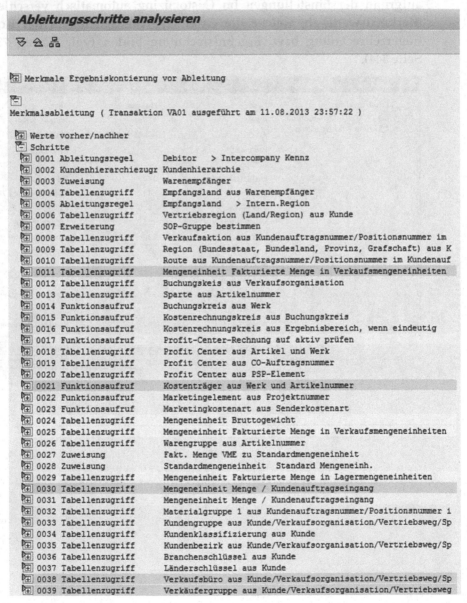

c) Klicken Sie bitte abschließend auf die Zeile „Werte vorher/ nachher", um sich Merkmalswerte vor und nach der Ableitung anzeigen zu lassen.

Ableitungsschritte analysieren

⊽ ⌂ 品

▣ Merkmale Ergebniskontierung vor Ableitung

▣
Merkmalsableitung (Transaktion VA01 ausgeführt am 11.08.2013 23:57:22)

▣ Werte vorher/nachher

Herkunft	Feldname	Bezeichnung	Inhalt vorher	Inhalt nachher
CO-PA	ARTNR	Artikelnummer	NOTEBOOK 15-789	NOTEBOOK 15-789
CO-PA	AUGRU	Auftragsgrund (Grund des V	008	008
CO-PA	BRSCH	Branchenschlüssel	TRAD	TRAD
CO-PA	BUKRS	Buchungskreis	1000	1000
CO-PA	BZIRK	Kundenbezirk	DE0015	DE0015
CO-PA	CRMCSTY	CRM Kostenart		
CO-PA	CRMELEM	CRM Marketingelement	00000000	00000000
CO-PA	HIE01	Kundenhierarchie Ebene 1	0000077789	0000077789
CO-PA	HIE02	Kundenhierarchie Ebene 2		
CO-PA	HIE03	Kundenhierarchie Ebene 3		
CO-PA	KAUFN	Kundenauftragsnummer		
CO-PA	KDGRP	Kundengruppe	02	02
CO-PA	KNDNR	Kunde	0000077789	0000077789
CO-PA	KOKRS	Kostenrechnungskreis	1000	1000
CO-PA	KSTAR	Kostenart		
CO-PA	KSTRG	Kostenträger		
CO-PA	KUKLA	Kundenklassifizierung	01	01
CO-PA	LAND1	Länderschlüssel	DE	DE
CO-PA	MATKL	Warengruppe	002	002
CO-PA	MVGR1	Materialgruppe 1		
CO-PA	PAPH1	Produkthierarchie1	00125	00125
CO-PA	PAPH2	Produkthierarchie2	0012500100	0012500100
CO-PA	PAPH3	Produkthierarchie3	001250010000000789	001250010000000789
CO-PA	PAREG	CO-PA-Sondermerkmal: (Land	DE 09	DE 09
CO-PA	PRCTR	Profitcenter	0000009999	0000009999
CO-PA	PSPNR	Projektstrukturplanelement	00000000	00000000
CO-PA	REGIO	Region (Bundesstaat, Bunde	09	09
CO-PA	ROUTE	Route	R789	R789
CO-PA	SPART	Sparte	07	07
CO-PA	VKBUR	Verkaufsbüro		
CO-PA	VKGRP	Verkäufergruppe		
CO-PA	VKORG	Verkaufsorganisation	Y789	Y789
CO-PA	VTWEG	Vertriebsweg	12	12
CO-PA	VVGRW_ME	Basismengeneinheit		KG
CO-PA	VVIQT_ME	Basismengeneinheit		ST
CO-PA	VVOQT_ME	Basismengeneinheit		ST
CO-PA	VVSQT_ME	Basismengeneinheit		ST
CO-PA	VVSTU_ME	Basismengeneinheit		
CO-PA	WERKS	Werk	Z789	Z789

d) Gehen Sie bitte einmal mit „F3" zurück und klicken Sie auf den Button
   „Weiter". Sichern Sie dann Ihren Terminauftrag und notieren Sie Ihre
   Belegnummer (ggf. auch in Tabelle 4-1 auf Seite 575).

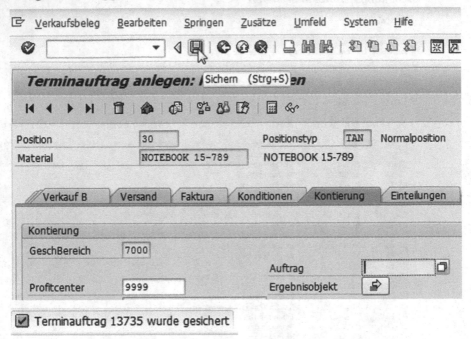

Übung 64: Einen Bericht zu Aufträgen aufrufen (→ Kapitel 3.4.3.5)

Rufen Sie bitte im Infosystem des Verkaufs die Liste mit allen Aufträgen in Ihrer Verkaufsorganisation „Y###" zu Ihrem Kunden „77###" auf.

Menüpfad: Logistik/ Vertrieb/ Verkauf/ Infosystem/ Aufträge/ Liste Aufträge

Transaktionscode: VA05

Liste Aufträge

🖺 Anzeigevar...   Weitere SelKriter...   Organisationsdaten..   Partnerrolle...

Auftraggeber	77789
Material	
Bestellnummer	

Auftragsdaten

Belegdatum	13.07.2013	Bis	12.08.2013

Selektionsumfang

○ Offene Aufträge   ☐ Meine Aufträge
⊙ Alle Aufträge

☞ Organisationsdaten

Verkaufsorganisation	Y789
Vertriebsweg	
Sparte	
Verkaufsbüro	
Verkäufergruppe	

✓ ✗
Weiter (Enter)

Die Liste aller Aufträge mit Ihrem Terminauftrag ist in Abbildung 3-132 auf Seite 416 zu sehen.

1) **Markieren Sie bitte eine Zeile und lassen Sie sich im Umfeld den Belegstatus für Ihren Auftrag (auf Kopfebene) anzeigen. Wie lautet der Gesamtstatus für Ihren Auftrag?**
Wählen Sie in der Menüleiste „Umfeld/ Belegstatus".

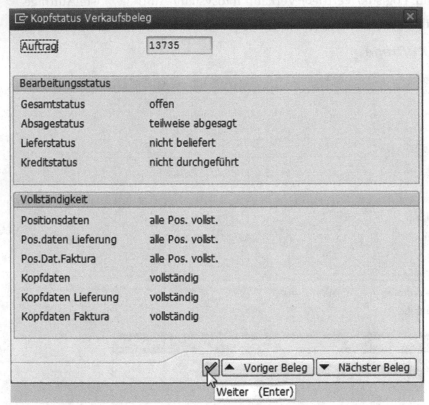

Abbildung 3-133 auf Seite 417 zeigt den Belegstatus für Ihren Auftrag. Der momentane Gesamtstatus ist „offen".

Gehen Sie danach bitte wieder mit ENTER zur Auftragsliste zurück.

2) **Lassen Sie sich abschließend im Umfeld den Belegfluss zu Ihrem Auftrag anzeigen und verlassen Sie danach bitte die Transaktion.**
Der Belegfluss zu Ihrem Auftrag ist in Abbildung 3-134 auf Seite 417 zu sehen.

Übung 65: Berichte zum Kreditmanagement aufrufen (→ Kapitel 3.4.3.6)

1) **Sehen Sie sich im Vertrieb im Infosystem des Kreditmanagements die Kreditübersicht für Ihren Kunden „77###" im Kreditkontrollbereich 1000 an.**

Menüpfad: Logistik/ Vertrieb/ Kreditmanagement/ Infosystem Kreditmanagement/ Übersicht

Transaktionscode: F.31

a) In welchem Ausmaß hat Ihr Kunde „77###" momentan sein Kreditlimit ausgeschöpft?

b) Markieren Sie bitte die Berichtszeile zu Ihrem Kunden und lassen Sie sich die Details dazu anzeigen.

Detail: Anzeigen

Kreditübersicht

Spalte	Inhalt
Debitor	77789
Kreditkontr.Bereich	1000
Kreditkonto	77789
Risikoklasse	789
Kreditlimit	15.000,00
Vertriebswert	10.888,24
Gesamtobligo	10.888,24
Ausschöpfungsgrad	72,59
Angelegt von	VIS-X-99
Angelegt am	29.12.2012
Geändert am	02.08.2013
Geändert von	VIS-X-99
Name 1	Handels GmbH 789
Postleitzahl	80333
Region	09
Ort	München
Straße	Arnulfstr. 789
Telefon-1	089-789-0
Überschreitung	4.111,76-
O. Aufträge Kredit	10.888,24
Währung	EUR

Verlassen Sie nun bitte die Transaktion.

2) **Sehen Sie sich im Vertrieb im Infosystem des Kreditmanagements das Kreditstammblatt für Ihren Kunden „77###" im Kreditkontrollbereich 1000 an.**

Menüpfad: Logistik/ Vertrieb/ Kreditmanagement/ Infosystem Kreditmanagement/ Kreditstammblatt

Transaktionscode: S_ALR_87012218

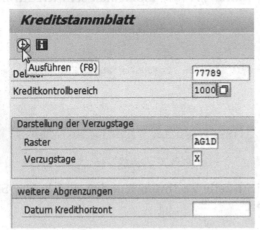

Das Kreditstammblatt zum Kunden „77###" ist in Abbildung 3-135 auf Seite 418 zu sehen.

a) **Wählen Sie in der Menüleiste "Umfeld/ Infosystem" und lassen Sie sich das Zahlungsverhalten im Kreditkontrollbereich 1000 anzeigen, indem Sie auf die Zeile mit diesem Kreditkontrollbereich doppelt klicken.**

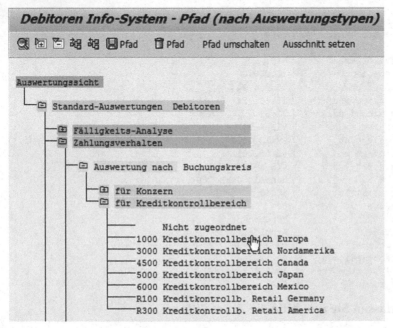

Zahlungsverhalten

▼ ▲ ◌ ▣ ▤ ☝

Kreditkontrollbereich Kreditkontrollbereich Europa			Stichtag: 21.08.2009
Buchungskreis	**Verzugstage mittelfristig**	**Verzugstage kurzfristig**	**Verzugstage offene Posten**
IDES Filiale 1 IT Ko.1000	0	0	2271
IDES Training AC206	0	0	2015
IDES Subsiduary UK	0	0	1891
IDES France	0	0	1545
IDES Netherlands	0	0	1511
IDES France affiliate	0	0	1313
IDES AG NEW GL	0	0	1154
IDES AG	281	551	517
IDES UK	29	29	0
Gesamt	281	551	1636

b) **Klicken Sie bitte doppelt auf die Zeile zu Ihrem Unternehmen, dem Buchungskreis 1000 (= IDES AG), und lassen Sie sich das Zahlungsverhalten einzelner Kunden anzeigen.**

Abbildung 3-136 auf Seite 419 zeigt das Zahlungsverhalten einzelner Kunden im Buchungskreis 1000.

Verlassen Sie bitte die Transaktion.

3.5 Güter versenden und transportieren

Nach dem erfolgreichen Vertragsabschluss mit dem Kunden kann (bei sichergestellter Verfügbarkeit) die Abwicklung des Versands beginnen.

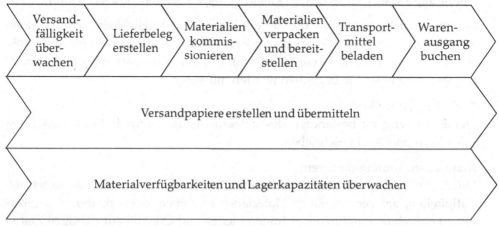

Abbildung 3-137: Typische Prozesse im Versand

Abbildung 3-137 zeigt typische Standardprozesse im Versand. Diese sind oftmals sehr arbeitsintensiv und mit einem hohen Zeitaufwand verbunden. Die Dokumentation ihrer Ergebnisse durch zugehörige Belege im Belegfluss des Vertriebs verläuft dagegen relativ schnell.

Nachfolgend werden kurz die Prozessschritte beschrieben, die nicht im Belegfluss des Vertriebes dokumentiert werden:

– Versandfälligkeit überwachen:
  Gemäß Abbildung 3-110 auf Seite 395 bestimmt der frühere Termin aus Materialbereitstellungs- und Transportdispositionsdatum den Beginn der Prozesse im Versand. Zu diesem Zeitpunkt müssen alle auszuliefernden Materialien verfügbar sein.
  Versandfällige Kundenaufträge können mit Transaktionen im Menüpfad „Logistik/ Vertrieb/ Versand und Transport/ Auslieferung/ Anlegen/ Sammelverarbeitung versandfähiger Belege" angezeigt werden.
  Basierend auf den Daten von Abbildung 3-114 auf Seite 399 und anderer Terminaufträge werden vier Tage später beispielsweise die nachfolgenden versandfertigen Kundenaufträge für die Versandstelle „V###" von Abbildung 3-138 angezeigt.

Versandfällige Vorgänge: Kundenaufträge, Schnellanzeige

🔁 ☐ Dialog   ☐ Hintergrund   📊 🔚 🔀 📇 📑 📗 📒 📥 ▽ | ▽ | Σ 🔳

	Ampel	Warenausg	LPrio	Warenempf.	Route	Verursach.	Brutto	Eh
	●○○	14.08.2013	2	77789	R789	13735	172,800	KG
	○●○	20.08.2013		889	R00000	13732	4,500	KG
	○○●	13.09.2013		889	R00000	13738	4,200	KG

Abbildung 3-138:   Versandfällige Kundenaufträge einer Versandstelle (VL10A)

Durch Ampelfarben wird die unterschiedliche Dringlichkeit der einzelnen Vorgänge visualisiert. Bei rückständigen Kundenaufträgen zeigt eine rote Ampel wie in der ersten Zeile von Abbildung 3-138 an, dass mit den Versandprozessen bereits hätte begonnen werden müssen.

– Lieferbeleg erstellen:
  Der Lieferbeleg ist Bestandteil des Belegflusses im Vertrieb. Seine Erstellung wird in Kapitel 3.5.1 beschrieben.

– Materialien kommissionieren:
  Die Kommissionierung wird in Kapitel 3.5.2 beschrieben. Sie beinhaltet alle Tätigkeiten, um versandfällige Materialien aus einem oder mehreren Lagerorten zu entnehmen und in der richtigen Menge und Qualität zur richtigen Zeit in einem zentralen Kommissionierbereich für den Versand zum Kunden bereitzustellen. Dafür wird im Warehouse Management (WM) ein innerbetrieblicher Transportauftrag mit Bezug auf eine Lieferung angelegt, welcher im Belegfluss des Vertriebs enthalten ist.

Im Customizing kann man im Menüpfad „Logistics Execution/ Versand/ Kommissionierung/ Lean-WM/ Steuerung zur Zuordnung Werk-Lagerort-Lagernummer" sehen, in welchem Umfang Warehouse Management im Versand genutzt wird. Für jede Kombination von Werk, Lagerort und Lagernummer kann der Aktivierungsgrad der Lagerverwaltung festgelegt werden.

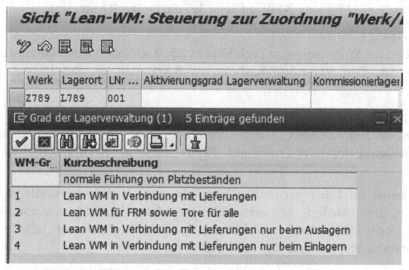

Abbildung 3-139: Steuerung des Lean-WM (SPRO)

Abbildung 3-139 zeigt beispielhaft den Aktivierungsgrad der Lagerverwaltung für eine solche Kombination. Die gesamte Funktionalität des SAP Warehouse Management, d. h. nicht nur Lean-WM, wird genutzt, wenn in dieser Spalte kein Eintrag vorhanden ist. Die Führung von Lagerbeständen erfolgt in diesem Fall auf der Ebene von Lagerplätzen.

Ist der Aktivierungsgrad durch einen Eintrag in dieser Spalte eingeschränkt, kann der Kommissionierlagertyp für Lean-WM in der nächsten Spalte spezifiziert werden.

– Materialien verpacken und bereitstellen:
Wenn die Materialien nach der Kommissionierung zentral gesammelt sind, müssen sie für den späteren Transport oftmals verpackt werden.
Im Customizing wird für jeden Lieferpositionstyp festgelegt, ob er verpackungsrelevant ist oder nicht. Für verpackungsrelevante Materialien können im Warehouse Management Packmittel zum Verpacken oder für den Transport, wie z. B. Kartons oder Paletten, genutzt werden. Die physische Einheit von verpackungsrelevanten Materialien und zugehörigem Packmittel wird Handling Unit genannt. Handling Units müssen u.U. in einer zu einer Lagernummer gehörenden Bereitstellungszone zwischengelagert werden, bis sie auf das Transportmittel verladen werden können.
Mit diesem Prozessschritt enden alle Tätigkeiten, die gemäß Abbildung 3-110 auf Seite 395 unter die Richtzeit fallen.

– Transportmittel beladen:
Die bereitgestellten versandfähigen Materialien bzw. Handling Units werden
anschließend in der Versand- oder Ladestelle auf ein konkretes Transportmittel,
z. B. einen bestimmten LKW, verladen. Transportmittel werden in SAP ERP
stets einer Transportmittelart, z. B. Lastwagen, zugeordnet. Für diesen Prozessschritt wurde in Abbildung 3-110 auf Seite 395 die Ladezeit festgelegt.

– Warenausgang buchen:
Das Buchen des Warenausgangs (vgl. Kapitel 3.5.3) schließt die Bearbeitung der
Lieferung ab. Der Warenausgangsbeleg ist Bestandteil des Belegflusses im
Vertrieb.

– Versandpapiere erstellen und übermitteln:
Bei vielen der sequenziellen Prozessschritte von Abbildung 3-137 werden von
verschiedenen Beteiligten Daten auf Papier oder in elektronischer Form
benötigt:

• Mitarbeiter im Lager verwenden beispielsweise als Arbeitsgrundlage für
die Zusammenstellung der versandfälligen Materialien eine ausgedruckte
Kommissionierliste, die auch Pickzettel oder -liste genannt wird, mit
Angaben zu Mengen und Lagerplätzen.

• Frachtführer benötigen z. B. Deklarationen für Gefahrgüter oder für Zoll-
fragen.

• Kunden erwarten ein Lieferavis per Electronic Data Interchange (EDI), in
Handling Units beigelegte ausgedruckte Lieferscheine u. v. m.

In SAP ERP wird die Erstellung und Übermittlung von Versandpapieren
im Customizing mittels Konditionstechnik über die Nachrichtensteuerung im
Menüpfad „Logistics Execution/ Versand/ Grundlagen/ Nachrichtensteuerung"
für die einzelnen Versandprozesse definiert.

– Materialverfügbarkeiten und Lagerkapazitäten überwachen:
Es muss kontinuierlich geprüft und sichergestellt werden, dass für die zukünf-
tigen Bedarfe alle Lagerabgänge durch ausreichende Zugänge hinsichtlich
Quantität und Qualität unter Beachtung der zugehörigen Kosten und der
Lagerkapazitäten gedeckt werden.

Zeitlich parallel zu den unter die Richtzeit fallenden Versandprozessen in der
Versandstelle aus Abbildung 3-137 wird gemäß Abbildung 3-110 auf Seite 395 der
Transport der Materialien zum Kunden disponiert. Ein Transport umfasst eine
oder mehrere Lieferungen aus dem Versand.

Zuständig für alle Transporte ist als zentrale Stelle im Unternehmen eine
Transportdispositionsstelle, in der Transporte organisiert, überwacht und abgewickelt werden.

Eine Transportdispositionsstelle ist direkt einem Buchungskreis zugeordnet. In einem Buchungskreis können mehrere Transportdispositionsstellen existieren.

Zu den Aufgaben der Transportdisposition gehören u. a.

– die Festlegung des Transportmittels,
– das Kalkulieren der Frachtkosten,
– das Ermitteln und Beauftragen des Transportdienstleisters und
– die Planung der Transporttermine.

Alle Daten zu diesen Aufgaben werden in einen Transportbeleg eingetragen (vgl. Abbildung 3-140).

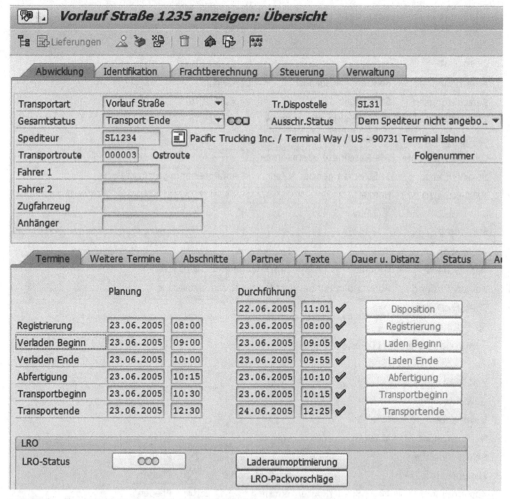

Abbildung 3-140: Beispiel für einen Transportbeleg (VT03N)

Für jeden Transportbeleg muss neben der Transportdispositionsstelle auch eine Transportart angegeben werden, welche im Customizing im Menüpfad „Logistics Execution/ Transport/ Transporte/ Transportarten definieren" angelegt wird.

Eine Transportart enthält wichtige Einstellungen zu einem Transport. Abbildung 3-141 zeigt diese beispielhaft anhand der Transportart „0002 Sammeltransport Straße".

Sicht "Transportarten" ändern: Detail

✎ Neue Einträge 🗋 🖫 🖉 🖺 🖺 🖳

Transportart   `0002` Sammeltransp. Straße
VertrBelegtyp   `8` Transport

Nummernsysteme

Nummernkr.int.V `01`   Nummernkr.ext. ☐
GrBildfolgeKpf   `T`

Beleginhalt

Abfertigungsart	Beladener Ausgangstran... ▾	Versandart	`01` LKW
Beförderungsart	Sammelgut ▾	Versandart VL	☐
Abwicklungsst.	Sammeltransport mit ein... ▾	Versandart NL	☐
Laufkennzeichen	Direktlauf ▾		
Übernahme Route	Alle Abschnitte übernehmen ▾		
Strecken erm.	1: Strecken gemäss Abfahr- und Anfahrreihenfolge ermitteln ▾		
WE-relevanz Kz.	Normal ▾		

Steuerung

Applikation	`V7`	Textschema	`01`	Partnerschema	☐
NachrSchema	`V70001`	Terminschema	`MIG TRA`		
Kommi. Prüfung	Abfertigung nur bei vollständiger Kommissionierung ▾				
SpProf.v.Dispo	▾				
SpProf.n.Dispo	▾				

☐ HU sind relevant für LF-Pos.generierung

Vorschlag

Gewichtseinheit	`KG`		
Volumeneinheit	`CDM`		
Nachrichtenart	`ALTR`		
Selekt.Variante			🗗 Pflegen
Planungsprofil		Einzeltransporte	🗗 Pflegen
Kopierroutine	`12`	Spedi./Route/Termine	🖺 Pflegen

Änderungsbeleg

☑ Änderungsbeleg Transport schreiben

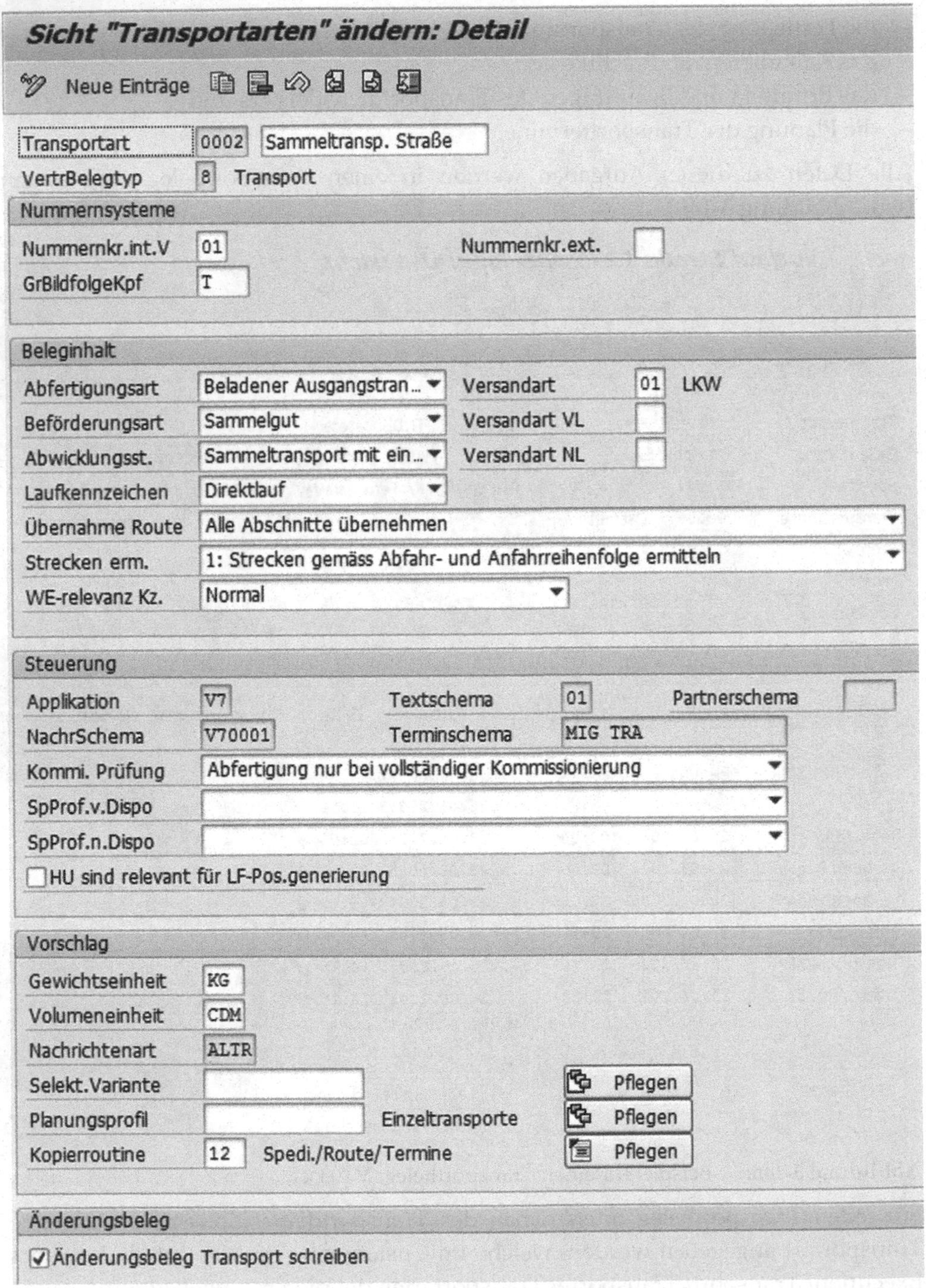

Abbildung 3-141:   Einstellungen zur Transportart „0002 Sammeltransport Straße" (SPRO)

An die Transportdisposition schließt sich die Transportabfertigung mit allen Tätigkeiten zum Durchführen der Transporte an.

Transporte werden oftmals von einem externen Dienstleister durchgeführt. Die Transitzeit von der Versandstelle zum Kunden ist wiederum relevant für die Rückwärts- und Vorwärtsterminierung im Verkauf (vgl. Abbildung 3-110 auf Seite 395).

3.5.1 Lieferbeleg erstellen

Die Lieferung[109] ist das zentrale Objekt im Versand. Auf ihr basieren die weiteren Versandprozesse und -belege, z. B. die Kommissionierung mit dem Transportauftrag (vgl. Kapitel 3.5.2), das Verpacken und der Warenausgang mit der zugehörigen Buchung (vgl. Kapitel 3.5.3). Zudem können eine oder mehrere Lieferungen in einen Transport eingeplant werden.

Mit einer Lieferung werden fällige Positionen eines Kundenauftrags beliefert. Ein Lieferbeleg kann sowohl manuell mit Bezug auf einen bestimmten Kundenauftrag oder zentral über den Liefervorrat mit allen versandfälligen Belegen in einem sog. Sammellauf erstellt werden.

Zwischen Kundenaufträgen und Lieferungen besteht eine m:n-Kardinalität:

– Existieren in einem Kundenauftrag zu einer oder mehreren Positionen Unterteilungen nach Termin und bestätigter Menge (Einteilungen), so wird dieser mit verschiedenen Lieferungen (Teillieferungen) zu unterschiedlichen Zeitpunkten beliefert. Mehrere Lieferungen können jedoch auch u. a. nötig werden, wenn verschiedene Positionen im Kundenauftrag unterschiedliche Warenempfänger aufweisen.

– Mit einer Komplettlieferung wird ein Kundenauftrag durch genau eine Lieferung beliefert.

– Verschiedene versandfällige Aufträge können in einer Lieferung zusammengeführt werden, wenn bei allen Aufträgen auf Kopfebene das Kennzeichen „Auftragszusammenführung" gesetzt ist. Zudem müssen in allen Positionen der verschiedenen Aufträge der Warenempfänger, die Versandstelle, die Route und die Lieferbedingungen übereinstimmen.

Der Lieferbeleg ist zweistufig aufgebaut und besteht aus der Kopf- und der Positionsebene:

– Auf Kopfebene werden, falls ein Auftrag als Vorgängerbeleg nötig ist, u. a. Warenempfänger, Versandstelle und Route aus dem Kundenauftrag übernommen.

---

109 Synonym: Auslieferung

Alle Einstellungen auf Kopfebene sind in der jeweiligen Lieferart[110] hinterlegt. Die zu einem Verkaufsbeleg zugehörige Lieferart ist in den Einstellungen zur Verkaufsbelegart (vgl. Abbildung 3-32 auf Seite 210) hinterlegt. Einem Terminauftrag ist beispielsweise die Lieferungsart „LF" aus Abbildung 3-142 zugeordnet (vgl. Übung 66 auf Seite 480).

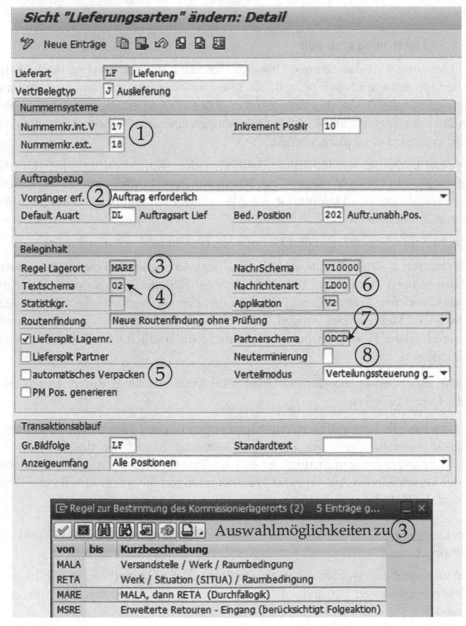

Abbildung 3-142:   Einstellungen zur Lieferungsart „LF" (0VLK)

---

110 Synonym: Lieferungsart

Für eine Lieferart können Festlegungen u. a. getroffen werden

- ① zur Nummernkreisvergabe der Belegnummern (intern und/oder extern).
- ② zur Art des Vorgängerbelegs.
- ③ zur Regel für die Findung des Kommissionierlagerorts, wenn bei einer Lieferung oder dem Vorgängerbeleg auf Positionsebene kein Lagerort eingetragen wurde.

Abbildung 3-143: Kommissionierlagerortfindung (SPRO)

Abbildung 3-143 zeigt die Kommissionierlagerortfindung für verschiedene Kombinationen von Versandstelle, Werk und Raumbedingung. Eine Raumbedingung kennzeichnet spezielle Bedingungen für die Lagerung eines Materials, z. B. in einem Kühlraum. Sie ist im Materialstammsatz in der Sicht „Werksdaten/ Lagerung1" hinterlegt.

- ④ zum Textschema mit Textarten, die im Lieferbeleg auf Kopfebene erscheinen sollen, z. B. Liefer- und Zahlungsbedingungen.
- ⑤ zum automatischen Aufruf eines Verpackungsvorschlags.
- ⑥ zum Erstellen und Übermitteln von Nachrichten bzw. Versandpapieren (vgl. Abbildung 3-137), z. B. dem Ausdruck eines Lieferscheins.
- ⑦ zu obligatorischen und optionalen Partnerrollen für die Lieferung.
- ⑧ zur Neuterminierung, d. h. Neuermittlung der Versandtermine, bei rückständigen Lieferungen.
  Bei einer Neuterminierung beginnen alle Tätigkeiten zur Bearbeitung der Lieferung frühestens am aktuellen Datum. Die anderen Termine im Versand aus Abbildung 3-110 auf Seite 395 werden mit einer Vorwärtsterminierung neu ermittelt.

– Auf der Positionsebene werden u. a. das Material und die zugehörige Menge angegeben. Mit dem Positionstyp wird ausgesteuert, wie die Position im Lieferbeleg im Rahmen des Versandprozesses behandelt wird.

Im Customizing werden im Menüpfad „Logistics Execution/ Versand/ Kopiersteuerung/ Kopiersteuerung für Lieferungen festlegen" mögliche Verkaufsbelegarten als Datenquellen für jede Lieferart definiert.

Für jede Verkaufsbelegart werden die lieferrelevanten Positionen aus dem Verkaufsbeleg identifiziert (vgl. Abbildung 3-142). Im Customizing des Versands muss jeweils ein gleichnamiger Positionstyp für Lieferungen angelegt werden, da eine Position bzw. eine Einteilung aus dem Verkaufsbeleg in die Lieferung mit demselben Positionstyp übernommen wird.

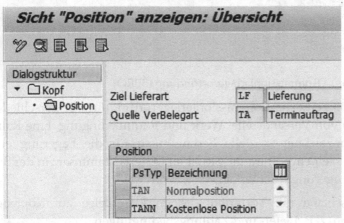

Abbildung 3-144:   Lieferrelevante Positionen aus dem Verkaufsbeleg (VTLA)

Die Datenübernahme einer Position aus einer Verkaufsbelegart in die gleichnamige Position der Lieferung wird durch eine Formroutine (vgl. Seite 238) gesteuert. Abbildung 3-145 zeigt beispielhaft die Datenübernahme für den Positionstyp „TAN" einer Normalposition in einem Terminauftrag. Der Quelltext der Formroutine kann auch in diesem Fall mit „F5" angezeigt werden.

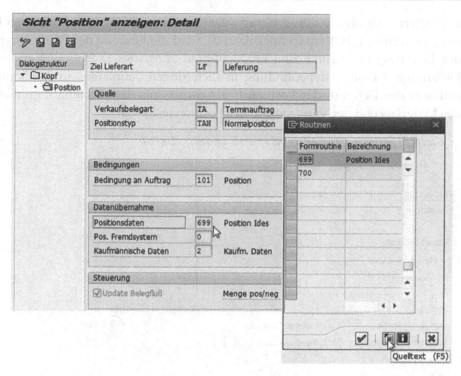

Abbildung 3-145: Datenübernahme aus einer Position einer Verkaufsbelegart in den gleichnamigen Positionstypen der Lieferung (VTLA)

In Abbildung 3-146 sind in eine Lieferung übernommene Positionstypen aus einem Terminauftrag mit den gleichnamigen Positionstypen „TAN" für eine Normalposition und „TANN" für eine kostenlose Position zu sehen.

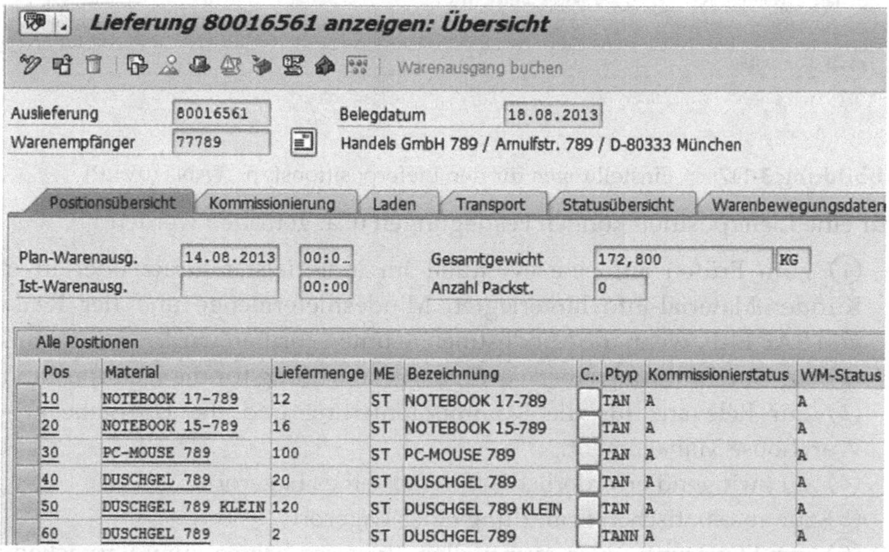

Lieferung 80016561 anzeigen: Übersicht

Pos	Material	Liefermenge	ME	Bezeichnung	C..	Ptyp	Kommissionierstatus	WM-Status
10	NOTEBOOK 17-789	12	ST	NOTEBOOK 17-789		TAN A		A
20	NOTEBOOK 15-789	16	ST	NOTEBOOK 15-789		TAN A		A
30	PC-MOUSE 789	100	ST	PC-MOUSE 789		TAN A		A
40	DUSCHGEL 789	20	ST	DUSCHGEL 789		TAN A		A
50	DUSCHGEL 789 KLEIN	120	ST	DUSCHGEL 789 KLEIN		TAN A		A
60	DUSCHGEL 789	2	ST	DUSCHGEL 789		TANN A		A

Abbildung 3-146: Aus einem Terminauftrag übernommene Positionstypen in einer Lieferung (VL03N)

Bei Lieferungen ohne Auftragsbezug oder auftragsunabhängigen Positionen in einer Lieferung, z. B. Verpackungsmaterial, wird die Findung des Positionstyps der Lieferung im Customizing im Menüpfad „Logistics Execution/ Versand/ Lieferungen/ Positionstypenfindung in Lieferungen definieren" in Abhängigkeit von der Lieferart, der Positionstypengruppe aus dem Materialstammsatz des Materials und der Verwendung der Position festgelegt.

```
Sicht "Lieferungspositionstypen" ändern: Detail

  Neue Einträge

Positionstyp        TAN   Normalposition
VertrBelegtyp       J     Auslieferung


Material/Statistik

  ☑ Material 0 erlaubt
  StatGruppe PosTyp    [ ]              BfRegel    [    ]


Menge

  Menge 0 pruefen       A  Hinweis auf Situation           ②  Verfp.aus.  [ ]
  Pruefen Mindestmenge  A  Hinweis auf Situation  ①           Rundung     [ ]
  Pruefen Ueberlieferg  [ ]


Lagersteuerung und Verpacken

  ☑ relevant f. Kommiss. ③           Packsteuerung  [ ] ⑥
  ☑ Lagerort erforderl. ◄── ④        ☐ Kum.Chargenpos.verp.
  ☑ Lagerort ermitteln ⑤
  ☐ Lagerort n. prüfen
  ☐ Charge nicht prüfen    ☑ aut. Chrgfindg.


Transaktionsablauf

  Textschema        02              Standardtext  [      ]
```

Abbildung 3-147:   Einstellungen für den Lieferpositionstyp „TAN" (0VLP)

Für eine Lieferposition können Festlegungen u. a. getroffen werden

- ① zum Prüfen auf eine eventuell im Materialstammsatz oder in einer Kunden-Material-Info hinterlegten Mindestliefermenge und der Reaktion von SAP ERP, wenn die Mindestmenge unterschritten wird.
- ② zur Durchführung einer Verfügbarkeitsprüfung für die Lieferposition.
- ③ zur Relevanz für die Kommissionierung und die Übergabe an das Warehouse Management.
- ④ zur zwingend erforderlichen Eingabe eines Lagerorts.
- ⑤ zur automatischen Ermittlung eines Lagerorts.
- ⑥ zur Steuerung eines eventuellen Prozessschrittes zum Verpacken vor dem Warenausgang.

3.5.2 Materialien kommissionieren

Zur Kommissionierung gehören die Materialentnahme aus dem Lagerplatz (beim vollumfänglich genutzten Warehouse Management) bzw. dem Lagerort (bei Lean-WM) sowie die Bereitstellung aller Materialien in der richtigen Menge und Qualität in einem Kommissionierbereich.

Die Kommissionierung kann entweder manuell anhand von Tageslasten, regelmäßig zu bestimmten Zeiten oder automatisch bei der Erstellung der Lieferung erfolgen.

Für die durchgeführte Kommissionierung wird im Warehouse Management ein (innerbetrieblicher) Transportauftrag für die erfolgten physischen Material-bewegungen mit Bezug auf den Lieferbeleg ausgestellt. Aus diesem Grund ist im Lieferbeleg auf Kopfebene bereits die Findung des Kommissionierlagerorts definiert (vgl. Abbildung 3-142 auf Seite 470).

Der aktuelle Stand der Kommissionierung ist für jede lieferrelevante Position in einem Lieferbeleg (vgl. Abbildung 3-147) über den zugehörigen Kommissionier-status (zweite Spalte von rechts in Abbildung 3-146) ersichtlich. Er zeigt an, ob die Kommissionierung noch nicht, teilweise oder vollständig bearbeitet wurde.

Abbildung 3-148: Quittierungspflicht für die Kommissionierung in einer Versandstelle (VSTK)

Für jede Versandstelle wird im Customizing festgelegt, ob der Transportauftrag für die Kommissionierung quittiert werden muss. Dies ist eine explizite Bestätigung, dass alle Materialien im Kommissionierbereich bzw. an ihrem Bestimmungsort eingetroffen sind.

Ein Transportauftrag für die Kommissionierung besteht aus

- Kopfdaten u. a. mit dem Datum, an dem der Transportauftrag erstellt und quittiert wurde, dem zugrundeliegenden Lieferbeleg, der Lagernummer und der Bewegungsart.

- Positionsdaten mit Bewegungsdaten
  - zum Material,

  - zur Menge, die bewegt werden soll,

  - zum sog. Vonlagerplatz, aus dem die Materialien entnommen werden.

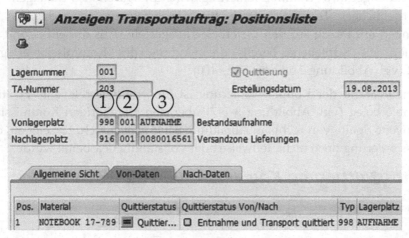

Abbildung 3-149:   Beschreibung des Vonlagerplatzes beim Einsatz von Warehouse Management (LT21)

Wird Warehouse Management in der Lagerverwaltung vollumfänglich genutzt, so wird der physische Lagerplatz eines Materials innerhalb einer Lagernummer beschrieben durch die Angabe von Lagertyp①, -bereich② und -platz③ (vgl. Abbildung 3-149).

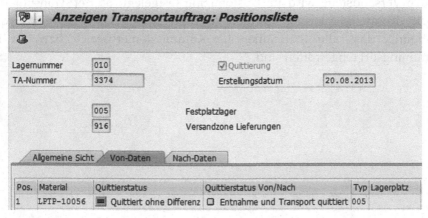

Abbildung 3-150:   Beschreibung des Vonlagerplatzes beim Einsatz von Lean-WM (LT21)

Beim Einsatz von Lean-WM erfolgt die Bestandsführung für Materialien ausschließlich in einem Festplatzlager auf Lagerortebene (vgl. Abbildung 3-150). Eine chaotische Lagerhaltung kann damit nicht abgebildet werden.

- zum sog. Nachlagerplatz, auf dem die Materialien eingelagert werden, oder eine Warenausgangs- bzw. Versandzone, in der die Materialien für das Verpacken bereitgestellt werden. Bei der Nutzung von Warehouse Management wird für den Nachlagerplatz in der Versandzone die Nummer des Lieferbelegs vergeben (vgl. Abbildung 3-149).

3.5.3 Warenausgang buchen

Mit dem Buchen des Warenausgangs zu einem Lieferbeleg werden die Prozesse im Versand abgeschlossen. Ein Warenausgang kann einzeln manuell über den Lieferbeleg oder als Sammelverarbeitung über den Auslieferungsmonitor für mehrere Lieferbelege gebucht werden.

Die Buchung des Warenausgangs hat vielfältige Auswirkungen. SAP ERP erfasst u. a. automatisch über zugehörige Belege und Datenflüsse

- den aktualisierten Belegfluss im Vertrieb.

- einen Arbeitsvorrat für die Fakturierung im Vertrieb.

- die mengenmäßige Reduzierung des Lagerbestands in der Materialwirtschaft.

- die zu der Bestandsveränderung gehörenden Kosten auf Ergebnisobjekten in der Kostenträgerzeitrechnung im internen Rechnungswesen.

- die wertmäßige Bestandsveränderung in einem Buchungssatz im externen Rechnungswesen (vgl. Abbildung 3-151):[111]

Bestandsveränderungen durch den Verkauf von Fertigerzeugnissen (Aufwandskonto in der GuV)	Handelswaren (Bestandskonto im Umlaufvermögen auf der Aktivseite der Bilanz)

---

111 In SAP ERP haben Positionen auf der Soll-Seite eines Buchungssatzes ein positives und Positionen auf der Haben-Seite ein negatives Vorzeichen.

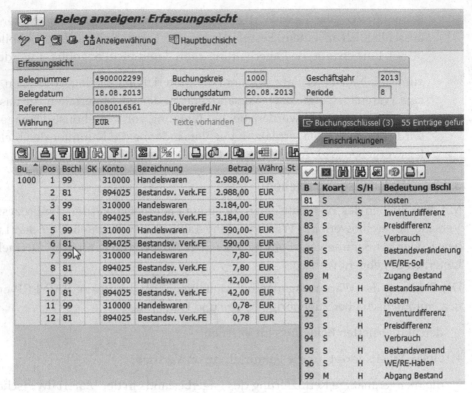

Abbildung 3-151:   Buchungssatz zum Warenausgang (FB03)

3.5.4   Übungen

Allgemeine Anmerkungen:

Für diese Übungsaufgaben gelten ebenfalls analog die Anmerkungen von Kapitel 3.2.6 auf Seite 130.

Szenario:

Ihr Terminauftrag aus Kapitel 3.4 ist versandfällig. Bevor Sie einen Lieferbeleg anlegen, sehen Sie sich im Customizing verschiedene Einstellungen zur Abwicklung der Lieferung in SAP ERP an. Danach legen Sie einen Lieferbeleg für Ihren Terminauftrag an, kommissionieren diesen und buchen den Warenausgang. Zwischen den einzelnen Bearbeitungsschritten lassen Sie sich immer wieder den aktualisierten Belegfluss anzeigen.

Übersicht zu den einzelnen Übungen von Kapitel 3.5:

Tabelle 3-15 zeigt im Überblick die Inhalte zu den Übungen von Kapitel 3.5, das zugehörige Buchkapitel sowie die Seite, bei der die Lösung beginnt.

Tabelle 3-15: Inhalte der Übungen zu Kapitel 3.5 (Übungen 66 bis 69)

Übung	Seite	Inhalte	zu Kapitel
66	480	– Lieferart zur Auftragsart „Terminauftrag (TA)" anzeigen – Details zur Lieferart "LF" anzeigen – Details zum Positionstyp „TAN" bei Lieferungen anzeigen – Kommissionierlagerortfindung für die Kombination aus dem Werk „Z###" und der Versandstelle „V###" ändern – Einen Lieferbeleg für den Terminauftrag erstellen	3.5.1
67	490	Den aktualisierten Belegfluss nach dem Anlegen des Lieferbelegs anzeigen	3.5.1
68	491	– Den Lagertyp, -bereich und -platz von Materialien ermitteln – Einen Lieferbeleg manuell kommissionieren – Den aktualisierten Belegfluss nach dem Anlegen des Transportauftrags für die Kommissionierung anzeigen	3.5.2
69	497	– Einen Warenausgang für einen Lieferbeleg manuell buchen – Den Buchungssatz für den Warenausgang anzeigen	3.5.3

3.5.5 Lösungen zu den Übungen

Allgemeine Anmerkungen:

– Für die Lösungen gelten analog die Anmerkungen von Kapitel 3.2.7 auf Seite 134. Bitte lesen Sie sich diese dort ggf. nochmal durch.

– Die Gesamtübersicht der in diesem Buch angelegten Materialien findet sich in Tabelle 3-6 auf Seite 159.

Übung 66: Erstellen des Lieferbelegs für einen Kundenauftrag (→ Kapitel 3.5.1)

1) Sie wollen eine Auslieferung zum Terminauftrag für den Kunden „77###"
   anlegen. Sehen Sie sich im Versand in der Sammelverarbeitung für die
   Auslieferungen alle versandfälligen Kundenaufträge für Ihre Versandstelle
   „V###" mit Lieferungserstelldatum bis in 30 Tagen an.
   Ist Ihr Terminauftrag bereits versandfällig?

   Menüpfad: Vertrieb/ Versand und Transport/ Auslieferung/ Anlegen/ Sammelverarbeitung versandfälliger Belege/ Kundenaufträge

   Transaktionscode: VL10A

   ### Kundenaufträge, Schnellanzeige

   🔍 ℹ️ 📖 Protokolle Sammelverarbeitung

Ausführen (F8) mestelle	V789	bis	
LieferungserstellDat		bis	16.09.2013
Regel Ber.Vors.Ledat	2		

   ### Versandfällige Vorgänge: Kundenaufträge, Schnellanzeige

   🗐 ☐ Dialog   ☐ Hintergrund   🔲 🔲 🔲 🔲 🔲 🔲 🔲 🔲 🔲   🔲 Σ 🔲

📋	Ampel	Warenausg	LPrio	Warenempf.	Route	Verursach.	Brutto	Einheit
	🔴○○	14.08.2013	2	77789	R789	13735	172,800	KG

   Ja, die Ampel steht für diesen Vorgang schon auf Rot. Sie hätten bereits mit der
   Auslieferung beginnen müssen, um das im Terminauftrag dem Kunden
   bestätigte Lieferdatum einhalten zu können

   **Verlassen Sie bitte mit zweimaligem „F3" die Transaktion, ohne eine
   Sammelverarbeitung anzustoßen.**

2) Sehen Sie sich im Customizing des Verkaufs an, mit welcher Lieferart Belege
   der Verkaufsbelegart „Terminauftrag (TA)" beliefert werden.

   Menüpfad: Customizing/ Vertrieb/ Verkauf/ Verkaufsbelege/ Verkaufsbeleg-
   kopf/ Verkaufsbelegarten definieren

   Transaktionscode: VOV8

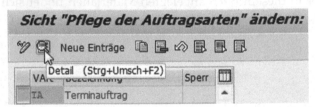

   ### Sicht "Pflege der Auftragsarten" ändern:

   ✏️ 🔲 Neue Einträge 🔲 🔲 ◇ 🔲 🔲 🔲

	Detail (Strg+Umsch+F2)		Sperr	🔲
VArt	Bezeichnung			
TA	Terminauftrag		▲	

Versand			
Lieferart	LF	Lieferung	Sofortlieferung ☐
Liefersperre	☐		
Versandbedingung	☐		
FrachtAuskftsProfil	STANDARD	Frachtauskunft standard	

Verlassen Sie bitte mit zweimaligem „F3" die Transaktion.

3) **Lassen Sie sich im Customizing des Versands in der Logistics Execution die Details zur Lieferart "LF" anzeigen.**

Menüpfad: Customizing/ Logistics Execution/ Versand/ Lieferungen/ Lieferarten definieren

Transaktionscode: 0VLK

Sicht "Lieferungsarten" ändern:	
✏️ 🖉 Neue Einträge 🗋 🖫 🖉 🖫 🖫 🖫	
Liefe~~~~~~ Detail (Strg+Umsch+F2)	
LFArt Bezeichnung	🎛
LF Lieferung	▲

Die Einstellungen zur Lieferart "LF" sehen Sie in Abbildung 3-142 auf Seite 470.

a) **Ist für diese Lieferart ein Auftrag als Vorgängerbeleg erforderlich?**
Ja, bei dieser Lieferart ist unbedingt ein Auftrag als Vorgängerbeleg erforderlich.

b) **Nach welcher Regel wird der Kommissionierlagerort bestimmt, wenn im Kundenauftrag auf Positionsebene kein Lagerort angegeben ist?**
SAP ERP versucht zuerst den Kommissionierlagerort aus der Kombination von Versandstelle, Werk und Raumbedingung zu ermitteln.

c) **Erfolgt bei dieser Lieferart bei rückständigen Lieferungen eine Neuterminierung?**
Nein, bei dieser Lieferart erfolgt bei rückständigen Lieferungen keine Neuermittlung der Versandtermine.

Verlassen Sie bitte mit zweimaligem „F3" die Transaktion, ohne etwas zu ändern.

4) **Lassen Sie sich im Verkauf nochmals Ihren Terminauftrag für den Kunden „77###" anzeigen.**
Markieren Sie eine Position und springen Sie für diese zu den Versanddaten. Ist für die Position ein Lagerort angegeben?

Menüpfad: Logistik/ Vertrieb/ Verkauf/ Auftrag/ Anzeigen

Transaktionscode: VA03

Kundenauftrag anzeigen: Einstieg

👤 Verkauf   👤 Positionsübersicht   👤 Besteller   🏢 Aufträge   🔄

Auftrag   [   ]

Suchkriterien

Bestellnummer	[ ]	
Auftraggeber	77789	🗇
Lieferung	[ ]	
Faktura	[ ]	
PSP-Element	[ ]	

🔍 **Suche ausführen**

Suche ausführen

🖃 Wertebereich einschränken (2)   1 Eintrag gefunden

✔️ ❌ 🔍 🔍 🖼️ 🔄 🖨️ ▪

Part..	Ro..	VkO..	V	V	VWeg	SP	VA	B	Belegdat..	Angel.v..	Gültig ab	gültig bis	GTV	Beleg
77789	AG	Y789			12	00	TA		11.08.2013	VIS-X-99	00.00.0000	31.12.9999	0	13735

Wählen Sie in der Menüleiste „Springen/ Position/ Versand".

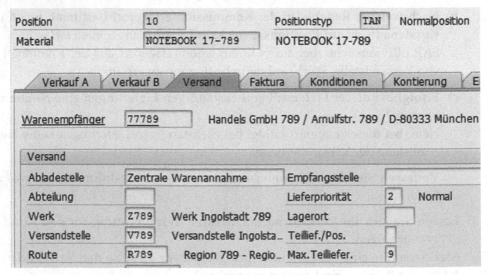

Position	10	Positionstyp	TAN	Normalposition
Material	NOTEBOOK 17–789	NOTEBOOK 17-789		

Verkauf A   Verkauf B   Versand   Faktura   Konditionen   Kontierung   E

Warenempfänger   77789   Handels GmbH 789 / Arnulfstr. 789 / D-80333 München

Versand

Abladestelle	Zentrale Warenannahme	Empfangsstelle	[ ]	
Abteilung	[ ]	Lieferpriorität	2	Normal
Werk	Z789	Werk Ingolstadt 789	Lagerort	[ ]
Versandstelle	V789	Versandstelle Ingolsta...	Teillief./Pos.	[ ]
Route	R789	Region 789 - Regio...	Max.Teilliefer.	9

Nein, es ist kein Lagerort hinterlegt.

Verlassen Sie bitte mit zweimaligem „F3" die Transaktion.

5) **Die meisten Positionen in Ihrem Terminauftrag sind Normalpositionen vom Positionstyp „TAN". Lassen Sie sich im Customizing des Versands in der Logistics Execution die Details zu diesem Positionstyp bei Lieferungen anzeigen.**

Menüpfad: Customizing/ Logistics Execution/ Versand/ Lieferungen/ Positionstypen Lieferungen definieren

Transaktionscode: 0VLP

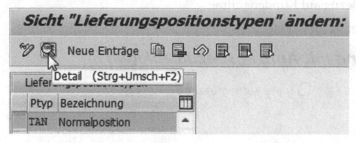

Die Einstellungen zum Lieferpositionstyp „TAN" sehen Sie in Abbildung 3-147 auf Seite 474.

a) **Ist dieser Lieferpositionstyp relevant für die Kommissionierung?**
Ja, dieser Lieferungspositionstyp ist relevant für die Kommissionierung. Lieferpositionen dieses Typs werden an das Warehouse Management übergeben.

b) **Muss bei diesem Lieferpositionstyp bei der Bearbeitung der Lieferung ein Lagerort eingeben werden, bevor Lieferpositionen dieses Typs vollständig bearbeitet werden können?**
Ja, bei diesem Lieferpositionstyp muss bei der Bearbeitung der Lieferung ein Lagerort eingegeben werden.

c) **Ermittelt SAP ERP für diesen Lieferpositionstyp automatisch einen Lagerort?**
Ja, bei diesem Lieferpositionstyp wird von SAP ERP automatisch ein Lagerort ermittelt. Das „Wie" ist in der Lieferart festgelegt (vgl. Seite 481).

Verlassen Sie bitte mit zweimaligem „F3" die Transaktion, ohne irgendwelche Änderungen vorzunehmen.

6) Legen Sie im Versand manuell eine einzelne Auslieferung mit Bezug auf Ihre Versandstelle „V###" und Ihren Kundenauftrag für den Kunden „77###" an.

Beachten Sie die Systemmeldung unten links in der Statusleiste. „Bearbeiten" Sie diese, indem Sie sich das Fehlerprotokoll anzeigen lassen. Warum sucht SAP ERP die Materialien aus Ihrem Terminauftrag im Lagerort „0001"?

Menüpfad: Logistik/ Vertrieb/ Versand und Transport/ Auslieferung/ Anlegen/ Einzelbeleg/ mit Bezug auf Kundenauftrag

Transaktionscode: VL01N

Auslieferung mit Auftragsbezug anlegen

☐ Mit Auftragsbezug   ☐ Ohne Auftragsbezug   🗗 ⚊ 🖨 ⚂

Versandstelle	V789	Versandstelle Ingolstadt 789

Auftragsdaten

Selektionsdatum	17.08.2013
Auftrag	13735
Ab Position	
Bis Position	

Lieferartvorgabe

Lieferart	

☑ Beachten Sie die Hinweise im Protokoll

Wählen Sie in der Menüleiste „Bearbeiten/ Fehlerprotokoll".

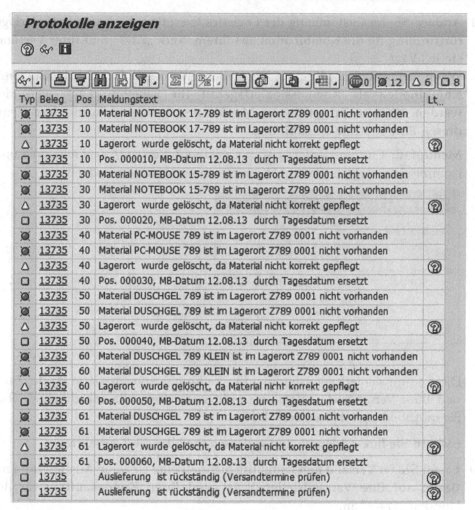

Protokolle anzeigen

Typ	Beleg	Pos	Meldungstext	Lt..
🔆	13735	10	Material NOTEBOOK 17-789 ist im Lagerort Z789 0001 nicht vorhanden	
🔆	13735	10	Material NOTEBOOK 17-789 ist im Lagerort Z789 0001 nicht vorhanden	
△	13735	10	Lagerort wurde gelöscht, da Material nicht korrekt gepflegt	⑫
☐	13735	10	Pos. 000010, MB-Datum 12.08.13 durch Tagesdatum ersetzt	
🔆	13735	30	Material NOTEBOOK 15-789 ist im Lagerort Z789 0001 nicht vorhanden	
🔆	13735	30	Material NOTEBOOK 15-789 ist im Lagerort Z789 0001 nicht vorhanden	
△	13735	30	Lagerort wurde gelöscht, da Material nicht korrekt gepflegt	⑫
☐	13735	30	Pos. 000020, MB-Datum 12.08.13 durch Tagesdatum ersetzt	
🔆	13735	40	Material PC-MOUSE 789 ist im Lagerort Z789 0001 nicht vorhanden	
🔆	13735	40	Material PC-MOUSE 789 ist im Lagerort Z789 0001 nicht vorhanden	
△	13735	40	Lagerort wurde gelöscht, da Material nicht korrekt gepflegt	⑫
☐	13735	40	Pos. 000030, MB-Datum 12.08.13 durch Tagesdatum ersetzt	
🔆	13735	50	Material DUSCHGEL 789 ist im Lagerort Z789 0001 nicht vorhanden	
🔆	13735	50	Material DUSCHGEL 789 ist im Lagerort Z789 0001 nicht vorhanden	
△	13735	50	Lagerort wurde gelöscht, da Material nicht korrekt gepflegt	⑫
☐	13735	50	Pos. 000040, MB-Datum 12.08.13 durch Tagesdatum ersetzt	
🔆	13735	60	Material DUSCHGEL 789 KLEIN ist im Lagerort Z789 0001 nicht vorhanden	
🔆	13735	60	Material DUSCHGEL 789 KLEIN ist im Lagerort Z789 0001 nicht vorhanden	
△	13735	60	Lagerort wurde gelöscht, da Material nicht korrekt gepflegt	⑫
☐	13735	60	Pos. 000050, MB-Datum 12.08.13 durch Tagesdatum ersetzt	
🔆	13735	61	Material DUSCHGEL 789 ist im Lagerort Z789 0001 nicht vorhanden	
🔆	13735	61	Material DUSCHGEL 789 ist im Lagerort Z789 0001 nicht vorhanden	
△	13735	61	Lagerort wurde gelöscht, da Material nicht korrekt gepflegt	⑫
☐	13735	61	Pos. 000060, MB-Datum 12.08.13 durch Tagesdatum ersetzt	
☐	13735		Auslieferung ist rückständig (Versandtermine prüfen)	⑫
☐	13735		Auslieferung ist rückständig (Versandtermine prüfen)	⑫

Da in Ihrem Terminauftrag auf Positionsebene kein Lagerort angegeben ist, bestimmt SAP ERP den Kommissionierlagerort gemäß Seite 481 aus der Kombination von Versandstelle, Werk und Raumbedingung.

Für die Kombination aus Ihrem Werk „Z###" und Ihrer Versandstelle „V###" ist im Customizing der Logistics Execution der Lagerort „0001" eingetragen.

Verlassen Sie bitte mit zweimaligem Klick auf das Icon 🔆 **„Abbrechen (F12)" die Transaktion, ohne die Auslieferung zu speichern.**

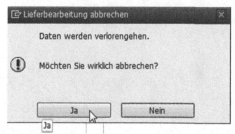

7) Ändern Sie im Customizing der Logistics Execution die Kommissionierlagerortfindung für die Kombination aus Ihrem Werk „Z###" und Ihrer Versandstelle „V###".
   Wenn keine Raumbedingung angegeben ist, so soll für die obenstehende
   Kombination als Kommissionierlagerort Ihr Lagerort „L###" gefunden
   werden. Wählen Sie ggf. in der Menüleiste „Springen/ Positionieren", um
   diesen Eintrag schneller zu finden.

   Menüpfad: Customizing/ Logistics Execution/ Versand/ Kommissionierung/
   Kommissionierlagerortfindung/ Kommissionierlagerorte zuordnen

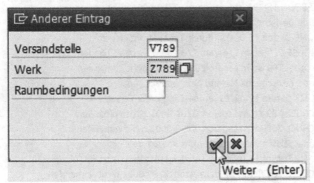

   Die Kommissionierlagerortfindung für die Kombination aus dem Werk „Z###"
   und Ihrer Versandstelle „V###" bei nicht vorhandener Raumbedingung sehen
   Sie in Abbildung 3-143 auf Seite 471.

   Sichern Sie Ihre Änderung und verlassen Sie bitte die Transaktion.

8) Legen Sie im Versand nun endgültig manuell eine einzelne Auslieferung mit
   Bezug auf Ihre Versandstelle „V###" und Ihren Kundenauftrag für den
   Kunden „77###" an.

   Menüpfad: Logistik/ Vertrieb/ Versand und Transport/ Auslieferung/ Anlegen/
   Einzelbeleg/ mit Bezug auf Kundenauftrag

   Transaktionscode: VL01N

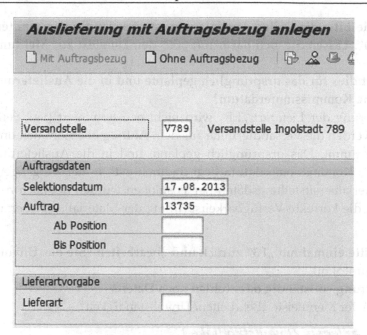

a) **Beachten Sie wiederum die Systemmeldung unten links in der Status-leiste. „Bearbeiten" Sie diese, indem Sie sich das Fehlerprotokoll anzei-gen lassen.**
Sind jetzt noch rot markierte Fehler oder gelb markierte Warnungen in Ihrer Auslieferung enthalten?

☑ Beachten Sie die Hinweise im Protokoll

Wählen Sie in der Menüleiste „Bearbeiten/ Fehlerprotokoll".

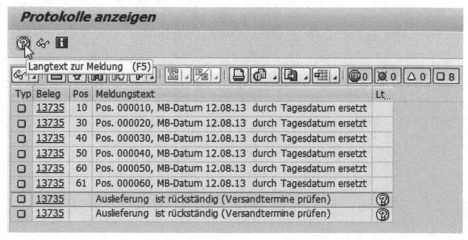

Nein, es sind nur noch grün markierte Informationen enthalten.

b) Markieren Sie bitte die Zeile „Auslieferung ist rückständig (Versandter-mine prüfen)". Lassen Sie sich dafür mit „F5" den Langtext zur Meldung anzeigen.

Was bedeutet dies für das ursprünglich geplante und in die Auslieferung übernommene Kommissionierdatum?

Eine Auslieferung der Lieferart „LF" wird nicht neu terminiert (vgl. Seite 481). Daher werden die Versandtermine aus dem Auftrag übernommen und nicht neu bestimmt. Das ursprünglich geplante und in die Auslieferung übernommene Kommissionierdatum liegt dadurch evtl. in der Vergangen-heit. Die Materialbereitstellungsdaten der Positionen wurden dennoch neu ermittelt, um die korrekte Verfügbarkeitsprüfung der Materialien sicherzu-stellen.

c) Gehen Sie bitte einmal mit „F3" zurück und „bearbeiten" Sie das Unvoll-ständigkeitsprotokoll.

Ist Ihre Lieferung vollständig oder fehlen noch Daten?

Wählen Sie in der Menüleiste „Bearbeiten/ Unvollständigkeit".

Ihre Lieferung ist vollständig.

d) **Gehen Sie bitte einmal mit „F3" zurück und springen Sie auf Kopfebene zu den Daten für die Abwicklung.**
   Wie lauten der Belegstatus und der Gesamtstatus der Kommissionierung?

Lieferung anlegen: Kopfdetail

🖉 🖻 📋 | 🖹 🖧 🖴 🖴 🦃 🖳 🏠 ▦ | Warenausgang buchen

| Warenempfänger | 77789 | Handels GmbH 789 / Arnulfstr. 789 / D-80333 München |

| Abwicklung | Kommissionierung | Laden | Transport | Außenhandel/Zoll | Finanzielle Ab |

Termine

Kommissionierung	12.08.2013	00:0...	Fakturadatum	14.08.2013
Transportdispo	12.08.2013	00:00	FaktDatumIV	
Laden	13.08.2013	00:00		
Plan-Warenausg.	14.08.2013	00:0...	Ist-Warenausg.		00:00
Liefertermin	15.08.2013	00:00	🖻 Terminierung	

Gesamtstatus

Belegstatus	✔ geprüft			
Kommissionierung	A	zu kommissionieren	TraDispo	A	Transp.Dispo offen
WM-Aktivitäten	A	WM-TA erforderlich	Dez.Lager		nicht relevant
Quittierung		n.quitt.pflichtig			Änderungsmanagement
Verpacken		nicht packpflichtig	LEB Status		nicht relevant
Warenausgang	A	noch nicht begonnen	IntVerrech		nicht relevant
Faktura	A	nicht fakturiert	Kredit		nicht durchgeführt

Der Belegstatus lautet „geprüft" und der Gesamtstatus der Kommissionierung „zu kommissionieren".

e) **Sichern Sie Ihre Lieferung und notieren Sie die Belegnummer ggf. in Tabelle 4-1 auf Seite 575.**

☑ Lieferung 80016561 gesichert

Übung 67: Anzeige des Belegflusses nach dem Anlegen des Lieferbelegs (→ Kapitel 3.5.1)

1) Lassen Sie sich im Verkauf Ihren Terminauftrag für den Kunden „77###" anzeigen.
Sehen Sie sich im Umfeld des Belegs den aktuellen Belegfluss an.
Wie lautet jeweils der Status für den Terminauftrag und die Lieferung?

Menüpfad: Vertrieb/ Verkauf/ Auftrag/ Anzeigen

Transaktionscode: VA03

Wählen Sie in der Menüleiste „Umfeld/ Belegfluss" anzeigen.

Belegfluß

Statusübersicht   Beleg anzeigen   Servicebelege

Beleg anzeigen   (F8)
Geschäftspartner   0000077789 Handels GmbH 789
Material   NOTEBOOK 17-789 NOTEBOOK 17-789

Beleg	Menge	Einheit	Ref. Wert	Währung	Am	Status
▾ 🗋 Anfrage 0010000338 / 10	10 ST		3.398,82	EUR	27.07.2013	erledigt
▾ 🗋 Angebot 0005777789 / 10	10 ST		3.347,68	EUR	29.07.2013	erledigt
▾ 🗋 ➡ Terminauftrag 0000013735 / 10	12 ST		4.004,53	EUR	11.08.2013	erledigt
• 🗋 Lieferung 0080016561 / 10	12 ST				18.08.2013	offen

2) Markieren Sie Ihre Lieferung und lassen Sie sich den Beleg anzeigen.

a) **Wie heißen die Positionstypen in der Lieferung?**
Markieren Sie die Lieferung mit der linken Maustaste und klicken Sie auf den Button „Beleg anzeigen". Die Positionstypen der Lieferung sehen Sie in Abbildung 3-146 auf Seite 473.

b) **Wie lautet der aktuelle Kommissionierstatus für alle Positionen der Lieferung?**
Der aktuelle Kommissionierstatus für alle Positionen der Lieferung lautet „A" für „nicht bearbeitet".

Verlassen Sie bitte mit dreimaligem „F3" die Transaktion.

Übung 68: Einen Lieferbeleg manuell kommissionieren (→ Kapitel 3.5.2)

1) Lassen Sie sich im Customizing der Kommissionierung anzeigen, ob für Ihre Versandstelle „V###" eine Quittierungspflicht bei der Kommissionierung besteht.

Menüpfad: Customizing/ Logistics Execution/ Versand/ Kommissionierung/ Quittierungspflicht festlegen

Transaktionscode: VSTK

Nein, für Ihre Versandstelle „V###" besteht keine Quittierungspflicht (vgl. Abbildung 3-148 auf Seite 475).

Verlassen Sie bitte mit „F3" die Transaktion.

2) Vor der Kommissionierung müssen Sie für die notwendigen Angaben zum Warehouse Management noch den Lagerbereich und den Lagerplatz Ihrer Materialien aus dem Lieferbeleg nachschlagen.
Lassen Sie sich dazu in der Logistics Execution für die lagerinternen Prozesse der Lagerverwaltung die Lagerplätze und -bestände anzeigen.
Wie hoch ist der Gesamtbestand des Materials „Notebook 15-###" in der Lagernummer „001"?

Menüpfad: Logistik/ Logistics Execution/ Lagerinterne Prozesse/ Plätze und Bestände/ Anzeigen/ Gesamtbestand pro Material (Lagerverwaltung)

Transaktionscode: LS26

Bestandsübersicht

Lagernummer	001
Material	NOTEBOOK 15-789
Werk	
Lagerort	
Lagertyp	
Anzeigevariante	

a) Markieren Sie bitte mit der linken Maustaste die Zeile in Ihrem Lagerort „L###" im Werk „Z###" und klicken Sie auf den Button „Platzbestände".

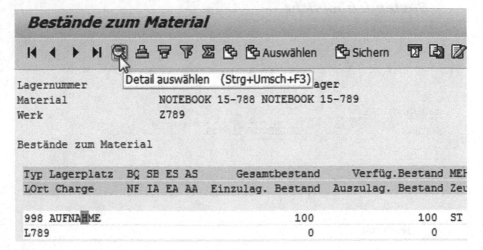

b) Markieren Sie bitte mit der linken Maustaste die Zeile mit dem Bestand und klicken Sie auf den Button „Detail auswählen".

Notieren Sie für Ihr Material bitte den Lagertyp, den Lagerbereich und den Lagerplatz.

Lagertyp = 998

Lagerbereich = 001

Lagerplatz = AUFNAHME

Alle anderen Materialien Ihres Lieferbelegs sind identisch gelagert. Sie können daher mit viermaligem Drücken auf „ F3" die Transaktion verlassen.

3) Legen Sie im Versand einen Transportauftrag für die Kommissionierung als Einzelbeleg zu Ihrem Lieferbeleg aus Übung 66 für die Lagernummer „001" an.

Menüpfad: Logistik/ Vertrieb/ Versand und Transport/ Kommissionierung/ Transportauftrag anlegen/ Einzelbeleg

Transaktionscode: LT03

a) **SAP ERP soll alle Positionen markieren bzw. aktivieren. Der Ablauf ist systemgesteuert. Die Kommissioniermenge soll als Liefermenge in die Lieferung übernommen werden. Es soll (noch) <u>KEIN</u> Warenausgang gebucht werden.**

b) **Versuchen Sie den innerbetrieblichen Transportauftrag zur Kommissionierung zu speichern bzw. zu buchen.**

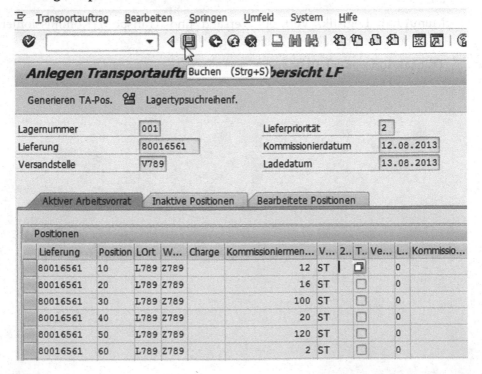

In der Lagernummer „001" wird das Warehouse Management in vollem Umfang genutzt, d. h. die Bestände werden auf der Ebene des Lagerplatzes geführt. Daher müssen Sie noch für alle Positionen die in der letzten Teilaufgabe ermittelten Organisationseinheiten der Logistics Execution manuell eintragen.

Erfassen Sie bei den Bewegungsdaten bitte für jede Position den Vonlagertyp „998", den Vonlagerbereich „001" und den Vonlagerplatz „AUFNAHME".

Bestätigen Sie Ihre Eingaben jeweils mit ENTER. Nach der letzten Position wird Ihr Transportauftrag automatisch gebucht.

c) Notieren Sie bitte die automatisch vergebene Belegnummer (ggf. auch in Tabelle 4-1 auf Seite 575) und verlassen Sie die Transaktion.

☑ Transportauftrag 0000000204 wurde angelegt

**4) Lassen Sie sich den aktualisierten Belegfluss im Verkauf anzeigen, indem
Sie dort Ihren Terminauftrag ändern.**

<u>Anmerkung:</u>
**Wenn Sie diese Transaktion statt „Auftrag anzeigen" nutzen, sehen Sie im
Belegfluss auch alle Ihre Belege aus der Vertriebsunterstützung.**

Menüpfad: Logistik/ Vertrieb/ Verkauf/ Auftrag/ Ändern

Transaktionscode: VA02

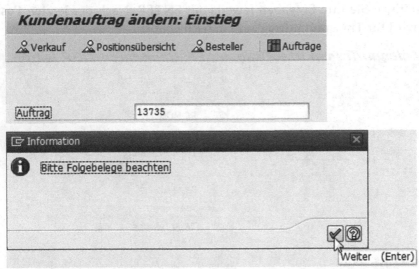

**Bitte gehen Sie mit „F5" in den Belegfluss, markieren Sie Ihre Lieferung und
klicken Sie auf den Button „Beleg anzeigen".
Wie lautet nun der Kommissionierstatus für Ihre Lieferung?**
Durch Ihren Transportauftrag wurde der Kommissionierstatus bei allen
Positionen im Lieferbeleg von „nicht bearbeitet" auf „vollständig bearbeitet"
geändert.

Verlassen Sie bitte mit dreimaligem „F3" Ihren Auftrag ohne ihn zu ändern.

Übung 69: Einen Warenausgang für einen Lieferbeleg manuell buchen (→ Kapitel 3.5.3)

1) Buchen Sie im Versand manuell als Einzelbeleg einen Warenausgang zu Ihrem Lieferbeleg.
Tragen Sie die Belegnummer Ihrer Auslieferung ein und klicken Sie auf den Button „Warenausgang buchen". Verlassen Sie dann bitte die Transaktion.

Menüpfad: Logistik/ Vertrieb/ Versand und Transport/ Buchung Warenausgang/ Auslieferung Einzelbeleg

Transaktionscode: VL02N

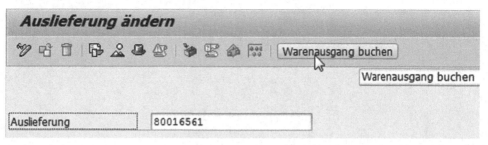

2) **Lassen Sie sich den aktualisierten Belegfluss im Verkauf anzeigen, indem Sie dort Ihren Terminauftrag ändern.**

Menüpfad: Logistik/ Vertrieb/ Verkauf/ Auftrag/ Ändern

Transaktionscode: VA02

a) Notieren Sie bitte die automatisch vergebene Belegnummer für den Warenausgang (ggf. auch in Tabelle 4-1 auf Seite 575).
   Gehen Sie mit „F5" in den Belegfluss, markieren Sie Ihren Warenausgang („Warenauslieferung") und klicken Sie auf den Button „Beleg anzeigen".

b) Klicken Sie im Materialbeleg auf den Button „RW-Belege" und lassen Sie sich den Buchhaltungsbeleg zum Warenausgang anzeigen. Wie lautet der Buchungssatz für den Warenausgang?

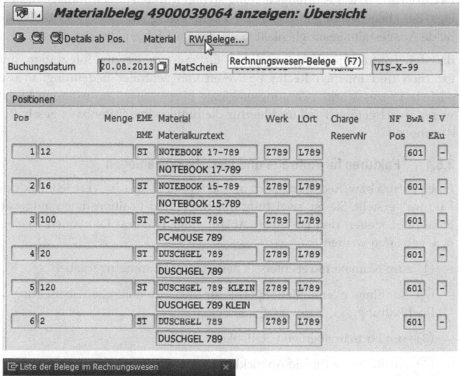

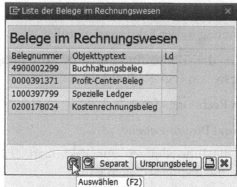

Den Buchhaltungsbeleg mit dem Buchungssatz sehen Sie in Abbildung 3-151 auf Seite 478.

Anmerkung:

Die beiden darin enthaltenen Sachkonten 310000 und 894025 können Sie sich mit dem Transaktionscode FS00 anzeigen lassen. Dort sehen Sie auch, dass es sich bei dem Sachkonto 894025 um ein Erfolgskonto aus der GuV handelt.

Verlassen Sie bitte mit dreimaligem „F3" Ihren Auftrag ohne ihn zu ändern.

3.6   Fakturen erstellen

Der nächste Prozessschritt nach dem Versenden von physischen Gütern ist die Fakturierung bzw. Rechnungsstellung an den Kunden auf Grundlage des Lieferbelegs. Bei Dienstleistungen erfolgt die Fakturierung auf Basis des Kundenauftrags. Beide Ausgestaltungsmöglichkeiten werden nachfolgend beschrieben.

Bei der Fakturaerstellung in einem ERP-System ist die Integration mit dem externen und internen Rechnungswesen von zentraler Bedeutung, u. a. da der nächste Prozessschritt „Zahlungseingänge überwachen" im externen Rechnungswesen durchgeführt wird und hierfür die notwendige Datenbasis geschaffen werden muss.

3.6.1   Fakturen für Aufträge und Lieferbelege anlegen

Eine Faktura bzw. Rechnung wird im Menüpfad „Logistik/ Vertrieb/ Fakturierung/ Faktura" erstellt. Sie ist zweistufig mit Kopf- und Positionsdaten aufgebaut. Die Fakturaart steuert den gesamten Ablauf einer Faktura. Es können Festlegungen u. a. getroffen werden

- ① zum Nummernkreisintervall bei interner Nummernvergabe.

- ② zu einer eventuellen Sperre für die automatische Überleitung an die Buchhaltung.

- ③ zum Fortschreiben von Statistiken.

- ④ zur Relevanz für die Abwicklung von Bonusabsprachen.

- ⑤ zur Fakturaart, wenn eine Rechnung dieser Fakturaart storniert wird.

- ⑥ zum Kalkulationsschema für die Kontenfindung zur Ermittlung der Sachkonten im externen Rechnungswesen (vgl. Kapitel 3.6.2.1).

- ⑦ zur Nachrichtenart, z. B. einem Rechnungsdruck.

- ⑧ zur Partnerfindung auf Kopf- und Positionsebene.

Abbildung 3-152 zeigt beispielhaft die Einstellungen zur Fakturaart „F2", die gemäß Abbildung 3-153 für Terminaufträge vorgeschlagen wird.

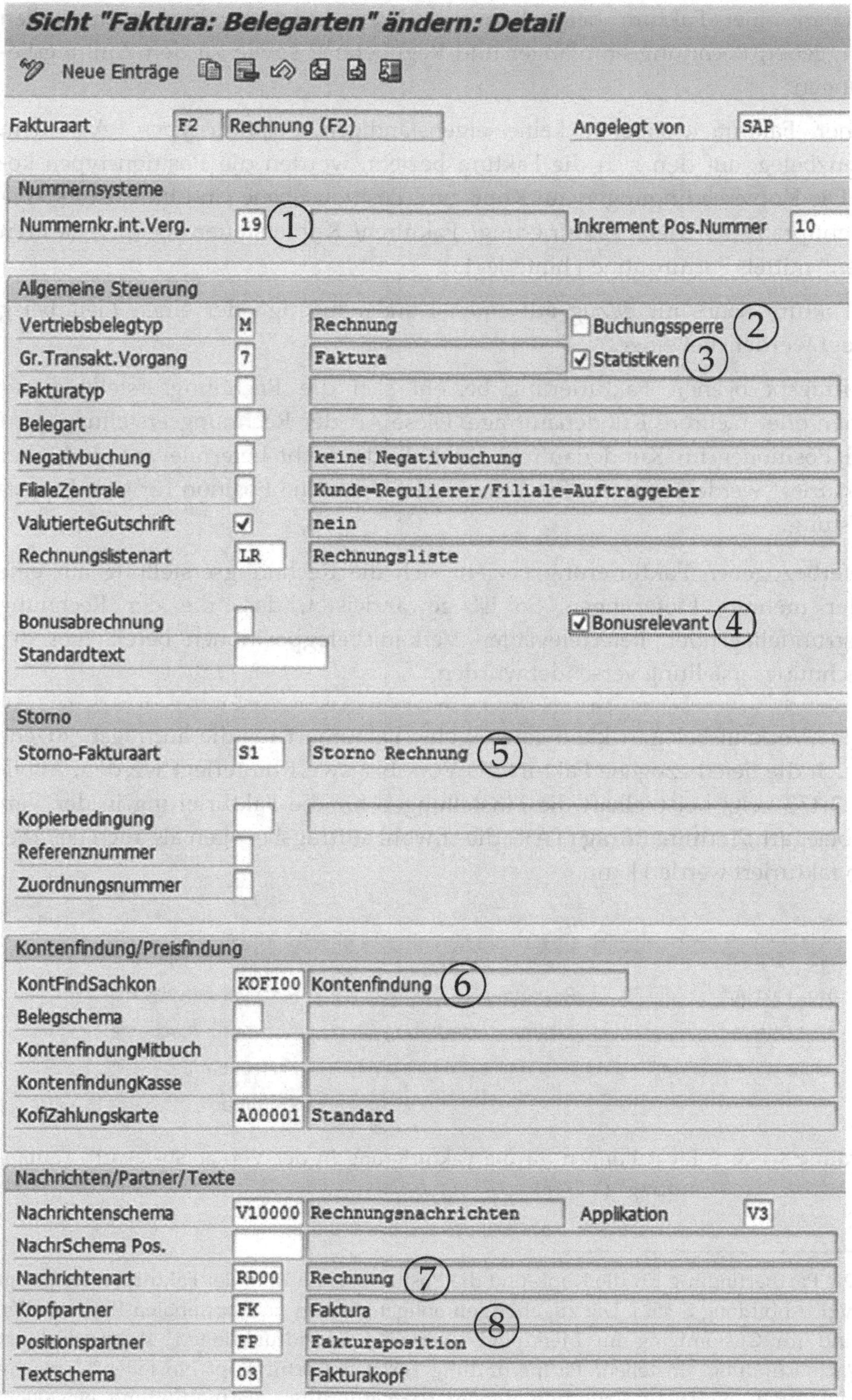

Sicht "Faktura: Belegarten" ändern: Detail

🖉 Neue Einträge 🛅 🖫 🖄 🖆 🖺 🖳

| Fakturaart | F2 | Rechnung (F2) | | Angelegt von | SAP |

Nummernsysteme

| Nummernkr.int.Verg. | 19 ① | | Inkrement Pos.Nummer | 10 |

Allgemeine Steuerung

Vertriebsbelegtyp	M	Rechnung	☐ Buchungssperre ②
Gr.Transakt.Vorgang	7	Faktura	☑ Statistiken ③
Fakturatyp			
Belegart			
Negativbuchung		keine Negativbuchung	
FilialeZentrale		Kunde=Regulierer/Filiale=Auftraggeber	
ValutierteGutschrift	☑	nein	
Rechnungslistenart	LR	Rechnungsliste	
Bonusabrechnung			☑ Bonusrelevant ④
Standardtext			

Storno

Storno-Fakturaart	S1	Storno Rechnung ⑤
Kopierbedingung		
Referenznummer		
Zuordnungsnummer		

Kontenfindung/Preisfindung

KontFindSachkon	KOFI00	Kontenfindung ⑥
Belegschema		
KontenfindungMitbuch		
KontenfindungKasse		
KofiZahlungskarte	A00001	Standard

Nachrichten/Partner/Texte

Nachrichtenschema	V10000	Rechnungsnachrichten	Applikation	V3
NachrSchema Pos.			
Nachrichtenart	RD00	Rechnung ⑦
Kopfpartner	FK	Faktura
Positionspartner	FP	Fakturaposition ⑧
Textschema	03	Fakturakopf

Abbildung 3-152: Einstellungen zur Fakturaart „F2" für Terminaufträge (VOFA)

Kopfdaten einer Faktura beinhalten u. a. Daten zu den Pflichtpartnerrollen Auftraggeber, Rechnungsempfänger und Regulierer[112] sowie zu den Zahlungsbedingungen.

In einer Faktura existieren keine eigenständigen Positionstypen. Aus dem Referenzbeleg, auf den sich die Faktura bezieht, werden die Positionstypen kopiert. Die Kopierbedingungen auf Kopf- und Positionsebene sind im Customizing im Menüpfad „Vertrieb/ Fakturierung/ Fakturen/ Kopiersteuerung für Fakturen pflegen" mittels Formroutinen hinterlegt.

Eine Faktura kann mit Bezug auf einen Kundenauftrag oder einen Lieferbeleg angelegt werden. Bei einer

– auftragsbezogenen Fakturierung bezieht sich die Rechnungserstellung auf einen oder mehrere Kundenaufträge. Diese Art der Rechnungserstellung wird bei Positionen im Kundenauftrag gewählt, die nicht lieferrelevant sind, aber fakturiert werden müssen. Ein Beispiel dafür ist eine Position für eine Dienstleistung.

– lieferbezogenen Fakturierung bezieht sich die Rechnungserstellung auf eine oder mehrere Lieferungen. So ist gewährleistet, dass die der Rechnung zugrundeliegenden lieferrelevanten Verkaufsbelegpositionen bereits vor der Rechnungserstellung versendet wurden.

Für eine Verkaufsbelegart kann sowohl eine Fakturaart für die auftragsbezogene wie auch die lieferbezogene Faktura als Vorschlagswert hinterlegt werden. Abbildung 3-153 zeigt beispielhaft die Einstellungen für die Fakturierung in der Verkaufsbelegart „Terminauftrag (TA)", die sowohl auftragsbezogen als auch lieferbezogen fakturiert werden kann.

Faktura				
Lieferbez. Fakt.Art	F2	Rechnung (F2)	KondArtEinzelposten	EK02
Auftr.bez. Fakt.Art	F2	Rechnung (F2)	Fakturierungsplanart	
FaktArtInterneVerr	IV	Interne Verrechnung	Absicherungsschema	01
Fakturasperre			Zkartenplanart	03
			Prüfgruppe	01

Abbildung 3-153:   Einstellungen für die Fakturierung in der Verkaufsbelegart „Terminauftrag" (VOV8)

---

112 Die Partnerfindung für die Kopf- und die Positionsebene ist in der Fakturaart festgelegt (vgl. Abbildung 3-152). Die zugehörigen obligatorischen und optionalen Partnerrollen sind im Customizing im Menüpfad „Vertrieb/ Grundfunktionen/ Partnerfindung/ Partnerfindung einstellen/ Partnerfindung für den Fakturakopf einstellen" bzw. im Menüpfad „Vertrieb/ Grundfunktionen/ Partnerfindung/ Partnerfindung einstellen/ Partnerfindung für die Fakturaposition einstellen" hinterlegt.

Kann für eine Verkaufsbelegart, wie z. B. einen Terminauftrag, prinzipiell sowohl auftragsbezogen als auch lieferbezogen fakturiert werden, so wird für jeden Positionstyp des Verkaufsbelegs ausgesteuert, ob die Faktura auftrags- oder lieferbezogen erfolgt.

Abbildung 3-154 zeigt beispielsweise, dass u. a. die beiden Positionstypen „TAN" und „TANN" lieferbezogen fakturiert werden.

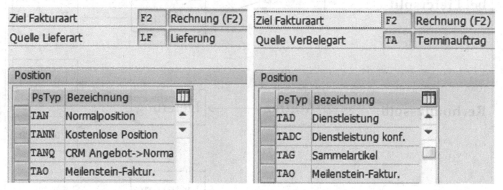

Ziel Fakturaart	F2	Rechnung (F2)		Ziel Fakturaart	F2	Rechnung (F2)
Quelle Lieferart	LF	Lieferung		Quelle VerBelegart	TA	Terminauftrag

Position				Position		
PsTyp	**Bezeichnung**			**PsTyp**	**Bezeichnung**	
TAN	Normalposition			TAD	Dienstleistung	
TANN	Kostenlose Position			TADC	Dienstleistung konf.	
TANQ	CRM Angebot->Norma			TAG	Sammelartikel	
TAO	Meilenstein-Faktur.			TAO	Meilenstein-Faktur.	

Abbildung 3-154: Kopiersteuerung auf Positionsebene bei liefer- und auftragsbezogener Faktura (VTFL und VTFA)

Wenn ein Anwender trotzdem versucht, einen Terminauftrag mit einer Position vom Positionstyp „TAN" auftragsbezogen zu fakturieren, so gibt SAP ERP eine Fehlermeldung aus (vgl. Abbildung 3-155).

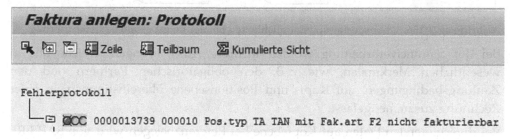

Faktura anlegen: Protokoll

🔍 📋 📄 📊 Zeile   📊 Teilbaum   Σ Kumulierte Sicht

Fehlerprotokoll

└─ 🔶 0000013739 000010 Pos.typ TA TAN mit Fak.art F2 nicht fakturierbar

Abbildung 3-155: Fehlermeldung beim Versuch, eine auftragsbezogene Faktura mit einem Positionstyp einer lieferbezogenen Faktura anzulegen (VF01)

Sowohl für die auftragsbezogene als auch für die lieferbezogene Fakturierung gibt es mehrere Ausgestaltungsmöglichkeiten. Abbildung 3-156 zeigt diese am Beispiel der lieferbezogenen Fakturierung. Bei der auftragsbezogenen Fakturierung existieren sie analog. Es besteht jeweils eine m:n-Kardinalität von Auftrag bzw. Lieferung zur Faktura.

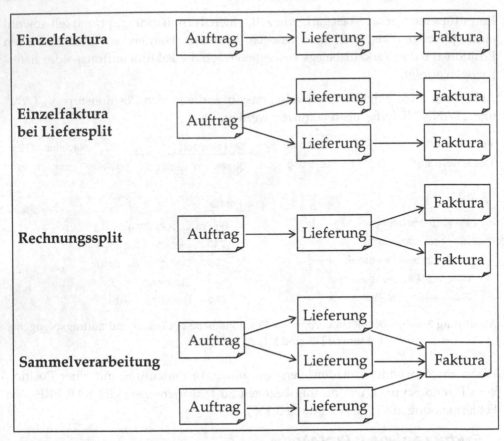

Abbildung 3-156:   Ausgestaltungsmöglichkeiten bei der lieferbezogenen Fakturierung

Bei der Sammelverarbeitung werden mehrere Auslieferungen, welche alle in wesentlichen Merkmalen, wie z. B. den obligatorischen Partnern und den Zahlungsbedingungen, auf Kopf- und Positionsebene übereinstimmen, in einer Rechnung zusammengefasst.

Bei divergierenden Daten auf Kopfebene bei Referenzbelegen wird von SAP ERP automatisch immer ein Rechnungssplit ausgelöst. Darüber hinaus wird ein Rechnungssplit auch bei unterschiedlichen Daten auf Positionsebene von Referenzbelegen erzeugt, die – wie beispielsweise Zahlungsbedingungen – in der Faktura auf Kopfebene enthalten sind (vgl. Abbildung 3-157).

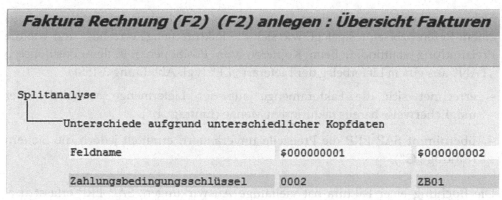

Abbildung 3-157: Automatisch erzeugter Rechnungssplit aufgrund divergierender Zahlungsbedingungen auf Positionsebene eines Lieferbelegs (VF01)

Für Daten, die aus einer Position im Referenzbeleg in eine Position in einer Faktura übernommen werden, kann mit Hilfe einer Formroutine im Customizing im Menüpfad „Vertrieb/ Fakturierung/ Fakturen/ Kopiersteuerung für Fakturen pflegen" für jede Fakturaart in Abhängigkeit von der Referenzbelegart und dem Positionstyp im Referenzbeleg festgelegt werden, wann ein Rechnungssplit erfolgt.

Abbildung 3-158 zeigt beispielhaft die Formroutine für einen lieferbezogenen Rechnungssplit beim Positionstyp „TAN" aus der Lieferart „LF".

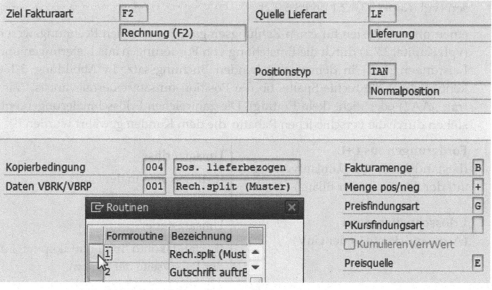

Abbildung 3-158: Festlegung für einen Rechnungssplit bei dem Positionstyp „TAN" aus der Lieferart „LF" (VTFL)

Neben der Festlegung für einen Rechnungssplit wird für jeden Positionstyp aus einem Referenzbeleg festgelegt, wie sich die Fakturamenge errechnet und wie die Preisfindung stattfindet. Beim Kopieren von Positionen mit dem Positionstyp „TAN" aus einem Lieferbeleg der Lieferart „LF" (vgl. Abbildung 3-158)

– errechnet sich die Fakturamenge aus der Liefermenge abzüglich einer möglicherweise bereits fakturierten Menge (Eintrag „B").

– übernimmt SAP ERP die Preisteile unverändert, ermittelt jedoch die Steuern (Eintrag „G").

Die Buchung einer Faktura hat vielfältige Auswirkungen. SAP ERP erfasst u. a. automatisch über zugehörige Belege und Datenflüsse

– den aktualisierten Belegfluss im Vertrieb.

– die Fakturadaten für Vertriebsstatistiken im Vertriebsinformationssystem.

– die Aktualisierung der offenen Aufträge im Infosystem zum Kreditmanagement im Vertrieb und in der Debitorenbuchhaltung im externen Rechnungswesen (vgl. Übung 65 auf Seite 460).

– die zu der Faktura gehörenden Erlöse und Kosten für Erlösschmälerungen auf Ergebnisobjekten in der Kostenträgerzeitrechnung im internen Rechnungswesen (vgl. Kapitel 3.6.2.1 und 3.6.2.2).

– einen offenen Posten für einen Zahlungseingang im externen Rechnungswesen (vgl. Kapitel 3.7.1) durch die Entstehung von Forderungen aus Lieferungen und Leistungen (L+L) in dem nachstehenden Buchungssatz. In Abbildung 3-160 kennzeichnet die rechte Spalte, ob die Position umsatzsteuerrelevant ist (Eintrag „AA") oder nicht (kein Eintrag). Die zahlreichen Erlösschmälerungen entstehen durch die verschiedenen Rabatte, die dem Kunden gewährt wurden.[113]

Forderungen aus L+L (Bestandskonto im Umlaufvermögen auf der Aktivseite der Bilanz)	**Umsatzerlöse** (Ertragskonto in der GuV)
Erlösschmälerungen (Aufwandskonto in der GuV)	**Umsatzsteuer** (Bestandskonto im Fremdkapital auf der Passivseite der Bilanz)

---

113 Zu den Vorzeichenkonventionen bei einem Buchungssatz in SAP ERP siehe Fußnote 111 auf Seite 479.

Wird aufgrund von Bonusabsprachen eine Rückstellung für spätere Bonuszahlungen an den Kunden gebildet, so wird durch die Faktura ein weiterer Buchungssatz erzeugt:

Kundenboni	**Sonstige Rückstellungen**
(Aufwandskonto in der GuV)	(Bestandskonto im Fremdkapital auf der Passivseite der Bilanz)

Abbildung 3-159 zeigt die Konditionen für eine Faktura, die nur eine Position umfasst. In Abbildung 3-160 ist der zugehörige Buchungssatz aus dem Buchhaltungsbeleg zu sehen.

Positionsdetail	Positionspartner	Konditionen	Außenhandel/Zoll	Positionste

Menge		16 ST	Netto	4.268,14 EUR
			Steuer	810,95

Preiselemente

I...	KArt	Bezeichnung	Betrag	Währg	pro	ME	Konditionswert	Währg	St
☐	PR00	Preis	279,00	EUR	1	ST	4.464,00	EUR	
		Brutto	279,00	EUR	1	ST	4.464,00	EUR	
☐	K007	Kundenrabatt	1,500-	%			66,96-	EUR	
△	K020	Preisgruppe	1,000-	%			43,97-	EUR	
☐	K029	Materialgruppe	0,10-	EUR	1	KG	6,72-	EUR	
☐	RB00	Absolutrabatt	10,00-	EUR			10,00-	EUR	
☐	K148	Produkthierarchie	1,000-	%			43,80-	EUR	
		Rabattbetrag	7,97-	EUR	1	ST	127,48-	EUR	
☐	PMIN	Mindestpreis	240,00	EUR	1	ST	0,00	EUR	
		Bonusbasis	271,03	EUR	1	ST	4.336,52	EUR	
		Positionsnetto	271,03	EUR	1	ST	4.336,52	EUR	
☐	HA00	Prozentrabatt	0,500-	%			21,68-	EUR	
☐	HB00	Absolutrabatt	100,00-	EUR			46,70-	EUR	
☐	AMIW	Mindestauftragswert	5.000,00	EUR			2.334,87	EUR	
☐	AMIZ	Mindestwertzuschlag	5.000,00	EUR			0,00	EUR	
			412,69	EUR	1	ST	6.603,01	EUR	
		Nettowert 2	266,76	EUR	1	ST	4.268,14	EUR	
☐	BO02	Materialbonus	50,00-	EUR	15	ST	53,33-	EUR	
		Nettowert 3	409,36	EUR	1	ST	6.549,68	EUR	
☐	MWST	Ausgangssteuer	19,000	%			810,95	EUR	
		Endbetrag	317,44	EUR	1	ST	5.079,09	EUR	
☐	SKTO	Skonto	3,000-	%			152,37-	EUR	
☐	VPRS	Verrechnungspreis	199,00	EUR	1	ST	3.184,00	EUR	
		Deckungsbeitrag	67,76	EUR	1	ST	1.084,14	EUR	

Abbildung 3-159:   Konditionen zu einer Position einer Faktura (VF03)

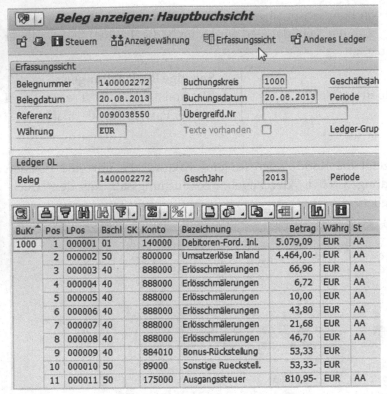

Abbildung 3-160:   Buchungssatz zu einer Faktura in der Hauptbuchsicht (FB03)

3.6.2   Unterstützende Prozesse

3.6.2.1   Kopiersteuerung für Belegdaten festlegen

In den vorherigen Kapiteln wurde bei diesem unterstützenden Prozess stets die Kopiersteuerung bzw. Datenübernahme (inbound) aus dem Vorgängerbeleg dargestellt. Sachverhalte zu diesem Thema sind beim aktuellen Prozessschritt „Fakturen erstellen" bereits mit in Kapitel 3.6.1 eingeflossen.

Nachstehend wird stattdessen die Übernahme von Vertriebsdaten (outbound) in das externe und das interne Rechnungswesen beschrieben. Um den Fokus und den Rahmen dieses Buches nicht zu sprengen, kann dabei nur ein Überblick aus der Vertriebsperspektive über die oftmals komplexen Sachverhalte gegeben werden. Nichtsdestotrotz sollte sich jeder Vertriebsmitarbeiter stets die große Praxisrelevanz der Thematik vergegenwärtigen:

Vertriebserfolge stellen keinen Selbstzweck dar, sondern dienen als Beitrag zum Unternehmenserfolg. Dieser wird fast immer anhand der monetären Ergebnisse im externen (in der GuV und der Bilanz) und internen (in der Kostenträgerzeitrechnung) Rechnungswesen gemessen. Daher sollte jeder Mitarbeiter im Vertrieb schon aus Eigeninteresse daran interessiert sein, dass der Vertriebserfolg in den entsprechenden Rechenwerken korrekt abgebildet wird.

Integration mit dem externen Rechnungswesen (FI)

Der Buchungssatz von Abbildung 3-160 gehört zu der Rechnung aus Abbildung 3-161. Aufgrund eines Rechnungssplits durch eine abweichende Zahlungsbedingung wurde die Rechnung für Position 30 aus der Lieferung zu dem in Übung 64 auf Seite 459 angelegten Terminauftrag über 16 Stück des „Notebook 15-###" separat erstellt.

Abbildung 3-161: Anzeigen einer lieferbezogenen Faktura (VF03)

In Abbildung 3-160 ist der Buchungssatz aus dem Buchhaltungsbeleg zur Faktura in der sog. „Hauptbuchsicht" dargestellt. Diese unterscheidet sich von der „Erfassungssicht" aus Abbildung 3-162 nur darin, dass das Forderungskonto 140000 für Lieferungen und Leistungen statt des Debitorenkontos aus der Debitorenbuchhaltung angezeigt wird.

Abbildung 3-162: Buchungssatz zur Faktura in der Erfassungssicht (FB03)

Die Findung der Bestandskonten ist in SAP ERP relativ einfach nachvollziehbar:

– Das in der Hauptbuchsicht angegebene Forderungskonto ist als Abstimmkonto (Hauptbuch) im Stammsatz des Debitors bzw. Regulierers bei den Buchungskreisdaten in der Registerkarte „Kontoführung" hinterlegt.

– Die in der Erfassungssicht angezeigte Kontonummer jedes Debitors ist in SAP ERP stets gleichzeitig das Debitorenkonto aus der Debitorenbuchhaltung (Nebenbuchhaltung). Der Saldo aller Debitorenkonten aus der Debitorenbuchhaltung wird in der Hauptbuchhaltung in der Bilanz auf das Abstimmkonto erfasst.

Die Höhe der Beträge der einzelnen Positionen im Buchungssatz lässt sich auch recht leicht errechnen:

– Die Umsatzerlöse von 4.464,00 Euro und die Erlösschmälerungen (in Summe 195,86 Euro) bestimmen sich aus den Konditionssätzen „PR00" sowie allen Abschlägen des der Faktura zugrundeliegenden Terminauftrags.
   Der Saldo von 4.268,14 Euro wird in Abbildung 3-161 als Nettowert angezeigt und bildet die Grundlage für die Berechnung der Umsatzsteuer.

– Die Umsatzsteuer, in Abbildung 3-162 als „Ausgangssteuer" bezeichnet, beträgt 810,95 Euro. Dies sind 19 Prozent von 4.268,14 Euro.

– Gemäß Abbildung 3-127 auf Seite 410 werden dem Kunden beim Kauf von 15 Stück des „Notebook 15-###" 50,00 Euro Bonus gewährt. Bei einer Abnahmemenge von 16 Stück (vgl. Abbildung 3-161) ergeben sich Rückstellungen in Höhe von 53,33 Euro = 16/15 x 50,00 Euro.

– Die Forderungen aus Lieferungen und Leistungen berechnen sich durch die Positionen auf der Soll- und Habenseite des Buchungssatzes: 5.079,09 Euro = 4.464,00 Euro + 810,95 Euro - 195,86 Euro

Komplexer gestaltet sich in SAP ERP die Findung der Erfolgskonten aus der GuV, des Rückstellungskontos und des Kontos für die Mehrwertsteuer aus Abbildung 3-162.

Die Einstellungen zu diesen Kontierungen sind mit der Konditionstechnik (vgl. Kapitel 3.2.3.1) ausgestaltet und finden sich im Customizing im Menüpfad „Vertrieb/ Grundfunktionen/ Kontierung-Kalkulation/ Erlöskontenfindung".

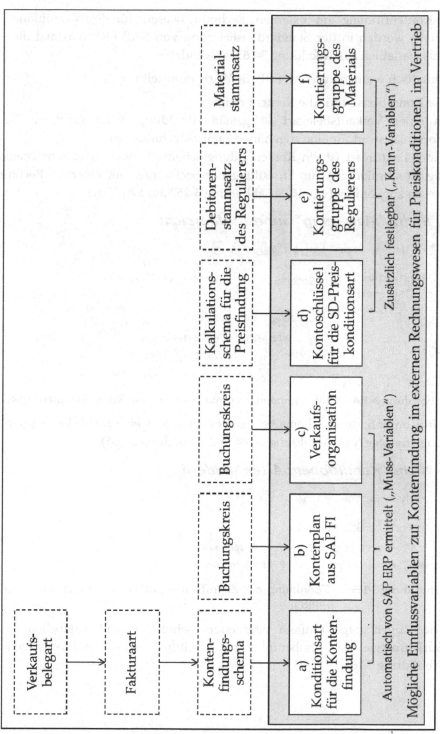

Abbildung 3-163: Mögliche Einflussvariablen zur Kontenfindung im externen Rechnungswesen für Preiskonditionen im Vertrieb

Zur Kontenfindung im externen Rechnungswesen für Preiskonditionen des Vertriebs werden in der Standardauslieferung von SAP ERP maximal die sechs Einflussvariablen aus Abbildung 3-163 verwendet.

Automatisch werden von SAP ERP die Werte ermittelt für

– die Konditionsart für die Kontenfindung:
In einer Verkaufsbelegart ist gemäß Abbildung 3-153 auf Seite 502 ein Vorschlagswert für eine zugehörige Fakturaart hinterlegt.
Einer Fakturaart ist ein Kontenfindungsschema bzw. Kalkulationsschema für die Kontenfindung zur Ermittlung der Sachkonten im externen Rechnungswesen zugeordnet (vgl. ⑥ in Abbildung 3-152 auf Seite 501).

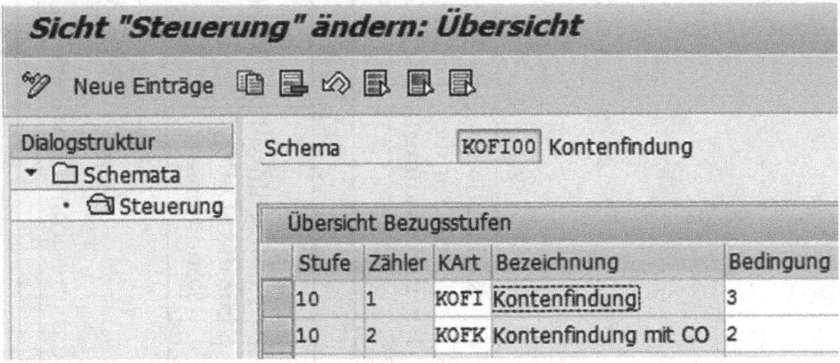

Sicht "Steuerung" ändern: Übersicht

🖉 Neue Einträge   📋 📑 🖉 📑 📑 📑

Dialogstruktur	Schema	KOFI00 Kontenfindung	
▼ ☐ Schemata			
• 🗂 Steuerung			

Übersicht Bezugsstufen

	Stufe	Zähler	KArt	Bezeichnung	Bedingung
	10	1	KOFI	Kontenfindung	3
	10	2	KOFK	Kontenfindung mit CO	2

Abbildung 3-164:   Kontenfindungsschema „KOFI00" mit Konditionsarten (SPRO)

Ein Kontenfindungsschema beinhaltet mindestens eine Konditionsart mit einer Zugriffsfolge (vgl. Abbildung 3-164 und Abbildung 3-165).

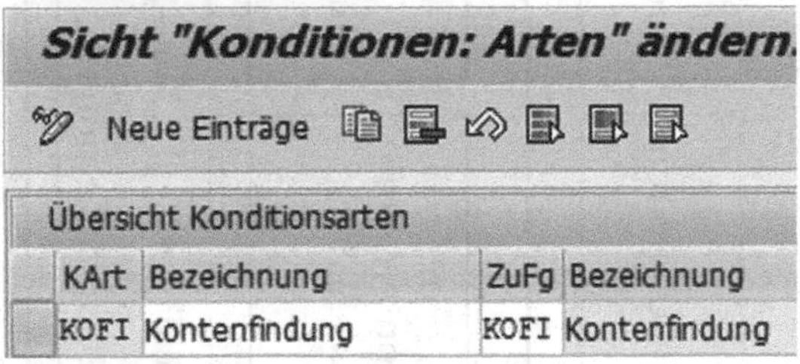

Sicht "Konditionen: Arten" ändern.

🖉 Neue Einträge   📋 📑 🖉 📑 📑 📑

Übersicht Konditionsarten

	KArt	Bezeichnung	ZuFg	Bezeichnung
	KOFI	Kontenfindung	KOFI	Kontenfindung

Abbildung 3-165:   Zuordnung der Zugriffsfolge „KOFI" zur Konditionsart „KOFI" (SPRO)

Die Zugriffsfolge umfasst eine oder mehrere Konditionstabellen für die Suchstrategie bzw. -reihenfolge zur Ermittlung von Konditionssätzen (vgl. Abbildung 3-166).

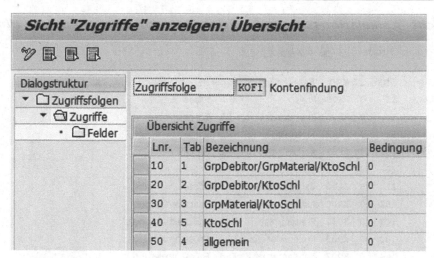

Abbildung 3-166: Konditionstabellen zur Zugriffsfolge „KOFI" (SPRO)

– den Kontenplan aus SAP FI:
In jedem Buchungskreis wird genau ein operativer Kontenplan genutzt, in dem alle Sachkonten aus der Bilanz und der GuV verzeichnet sind (vgl. Seite 58 und Seite 60).

– die Verkaufsorganisation:
Die Kontenfindung im externen Rechnungswesen wird für jede Verkaufsorganisation festgelegt.

Zusätzlich können noch Werte in SAP ERP hinterlegt werden für:

– den Kontoschlüssel für die SD-Preiskonditionsart:
Mit Kontoschlüsseln werden gleichartige Konten, beispielsweise für Erlöse, Erlösschmälerungen oder Rückstellungen, im externen Rechnungswesen zusammengefasst.
Ein Kontoschlüssel kann im Customizing im Menüpfad „Vertrieb/ Grundfunktionen/ Kontierung-Kalkulation/ Erlöskontenfindung/ Kontoschlüssel definieren und zuordnen" definiert und anschließend Konditionsarten aus den Kalkulationsschemata für die Preisfindung zugeordnet.
Abbildung 3-167 zeigt einen Ausschnitt aus der Zuordnung solcher Kontoschlüssel zu Konditionsarten im Kalkulationsschema „RVAA01", das in den Übungen dieses Buches verwendet wird.

Sicht "Kalkulationsschemata: Erlösekontenfindung" ändern: Über

✏ Neue Einträge 📋 🖫 ⬀ 🖺 🖺 🖺

Schema	Stufe	Z..	KArt	Bezeichnung	KtoSl	Bezeichnung	Rückst	Bezeichnung
RVAA01	11	0	PR00	Preis	ERL	Erlöse		Erlöse
	13	0	PB00	Preis Brutto	ERL	Erlöse		
	14	0	PR02	Intervallpreis	ERL	Erlöse		
	15	0	ZK01	Kosten	ERL	Erlöse		
	20	0	VA00	Varianten	ERL	Erlöse		
	21	0	ZA00	Varianten allge...	ERL	Erlöse		
	101	0	KA00	Aktion	ERS	Erlösschmälerung...		
	102	0	K032	Preisgrp/Mat	ERS	Erlösschmälerung...		
	103	0	K005	Kunde/Material	ERS	Erlösschmälerung...		
	104	0	K007	Kundenrabatt	ERS	Erlösschmälerung...		
	105	0	K004	Material	ERS	Erlösschmälerung...		
	106	0	K020	Preisgruppe	ERS	Erlösschmälerung...		
	107	0	K029	Materialgruppe	ERS	Erlösschmälerung...		
	108	0	K030	Kunde/MatGrp	ERS	Erlösschmälerung...		

:

	817	0	AMIW	Mindestauftrags...				
	818	0	AMIZ	Mindestwertzus...	ERS	Erlösschmälerung...		
	820	0	HM00	Auftragswert	ERS	Erlösschmälerung...		
	895	0	PDIF	Differenzwert(ei...	ERS	Erlösschmälerung...		
	901	0	BO01	Gruppenbonus	ERB	Bonus Erlösschmäl.	ERU	Bonusrückstellungen
	902	0	BO02	Materialbonus	ERB	Bonus Erlösschmäl.	ERU	Bonusrückstellungen
	903	0	BO03	Kundenbonus	ERB	Bonus Erlösschmäl.	ERU	Bonusrückstellungen
	904	0	BO04	Hierarchiebonus	ERB	Bonus Erlösschmäl.	ERU	Bonusrückstellungen
	905	0	BO05	Hierarchiebonus...	ERB	Bonus Erlösschmäl.	ERU	Bonusrückstellungen
	906	0	ZBO7	K-Hierachie/P-Gr..	ERB	Bonus Erlösschmäl.	ERU	Bonusrückstellungen

Abbildung 3-167: Kontoschlüssel für Konditionsarten im Kalkulationsschema „RVAA01" (SPRO)

– die Kontierungsgruppe des Regulierers:
Wichtige Partnerrollen im Partnerschema „Auftraggeber" sind beispielsweise für die Partnerart „Kunde" der Auftraggeber, der Regulierer, der Waren- und der Rechnungsempfänger, die beim Anlegen eines Debitoren jeweils angegeben werden müssen (vgl. Seite 129). Die Geschäftspartner für diese Pflichtrollen können identisch sein oder sich voneinander unterscheiden.
Der Regulierer ist maßgeblich für den nächsten Prozessschritt „Zahlungseingänge überwachen". Deshalb gehört er bei der Faktura auch zu den Pflichtpartnerrollen auf Kopfebene (vgl. Seite 502). In den Vertriebsbereichsdaten des Debitorenstamms <u>kann</u> in der Registerkarte „Faktura" eine Kontierungsgruppe

für die Buchhaltung angegeben werden. Diese Kontierungsgruppe wird von SAP dann automatisch im Verkaufsbeleg und in der Faktura vorgeschlagen. Sie kann jedoch jeweils manuell geändert werden.

– die Kontierungsgruppe des Materials:
  Für ein Material kann in der Sicht „Vertrieb: VerkOrg 2" im Feld „Kontierungsgr. Mat." eine Kontierungsgruppe hinterlegt werden. Mit ihr können einzelne Materialien für die Kontenfindung im externen Rechnungswesen gruppiert werden.

Für die Zuordnung der Sachkonten werden die Konditionstabellen einer Zugriffsfolge zu einer Konditionsart für die Kontenfindung in der festgelegten Reihenfolge (vgl. Abbildung 3-166) auf gültige Einträge durchsucht. Abbildung 3-168 zeigt die Reihenfolge der Konditionstabellen für die Zugriffsfolge von Abbildung 3-166. Hinzugefügt sind die jeweils enthaltenen Einflussvariablen von Abbildung 3-163. Dabei gilt das bereits auf Seite 119 beschriebene Prinzip „vom Speziellen zum Allgemeinen".[114]

Sachkonten zuordnen

Tabelle	Bezeichnung	Enthaltene Einflussvariablen	Anzahl
1	GrpDebitor/GrpMaterial/KtoSchl	a), b), c), d), e), f)	6
2	GrpDebitor/KtoSchl	a), b), c), d), e)	5
3	GrpMaterial/KtoSchl	a), b), c), d), f)	5
4	allgemein	a), b), c)	3
5	KtoSchl	a), b), c), d)	4

Abbildung 3-168: Konditionstabellen einer Zugriffsfolge zu einer Konditionsart für die Findung von Sachkonten (VKOA und eigene Ergänzungen)

SAP ERP prüft diese Konditionstabellen gemäß der in Abbildung 3-166 auf Seite 513 dargestellten Zugriffsfolge, bis für alle darin enthaltenen Einflussvariablen ein Eintrag für ein gültiges Sachkonto gefunden wird.

---

114 Lassen Sie sich dabei nicht von der optischen Reihenfolge in Abbildung 3-168 verwirren, welche diesem Prinzip bei den Tabellen 4 und 5 scheinbar widerspricht. In Abbildung 3-166 sehen Sie in der Zugriffsfolge, dass auf die Konditionstabelle 5 vor Tabelle 4 zugegriffen wird. Nur die Zugriffsfolge ist maßgeblich, nicht aber die Nummer der Konditionstabelle. Sie können schon an der Bezeichnung von Tabelle 4 erkennen, dass diese die (wahrscheinlich wenigsten) Variablen für den allgemeinsten Zugriff beinhaltet.

Markiert man eine Konditionstabelle in Abbildung 3-168, so kann man sich mit „F2" die bereits bestehenden Einträge zu den Kombinationen der Einflussvariablen von Abbildung 3-163 anzeigen lassen.

Sicht "GrpDebitor/KtoSchl" ändern: Übersicht

✐ Neue Einträge 🗇 🗐 🖉 🗐 🗐 🗐

GrpDebitor/KtoSchl

Apl	K.Art.	KtPl	VkOrg	KGr	KtoSl	Sachkonto	Rückstellungkto
V	KOFI	INT	Y789	01	ERL	800000	
V	KOFI	INT	Y789	01	ERS	888000	

Abbildung 3-169: Findung von Sachkonten mit der Konditionstabelle 2 (VKOA)

Abbildung 3-169 zeigt die fünf Einflussvariablen[115] und zugeordnete Sachkonten für die Konditionstabelle 2 mit der Kombination aus der Kontierungsgruppe des Debitors bzw. Reguilierers und dem Kontoschlüssel.

In Abbildung 3-170 ist dazu im Vergleich die geringere Anzahl von vier Einflussvariablen (siehe auch unten Fußnote 115) für die Konditionstabelle 5 zu sehen.

Sicht "KtoSchl" ändern: Übersicht

✐ Neue Einträge 🗇 🗐 🖉 🗐 🗐 🗐

KtoSchl

Apl	K.Art.	KtPl	VkOrg	KtoSl	Sachkonto	Rückstellungkto
V	KOFI	INT	Y789	ERB	884000	
V	KOFI	INT	Y789	ERF	809000	
V	KOFI	INT	Y789	ERL	800000	800000
V	KOFI	INT	Y789	ERS	889000	889000
V	KOFI	INT	Y789	ERU	884010	89000
V	KOFI	INT	Y789	EVV	100000	
V	KOFI	INT	Y789	MWS	175000	

Abbildung 3-170: Findung von Sachkonten mit der Konditionstabelle 5 (VKOA)

Aus Abbildung 3-167 in Verbindung mit Abbildung 3-169 bzw. Abbildung 3-170 wird die Findung aller Erfolgskonten aus der GuV, des Rückstellungskontos und des Kontos für die Mehrwertsteuer aus Abbildung 3-162 ersichtlich.

Wenn man das Prinzip der Kontenfindung für Sachkonten verstanden hat, so wird die Analyse der Kontenfindung im Rechnungsbeleg verständlich. Beim Anzeigen einer Faktura wie in Abbildung 3-161 wählt man dazu in der Menüleiste „Umfeld/

---

[115] Es sind zwar sechs Spalten zu sehen, jedoch zählt die Spalte „Applikation" natürlich nicht zu den Einflussvariablen.

Kontierungsanalyse/ Erlöskonten", um sich die Findung für den Buchungssatz aus Abbildung 3-162 anzeigen zu lassen.

Für die Konditionsart „PR00" wird die Kontenfindung beispielhaft anhand von Abbildung 3-171 und Abbildung 3-172 erklärt.

Schema	Beschreibung
▼ 🗀 KOFI00	Kontenfindung
▼ 🗀 PR00	Preis
• 🗀 10(KOFI)	GrpDebitor/GrpMaterial/KtoSchl
• 🗀 20(KOFI)	GrpDebitor/KtoSchl
▼ 🗀 K007	Kundenrabatt
• 🗀 10(KOFI)	GrpDebitor/GrpMaterial/KtoSchl
• 🗀 20(KOFI)	GrpDebitor/KtoSchl
▼ 🗀 K029	Materialgruppe
• 🗀 10(KOFI)	GrpDebitor/GrpMaterial/KtoSchl
• 🗀 20(KOFI)	GrpDebitor/KtoSchl
▼ 🗀 RB00	Absolutrabatt
• 🗀 10(KOFI)	GrpDebitor/GrpMaterial/KtoSchl
• 🗀 20(KOFI)	GrpDebitor/KtoSchl
▼ 🗀 K148	Produkthierarchie
• 🗀 10(KOFI)	GrpDebitor/GrpMaterial/KtoSchl
• 🗀 20(KOFI)	GrpDebitor/KtoSchl

Detail zu Zugriff 10 (KOFI)

Zugriff	Meldung	Beschreibung
10	123	Zugriff KOFI nicht ausgeführt (Ein Feld ist initial)

Zugriff	(vollständig)	
Konditionsfeld	Belegfeld	Wert im Beleg
Kontenplan	Kontenplan	INT
Verkaufsorganisation	Verkaufsorganisation	Y789
Kontierungsgr. Deb.	Kontierungsgr. Deb.	01
Kontierungsgr. Mat.	Kontierungsgr. Mat.	ⓘ
Kontoschlüssel	Kontoschlüssel	ERL

Abbildung 3-171: Erfolgloser Zugriff auf eine Konditionstabelle zur Kontenfindung (VF03)

Im Stammsatz für den Debitor „77###" ist die Kontierungsgruppe „01" hinterlegt. Für das Material „Notebook 15-###" fehlt die Angabe einer Kontierungsgruppe im Materialstammsatz.

Im ersten Zugriff 10 wird gemäß Abbildung 3-168 nach Werten der sechs Einflussvariablen der Konditionstabelle „1" gesucht. Die Suche verläuft erfolglos, da kein Wert für die Kontierungsgruppe für das Material vorhanden ist (vgl. Abbildung 3-171).

Im nächsten Zugriff 20 wird nach den fünf Einflussvariablen der Konditionstabelle „2" aus Abbildung 3-169 gesucht. Die Suche verläuft erfolgreich, da alle Variablenwerte ermittelt werden konnten (vgl. Abbildung 3-172). Der SD-Preiskonditionsart „PR00" ist gemäß Abbildung 3-167 der Kontoschlüssel „ERL" für Erlöse zugewiesen. Erlöse werden nach Abbildung 3-169 auf das Sachkonto „800000" kontiert, welches im Buchungssatz in Abbildung 3-162 ausgewiesen wird.

Analyse Kontenfindung

Detail zu Zugriff 20 (KOFI)

Zugriff	Meldung	Beschreibung
20	120	Sachkonto 0(008000000 aus Kontierungsart KOFI ermittelt

Zugriff	(vollständig)	
Konditionsfeld	Belegfeld	Wert im Beleg
Kontenplan	Kontenplan	INT
Verkaufsorganisation	Verkaufsorganisation	Y789
Kontierungsgr. Deb.	Kontierungsgr. Deb.	01
Kontoschlüssel	Kontoschlüssel	ERL

Schema	Beschreibung
▾ ☐ KOFI00	Kontenfindung
▾ ☐ PR00	Preis
· ☐ 10(KOFI)	GrpDebitor/GrpMaterial/KtoSchl
· ☐ 20(KOFI)	GrpDebitor/KtoSchl
▸ ☐ K007	Kundenrabatt
· ☐ 10(KOFI)	GrpDebitor/GrpMaterial/KtoSchl
· ☐ 20(KOFI)	GrpDebitor/KtoSchl
▸ ☐ K029	Materialgruppe
· ☐ 10(KOFI)	GrpDebitor/GrpMaterial/KtoSchl
· ☐ 20(KOFI)	GrpDebitor/KtoSchl
▸ ☐ R800	Absolutrabatt
· ☐ 10(KOFI)	GrpDebitor/GrpMaterial/KtoSchl
· ☐ 20(KOFI)	GrpDebitor/KtoSchl
▸ ☐ K148	Produkthierarchie
· ☐ 10(KOFI)	GrpDebitor/GrpMaterial/KtoSchl
· ☐ 20(KOFI)	GrpDebitor/KtoSchl
▸ ☐ HA00	Prozentrabatt
· ☐ 10(KOFI)	GrpDebitor/GrpMaterial/KtoSchl
· ☐ 20(KOFI)	GrpDebitor/KtoSchl
▸ ☐ HB00	Absolutrabatt
· ☐ 10(KOFI)	GrpDebitor/GrpMaterial/KtoSchl
· ☐ 20(KOFI)	GrpDebitor/KtoSchl
▸ ☐ BO02	Materialbonus
· ☐ 10(KOFI)	GrpDebitor/GrpMaterial/KtoSchl
· ☐ 20(KOFI)	GrpDebitor/KtoSchl
· ☐ 30(KOFI)	GrpMaterial/KtoSchl
· ☐ 40(KOFI)	KtoSchl

Abbildung 3-172: Erfolgreicher Zugriff auf eine Konditionstabelle zur Kontenfindung (VF03)

Integration mit dem internen Rechnungswesen (CO)

Die Planung, Steuerung und Kontrolle des Unternehmenserfolgs wird auch unter marktorientierten Gesichtspunkten für einzelne Teilmärkte bzw. Marktsegmente hinsichtlich ihres Erfolgs durchgeführt. Ziel ist es, mit einer extern orientierten Marktperspektive verschiedene Unternehmensbereiche, wie z. B. den Vertrieb, mit entscheidungsrelevanten Informationen zu versorgen. Um detaillierte Entscheidungen im Unternehmen treffen zu können, wird der Gesamtmarkt anhand verschiedener Merkmale segmentiert, welche die Analysedimensionen für die Auswertungen im Controlling bilden.

Der Unternehmenserfolg in einer Periode wird für einen Ergebnisbereich (vgl. Kapitel 2.8.2) durch die Gegenüberstellung von Erlösen und zugehörigen Kosten in der Kostenträgerzeitrechnung, auch Ergebnis- und Marktsegmentrechnung (CO-PA)[116] genannt, meist in Form einer mehrstufigen Deckungsbeitragsrechnung ermittelt. Beim Speichern einer Faktura wird daher neben dem Buchhaltungsbeleg für das externe Rechnungswesen auch ein Beleg für Erlöse und Erlösschmälerungen für die Ergebnisrechnung erzeugt.

Es existieren zwei Formen der Ergebnisrechnung, die auch parallel in SAP ERP genutzt werden können:

- Die buchhalterische Ergebnisrechnung ist am externen Rechnungswesen orientiert. Sie beinhaltet Erlös- und Kostenarten mit buchhalterischen Wertansätzen.

- In der kalkulatorischen Ergebnisrechnung werden Erlös- und Kostenarten unternehmensindividuell definierten Wertfeldern mit Wertansätzen des internen Rechnungswesens zugeordnet. Es können neben/statt aus dem externen Rechnungswesen übernommenen Grundkosten auch kalkulatorische Kosten angesetzt werden.

Nachfolgend werden die Grundzüge der kalkulatorischen Ergebnisrechnung kurz beschrieben.

In der Ergebnisrechnung werden unternehmensindividuell verschiedene Merkmale mit mindestens einer zugehörigen Ausprägung definiert (vgl. Abbildung 3-173). Ein Ergebnisobjekt setzt sich aus der Kombination von verschiedenen Merkmalsausprägungen[117] zusammen, die bei jeder Buchung – nicht nur im Vertrieb – automatisch mit erfasst werden.

---

116 Synonym: Ergebnisrechnung; CO-PA steht für die englische Übersetzung „Controlling-Profitability Analysis".
117 Synonym: Merkmalswerte

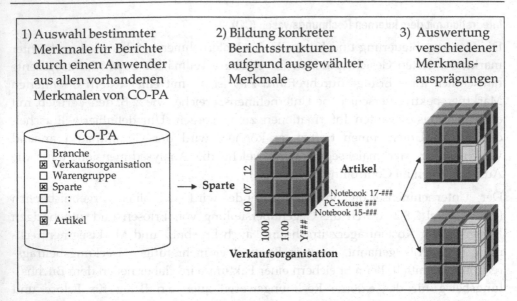

1) Auswahl bestimmter Merkmale für Berichte durch einen Anwender aus allen vorhandenen Merkmalen von CO-PA

2) Bildung konkreter Berichtsstrukturen aufgrund ausgewählter Merkmale

3) Auswertung verschiedener Merkmals-ausprägungen

Abbildung 3-173: Merkmale als Voraussetzungen für Analysen und Berichte in der Ergebnisrechnung

Durch das Speichern der Rechnung von Abbildung 3-161 auf Seite 509 wurde beispielsweise von SAP ERP im Hintergrund automatisch der Beleg für die Ergebnisrechnung aus Abbildung 3-174 erzeugt. Dieser beinhaltet für die Buchung und Wertübernahme in der Ergebnisrechnung die Merkmalsausprägungen von Abbildung 3-174, aus denen weitere Merkmale abgeleitet werden können (vgl. Seite 456).

| Merkmale | Wertfelder | Herkunftsdaten | Verwaltungsdaten |

Merkmal	Merkmalswert	Text
Kunde	77789	Handels GmbH 789
Artikel	NOTEBOOK 15-789	NOTEBOOK 15-789
Buchungskreis	1000	IDES AG
Werk	Z789	Werk Ingolstadt 789
Verkaufsorg.	Y789	Ingolstadt 789
Vertriebsweg	12	Wiederverkäufer
Sparte	07	High Tech
Kundengruppe	02	Handelsunternehmen
Produkthierarchie1	00125	Hardware
Warengruppe	002	Elektronik/Hardware

Abbildung 3-174: Ein durch eine Faktura erzeugter Beleg mit Merkmalswerten für die Ergebnisrechnung (VF03)

Auswertungen erfolgen in der kalkulatorischen Ergebnisrechnung auf mehr-dimensionalen[118] Ergebnisobjekten über Auswertungsobjekte, den sog. Mengen- und Wertfeldern. Sie stellen die feinstgranulare Ebene dar, auf der Mengen, Erlöse und Kosten in einem Ergebnisobjekt erfasst werden können und bilden die Grundlage für Kennzahlen in Vertriebsberichten (vgl. Kapitel 3.6.2.2).

Abbildung 3-173 zeigt zwei Auswertungen für Marktsegmente, die mit Ausprä-gungen der Merkmale „Verkaufsorganisation", „Sparte" und „Artikel" gebildet wurden. Mit dem Marktsegment rechts oben kann z. B. die Frage beantwortet werden, welcher Deckungsbeitrag in der Verkaufsorganisation „Y###" und der Sparte „07" mit dem Artikel „Notebook 15-###" erzielt wurde. Das Marktsegment rechts unten bildet den Periodenerfolg in der Verkaufsorganisation „Y###" über alle Sparten für den Artikel „Notebook 15-###" ab.

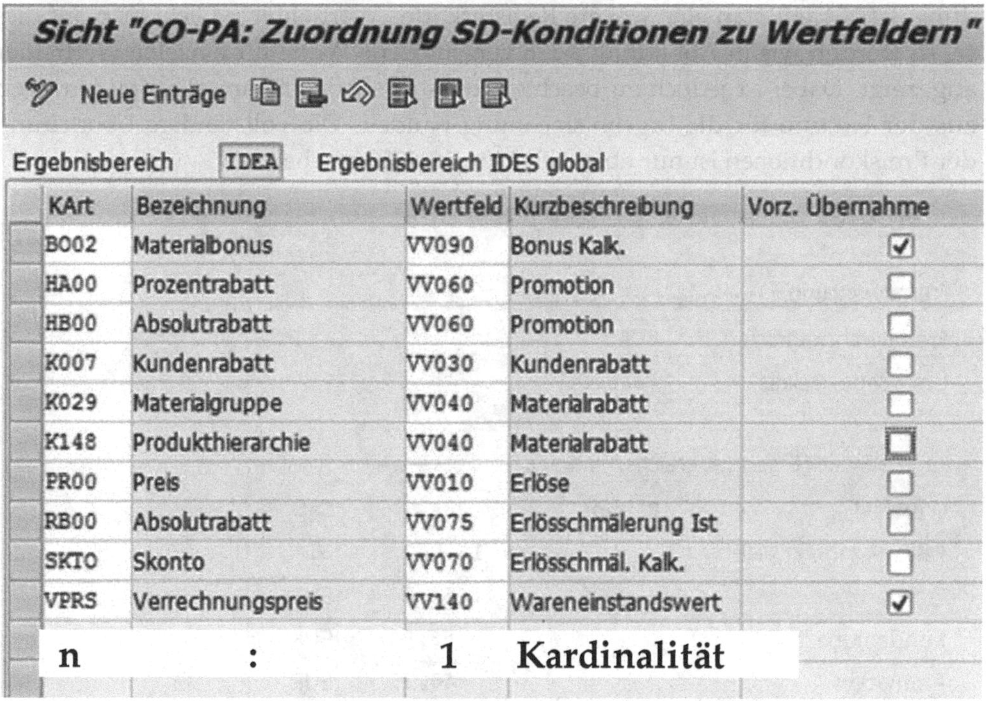

Sicht "CO-PA: Zuordnung SD-Konditionen zu Wertfeldern"

Neue Einträge

Ergebnisbereich IDEA Ergebnisbereich IDES global

KArt	Bezeichnung	Wertfeld	Kurzbeschreibung	Vorz. Übernahme
BO02	Materialbonus	VV090	Bonus Kalk.	☑
HA00	Prozentrabatt	VV060	Promotion	☐
HB00	Absolutrabatt	VV060	Promotion	☐
K007	Kundenrabatt	VV030	Kundenrabatt	☐
K029	Materialgruppe	VV040	Materialrabatt	☐
K148	Produkthierarchie	VV040	Materialrabatt	☐
PR00	Preis	VV010	Erlöse	☐
RB00	Absolutrabatt	VV075	Erlösschmälerung Ist	☐
SKTO	Skonto	VV070	Erlösschmäl. Kalk.	☐
VPRS	Verrechnungspreis	VV140	Wareneinstandswert	☑

n : 1 Kardinalität

Abbildung 3-175: Zuordnung von Preiskonditionen aus dem Vertrieb zu Wertfeldern im CO-PA (KE4I)

---

118 Aus Gründen der Anschaulichkeit werden meist, wie auch in Abbildung 3-173, Aus-wertungen anhand von drei Analysedimensionen dargestellt. Es sind aber auch jeder-zeit komplexere Auswertungen mit mehr Analysedimensionen möglich. In solchen Fäl-len leidet aber meist recht schnell die Anschaulichkeit, da die meisten Menschen nur in drei bis fünf Dimensionen denken.

Jede Preiskondition aus einem Vertriebsbeleg ist genau einem Wertfeld zugeordnet (vgl. Abbildung 3-175). Der zugehörige Menüpfad im Customizing lautet „Controlling/ Ergebnis- und Marktsegmentrechnung/ Werteflüsse im Ist/ Fakturen übernehmen/ Wertfelder zuordnen/ Zuordnungspflege SD-Konditionen -> COPA-Wertfelder".

Das Kennzeichen „Vorzeichengerechte Übernahme" kann für Konditionsarten gesetzt werden, bei denen Konditionssätze sowohl positive als auch negative Werte annehmen können oder bei einer Rechnung mehrfach auftreten und dabei sowohl zu einer Soll- als auch einer Habenbuchung führen können. Beim Setzen des Häkchens werden die positiven und negativen Werte saldiert und auf dem zugeordneten Wertfeld als Saldo ausgewiesen.

In dem durch eine Faktura erzeugten Beleg für die Ergebnisrechnung aus Abbildung 3-174 sieht man eine weitere Registerkarte „Wertfelder". Klickt man auf diese, so werden wie in Abbildung 3-176 verschiedene Werte für einzelne Wertfelder angezeigt. Dabei ist jedoch zu beachten, dass es sich nicht um alle Kontierungen aus der Faktura für die Ergebnisrechnung handelt. Die vollständige Überleitung der Preiskonditionen ist nur über Abbildung 3-175 zu sehen.

Merkmale	Wertfelder	Herkunftsdaten	Verwaltungsdaten

Fremdwährung

Fremdwährungsschl.	EUR	Euro
Umrechnungskurs	1,00000	

Legale Sicht (Ergebnisbereichswährung)

Wertfeld	Betrag	Eht
Fakt. Menge in VME	16,000	ST
Erlöse	4.464,00	EUR
Kundenrabatt	66,96	EUR
Promotion	68,38	EUR
Wareneinstandswert	3.184,00	EUR
Verkäuferprovisionen		EUR
Ausgangsfracht Kalk.		EUR
Versandverpackung		EUR
Materialeinsatz		EUR

Abbildung 3-176:   Ein durch eine Faktura erzeugter Beleg mit Wertfeldern für die Ergebnisrechnung (VF03)

3.6.2.2 Berichte zum Vertriebscontrolling ausführen

Nach dem Speichern der Rechnung kann man sich im internen Rechnungswesen Berichte zum Vertriebscontrolling unter dem Menüpfad „Rechnungswesen/ Controlling/ Ergebnis- und Marktsegmentrechnung/ Infosystem/ Bericht ausführen" anzeigen lassen.

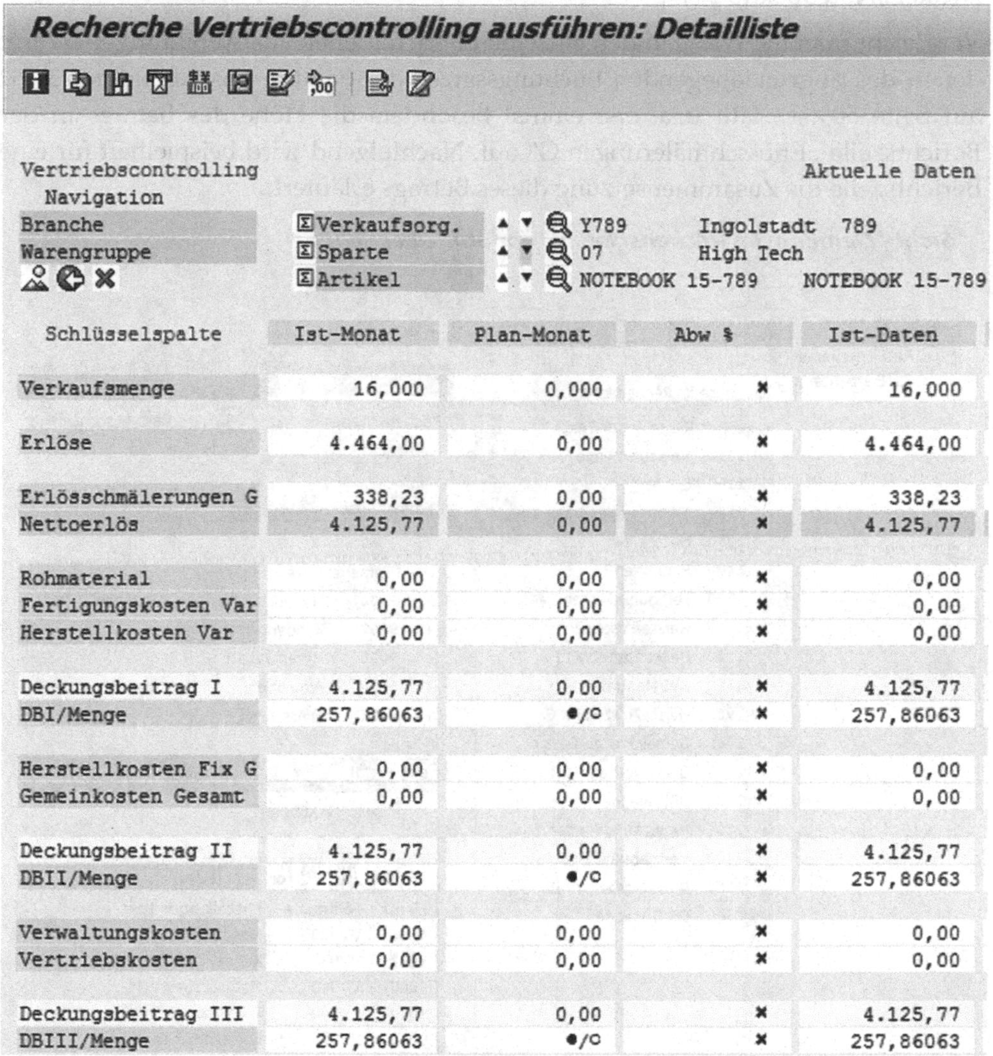

Recherche Vertriebscontrolling ausführen: Detailliste

Vertriebscontrolling				Aktuelle Daten
Navigation				
Branche	Verkaufsorg.	▲ ▼ Y789	Ingolstadt 789	
Warengruppe	Sparte	▲ ▼ 07	High Tech	
	Artikel	▲ ▼ NOTEBOOK 15-789	NOTEBOOK 15-789	

Schlüsselspalte	Ist-Monat	Plan-Monat	Abw %	Ist-Daten
Verkaufsmenge	16,000	0,000	✗	16,000
Erlöse	4.464,00	0,00	✗	4.464,00
Erlösschmälerungen G	338,23	0,00	✗	338,23
Nettoerlös	4.125,77	0,00	✗	4.125,77
Rohmaterial	0,00	0,00	✗	0,00
Fertigungskosten Var	0,00	0,00	✗	0,00
Herstellkosten Var	0,00	0,00	✗	0,00
Deckungsbeitrag I	4.125,77	0,00	✗	4.125,77
DBI/Menge	257,86063	●/○	✗	257,86063
Herstellkosten Fix G	0,00	0,00	✗	0,00
Gemeinkosten Gesamt	0,00	0,00	✗	0,00
Deckungsbeitrag II	4.125,77	0,00	✗	4.125,77
DBII/Menge	257,86063	●/○	✗	257,86063
Verwaltungskosten	0,00	0,00	✗	0,00
Vertriebskosten	0,00	0,00	✗	0,00
Deckungsbeitrag III	4.125,77	0,00	✗	4.125,77
DBIII/Menge	257,86063	●/○	✗	257,86063

Abbildung 3-177: Bericht „IDES-VC" zum Vertriebscontrolling (KE30)

Abbildung 3-177 zeigt beispielhaft eine mehrstufige Deckungsbeitragsrechnung im Bericht „IDES-VC"[119] aus der IDES-Standardauslieferung für das Marktsegment aus Abbildung 3-173 rechts oben für die aktuelle Periode. Es besteht aus den Analysedimensionen „Verkaufsorganisation", „Sparte" und „Artikel" und den Merkmalsausprägungen Verkaufsorganisation „Y###", Sparte „07" und dem Artikel „Notebook 15-###".

Vergleicht man die Werte in den einzelnen Berichtszeilen aus Abbildung 3-177 mit denen des zugrundeliegenden Buchungssatzes der Faktura aus Abbildung 3-162 auf Seite 509, so fällt u. a. erst einmal besonders die Höhe des Betrags in der Berichtszeile „Erlösschmälerungen G" auf. Nachfolgend wird beispielhaft für eine Berichtszeile die Zusammensetzung dieses Betrags erläutert.

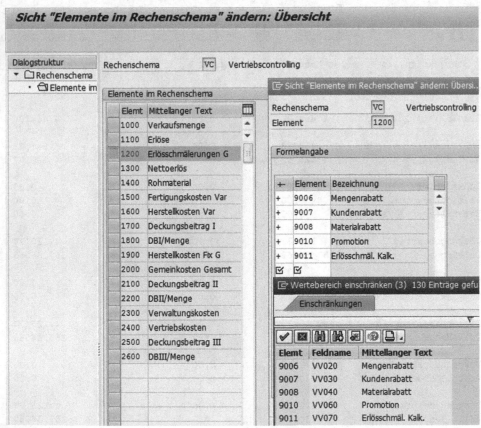

Abbildung 3-178:   Elemente aus dem Rechenschema für einen Bericht des Vertriebs-
                       controlling (KER1)

---

119 Dieser Bericht ist aus mehreren Gründen didaktisch nicht besonders anschaulich, u. a. wegen Wertfeldern, die den Berichtszeilen zugrundeliegenden. Da es nicht Fokus der Übungen dieses Buches ist, einen neuen Ergebnisbericht anzulegen (was nicht schwer ist), wird er trotzdem als Beispiel verwendet. Er verdeutlicht zumindest das Prinzip einer mehrstufigen Deckungsbeitragsrechnung in der Ergebnisrechnung.

Abbildung 3-178 zeigt die der Berichtszeile „Erlösschmälerungen G" zugrundeliegenden Elemente aus dem Rechenschema für den Bericht aus Abbildung 3-177. Der zugehörige Menüpfad im Customizing lautet „Controlling/ Ergebnis- und Marktsegmentrechnung/ Infosystem/ Berichtsbestandteile/ Rechenschemata definieren".

Die Berichtszeile „Erlösschmälerungen G" besteht aus der Summe der Wertfelder „VV020", „VV030", „VV040", „VV060" und „VV070". Gemäß Abbildung 3-175 auf Seite 521 werden darin die in Tabelle 3-16 enthaltenen Preiskonditionen aus der Faktura (vgl. Abbildung 3-159 auf Seite 507 und Abbildung 3-162 auf Seite 507) erfasst. Die Summe von 338,23 Euro aus Tabelle 3-16 entspricht dem Wert in der Berichtszeile „Erlösschmälerungen G" in Abbildung 3-177.

Tabelle 3-16: Zuordnung von Preiskonditionen einer Faktura zu Wertfeldern einer Berichtszeile im Vertriebscontrolling

Preiskonditionen der Faktura aus Abbildung 3-159	Wertfeld in der Ergebnisrechnung aus Abbildung 3-175	Betrag
n.a.	VV020	00,00 €
K007	VV030	66,96 €
K029	VV040	6,72 €
K148	VV040	43,80 €
HA00	VV060	21,68 €
HB00	VV060	46,70 €
SKTO	VV070	152,37 €
	Summe	**338,23 €**

3.6.3 Übungen

Allgemeine Anmerkungen:

Für diese Übungsaufgaben gelten ebenfalls analog die Anmerkungen von Kapitel 3.2.6 auf Seite 130.

Szenario:

Nachdem Sie Ihren Kunden beliefert haben, lassen Sie sich zunächst grundlegende Einstellungen zur Fakturierung anzeigen.

Einem Mitarbeiter aus der Abteilung Rechnungswesen Ihres Unternehmens erklären Sie grundlegende Zusammenhänge zur Integration von Daten aus dem Vertrieb in das externe und interne Rechnungswesen.

Anschließend fakturieren Sie Ihren Lieferbeleg und lassen sich die Auswirkungen in der Ergebnisrechnung in einem Bericht im Vertriebscontrolling anzeigen.

Übersicht zu den einzelnen Übungen von Kapitel 3.6:

Tabelle 3-17 zeigt im Überblick die Inhalte zu den Übungen von Kapitel 3.6, das zugehörige Buchkapitel sowie die Seite, bei der die Lösung beginnt.

Tabelle 3-17:   Inhalte der Übungen zu Kapitel 3.6 (Übungen 70 bis 73)

Übung	Seite	Inhalte	zu Kapitel
70	527	Grundlegende Einstellungen zu Fakturen anzeigen – Einstellungen zur Fakturierung für die Auftragsart „Terminauftrag (TA)" anzeigen – Die Details für die Fakturaart „F2" anzeigen – Die Kopiersteuerung für lieferbezogene Fakturen anzeigen	3.6.1
71	529	Einstellungen zur Integration mit dem Rechnungswesen anzeigen – Die Einstellungen zum Kontenfindungsschema „KOFI00" anzeigen – Die Einstellungen zur Kontierung von Erlöskonten anzeigen – Die Kontierungsgruppe für das Material „Notebook 15-###" anzeigen – Die Kontierungsgruppe für den Debitor „77###" anzeigen – Die Zuordnung von Sachkonten anzeigen – Die Zuordnung der Preiskondition „PR00" im Vertrieb zum Wertfeld „VV010" in der Ergebnisrechnung im Controlling anzeigen	3.6.1 und 3.6.2.1
72	535	– Einen Rechnungssplit zum Lieferbeleg erzeugen – Den aktualisierten Belegfluss nach den beiden Fakturen anzeigen – Den Buchungssatz zu einer Faktura anzeigen – Die Kontierungsanalyse für Erlöskonten aufrufen	3.6.1
73	544	Einen Bericht im Vertriebscontrolling für ein Marktsegment anzeigen	3.6.2.2

3.6.4   Lösungen zu den Übungen

Allgemeine Anmerkungen:

Für die Lösungen gelten analog die Anmerkungen von Kapitel 3.2.7 auf Seite 134. Bitte lesen Sie sich diese dort ggf. nochmal durch.

Übung 70: Anzeige grundlegender Einstellungen zu Fakturen (→ Kapitel 3.6.1)

Bevor Sie eine Faktura zu Ihrem Terminauftrag für den Kunden „77###"
anlegen, lassen Sie sich im Customizing grundlegende Einstellungen zu Fakturen anzeigen.

1) Lassen Sie sich im Customizing des Verkaufs für die Auftragsart
   „Terminauftrag (TA)" die Einstellungen zur Fakturierung anzeigen.

   Menüpfad: Customizing/ Vertrieb/ Verkauf/ Verkaufsbelege/ Verkaufsbeleg-
   kopf/ Verkaufsbelegarten definieren

   Transaktionscode: VOV8

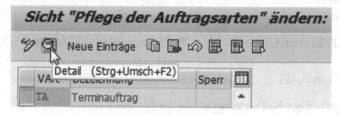

Die Einstellungen zur Fakturierung bei der Auftragsart „Terminauftrag (TA)"
sehen Sie in Abbildung 3-153 auf Seite 502.

a) **Was versteht man in SAP ERP unter einer lieferbezogenen Fakturierung?**

   Bei der lieferbezogenen Fakturierung bezieht sich die Rechnungserstellung
   auf eine oder mehrere Lieferungen. So ist gewährleistet, dass die der Rechnung zugrundeliegenden lieferrelevanten Verkaufsbelegpositionen bereits
   vor der Rechnungserstellung versendet wurden (vgl. Seite 502).

b) **Was versteht man in SAP ERP unter einer auftragsbezogenen Fakturierung?**

   Bei der auftragsbezogenen Fakturierung bezieht sich die Rechnungserstellung auf einen oder mehrere Kundenaufträge. Diese Art der Rechnungserstellung wird bei Positionen im Kundenauftrag gewählt, die nicht lieferrelevant sind, aber fakturiert werden müssen. Ein Beispiel dafür ist eine Position
   für eine Dienstleistung (vgl. Seite 502).

   Welche Fakturaart ist sowohl auftrags- als auch lieferbezogen bei einem
   Terminauftrag als Vorschlagswert hinterlegt?

   Die Fakturaart „F2" ist sowohl auftrags- als auch lieferbezogen bei einem
   Terminauftrag zugeordnet.

   Verlassen Sie bitte mit „F3" die Transaktion.

2) Lassen Sie sich im Customizing der Fakturierung die Details für die
   Fakturaart „F2" anzeigen.

   Menüpfad: Customizing/ Vertrieb/ Fakturierung/ Fakturen/ Fakturaarten
   definieren/ Fakturaarten definieren

   Transaktionscode: VOFA

Die Einstellungen zur Fakturaart „F2" sehen Sie in Abbildung 3-152 auf Seite 501.

a) **Kann die Belegnummer bei Fakturen dieser Art auch extern vom Anwender vergeben werden?**
Nein, es ist nur eine interne Nummernvergabe möglich.

b) **Wie lautet die Fakturaart, wenn eine Rechnung der Fakturaart „F2" storniert würde?**
Die Storno-Fakturaart heißt „S1".

c) **Wie heißt das zugehörige Kalkulationsschema für die Kontenfindung?**
Das Kalkulationsschema für die Kontenfindung, das für die Ermittlung der Sachkonten im externen Rechnungswesen verwendet wird, heißt „KOFI00".
Verlassen Sie bitte mit „F3" die Transaktion, ohne etwas zu ändern.

3) **Lassen Sie sich im Customizing der Fakturierung die Kopiersteuerung für lieferbezogene Fakturen anzeigen.**

Menüpfad: Customizing/ Vertrieb/ Fakturierung/ Fakturen/ Kopiersteuerung für Fakturen pflegen/ Kopiersteuerung: Lieferbeleg nach Faktura

Transaktionscode: VTFL

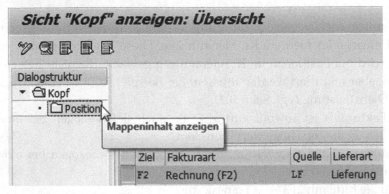

a) **Welche Positionstypen werden von einem Beleg der Lieferart „LF" in einen Beleg der Fakturaart „F2" kopiert?**
Die Positionstypen sehen Sie auf der linken Hälfte von Abbildung 3-154 auf Seite 503.

b) Lassen Sie sich die Details der Kopiersteuerung für den Positionstyp „TAN" anzeigen.

Wird die Preisfindung für Positionen dieses Typs in der Faktura unverändert aus dem Lieferbeleg übernommen?

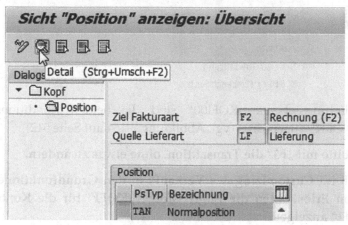

Die Details zur Kopiersteuerung für diesen Positionstyp finden Sie in Abbildung 3-158 auf Seite 505. In dem Feld für die Preisfindungsart ist ein „G" eingetragen. Dies bedeutet, dass die Preisfindung unverändert in die Faktura übernommen wird. Lediglich die Steuern werden neu ermittelt.

Verlassen Sie bitte mit „F3" die Transaktion, ohne etwas zu ändern.

Übung 71: Anzeige von Einstellungen zur Integration mit dem Rechnungswesen (→ Kapitel 3.6.1 und 3.6.2.1)

In Ihrem Unternehmen findet ein Weiterbildungsprogramm zur besseren Verzahnung abteilungsübergreifender Prozesse statt. In dessen Rahmen hospitiert Herr Andreas Brehme aus der Abteilung Rechnungswesen bei Ihnen.

Sie sollen ihm einen Überblick in die Kontenfindung und die Integration der Werteflüsse vom Vertrieb in das externe und interne Rechnungswesen in SAP ERP geben.

1) Lassen Sie sich (und ihm) im Customizing des Verkaufs in den Grundfunktionen zur Kontierung von Erlöskonten das Kontenfindungsschema „KOFI00" aus Übung 70 anzeigen.

Welche Konditions- bzw. Kontenfindungsarten sind diesem Kontenfindungsschema zugeordnet?

Menüpfad: Customizing/ Vertrieb/ Grundfunktionen/ Kontierung – Kalkulation/ Erlöskontenfindung/ Kontenfindungsschemata definieren und zuordnen/ Kontenfindungsschema definieren

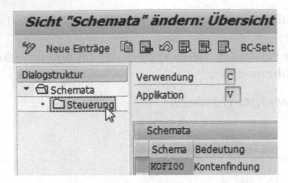

Dem Kontenfindungsschema „KOFI00" sind die beiden Konditionsarten „KOFI" und „KOFK" zugeordnet (vgl. Abbildung 3-164 auf Seite 512).

Verlassen Sie bitte mit „F3" die Transaktion, ohne etwas zu ändern.

2) **Lassen Sie sich im Customizing des Verkaufs in den Grundfunktionen zur Kontierung von Erlöskonten die Zugriffsfolge „KOFI" für die Kontenfindungsart „KOFI" anzeigen.**
Welche Datenfelder sind in der Konditionstabelle 2 enthalten?

Menüpfad: Customizing/ Vertrieb/ Grundfunktionen/ Kontierung – Kalkulation/ Erlöskontenfindung/ Zugriffsfolgen und Kontenfindungsarten definieren/ Zugriffsfolgen für die Kontenfindung pflegen

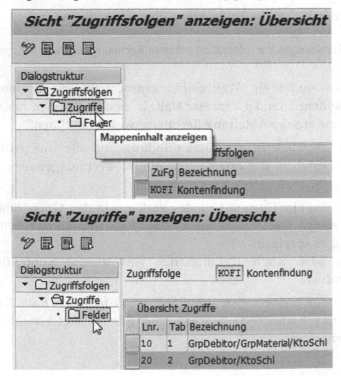

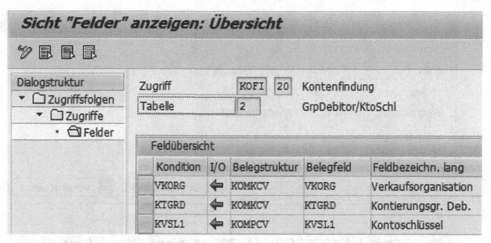

In der Konditionstabelle 2 sind die Datenfelder „Verkaufsorganisation", „Kontierungsgruppe Debitor" und „Kontoschlüssel" enthalten.

Verlassen Sie bitte mit dreimaligem „F3" die Transaktion.

3) **Lassen Sie sich in den Stammdaten des Vertriebs Ihre Handelsware „Notebook 15-###" anzeigen.**
   Welche Kontierungsgruppe ist für dieses Material in der Sicht „Vertrieb: VerkOrg 2" für das Werk „Z###", die Verkaufsorganisation „Y###" und den Vertriebsweg „Wiederverkäufer" eingetragen?

Menüpfad: Logistik/ Vertrieb/ Stammdaten/ Produkte/ Material/ Handelswaren/ Anzeigen

Transaktionscode: MM03

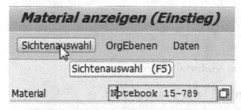

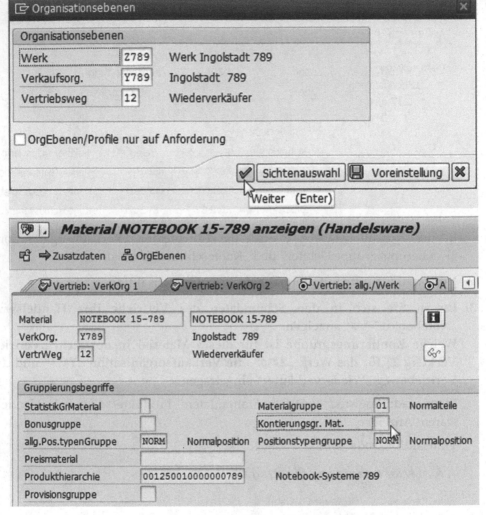

Es ist keine Kontierungsgruppe für das Material eingetragen.

Verlassen Sie bitte mit zweimaligem „F3" die Transaktion.

4) **Lassen Sie sich in den Stammdaten des Vertriebs die Vertriebsbereichsdaten für Ihren Debitor „77###" in der Verkaufsorganisation „Y###" und dem Vertriebsweg „Wiederverkäufer" spartenübergreifend anzeigen.**
   Welche Kontierungsgruppe ist in der Registerkarte „Faktura" eingetragen?

Menüpfad: Logistik/ Vertrieb/ Stammdaten/ Geschäftspartner/ Kunde/ Anzeigen/ Vertrieb

Transaktionscode: VD03

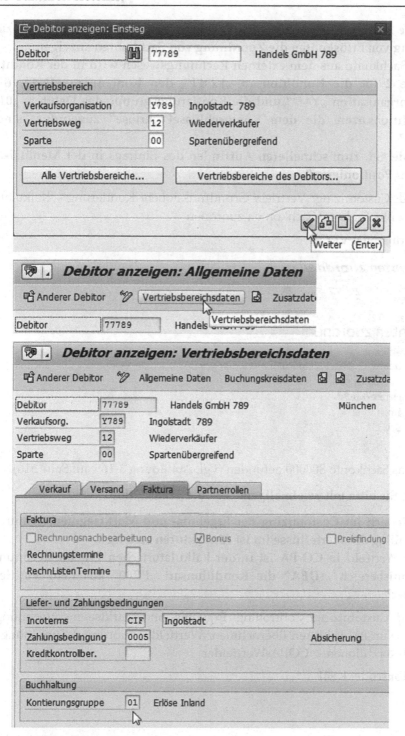

Für den Debitor „77###" ist die Kontierungsgruppe „01" (Erlöse Inland) eingetragen.

Verlassen Sie bitte mit „F3" die Transaktion.

5) **Lassen Sie sich im Customizing des Verkaufs in den Grundfunktionen zur Kontierung von Erlöskonten die Zuordnung von Sachkonten anzeigen.**
   Welches Sachkonto aus dem externen Rechnungswesen wird in der Konditionstabelle 2 für die Konditionsart „KOFI", den Kontenplan „INT", die Verkaufsorganisation „Y###" und die Kontierungsgruppe des Debitors „01" für Konditionsarten, die dem Kontoschlüssel „Erlöse" zugeordnet sind, gefunden?
   Wählen Sie ggf. zum schnelleren Auffinden des Eintrags in der Menüleiste „Springen/ Positionieren".

   Menüpfad: Customizing/ Vertrieb/ Grundfunktionen/ Kontierung – Kalkulation/ Erlöskontenfindung/ Sachkonten zuordnen

   Transaktionscode: VKOA

   Es wird das Sachkonto 800000 gefunden (vgl. Abbildung 3-169 auf Seite 516).

   Verlassen Sie bitte mit zweimaligem „F3" die Transaktion.

6) **Lassen Sie sich im Customizing der Ergebnis- und Marktsegmentrechnung im Controlling die Werteflüsse im Ist für Fakturen anzeigen.**
   Welchem Wertfeld in CO-PA ist in der kalkulatorischen Ergebnisrechnung im Ergebnisbereich „IDEA" die Konditionsart „PR00" aus dem Vertrieb zugeordnet?

   Menüpfad: Customizing/ Controlling/ Ergebnis- und Marktsegmentrechnung/ Werteflüsse im Ist/ Fakturen übernehmen/ Wertfelder zuordnen/ Zuordnungspflege SD-Konditionen -> COPA-Wertfelder

   Transaktionscode: KE4I

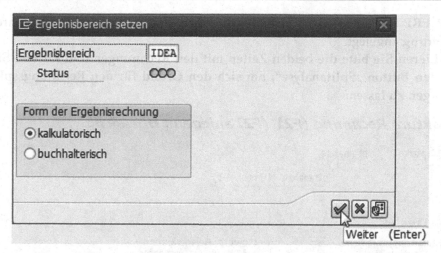

Der Konditionsart „PR00" aus dem Vertrieb ist in CO-PA das Wertfeld „VV010" zugeordnet (vgl. Abbildung 3-175 auf Seite 521).

Verlassen Sie bitte mit „F3" die Transaktion, ohne etwas zu ändern.

Übung 72: Fakturieren einer Lieferung (→ Kapitel 3.6.1)

Nachdem Herr Brehme gegangen ist, können Sie sich wieder Ihrem Tagesgeschäft widmen.

1) Legen Sie im Vertrieb eine Faktura zu Ihrer Lieferung aus Übung 66 auf Seite 480 an.
   Geben Sie die Nummer Ihrer Lieferung als zu verarbeitenden Beleg ein und bestätigen Sie Ihre Eingabe mit ENTER.

Menüpfad: Logistik/ Vertrieb/ Fakturierung/ Faktura/ Anlegen

Transaktionscode: VF01

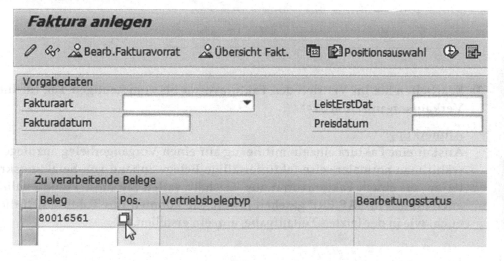

2) SAP ERP hat automatisch zwei Rechnungen der Fakturaart „F2" zu Ihrer
   Lieferung angelegt.
   Markieren Sie bitte die beiden Zeilen mit den Rechnungen und klicken Sie
   auf den Button „Splitanalyse", um sich den Grund für den Rechnungssplit
   anzeigen zu lassen.

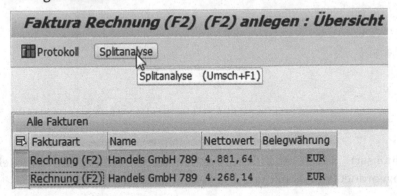

Die Splitanalyse ist in Abbildung 3-157 auf Seite 505 zu sehen.

Warum wurde von SAP ERP automatisch ein Rechnungssplit erzeugt?
Aufgrund divergierender Zahlungsbedingungen bei verschiedenen Positionen
in Ihrem Lieferbeleg, welche in die Kopfdaten der Faktura übernommen werden, hat SAP ERP automatisch einen Rechnungssplit erzeugt.

**Verlassen Sie bitte mit dreimaligem „F3" die Transaktion, OHNE Ihre Daten
(Fakturen) zu sichern.**

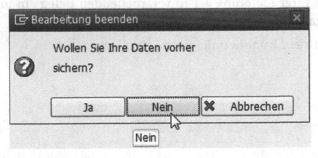

3) Bearbeiten Sie im Vertrieb den Fakturavorrat bis zum heutigen Tag für Ihre
   Verkaufsorganisation „Y###".

   Anmerkung:
   Anstatt eine Faktura einzeln mit Bezug auf einen Vorgängerbeleg anzulegen,
   wählt man normalerweise fakturierfällige Belege anhand von Selektionskriterien aus einem Fakturavorrat aus. Deshalb sollen Sie diese Funktionalität
   auch einmal in SAP ERP gesehen haben. Sie könnten Ihre Faktura natürlich
   auch, wie in der letzten Teilaufgabe, einzeln erstellen.

Menüpfad: Logistik/ Vertrieb/ Fakturierung/ Faktura/ Fakturavorrat bearbeiten

Transaktionscode: VF04

Fakturavorrat bearbeiten

⊕ Fakturav. anz.   ☐ Anzeigevar...

Fakturavorrat anz.   (F8)

Fakturadaten

Fakturadatum von		bis	20.08.2013
Fakturaart		bis	
Vertriebsbeleg		bis	

Selektion   Vorgabedaten   Batch und Verbuchung

Organisationsdaten

Verkaufsorganisation	Y789

4) Stellen Sie sicher, dass die Zeile mit Ihrem Lieferbeleg markiert ist und klicken Sie auf den Button „Sammelfaktura".

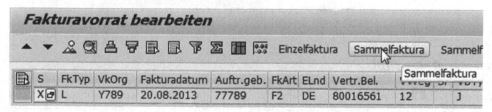

Fakturavorrat bearbeiten

▲ ▼ ⚁ ⚉ ⎙ ⏚ ▤ ▤ ⏚ Σ ▦ ⸬   Einzelfaktura [Sammelfaktura] Sammelf

Sammelfaktura

	S	FkTyp	VkOrg	Fakturadatum	Auftr.geb.	FkArt	ELnd	Vertr.Bel.			
	X☐	L	Y789	20.08.2013	77789	F2	DE	80016561	12		J

Verlassen Sie danach mit zweimaligem „F3" die Transaktion.

5) Lassen Sie sich den aktualisierten Belegfluss im Verkauf anzeigen, indem
   Sie dort Ihren Terminauftrag ändern. Lesen Sie dazu ggf. noch einmal die
   Anmerkung auf Seite 496.
   Lassen Sie sich im Terminauftrag mit „F5" den aktualisierten Belegfluss nach
   dem Erstellen der beiden Rechnungen anzeigen.

Menüpfad: Logistik/ Vertrieb/ Verkauf/ Auftrag/ Ändern

Transaktionscode: VA02

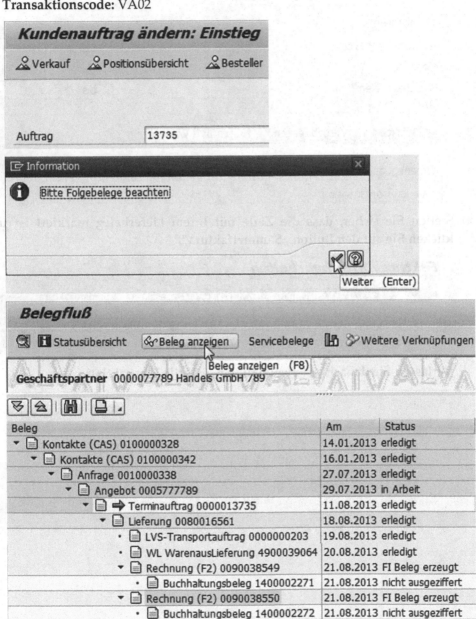

6) Markieren Sie bitte die letzte Rechnung (mit lediglich einer Position) und klicken Sie auf den Button „Beleg anzeigen".

a) Wählen Sie in der Menüleiste „Springen/ Kopf/ Kopfdetail". Wie lautet die Kontierungsgruppe des Debitors?

Die Kontierungsgruppe des Debitors heißt „Erlöse Inland". Sie stammt aus dem Kundenstammsatz (vgl. Seite 533).

Gehen Sie bitte einmal mit „F3" zurück.

b) Markieren Sie bitte Ihre verbliebene Position und wählen Sie in der
Menüleiste „Springen/ Position/ Positionsdetail".
Welche Kontierungsgruppe ist für das Material „Notebook 15-###"
eingetragen?

Rechnung (F2) 90038550 (F2) anzeigen: Positionsdaten

Fakturapositionen   Rechnungswesen

Position	30	Angelegt von	VIS-X-99
Positionstyp	TAN	Angelegt am	21.08.2013 Uhrzeit 09:44:00
Material	NOTEBOOK 15-789	NOTEBOOK 15-789	
Charge			

| Positionsdetail | Positionspartner | Konditionen | Außenhandel/Zoll | Positionstexte |

Preisfindung	Preisfindung Standard		
Wert statist.	Position wird in Kopfsummen überno...		
Retoure	Ausgang		☑ Skontofähig
Materialgruppe	Normalteile		☐ Unv. Preisfind.
Bonusgruppe			☐ Präferenz
Provisionsgrp.			
Warengruppe	002		
Produkthierar.	001250010000000789	Notebook-Systeme 789	

Buchhaltung

Land	DE	Steuerkla-Mat	1
GeschBereich	7000	Skontobasis	5.079,09 EUR
KontierGrp.Mat.		Region LiefWerk	09

Bei der Kontierungsgruppe für das Material ist kein Eintrag vorhanden, da
dieses Feld im Materialstammsatz nicht gefüllt ist (vgl. Seite 532).

c) Klicken Sie bitte auf den Button 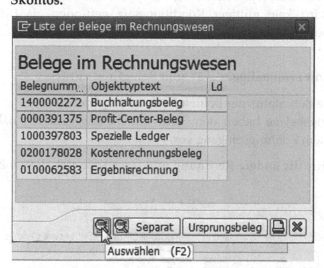 und wählen Sie den von SAP ERP automatisch erzeugten Buchhaltungsbeleg aus.
Wie lautet der Buchungssatz zu dieser Faktura? Notieren Sie bitte auch die Höhe der Forderungen aus Lieferungen und Leistungen und des Skontos.

Den Buchungssatz zu dieser Faktura sehen Sie in Abbildung 3-162 auf Seite 509. Die Forderungen aus Lieferungen und Leistungen an den Kunden betragen 5.079,09 Euro.

Gehen Sie bitte mit zweimaligem „F3" zurück zu der Übersicht für die Rechnung.

d) Markieren Sie nochmals die Zeile mit der Position und wählen Sie in der Menüleiste „Umfeld/ Kontierungsanalyse/ Erlöskonten".
Welches Sachkonto im externen Rechnungswesen wurde für die Konditionsart „PR00" aufgrund von welcher Zugriffsfolge gefunden?

Es wird aufgrund des Kontenfindungsschemas „KOFI00" (vgl. Seite 528) für die Kontierungsart „KOFI" (vgl. Seite 530) im Zugriff 20 (durch die Konditionstabelle 2; vgl. Seite 531) das Sachkonto 800000 (vgl. Seite 534) für die Kombination aus Kontenplan „INT", Verkaufsorganisation „Y###", Kontierungsgruppe des Debitors „01" (vgl. Seite 533) und Kontoschlüssel „ERL" für Erlöse, welcher der Konditionsart „PR00" im Kalkulationsschema „RVAA01" zugeordnet ist (vgl. Abbildung 3-167 auf Seite 514), gefunden.

Im Zugriff 10 wird kein gültiger Konditionssatz gefunden, da für das Material „Notebook 15-###" keine Kontierungsgruppe eingetragen ist (vgl. Seite 532).

Gehen Sie bitte mit zweimaligem „F3" zum Belegfluss zurück.

e) **Notieren Sie bitte den Status der beiden Buchhaltungsbelege.**

Beide Buchhaltungsbelege haben den Status „nicht ausgeziffert", d. h. es liegt dafür noch kein Zahlungseingang vor.

f) **Markieren Sie bitte die andere Rechnung und lassen Sie sich diesen Beleg anzeigen.**

Lassen Sie sich den Buchhaltungsbeleg zu dieser Faktura anzeigen und notieren Sie die Höhe der Forderungen aus Lieferungen und Leistungen.

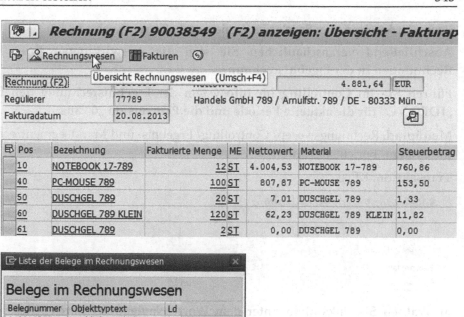

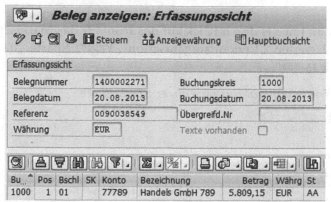

Die Forderungen aus Lieferungen und Leistungen an den Kunden betragen in dieser Rechnung 5.809,15 Euro.

Verlassen Sie bitte die Transaktion, ohne etwas zu ändern.

Übung 73: Anzeigen eines Berichts im Vertriebscontrolling (→ Kapitel 3.6.2.2)

Abschließend veranschaulichen Sie sich die Auswirkungen Ihrer beiden Rechnungen in der Ergebnisrechnung.

Führen Sie im Controlling im Infosystem der Ergebnisrechnung den Bericht „IDES-VC" für die aktuelle Periode und die Planversion „0" aus.

Menüpfad: Rechnungswesen/ Controlling/ Ergebnis- und Marktsegmentrechnung/ Infosystem/ Bericht ausführen

Transaktion: KE30

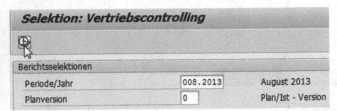

a) Wählen Sie links oben unter dem Wort „Navigation" durch Klick mit der linken Maustaste die Analysedimensionen bzw. Merkmale „Verkaufsorgani-sation", „Sparte" und „Artikel" aus.

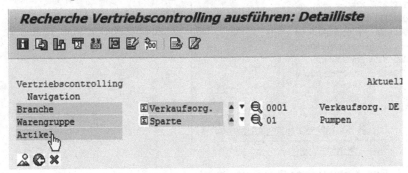

b) Selektieren Sie dann jeweils durch Klick auf das Icon ⊕ das Marktsegment mit den Merkmalswerten „Verkaufsorganisation „Y###", Sparte „07" und Artikel „Notebook 15-###".

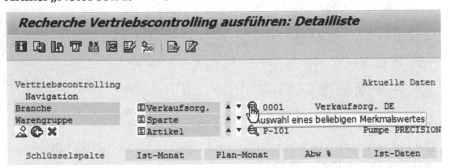

Den Ergebnisbericht für dieses Marktsegment sehen Sie in Abbildung 3-177 auf Seite 523.

c) Markieren Sie den Betrag mit den Erlösen mit der linken Maustaste und
wählen Sie in der Menüleiste „Springen/ Einzelposten".
Aus welchem Referenzbeleg stammt diese Kontierung?

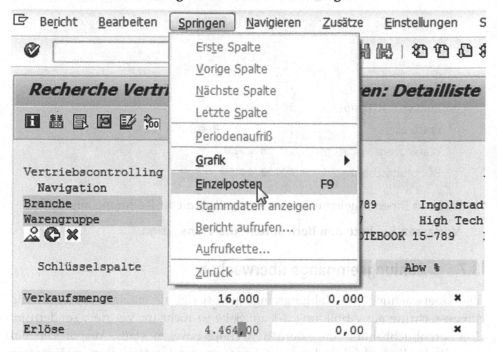

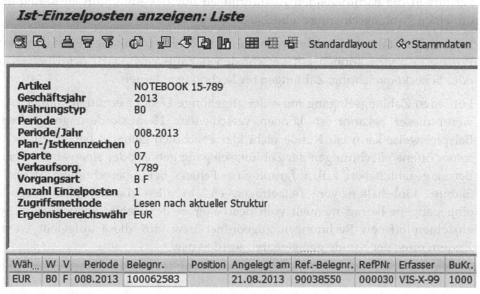

Der Referenzbeleg, der dieser Kontierung zugrunde liegt, ist Ihre Faktura mit
der einzelnen Position.

d) Klicken Sie bitte doppelt auf die Belegzeile und wählen Sie die Registerkarte „Herkunftsdaten".

Welcher Kundenauftrag liegt dieser Rechnung zugrunde?

| Merkmale | Wertfelder | Herkunftsdaten | Verwaltungsdaten |

Vertrieb

Kundenauftrag	13735	
Kundenauftrag-Pos	30	
Fakturaart	F2	Rechnung (F2)
Warenausgangsdatum	20.08.2013	
Rechnungsdatum	20.08.2013	

Der von Ihnen angelegte Terminauftrag liegt dieser Rechnung zugrunde.

Verlassen Sie bitte den Bericht bzw. die Transaktion.

3.7 Zahlungseingänge überwachen

Die Überwachung von Zahlungseingängen findet als einziger der sequenziellen Prozessschritte aus Abbildung 3-1 auf Seite 94 nicht im Vertrieb, sondern in der Debitorenbuchhaltung im externen Rechnungswesen statt. Aus diesem Grund vermitteln die nachfolgenden Ausführungen nur das Minimum an Kenntnissen, um einen Zahlungseingang zu buchen.

In der Realität ist die Überwachung von Zahlungseingängen ein komplexer Prozess. Kunden können auf verschiedenen Zahlwegen, z. B. per Überweisung oder Scheckeinreichung, Zahlungen für Rechnungen leisten.

Für jeden Zahlungseingang muss der zugehörige Debitor ermittelt werden. Auch wenn dieser bekannt ist, können verschiedene Herausforderungen auftreten: Beispielsweise kann ein Kunde nicht klar ersichtlich gemacht haben, zu welcher seiner offenen Rechnungen der Zahlungseingang gehört oder einen abweichenden Betrag gezahlt haben, z. B. aufgrund eines Fehlers, bei unberechtigtem Abzug von Skonto, Einbehalten von Teilbeträgen etc. In allen diesen Fällen muss der eingegangene Betrag manuell vom Bearbeiter in der Debitorenbuchhaltung den einzelnen offenen Rechnungen zugeordnet bzw. auf diese aufgeteilt werden. Zudem muss der Kunde ggf. gemahnt werden usw.

3.7.1 Zahlungseingänge buchen

Die Buchung von Zahlungseingängen erfolgt in SAP ERP im Menüpfad „Rechnungswesen/ Finanzwesen/ Debitoren/ Buchung".

Bei einem Zahlungseingang werden Debitorenkonten in SAP ERP automatisch auf offene Posten zu Forderungen aus Lieferungen und Leistungen geprüft, die bislang vom Kunden noch nicht reguliert wurden.

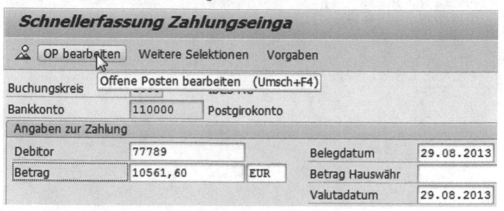

Abbildung 3-179: Schnellerfassung eines Zahlungseingangs (F-26)

Für einen Zahlungseingang sind für einen Buchungskreis das Beleg- und Valuta-datum, das Bank- und Debitorenkonto und der Betrag zu erfassen (vgl. Abbildung 3-179). Dann kann der Zahlungseingang den offenen Posten zum Debitor zugeord-net werden. Dazu muss die entsprechende Zeile mit der Belegnummer mit dem Cursor markiert und dann durch Klick auf den Button „Posten" aktiviert werden. SAP ERP prüft bei der Erfassung automatisch die Zahlungsbedingungen sowie das aktuelle Datum und ermittelt einen eventuellen Skontobetrag (vgl. Abbildung 3-180).

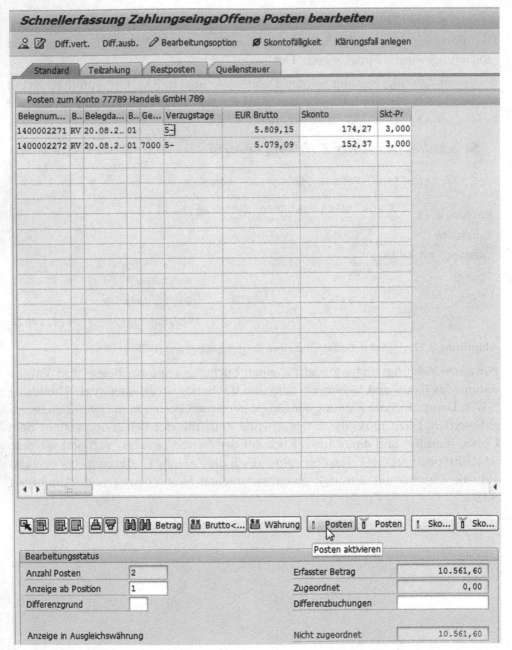

Abbildung 3-180:   Schnellerfassung offener Posten bei einem Zahlungseingang in der Debitorenbuchhaltung (F-26)

Nach dem Buchen eines Zahlungseingangs wird im Belegfluss der Status im Buchhaltungsbeleg von „nicht ausgeziffert" auf „ausgeziffert" geändert.

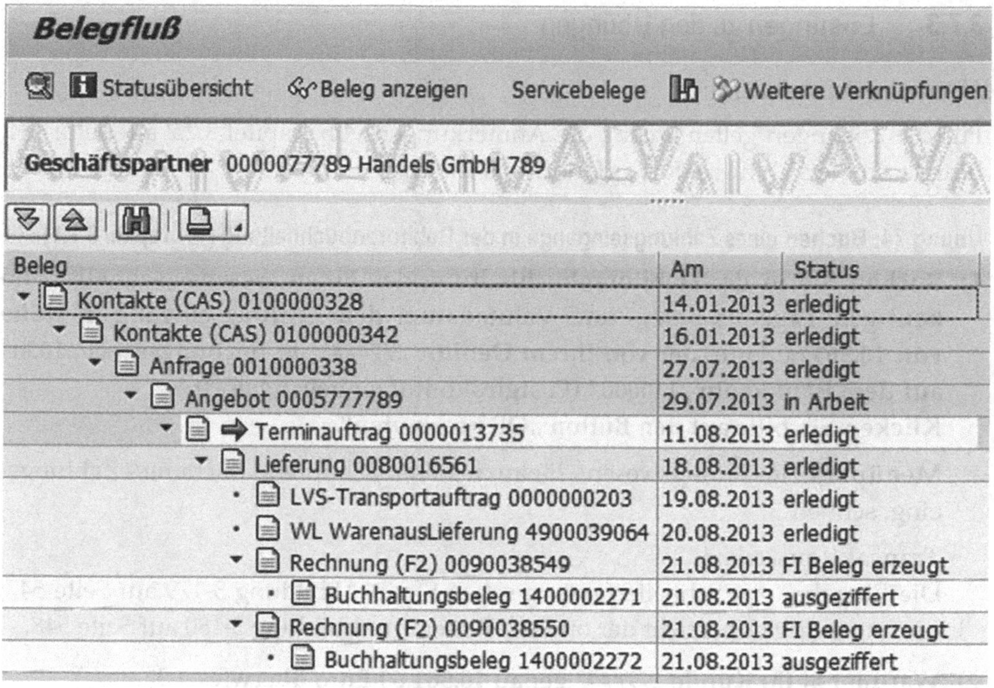

Belegfluß

🔲 ℹ️ Statusübersicht &✓ Beleg anzeigen   Servicebelege 🔳 ◇ Weitere Verknüpfungen

Geschäftspartner 0000077789 Handels GmbH 789

Beleg	Am	Status
▾ 🗎 Kontakte (CAS) 0100000328	14.01.2013	erledigt
▾ 🗎 Kontakte (CAS) 0100000342	16.01.2013	erledigt
▾ 🗎 Anfrage 0010000338	27.07.2013	erledigt
▾ 🗎 Angebot 0005777789	29.07.2013	in Arbeit
▾ 🗎 ➡ Terminauftrag 0000013735	11.08.2013	erledigt
▾ 🗎 Lieferung 0080016561	18.08.2013	erledigt
• 🗎 LVS-Transportauftrag 0000000203	19.08.2013	erledigt
• 🗎 WL WarenausLieferung 4900039064	20.08.2013	erledigt
▾ 🗎 Rechnung (F2) 0090038549	21.08.2013	FI Beleg erzeugt
• 🗎 Buchhaltungsbeleg 1400002271	21.08.2013	ausgeziffert
▾ 🗎 Rechnung (F2) 0090038550	21.08.2013	FI Beleg erzeugt
• 🗎 Buchhaltungsbeleg 1400002272	21.08.2013	ausgeziffert

Abbildung 3-181: Belegfluss nach dem Buchen eines Zahlungseingangs (VA02)

3.7.2 Übungen

Allgemeine Anmerkungen:

Für diese Übungsaufgabe gelten ebenfalls analog die Anmerkungen von Kapitel 3.2.6 auf Seite 130.

Szenario:

Im Rahmen des Weiterbildungsprogramms zur besseren Verzahnung abteilungsübergreifender Prozesse hospitieren nun Sie bei Herrn Brehme in der Abteilung Rechnungswesen. Zufälligerweise geht just in diesem Moment die Zahlung Ihres Kunden „77###" ein. Herr Brehme ermutigt Sie, in seinem Beisein den Zahlungseingang in SAP ERP zu erfassen.

3.7.3 Lösungen zu den Übungen

Allgemeine Anmerkungen:

Für die Lösungen gelten analog die Anmerkungen von Kapitel 3.2.7 auf Seite 134. Bitte lesen Sie sich diese dort ggf. nochmal durch.

Übung 74: Buchen eines Zahlungseingangs in der Debitorenbuchhaltung (→ Kapitel 3.7.1)

1) Buchen Sie in der Debitorenbuchhaltung des Finanzwesens „schnell" zum heutigen Tage als Beleg- und Valutadatum den Zahlungseingang in Höhe von 10.561,60 Euro, der von Ihrem Debitor „77###" im Buchungskreis „1000" auf dem Bankkonto „110000" (Postgirokonto) eingegangen ist.
Klicken Sie bitte auf den Button „OP bearbeiten".

Menüpfad: Rechnungswesen/ Finanzwesen/ Debitoren/ Buchung/ Zahlungseing. schnell

Transaktionscode: F-26
Die Eingaben zur Schnellerfassung sehen Sie in Abbildung 3-179 auf Seite 547; die zugehörige Übersicht der offenen Posten in Abbildung 3-180 auf Seite 548.

2) **Warum hat Ihr Kunde „77###" genau 10.561,60 Euro überwiesen?**
Der Betrag von 10.561,60 Euro ist die Summe der Forderungen aus Lieferungen und Leistungen aus Ihren beiden Rechnungen (vgl. Seite 541 und 543).
Da der Kunde noch berechtigt ist, 3% Skonto abzuziehen, ergibt sich der Betrag von 10.561,60 Euro = 0,97 x (5.079,09 + 5.809,15 Euro).

3) **Markieren Sie eine Zelle in der ersten Belegzeile und klicken Sie unten auf den Button** `⌑ Posten` **(Posten aktivieren).**
Markieren Sie eine Zelle in der zweiten Belegzeile und klicken Sie nochmals auf den Button „Posten aktivieren". Prüfen Sie danach ganz unten rechts im Feld „Nicht zugeordnet" die verbliebene Summe.
Steht dort kein Differenzbetrag mehr, so buchen bzw. sichern Sie bitte den Zahlungseingang.
Verlassen Sie danach die Transaktion und bedanken Sie sich bei Herrn Brehme für seine Einführung in die Debitorenbuchhaltung.

Beleg   Bearbeiten   Springen   Einstellungen   Umfeld   System   Hilfe

*Schnellerfassung Zahlun*Buchen   (Strg+S)*ne Posten bearbeiten*

Diff.vert.   Diff.ausb.   Bearbeitungsoption   Ø Skontofälligkeit   Klärungsfall anlegen

| Standard | Teilzahlung | Restposten | Quellensteuer |

Posten zum Konto 77789 Handels GmbH 789

Belegnum...	B..	Belegda...	B..	Ge...	Verzugstage	EUR Brutto	Skonto	Skt-Pr
1400002271	RV	20.08.2...	01		5-	5.809,15	174,27	3,000
1400002272	RV	20.08.2...	01	7000	5-	5.079,09	152,37	3,000

◄ ►

Betrag   Brutto<...   Währung   Posten   Posten   Sko...   Sko...

Bearbeitungsstatus

Anzahl Posten	2		Erfasster Betrag	10.561,60
Anzeige ab Position	1		Zugeordnet	10.561,60
Differenzgrund			Differenzbuchungen	
Anzeige in Ausgleichswährung			Nicht zugeordnet	0,00

☑ Beleg 1400003000 wurde im Buchungskreis 1000 gebucht

4) Zurück in Ihrem Büro lassen Sie sich mit „F5" den aktualisierten Belegfluss im Verkauf anzeigen, indem Sie dort Ihren Terminauftrag ändern.
Was hat sich im Belegfluss durch die Buchung des Zahlungseingangs geändert?
Lassen Sie sich im Terminauftrag mit „F5" den aktualisierten Belegfluss nach dem Erstellen der beiden Rechnungen anzeigen.

Menüpfad: Logistik/ Vertrieb/ Verkauf/ Auftrag/ Ändern

Transaktionscode: VA02

Der Belegfluss ist in Abbildung 3-181 auf Seite 549 zu sehen. Der Status bei den beiden Buchhaltungsbelegen wurde durch das Buchen des Zahlungseingangs von „nicht ausgeziffert (vgl. Seite 542) auf „ausgeziffert" geändert.

Verlassen Sie bitte mit dreimaligem „F3" die Transaktion, ohne etwas zu ändern.

3.8   Kundenreklamationen bearbeiten

3.8.1   Retouren und Gutschriften bearbeiten

Mit der vollständigen Bezahlung und der Verbuchung des Zahlungseingangs ist ein einzelner Vertriebsprozess normalerweise abgeschlossen.

In der Praxis schließen sich daran oftmals weitere Maßnahmen aus dem Kundenbindungsmanagement an, um den Kundenbeziehungslebenszyklus (vgl. Abbildung 3-21 auf Seite 196) zu verlängern (Cycle Stretching) und/oder zu intensivieren (Cycle Leveraging) und so neue Umsatzerlöse zu generieren.

Maßnahmen zum cycle stretching sollen helfen, die Stabilität der Kundenbeziehung aufrechtzuerhalten, Gefährdungsphasen frühzeitig zu erkennen und ihren Ursachen zu begegnen und somit die Gesamtlebensdauer der Kundenbeziehung zu verlängern. Maßnahmen zum cycle leveraging sollen die Kundenbeziehung vertiefen und sie bezüglich Intensität und Qualität steigern, z. B. durch das Ernstnehmen von Kundenbedürfnissen und eine vertrauensvolle Zusammenarbeit.

Die Abwicklung von Kundenreklamationen in der After-Sales-Phase erfolgt in der Regel im Rahmen des Beschwerdemanagements. Bei der Bearbeitung gilt es, unter Beachtung rechtlicher Normen und ökonomischer Kriterien, rasch und qualifiziert etwaiger Unzufriedenheit bei Kunden zu begegnen und damit Gefährdungsphasen im Kundenbeziehungslebenszyklus zu minimieren.

Bei Kundenreklamationen muss jedoch nicht unbedingt Kundenunzufriedenheit oder ein Mangel vorliegen. In den letzten Jahren ist es besonders durch den zunehmenden E-Commerce und die damit verknüpften rechtlichen Vorschriften zu Fernabsatzverträgen zu einer deutlichen Steigerung von Retouren gekommen.

Ein Fernabsatzvertrag ist ein Vertrag über die Lieferung von Produkten oder die Erbringung von Dienstleistungen, der zwischen einem Unternehmen und einem Kunden unter ausschließlicher Verwendung von Fernkommunikationsmitteln, wie z. B. Formularen auf Webseiten oder E-Mail, abgeschlossen wird.

Gemäß § 312 BGB i.V.m. § 355 BGB und § 356 BGB kann ein Kunde Produkte ohne Angabe eines Grundes binnen 14 Tagen zurückgeben und erhält seinen Kaufpreis erstattet. Dies hat zu einer erhöhten Quote von sog. „Testkäufen" geführt, bei denen ein Kunde, in klarer Absicht letztendlich nur ein Produkt zu behalten, verschiedene ähnliche Produkte bestellt und die eigentliche Kaufentscheidung erst zu Hause nach einem direkten Vergleich zwischen den Produkten fällt. Besonders hoch sind die Retourenquoten bei Fernabsatzverträgen für Kleidung, insbesondere Damenmoden.

Liegt ein Sachmangel vor, so kann das Unternehmen Kundenreklamationen, die innerhalb einer Gewährleistungs- oder Garantiefrist erfolgen oder denen aus Kulanz stattgegeben wird, auf unterschiedliche Weise begegnen.

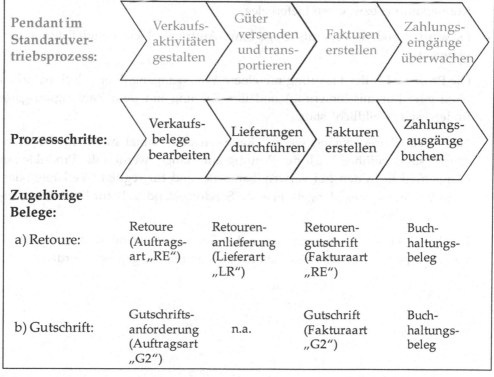

Abbildung 3-182: Gemeinsamkeiten und Unterschiede bei der Abwicklung von Retouren und Gutschriften

Da bei einer Retoure stets höhere Kosten für das Unternehmen entstehen, z. B. durch die Wareneinlagerung und -prüfung, wird bei Produkten mit geringem Wert häufig auf eine Rücksendung verzichtet und dem Kunden direkt eine

Gutschrift ausgezahlt. Bei hochpreisigen Produkten oder wenn die genaue Erforschung des Mangels für das Unternehmen von Interesse ist, wird die Retourenabwicklung gewählt.

Abbildung 3-182 zeigt die Gemeinsamkeiten und Unterschiede bei der Abwicklung von Retouren und Gutschriften. Eine Gutschrift unterscheidet sich prinzipiell von einer Retoure dadurch, dass hier keine Rücklieferung des Produktes erfolgt.

Ansonsten werden sowohl bei der Abwicklung von Retouren als auch von Gutschriften mit dem Bearbeiten eines Verkaufsbelegs, der Durchführung einer Lieferung, der Erstellung einer Faktura und der Buchung einer Zahlung prinzipiell die identischen Prozessschritte durchlaufen wie zuvor im Vertriebsprozess. Um die Gemeinsamkeiten zu verdeutlichen, ist deshalb in Abbildung 3-182 zu jedem Prozessschritt auch das jeweilige Pendant im Standardvertriebsprozess von Abbildung 3-1 auf Seite 94 angegeben.

Es bestehen jedoch auch einige Unterschiede:

- Sowohl eine Retoure als auch eine Gutschrift beziehen sich immer auf einen Kundenauftrag bzw. einen Lieferbeleg.

- Es werden andere Verkaufsbelege bzw. Auftrags-, Liefer- und Fakturaarten verwendet.

- Die Prozesse bei der Lieferung mit einem Wareneingang (hier jedoch natürlich ohne eine Kommissionierung) und der Zahlung mit dem Zahlungsausgang finden „spiegelbildlich" statt.

- Nach dem Wareneingang werden Retouren erst einmal in einem Retourensperrbestand geführt. Nach der Prüfung auf Mängel werden die Produkte bei Mangelfreiheit in den frei verwendbaren Bestand für reguläre Verkäufe oder, beim Vorliegen eines Mangels, in einen Sonderbestand, z. B. für Produkte zweiter Wahl, gebucht.

- Die Fakturen als Voraussetzung für den Zahlungsausgang sind in der Regel zuerst gesperrt und müssen explizit für die Zahlung freigegeben werden.

3.8.2 Übungen

Allgemeine Anmerkungen:

Für diese Übungsaufgaben gelten ebenfalls analog die Anmerkungen von Kapitel 3.2.6 auf Seite 130.

Szenario:

Nach Überweisung des Rechnungsbetrags stellt Ihr Kunde „77###" verschiedene Mängel fest:

Bei 4 Stück „PC-Mouse ###" liegt wahrscheinlich ein Transportschaden vor. Zudem stellt sich später heraus, dass ein „Notebook 15-###" defekt ist.

Aufgrund des geringen Warenwertes bei der „PC-Mouse ###" bieten Sie Herrn Müller wahlweise eine kostenlose Ersatzlieferung oder eine monetäre Erstattung in Form einer Gutschrift an, für die er sich letztlich entscheidet.

Das „Notebook 15-###" lassen Sie sich als Retoure zurücksenden. Auch in diesem Fall wünscht Ihr Kunde eine monetäre Erstattung statt einer kostenlosen Ersatzlieferung. Sie stimmen zu, da Sie das „Notebook 15-###" sowieso an den Hersteller zurücksenden werden und den Kunden nicht verärgern möchten.

Übersicht zu den einzelnen Übungen von Kapitel 3.8:

Tabelle 3-18 zeigt im Überblick die Inhalte zu den Übungen von Kapitel 3.8, das zugehörige Buchkapitel sowie die Seite, bei der die Lösung beginnt.

Tabelle 3-18: Inhalte der Übungen zu Kapitel 3.8 (Übungen 75 und 76)

Übung	Seite	Inhalte	zu Kapitel
75	556	Eine Gutschrift abwickeln – Eine Gutschriftsanforderung für 4 Stück „PC-Mouse ###" anlegen – Eine Gutschrift für die Gutschriftsanforderung anlegen – Einen Zahlungsausgang für die Gutschrift buchen	3.8.1
76	564	Eine Retoure abwickeln – Eine Retoure für 1 Stück „Notebook 15-###" anlegen – Eine Retourenanlieferung in der Versandstelle „V###" buchen – Einen Retourensperrbestand anzeigen – Eine Retourengutschrift für die Retoure anlegen – Einen Zahlungsausgang für die Retourengutschrift buchen	3.8.1

3.8.3   Lösungen zu den Übungen

Allgemeine Anmerkungen:

Für die Lösungen gelten analog die Anmerkungen von Kapitel 3.2.7 auf Seite 134.
Bitte lesen Sie sich diese dort ggf. nochmal durch.

Übung 75: Eine Gutschrift abwickeln (→ Kapitel 3.8.1)

Sie erhalten einen Anruf von Herrn Müller. Bei 4 Stück der gelieferten 100 Stück
„PC-Mouse ###" ist (wahrscheinlich aufgrund eines Transportschadens) die
Verpackung beschädigt. Sie bitten Herrn Müller, die 4 Stück „PC-Mouse ###"
gleich vor Ort zu entsorgen.

Aufgrund des geringen Warenwertes bieten Sie ihm wahlweise eine kostenlose
Ersatzlieferung oder eine monetäre Erstattung in Form einer Gutschrift an. Herr
Müller wünscht eine Gutschrift, die Sie nachfolgend in SAP ERP abwickeln.

1) Legen Sie im Verkauf eine Gutschriftsanforderung mit der Auftragsart „G2"
   für die 4 Stück „PC-Mouse ###" mit Bezug auf Ihre zugehörige Faktura aus
   Übung 72 auf Seite 535 an.
   Ignorieren bzw. bestätigen Sie bitte die beiden (für diese Übung irrelevan-
   ten) Informationsmeldungen auf die nicht gepflegte Einstellung im Customizing für Cross-Selling-Materialien zu Position 50 für das „Duschgel ###"
   jeweils mit ENTER.

   Menüpfad: Logistik/ Vertrieb/ Verkauf/ Auftrag/ Anlegen

   Transaktionscode: VA01

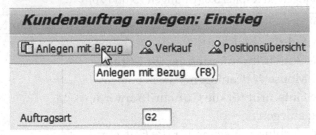

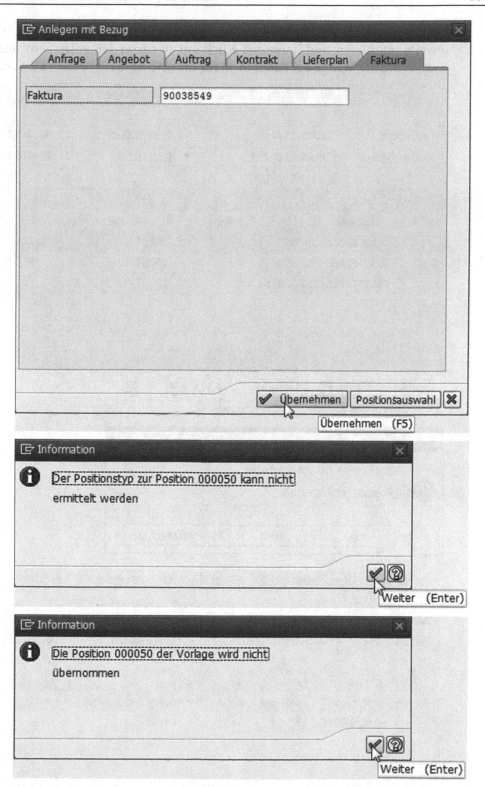

a) Löschen Sie bitte die beiden anderen Positionen 10 und 60 (indem Sie sie jeweils markieren und dann mit Klick auf das Icon 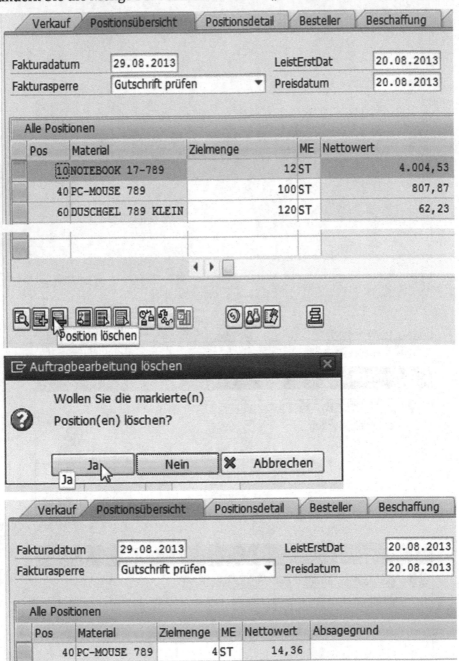 entfernen) und ändern Sie die Menge bei Position 40 für die „PC-Mouse ###" auf 4 Stück.

b) Klicken Sie bitte auf die Registerkarte „Verkauf" und erfassen Sie als Auftragsgrund für Ihre Gutschriftsanforderung den Transportschaden.

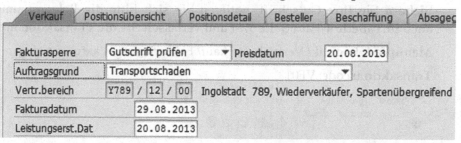

c) Bei dieser Verkaufsbelegart ist aufgrund von Einstellungen im Customizing automatisch eine Fakturasperre „Gutschrift prüfen" eingetragen.

Da Sie für den Vertrieb verantwortlich sind, genehmigen Sie die Gutschriftsanforderung, indem Sie die Fakturasperre durch das Auswählen der Leerzeile (letzter Eintrag im Datenfeld „Fakturasperre") aufheben.

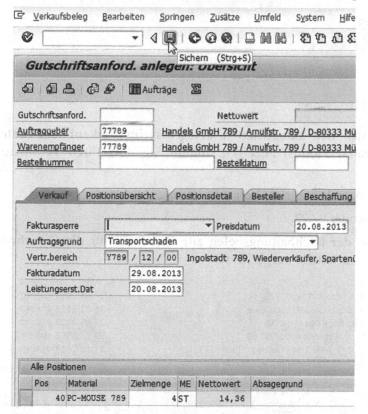

Sichern Sie Ihre Gutschriftsanforderung, notieren Sie sich bitte die Belegnummer (ggf. auch in Tabelle 4-1 auf Seite 575) und verlassen Sie die Transaktion mit zweimaligem „F3".

✅ Gutschriftsanford. 60000286 wurde gesichert

2) Legen Sie im Vertrieb eine Faktura bzw. Gutschrift für die Gutschriftsanforderung aus der vorherigen Teilaufgabe an.
Sichern Sie Ihre Gutschrift, notieren Sie sich bitte die Belegnummer (ggf.
auch in Tabelle 4-1 auf Seite 575) und verlassen Sie die Transaktion mit „F3".

Menüpfad: Logistik/ Vertrieb/ Verkauf/ Fakturierung/ Faktura/ Anlegen

Transaktionscode: VF01

3) Lassen Sie sich den aktualisierten Belegfluss im Verkauf (am besten in
einem separaten Modus) anzeigen, indem Sie dort Ihren Terminauftrag
ändern.

Menüpfad: Logistik/ Vertrieb/ Verkauf/ Auftrag/ Ändern

Transaktionscode: VA02

a) Warum ist der Buchhaltungsbeleg zur Gutschrift für die Gutschriftsanforderung noch nicht ausgeziffert?

Beleg	Am	Status
▾ 🖹 Kontakte (CAS) 0100000328	14.01.2013	erledigt
▾ 🖹 Kontakte (CAS) 0100000342	16.01.2013	erledigt
▾ 🖹 Anfrage 0010000338	27.07.2013	erledigt
▾ 🖹 Angebot 0005777789	29.07.2013	in Arbeit
▾ 🖹 ➡ Terminauftrag 0000013735	11.08.2013	erledigt
▾ 🖹 Lieferung 0080016561	18.08.2013	erledigt
• 🖹 LVS-Transportauftrag 0000000203	19.08.2013	erledigt
• 🖹 WL WarenausLieferung 4900039064	20.08.2013	erledigt
▾ 🖹 Rechnung (F2) 0090038549	21.08.2013	FI Beleg erzeugt
• 🖹 Buchhaltungsbeleg 1400002271	21.08.2013	ausgeziffert
▾ 🖹 Gutschriftsanford. 0060000286	29.08.2013	erledigt
▾ 🖹 Gutschrift 0090038588	29.08.2013	FI Beleg erzeugt
• 🖹 Buchhaltungsbeleg 1400003001	29.08.2013	nicht ausgeziffert
▾ 🖹 Rechnung (F2) 0090038550	21.08.2013	FI Beleg erzeugt
• 🖹 Buchhaltungsbeleg 1400002272	21.08.2013	ausgeziffert

Der Buchhaltungsbeleg ist noch nicht ausgeziffert, da noch keine Auszahlung an den Kunden erfolgt ist.

b) **Markieren Sie den Buchhaltungsbeleg zu Ihrer Gutschrift und lassen Sie sich den Beleg anzeigen.**
Wie lautet der Buchungssatz und wie ist er inhaltlich zu interpretieren?
Notieren Sie bitte auch den (Korrektur)Betrag für die Forderungen aus Lieferungen und Leistungen und verlassen Sie die Transaktion.

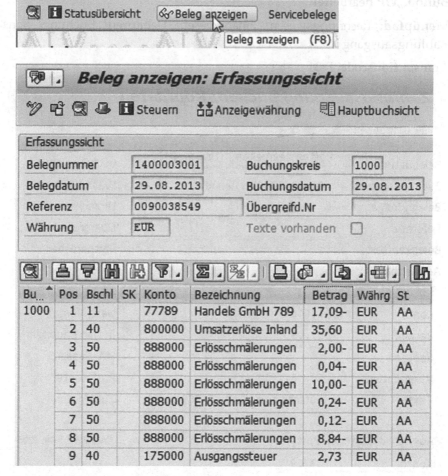

Dieser Buchungssatz stellt inhaltlich eine Stornobuchung zur ursprünglichen Faktura für den Verkauf der Produkte an den Kunden dar. Bei Stornobuchungen werden Soll- und Habenseite vertauscht.
Die Höhe der Forderungen aus Lieferungen und Leistungen beträgt -17,09 Euro.

4) Herr Brehme besucht Sie wieder einmal. Sie buchen zusammen mit ihm
   (natürlich unter seinem SAP-Login) in der Debitorenbuchhaltung unter
   „Sonstige" einen Zahlungsausgang für die Gutschrift an Ihren Kunden
   „77###".
   Geben Sie als Beleg- und Buchungsdatum den heutigen Tag an. Die Nummer
   des Bankkontos lautet 100009. Als Betrag tragen Sie bitte die Forderungen
   (mit positivem Vorzeichen) aus der vorherigen Teilaufgabe ein. Als Text
   geben Sie „Gutschrift an Kunde „77###" an. Tragen Sie bitte für die Auswahl
   der offenen Posten das Debitorenkonto „77###" ein und klicken Sie auf den
   Button „OP bearbeiten".

Menüpfad: Rechnungswesen/ Finanzwesen/ Debitoren/ Buchung/ Sonstige/
Zahlungsausgang

Transaktionscode: F-31

Zahlungsausgang buchen: Kopfdaten

OP bearbeiten

				Buchungskreis	1000
Belegdatum	Offene Posten bearbeiten (Umsch+F4)		Z		
Buchungsdatum	30.08.2013	Periode	8	Währung/Kurs	EUR
Belegnummer				Umrechnungsdat	
Referenz				Übergreifd.Nr	
Belegkopftext				PartnerGsber	
Ausgleichstext					

Bankdaten

Konto	100009	GeschBereich	
Betrag	17,09	Betrag Hauswähr	
Spesen		HW-Spesen	
Valutadatum	30.08.2013	Profitcenter	
Text	Gutschrift an Kunde 77789	Zuordnung	

Auswahl der offenen Posten

Konto	77789
Kontoart	D ☐ Weitere Konten
Sonderhauptb.Kz	☑ Normale OP
Avisnummer	
☐ Nach Alter verteilen	
☐ Automatische Suche	

Weitere Selektion

- ⦿ keine
- ○ Betrag
- ○ Belegnummer
- ○ Buchungsdatum
- ○ Mahnbereich
- ○ andere

Buchen Sie bitte den Zahlungsausgang, notieren Sie die Belegnummer (ggf. auch in Tabelle 4-1 auf Seite 575), verlassen Sie die Transaktion und bedanken Sie sich bei Herrn Brehme für seine Unterstützung.

Beleg	Bearbeiten	Springen	Einstellungen	Umfeld	System	Hilfe

Zahlungsausgang buche Buchen (Strg+S) **ten bearbeiten**

Diff.vert.   Diff.ausb.   Bearbeitungsoption   Ø Skontofälligkeit   Klärungsfall anlegen

Standard	Teilzahlung	Restposten	Quellensteuer

Posten zum Konto 77789 Handels GmbH 789

Belegnummer	B..	Belegdatum	B..	Ge...	Verzugstage	EUR Brutto	Skonto	Skt-Pr
1400003001	RV	29.08.2013	11	7000	1	17,09-	0,51-	3,000

Betrag   Brutto<...   Währung   Posten   Posten   Sko...   Sko..

Bearbeitungsstatus

Anzahl Posten	1	Erfasster Betrag		17,09-
Anzeige ab Position	1	Zugeordnet		17,09-
Differenzgrund		Differenzbuchungen		
Anzeige in Ausgleichswährung		Nicht zugeordnet		0,00

✓ Beleg 1400003002 wurde im Buchungskreis 1000 gebucht

5) Lassen Sie sich den aktualisierten Belegfluss im Verkauf anzeigen, indem
   Sie dort Ihren Terminauftrag ändern.
   Ist der Buchhaltungsbeleg zur Gutschrift für die Gutschriftsanforderung nun
   ausgeziffert?

Menüpfad: Logistik/ Vertrieb/ Verkauf/ Auftrag/ Ändern

Transaktionscode: VA02

Beleg	Am	Status
▼ 📄 Kontakte (CAS) 0100000328	14.01.2013	erledigt
▼ 📄 Kontakte (CAS) 0100000342	16.01.2013	erledigt
▼ 📄 Anfrage 0010000338	27.07.2013	erledigt
▼ 📄 Angebot 0005777789	29.07.2013	in Arbeit
▼ 📄 ➡ Terminauftrag 0000013735	11.08.2013	erledigt
▼ 📄 Lieferung 0080016561	18.08.2013	erledigt
• 📄 LVS-Transportauftrag 0000000203	19.08.2013	erledigt
• 📄 WL WarenausLieferung 4900039064	20.08.2013	erledigt
▼ 📄 Rechnung (F2) 0090038549	21.08.2013	FI Beleg erzeugt
• 📄 Buchhaltungsbeleg 1400002271	21.08.2013	ausgeziffert
▼ 📄 Gutschriftsanford. 0060000286	29.08.2013	erledigt
▼ 📄 Gutschrift 0090038588	29.08.2013	FI Beleg erzeugt
• 📄 Buchhaltungsbeleg 1400003001	29.08.2013	ausgeziffert
▼ 📄 Rechnung (F2) 0090038550	21.08.2013	FI Beleg erzeugt
• 📄 Buchhaltungsbeleg 1400002272	21.08.2013	ausgeziffert

Übung 76: Eine Retoure abwickeln (→ Kapitel 3.8.1)

Herr Müller vom Kunden „77###" ruft Sie an und teilt Ihnen mit, dass ein
„Notebook 15-###" defekt ist. Sie vereinbaren mit ihm, das „Notebook 15-###"
als Retoure zurückzusenden. Auch in diesem Fall wünscht Herr Müller aufgrund der momentan nicht sehr ausgeprägten Konsumneigung eine monetäre
Erstattung statt einer kostenlosen Ersatzlieferung. Sie stimmen diesem Wunsch
zu, da Sie das „Notebook 15-###" sowieso an den Hersteller zurücksenden
werden und den Kunden nicht verärgern möchten.

1) Legen Sie im Verkauf einen Auftrag mit der Auftragsart „RE" für eine Retoure mit Bezug auf Ihre zugehörige Faktura (Vorsicht, das ist nun die andere Faktura) aus Übung 72 auf Seite 535 an.

Ändern Sie bitte die Auftragsmenge auf ein Stück „Notebook 15-###" ab, wählen Sie den Auftragsgrund „Schlechte Qualität", sichern Sie den Auftrag und notieren Sie die Belegnummer (ggf. auch in Tabelle 4-1 auf Seite 575).

Menüpfad: Logistik/ Vertrieb/ Verkauf/ Auftrag/ Anlegen

Transaktionscode: VA01

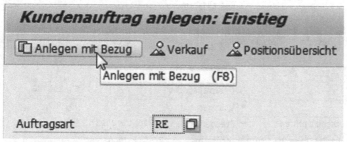

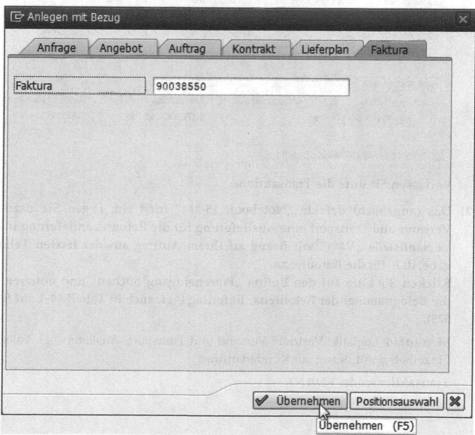

Verkaufsbeleg   Bearbeiten   Springen   Zusätze   Umfeld   System   Hilfe

Sichern   (Ctrl+S)

Retoure anlegen: Übersicnt

Aufträge

Retoure		Nettowert	4.268,14	EUR
Auftraggeber	77789	Handels GmbH 789 / Arnulfstr. 789 / D-80333 München		
Warenempfänger	77789	Handels GmbH 789 / Arnulfstr. 789 / D-80333 München		
Bestellnummer		Bestelldatum		

Verkauf / Positionsübersicht / Positionsdetail / Besteller / Beschaffung / Versand / Absage

Wunschlieferdat	T	30.08.2013			
☐Komplettlief.			Gesamtgewicht	67,200	KG
Liefersperre		▼	Volumen	0,000	
Fakturasperre	Gutschrift prüfen	▼	Preisdatum	20.08.2013	
Zahlungsbed	ZB01 14 Tage 3%, 30/2...		Incoterms	CIF Ingolstadt	
Auftragsgrund	Schlechte Qualität			▼	
Vertr.bereich	Y789 / 12 / 00	Ingolstadt 789, Wiederverkäufer, Spartenübergreifend			

Alle Positionen

Pos	Material	Auftragsmenge	ME	Bezeichnung	E	Kundenmaterialnummer
30	NOTEBOOK 15-789	1	ST	NOTEBOOK 15-789	☐	SLAPTOP 15-789
					☐	

☑ Retoure 60000287 wurde gesichert

Verlassen Sie bitte die Transaktion.

2) Das (angeblich) defekte „Notebook 15-###" trifft ein. Legen Sie dazu im Versand und Transport eine Auslieferung für die Retourenanlieferung in der Versandstelle „V###" mit Bezug zu Ihrem Auftrag aus der letzten Teilaufgabe, d. h. für die Retoure, an.

Klicken Sie bitte auf den Button „Wareneingang buchen" und notieren Sie die Belegnummer der Retourenanlieferung (ggf. auch in Tabelle 4-1 auf Seite 575).

Menüpfad: Logistik/ Vertrieb/ Versand und Transport/ Auslieferung/ Anlegen/ Einzelbeleg/ mit Bezug auf Kundenauftrag

Transaktionscode: VL01N

Auslieferung mit Auftragsbezug anlegen

☐ Mit Auftragsbezug   ☐ Ohne Auftragsbezug   ☐ ☒ ☐

| Versandstelle | V789 |

Auftragsdaten

Selektionsdatum	30.08.2013
Auftrag	60000287
Ab Position	
Bis Position	

Lieferartvorgabe

| Lieferart | |

Retourenanlieferung anlegen: Übersicht

🖉 ⬚ 🗑 | ☐ ☒ ⬚ ⬚ ⬚ ⬚ ⬚ | Wareneingang buchen

Wareneingang buchen

| Auslieferung | | | Belegdatum | |
| Warenempfänger | 77789 | ☰ | Handels GmbH 789 / Arnulfstr. 789 / D-80333 M |

| Positionsübersicht | Kommissionierung | Laden | Transport | Statusübersicht |

| Plan-Warenausg. | 30.08.2013 | 00:0… | | Gesamtgewicht | 4,200 |
| Ist-Warenausg. | | 00:00 | | Anzahl Packst. | |

Alle Positionen

	Pos	Material	Liefermenge	ME	Bezeichnung	C..	Ptyp	K	V
	10	NOTEBOOK 15-789	1	ST	NOTEBOOK 15-789		REN		

☑ Retourenanlieferung 84000231 gesichert

3) Überprüfen Sie bitte in der Materialwirtschaft im Umfeld der Bestandsführung den Bestand Ihres Materials „Notebook 15-###" im Materiallager Ihres Werks „Z###".
Befindet sich das zurückgelieferte „Notebook 15-###" in dem Retourensperrbestand?

Menüpfad: Logistik/ Materialwirtschaft/ Bestandsführung/ Umfeld/ Bestand/ Bestandsübersicht

Transaktionscode: MMBE

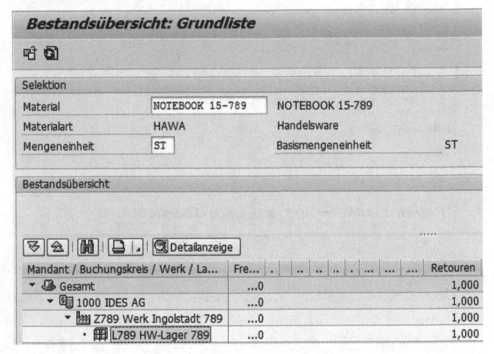

Ja. Ein Stück „Notebook 15-###" befindet sich im Retourensperrbestand.

Verlassen Sie bitte die Transaktion mit zweimaligem „F3".

4) Nach der Prüfung auf Vollständigkeit können Sie die Retoure zum Fakturieren freigeben.

Ändern Sie dazu den Auftrag für Ihre Retoure, entfernen Sie die Fakturasperre – d. h. wählen Sie die Zeile mit dem leeren Eintrag aus – und sichern Sie danach die Änderungen in diesem Auftrag.

Menüpfad: Logistik/ Vertrieb/ Verkauf/ Auftrag/ Ändern

Transaktionscode: VA02

Retoure 60000287 ändern: Übersicht

🔁 ✂️ ⊟ ⊞ 🖨️ ⊞📤 | 🎞️Aufträge Σ

Retoure	60000287	Nettowert	213,74	EUR
Auftraggeber	77789	Handels GmbH 789 / Arnulfstr. 789 / D-80333 München		🗋
Warenempfänger	77789	Handels GmbH 789 / Arnulfstr. 789 / D-80333 München		
Bestellnummer		Bestelldatum		🗐

Verkauf / Positionsübersicht / Positionsdetail / Besteller / Beschaffung / Versand / Absage

Wunschlieferdat	T 30.08.2013			
☐ Komplettlief.		Gesamtgewicht	4,200	KG
Liefersperre	▼	Volumen	0,000	
Fakturasperre	▼	Preisdatum	20.08.2013	
Zahlungsbed	ZB01 14 Tage 3%, 30/2...	Incoterms	CIF Ingolstadt	
Auftragsgrund	Schlechte Qualität ▼			
Vertr.bereich	Y789 / 12 / 00 Ingolstadt 789, Wiederverkäufer, Spartenübergreifend			

Alle Positionen

Pos	Material	Auftragsmenge	ME	Bezeichnung	E	Kundenmaterialnummer
30	NOTEBOOK 15-789	1	ST	NOTEBOOK 15-789	☐	SLAPTOP 15-789

5) **Legen Sie im Vertrieb eine Retourengutschrift als Faktura für Ihre Retoure an.**
Sichern Sie Ihre Faktura und notieren Sie die Belegnummer der Retourengutschrift (ggf. auch in Tabelle 4-1 auf Seite 575).

Menüpfad: Logistik/ Vertrieb/ Fakturierung/ Faktura/ Anlegen

Transaktionscode: VF01

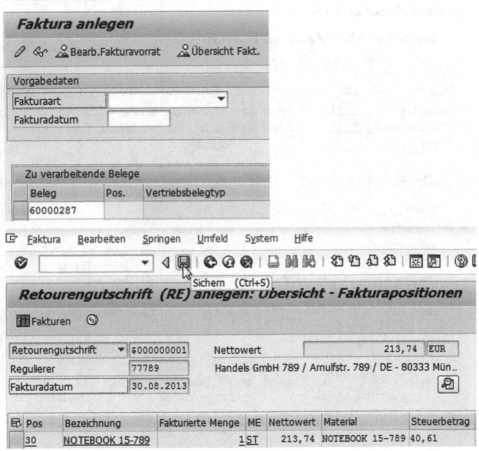

6) Lassen Sie sich den aktualisierten Belegfluss im Verkauf anzeigen, indem Sie dort Ihren Terminauftrag ändern.
Markieren Sie bitte den Buchhaltungsbeleg zur Retourengutschrift, klicken Sie auf den Button „Beleg anzeigen" und notieren Sie die Höhe der Forderungen aus Lieferungen und Leistungen.

Menüpfad: Logistik/ Vertrieb/ Verkauf/ Auftrag/ Ändern

Transaktionscode: VA02

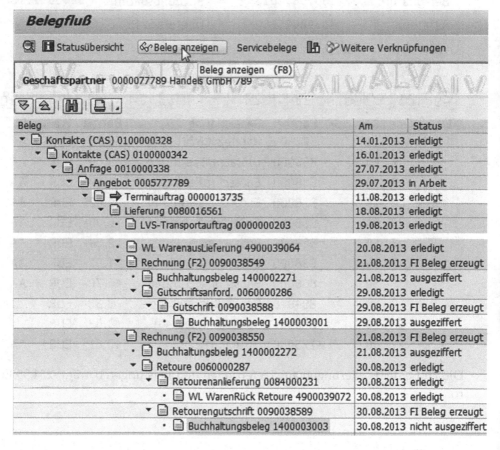

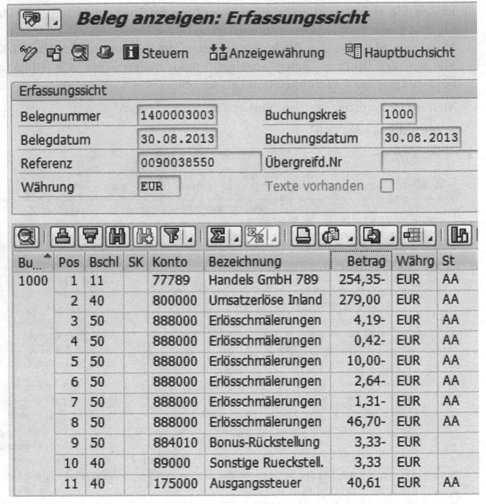

Die Höhe der Forderungen aus Lieferungen und Leistungen beträgt -254,35 Euro.

7) Es ist Freitag Spätnachmittag und schönes Wetter. Herr Brehme kommt in Ihr Büro, um Sie in einen schönen Ingolstädter Biergarten einzuladen.

Sie buchen zusammen mit ihm (natürlich unter seinem SAP-Login) in der Debitorenbuchhaltung unter „Sonstige" einen Zahlungsausgang für die Retourengutschrift an Ihren Kunden „77###".

Geben Sie als Beleg- und Buchungsdatum den heutigen Tag an. Die Nummer des Bankkontos lautet 100009. Als Betrag tragen Sie bitte die Forderungen (mit positivem Vorzeichen) aus der vorherigen Teilaufgabe ein. Als Text geben Sie „Gutschrift an Kunde „77###" an. Tragen Sie bitte für die Auswahl der offenen Posten das Debitorenkonto „77###" ein und klicken Sie auf den Button „OP bearbeiten".

Menüpfad: Rechnungswesen/ Finanzwesen/ Debitoren/ Buchung/ Sonstige/ Zahlungsausgang

Transaktionscode: F-31

Zahlungsausgang buchen: Kopfdaten

OP bearbeiten

Belegdatum	Offene Posten bearbeiten (Shift+F4)		DZ	Buchungskreis	1000
Buchungsdatum	30.08.2013	Periode	8	Währung/Kurs	EUR
Belegnummer				Umrechnungsdat	
Referenz				Übergreifd.Nr	
Belegkopftext				PartnerGsber	
Ausgleichstext					

Bankdaten

Konto	100009	GeschBereich	
Betrag	254,35	Betrag Hauswähr	
Spesen		HW-Spesen	
Valutadatum	30.08.2013	Profitcenter	
Text		Zuordnung	

Auswahl der offenen Posten

Konto	77789	
Kontoart	D	☐ Weitere Konten
Sonderhauptb.Kz		☑ Normale OP
Avisnummer		
☐ Nach Alter verteilen		
☐ Automatische Suche		

Weitere Selektion

- ◉ keine
- ○ Betrag
- ○ Belegnummer
- ○ Buchungsdatum
- ○ Mahnbereich
- ○ andere

Entfernen Sie, abhängig von der Anzahl der Verzugstage (diese hängt von Ihrer individuellen Bearbeitungszeit der Übungsaufgaben ab), ggf. den Skontobetrag, so dass im Feld „Nicht zugeordnet" unten rechts der Betrag „0,00" steht.

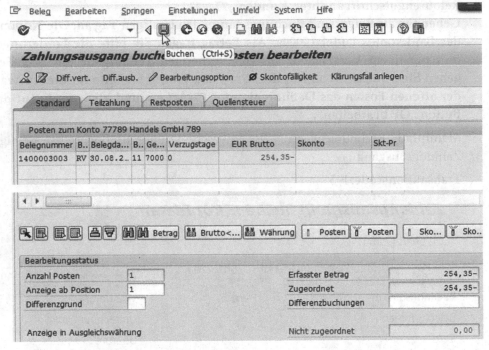

Sichern Sie Ihren Zahlungsausgang, notieren Sie die Belegnummer (ggf. auch in Tabelle 4-1 auf Seite 575) und verlassen Sie die Transaktion.

☑ Beleg 1400003004 wurde im Buchungskreis 1000 gebucht

8) Genießen Sie letztmalig die Aussicht auf den aktualisierten Belegfluss im Verkauf (und die noch schönere Aussicht auf den gemeinsamen Konsum von Kaltgetränken mit Herrn Andreas Brehme in einem Ingolstädter Biergarten), indem Sie dort Ihren Terminauftrag ändern.

Menüpfad: Logistik/ Vertrieb/ Verkauf/ Auftrag/ Ändern

Transaktionscode: VA02

Der komplette Belegfluss ist in Abbildung 3-28 auf Seite 206 zu sehen.

4   Übersicht zum Belegfluss

In Tabelle 4-1 können Sie die Nummern aller Ihrer Belege eintragen, um eine bessere Übersicht über den Belegfluss zu Ihren Übungen zu erhalten.

Tabelle 4-1:   Übersicht zum Belegfluss der Übungen

Belegart	Ihre Belegnummer	Übung	Seite
Erstkontakt		Übung 37	278
Folgekontakt		Übung 42	288
Wareneingang		Übung 48	324
Anfrage		Übung 54	355
Angebot		Übung 55	362
Terminauftrag		Übung 64	459
Lieferung		Übung 66	480
Transportauftrag Kommissionierung		Übung 68	491
Warenausgang		Übung 69	497
Faktura 1		Übung 72	535
Faktura 2		Übung 72	535
Zahlungsbeleg (Zahlungseingang)		Übung 74	550
Gutschriftsanforderung (Auftrag)		Übung 75	556
Gutschrift (Faktura)		Übung 75	556
Zahlungsbeleg (Zahlungsausgang)		Übung 75	556
Retoure (Auftrag)		Übung 76	564
Retourenanlieferung		Übung 76	564
Retourengutschrift (Faktura)		Übung 76	564
Zahlungsbeleg (Zahlungsausgang)		Übung 76	564

5 Anmerkungen für Dozenten und Schulungsleiter

Für die Teilnehmer Ihrer Schulung bzw. Lehrveranstaltung sollten Sie im IDES-Mandanten für die Studierenden bzw. Schulungsteilnehmer jeweils einen User mit Schreibberechtigung im mandantenabhängigen Customizing anlegen. Im deutschen Hochschulbereich können dafür momentan die beiden Profile „R3_BASIC" und „R3_CUST" verwendet werden (vgl. Abbildung 5-1).

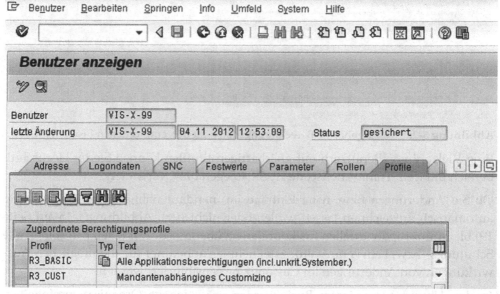

Abbildung 5-1:   Empfohlene Profile für Schulungs- bzw. Lehrveranstaltungsteilnehmer (SU01)

Diese Profile für Schulungs- bzw. Lehrveranstaltungsteilnehmer umfassen die in Abbildung 5-2 dargestellten Berechtigungsdaten.

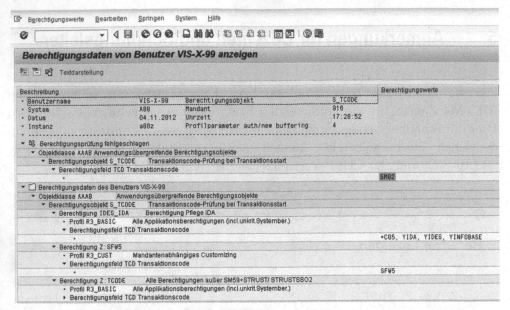

Abbildung 5-2:   Zugehörige Berechtigungsdaten zu den empfohlenen Profilen (SU53)

Eine Vielzahl von Benutzern mit gleichartigen Profilen können Sie im Hochschulbereich mit dem Transaktionscode ZUSR anlegen bzw. verwalten.

Ob Sie Änderungen bzw. neue Einträge im mandantenabhängigen Customizing
automatisch aufzeichnen lassen wollen oder nicht (vgl. Abbildung 1-15 auf Seite
19) bleibt Ihrer individuellen Risikopräferenz überlassen. Auf jeden Fall sollten alle
Schulungs- bzw. Lehrveranstaltungsteilnehmer unbedingt für die möglichen Auswirkungen von Änderungen im Customizing sensibilisiert werden.

In den Übungen zu diesem Buch werden verschiedene Organisationseinheiten,
Einträge im Customizing und Stammdaten mit dem dreistelligen Platzhalter „###"
angelegt. In dem mir zur Verfügung stehenden IDES-Mandanten waren folgende
Nummern bei einigen dieser Objekte bereits belegt:

001, 002, 003, 004, 005, 010, 100, 101, 102, 103, 105, 110, 113, 114, 115, 120, 125, 130,
135, 140 und 900

**Diese Nummern sollten Sie nicht an Studierende bzw. Schulungsteilnehmer
vergeben.**

Literaturverzeichnis

Becker, U./ Herhuth, W./ Hirn, M. (2014): Preisfindung und Konditionstechnik in SAP ERP: So meistern Sie die Preisfindung in SAP SD, 2. Aufl., Bonn.

Gau, O./ Bröse, S. (2016): Praxishandbuch Transport und Versand mit SAP LES, 3. Aufl., Bonn.

Kaleske, S./ Bädekerl, K./ Fortshuber, H. (2013): Praxishandbuch SAP Query-Reporting, 2. Aufl., Bonn.

Rimmelspacher (2007): Interaktives Fernsehen: Technik, Entwicklungspotenziale und Bedeutung im CRM, Aachen.

Scheibler, J./ Maurer, T. (2013): Praxishandbuch Vertrieb mit SAP, 4. Aufl., Bonn.

Stauss, B. (2000): Perspektivenwandel – Vom Produkt-Lebenszyklus zum Kunden-beziehungs-Lebenszyklus, in: Thexis, Nr. 2, S. 15-18.

Abbildungsverzeichnis

Sachwortverzeichnis

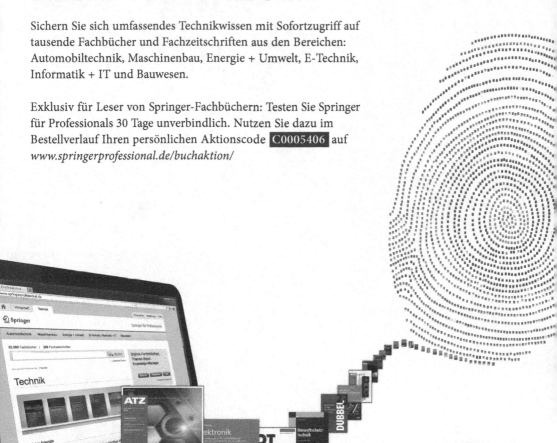

the United States
asters